LES

# GRANDS ÉCRIVAINS

## DE LA FRANCE

NOUVELLES ÉDITIONS

PUBLIÉES SOUS LA DIRECTION

**DE M. AD. REGNIER**

Membre de l'Institut

# OEUVRES

# DE MALHERBE

TOME II

PARIS. — IMPRIMERIE DE CH. LAHURE ET C$^{ie}$
Rue de Fleurus, 9

# ŒUVRES
# DE MALHERBE

RECUEILLIES ET ANNOTÉES
## PAR M. L. LALANNE
ANCIEN ÉLÈVE DE L'ÉCOLE DES CHARTES

## NOUVELLE ÉDITION
REVUE SUR LES AUTOGRAPHES, LES COPIES LES PLUS AUTHENTIQUES
ET LES PLUS ANCIENNES IMPRESSIONS

ET AUGMENTÉE

de notices, de variantes, de notes, d'un lexique des mots
et locutions remarquables, d'un portrait, d'un fac-simile, etc.

TOME DEUXIÈME

PARIS
LIBRAIRIE DE L. HACHETTE ET C<sup>ie</sup>
BOULEVARD SAINT-GERMAIN, N° 77

1862

# ŒUVRES
# DE MALHERBE.

## TRADUCTION
### DU
## TRAITÉ DES BIENFAITS
### DE SÉNÈQUE.

La traduction du *Traité des bienfaits*, par Malherbe, parut pour la première fois dans l'édition des œuvres du poëte donnée en 1630, et figura depuis dans toutes celles qui sont la reproduction de cette édition. Elle fut en outre imprimée séparément à Paris en 1639 in-8, et en 1650 in-12. On trouve dans ces deux dernières éditions la traduction des onze premiers chapitres du livre II, qui manquent dans l'édition de 1630 et que nous donnerons à l'appendice. Enfin Pierre du Ryer l'adopta, en la complétant ainsi que les *Épîtres*, dans la traduction qu'il publia des œuvres du philosophe latin (voyez la *Notice bibliographique*), sous ce titre : *Les OEuvres de Sénèque de la traduction de messire François de Malherbe, gentilhomme ordinaire de la chambre du Roy, continuées par Pierre du Ryer, de l'Académie françoise*, à Paris, chez Ant. de Sommaville, M.DC.LIX, 2 vol. in-f°.

## LIVRE PREMIER.

I. Il arrive ordinairement que, pour ne prendre pas garde à nos actions, et les remettre plutôt à la fortune que de les conduire par discours, nous faisons une infinité de fautes. Mais à mon avis, celle de toutes qui nous porte plus de préjudice, c'est que nous ne savons ni faire un plaisir ni le recevoir. Car une chose mal donnée ne sauroit être bien due ; et ne venons plus à temps de nous plaindre quand nous voyons qu'on ne nous la rend point, parce qu'à l'heure même que nous la donnons, nous la perdons. Et ne faut point s'étonner que de tant de vices qui règnent au monde, le plus fréquent soit l'ingratitude, parce qu'il y en a beaucoup d'occasions. La première, que nous faisons plaisir sans élection. C'est un cas étrange que s'il est question de prêter de l'argent, nous ne sommes pas contents de nous informer du fonds de celui qui emprunte, mais fouillons jusque dans sa cuisine et dans sa garde-robe, pour savoir s'il y a quelque meuble qui vaille de nous répondre de notre prêt. Si nous voulons semer, nous prenons garde que ce soit en terre capable de quelque rapport ; et s'il est question de faire quelque plaisir, nous y allons à yeux clos, et jetons plutôt que nous ne donnons. Et certainement je ne sais où il y a le plus de honte, à désavouer un plaisir quand nous l'avons reçu ou à le redemander quand nous l'avons fait. Car la nature de ce prêt est telle, qu'il n'en faut retirer que ce qui nous en est rendu volontairement. Mais aussi de le méconnoître, il y a de la vilenie extrême, quand ce ne seroit que cette considération, que sans nous incommoder autrement, la volonté seule suffit à nous acquitter. Celui qui doit de bon cœur est quitte. Mais comme il y a de la faute en ceux qui ne veulent pas même avouer qu'on leur ait fait plaisir, il y en a aussi de la nôtre. Nous en trouvons beaucoup d'ingrats, et en faisons encore davantage, pource que tantôt nous reprochons un plaisir avec impatience, tantôt nous en exigeons le payement de mauvaise grâce, tantôt nous nous repentons de l'avoir fait, tantôt nous murmurons pour peu qu'il y ait de retardement à nous le rendre. Et de cette façon, nous lui faisons perdre toute sa grâce, non-seulement après l'avoir fait, mais bien souvent à l'heure même que nous le faisons. Car lequel est-ce de nous qui, s'il a baillé quelque chose, ne se l'est fait demander beaucoup de fois et avec beaucoup de submission? Qui sentant venir quelqu'un pour le requérir ne s'est ridé le front, n'a tourné la vue d'autre côté, n'a feint d'avoir des affaires, ou mis en avant des discours qui n'avoient point de fin, sans autre sujet que pour ôter l'occasion de faire la demande, et cependant laisser passer la nécessité? Qui, s'il a été pris de court, n'a ou demandé terme, c'est-à-dire refusé timidement, ou promis avec tant de peine et de si mauvaise façon, qu'il a semblé qu'il eût de la peine à parler? C'est une maxime, qu'on ne doit jamais de bon cœur ce qu'on n'a pas reçu, mais fait sortir à force de presser. Comme seroit-il possible que je susse gré d'un plaisir qu'on m'auroit jeté d'une façon arrogante, comme par dépit, et pour se délivrer de mon importunité? Qui lasse une personne à le remettre d'un jour à l'autre, et le gêne à le faire attendre, il se trompe s'il en espère ni revanche ni ressentiment. Le plaisir est dû comme il est fait; et pour ce, il ne faut pas faire le nonchalant quand on donne quelque chose. Qui reçoit de cette façon n'est obligé qu'à soi-même. Aussi ne faut-il pas être long, pource qu'étant le bienfait de cette nature qu'on y regarde principalement l'affection, il est à présumer que qui a été longtemps à le faire, a été longtemps sans le vouloir. Surtout il se faut bien garder d'offenser en faisant plaisir ; car puisque c'est chose naturelle que nous sommes bien plus vivement touchés du mal que du bien, et que passant légèrement par-dessus un plaisir que nous avons reçu, nous nous attachons aux injures et en gardons la mémoire avec obstination, que doit espérer celui qui outrage en obligeant? On le reconnoît assez, de lui pardonner le plaisir qu'il a fait. Au demeurant il ne faut point que le grand nombre des ingrats nous ôte la volonté de bienfaire. Car premièrement, comme il a déjà été dit, nous sommes cause qu'il en est davantage. Secondement nous avons l'exemple des Dieux, qui pour l'impiété d'un nombre infini de sacriléges et de gens qui les méprisent, ne laissent pas de continuer d'aimer les hommes, et de leur verser du bien avec le même soin et la même profusion qu'ils ont accoutumé. Leur inclination est de bien faire, ils la suivent; et faisant généralement du bien à tout le monde, ils sont contents d'y comprendre ceux mêmes qui disent mal de leur libéralité. Imitons-les autant que l'humanité le peut faire. Si nous faisons du plaisir, donnons-le, ne le prêtons point. Il n'y a point de mal de ne rien rendre à celui qui en baillant s'est proposé de recevoir. Mais je ne m'en suis pas bien trouvé. Ce n'est pas en cela seulement que les choses ne nous succèdent pas comme nous le desirons. Nous sommes bien souvent trompés de nos femmes et de nos enfants, et pour cela ne laissons pas de nous marier et d'engendrer; et sommes si opiniâtres contre les expériences, que pour être battus nous ne nous dégoûtons point de la guerre, et quoique nous ayons fait naufrage, nos habits ne sont pas encore secs que nous pensons déjà de nous rembarquer. Combien nous seroit-ce plus de mérite de nous roidir en la volonté de faire plaisir, et nous représenter que ne donnant point parce qu'on ne nous a point rendu, nous faisons connoître que nous avons donné pour recevoir, et de cette façon colorons la malice des ingrats, qui semblent alors avoir dispense de ne rien rendre, quand ils peuvent dire qu'on leur a donné sujet de ne rendre point! Combien est-il d'hommes indignes de voir la lumière! et cependant le soleil ne laisse pas de se lever. Combien en est-il qui se plaignent d'être nés! et néanmoins la nature est toujours après à produire de nouveaux hommes, et fait être ceux qui quelque jour aimeroient mieux n'avoir été. Une âme est vraiment généreuse, qui fait bien pour l'amour du bien même, sans penser ailleurs, et qui pour avoir trouvé beaucoup de méchants ne laisse pas de chercher un homme de bien. Si la revanche étoit indubitable, quelle gloire y auroit-il de faire plaisir? Le mérite des bienfaits est de ne s'en proposer point de récompense, et dès qu'on les a semés faire compte que le fruit en est recueilli. Tant s'en faut que cela nous doive frustrer, et nous retirer d'une action la plus belle du monde, que si je pensois ne rencontrer jamais une revanche, j'aimerois mieux y renoncer, que de me priver du contentement de faire plaisir. Qui ne donne point coupe chemin à l'ingratitude. Dirai-je ce qui m'en semble? Qui ne rend point un plaisir pèche davantage ; qui n'en fait point pèche le premier.

II. Quand les bienfaits sont jetés en commun,
 Il s'en perd bien devant qu'il s'en gagne un.

Au premier vers, il y a deux choses blâmables ; car il ne faut ni communiquer les bienfaits sans élection, ni les jeter sans mesure. Ce ne sont plus bienfaits, et ne les peut-on plus ainsi nommer quand le jugement en est séparé. Le second vers est admirable, qui veut que le gain d'un bienfait heureusement employé soit la consolation d'un grand nombre qui auront été perdus. Mais voyez, je vous prie, si nous dirions point encore mieux, et si nous ferions point plus pour la réputation de celui qui donne, de lui conseiller que quand jamais un de ses bienfaits ne lui devroit réussir, il ne laisse pas d'exercer l'inclination qu'il a de faire bien. Cela aussi est faux : *Il s'en perd bien*. Il ne s'en perd point, parce que celui qui les perd en avoit fait compte. Il n'y a qu'un point en matière de bienfaits. Donnant, si on s'en revanche, vous avez autant gagné; si on ne s'en revanche point, vous n'avez rien perdu : vous aviez donné pour donner. Il ne s'en voit point qui fassent papier de ce qu'ils donnent, ni qui, comme rigoureux créanciers, en demandent les payements à point nommé. Un homme d'honneur n'y pense jamais, sinon quand en le lui rendant on l'en fait ressouvenir. S'il en fait autrement, c'est argent prêté que le plaisir qu'il a fait. Qui met les bienfaits en dépense, et en dresse des parties, fait l'acte d'un usurier. De quelque façon que notre libéralité nous succède, ne nous lassons point de la continuer. Si les bienfaits doivent être perdus, il vaut mieux qu'ils le soient chez les ingrats que chez nous; et peut-être qu'un jour, ou la honte, ou l'occasion, ou l'exemple leur donneront un meilleur avis. Ne nous ennuyons point de donner, faisons ce qui dépend de nous, et montrons que nous sommes gens de bien. Aidons l'un de nos moyens, répondons pour l'autre, assistons l'autre de notre faveur, donnons du conseil à l'autre, et faisons des remontrances à l'autre, qui le gardent de se précipiter en quelque malheur.

III. Les bêtes mêmes qui n'ont point de raison ont sentiment du bien qu'on leur fait. Il n'en est point de si sauvage qu'avec le travail on n'apprivoise, ni de si cruelle que par la même voie on ne rende capable d'amitié. Les maîtres des lions leur mettent la main entre les dents sans en être offensés. Les éléphants par le bon traitement se laissent aller jusques à la servitude. Tant les choses mêmes qui ne savent que c'est d'obligation, ne sont pas inexpugnables à la continuation de les obliger. Qui n'a reconnu le premier plaisir reconnoîtra le second. Si ni l'un ni l'autre n'ont réussi, le troisième fera quelque chose, et ramentevra ceux mêmes qui étoient oubliés. Celui vraiment les a perdus, qui les a estimés perdus incontinent après les avoir donnés. Mais celui qui presse, qui recharge et ne se lasse point, quand il auroit affaire[1] à une âme de bois ou de pierre, il faut qu'il lui donne du sentiment. Il n'est point d'homme si effronté à qui tant de bienfaits ne fassent baisser les yeux. Qu'il vous trouve en quelque part qu'il vous fuie; assiégez-le d'obligations. C'est un sujet que je me propose de traiter bien particulièrement; mais devant que passer plus outre, vous me donnerez congé, s'il vous plaît, de dire ici quelque chose, qui toutefois n'y vient pas fort à propos : pourquoi on dit qu'il y a trois Grâces; pourquoi on les a estimées sœurs[2]; pourquoi elles se tiennent par les mains; pourquoi on les peint riantes, jeunes, en robes transparentes et sans ceinture. Les uns veulent que cette description signifie que l'une donne, l'autre prend, et la troisième rend. Les autres, qu'elle nous représente trois sortes de bienfaits, donnés, rendus, et pris et rendus tout ensemble. Prenez celle qu'il vous plaira de ces opinions; ce n'est point chose qu'importe de savoir. Que veut dire qu'elles dansent en rond, et en la main l'une de l'autre? C'est que le bienfait doit aller aux mains de celui qui le reçoit, et revenir à celui qui l'a donné, et que cet ordre qui a de la grâce tant qu'il garde sa liaison et sa vicissitude, n'en a plus sitôt qu'il est interrompu. On les fait riantes, pource que tel est ordinairement le visage de ceux qui font plaisir et de ceux qui le reçoivent; jeunes, pource qu'il ne faut jamais laisser envieillir la mémoire d'un bienfait; pucelles, pour la sincérité incorruptible et sacrée qui y doit être; sans ceinture, parce qu'il n'y faut rien de serré ni de contraint; et les robes à jour, parce que la gloire des bienfaits est

---

1. Dans cette locution, Malherbe écrit *à faire* en deux mots.
2. Dans l'édition de 1630, sans accord : « On les a estimé sœurs; dans celle de 1631 : « on les estime sœurs. »

qu'ils soient regardés. Je veux bien qu'il y en ait de si passionnés pour le parti des Grecs, que toutes ces imaginations leur semblent nécessaires; mais je ne pense pas qu'il s'en trouve un qui cherche quelque substance aux noms qu'Hésiode leur a donnés, ni qui pense qu'il y ait rien de considérable en ce qu'il a nommé l'aînée Æglé[1], la seconde Euphrosyne, et la dernière Thalie. Chacun en fasse l'interprétation comme il lui plaira, et tâche d'en rendre quelque raison; de moi, je suis content de croire simplement que ce sont noms qu'il leur a donnés pour son plaisir. Aussi Homère, sans s'arrêter à cette nomination, en a appelé une Pasithée, et lui a donné mari, afin que vous ne pensiez pas que ce soient religieuses. Il se trouvera quelque autre poëte qui leur baillera des ceintures et des robes fourrées. Aussi ne faut-il pas penser que ce que Mercure est peint en leur compagnie, ce soit pour signifier que la grâce d'un bienfait doit venir du langage qui l'accompagne, mais pource que ç'a été le caprice du peintre de les représenter de cette façon. Chrysippus même, qui par ses subtilités fait profession de trouver ce qui est en toutes choses, qui n'a des paroles que pour se faire entendre, a pris tant de goût en ces niaiseries, qu'il en a rempli son livre, et sans parler, que fort peu, de la manière de donner, prendre et rendre un bienfait, a plutôt mêlé son discours à ces fables que ces fables à son discours. Car outre ce qu'Hécaton en a tiré, il dit qu'il y a trois Grâces, filles de Jupiter et d'Eurynomé, plus jeunes que les Heures, mais bien plus jolies, et que pour cela on les a baillées à Vénus pour lui tenir compagnie. Il trouve aussi le nom de la mère mystérieux, et tient qu'elle a été appelée Eurynomé, parce que la libéralité

---

[1]. Nous suivons le texte de 1630; mais la transcription du nom n'est point exacte. Hésiode nomme l'aînée des Grâces Ἀγλαΐη.

ne peut venir que de l'abondance; comme si c'étoit la coutume de nommer les filles premier que [1] les mères, ou que les poëtes aient donné des noms qui pussent rendre la signification véritable par ce qui puis après en arriveroit. Comme quelquefois un nomenclateur, si sa mémoire lui manque, a recours à l'impudence, et nomme comme il lui vient en la bouche ceux de qui il a oublié le nom; aussi les poëtes ne se pensent pas obligés à la vérité; mais selon qu'ils sont contraints par la mesure du vers, ou flattés par la beauté de quelque parole, donnent à chacun le nom qui leur vient le plus à propos, et ne sont point blâmés d'avoir enrichi la matière de quelque chose de leur invention. L'un ne donne point la loi à l'autre. Autant qu'il y a d'écrivains, autant chaque chose peut avoir de noms, si bon leur semble. Et qu'il ne soit ainsi, Thalie plus souvent que nulle autre est mise au nombre des Grâces par Hésiode, et Homère la fait passer pour une Muse.

IV. Mais de peur de tomber en la faute que je condamne, il vaut mieux que je laisse tout ce discours, qui est tellement hors de la chose qu'il n'en approche pas seulement. Mais au moins souvenez-vous de me défendre si quelqu'un trouve mauvais que j'aie mis Chrysippus sur les rangs. Je ne veux pas nier qu'il ne soit un grand personnage, mais toujours c'est un Grec, de qui les pointes trop déliées se rebouchent le plus souvent, et sont si foibles, que même quand elles semblent faire quelque force, elles ne font autre chose qu'égratigner bien le cuir en sa superficie, et ne passent point plus avant. Je ne sais pas à quoi cela peut servir. Il est question de traiter des bienfaits, et de régler une chose qui plus que nulle autre sert de liaison à la société des hommes. Il faut prescrire des lois à la vie, afin d'un côté que voulant être libéraux nous

---

[1]. *Premier que*, avant.

ne devenions faciles mal à propos, et que de l'autre par l'observation que nous y apporterons nous ne nous restreignions, mais gardions en cette action vertueuse un tempérament qui ne soit ni défectueux ni superflu. Il faut tout de même instruire ceux qui reçoivent, de le faire de bon cœur, rendre de même, et se proposer une contention généreuse de n'égaler pas seulement, mais s'il est possible vaincre en affection ceux qui les ont obligés en effet; car en matière de revanche, qui ne passe n'atteint point. Il faut enseigner les uns à ne rien mettre en ligne de compte, les autres à penser devoir plus qu'ils ne doivent. Les belles raisons que Chrysippus amène pour nous mettre en cet honorable duel, c'est qu'il faut craindre que pource que les Grâces sont filles de Jupiter l'ingratitude ne soit un sacrilége, et qu'on ne fasse outrage à de si belles filles, ne reconnoissant pas dignement un plaisir qu'on a reçu. Mais, je vous prie, au lieu de toutes ces baies[1], dites-nous quelque chose qui nous rende capables de donner et de prendre, et qui mette les obligeants et les obligés en une louable dispute, les uns d'oublier tout à l'heure, et les autres de se souvenir éternellement. Toute cette manière de fables est du gibier des poëtes, qui n'ont autre but que de dire quelque chose de bonne grâce. Mais si vous voulez guérir les âmes, retenir la foi au commerce des hommes, et graver dans les cœurs la mémoire des bienfaits, tenez-nous un autre langage, et vous efforcez d'autre façon; sinon que peut-être il vous soit avis qu'avec ces contes de vieille il vous soit possible de remédier à la plus pernicieuse chose qui soit au monde : *La carte blanche*[2] *des bienfaits.*

---

1. *Baies.* « *Baye*, tromperie qu'on fait à quelqu'un pour se divertir, » dit l'Académie dans son Dictionnaire de 1694; dans celui de 1835, elle ajoute que le mot est familier et qu'il vieillit.

2. Cette expression, par laquelle Malherbe traduit *novæ tabulæ*

V. Mais comme je passerai par-dessus ce qui ne sert de rien, aussi veux-je bien particulièrement traiter ce qui me semblera nécessaire, et vider ce point le premier : que c'est que nous devons quand on nous a fait plaisir. L'un dit qu'il doit de l'argent, un autre un consulat, l'autre une prélature, l'autre un gouvernement. Et toutefois ce ne sont pas bienfaits, ce n'en sont que les marques. Un bienfait ne se manie point, il n'est visible qu'aux yeux de l'esprit. Il y a bien de la différence entre la matière du bienfait et le bienfait. Ce qui nous vient de la libéralité de nos amis, or, argent et toute autre chose, ne sont pas proprement bienfaits. Le vrai bienfait est la volonté seule de celui qui donne. Le vulgaire ne prend garde qu'à ce qu'il voit, qu'il touche et qu'il possède ; de ce qui est le plus cher et le plus estimable, il n'en fait point de compte. Toutes ces vanités que nous voyons, que nous manions et recherchons si passionnément, sont autant de sujets où la fortune exerce sa tyrannie. Un malheur nous les ôte, une injure nous les fait perdre. Un bienfait survit à la chose donnée ; car à parler comme il faut, cela se peut dire vraiment bienfait, qui est fait en sorte que rien ne le puisse ruiner. J'ai retiré mon ami de la main des corsaires ; si après cela il tombe ès mains d'un autre ennemi qui le mette en prison, l'usage de mon bienfait est perdu pour lui, mais mon bienfait demeure. J'en ai sauvé du naufrage ou du feu, qui depuis sont morts ou de maladie ou de quelque autre inconvénient. Ce que j'ai fait pour eux ne laisse pas d'être, encore qu'ils ne soient plus. Ainsi toutes ces choses qui faussement usurpent le nom de bienfait, ne sont pas bienfaits proprement, mais ministères par lesquels ceux qui

(abolition des dettes, nouveau compte entre le créancier et le débiteur), équivaut ici à *oubli*.

aiment donnent de l'exercice et du témoignage à leur bonne volonté. Ce n'est pas en ceci seulement que cette considération a lieu ; il est assez d'autres occasions où l'apparence de la chose et la chose ne sont pas ensemble. Un général d'armée a donné à un soldat une couronne murale ou civique. Qu'y a-t-il de beau en cette couronne? Qu'y a-t-il de beau en une prétexte, en des trousseaux de verges, en un tribunal, ni en un chariot? Ces choses-là sont bien marques d'honneur, mais elles ne sont pas l'honneur même. Ainsi en un bienfait, ce qu'il y a de visible n'est que l'apparence et la marque du bienfait.

VI. Qu'appelez-vous donc bienfait? Une action de bienveillance, faisant réjouir et se réjouissant réciproquement, qui de son inclination et de son mouvement propre se dispose à faire ce qu'elle fait. Ainsi l'importance n'est pas à donner ou peu ou beaucoup, mais à donner de bon cœur; parce que le bienfait ne se considère pas en la chose faite ou donnée, mais en l'affection de celui qui la donne ou qui la fait. Et que cela soit, on le reconnoît en ce que toujours le bienfait est bon, et la chose faite ou donnée est indifférente. C'est l'affection qui relève les choses basses, qui fait luire les obscures, qui déshonore ce qu'on estime, et donne du prix à ce qui n'en a point. Les choses que les hommes desirent sont d'une nature neutre ; l'esprit de celui qui les possède en est le directeur et leur donne la forme qu'il lui plaît. Ce n'est donc pas en ce qui se compte et qui nous passe par les mains, que consiste le bienfait. La piété ne consiste pas en la graisse des victimes, mais en la dévotion des sacrifiants. Et certainement on se tromperoit de penser qu'un homme de bien, pour n'offrir qu'un peu de farine en une écuelle de terre, eût moins de religion qu'un méchant de qui les Dieux auroient tous les jours une hécatombe sur leur autel.

VII. Si les bienfaits étoient en la chose et non pas en la volonté, l'estimation s'en feroit par la valeur de la chose qu'on auroit donnée : ce qui est faux. Car si un ami m'a fait un petit présent avec beaucoup d'affection, s'il m'a donné peu, mais librement, et pour secourir ma nécessité a fermé les yeux à la sienne, et y a apporté, non de la volonté, mais du desir, s'il m'a baillé comme s'il eût pris, s'il m'a fait plaisir sans en penser jamais rien avoir, s'il a fait cas de la revanche que j'en ai prise, comme s'il n'eût jamais rien fait pour moi, et non-seulement n'a point laissé passer l'occasion de s'employer à mon affaire, mais l'a recherchée avec soin, et prévenue avec diligence, je suis ingrat à la vérité, si je ne m'estime plus son redevable que d'un roi qui auroit vidé les coffres de son épargne pour m'enrichir. Au contraire les choses extorquées par importunité, ou lâchées par nonchalance, quand ce seroient des sceptres et des diadèmes, donnent toujours quelque dégoût à ceux qui les reçoivent. Une main libérale recommande plus un présent, qu'une main pleine. Le présent qu'il m'a fait est petit, mais il ne le pouvoit pas faire plus grand. Ou bien, ce qu'il m'a donné vaut beaucoup, mais il a délibéré s'il me le devoit donner ou non, il m'a fait languir à l'attendre, il a fait un soupir en me le baillant, il me l'a baillé superbement, il en a fait sa montre par les carrefours, et n'a rien oublié pour me le faire trouver mal-agréable. C'est une gratification qu'il a voulu faire, non à moi, mais à sa vanité.

VIII. Socrate avoit un grand nombre de jeunes gens qui le venoient voir, et qui tous, selon ce qu'ils pouvoient, lui faisoient quelque présent. Eschine, qui en étoit aussi, mais qui par faute de moyens ne pouvoit faire comme les autres, lui dit : « Je ne reconnois que je suis pauvre qu'en cette incommodité, que je n'ai rien à vous offrir qui soit digne de vous. C'est pourquoi l'élection m'étant défendue, je vous donne une seule chose que j'ai, qui est moi-même. Je vous prie de me faire cet honneur d'accepter mon présent tel qu'il est, et vous représenter que si mes compagnons vous en ont fait de plus grands, ils vous ont toutefois donné bien moins que ce qui leur est demeuré. » La réponse de Socrate fut qu'il ne devoit point douter qu'il ne fît cas de son présent, sinon que d'aventure lui-même il en eût mauvaise opinion; et quoi qu'il en fût, que si jusques à cette heure il ne s'étoit pas estimé ce qu'il devoit, il espéroit le rendre tel, qu'il auroit occasion de se priser davantage à l'avenir. Alcibiade avoit du bien autant que du courage, et tous les autres écoliers étoient enfants des premières maisons de la ville, et cependant Eschine sut si bien faire que son présent fut trouvé plus riche que tout ce qu'ils avoient su donner.

IX. Voyez, je vous prie, la dextérité d'un bel esprit, que la misère ne peut tellement abattre que, dénué de toutes choses, il ne trouve de quoi fournir à sa libéralité. Il m'est avis que je l'ois qui tient ce langage à la fortune : « Eh bien, tu m'as fait pauvre, mais qu'as-tu gagné? Je n'aurai pas moins de quoi faire un présent digne de l'homme à qui je le veux donner. Puisque ce ne peut être du tien, ce sera du mien. » Ne pensez pas que pource qu'il se bailloit soi-même en payement de son apprentissage, il fît peu de compte de soi; mais cette invention lui sembla bien à propos de se donner à son maître, afin de convier son maître à se donner à lui. Il faut regarder qui donne, et non ce que l'on donne. C'est le trait d'un corrompu, quand il est recherché de quelque chose qu'il n'y a point d'apparence d'accorder, de faire bonne mine, et tâcher de gratifier en paroles ceux qu'il ne peut contenter en effet. Mais encore aimerois-je mieux avoir affaire à lui qu'à une manière de présomptueux qui avec un langage superbe et une mine pesante rabrouent si dédaigneusement les personnes, qu'ils ne semblent faire montre de leur fortune que pour acquérir des ennemis. Aussi nous les adorons bien en apparence, mais nous les détestons en notre âme, et haïssons en leurs actions ce que nous imiterions si nous étions en leur place. Il y en a qui se servent des femmes de leurs voisins, non pas secrètement avec quelque honte, mais scandaleusement à la vue de tout le monde, et ne trouvent point mauvais qu'on leur rende la pareille. Si quelque mari ne permet point à sa femme de se promener tout du long du jour emmi[1] les rues, et à la portière d'un carrosse s'exposer aux yeux et aux desirs de toute une ville, tout le sexe le décriera pour un malhabile homme, qui ne sait que c'est d'honneur et de qui la conversation ne peut apporter que du mal. Si quelqu'un n'a point de maîtresse, et n'entreprend la recherche de quelque femme d'importance, ce sera un homme sans courage, un étalon de chambrières, et qui ne mérite pas de manger un friand morceau. De là vient que l'adultère est aujourd'hui la plus honnête et la plus approuvée façon qu'on ait de se marier. Une femme ne semble pas bonne, si on ne l'a dérobée. Après avoir bien amassé, on épand; après avoir épandu, on ramasse avec la même avarice qu'auparavant. Il n'y a plus ni foi ni conscience. Si quelqu'un est pauvre, on le méprise, on appréhende de l'être, et comme s'il n'y avoit point d'autre mal au monde, on ne pense à rien qu'à s'en garantir. Jamais une injure n'est pardonnée, les forts gourmandent les foibles, et ne penseroient pas leur faire connoître leur puissance, s'ils ne leur faisoient sentir leur oppression; car de ruiner les provinces,

---

1. *Emmi*, au milieu de.

et mettre la justice à l'enchère, c'est chose qu'on ne trouve point étrange, pource que par le droit des gens on peut vendre ce qu'on a acheté.

X. L'abondance du sujet m'a fait continuer ce discours plus que je ne devois. Finissons-le donc, et pour ne faire point déshonneur à notre siècle, concluons que la plainte que nous faisons à cette heure, que tout est en désordre, qu'il n'est point de prud'homie, que tout s'en va perdu, nos pères l'ont faite devant nous, et nos enfants la feront encore après que nous ne serons plus. Le monde est et sera toujours d'une façon. S'il y a du déréglement une fois plus que l'autre, c'est chose qui va et vient comme le flux et le reflux de la mer. Tantôt l'impudicité gagnera le dessus, et mettra les adultères en réputation. Tantôt la superfluité des festins aura son tour, et la friandise des cuisines, qui est la plus honteuse ruine que puisse avoir une bonne maison. Tantôt la dépense des habits sera débordée, et la déformité des esprits se fera connoître par le soin qu'on aura de l'embellissement du corps. Tantôt de la liberté mal dispensée naîtront les insolences et les outrages, d'où peu à peu les humeurs, tant en général qu'en particulier, s'achemineront à la cruauté, et enfin s'écloront des guerres civiles, où toutes choses seront violées, et ne sera rien de si saint qu'on ne prenne la hardiesse de profaner. Il viendra peut-être un temps où l'ivrognerie aura du crédit : ce sera vertu que de bien boire. Les vices ne sont pas toujours en une place, ils sont mobiles, et se font guerre perpétuelle pour s'entre-chasser. Pour ce qui nous touche, nous pouvons dire de nous une chose qui sera toujours véritable, que nous ne valons rien, que jamais nous n'avons rien valu, et, ce que je suis bien marri de dire, que nous ne vaudrons jamais rien. Le monde ne sera jamais sans homicides, sans tyrans, sans larrons, sans adultères, sans voleurs, sans sacriléges, et sans traîtres. J'y ajouterois sans ingrats, si ce n'étoit qu'il n'est point de méchanceté que l'ingratitude ne produise, et que bien à peine un mauvais acte se peut résoudre, que cet abominable vice n'y ait quelque part. Fuyons-le comme le plus grand crime qui se puisse commettre[1]; supportons-le comme la plus petite injure que nous puissions recevoir. Le pis qui nous en puisse arriver, c'est que nous perdrons le plaisir que nous avons fait. Ce qui est de meilleur nous en demeure; nous l'avons fait. Il faut prendre garde d'obliger plutôt que nul autre ceux que nous pensons qui en auront du ressentiment; aussi est-il de certains plaisirs que nous ne devons pas laisser de faire, encore que ceux qui en ont besoin nous soient suspects d'ingratitude, et que même ils nous l'aient déjà fait reconnoître en quelque autre occasion. Comme si un père qui a ses fils en danger les peut recouvrer par mon moyen, et que pour m'y employer je n'en reçoive point d'incommodité, je serai bien aise d'y faire ce qui me sera possible. Si je puis sauver la vie à un qui le mérite, je le ferai aux dépens de la mienne, et ne ferai point de difficulté de courre ma part de sa fortune. Si un maraud est entre les mains des voleurs, et qu'en criant je leur puisse faire lâcher prise, je ne serai point marri d'ouvrir la bouche pour le salut d'un homme.

XI. Nous avons à cette heure à discourir des plaisirs que nous devons faire, et de quelle façon il y faut procéder. Il y a trois sortes de choses qu'on peut donner. Les nécessaires sont les premières, les profitables les secondes, et les dernières celles qui ne sont que pour le plaisir. Mais surtout, quoi que nous donnions, il faut prendre garde que ce soient choses qui ne s'évanouissent pas

---

1. Ce membre de phrase, qui manque dans l'édition de 1630, se trouve dans l'édition de 1631 et dans les suivantes.

légèrement. Il est raisonnable de donner le premier rang aux nécessaires. La vie va devant toutes choses. La conservation nous en est plus chère que l'ornement. En une chose de quoi nous avons moyen de nous passer, nous pouvons faire les dégoûtés, et dire : « Je n'en ai que faire, je me contente de ce que j'en ai. » Et cependant nous n'avons pas tant d'envie de la rendre que de la jeter. Des choses nécessaires, j'en fais encore de trois sortes. Les unes sont celles sans qui nous ne pouvons vivre : comme être délivré des mains d'un ennemi, de la colère d'un tyran, d'un arrêt de mort, et d'autres inconvénients qui ordinairement tiennent la vie assiégée de toutes parts. Tant plus grande notre affliction[1] aura été, tant plus serons-nous redevables à celui qui nous en aura démêlés. Car à toute heure la forme effroyable du mal échappé nous repasse par la mémoire, et n'est rien de si doux en la délivrance, que de se ramentevoir l'appréhension qu'on a eue de n'être jamais délivré. Toutefois ne nous persuadons pas, que si dès aujourd'hui nous pouvons sauver un homme, nous le devions laisser languir jusques à demain, pour en faire peser davantage l'obligation qu'il nous en aura. Après les choses de cette nature, il y en a d'autres sans qui nous pouvons bien vivre, mais nous ne le devons pas faire, parce que sans elles nous aurions meilleur marché de ne vivre point : comme la liberté, l'honneur, et la santé de l'esprit. A celles-ci succèdent les dernières du nombre des nécessaires, qui sont celles sans qui nous ne prendrions point de plaisir de vivre : comme sont les choses que la conjonction, le sang, la continuation, ou la longue conversation nous font aimer, les femmes, les enfants, les lieux de notre naissance, et autres objets à qui

---

1. L'édition de 1630 porte *mon* affliction, erreur corrigée dans l'édition de 1631, où on lit : « Tant plus notre affliction aura été grande. »

notre esprit se colle et s'attache avec tant de passion, qu'on a quelquefois moins de regret de mourir que d'en être séparé. Quant aux choses profitables, qui tiennent le second rang après les nécessaires, la diversité en est grande, et le nombre infini. L'argent est de ce rang-là (toutefois jusqu'à la suffisance seulement, et au deçà de la superfluité), les honneurs, les avancements de ceux qui ne sont point contents de leur fortune. Car la première utilité, c'est d'être utile à soi-même. Il ne reste plus à parler que des choses que l'abondance fait naître, et qui servent plus aux délices qu'à la nécessité ni au profit. Quand nous voulons donner quelque chose de cette qualité, voyons de le faire en sorte que l'opportunité la rende agréable. Que ce soit chose non vulgaire, mais ou qui ait toujours été rare, ou qui le soit de notre temps, ou qui, si d'elle-même elle n'est pas bien précieuse, soit présentée en une saison ou en un lieu si à son avantage, que le jugement de celui qui l'envoie lui fasse avoir de la réputation et du crédit. Pensons ce qui sera le mieux reçu, ce qui plus souvent se représentera devant les yeux, afin que celui à qui nous donnons pense être aussi souvent avec nous comme il sera avec notre présent. Surtout gardons-nous de donner des choses inutiles, comme un épieu à une femme ou à un bonhomme de quatre-vingts ans, à un paysan des livres, ou à un homme d'étude des toiles et des filets. Mais d'autre part aussi, prenons garde que tandis que nous voulons donner des choses agréables, nous n'en donnions qui semblent reprocher quelque défaut, comme à un ivrogne du vin, ou à un homme mal disposé des médicaments. Toute chose qui porte quelque marque de l'imperfection de celui qui la reçoit, lui est plutôt injure que présent.

XII. Si nous avons l'élection de donner ce que bon nous semblera, prenons garde de donner des choses de la plus longue durée que nous les pourrons choisir. Car il n'est guère d'hommes si nés à la reconnoissance[1], qu'ils ne perdent la mémoire d'un présent aussitôt qu'ils en ont perdu la vue; comme au contraire, pour ingrat que soit un homme, c'est force que l'objet excite sa mémoire, et qu'en dépit de lui, quand il voit le présent, il se ressouvienne de l'auteur. Il y a encore un autre point qui nous doit convier à donner des choses durables. C'est que depuis que nous avons donné une chose à quelqu'un, il ne lui en faut jamais plus parler. Ainsi l'avertissement que nous n'osons faire, le présent le fera. Je donnerai plutôt de l'argent en œuvre qu'en monnoie, et des statues plutôt que des habits ou quelque autre chose qui soit usée au premier jour. On cesse de savoir gré, quand on cesse de posséder. Il y en a peu qui fassent autrement. La souvenance prend fin ordinairement comme l'usage. C'est pourquoi je veux, si je puis, que mon présent ne soit point de chose qui se consume facilement. Je veux qu'il demeure, qu'il s'attache, et qu'il vive avec mon ami. Je crois qu'il n'y a homme de si peu de jugement, qu'il le faille avertir de n'envoyer ni des gladiateurs, ni des animaux pour combattre, après que le spectacle aura été représenté, non plus que de l'étamine en janvier, et de la fourrure en juillet. Une chose plaît en une occasion, qui en une autre seroit désagréable. Il faut considérer le temps, le lieu, et les personnes à qui nous avons affaire. Un sens commun sans science est capable de cette observation. Combien prend un homme plus de plaisir quand on lui donne ce qu'il n'a point, que ce qu'il a en abondance; ce qu'il cherche il y a longtemps, que ce que la plus chétive boutique de la ville lui peut fournir ! Quoi que l'on donne, et à qui que l'on donne, rien n'est contemptible quand il est rare et recherché. Un présent même de pommes com-

---

1. Ayant tant de penchant à la reconnaissance.

munes, et qu'au bout de quelques jours on ne voudroit pas seulement regarder, peut avoir de la grâce quand il ne s'en trouve point encore, et qu'elles sont venues longtemps avant leur saison. Il y a de l'honneur aussi à donner une chose que celui à qui nous la donnons ne pouvoit avoir d'autre que de nous, ou que nous n'avons jamais donnée à d'autre qu'à lui.

XIII. Alexandre de Macédoine étant de retour de sa conquête du Levant, les Corinthiens envoyèrent vers lui, pour lui témoigner la joie qu'ils avoient du succès de son voyage, et lui dire qu'ils le faisoient bourgeois de leur ville. Lui qui ne pensoit pas être moins que Dieu (tant les prospérités l'avoient aveuglé!) s'étant mis à rire comme par moquerie du présent qu'on lui faisoit, un des ambassadeurs lui dit : « C'est chose que nous n'avons jamais donnée qu'à vous et à Hercule. » A cette heure-là, ne prenant pas garde qui donnoit la bourgeoisie, mais qui étoient ceux à qui on la donnoit, il la reçut fort volontiers, festia[1] les ambassadeurs, et leur fit toutes les démonstrations de bonne volonté dont il se put aviser. Cet homme qui n'avoit autre passion que la gloire, combien qu'il n'en connût ni la nature ni les bornes, marchant sur les pas d'Hercule et de Bacchus, et se proposant de faire encore plus de chemin qu'ils n'avoient fait, ôta les yeux de dessus les Corinthiens pour les tourner sur le compagnon qu'ils lui bailloient, et se voyant mis du pair avec Hercule, se persuada qu'à ce coup il étoit à l'effet de la vaine et présomptueuse imagination qu'il avoit toujours eue d'aller au ciel. Je voudrois bien qu'on me dît quelle comparaison il pouvoit y avoir d'un jeune éventé, de qui toute la vertu n'étoit autre chose qu'une assistance extraordinaire que la fortune faisoit à ses témérités, et de celui

---

1. Dans l'édition de 1650, on lit : *festina*, au lieu de *festia*.

qui ne cherchoit autre fruit de ses victoires que le repos du monde, et l'avoit couru d'un bout à l'autre, non pour en desirer le conquêt[1], mais pour en procurer la délivrance. Que pouvoit avoir de semblable l'ennemi juré des méchants, le protecteur des gens de bien, et le pacificateur de la mer et de la terre, avec un misérable nourri dès son enfance aux voleries; pilleur de peuples, autant ruineux à ses amis qu'à ses ennemis, et qui ne pouvoit trouver de titre plus convenable à son humeur, que d'être la terreur de l'univers, ne se souvenant pas que si les bêtes furieuses sont formidables pour leur force, celles qui n'ont du tout point de courage ne le sont pas moins pour leur poison?

XIV. Mais retournons à notre propos. Un plaisir qu'on fait à tout le monde n'oblige personne. Je ne sais point de gré à un qui tient hôtellerie de m'avoir logé. Aussi ne fais-je à un qui donnant à manger à toute une ville, m'a mis en un rang d'où il n'a excepté personne. Qu'est-ce qu'il a fait pour moi, sinon cela même qu'il a fait pour un badin, pour un bélître, et pour un que peut-être il n'avoit jamais vu? Il n'a point eu bonne opinion de moi, mais il a voulu contenter sa vanité. Voulez-vous rendre une chose agréable? Rendez-la rare. Qui est-ce qui voudroit qu'on lui mît en compte ce qu'il a recueilli d'une chose qu'on jetoit sur toute une multitude indifféremment? Je ne veux pas que ceci soit pris pour une bride que je baille à la libéralité. Je trouve bon qu'elle aille si avant qu'il lui plaira; mais je ne veux pas qu'elle aille en désordre. Il y a moyen de faire en sorte que donnant à beaucoup, il n'y en aura pas un qui ne se fasse croire que nous l'avons gratifié d'autre façon que le commun. Il faut que chacun ait quelque marque particulière, qui lui fasse penser qu'on a fait plus de cas de lui que de

---

1. Var. (édit. de 1631) : La conquête.

nul autre. Un tel a eu autant que moi, mais je l'ai eu sans l'avoir recherché. Il a eu autant que moi, mais je l'ai eu tout incontinent, et il a été longtemps à le gagner. On peut bien donner à plusieurs une même chose, que ce ne sera pas avec mêmes paroles, ni avec démonstration d'une même volonté. Il a eu autant que moi, mais il a prié pour l'avoir, et j'ai été prié pour le prendre. Il a eu autant que moi, mais on savoit bien qu'il avoit de quoi rendre. Il est vieil et n'a point d'enfants, il s'en revanchera quand il fera son testament. J'ai plus eu que lui, encore qu'il ait eu autant que moi, parce qu'on me l'a donné sans espérance de le retirer. Comme une courtisane se divise si judicieusement à ses poursuivants, qu'il n'y en a pas un qui ne pense être celui qu'elle aime le mieux, ainsi faut-il que celui qui veut que ses bienfaits soient aimables, se conduise à les distribuer si dextrement, que tous ceux qui les reçoivent étant obligés l'un comme l'autre, chacun néanmoins se fait croire qu'on a fait quelque chose pour lui plus que pour son compagnon. Quant à moi, je laisse les coudées franches aux bienfaits. Tant plus ils seront grands, et tant plus il y en aura, tant plus grande sera la louange de celui qui les fera. Tout ce que je veux, c'est qu'on y apporte du jugement. Il n'est point d'homme si sensible, et si ouvert à toute sorte de traits, que ce qu'on lui donne fortuitement le touche au cœur. C'est pourquoi si quelqu'un pense que ce langage tende à ramener la libéralité dans ses limites, et lui resserrer ses bornes, il ne goûte pas bien ce que je dis; car y a-t-il vertu que je révère ni que je prêche davantage; et qui a plus de sujet de le faire que moi qui me propose de donner des règles à la société humaine et procurer en ce que je puis son établissement?

XV. Qu'on ne fasse donc autre interprétation de tout mon discours, sinon que pource que les meilleures actions de l'âme, de quelque bonne volonté qu'elles partent, ont une certaine mesure hors laquelle il est impossible qu'elles acquièrent le titre de vertu, je n'approuve ni l'intempérance ni le désordre en la libéralité. Il y a bien du plaisir[1] à recevoir un bienfait, voire de lui tendre les mains, quand une élection judicieuse le présente à ceux qui en sont dignes, non pas quand une occasion fortuite, ou une passion indiscrète de celui qui donne nous le fait tomber entre les mains. Quelle apparence y a-t-il de nommer bienfait une chose de laquelle on a honte de confesser l'auteur? L'obligation est alors vraiment agréable, et descend au fond de l'âme pour y demeurer éternellement, quand nous nous ramentevons plus volontiers le mérite de celui qui nous oblige, que la valeur du plaisir qui nous est fait. Crispus Passiénus disoit ordinairement qu'il y avoit de certaines gens de qui il estimoit plus le jugement que le bienfait, et d'autres aussi de qui il aimoit mieux le bienfait que le jugement; et en donnoit cet exemple: « J'aime mieux, disoit-il, le jugement d'Auguste que le bienfait de Claudius. » Pour moi, je ne saurois faire cas du bienfait d'un homme de qui je mépriserois le jugement. Mais quoi? falloit-il donc refuser ce que donnoit Claudius? Non; mais il falloit prendre de lui comme de la fortune, que l'on s'assure d'avoir pour ennemie au premier jour. Comment donc séparons-nous des choses si conjointes? Ce qui est de meilleur en un bienfait, c'est d'être donné avec jugement. S'il y manque, il n'y a plus de bienfait. Autrement une grand'somme d'argent donnée mal à propos n'est pas plus bienfait que si elle étoit mise en trésor. Or il y a beaucoup de choses qu'il faut recevoir, et toutefois ne penser pas en être obligé.

1. Var. (édit. de 1631): Contentement.

## LIVRE DEUXIÈME.

(Les onze premiers chapitres de ce livre n'ont pas été traduits.)

. . . . . . . . . . . . .

XII. Caïus César donna la vie à Pompeius Pennus (si c'est la donner que de ne l'ôter point), et comme il l'en remercioit, il lui bailla son pied gauche à baiser. Ceux qui l'excusent, disent que ce ne fut point par outrecuidance, mais pour envie qu'il avoit qu'on vît sa pantoufle qui étoit d'or en broderie de perles; et disent davantage, que peut-être il eut égard à la qualité consulaire de ce bon homme, de lui bailler de l'or et des perles à baiser, parce qu'il reconnoissoit qu'en tout le reste de son corps, il n'avoit rien de si net, ni de si digne d'être baisé. Ce misérable, né pour la ruine entière des mœurs romaines, et pour l'établissement de la servitude persique, n'eût pas été satisfait de voir en la présence d'une grande et honorable compagnie un vieil sénateur, remarquable pour une infinité de belles charges qu'il avoit eues, prosterné devant lui comme un vaincu devant un victorieux, s'il n'eût encore trouvé quelque chose au-dessous des genoux pour y faire descendre la liberté. Il n'eût pas pensé avoir bien foulé aux pieds la République, s'il ne lui eût fait cet outrage du pied gauche, et si après avoir tellement désestimé la vie d'un sénateur que d'en faire le jugement capital en pantoufles, il ne lui eût encore donné du pied par les dents, pour rendre l'injure accomplie au gré de son insolence et de sa fureur.

XIII. O vanité, compagne d'une grande fortune ! ô maladie, qui ruines les esprits les plus sains ! Puisque ton contentement est de changer les bienfaits en injures, ton goût d'aimer ce qui n'a point de mesure, et ton industrie de ne faire jamais rien de bonne grâce, combien penses-tu que tu fais de plaisir à ceux à qui tu n'en fais point ! Plus tu te hausses, plus tu demeures basse, et montres que tu connois mal la condition de ce qui te fait enorgueillir. Tu ne donnes rien que tu ne gâtes. Je voudrois savoir d'où te vient ce jugement perverti, de te vouloir faire voir en masque plutôt qu'en ton visage naturel. Un plaisir m'est agréable, quand il m'est fait agréablement; quand celui qui me le fait, s'il est plus grand que moi, ne me met pas pourtant le pied sur la gorge, mais se raccourcit à ma mesure, ôte la pompe à sa courtoisie, et n'a pas seulement égard à me secourir en ma nécessité, mais y ajoute encore le respect de considérer de quelle façon je veux être secouru. Il n'y a qu'un moyen de ramener ces audacieux à leur devoir : c'est de leur faire connoître que pour tout le bruit qu'ils font, ni eux ni leurs bienfaits n'en sont pas estimés davantage. Par leur présomption ils font rire le monde, et sont cause qu'on veut mal à ce qui seroit aimable s'il étoit manié d'autre façon.

XIV. Il est des choses de cette nature, que qui les bailleroit à ceux qui les demandent, elles seroient occasion de leur ruine. Quand cela s'offre, qui refuse oblige, et non qui donne. Ne nous arrêtons pas à ce que nos amis veulent, regardons ce qui leur est bon. Les passions bien souvent éblouissent la partie raisonnable de l'âme, et nous donnent de mauvaises intentions. Mais quand cette première saillie est passée, et que le refroidissement nous a rendus capables de conseil, nous détestons indubitablement ceux qui nous ont détruits pour nous avoir gratifiés. Comme nous refusons de l'eau à un malade, un couteau à un désespéré, et à un amoureux tout ce que le déréglement de son affection lui fait désirer à son préjudice, ainsi de quelque véhémence que nos amis nous prient, quelques submissions qu'ils nous fassent, et quelque pitié même que nous en ayons, nous ne devons jamais nous laisser aller à faire pour eux chose qui leur puisse apporter du déplaisir. La fin du bienfait est plus considérable que le commencement. Ce n'est rien que ce qu'on donne plaise à l'heure qu'on le reçoit, s'il ne plaît encore après l'avoir reçu. Il y en a qui disent : « Je sais bien que ce qu'il me demande lui fera mal, mais qu'y ferai-je ? Il me prie, je ne le saurois éconduire. C'est à lui d'y penser. S'il ne s'en trouve bien, qu'il s'en prenne à soi-même, et non pas à moi. » Vous vous trompez ; c'est à vous qu'il s'en prendra. Sa raison sera, que vous lui aurez aidé à se perdre. Sauroit-il avoir un plus juste sujet de vous haïr ? C'est une bonté bien cruelle, que de se lâcher aux prières de ceux qui veulent que nous les assistions à se ruiner. L'acte est glorieux et magnanime de sauver la vie à un homme, encore que peut-être le désespoir où il est l'empêche d'y consentir ; mais de donner une chose qu'on sait bien qui sera la confusion de celui qui la demande, qu'est-ce autre chose qu'une malveillance, qui n'ayant pas assez de courage pour se produire par la force, est bien aise de pouvoir nuire sous la couverture d'un plaisir ? Donnons des choses que la continuation de l'usage rende d'un jour à l'autre plus agréables, et par qui celui qui les aura reçues ne puisse jamais avoir d'ennui. Je ne baillerai point d'argent à mon ami que je sais qui me le demande pour débaucher une femme, parce que je participerois à son crime. Je l'en divertirai si je puis ; sinon, je ne favoriserai point un méchant acte. Si la colère l'emporte au delà du devoir, si l'ambition lui persuade des entreprises mal assurées, je ne lui donnerai point de sujet de pouvoir dire : « Un tel m'a perdu pour m'avoir trop aimé. »

XV. Ce sont bien souvent mêmes choses que les plaisirs des amis et les vœux des ennemis. L'envie des uns nous desire du mal ; l'indulgence inconsidérée des autres nous le procure. Mais, je vous prie, quelle honte est-ce que par faute de nous savoir conduire il n'y a point de différence entre faire du bien et vouloir du mal ? Et cependant c'est chose que nous voyons arriver ordinairement. Ne faisons jamais rien pour personne aux dépens de notre honneur. La première loi d'amitié, c'est l'égalité des amis. Quand on pourvoit à l'un, il ne faut pas abandonner l'autre. J'assisterai mon ami nécessiteux ; mais ce sera sans me laisser tomber moi-même en nécessité. S'il est en peine, je tâcherai de l'en tirer ; mais je me garderai de m'y mettre, sinon que l'affaire ou l'homme fussent de quelque mérite extraordinaire, qui valût de me résoudre à courre fortune. Je ne donnerai jamais ce que j'aurois honte de demander. Je priserai les choses ce qu'elles valent. Si le plaisir est petit, je ne le magnifierai point comme grand ; s'il est grand, je ne le mépriserai point comme petit. Les bienfaits, s'ils sont mis en ligne de compte, n'ont point de grâce ; s'ils sont montrés, ils sont reprochés. C'est une belle et nécessaire considération de mesurer ses moyens, pour faire justement ce qu'on peut, et rien davantage ; mais aussi ne faut-il pas avoir moins d'égard qui sont ceux à qui nous donnons. Tout ne convient pas à toutes personnes. Il est des choses si petites, qu'un homme qui a quelque marque ne les sauroit ni donner ni prendre sans se faire tort. Comparons donc les bienfaits et les personnes, de peur qu'il n'y ait rien de défectueux ou superflu, et que nous ne donnions quelque chose que l'on dédaigne et que du tout on ne veuille pas recevoir.

XVI. Ce grand Alexandre, de qui la vaine gloire avoit porté l'esprit au delà de toutes imaginations ordinaires, fit un jour présent d'une ville à quelqu'un, qui de peur de l'envie la refusa, comme chose disproportionnée à sa petitesse. « Je ne m'informe pas, dit Alexandre, de ce que tu peux accepter selon ta fortune ; je regarde à ce que je dois donner selon la mienne. » Cette parole, à ne la prendre que par dessus, semble généreuse et vraiment royale ; et toutefois il ne pouvoit dire chose qui fût si mal à propos. Rien ne sied bien de soi-même ; l'observation seule des circonstances fait l'approbation de nos actions. Pauvre créature, enflée au-dessus de ta condition ! comment est-il possible qu'à toi le donner soit honnête, et à lui déshonnête le recevoir ? Les personnes et les qualités sont considérables. La vertu n'approche point d'une extrémité plus que de l'autre. L'excès est aussi bien vice que le défaut. Si la fortune t'a fait capable de donner des villes, encore que tu pouvois acquérir plus de gloire à ne les prendre point, qu'à les prendre pour en faire jonchée comme tu fais, ce n'est pas à dire qu'il n'y ait quelque homme au monde si petit, qu'honnêtement tu ne lui puisses mettre[1] une ville entière en la manche.

XVII. Un cynique demanda un talent à Antigonus ; il lui répondit que c'étoit plus qu'un cynique ne devoit demander. Et là-dessus le cynique lui demandant un denier, il lui répliqua que c'étoit moins qu'un roi ne devoit donner. Cette défaite fut bien aussi vilaine que

---

1. Dans l'édition de 1630 : « Tu ne le puisses mettre, » ce qui est évidemment une faute.

subtile. Il trouva moyen de ne donner ni l'un ni l'autre. Au denier, il regarda la magnificence d'un roi; au talent, la profession d'un cynique, au lieu qu'il pouvoit donner le denier comme à un cynique, et le talent comme roi. Je veux bien qu'il soit des choses si grandes qu'honnêtement un cynique ne les puisse accepter; mais il n'en est point de si petites, que la bonté d'un roi ne puisse donner honnêtement. Toutefois, si vous me demandez ce qui m'en semble, je trouve qu'Antigonus fit bien. Ce sont choses incompatibles de demander de l'argent et de le mépriser. Vous avez déclaré la guerre aux biens du monde, vous en faites profession : que ne jouez-vous le personnage que vous avez pris? Si vous voulez avoir le plaisir d'être riche, pourquoi affectez-vous la gloire d'être pauvre? Regardons ce que nous sommes, aussi bien que ce que sont ceux à qui nous voulons donner. Chrysippus traitant cette matière s'est servi de la similitude du jeu de paume, que je ne trouve pas mal à propos. Il n'y a point de doute que si la pelote tombe, ce ne soit par la faute ou de celui qui la jette ou de celui qui la reçoit, et qu'elle ne demeure haute tant que d'une part et d'autre elle sera jetée et reçue comme il faut. Un bon joueur la jette d'une façon à un grand homme, et d'une autre à un petit. Il en est ainsi des bienfaits. S'ils ne sont accommodés autant à celui qui les prend qu'à celui qui les donne, il est impossible qu'ils soient ni bien pris ni bien donnés. Si nous avons affaire à un qui joue bien, nous serons plus hardis à frapper la pelote, parce que de quelque façon qu'elle aille de son côté, nous ne doutons point qu'il ne la sache bien renvoyer, là où si nous jouons avec un qui soit encore écolier, nous relâcherons quelque chose de notre science, et frapperons si bellement, que nous lui porterons la pelote jusque dans la main. Les bienfaits doivent avoir la même considération. Il est des hommes qu'il faut instruire, et se contenter quand avec quelque effort, ou par quelque trait de hardiesse, ils font démonstration de leur volonté. Nous sommes bien souvent cause nous-mêmes qu'il est des ingrats, et leur aidons à l'être par une fausse opinion que nous avons qu'il n'est point de grands bienfaits que ceux qui sont hors de revanche; comme ceux qui jouent malicieusement ne pensent pas un bon coup, s'ils ne le couchent en sorte qu'on ne le puisse relever, et de cette façon se privent du plaisir que le jeu donne quand l'un et l'autre apporte du consentement à le faire durer. Quelquefois nous sommes de si mauvaise nature, et avons tant de peur de démordre ce peu que nous pensons avoir d'avantage sur un ami, que nous aimons mieux perdre le bien que nous lui avons fait, que de lui donner sujet de se penser décharger de l'obligation qu'il nous a. Mais combien ferions-nous plus honnêtement de lui donner moyen de s'acquitter, interpréter toutes choses en bonne part, prendre un remerciement pour une revanche, et montrer à le faire demeurer quitte la même affection que nous avons eue à l'obliger! Un usurier est aussi fâcheux s'il est long et difficile à recevoir son intérêt, comme quand il est rigoureux à l'exiger. Il y a du mal à refuser une reconnoissance, autant qu'à la demander. Le meilleur est de donner sans se faire prier, et ne redemander jamais ce qu'on a donné. Si on nous le rend, s'en réjouir comme d'une chose qu'on avoit du tout oubliée, et le prendre, non pour une dette qu'on nous paye, mais pour un plaisir qu'on nous fait.

XVIII. Mais il est temps de passer à l'autre partie de mon discours, et de traiter de quelle façon il faut recevoir. L'arrogance y est évitable comme à donner. En tout office qui touche deux personnes, les obligations sont réciproques. Le père doit au fils, le fils au père; le mari à la femme, la femme au mari. Ils sont obligés de part et d'autre autant à faire qu'à recevoir. Hécaton en trouve la règle difficile; aussi est-elle. L'honnêteté est un point où il n'est pas bien aisé de donner; qui en approche fait beaucoup. Car il n'est pas question de faire, mais de bienfaire; ce qui ne peut être si la raison ne préside à nos actions depuis le commencement jusques à la fin. Il n'y a rien de si petit, ni de si grand où il ne la faille appeler. Si nous donnons, il faut que ce soit par son conseil. Le premier avis que nous en aurons, ce sera de ne prendre pas de tout le monde indifféremment. De qui donc? De ceux à qui nous voudrions donner. Il faut un goût aussi délicat à choisir à qui devoir, comme à qui prêter; car quand il n'y auroit point un nombre infini d'incommodités qu'il y a, nous sommes assez gênés de devoir à un à qui il nous déplaît d'être obligés; comme au contraire c'est un contentement extrême, que notre créancier ait des qualités capables de se faire aimer, quand même il nous auroit offensés. Il n'y a point de crève-cœur plus grand à un homme d'honneur, que s'il faut qu'il aime ce qu'il ne prend point plaisir d'aimer. Je ne parle pas de ceux qui sont si sages, que s'il se présente quelque chose qu'il faille ou faire ou souffrir, ils y disposent aussitôt leur consentement, qui tiennent leurs volontés en leur puissance, et prennent d'eux-mêmes une loi qu'ils ne violent point; mais de ceux-là seulement qui sont au chemin de cette perfection, et qui desirent de vivre en gens d'honneur; mais leurs passions leur donnent de la peine, et n'obéissent qu'en tant que la force les fait plier. Il ne faut pas donc, quand j'ai besoin d'un plaisir, m'adresser au premier venu. Je le dois élire, comme j'élirois un à qui je voudrois emprunter de l'argent, et encore avec plus de soin; car à cettui-ci, je suis quitte quand je lui ai rendu ce qu'il m'a prêté; mais à l'autre, il faut que je lui rende davantage, et qu'après cela je me répute encore son obligé. Je recommence à lui devoir quand je l'ai payé[1]. C'est pourquoi comme il faut du choix et de la diligence quand il est question de faire des amis, aussi ne faut-il pas entrer indifféremment au commerce des bienfaits avec toute sorte de personnes, puisque c'est de là principalement que procède l'amitié. Vous me direz que nous ne sommes pas toujours libres de ne recevoir pas, et que quelquefois il faut prendre en dépit que nous en ayons. Un tyran outrageux, et qui pour peu de chose se met en colère, m'offre quelque chose. Si je la refuse, je l'offense. Ne la prendrai-je point? Tenez un roi pour voleur et pour corsaire, quand il fait ce qu'un voleur et un corsaire fait. Que dois-je faire? Il ne me semble pas digne que je lui sois obligé. Quand je vous parle de choisir, c'est pourvu que la crainte et la violence ne vous en empêche; car alors il n'y a plus d'élection. Quand il est en vous de vouloir ou ne vouloir pas, avisez-y. Si la fortune vous ôte cette liberté, vous ne prenez pas, vous obéissez. Vous ne sauriez être obligé pour avoir pris ce que vous n'avez pu refuser. Voulez-vous savoir si je veux? faites qu'il me soit libre de ne vouloir pas. Oui, mais il vous a donné la vie. Ce n'est pas là qu'est l'importance. Il est question si j'ai voulu prendre ce qu'il m'a voulu donner. Vous m'avez sauvé la vie, je le veux; ce n'est pas à dire que je la vous doive. Les poisons ont quelquefois été remèdes, mais pourtant on ne les compte pas entre les médicaments salutaires. Il est assez de choses qui profitent, et toutefois n'obligent pas.

XIX. Il est arrivé qu'un qui étoit allé pour tuer un tyran, lui a percé une apostume, où les barbiers n'avoient osé mettre la main. Pour cela le tyran ne lui doit pas sa

---

1. Cette phrase, donnée par les éditions de 1631 et de 1635, manque dans l'édition de 1630.

guérison. Celui de qui le dessein est de me nuire, peut bien faire chose qui me profite, mais il ne me sauroit obliger. La fortune fait le plaisir, l'homme l'injure. De notre temps un lion en l'amphithéâtre ayant reconnu que l'un des exposés avoit été son gouverneur, le défendit des autres bêtes qui le vouloient offenser. Lui fit-il plaisir? Non, parce qu'il n'en eut pas l'intention. Le fait du lion et de celui qui vouloit tuer le tyran sont semblables. L'un et l'autre ont donné la vie, et ni l'un ni l'autre n'a fait plaisir. La gloire de donner ne peut être où est la nécessité de recevoir. Je ne dois point ce qu'on m'a fait devoir par force. Vous voulez que je vous doive? laissez en ma liberté le prendre et le refuser.

XX. On dispute ordinairement si Marcus Brutus, ayant dessein en son âme de faire mourir César, fit bien de recevoir la vie de lui. La résolution qu'il prit en ce fait a de la matière pour un autre discours. Mais si dirai-je en passant, que soit qu'il eût en horreur le nom de roi, qui est une domination, quand elle est juste, préférable à toute autre sorte de gouvernement, soit qu'il espérât que la liberté se pût remettre en une ville où le prix étoit si grand de commander et de servir, soit qu'il pensât qu'après une introduction de nouvelles mœurs les choses pussent retourner à leur premier établissement, et les lois reprendre leur autorité parmi tant de milliers d'hommes qu'il avoit vus combattre, non pour n'avoir point de maître, mais pour en élire un; encore qu'en assez d'autres occasions il se soit montré grand personnage, si est-ce qu'en celle-ci je ne trouve pas qu'il y ait moyen de le défendre, sinon d'autre faute, pour le moins de n'avoir pas bien pratiqué ce que l'école des stoïques lui pouvoit avoir appris. Et quand ces considérations ne seroient point, avoit-il oublié le cours du monde, et la condition particulière de la ville où il étoit? Ne devoit-il pas juger que pour un qu'il auroit fait mourir, il s'en trouveroit une douzaine d'autres qui auroient la même volonté, vu qu'après tant d'exemples de rois tués ou de glaive ou de foudre, Tarquin n'avoit pas laissé de faire ce qu'il avoit fait? Il fit bien toutefois de prendre la vie de lui, et pour cela ne fut pas obligé de le tenir pour père, puisque par injustes moyens il avoit acquis le droit de la lui donner. Celui qui m'a pu tuer et ne l'a pas fait ne m'a ni sauvé la vie ni obligé. Tout ce que j'en puis dire, c'est qu'il m'a laissé aller.

XXI. Mais voici bien une question plus difficile à résoudre. Je suis prisonnier. Un homme impudique et vicieux contre nature offre de payer ma rançon. Que ferai-je? M'obligerai-je à un méchant? Si je m'y oblige, que ferai-je pour m'en acquitter? Serai-je ou si sale que de vivre avec un homme qui n'a rien de pur, ou si ingrat que de ne vivre pas avec un homme par qui je vis? Je vous dirai ce qui m'en semble. Puisqu'il est question de ma vie, je prendrai de l'argent de lui, quelque méchant et sale qu'il soit; mais je le prendrai comme prêt, et non comme bienfait. Au partir de là je le lui rendrai, et s'il tombe en peine d'où je le puisse tirer, je ferai pour lui ce qu'il a fait pour moi; mais de contracter rien de plus particulier avec lui, je ne le ferai pas. L'amitié ne peut être qu'entre personnes semblables. Si je lui sais gré, ce ne sera pas de m'avoir sauvé la vie, mais de m'avoir prêté de l'argent, qu'il faut que je fasse compte de lui rendre. Il s'en offre un à me faire plaisir, qui mérite bien que je lui sois obligé, mais il ne le peut faire qu'il ne se fasse déplaisir. Je ne prendrai rien de lui, quand ce ne seroit que pour cette volonté seule qu'il a de me faire du bien à son préjudice. Je suis accusé, il me veut défendre; mais s'il le fait, le roi lui en voudra du mal. Je suis son ennemi, si, puisqu'il veut courre fortune pour moi, je ne prends la voie la plus aisée, qui est de la courre sans lui. Hécaton allègue à ce propos, mais hors de propos, ce me semble, l'exemple d'Arcésilaüs, qui refusa de l'argent que lui offroit un fils de famille, de peur que son père, qui étoit un homme avare, n'en fût offensé. Que peut-on louer en cette action? Est-ce qu'il n'a pas voulu prendre une chose dérobée? ou bien qu'il a mieux aimé ne prendre point, que d'être en peine de rendre? Quelle abstinence y a-t-il à ne prendre point le bien d'autrui? Si nous voulons un exemple qui ait du mérite, prenons celui de Grécinus Julius, grand personnage certainement, et que Caius César fit mourir sans autre sujet, que pource qu'en l'établissement de sa tyrannie une prud'homie comme la sienne lui étoit suspecte. Un jour qu'il faisoit la dépense de quelques jeux, et qu'à ce faire il étoit secouru par la contribution de ses amis, il ne voulut pas prendre une bonne somme de deniers que Fabius Persicus lui envoyoit. Et comme quelques-uns, qui regardoient plus au présent qu'à l'homme, lui remontrassent qu'il avoit eu tort de l'avoir refusé : « Pensez-vous, leur dit-il, que je voulusse devoir quelque chose à un homme, à qui je ferois difficulté de dire grand merci s'il avoit bu à moi? » Rébilus, qui ne valoit guère mieux, encore qu'il eût été consul, lui en envoya davantage, et le pressa fort de le recevoir. « Excusez-m'en, s'il vous plaît, dit-il; je n'ai pas pris ce que Persicus m'avoit envoyé. » Que direz-vous de cette considération? Pouvoit-elle être, ni plus scrupuleuse, ni plus exacte, quand il eût été question, non de recevoir des présents, mais d'élire des sénateurs?

XXII. Après que nous aurons résolu de prendre, apportons à cette action une contenance si gaie, et faisons voir des marques si visibles de notre contentement, que celui qui nous donne s'en aperçoive, et que dès l'heure même il commence de recevoir quelque fruit d'avoir donné. Il y a toujours de quoi se réjouir quand nous voyons notre ami joyeux ; mais certainement le sujet en est plus juste que nul autre quand il est joyeux par notre moyen. Montrons-lui que ce nous est plaisir d'en avoir reçu de lui. Ne resserrons point notre affection ; faisons-la paroître, non en sa présence seulement, mais en toutes compagnies où nous nous trouverons. Qui a reçu de bonne grâce un bienfait, il en a payé l'intérêt de la première année.

XXIII. Il y en a qui sont bien contents de prendre, mais ils veulent que ce soit secrètement. Ne doutez point que telles gens n'aient mauvaise intention. Il y a autant de gloire à celui qui reçoit un bienfait de le publier, comme à celui qui le donne de n'en faire connoître que ce que celui qui l'a pris veut qu'on en sache. Il y en a d'autres qui ne remercient jamais qu'à la dérobée, en quelque coin et à l'oreille, en sorte que personne n'en puisse rien apercevoir. Ce n'est pas être honteux ; c'est une manière de désavouer ce qu'ils doivent. Il y a de l'ingratitude à remercier sans témoins. Il en est qui ne veulent employer courtiers, notaires, ni témoins en leurs affaires, et même ne veulent pas faire de cédules. Ceux qui s'efforcent de celer un plaisir qu'on leur a fait, en font tout de même. Ils voudroient bien, s'ils pouvoient, imputer à leur mérite ce qu'ils doivent à l'assistance de leur ami. Si quelqu'un les a gratifiés en chose qui touche leur vie ou leur honneur, ils ne le voient plus si souvent que de coutume, et montrent leur ingratitude, pensant cacher leur obligation.

XXIV. Les autres disent plus de mal de ceux qui leur ont fait plus de bien. Il en est qu'il vaut mieux offenser qu'obliger. Ils cherchent en la haine un témoignage de ne devoir rien. Or il n'y a chose qui se doive conserver avec plus de soin que la mémoire d'un bienfait. Il se la faut ramentevoir d'une heure à l'autre, parce que si on ne s'en souvient, il est impossible qu'on s'en acquitte, et quand on s'en souvient, on a déjà commencé de s'en acquitter. Aussi faut-il bien se garder, quand on nous donne quelque chose, de faire les délicats en la prenant; car si nous ne faisons bon visage en une occasion où la nouveauté donne de la grâce à des bienfaits qui n'en ont du tout point, que faut-il qu'on espère de nous quand le temps nous aura fait envieillir le premier contentement d'avoir reçu? Un autre fera le froid et le dédaigneux en prenant, comme s'il disoit : « Ce n'est pas chose qui me fasse besoin, mais puisque vous avez si grande envie que je l'aie, je vous laisse faire. » Un autre y procédera si nonchalamment, que celui qui lui fait plaisir doutera qu'il ne s'en soit pas aperçu. Un autre en disant deux ou trois mauvais mots avec peine, et comme s'il lui fâchoit de remuer les lèvres, fera mieux connoître son ingratitude que s'il n'avoit du tout point parlé. Il faut proportionner les remerciements au bienfait, et quelquefois parce qu'il n'y a personne qui ne prenne plaisir de voir que les effets de sa libéralité s'étendent bien loin, si ces paroles y peuvent trouver place, il n'y aura point de mal de les y ajouter : « Vous avez fait plaisir à plus de gens que vous ne pensez; vous ne savez pas combien vous m'avez obligé; je ferai, si je puis, que vous le saurez; vous en croyez moins qu'il n'y en a. » Qui se charge de cette façon, fait de bonne heure paroître la volonté qu'il a de se décharger. La revanche m'en est impossible, mais au moins en confesserai-je la dette, et en publierai le ressentiment autant de fois que l'occasion s'en présentera.

XXV. Rien ne mit si bien Furnius auprès d'Auguste, que ce qu'après qu'à son intercession il eut pardonné à son père qui avoit tenu le parti d'Antoine, en le remerciant il lui dit : « Sire, voici la seule injure que je puis dire avoir reçue de vous, que pour la grandeur du bien que vous me faites, il faille que je vive et meure avec regret de ne m'en pouvoir jamais acquitter. » Quelle plus claire marque peut donner un homme de sa disposition à la reconnoissance, que de ne se pouvoir contenter en façon quelconque, et renoncer à toute espérance de pouvoir jamais satisfaire au plaisir qu'il a reçu? C'est avec ce langage et autres qui le ressemblent, qu'il faut témoigner son affection, rompre les nuages que la fortune lui oppose, et lui faire trouver passage pour éclairer. Quand nous ne parlerions point, pourvu que dans l'âme nous ayons la volonté que nous devons avoir, la conscience nous paroîtra sur le visage. Qui se doit ressentir d'un bienfait, se prépare à le reconnoître dès l'heure même qu'il le reçoit. Chrysippus en fait comparaison aux coureurs qui sont à l'entrée d'une barrière, qui n'attendent sinon qu'on leur fasse signe de partir. Il a besoin d'aller vite, et faire tout ce qu'il pourra, s'il veut atteindre celui qui est parti le premier.

XXVI. Il faut à cette heure voir ce qui fait les hommes ingrats. Il y en a trois occasions principales : l'opinion que nous avons de nous-mêmes, si bonne, que nous ne faisons cas que de nous et de ce qui nous touche; la convoitise d'être plus que ce que nous sommes; et l'envie que nous portons à ceux que nous pensons avoir, avec moins de mérite, autant ou davantage de bien que nous n'avons. Commençons par la première. Nous sommes tous juges favorables en notre cause, et ne la décidons jamais qu'à notre profit. De là vient que quoi que l'on fasse pour nous, nous le prenons comme en déduction de plus grande somme qui nous est due, et ne croyons pas qu'on nous puisse estimer ce que nous valons. Il m'a donné cela; mais combien l'ai-je attendu? De combien de travaux ai-je acheté le peu qu'il m'a fait de bien? Qui

pouvois-je servir que ma condition n'eût été meilleure ?
Et quand je n'eusse voulu être qu'à moi-même, ma fortune pouvoit-elle être pire à ne bouger de ma maison ? Ce n'est pas ce que je m'étois promis. Il m'a mis au rang du commun. Il n'a pas pensé que je méritasse beaucoup, puisqu'il m'a donné si peu. Il m'eût bien fait plus d'honneur de ne se souvenir du tout point de moi

XXVII. Cnéus Lentulus, augure, de qui la richesse est mise entre les exemples, s'étoit vu dix millions d'or. Je parle bien ; car il n'en avoit eu que la vue ; ses affranchis qui le ruinèrent en avoient eu la jouissance. Ce pauvre homme, qui avoit l'âme foible et l'esprit incapable d'aucune conception, étoit avare et mesquin s'il en fut jamais ; et toutefois on en tiroit plutôt de l'argent que des paroles, tant il étoit pauvre de langage. Tout ce qu'il avoit de fortune, il le devoit à Auguste ; car au commencement qu'il vint à lui, c'est chose assez connue qu'il n'y apporta qu'une pauvreté bien empêchée à conserver la qualité de noblesse. Comme depuis il fut devenu le plus riche et le plus apparent de la ville, il se plaignoit qu'Auguste lui avoit fait quitter ses études, et disoit que tout ce qu'il avoit eu de lui n'étoit rien au prix de ce qu'il lui avoit fait perdre pour ne lui avoir pas laissé continuer sa profession d'orateur. Et tant s'en faut que cela fût, que tout au contraire il n'avoit point de plus grande obligation à Auguste, encore qu'il lui en eût une infinité, que de l'avoir tiré d'un métier où il ne connoissoit rien, et où il ne faisoit que donner à rire à tout le monde Après cette bonne opinion de nous-mêmes, la convoitise est la seconde cause de l'ingratitude. Il n'est point de contentement pour une espérance qui n'a point de mesure. Quoi qu'elle ait, elle a trop peu. L'avarice est comme la flamme, qui s'élance d'autant plus haut qu'elle part d'un plus grand embrasement. En une richesse commune, les mouvements peuvent avoir quelques bornes ; mais en une fortune extraordinaire, il n'est rien d'assez fort pour l'arrêter. L'ambition n'a pas les imaginations modérées ; elle se trouve toujours au deçà de son mérite, quand même elle est au delà des honneurs que la honte lui avoit défendu de souhaiter. Le tribun se plaint qu'on ne l'a fait préteur, le préteur qu'on ne l'a fait consul, et le consul, s'il ne l'est plus d'une fois, ne pense pas qu'on lui ait fait l'honneur qui lui appartient. Il nous manque toujours quelque chose de notre compte. Quelque chemin que nous ayons fait, nous voulons passer plus outre ; et faute que nous ne nous représentons pas d'où nous sommes partis, mais où nous voudrions bien être, nous n'appréhendons jamais notre félicité. L'envie est la troisième cause qui fait les hommes ingrats ; maladie certainement plus véhémente et plus fâcheuse que nulle autre, et de qui les comparaisons sont les plus cruelles gênes qui nous puissent tourmenter l'esprit. Il a fait cela pour moi, mais il a plus fait pour un autre. Tous ceux qui en ont eu autant, n'ont pas tant langui que moi. Jamais l'envieux ne défend la cause de personne ; il est toujours pour soi contre tout le monde.

XXVIII. Combien seroit-ce une simplicité plus louable, de priser un bienfait plus qu'il ne vaut, et reconnoître qu'il n'est pas possible qu'un autre nous estime ce que nous-mêmes nous estimons ! Je devois bien recevoir plus que je n'ai reçu, mais il ne me pouvoit donner plus que ce qu'il m'a donné. Il en avoit beaucoup à gratifier. Ce qu'il en a fait n'est qu'un commencement. Si je le reçois de bonne grâce, cette démonstration de ma volonté lui donnera sujet de continuer la sienne. Il m'a donné peu ; c'est pour me donner plus souvent. Il a plus fait pour un tel que pour moi ; mais il a plus fait pour moi que pour beaucoup d'autres. J'ai plus de mérite que celui qu'il m'a préféré, et lui ai fait plus de service ; mais il a trouvé quelque chose en lui plus à son goût. Et puis que je fasse tant de plaintes que je voudrai, ne me rendrai-je pas plutôt indigne de ce qu'il m'a donné, que digne qu'il m'en donne davantage? Ceux qui ont eu plus que moi, sont gens dépourvus d'honneur et de qualité. Qu'importe? Est-ce chose bien ordinaire que la fortune ait du jugement? De quoi nous fâchons-nous tous les jours, que de la prospérité de ceux qui ne valent rien, et qu'à toute heure la grêle laisse les champs de tout ce qu'il y a de mauvais garçons en une contrée, pour s'en venir fondre sur le blé d'un homme de bien? Aux amitiés, comme en toute autre chose, il faut prendre ce qui tombe en notre part. Il n'y a bienfait si grand où la malice ne trouve à redire; ni si petit qui ne soit passable, pourvu qu'on le veuille bien interpréter. Prenez les choses de mauvais biais, vous ne manquerez jamais de sujets de murmurer.

XXIX. Voyez, je vous prie, comme la plupart du monde, voire même de ceux qui font profession de sagesse, n'estiment pas comme ils doivent les biens que les Dieux nous ont faits, et en parlent indiscrètement. Ils se plaignent que les éléphants sont plus grands, les cerfs plus vites, les oiseaux plus légers; que les baleines ont la peau plus solide, les daims plus belle, les ours plus épaisse, et les lièvres plus délicate; que les chiens ont le sentiment du nez plus aigu, les aigles la vue meilleure, les corbeaux la vie plus longue; et qu'une infinité d'animaux ont encore cet avantage par-dessus l'homme, qu'ils savent nager sans avoir appris. Et combien qu'il y ait beaucoup de choses, qui selon l'ordre de nature ne se peuvent trouver ensemble, comme l'extrême vitesse et l'extrême force, il leur semble que nous devions avoir été composés de qualités incompatibles, et qu'on nous a fait tort en ce que notre santé n'est pas inexpugnable à toutes sortes de débauches et que nous ne pouvons pas deviner ce qui nous est à venir. Que se peut-il ajouter à cette impudence, sinon qu'ouvertement ils se plaignent que les Dieux sont au-dessus de l'homme, et qu'ils ne l'ont pas fait aller du pair avec eux? Combien seroit-ce mieux fait de se retourner à la contemplation de tant et de si grands biens qu'ils nous ont faits, et les remercier de ce qu'il leur a plu que sous eux nous soyons maîtres de tout ce qu'ils ont mis sur la terre! Est-il possible qu'il se soit trouvé des hommes si mal avisés de faire comparaison de nous à des animaux, qui n'auroient du tout point été créés, s'ils n'avoient été jugés nécessaires pour nous servir! Il n'y a point de doute qu'on ne nous a pu donner ce qu'on ne nous a point donné. Et pour ce, quiconque tu sois qui juges si mal à propos de la condition des hommes, considère combien tu as d'avantage sur le reste des animaux, combien tu en assujettis de plus forts que toi, combien tu en atteins de plus vites, et enfin qu'il n'y a rien de mortel que tu ne sois capable de faire mourir. Regarde combien tu as de vertus et de sciences. Mais parsus tout admire cet esprit vraiment admirable, qui se trouve au bout du monde plus tôt qu'il n'a fait dessein de partir pour y aller, et de qui la promptitude plus diligente beaucoup que celle des astres, fait dès aujourd'hui les courses qu'ils feront plusieurs siècles après que tu seras dans le tombeau. Jette les yeux sur tant de fruits, tant de richesses, et tant de toutes sortes de biens; ne laisse rien que tu ne voies. Et pource que de tout ce qui est au monde, tu ne trouveras rien que tout ensemble tu aimasses mieux être que ce que tu es, choisis de chaque sujet quelque particularité que tu voudrois bien avoir. Cela fait, ou tu n'es pas juge équitable, ou tu trouveras que vraiment la nature t'a fait pour être ses délices, et que tout le reste du monde n'a pas tant de marques de son indulgence comme toi seul. Cela est vrai; les Dieux nous ont aimés, et nous aiment. Ils se sont réservé la première place et nous ont donné la seconde, qui est l'honneur le plus grand qu'il nous est possible de recevoir. Nous en avons eu de grands biens, et n'avons pas été capables d'en avoir davantage.

XXX. J'ai voulu faire ce discours, pource que parlant des petits bienfaits j'ai pensé que ce n'étoit point sortir de la matière de faire quelque mention des grands, et aussi pource que de cette ingratitude si notable, comme d'une première source, dérivent indubitablement celles de qui nous voyons si souvent pratiquer les exemples parmi nous. A qui saurons-nous gré, si nous n'en savons point aux Dieux? Quelle obligation nous semblera grande, si nous ne faisons point de cas de celles que nous leur avons? A qui voudrons-nous devoir l'âme et la vie, si nous n'avouons pas de la tenir de ceux à qui nous la demandons tous les jours? Quiconque donc prêche contre l'ingratitude, il parle autant pour les Dieux que pour les hommes : sinon que peut-être pour ce que leur condition les a exemptés de toute nécessité et les a mis hors de tout desir, il semble qu'il soit impossible de s'acquitter en leur endroit. Qui a cette opinion s'abuse. Il ne faut point que l'impuissance ou la pauvreté servent de prétexte à l'ingratitude. Toutes ces paroles sont vaines. Que ferai-je? Où prendrai-je de quoi les reconnoître? Serai-je si mal avisé que d'offrir quelque chose à ceux de qui le patrimoine est tout l'univers? Je m'en vais vous montrer qu'il n'est rien de si peu de frais, si vous craignez de dépendre, ni de si peu de peine, si vous fuyez de travailler. Au même temps que vous recevez, vous êtes quittes si vous voulez; pource qu'un plaisir est payé quand il est reçu de bonne grâce.

XXXI. Ce paradoxe est prêché dans l'école des stoïques pour une maxime indubitable; et de moi, je n'y trouve pas seulement de l'apparence, mais aussi de la vérité ; car puisque tout consiste en la volonté, chacun d'une part et d'autre a fait ce qu'il a voulu ; et par la même raison que la piété, la foi, la justice, et généralement toute autre vertu a sa perfection en soi-même, sans rechercher aucune opération extérieure, c'est chose possible que par la seule affection un homme acquitte le plaisir qu'il a reçu. Il n'y a point de doute que celui qui fait quelque chose, n'ait le fruit de sa peine quand il arrive à ce qu'il s'est proposé. Que se propose celui qui fait un plaisir, sinon du bien pour autrui, et du contentement pour soi ? Si cette intention lui est réussie, et si me faisant paroître son affection il a reconnu la mienne, il a ce qu'il a demandé ; car il n'a pas fait compte que je lui dusse bailler quelqu'autre chose en récompense : autrement il auroit pensé faire une échange, et non pas un plaisir. Celui qui voyage est content quand il est arrivé où il vouloit aller, et celui qui tire, quand il a frappé le but où il visoit. Celui qui fait un plaisir veut qu'on le reçoive de bon cœur. Si cela lui succède, que doit-il desirer davantage ? Mais il attendoit quelque commodité. Ce n'est donc pas faire plaisir que ce qu'il faisoit, vu que la qualité propre et naturelle de cette action est de ne penser jamais à la récompense. Ce que j'ai pris, si je l'ai pris de la même affection qu'on me l'a donné, je l'ai rendu ; autrement ce seroit gâter une chose très-agréable par une très-fâcheuse condition. Pour n'être ingrat on me renvoie à la fortune. Peut-être n'en tirerai-je point de secours. N'importe : je suis quitte, puisque j'ai volonté de m'acquitter. Et quoi donc ? ne ferai-je rien ? Ne chercherai-je point quelque occasion de pouvoir servir mon bienfacteur, et de lui rendre, si je puis, un muid pour le boisseau que j'en ai reçu ? Si ferai. Mais si c'est la règle des bienfaits qu'on ne les puisse reconnoître qu'en vidant la bourse, j'aurai bien meilleur marché de ne rien prendre, que de devoir sous une si dure obligation.

XXXII. Celui, dit-il, à qui on a fait un plaisir, quelque affection qu'il ait témoignée en le recevant, n'a pas fait tout ce qu'il faut qu'il fasse. Il en reste encore une partie, qui est de le rendre. Comme en jouant c'est bien quelque chose d'aller bien à la pelote et la recevoir comme il faut, mais si ne peut-on pas dire qu'un homme ait bien joué pour l'avoir bien reçue, s'il ne l'a renvoyée de bonne grâce. Cette comparaison est mal à propos. Pourquoi ? Pource que le bien jouer à la paume ne consiste pas en l'esprit, mais au mouvement et en la disposition du corps; et pour ce, quand les yeux doivent juger d'une chose, il ne faut point qu'il y demeure de pli. Cependant je ne dirai pas qu'un homme ne soit bon joueur, qui ayant bien reçu la pelote et fait ce qu'il devoit faire pour la renvoyer, en a été empêché par quelque inconvénient. Mais combien, dit-il, qu'il ne manque rien en ce qui touche la science, puisqu'il en a fait une bonne partie et est capable de faire celle qu'il n'a point faite, si est-ce que le jeu demeure toujours défectueux, n'ayant point eu cette vicissitude d'envoyer et de renvoyer, où consiste sa perfection. Je ne veux pas répliquer davantage. Accordons que cela soit, et qu'il y ait quelque défaut au jeu, et non pas au joueur. Il en est de même en ce de quoi nous disputons. Il peut bien y avoir du manquement en la chose donnée, parce qu'on lui doit une pareille; mais pour le regard de l'affection, il n'y en a point. Celui qui en donnant a trouvé une volonté semblable à la sienne, en ce qui est de son pouvoir il a fait ce qu'il s'étoit proposé.

XXXIII. Il m'a fait plaisir; je l'ai pris de la façon qu'il vouloit que je le prisse; il a ce qu'il demande. La seule chose qu'il a desirée de moi, je la fais, je lui en sais gré. Si après cela je lui suis bon à quelque chose, je suis prêt à le servir, non pour fournir le payement d'une dette à demi payée, mais comme un accessoire après avoir acquitté le principal. Phidias fait une statue. Ce n'est pas tout un que le fruit de l'art et le fruit de la besogne. Le fruit de l'art est d'avoir fait ce qu'il a voulu faire ; le fruit de la besogne est de l'avoir fait avec fruit. Son ouvrage est fait, bien qu'il ne soit pas encore vendu[1]. Il a trois payements de sa besogne. Le premier est la satisfaction de lui-même, qu'il a touché dès qu'il a eu donné le dernier coup de ciseau; le second, de la réputation; et le troisième, du profit qu'il aura d'en gratifier quelqu'un, ou de la vendre, ou d'en tirer quelqu'autre commodité. Ainsi d'un bienfait, le premier fruit c'est celui de la conscience, qui est perçu quand le plaisir est arrivé où nous avions envie de le porter; le second est de la réputation; et le troisième des choses que nous pouvons faire les uns pour les autres. C'est pourquoi quand j'ai reçu de bon cœur un plaisir, je puis dire que la reconnoissance en est faite. Ce qui reste à faire, c'est la récompense. Le bienfait a été payé en le recevant; ce qui est hors du bienfait est dû.

XXXIV. Quoi donc? celui se peut-il être acquitté qui n'a rien fait? Il a beaucoup fait : il a baillé cœur pour cœur, comme l'amitié commande, également. Et puis il y a différence de payer un plaisir ou rendre de l'argent prêté. N'attendez pas que je vous fasse un payement visible. La chose est du commerce des esprits. Ceci d'abord est paradoxe; mais si vous avez patience de m'écouter, et que vous considériez qu'il est plus de choses que de paroles, vous changerez d'opinion. Il y a une infinité de choses que par faute de noms propres il faut nommer de noms empruntés. Nous disons le pied d'un homme, d'un

---

1. Cette phrase, donnée par les éditions de 1631 et de 1635, manque dans l'édition de 1630.

lit, d'un voile, d'un vers ; nous disons un chien de terre, un chien de mer, et donnons encore le même nom à un astre, pource que nous n'avons pas de noms assez pour en donner à toutes choses, mais en empruntons quand nous en avons besoin. La valeur est une vertu qui généreusement se hasarde où le péril est juste, ou bien une adresse de repousser les dangers, s'en défendre et les rechercher. Toutefois nous appelons vaillant un gladiateur, et baillons le même nom à un maraud de valet qui sans jugement se précipite à la mort. L'épargne est une science de ne rien dépendre mal à propos, ou une industrie de ménager son bien ; et cependant nous disons d'un homme qui épargne beaucoup, que c'est une âme basse et resserrée ; non qu'il n'y ait de la différence entre le défaut et la médiocrité, mais la faute de paroles a fait qu'à l'un et l'autre nous donnons le nom d'épargnant, et appelons vaillant celui qui sans jugement se précipite en toute sorte de périls, aussi bien que celui qui sait judicieusement ne faire point de cas des choses fortuites. Cette même pauvreté de langage nous fait indifféremment appeler bienfait l'action de faire du bien, et la chose qui est donnée en cette action, comme de l'argent, une maison, une robe. L'un et l'autre ont un même nom de bienfait, mais la signification en est bien différente.

XXXV. Prenez donc garde à ce que je vous dis, et je m'assure que vous m'accorderez qu'il est véritable. Ce bienfait qui est l'action de faire du bien, est reconnu quand nous le recevons avec l'affection qu'il faut. Cet autre qui consiste en la chose donnée, nous ne l'avons pas encore rendu, nous en avons la volonté. Le cœur a payé le cœur ; la chose reste à payer, il lui en faut bailler une semblable. Et pour ce, quand nous disons qu'un bien reçu de bon cœur est reconnu, nous ne l'exemptons pas pourtant de rendre quelque chose de semblable à ce qu'il a reçu. Nous disons beaucoup de choses éloignées de la coutume, qui puis après y reviennent par un autre chemin. Nous disons que le sage ne peut recevoir d'injure, et cependant si quelqu'un lui donne un coup de poing, il sera mis en amende comme outrageux. Nous disons qu'un fol n'a rien, et toutefois celui qui aura dérobé quelque chose à un fol sera condamné comme larron. Nous appelons beaucoup de gens fols à qui nous ne baillons pas de l'ellébore ; et au contraire ce sont bien souvent ceux qui opinent de nos biens et de nos vies et qui en ont la jurisdiction. Aussi nous disons que qui a pris un bienfait de bonne affection, l'a reconnu, et toutefois nous ne lui baillons pas sa quittance. Il faut qu'il rende, et qu'il reconnoisse encore après qu'il a rendu. Nous ne voulons pas donner sujet de désavouer un plaisir, mais encourager ceux qui le reçoivent, afin que le faix ne les étonne et qu'ils ne craignent d'être accablés de sa pesanteur. On m'a donné du bien, on m'a gardé l'honneur, on m'a mis à mon aise, on m'a rendu la vie, et ce qui est encore plus que la vie, on m'a remis en liberté. Comme pourrai-je satisfaire à de si grandes obligations ? Quand viendra le jour que je pourrai faire paroître mon affection à celui à qui je suis tant redevable ? Ne vous fâchez point : le jour que vous cherchez est venu : c'est celui même où il vous fait paroître la sienne. Recevez son bienfait, embrassez-le et vous réjouissez, non de le prendre, mais de ce que vous le rendez pour le devoir encore après. Vous ne serez point en danger que par quelque accident la fortune vous fasse perdre ce que vous destinez à l'acquit de votre dette. Je ne vous proposerai rien qui ne soit facile. Ayez bon courage. Il n'y a labeur à supporter, ni longue servitude à craindre. Le terme ne sauroit être plus court ; payez comptant[1]

---

[1]. Dans les éditions de 1630 et de 1631 : « Payez content. »

de ce que vous avez. Si vous ne reconnoissez un bienfait tout aussitôt que vous le recevez, vous ne le reconnoîtrez jamais. Que ferez-vous donc? Il ne faudra point prendre les armes, et possible peut-être que si. Il ne faudra se mettre sur la mer; peut-être que si fera, et qui plus est, qu'il se faudra embarquer avec un vent contraire. Voulez-vous rendre un bienfait? Soyez gracieux en le prenant, vous l'avez rendu, non pour en penser être quitte, mais pour ne vous étonner point d'être obligé.

# LIVRE TROISIÈME.

I. Il n'y a personne qui n'avoue que c'est une vilaine chose que l'ingratitude. Les ingrats mêmes se plaignent des ingrats. Néanmoins tout le monde fait ce que tout le monde blâme, et les choses vont tellement au rebours de bien, que non-seulement nous n'avons point de plus grands ennemis que ceux que nous pensons avoir obligés ; mais, qui pis est, s'il falloit rechercher le sujet de leur haine, on n'en trouveroit point d'autre que cela même que nous avions fait pour acquérir leur amitié. Je ne dis pas qu'en quelques-uns le mauvais naturel n'en soit cause ; mais, en la plupart, c'est que le temps nous offusque la mémoire de nuages, qui d'un jour à l'autre s'épaississent, et peu à peu nous font couler dans les âmes, sinon un oubli, pour le moins un dégoût des choses que nous avons adorées en leur nouveauté. Il me souvient bien qu'autrefois nous en avons eu quelque dispute ensemble[1], et que prenant la protection de telle manière de gens, vous accusiez leur mémoire pour excuser leur volonté, comme si la cause d'un crime en devoit être la défense, et qu'il fût possible de n'être point coupable d'ingratitude, en faisant ce qui ne peut être fait que par un ingrat. Il est beaucoup de sortes de larrons, il en est beaucoup de menteurs, aussi est-il d'ingrats ; mais chacun a sa considération particu-

---

1. Sénèque adresse son *Traité des Bienfaits* à *Æbutius Liberalis*, dont le nom se lit au commencement de chaque livre, et ailleurs encore, dans le texte latin, mais n'a été traduit par Malherbe que dans le chapitre XLII du livre VI et dans le chapitre I du livre VII.

lière, qui le fait différer des autres. Ingrat est celui qui désavoue un plaisir qu'il a reçu, ingrat qui le dissimule, ingrat qui ne le rend point; mais qui l'oublie est indubitablement le plus ingrat de tous les ingrats. Les autres, s'ils ne payent point, pour le moins ils savent bien qu'ils doivent; si leur conscience n'est bonne, les caractères du plaisir qu'on leur a fait ne laissent pas d'y être gravés, et se peut faire qu'un jour la honte les avertira de leur devoir, et que par quelque saillie vertueuse, qui naîtra sans y penser en leur âme (comme il n'en est point de si mauvaise que pour un temps il ne s'y puisse faire quelque bon mouvement), ou par une occasion dont la facilité leur fera prendre courage, ils se rendront capables de revanche, et par quelque effet témoigneront qu'ils ont volonté de s'acquitter. Mais il n'y a pas d'apparence que jamais ceux-là se ressentent d'un plaisir, qui ne se souviennent du tout point de l'avoir reçu. Où trouvez-vous donc plus de crime: en une reconnoissance suspendue, ou en une mémoire ensevelie? Ceux qui craignent la lumière ont les yeux malades, ceux qui ne la voient du tout point sont aveugles. Qui n'aime point ceux qui l'ont mis au monde a de l'impiété; qui les méconnoît est hors du sens. N'est-ce pas le plus grand trait d'ingratitude que vous sauriez faire, qu'au lieu que vous devez mettre un bien que l'on vous a fait à l'entrée de votre âme, pour avoir sujet d'y penser à toutes heures, vous le serrez si mal, et le jetez si hors de votre vue, qu'après avoir été longtemps sans savoir où il est, vous veniez enfin à ne savoir plus qu'il soit chez vous? Qui oublie une dette montre bien qu'il ne s'est guère soucié de la payer.

II. Il y a un autre point. C'est que la revanche d'un plaisir est une chose où il faut du courage, du temps, des moyens et de l'assistance de la fortune, là où la mémoire seule, sans que nous mettions la main à la bourse, est suffisante à nous acquitter. Qui peut faire une chose sans peine, sans dépense et sans crainte d'un mauvais succès, s'il ne la fait, il n'y a point de prétexte qui le puisse garantir. On ne sauroit mieux faire connoître le peu de volonté que l'on a de se ressentir de quelque obligation, que de s'en détourner les yeux, et ne la vouloir pas seulement regarder. Comme les choses que l'on manie ordinairement ne sont point en danger de se couvrir ni de rouille ni de poussière, mais bien celles que nous tenons en quelque coin hors des lieux de notre conversation, ainsi jamais la mémoire ne laisse échapper ce qu'avec des imaginations continuelles nous sommes diligents à lui représenter. Si elle perd quelque chose, c'est pour n'avoir pas été souvent curieuse de la regarder.

III. Après cette cause d'ingratitude, il y en a d'autres; desquelles la première et la principale est que nos convoitises, qui plus souvent s'occupent à souhaiter qu'à jouir, nous font jeter les yeux, non sur ce que nous avons, mais sur ce que nous desirons avoir, et non à ce qui est, mais à ce que nous voudrions qui fût. Nous n'estimons jamais ce qui est chez nous; d'où vient que le desir des choses nouvelles nous dégoûtant de celles que nous avons de longue main, il nous dégoûte par conséquent de celui qui nous les a fait avoir. Autant de temps qu'une chose nous est agréable, autant nous aimons celui qui nous l'a donnée; nous l'honorons, et publions partout que tout ce que nous avons de bien, nous l'avons de sa libéralité. Mais aussitôt que quelque autre chose nous a semblé belle, et que nous avons commencé d'y prétendre, c'est la coutume des hommes de ne se contenter jamais. Il ne se parle plus de cette obligation qui nous souloit être si précieuse, et que nous jurions de conserver éternellement. Nous ne prenons plus garde à ce qui nous a mis au-dessus des autres, mais à ce que nous voyons luire en la main de ceux qui sont au-dessus de nous. Il est impossible que l'envie et la reconnaissance puissent compatir ensemble. L'une tient du hargneux et du mélancolique; l'autre ne s'accompagne ordinairement que d'une belle humeur. Et puis la plupart des hommes ne se veut presque pas imaginer qu'il soit autre temps que celui qui passe à l'heure même. Il y en a peu qui regardent derrière eux. De là vient que comme nous sommes hors d'enfance, nous ne nous soucions plus, ni de nos précepteurs, ni de ce qu'ils ont fait pour nous. Nous en faisons de même de ceux qui nous ont servis en notre jeunesse, parce que nous ne prenons jamais la peine de nous la ramentevoir. Tout ce qui a été, nous le tenons, non pour passé, mais pour perdu. Et voilà comme notre mémoire se fait caduque, pource que nous lui dénions les sujets qui la dussent exercer, et ne nous attachons qu'à la seule considération de l'avenir.

IV. Il faut apporter ici le témoignage d'Épicure, qui se plaint ordinairement que nous sommes ingrats envers les choses passées, et qu'après qu'un bien que nous avons possédé n'est plus en notre puissance, au lieu de le mettre au rang de nos plus fermes et plus assurés contentements, comme chose qu'il ne nous est plus possible de perdre, nous en fuyons la mémoire, et sommes troublés aussitôt qu'il se présente quelque sujet qui nous convie à nous en ressouvenir. Le bien présent n'est pas encore solide, pource qu'il peut toujours recevoir quelque traverse. Le futur a de l'incertitude. Le passé seul est hors de la jurisdiction de la fortune, et s'en peut faire état, comme de chose qui malgré tout ce qui sauroit arriver infailliblement sera nôtre tant que nous vivrons. Comme seroit-il donc possible que nous pussions nous arrêter au ressentiment des plaisirs qu'on nous a faits, puisque nous négligeons ainsi notre vie, et ne faisons que sauter par-dessus. La considération des choses présentes, et la mémoire des passées, nous rend capables de reconnoissance. Qui donne beaucoup à l'espérance ne réserve guère à la mémoire.

V. Comme il est de certaines choses que depuis que nous les avons une fois sues nous les savons toute notre vie, et en est d'autres aussi qui s'oublient aussitôt qu'on discontinue d'y étudier, comme la géométrie, l'astrologie, et telles autres sciences, où pour leur subtilité la mémoire ne trouve pas bien de quoi s'attacher; aussi y a-t-il des bienfaits si grands et si bien marqués, que la mémoire ne s'en peut perdre, et en est d'autres aussi, qui sont moindres, mais en plus grand nombre, et faits à diverses fois, qui pource qu'ils ne sont pas maniés à toute heure, et qu'on ne se soucie pas d'en faire la revue comme l'on devroit, s'écoulent facilement. Oyez un peu les harangues de ceux qui demandent quelque plaisir. Il n'y en a pas un qui ne jure que la mort même ne lui en ôtera pas la mémoire; l'éternité est trop courte pour limiter la servitude qu'ils promettent; la perte de la vie est trop peu de chose pour être le témoignage de leur affection; et sont bien marris qu'il ne se trouve encore des submissions plus cérémonieuses et plus basses, pour s'engager avec plus d'humilité. A deux jours de là, ils commencent à tenir un autre langage; ces premières paroles leur puent, comme indignes d'un homme d'honneur; ils révoquent leurs promesses, et enfin par degrés arrivent à cette extrémité d'ingratitude qu'ils ne se souviennent du tout point qu'on leur ait fait aucun plaisir. Car celui qui oublie est tellement coupable d'ingratitude, que pour être innocent il suffit de n'oublier point.

VI. Il y en a qui demandent pourquoi une action si mal voulue de tout le monde ne reçoit point de punition, et s'il seroit point bon que cette loi, qui est ordinairement traitée aux écoles, et que chacun approuve, par laquelle il est permis de poursuivre les ingrats par les rigueurs de la justice, fût mise entre les ordonnances politiques. Pourquoi non? puisque les villes mêmes s'entrefont des reproches, et se demandent en un siècle la revanche d'un plaisir fait en un autre. Nos prédécesseurs, de qui les déportements ont été si braves, n'ont jamais redemandé le leur qu'à leurs ennemis; et en matière de bienfaits, comme ils étoient libéraux à les donner, ils étoient magnanimes à les prendre[1]. Il n'y a jamais eu nation que celle des Mèdes, qui ait donné action contre les ingrats : qui est un grand argument que ce n'est point chose qui se doive faire, puisqu'ayant tous les peuples de la terre par un jugement universel consenti à la recherche de l'homicide, empoisonnement, parricide, sacrilége, et autres crimes qui sont punis partout, encore que selon les lois ils le soient diversement, cettui-ci toutefois, qui est plus ordinaire que nul autre, ne reçoit punition en lieu du monde, bien que généralement il soit condamné partout. Ce n'est pas que nous lui donnions arrêt d'absolution; mais pource qu'on a considéré que l'estimation d'une chose incertaine seroit malaisée, nous nous sommes contentés que la haine en fût le supplice, et qu'il demeurât au nombre des choses que nous laissons à la justice des Dieux pour les punir.

VII. Pour moi, je trouve beaucoup de raison de n'en faire point de loi. Premièrement, si vous permettez la demande d'un bienfait, comme d'une somme due, ou d'un louage de maison, vous ôtez ce qu'il y a de plus beau et plus spécieux au bienfaire, qui est de donner, sans se soucier de perdre, et remettre la chose que l'on donne entièrement à la volonté de celui qui la reçoit. S'il en faut aller devant le juge, ce n'est plus un

---

1. *Prendre*, qui se lit dans toutes les éditions, est certainement une faute pour *perdre*. Le texte latin est *perdebant*.

bienfait, c'est argent prêté. Davantage, la reconnoissance étant faite avec nécessité ne le sera plus avec gloire, et n'y aura non plus de louange à rendre un bienfait, qu'à rendre un dépôt, ou payer une dette sans faire plaider le créancier. Et de cette façon nous gâtons les deux plus belles actions qui soient en la vie humaine, faire plaisir et le reconnoître; car en quoi seroit estimable celui qui fait plaisir, s'il ne le fait qu'en intention de le prêter; ni celui qui rend, s'il rend pource que c'est force qu'il le fasse, et non pource qu'il en a la volonté? La gratitude n'a point de gloire, si l'ingratitude a du péril. Ajoutez à cette considération, qu'il y auroit trop peu de cours et de jurisdictions au monde pour les différends qui naîtroient de cette loi; car alors qui seroit le bienfaiteur si magnifique, qui ne plaidât pour avoir sa récompense, ni le rendeur si volontaire, qui devant que de rendre ne donnât la peine de plaider? Nous sommes toujours passionnés à louer ce qui nous touche, et ne saurions faire plaisir de si peu de conséquence qui ne fût infini, si l'estimation dépendoit de notre jugement. Davantage, tout ce qui peut tomber en dispute est compris dans quelques bornes, et n'est pas permis au juge d'en faire la décision à son plaisir. C'est pourquoi l'événement d'une bonne cause est toujours plus sûr entre les mains d'un juge qui est obligé aux formalités et règles portées par les ordonnances, suivant lesquelles il faut qu'il se contienne, que d'un arbitre, qui n'étant retenu d'aucune considération, ni pressé de scrupule quelconque, est libre de suivre ce que bon lui semble, et sans se lier à l'observation ni des lois ni de la justice, conforme son jugement au sentiment qu'il a de compassion et d'humanité; et certainement en l'action d'ingratitude, le juge n'eût point eu de limites, mais se fût trouvé en campagne ouverte pour faire tout ce que sa passion lui auroit conseillé; car tout le monde n'est pas bien d'accord que c'est que bienfait, et pour le regard de sa valeur, toute l'importance seroit en l'interprétation qu'il plairoit au juge de lui donner. Il n'y a point de loi qui nous apprenne que c'est qu'ingratitude; car assez souvent celui qui a rendu le plaisir qu'on lui a fait est ingrat, et celui qui ne l'a point rendu ne l'est pas. Et puis il se présente quelquefois des matières qu'un juge ignorant peut terminer. Quand la question est si la chose a été faite ou non, les témoins font le jugement de la cause. Quand on est en dispute de ce qui est raisonnable, on procède par la conjecture des volontés. Mais pour le regard des choses que la seule sagesse est capable de connoître, il faut aller ailleurs qu'aux siéges d'une jurisdiction ordinaire chercher un juge pour la décider.

VIII. Ainsi donc la chose a bien été trouvée d'assez d'importance pour être disputée devant un juge, mais on n'a pas pensé qu'il fût de juge qui eût de la suffisance et du mérite assez pour en ordonner. Et certainement vous ne vous en émerveillerez point, si vous épluchez particulièrement les difficultés où fût tombé celui qui eût eu la commission de faire le procès à un criminel de cette qualité. Quelqu'un a donné beaucoup, mais il est riche; il ne se sent point de si peu de chose. Un autre en a donné autant, mais c'est plus que ne vaut tout son bien; c'est même somme, mais ce n'est pas même bienfait. Ajoutez-y encore ces considérations. Il a payé pour lui, et s'il ne l'eût fait, ses créanciers l'eussent fait mourir en prison. Oui, mais ce qu'il a payé pour lui, il l'a pris en son buffet. L'autre en a donné autant, mais il a fallu qu'il ait fouillé en la bourse de ses amis, qu'il les ait priés, et se soit obligé à eux comme d'un plaisir singulier qu'ils lui ont fait. Ne trouvez-vous point de différence entre celui qui fait un plaisir bien à son aise, et sans qu'il lui coûte rien, et un autre qui s'engage pour remédier à l'incommodité de son ami? Il est bien des choses que le temps peut faire grandes, mais non pas jusqu'au dernier degré. C'est un bienfait que le don d'un héritage si ample et si fertile, que le blé en soit à meilleur marché; c'est un bienfait qu'un pain en temps de famine; c'est un bienfait que donner des provinces traversées de rivières navigables; c'est un bienfait de montrer une fontaine à un homme si altéré que bien à peine il peut respirer. Qui sera le juge qui pourra faire ces comparaisons d'un bienfait à l'autre, et en examiner la proportion? Il n'est pas malaisé de dire son avis, quand il n'est question que de la chose simplement; mais quand il en faut juger la conséquence et le mérite, c'est où est la difficulté. Encore que les choses données soient semblables, elles peuvent être données d'une grâce si contraire, que le poids en sera bien différent. Cettui-ci m'a fait plaisir; mais ce n'a pas été de bon cœur, mais il n'a pas vécu depuis avec moi comme il avoit accoutumé. Il s'est fait longtemps prier avant que d'en rien faire. J'eusse mieux aimé que de bonne heure il m'eût dit qu'il n'en feroit rien. Comme voulez-vous qu'un juge se débrouille de toutes ces considérations, vu qu'il ne faut qu'une parole, qu'une irrésolution ou une mauvaise mine, pour ruiner la grâce d'un bienfait?

IX. Mais que direz-vous qu'il y a des choses qui pource qu'elles sont fort desirées sont appelées bienfaits, et d'autres qui ne le semblent pas être, pource qu'elles n'ont pas cette marque ordinaire, ni tant d'apparence que les autres, combien qu'elles soient plus grandes en effet. Vous appelez bienfait d'avoir donné à quelqu'un droit de bourgeoisie en une ville d'importance, de lui avoir fait avoir un anoblissement, ou s'il étoit en peine pour quelque crime, l'en avoir tiré Mais de lui avoir donné un bon conseil, lui avoir rompu un mauvais dessein, lui avoir ôté le poignard qu'il s'alloit mettre dans le sein, l'avoir consolé en quelque extrême douleur, et comme il vouloit se précipiter après ceux qu'il regrettoit, lui avoir rendu le desir de vivre, l'avoir assisté malade, lui avoir fait garder le régime nécessaire à sa guérison, lui avoir donné du vin en ses défaillances, et lui être allé querir le médecin en un point ou s'il ne fût venu c'étoit fait de sa vie, qui sera-ce qui en fera l'estimation ? qui sera-ce qui ordonnera qu'ils soient récompensés de semblables bienfaits ? Il vous a donné une maison, mais moi, je vous ai averti de sortir de la vôtre, et qu'elle vous alloit tomber sur les épaules. Il vous a donné tout un héritage, mais moi je vous ai baillé un ais qui vous a gardé d'être noyé. Il s'est battu et a été blessé pour votre querelle, et moi je vous ai sauvé la vie pour n'avoir point parlé. Il y a beaucoup de façons de faire plaisir, et beaucoup de le reconnoître. C'est pourquoi ce sont disparités qu'il n'est pas bien aisé d'apparier.

X. Davantage, il n'y a point de préfixion de jour à la reconnoissance d'un bienfait, comme au payement de l'argent prêté ; c'est pourquoi celui qui ne l'a point encore reconnu est toujours dans le terme de le pouvoir faire. Autrement dites-moi dans combien de temps l'on déclare un homme ingrat. En tous les bienfaits d'importance, la preuve ne peut avoir de lieu, car il n'y a bien souvent que deux qui en sachent rien ; sinon que nous voulions introduire une coutume de ne faire plus de plaisir sans y appeler des témoins. Et après tout cela, quelle peine ordonnerons-nous aux ingrats ? Leur en donnerons-nous à tous une semblable, bien qu'il se trouvera tant de dissimilitude aux plaisirs qu'ils auront reçus ? ou bien la ferons-nous différente, selon que le plaisir se trouvera plus grand ou plus petit ? Or sus, nous les condamnerons en une amende pécuniaire. Et que direz-vous de ceux qui sont obligés de la vie, et de plus encore que de la vie ? Quelle peine leur baillerez-vous ? Moindre que le bienfait ? Elle sera injuste. Ou aussi grande, et par conséquent capitale ? Quelle inhumanité seroit-ce de vouloir qu'il n'y ait point de différence entre la fin d'une tragédie et d'un bienfait !

XI. Quelqu'un dira que les lois ont donné des priviléges aux pères et aux mères contre l'ingratitude de leurs enfants, et que si on a eu quelque considération extraordinaire en leur endroit, il est des bienfaits de telle importance qu'il ne seroit pas moins raisonnable d'en avoir. Ma réponse est, que pource qu'il étoit expédient qu'on fît des enfants, on a voulu que la condition de ceux qui en engendreroient fût sacrée, et les inciter par l'espérance de quelques avantages à une besogne exposée à toute sorte d'inconvénients. On ne leur pouvoit pas dire comme à ceux qui donnent : « Prenez garde à qui vous donnerez ; faites-en l'élection en vous-mêmes. Si vous y avez été trompé une fois, trouvez-en quelqu'un où vous ne le soyez point. » En matière des enfants, ceux qui les font n'y ont que leur souhait ; leur jugement n'y contribue rien. C'est pourquoi pour les assurer en cette incertitude, il les a fallu gratifier de quelque chose. Il y a encore un autre point qui fait pour eux : c'est qu'après qu'ils ont fait du bien, ils recommencent, et ne sont jamais lassés d'en faire. Aussi il ne faut point craindre qu'ils mentent quand ils allèguent leurs bienfaits. Aux autres, il faut informer, non-seulement s'ils ont point été déjà payés, mais même s'il est vrai qu'ils aient fait plaisir ; de ceux-ci les obligations demeurent pour toutes confessées. Et pource que les jeunes gens sont en un âge qui a besoin de conduite, ils leur ont été baillés comme magistrats domestiques, pour les retenir qu'ils ne fassent rien de mal à propos. Et puis l'obligation des pères envers leurs enfants étant partout une même chose, il a été aisé d'en faire l'estimation une fois pour toutes ; au lieu que pour la diversité et dissimilitude des autres, les lois n'y ont pu donner de règlement, et ont jugé plus expédient de ne toucher à rien, que de tout gâter en les égalant.

XII. Il y a des bienfaits qui coûtent beaucoup à ceux qui les donnent, et d'autres qui ne leur coûtent rien, mais qui ne laissent pas d'être bien grands pour ceux qui les reçoivent. Quelquefois on donne à ses amis, et quelquefois à des gens qu'on ne connoît du tout point. Donnez à deux personnes autant à l'un qu'à l'autre; s'il y en a un de ces deux que vous n'ayez jamais connu auparavant, encore qu'il n'ait non plus reçu que l'autre, c'est lui qui vous est le plus obligé. Le plaisir se peut faire à un homme en beaucoup de sortes : tantôt en le secourant en sa nécessité, tantôt en l'avançant en quelque charge, et tantôt en le consolant quand il lui survient occasion de s'affliger. Il est des hommes que rien ne sauroit obliger davantage, que de les assister à supporter une douleur. Il en est qui estimeront plus qu'on ait fait quelque chose pour leur honneur que pour leur repos, et d'autres au contraire qui sauront plus de gré d'avoir été mis hors de quelque péril, que d'avoir été employés en quelque charge que ce soit. Tous ces bienfaits seroient ou plus grands ou plus petits, selon que le goût du juge auroit de l'inclination à prendre plutôt l'un que l'autre, si c'étoit à lui d'en faire l'élection. Si j'emprunte quelque chose, je la demande à qui bon me semble, et choisis moi-même mon créancier ; mais un bienfait, je le reçois bien souvent d'un que je voudrois qui ne me donnât rien, et quelquefois même je suis obligé sans en rien savoir. Que ferez-vous ? Direz-vous que cettui-là qu'on a chargé d'un bienfait sans qu'il en sût rien, et que s'il l'eût su il eût refusé, soit ingrat, et que celui qui en quelque façon qu'il reçoive ne s'acquitte point, ne le soit pas ?

XIII. Quelqu'un m'avoit fait plaisir, mais depuis il m'a fait une indignité. Jugerez-vous, ou que par le bien qu'il m'a fait il m'ait obligé à la patience de tout le mal qu'il me voudra faire, ou que l'injure ait rayé le bien qu'il m'a fait, en sorte que j'en demeure par ce moyen aussi quitte que si je l'avois reconnu? D'autre part, comme jugerez-vous qui pèsera le plus, de l'offense qu'il aura soufferte, ou du plaisir qu'il aura reçu? Je n'aurois jamais fait si je voulois particulariser toutes les difficultés qui se présenteroient en cette matière. Vous me direz que ne faisant point faire de raison des bienfaits qui ne sont point reconnus, et n'ordonnant point de châtiment à ceux qui les désavouent, vous serez cause qu'une autre fois on ne sera pas si prompt à faire plaisir. Mais dites au contraire qu'on ne sera pas si prompt à le prendre, quand on pensera qu'en le prenant on courra fortune d'avoir des procès, et de se trouver en peine de justifier son innocence : ce qui fera même que nous ne donnerons plus si volontiers; car il n'y a personne qui prenne plaisir de donner à ceux qui ne veulent point prendre. Mais celui qui est déjà disposé à bienfaire, ou par la bonté de son inclination, ou par l'opinion qu'il a que c'est une chose louable, le fera encore de meilleure volonté, quand il saura que ceux qu'il oblige ne seront tenus à s'en ressentir qu'autant qu'il leur plaira. La gloire d'un bienfait ne peut être grande, quand on a si bien pourvu à son assurance qu'il n'est pas possible qu'il en arrive aucune incommodité.

XIV. Vous pourrez encore dire que certainement il se fera moins de plaisirs, mais que ceux qu'on fera seront plus véritables; et qu'aussi bien il n'y a point de mal de régler cette confusion qui y est; comme de fait l'intention de ceux qui n'en ont point fait de loi a été de nous faire donner avec plus de considération, et avec plus de considération élire ceux que nous voudrions gratifier. Le moyen de n'avoir jamais de procès pour un bienfait, ni la peine même de le demander, c'est de regarder plus d'une fois à qui on le doit faire. Vous vous trompez si vous pensez que le juge vous en fasse raison. Il n'y a point de loi pour vous restituer en votre entier. Prenez garde seulement à la prud'homie de celui qui reçoit. De cette façon les bienfaits gardent leur autorité, et ne laissent pas d'avoir de la splendeur. Vous les gâterez si vous en faites un séminaire de procès. La parole du monde la plus équitable, et qui se conforme le plus au droit commun, c'est : « Rends ce que tu dois. » Mais de parler de rendre en matière de bienfaits, il n'y a rien de si vilain. Que vous rendra celui qui vous doit sa vie, son honneur, son repos, et sa santé? Ce sont toutes choses trop grandes pour être rendues. Qu'il rende, direz-vous, quelque chose qui les vaille. C'est ce que je disois, que nous ferons perdre la réputation d'une chose si magnifique et si brave, si nous la traitons comme une marchandise. Les esprits n'ont point besoin qu'on les induise à l'avarice, aux plaintes, et aux disputes; c'est chose où ils sont assez disposés d'eux-mêmes. Apportons plutôt tout ce qui nous sera possible pour leur en ôter le sujet, et les en retirer.

XV. Plût à Dieu qu'il y eût moyen de persuader à ceux qui prêtent leur argent, de ne le redemander point, et de n'en prendre que de ceux qui en voudroient rendre! Plût à Dieu qu'il n'y eût point de stipulation qui obligeât celui qui achète à celui qui vend ! Plût à Dieu qu'il ne fallût ni sceaux ni signes[1] pour l'assurance de ces pactions[2], et que la conscience et la foi en fussent les seules dépositaires ! Mais pource qu'on a reconnu que ce qui eût été très-bon n'eût pas été sûr, on a mieux aimé suivre ce qui est nécessaire, et contraindre la foi des hommes, que de se remettre à

---

1. *Signe*, seing, signature. — 2. *Paction*, pacte.

leur discrétion. On appelle des témoins de part et d'autre.
L'un par l'entremise de courtiers se fait bailler pleige et
contre-pleige. L'autre plus défiant encore veut avoir des
gages entre ses mains. O sale et vilaine confession de la
malice publique! On croit plus à nos cachets qu'à nos
consciences. A quoi faire sont appelés ces personnes de
qualité? A quelle fin apposent-ils leurs cachets? N'est-ce
pas afin que celui qui reçoit l'argent ne le puisse désavouer? Ne tenez-vous pas ceux que vous appelez ainsi
pour gens de bien, et pour garants incorruptibles de la
vérité? Il n'y a point de doute. Et toutefois, avec cette
bonne opinion que vous avez d'eux, si tout à l'heure
même ils vous prioient de leur prêter quelque chose, vous
feriez les mêmes cérémonies avec eux qu'avec les autres,
ou ils n'auroient point de votre argent. Puisqu'ainsi est, ne
vaudroit-il pas mieux de se laisser tromper à quelques-uns,
que de se défier de tous en général? Rien ne manque plus
à l'avarice, sinon qu'on ne fasse plus de plaisir sans répon-
dant. C'est une action magnifique et généreuse que de profiter. Qui fait plaisir, imite les Dieux; qui le redemande, les
usuriers. Pourquoi faisons-nous ce tort à ceux qui donnent, sous couleur de les vouloir garder de perdre et de
pourvoir à leur indemnité, de les mettre au rang de la
plus basse et contemptible canaille qui soit en une ville?

XVI. Vous dites que s'il ne se fait point de recherche
contre les ingrats, c'est le moyen d'en faire croître le
nombre. Tout au contraire, il en sera moindre, parce
qu'on sera plus diligent à s'informer du mérite des
hommes devant que de leur faire plaisir. Et puis il
n'est pas bon que tout le monde reconnoisse combien
est grande la multitude des ingrats. Le nombre des
pécheurs ôte la honte du péché. On ne se pique point
d'une reproche qu'on peut faire à tout le monde. Y a-t-il
aujourd'hui une femme seule à qui le divorce fasse honte,

depuis qu'on a vu celles des premières maisons ne compter plus les années par les consuls, mais par leurs maris, et ne se marier que pour faire divorce, ni faire divorce que pour se marier? Autant de temps que le divorce a été rare, autant il a été en honneur[1]. Mais pource qu'il ne se passe presque audience où il ne se publie quelque divorce, à force d'en ouïr parler elles ont appris à le faire. Comme auroit-on honte à cette heure de l'adultère, puisqu'on est venu à ce point qu'une femme ne prend un mari que pour inviter un ami à la rechercher? S'il en est quelqu'une chaste, sans la voir, et sans s'en informer davantage, on peut dire qu'elle est laide. Il n'y a si chétive ni si souillon qui se contente d'un couple de piqueurs. Elle en a pour toutes les heures, et n'y en a pas assez au jour pour en bailler à chacun la sienne. Si elle a failli à une assignation, ç'a été pour se trouver à l'autre. Celle qui ne sait point que le mariage n'est autre chose que ne se donner du plaisir qu'avec un homme, on la tient pour une sotte, et pour une femme du vieux temps. Comme donc la honte de ces crimes s'est évanouie depuis que tant de gens ont commencé d'y avoir part, aussi les ingrats croîtront de nombre, et deviendront plus audacieux, s'ils reconnoissent une fois combien ils sont

XVII. Et quoi donc, l'ingratitude ne sera point punie? Et moi je vous demande, l'impiété, la mauvaise foi, l'avarice, l'insolence, la cruauté, ne le seront-elles point? Appelez-vous impuni celui qu'on ne voit qu'avec horreur? Estimez-vous qu'il y ait supplice plus rigoureux que la haine du monde? Il est puni, en ce qu'il n'ose ni prendre ni donner, qu'il est montré au doigt de tout le monde, ou pour le moins il le pense être, et privé de savoir que c'est que la chose la meilleure et la plus douce qu'il est possible

---

1. Il faut sans doute lire : « en horreur; » le latin est *timebatur*.

de goûter. Si vous jugez misérables ceux qui ont perdu l'usage des yeux ou des oreilles par quelque inconvénient, comme appellerez-vous celui à qui le goût des bienfaits ne donne point de sentiment? Il craint la justice des Dieux, à qui il sait bien que les ingrats ne se peuvent cacher; il a sa conscience qui le gêne, et enfin il est assez puni, comme je disois, en ce qu'il ne jouit point de ce que nous avons au monde de plus agréable, et qui donne le plus de contentement, là où celui qui est bien aise qu'on l'ait obligé sent une égale et perpétuelle joie, estimant l'affection de celui qui lui donne plus que le prix de la chose qu'il reçoit. L'ingrat ne se réjouit d'un bienfait qu'au moment qu'on l'oblige; incontinent après ce lui est une gêne. Celui qui se propose de le reconnoître, le possède toujours avec le même plaisir qu'il l'a reçu. Au demeurant, faites comparaison de leur vie, vous en trouverez l'un chagrin et mélancolique, comme sont ordinairement renieurs de dettes et trompeurs, et qui ne tiendra compte ni de ceux qui l'ont mis au monde, ni de ceux de qui il a mangé le pain, ni de ceux qui l'ont enseigné. L'autre sera toujours en belle humeur, attendant l'occasion de se ressentir, et se réjouissant même d'y avoir la volonté si disposée. Il cherchera les moyens, non de faire évanouir son obligation, mais de rendre, s'il peut, la revanche plus grande et plus notable que le bienfait, et n'aura pas seulement cette affection à l'endroit de son père et de sa mère, ou d'un ami, mais du plus pauvre et du plus chétif homme du monde qui lui aura fait quelque plaisir. Et quand ce seroit son valet même, il ne considérera point la qualité du bienfacteur, mais le mérite du bienfait.

XVIII. Il y en a toutefois, du nombre desquels est Hécaton, qui demandent si un maître peut être obligé par son valet, et veulent qu'on fasse distinction de bienfaits, de devoirs et de services. Ils appellent bienfait ce qui vient d'une personne étrangère, c'est-à-dire d'un qui pour ne faire point de plaisir ne peut être blâmé; devoir, ce qui touche les enfants, la femme, et généralement tous ceux que le parentage ou l'alliance oblige à nous assister; service, ce que fait un valet, de qui la condition est telle, que quoi qu'il fasse pour son maître, il ne se peut vanter de l'avoir obligé. Quoi qu'ils disent en ce dernier point, c'est ignorer le droit des hommes, que de dire qu'un maître ne puisse recevoir plaisir de son valet. Ce n'est point à la qualité qu'il faut prendre garde, c'est au cœur. La vertu ne ferme la porte à personne. Elle ouvre à tout le monde, reçoit tout le monde, et invite tout le monde, les libres, les affranchis, les esclaves, les rois et les bannis. Elle ne cherche ni les grandes maisons, ni les grands revenus. Elle prend les hommes en chemise. Quelle assurance y auroit-il contre[1] les choses fortuites, et qui pourroit espérer une belle âme, si de la fortune dépendoit la grandeur ou la petitesse de la vertu ? Si le valet ne peut faire plaisir à son maître, il s'ensuit que le sujet n'en peut faire à son roi ni le soldat à son capitaine. Qu'importe à celui qui est au-dessous d'un autre la qualité de celui qui est au-dessus de lui? car si vous me dites que ce que fait un serviteur ne se peut appeler plaisir, parce qu'il faut qu'il le fasse ou qu'il se résolve à la mort, il en sera de même pour le regard du sujet et du soldat, pource que le roi et le capitaine ont la même puissance que le maître, encore que le nom en soit différent. Or un roi peut être obligé par son sujet et un capitaine par son soldat. Un maître le peut donc être par son valet. Un valet peut être juste, peut être vaillant, peut être magnanime; il peut donc aussi faire plaisir; car ce dernier est une action vertueuse

---

1. On lit *entre* dans l'édition de 1630 et dans les suivantes; mais il faut nécessairement lire *contre*: il y a *adversus* dans Sénèque.

aussi bien que les autres. Et est si véritable que les serviteurs peuvent obliger leurs maîtres, que bien souvent les maîtres ont été le bienfait même de leurs serviteurs. Il n'y a point de doute qu'il n'y a personne qu'un serviteur ne puisse obliger; et si cela est, pourquoi ne pourra-t-il obliger son maître aussi bien qu'un autre?

XIX. Pource, disent-ils, qu'encore qu'il prête de l'argent à son maître, il ne peut néanmoins être son créancier; autrement il ne seroit jour qu'il ne l'obligeât. Il l'accompagne en ses voyages, il le sert en ses maladies, et le décharge de la sollicitude de ses affaires. Mais tout cela, qui s'appelleroit bienfait venant de la part d'un autre, n'est que service parce qu'il est fait par un serviteur, car bienfait, à parler proprement, est ce que fait celui qui peut ne le faire point. Or un serviteur ne peut rien refuser; s'il fait quelque chose, il obéit, et rien plus. Aussi ne se peut-il donner de gloire d'avoir fait ce qu'il n'a pas été en sa puissance de ne faire point. Quand je vous accorderai toutes ces raisons, je suis encore assuré de gagner ma cause, et vous ferai avouer qu'il est beaucoup de choses où le serviteur est en sa liberté. Cependant, dites-moi, si je vous montre un serviteur qui, l'épée en la main pour venger la vie de son maître, s'est fait blesser en toutes les parties de son corps, et prêt à rendre la dernière goutte de son sang, s'est opiniâtré tellement au combat, qu'il a voulu mourir plutôt que ne lui donner le loisir de se sauver, direz-vous qu'il n'a point fait de plaisir à son maître, pource qu'il est son serviteur? Si je vous en montre un à qui par promesses, menaces, ni tortures, on ne puisse faire déceler les secrets de son maître, mais au lieu de déposer quelque chose à son préjudice, a fait tout ce qu'il a pu pour le faire trouver innocent, et en cette résolution a sacrifié son âme à la fidélité, direz-vous qu'il n'a point obligé son maître, pource qu'il est son serviteur? Prenez garde au contraire que l'obligation n'en soit d'autant plus grande, que les exemples de vertu sont rares aux personnes de cette condition ; et d'autant plus agréable qu'ordinairement les hommes n'aimant guère ceux qui ont quelque autorité sur eux, et murmurant contre la nécessité d'obéir, toutefois il s'est trouvé quelque occasion où l'amour du maître a vaincu la haine générale de la servitude ; de sorte que tant s'en faut que ce ne soit pas bienfait, parce qu'il est fait par un serviteur, que le mérite en semble augmenté par cette considération, que la servitude même ne l'a pu divertir de faire bien.

XX. On se trompe de croire que la servitude s'étende en toutes les parties de l'homme : la meilleure en est exempte. Les maîtres ont la puissance sur les corps ; l'âme est à soi, et si bien à soi, que la prison même où elle est close n'est pas capable de la garder de suivre ses mouvements, faire des choses merveilleuses, et par une élévation non limitée s'aller rendre en la troupe des intelligences qui sont au ciel. Ce que la fortune a mis entre les mains du maître, c'est le corps. C'est le corps qui est vendu, c'est le corps qui est acheté. Cette partie intérieure n'est point susceptible de servitude ; tout ce qui en part est libre. Et puis il est des choses qu'il ne nous est pas permis de commander, et en quoi les serviteurs ne sont pas tenus de nous obéir. Si nous leur commandons quelque chose au préjudice du bien public, ils ne le feront pas ; ils ne prêteront pas leurs mains à un méchant acte.

XXI. Il y a des choses que les lois n'ont ni commandées ni défendues : c'est là que le serviteur a moyen d'obliger son maître. Quand un serviteur fait ce qu'ordinairement on exige des serviteurs, il fait service. Quand il fait plus qu'un serviteur n'est tenu de faire, il fait plaisir. Ce qui est fait d'une volonté d'ami n'est plus service.

Un maître est tenu de nourrir et d'habiller son serviteur. Quand il le fait, il ne l'oblige point; mais s'il le caresse, s'il le traite favorablement, et le fait instruire aux bonnes lettres, comme s'il étoit de quelque honnête maison, il l'oblige. Il en est de même du serviteur à l'endroit du maître. Tout ce qu'un serviteur fait outre ce que sa condition veut qu'il fasse, et qu'il ne fait point parce qu'il lui est commandé, mais parce qu'il le veut faire, c'est bienfait; pourvu toutefois que ce soit chose de telle importance, que partant d'un autre que de lui on la pût ainsi appeler.

XXII. Chrysippus dit que le serviteur est un mercenaire à vie. Comme le mercenaire fait plaisir quand il fait quelque chose plus que sa tâche, aussi quand le serviteur, pour témoigner son affection envers son maître, ne s'est point tenu dans les bornes de sa fortune, mais a fait quelque chose que même un fils auroit eu de l'honneur d'entreprendre, et est passé au delà de ce qu'on devoit espérer de lui, le maître a trouvé un bienfait sans sortir de sa maison. Est-il raisonnable que s'ils font moins qu'ils ne doivent, il nous soit permis de nous courroucer, et que s'ils font plus qu'ils ne doivent et qu'ils n'ont de coutume, nous soyons si injustes de ne leur en savoir point de gré? Voulez-vous savoir quand ce n'est point bienfait? Quand on peut dire : « Et quoi, s'il n'eût voulu? » Mais quand il fait une chose qu'il pouvoit ne vouloir point, indubitablement il est louable de l'avoir voulu. Ce sont choses contraires que le plaisir et l'injure. Le serviteur peut faire plaisir à son maître, si son maître lui peut faire injure. Or il y a un juge établi pour ouïr les plaintes des serviteurs contre les maîtres, et leur faire raison quand ils se plaignent ou que leurs maîtres les battent trop cruellement, ou les pressent de quelque vilenie, ou ne leur fournissent pas, comme ils doivent, les choses nécessaires pour leur entretien. Quoi donc, un serviteur oblige son maître ! Puisque cela vous déplaît, prenez-le d'autre façon, et dites qu'un homme oblige un homme. Enfin, il a fait ce qui étoit en lui ; il a fait plaisir à son maître. Il est en vous de ne recevoir point de plaisir d'un serviteur ; mais qui est l'homme qui peut dire sa grandeur si absolue et si bien établie que la fortune, si bon lui semble, ne le puisse réduire à ce point, d'avoir besoin du plus petit de tous ceux qu'elle a mis au-dessous de lui ? Je m'en vais vous réciter des exemples de plusieurs sortes de bienfaits. Il y en aura de dissemblables, et d'autres qui seront directement contraires l'un à l'autre. L'un a fait vivre son maître, l'autre l'a fait mourir, l'autre l'a sauvé comme il étoit sur le point d'être perdu, et l'autre encore, si cela vous semble peu de chose, s'est perdu lui-même pour le sauver. Un autre a prêté la main à son maître qui vouloit mourir, et un autre l'a trompé pour l'en empêcher.

XXIII. Claudius Quadrigarius, au dix-huitième de ses Annales, raconte qu'Adrumentum [1] en Afrique étant assiégé par les Romains, et ceux de dedans réduits à la dernière extrémité, deux esclaves échappés de la ville se jetèrent dans le camp des assiégeants, et firent un acte mémorable. A quelques jours de là comme la ville fut prise, et que les victorieux se dispersoient par les maisons pour les saccager, ces esclaves, qui savoient les rues, ayant pris le plus court chemin, s'en allèrent droit en la maison de leur maîtresse, d'où l'ayant tirée, ils la firent marcher devant eux, et disant franchement à ceux qui s'en informoient que c'étoit leur maîtresse, la femme la plus cruelle qu'il étoit possible, et qu'ils la menoient hors la ville pour

---

[1]. Dans les manuscrits de Sénèque on lit *Grumentum*, que Muret propose de remplacer par *Adrumetum*. Les mots : « en Afrique » ne sont point dans le texte latin.

l'assommer, ils la firent de cette façon sortir hors de la porte, où ils la gardèrent jusques à ce que les désordres fussent cessés. Comme le soldat lassé de piller se fut remis dans la discipline ordinaire, ils la ramenèrent chez elle, et se remirent eux-mêmes en sa puissance comme auparavant. Elle les affranchit à l'heure même, et ne se fâcha point de devoir la vie à ceux sur qui elle avoit eu puissance de la vie et de la mort. Aussi lui étoit-ce plutôt sujet de se réjouir, pource qu'ayant été sauvée d'autre façon, elle eût joui du fruit d'une clémence vulgaire, et qui n'eût rien eu de rare pour la signaler, n'étant pas chose miraculeuse qu'en pareille occasion il échappe quelqu'un à la fureur des ennemis. Mais l'ayant été par une voie si notable, son nom fut publié par tout le monde, et est ordinairement allégué pour exemple dans Rome et dans Adrumentum. En la confusion de cette ville prise, où chacun ne pensoit qu'à se sauver, elle fut fuie de tous sinon de ses fugitifs. Ils repassèrent du parti victorieux vers une captive, déguisés en meurtriers, pour faire connoître le dessein qu'ils avoient eu quand ils s'en étoient fuis la première fois. Et ce qui est le plus grand en ce bienfait, pour garder leur maîtresse d'être tuée, ils ne se soucièrent point qu'on pensât qu'ils eussent volonté de la tuer. Croyez-moi, ce n'est point le trait d'une âme servile d'avoir acheté la gloire d'un acte louable par la réputation de vouloir faire une méchanceté. On menoit C. Vettius, préteur des Marses, prisonnier au général de l'armée des Romains. Son serviteur tira l'épée du soldat qui le traînoit, et en tua son maître. Cela fait : « Il est temps, dit-il, de penser à moi ; j'ai mis mon maître en liberté ; » et en disant cela se passa la même épée au travers du corps. Dites-m'en un qui plus magnifiquement ait sauvé la vie à son maître.

XXIV. César assiégeant Corfinium, Domitius qui étoit

dedans, commanda à un qui étoit son serviteur et son médecin tout ensemble de lui donner de la poison. Voyant qu'il marchandoit à le faire : « Qu'attends-tu, dit-il, comme si je ne pouvois mourir que par ton moyen? Je te demande la mort l'épée à la main. » Alors il lui promit de lui en bailler, et au lieu de poison, lui fit prendre un médicament soporatif, qui ne lui pouvoit faire mal. Comme Domitius fut endormi, il s'en vint trouver son fils, et lui dit : « Donnez-moi des gardes, jusques à ce que par l'événement vous connoissiez si j'ai baillé de la poison à votre père. » Domitius ne mourut pas. La ville étant prise, César lui sauva la vie; mais son serviteur la lui avoit sauvée le premier.

XXV. En la guerre civile un valet cacha son maître, de qui la vie étoit à la taille[1], prit ses habits et ses bagues, et en cet équipage vint au-devant de ceux qui le cherchoient, et leur dit qu'il ne leur demandoit point de grâce, et qu'ils fissent ce qui leur étoit commandé; et leur présenta le col. De quelle âme pensez-vous que sortît cette volonté de mourir pour son maître, en un temps où c'étoit une rare prud'homie de ne lui procurer point la mort; avoir de la pitié parmi tant de meurtres, de la foi parmi tant de trahisons, et quand on proposoit des récompenses à la perfidie, desirer la mort pour salaire de sa fidélité?

XXVI. Nous avons des exemples de notre siècle que je ne veux pas oublier. Sous l'empereur Tibère il ne se parloit que d'accuser. Cette rage si fréquente et quasi publique fit plus de ruine à la ville en temps de paix que tout ce qui s'étoit passé de fureurs et de violences durant la guerre. Si quelqu'un après boire avoit laissé aller une parole un peu libre, si un autre en se riant avoit dit quel-

---

1. Etait mise à prix. Voyez le *Lexique*.

que chose de naïf, tout étoit mis aux tablettes. Toutes paroles et toutes actions avoient du péril. Les occasions d'épandre du sang, pour peu qu'elles eussent d'apparence, n'étoient jamais rejetées. Il ne falloit point demander que deviendroient ceux qui étoient déférés; on les traitoit tous d'une même sorte. Paulus, qui avoit été préteur, soupoit un jour en un festin, et portoit une bague où le portrait de Tibère étoit gravé sur une pierre fort relevée. Vous vous moqueriez de moi si je m'amusois à vous chercher des paroles cérémonieuses pour vous dire qu'il prit le pot de chambre pour faire de l'eau. Son serviteur qui vit que Maro, l'un des espions ordinaires d'alors, s'en étoit pris garde, se doutant bien que ce n'étoit pas avec bonne intention, sans en rien dire à son maître qui étoit ivre, lui tira tout bellement la bague du doigt. Et comme Maro prenoit les conviés à témoin de l'injure faite à l'image de Tibère, et déjà minutoit sa dénonciation, le serviteur montra qu'il avoit la bague en la main. Disons la vérité : étoit-il pas aussi peu digne de servir, comme Maro de manger en compagnie?

XXVII. Sous Auguste les paroles n'étoient pas encore capitales; mais elles donnoient déjà de la peine. Rufus le sénateur en soupant avoit souhaité que jamais Auguste ne pût revenir d'un voyage qu'il alloit faire, et avoit dit davantage, que tout ce qu'il y avoit de veaux et de taureaux faisoit le même souhait. Ces paroles furent notées. Le lendemain sitôt qu'il fut jour, son homme qui l'avoit servi durant le souper lui récite ce que le vin lui avoit fait dire, lui conseille d'aller au-devant du rapport qui en seroit fait à l'Empereur, et s'accuser soi-même. Il suit cet avis, et comme César sortoit pour s'en aller à la ville, se présente à lui, et lui dit que le soir précédent, n'étant pas en son bon sens, il avoit tenu quelques langages mal à propos, lesquels il desiroit qu'ils retombassent sur lui et sur ses enfants, le prie de lui pardonner et le remettre en sa bonne grâce. César lui ayant répondu qu'il le vouloit bien : « Personne, dit-il, ne le croira si vous ne me donnez quelque chose, » et lui demanda une somme de laquelle un qui eût été le mieux du monde avec lui se fût contenté. Auguste la lui accorda, et lui dit : « Je ne me courroucerai jamais que je puisse avec vous pour mon occasion. » Ce fut certainement un trait magnanime de pardonner, et de vouloir que celui qui sentoit sa clémence éprouvât sa libéralité ; mais quelque gloire qu'en rapporte Auguste, il faut que le serviteur en ait la première part. Vous attendez que je vous die qu'il fut affranchi. Aussi fut-il ; mais non pas sans payer. Auguste en bailla l'argent.

XXVIII. Il n'y a pas d'apparence, après le récit de tant d'exemples, de douter qu'un maître ne puisse quelquefois être obligé par son serviteur. Et seroit-il raisonnable que la personne fît plutôt du déshonneur à l'action, que l'action de l'honneur à la personne? Tout ce qu'il y a d'hommes au monde n'a qu'un commencement et qu'une origine. Le plus noble est celui qui a l'âme la plus droite et la disposition meilleure aux choses louables. Toutes ces effigies avec leurs festons rangées aux portiques d'une basse-cour, et toutes ces armoiries avec leurs timbres sur la porte de nos maisons, nous font plus connoître qu'elles ne nous ennoblissent. Le monde est notre père commun à tous ; par quelques degrés que nous descendions, sans lustre ou avec lustre, nous ne venons d'autre que de lui. Ne vous laissez pas abuser à ces compteurs de généalogies. Comme ils se trouvent au bout de leurs aïeuls, et qu'ils sont arrivés à ceux qu'ils ne peuvent nommer qu'avec honte, sans passer plus outre ils mettent un dieu de la partie, et lui font aimer une femme, d'où, si vous les voulez croire, le commencement de leur race est premièrement sorti. Ne méprisez point un homme pour avoir des parents que la fortune n'a pas beaucoup favorisés. Soit qu'entre nos pères il y en ait des affranchis, soit qu'il y en ait des esclaves, soit qu'il y en ait d'étrangers, n'en ayons pas moins de courage. Passons par-dessus tout ce que nous verrons qui n'aura point d'éclat; au bout de la course nous trouverons la parfaite noblesse qui nous attend. Pourquoi sommes-nous si hors de la connoissance de nous-mêmes, de ne vouloir pas recevoir un plaisir d'un serviteur, et nous souvenir plutôt de sa condition que de regarder à son mérite? Comme avons-nous l'impudence d'appeler quelqu'un serviteur, et être nous-mêmes valets de nos vilenies, de notre gourmandise, d'une putain, et quelquefois de plusieurs tout à la fois? Osons-nous bien appeler quelqu'un serviteur, et faire la vie que nous faisons? Où nous va porter ce carrosse si magnifique? où nous accompagne tout cet attirail de pages et de laquais si richement habillés? N'est-ce pas à la porte de quelque huissier, ou au jardin de quelqu'un qui n'a pas seulement l'honneur d'être couché sur l'état de son maître? Nous ne voulons pas avouer que notre serviteur nous puisse obliger, et cependant nous réputons à beaucoup de faveur si celui d'un autre a seulement fait signe de nous voir quand nous l'avons salué. D'où nous vient cette discorde à l'âme? Chez nous, nous sommes impérieux et insupportables; dehors, il n'est rien de si souple et de si doux. Nous devenons aussi contemptibles comme nous faisons les contempteurs en la maison. Aussi n'y a-t-il gens au monde à qui plus tôt le courage s'abaisse, qu'à ceux à qui il s'élève sans occasion, ni de qui les injures soient plus outrageuses, que de ceux qui ont appris à les faire en les recevant.

XXIX. Il a fallu que j'aie fait ce discours, pour rabattre l'insolence de quelques-uns qui s'attachent à la fortune, et maintenir le droit de bienfait aux serviteurs, pour en faire puis après de même en la cause des enfants ; car il y en a qui demandent s'il est possible que quelquefois les pères et les mères puissent recevoir de leurs enfants plus de bien qu'ils ne leur en ont fait. Nous demeurons d'accord qu'il est assez de fils qui ont plus de bien et plus de crédit que leurs pères, et demeurons d'accord aussi qu'il en est qui sont plus gens de bien ; et par conséquent qu'ayant la fortune plus grande et la volonté meilleure, il n'est pas impossible qu'ils ne leur rendent mieux qu'ils n'en ont reçu. Ils disent là-dessus, que quoi que le fils donne au père, il ne lui rend jamais ce qu'il lui doit ; parce que s'il donne, c'est du père même qu'il tient le moyen qu'il a de donner, et que jamais celui ne peut être vaincu par un bienfait, qui est auteur du bienfait par lequel il semble être vaincu. Pour réponse, il faut premièrement considérer qu'il est des choses qui prennent leur commencement d'ailleurs, et toutefois avec le temps deviennent plus grandes que celles qui leur ont donné commencement. Et pourtant s'il a fallu qu'une chose ait commencé d'être devant que de venir à la grandeur où elle est, ce n'est pas à dire qu'elle ne soit plus grande que celle par qui elle a commencé. Il n'y a rien qui n'aille bien au delà de son commencement. Les semences qui sont causes de toutes choses, sont à la fin les moindres parties de ce qui est venu d'elles. Regardons le Rhin, l'Euphrate et une infinité d'autres fleuves renommés au monde : que seroient-ils si nous en faisions l'estime aux lieux où ils commencent à courir ? Tout ce qui les fait craindre, tout ce qui leur donne réputation, ils ne l'ont que pour avoir fait du chemin. Otez les racines, il ne sera plus de forêts, les montagnes n'auront plus de robes. Considérons ces grands arbres, ou en la hauteur et grosseur de leur tronc, ou en l'étendue de leurs branches : combien trouverons-nous que la racine avec ses petits filaments est peu de chose, si nous en faisons la comparaison avec eux? Les temples et les murailles des villes ont des fondements, et toutefois ce qui les soutient ne paroît point. Il en est de même des autres choses. Tous commencements sont suivis d'une grandeur qui les ensevelit. Je n'étois capable de rien faire, si le bien que m'ont fait mon père et ma mère n'eût précédé. Mais il ne s'ensuit pas que tout ce que depuis j'ai acquis soit moindre que la chose sans quoi je ne pouvois rien acquérir. Il n'y a point de doute que, sans le lait de ma nourrice, tout ce que j'ai fait seroit à faire, et que ma réputation ne seroit pas telle qu'elle est; mais pour cela direz-vous que toutes mes actions les plus belles et les plus louables ne valent pas ce que ma nourrice a fait pour moi? Or il est certain que le bien que m'a fait ma nourrice ne m'étoit pas moins nécessaire que celui que m'a fait mon père, puisque sans l'un aussi bien que sans l'autre il m'étoit impossible de passer plus avant.

XXX. Que si tout ce que je puis je le dois à mon commencement, ce n'est ni à mon père ni à mon grand-père à qui je suis obligé, parce qu'il se trouvera toujours quelque origine de l'origine, qui nous enfilera de sorte les uns aux autres que jamais il ne s'y trouvera de fin. Or il n'y auroit point de raison de dire que je fusse plus obligé à des gens que je n'ai jamais connus, et que la longueur du temps a mis au delà de toute mémoire, qu'à mon père; ce qui seroit toutefois, si mon père devoit à ses prédécesseurs l'obligation que je lui ai de m'avoir engendré. Vous dites que tout ce que j'ai fait pour mon père, pour grand et signalé qu'il soit, ne peut valoir ce qu'il a fait pour moi, pource que, s'il ne m'eût mis au monde, je n'y serois point. Par cette même raison, si devant que je fusse engendré quelqu'un a guéri mon père qui s'en alloit mourir, je ne pourrai faire chose qui soit digne du plaisir que j'en ai reçu ; car s'il n'eût guéri mon père, mon père ne m'eût pas engendré. Mais regardons s'il y aura point plus d'apparence de dire que ce que j'ai pu faire, et que j'ai fait, n'est venu d'ailleurs que de ma force et de ma volonté. Voyons quelle est cette obligation que j'ai à mon père, d'être au monde. Nous trouverons que c'est je ne sais quoi d'incertain, et plutôt rien que quelque chose ; une matière aussi susceptible de mal que de bien, et que certainement il faut avouer être le premier pas qu'il faut faire, de quelque côté qu'on veuille aller, mais qui n'est pas pourtant plus grand que le reste, encore qu'il soit le premier. J'ai sauvé la vie à mon père, je l'ai mis aux principales charges, je l'ai fait le premier homme de la ville, et ne me suis pas contenté qu'il fût connu par la gloire que ma réputation lui apportoit, mais je l'ai fait employer en des occasions les plus importantes qui se soient offertes, et lui ai donné moyen de s'en acquitter avec honneur. Je l'ai comblé de grandeurs et de richesses, et ne lui ai rien laissé à souhaiter de tout ce qui est la matière des vœux ordinaires. Je l'ai mis au-dessus de tous les autres, et suis demeuré sous lui. Peut-être qu'encore vous me direz que je n'ai rien fait en cela qui ne vienne de ce premier bien qu'il m'a fait ; et je vous répondrai que cela seroit véritable, si pour faire tant de choses je n'eusse eu besoin que de naître. Mais si vivre est la moindre partie de ce qui est requis pour bien vivre, et si je ne tiens de mon père qu'une chose que les animaux sauvages et les plus petites bêtes, voire celles qui sont les plus ordes et les plus vilaines, ont aussi bien que moi, pourquoi me voudroit-il faire accroire que pource qu'il m'a fait être, je lui suis obligé de ce que je suis bien ? Prenons le cas que je lui aie rendu vie pour vie ; encore en cela même il a plus de moi que moi de lui, pource qu'il savoit bien que je lui donnois la vie, et je le savois bien aussi ; pource que je ne lui ai donné la vie, ni pour passer mon temps, ni en le passant; et enfin pource que le mourir n'étant pas si fâcheux que l'appréhension de la mort, aussi nous estimons plus le bien de demeurer au monde quand nous y sommes, que d'y venir quand nous n'y sommes point.

XXXI. J'ai donné la vie à mon père pour s'en servir tout aussitôt; quand il me la donna je n'étois pas assuré de l'avoir. Il avoit peur de la mort quand je lui ai donné la vie; il me fit vivre afin que je pusse mourir. Je lui ai donné une vie parfaite, et accompagnée de toutes ses qualités; il m'a engendré dénué de connoissance et de jugement, et plutôt fardeau du ventre de ma mère qu'autre chose. Voulez-vous que je vous fasse voir que ce n'est pas si grand'chose de donner la vie de cette façon? Si mon père m'eût exposé quand je vins au monde, il m'eût fait injure de m'avoir engendré : qui est une raison qui montre bien combien l'acte de génération que fait l'homme et la femme est peu de chose pour ceux qui en sortent, si ce commencement de bienfait n'est accompagné des autres bons offices qui le doivent suivre. Ce n'est rien de vivre, le tout est de bien vivre. Oui, mais je vis. Il est vrai; mais je pouvois vivre mal. Ainsi tout ce que j'ai de mon père, c'est ce que je vis. Si pour m'avoir donné une vie sans conseil, sans force, et dénuée de toutes choses, il me pense avoir fait un si grand présent, qu'il se souvienne qu'il me reproche une chose que les vers et les mouches ont aussi bien que moi. Et puis quand je n'alléguerois autre chose, sinon que j'ai étudié aux bonnes lettres pour me rendre capable de la vertu, si je suis homme de bien, je rends à mon père en son bienfait même plus que je n'ai reçu de lui; car en me donnant à moi, il me donna lourd et grossier, et je lui ai donné un fils qu'il a de l'honneur et du plaisir d'avoir engendré.

XXXII. Mon père m'a nourri. Si je le nourris, je lui

rends plus que ce que j'ai de lui ; car il n'a pas seulement le plaisir d'être nourri, mais d'être nourri par son fils, et la nourriture que je lui fais ne lui donne pas tant de contentement, comme le témoignage qu'en cette action il a de ma bonne volonté. Il ne m'a nourri que le corps. Que si quelqu'un a la fortune si bonne, que son éloquence, sa justice, sa valeur, ou quelque autre mérite lui acquière tant de gloire et de louange que son père y puisse avoir part, et que de sa lumière les ombres de son parentage puissent être éclairées, ne fait-il pas un bien inestimable à ceux qui l'ont engendré ? Qui sauroit que jamais Ariston ni Grillus eussent été au monde, si Xénophon et Platon n'eussent été leurs fils ? Il ne sera jamais que pour la considération de Socrate on ne fasse mention de Sophronicus. Ce seroit une chose infinie de vouloir raconter tous ceux de qui la mémoire n'est vivante, que pource que l'excellence de leurs enfants a donné sujet à la postérité de connoître leur nom. Chacun sait le mérite et la réputation de Marcus Agrippa, remarqué, entre autres choses, pour avoir eu la couronne navale, gagné toute sorte de dons militaires, et fait des bâtiments aussi victorieux de toutes les magnificences précédentes, comme invincibles à celles qui seront aux siècles à venir. Cependant son père fut si peu de chose, que depuis la mort du fils on ne l'a pas seulement nommé. Dites-moi, je vous prie, qui vous estimez le plus obligé, de lui à son père, ou de son père à lui ? Octavius étoit père d'Auguste ; mais outre que sa condition n'étoit pas des plus illustres, la splendeur du père adoptif aida bien à supprimer aucunement le naturel. Qui dirons-nous, à votre avis, qui a plus reçu de bien, ou le fils du père, ou le père du fils ? Quel plaisir pensez-vous qu'eût pris ce bon homme, de voir son fils, après avoir marché sur le ventre à ses ennemis, et fait mettre les armes bas en toutes les parties de l'Empire.

présider au repos et à la paix universelle? N'avez-vous pas opinion qu'il eût méconnu son bien propre, et qu'autant de fois qu'il eût jeté les yeux sur soi-même, il eût eu de la peine à croire qu'un si grand homme fût parti de sa maison? Qu'ai-je à faire de vous en nommer un monde d'autres, qui fussent demeurés aux ténèbres de l'oubli, si la gloire de leur fils ne les eût déterrés, et ne les retenoit encore en la mémoire du siècle présent? Et puis nous ne demandons pas s'il y a eu quelque fils qui ait plus rendu de bien à son père qu'il n'en a reçu. La question est s'il est possible que cela soit. Quand de tout ce que j'ai amené d'exemples il n'y en auroit pas un où les fils ne dussent du retour à leurs pères, ce n'est pas à dire qu'il ne puisse avenir des choses non avenues, et que la nature ne soit capable d'éclore, quand il lui plaira, quelque accident qui n'ait encore jamais été vu. Si chacun à part soi ne peut rien faire, quand il s'en joindra plusieurs ensemble, ils en pourront peut-être venir à bout.

XXXIII. Scipion sauva son père en une bataille, et en une âge où il n'avoit encore point de barbe, eut l'assurance de pousser son cheval au travers de l'armée des ennemis, et passa par-dessus le ventre d'une infinité de vieux soldats, et par-dessus ses années même, pour aller faire son premier essai. Si cela vous semble peu de chose, d'avoir méprisé des dangers qui eussent fait peur aux plus grands capitaines, ajoutez-y qu'il défende son père accusé de crime, qu'il rompe des menées faites contre lui par des ennemis puissants de biens et de crédit, qu'il le fasse consul pour la deuxième et troisième fois, qu'il lui procure tout ce qu'après le consulat on peut encore souhaiter, que des moyens acquis en la guerre il le secoure en sa pauvreté, et ce qui est la principale gloire de ceux qui suivent les armes, le fasse riche des butins gagnés sur les ennemis. Si cela n'est encore assez, ajoutez-y sa continuation aux gouvernements et autres charges extraordinaires, et qu'après avoir ruiné les premières villes du monde, protecteur et fondateur d'un empire qui se devoit un jour étendre du lever au coucher du soleil, il mette lui seul en sa maison plus de noblesse que n'avoient jamais fait tous ses prédécesseurs. Vous me direz que rien de tout cela n'eût été sans le père de Scipion. Je vous l'avoue; mais pour cela voudriez-vous douter qu'une vertu qui laisse en doute si elle a été plus utile ou plus honorable à sa république, ne fût davantage qu'un bienfait si vulgaire comme est celui de la génération?

XXXIV. Toutefois si cela ne vous satisfait encore, imaginez-vous-en quelqu'un qui ait ôté son père de la torture, et se soit mis en sa place; car il y a moyen d'étendre les bienfaits du fils autant que bon vous semblera; mais celui du père, qu'est-ce autre chose qu'un bien simple, facile, et qui ne dépend pas de la volonté de celui qui le fait? Que faut-il tant de langage? Il le donne le plus souvent sans savoir à qui. Il appelle une femme à son aide, il se propose les lois du pays, les priviléges des pères, la perpétuité de sa maison, et rien moins que celui qu'il va mettre au monde. Et si quelqu'un devenu maître en l'étude de la sagesse en a fait leçon à son père, et l'en a rendu capable, mettrons-nous encore en dispute s'il a plus donné à son père que son père à lui; vu qu'il lui donne une vie bienheureuse, et que seulement il en a reçu la vie? Mais, direz-vous, quoi qu'on fasse pour son père, quoi qu'on lui donne, cela vient toujours de son bienfait. Aussi est-ce du bienfait de nos précepteurs que nous savons quelque chose, et néanmoins nous pouvons bien devenir plus savants qu'ils ne sont. Pour le moins est-il malaisé que nous n'en sachions plus que ceux qui nous ont appris à connoître nos lettres, et que si bien ces commencements nous ont été nécessaires, ils ne demeurent pourtant au-dessous de la suffisance que nous acquérons par la continuation d'étudier. Les choses qui sont les premières ne sont pas pourtant les plus grandes. Il y a bien de la différence; et ne s'ensuit pas que pource que les plus grandes ne peuvent être sans les premières, les premières et les plus grandes doivent aller de pair[1].

XXXV. Il faut à cette heure contribuer quelque chose du mien à ce discours. S'il y a moyen de vaincre la chose donnée, il y a moyen aussi de vaincre celui qui la donne. Le père a donné la vie au fils. Or il y a quelque chose de meilleur que la vie. Le père donc peut être vaincu, puisqu'il est quelque chose de meilleur que ce qu'il a donné. Tout de même, si celui qui a donné la vie a été en deux occasions préservé de la mort, il n'y a point de doute qu'il n'ait plus reçu qu'il n'a donné. J'ai deux fois préservé mon père de la mort; il s'ensuit donc qu'il a plus reçu de moi que ce qu'il m'a donné. Tant plus nous avons de besoin d'une chose, tant plus nous avons d'obligation à celui qui nous la donne. Or celui qui vit a plus de besoin de la vie, là où celui qui n'est pas né se passe et de la vie et de toute autre chose fort à son aise, comme n'ayant besoin de rien. La conséquence est donc indubitable, que le fils a plus fait pour son père de lui avoir sauvé la vie, que son père n'a fait pour lui de l'avoir engendré. Il n'y a moyen que les fils fassent pour leurs pères plus que les pères ont fait pour eux. Pourquoi? Pource qu'ils en ont reçu la vie, sans laquelle ils ne leur pourroient faire le bien qu'ils leur ont fait. C'est une obligation que je dois à tout autre qui m'aura sauvé la vie, aussi bien qu'à mon père; car s'il m'eût laissé mourir, je ne l'eusse su remer-

1. On lit *de pair* dans l'édition de 1630; dans les suivantes, *du pair*, ce qui est plus conforme à l'usage de Malherbe : voyez plus haut le chapitre XXIX du livre II, et le chapitre XLIV du XXXIIIe livre de Tite Live.

cier. Il seroit donc impossible à ce compte-là de vaincre le bienfait d'un médecin qui nous auroit guéris de quelque maladie mortelle, ou de quelque marinier qui en un naufrage nous auroit baillé un ais pour nous sauver. Or on peut vaincre les bienfaits, et de ceux-ci, et de tous autres qui par quelque autre moyen nous auroient donné la vie. Il n'est donc non plus impossible que les bienfaits des pères puissent aussi être vaincus. Si j'ai reçu de vous une chose, pour la conservation de laquelle j'ai besoin que plusieurs autres m'assistent, et je vous en ai donné une qui se peut maintenir de soi-même sans le secours de personne, je vous ai plus donné que je n'ai reçu de vous. Le père a donné à son fils une vie, qu'il eût aussitôt perdue sans les moyens qui furent apportés pour la lui conserver. Le fils, s'il a donné la vie à son père, il lui a donné une vie qui pour subsister n'avoit besoin que d'elle-même. Il faut donc avouer que si son fils lui a donné la vie, il a plus reçu qu'il ne lui avoit donné.

XXXVI. Je ne dis pas ceci pour ruiner la révérence que nous devons à ceux qui nous ont engendrés. Au contraire, si les enfants le goûtent comme ils doivent, ce leur est une instruction pour en devenir meilleurs. La vertu, de son naturel, aime la gloire, et se plaît de passer ce qui va devant. Il n'y a point de meilleur expédient pour amener les enfants au combat de piété, que de leur proposer l'espérance de la victoire. Que si les pères y apportent leur consentement, comme il n'est pas inconvénient que ce ne puisse quelquefois être notre bien d'avoir été vaincus, quelle contention plus desirable, quelle félicité plus grande leur pourroit arriver, que d'être amenés à ce point d'avouer qu'ils sont plus obligés à leurs enfants, que leurs enfants ne leur sont obligés? Si nous en faisons autre jugement, nous donnons dispense aux enfants, et les refroidissons de la reconnoissance qu'ils doivent à leurs pères ; au lieu que nous devrions faire tout ce qui dépend de nous pour les y rendre plus échauffés. Voici donc comme il faut parler à eux : « Courage, jeunes gens, courage, mes amis. Vous avez une dispute la plus louable du monde avec vos pères, si vous leur devez plus que vous ne leur pouvez rendre. Ils vous ont prévenus, mais ils n'ont pas gagné pourtant. Ayez seulement la volonté bonne, et ne perdez point le cœur. Vous ne sauriez vaincre si vous n'en avez envie. Tant de gens d'honneur qui vous ont précédés en ce combat vous serviront de guides, vous inviteront par leur exemple, et vous montreront que vous avez moyen de vaincre vos pères par les mêmes voies que les leurs ont été vaincus. »

XXXVII. Anchise avoit porté Énée à son col en un temps qu'il ne pesoit guère, et en des lieux où il n'y avoit point de danger à le porter ; mais indubitablement Énée fit davantage, quand au milieu des ennemis victorieux épandus emmi les rues, sous les ruines de sa ville qu'il voyoit tomber, et au travers des feux mêmes, il porta ce bon homme appesanti d'années, et qui pour une surcharge avoit ses dieux domestiques. Et ne le porta pas seulement; mais, qu'est-ce que la piété ne peut faire? l'emporta comme il faut, et le mit au nombre de ceux que Rome a depuis adorés comme fondateurs de sa grandeur. Ces jeunes gens de Sicile vainquirent aussi leurs pères, quand le mont Etna ayant par une agitation extraordinaire embrasé les lieux voisins jusques à la plus grande partie de l'île, ils les chargèrent sur leurs épaules, et au travers des flammes les emportèrent hors du danger. On a cru que les feux s'ouvrirent en deux, et se retirant de part et d'autre, laissèrent une sente[1] à ces jeunes hommes, de qui l'audace étoit à la vérité digne d'un bon événement. Antigonus

---

1. Un sentier.

vainquit son père, quand après avoir en une grande bataille défait ses ennemis, il le fit jouir de sa conquête, et lui remit le royaume de Syrie entre les mains. C'est vraiment être roi, que de le pouvoir être et ne le vouloir pas. Titus Manlius vainquit son père, quand pour la stupidité de son esprit ayant été par lui relégué aux champs pour un temps, il vint trouver un tribun du peuple, qui avoit mis son père en comparence[1] personnelle, et lui demanda le jour de l'assignation. Le tribun qui pensoit que ce jeune homme d'un côté voulût mal à son père, et de l'autre lui dût savoir bon gré, pource que sa relégation étoit un des principaux points qu'il lui mettoit sus, se laissa conduire sans y penser en un lieu fort écarté, où Titus Manlius se trouvant seul avec lui, lui mit la dague à la gorge, et lui dit que s'il ne lui juroit de quitter cette poursuite il lui alloit faire perdre la vie, et qu'il choisît de quelle façon il aimoit mieux que son père demeurât sans accusateur. Le tribun lui promit qu'il ne passeroit pas plus avant, et ne le trompa point; mais pour sa décharge déclara devant l'assemblée ce qui s'étoit passé. Je vous laisse à penser si un autre que lui eût eu si bon marché de faire un affront à un tribun.

XXXVIII. Un exemple me fait souvenir d'un autre, de sorte que je n'aurois jamais fait si je voulois vous raconter ceux qui ont cherché leur péril pour le salut de leurs pères, ou qui, d'un lieu bas où la fortune les avoit fait naître parmi le peuple, leur ont donné les premières places au théâtre de la gloire. Aussi vraiment est-ce un ouvrage louable au delà de toutes louanges, et recommandable par-dessus toute recommandation, de pouvoir dire : « J'ai obéi à mon père et à ma mère ; je leur

---

1. *Comparence*, comparution ; *mettre en comparence*, ajourner à comparaître.

ai cédé ; je me suis humilié à leurs volontés, raisonnables ou déraisonnables, et s'il y a eu quelque contestation entre nous, ce n'a été sinon que j'ai fait tout ce qu'il m'a été possible pour faire qu'ils reçussent plus de bien de moi, qu'ils ne m'en avoient donné. » Entrez, je vous prie, en ce combat, et pour avoir été battus une fois, ne laissez point d'y retourner. Heureux ceux qui vaincront! heureux ceux qui seront vaincus! Quelle gloire plus grande peut avoir un jeune homme, que s'il se peut dire à soi-même (car à un autre il n'est pas permis): « J'ai vaincu mon père de bienfaits? » Et quelle plus juste occasion de contentement peut arriver à un père, que de pouvoir publier partout où il se trouve qu'il a plus d'obligation à son fils, que son fils ne lui en a? Qu'est-ce autre chose que de céder à soi-même? qui est le comble de toute la félicité qu'on sauroit desirer.

# LIVRE QUATRIÈME.

I. En toutes les questions que jusques ici nous avons traitées, nous n'en avons point touché de si nécessaire, ni qu'il faille disputer avec plus de soin, que celle qui va être mise sur le bureau, si faire plaisir et le rendre sont choses qui de soi-même doivent être desirées. Il est des hommes qui n'aiment l'honneur que pour le profit, qui ne considèrent pas que la vertu n'a rien de magnifique quand elle a quelque chose de vénal, et ne veulent ouïr parler de chose qui soit louable, si par même moyen elle ne leur apporte quelque fruit. Or y a-t-il rien de si vilain, que si je marchande combien on me donnera pour être homme de bien? Le gain n'est point un ressort qui fasse mouvoir la vertu, comme aussi le dommage ne la divertit point de ses résolutions. Et tant s'en faut que par espérances et par promesses elle débauche les personnes pour les attirer à soi, qu'au contraire elle veut que tout soit remis sur elle, et le plus souvent est du nombre des choses qui sont bannies[1] au rabais. Quand elle nous appelle, il faut passer par-dessus toute utilité pour l'aller trouver. Quand elle nous envoie en quelque part, il y faut marcher, et sans considération ni du bien ni de la vie, nous résoudre à l'obéissance générale de tout ce qu'il lui plaît nous commander. Que me servira, direz-vous, d'avoir fait un acte magnanime? Que me servira d'avoir montré ma courtoisie? Il

---

1. *Bannir* est pris au sens qu'il avait dans quelques Coutumes, de *publier, faire une adjudication.*

vous servira que vous l'aurez fait. Hors de cela, on ne vous promet rien. Si d'aventure il vous en vient quelque commodité, recevez-la comme une partie casuelle. Le salaire des belles actions est en elles-mêmes. S'il est vrai que ce qui est honnête soit desirable de soi, et que le bienfait soit chose honnête, puisqu'il est de même nature, il n'est pas raisonnable qu'il soit d'autre condition. Or que ce qui est honnête soit desirable de soi, c'est chose que nous avons si souvent prouvée, que je ne pense point qu'il soit plus de besoin d'y retourner.

II. Les Épicuriens, qui n'ont autre philosophie que les délices, et de qui les discours sentent le cabaret plutôt que l'école, ne sont pas en ceci d'accord avec nous. La vertu chez eux n'est que ministre des voluptés. Elle les sert, et les voit au-dessus de soi. Il n'y a point, disent-ils, de volupté sans vertu. Mais pourquoi faites-vous marcher la volupté la première? Non que je dispute de leurs préséances par vanité simplement de marcher devant, mais parce qu'en cet avantage consiste la décision de tout le fait. La vertu ne s'abaisse jamais à porter la queue. Si elle le fait, elle cesse d'être vertu. C'est à elle de faire le pas devant, de conduire, de commander, et d'être au haut bout; et vous lui voulez faire demander le mot. Que vous importe? dites-vous, puisqu'aussi bien que vous, je suis d'avis que sans la vertu on ne peut vivre heureusement, et que bien que la volupté soit ma maîtresse, et que je me dédie entièrement à la suivre et à la servir, si est-ce que je la rejette et la condamne si elle ne s'accompagne de la vertu. Toute la question est si la vertu est cause du souverain bien, ou si elle est le souverain bien elle-même. Quand on ne s'informeroit d'autre chose, avez-vous opinion que le rang soit toute l'occasion de cette dispute? Quelle confusion sauroit être plus grande, et quel aveuglement plus manifeste, que de vouloir que la dernière aille devant? Je ne me pique pas de ce que la volupté précède la vertu ; mais quelle apparence y a-t-il de l'associer avec une qui la méprise, qui lui est ennemie capitale, qui cherche le travail et la douleur pour se séparer d'avec elle, et qui n'est pas moins en son naturel dans les incommodités de quelque action magnanime, que l'autre parmi les délices d'un repos efféminé?

III. Il a fallu faire ce discours, pource que faire plaisir, qui est la matière que nous avons à traiter, est l'office de la vertu, et qu'il n'est rien de si malhonnête, que de donner à autre fin que pour avoir donné. Car si nous ne donnions qu'avec espérance de retirer, il ne faudroit pas donner à qui seroit le plus digne de recevoir, mais à qui auroit plus de moyen de rendre. Et toutefois ordinairement nous ne donnerons pas sitôt à quelque fâcheux [riche][1], qu'à un pauvre que nous jugerons honnête homme. Ce n'est plus bienfait, depuis que l'on prend garde à la fortune. Et puis s'il n'y avoit que l'utilité qui nous conviât à faire plaisir, ceux qui en ont le plus de moyen, comme les riches, les grands et les rois, en auroient le moins d'occasion, parce qu'ils se peuvent passer du bien d'autrui. Les Dieux mêmes, qui jour et nuit sans intermission font sentir aux hommes tant d'effets de leur bonté, puisqu'en leur nature seule ils ont un magasin de toutes choses, qui les rend abondants, assurés, et inviolables à tout effort extérieur, qu'ont-ils besoin de rien donner, si c'est chose qui ne se doive faire que pour en tirer de la commodité? Ce n'est pas bienfait, c'est usure de regarder, non où ce que nous donnons sera plus dignement employé, mais où le profit en sera plus grand, et d'où nous aurons moins de peine à le ravoir. Il faut donc conclure

---

1. Le mot *riche* manque dans l'édition de 1630 ; mais c'est certainement une omission involontaire ; il y a en latin : *diviti importuno*.

que les Dieux qui ne donnent pour cette considération, donnent par une disposition seule de leur nature à la libéralité. Car s'il est vrai que rien ne nous doive inciter à faire plaisir que l'utilité, il est vrai par conséquent que les Dieux qui ne peuvent rien espérer de nous, n'ont aucune occasion de nous rien donner.

IV. Je sais bien que la réponse qu'on fait ordinairement, c'est que Dieu ne nous fait point de bien, qu'il est hors de toute sollicitude, qu'il nous néglige, qu'il tourne les yeux ailleurs, qu'il a bien d'autres fusées à démêler; ou plutôt, ce qu'Épicure trouve être la perfection de félicité, qu'il n'en a du tout point, et ne veut pas prendre la peine de faire plaisir ou déplaisir. Quiconque tient ce langage n'oit pas les requêtes qui leur sont adressées journellement, ni les vœux qu'on leur fait à toute heure de tous les coins de la terre, et [qui][1] touchent ou le particulier ou le public; ce qui certainement ne se feroit pas, et ne seroit pas croyable que tant de peuples qui sont au monde eussent embrassé d'un consentement unanime cette rêverie, de parler à des Dieux incapables de les ouïr et de les assister, s'ils n'avoient connu par expérience que tantôt de leur mouvement propre ils nous font des biens que nous ne leur demandons point, et tantôt ils nous en accordent que nous leur avons demandés, et que le plus souvent ils nous secourent si à propos qu'ils rompent le coup[2] à de grands inconvénients qui étoient préparés pour nous arriver. Or y a-t-il homme du monde si misérable, et si né pour avoir de l'affliction, qui en quelque chose ne se ressente de leur libéralité? Regardez ceux mêmes qui ne

---

1. *Qui* manque dans l'édition de 1630. Dans celle de 1631 on lit : « pour choses qui touchent. » Le latin est *privata et publica*.

2. *Rompre un coup*, c'est empêcher qu'une chose préjudiciable ne se fasse. (*Dictionnaire de l'Académie de* 1694.)

font tous les jours que se plaindre, et qui à toute heure ont les larmes aux yeux au souvenir de leur condition, nous n'en trouverons pas un à qui le ciel n'ait fait quelque grâce, et qui ne puisse dire que de cette fontaine de biens universelle il ne vienne quelque goutte jusques à lui. Quand nous ne voudrions point parler des choses qu'ils nous donnent par une distribution inégale, est-ce chose contemptible que ce qu'ils donnent à tous ceux qui viennent au monde également? Quand Nature se donne soi-même, fait-elle un petit présent?

V. Dieu ne nous fait point de bien. D'où nous viennent donc tant de choses que nous possédons, que nous donnons, que nous refusons, que nous gardons et que nous dérobons? D'où nous viennent tant de chatouillements des yeux, des oreilles et des esprits? D'où cette abondance jusqu'au luxe et à la superfluité? Car ils ne se sont pas contentés de nous donner les choses nécessaires, ils nous ont voulu tout fournir, jusques aux délices. Qui nous a donné tous ces arbres fruitiers et toutes ces herbes salutaires que nous avons? Qui nous a donné cette diversité de viandes [1], qui succèdent l'une à l'autre selon les saisons, en telle quantité que ceux mêmes qui ne veulent rien faire trouvent de quoi vivre en ce que la terre produit fortuitement? Qui nous a fait naître toutes ces espèces d'animaux, les uns en terre ferme, les autres en l'eau, et les autres en l'air, afin qu'en tout le corps de la nature, il n'y eût membre qui ne payât à l'homme quelque tribut [2]? Qui a lâché la course à toutes ces rivières, les unes qui par leurs sinuosités arrosent les campagnes et les embellissent, et les autres qui par leurs canaux larges et navigables donnent moyen de communiquer les commerces de la mer à la terre, et de la terre à la mer? Qui

---

1. *Viande*, nourriture. — 2. Voyez *Poésies*, pièce xv, p. 63.

a fait cette merveille inconnue, qu'aux lieux où pour l'intempérance du ciel toutes humidités sont épuisées, il se fait aux plus chauds jours de l'année de certains accroissements d'eaux, qui leur apportent les mêmes commodités que la pluie, pour abreuver ce que la véhémence de la chaleur a desséché? Que dirai-je des bains que produit le sein de la terre pour une infinité de maladies, et des eaux chaudes qui sourdent aux rives de la mer?

VI. Comme osez-vous appeler bienfait deux ou trois arpents de terre qu'on vous peut avoir ajoutés aux vôtres, et quand on vous a donné des campagnes qui n'ont ni borne ni mesure, vous faites difficulté d'avouer qu'on vous ait rien donné? Si quelqu'un vous a donné quelque somme d'argent, s'il a rempli votre coffre, vous croyez qu'il a beaucoup fait pour vous, et appelez cela bienfait; et tant de fleuves où l'or et le sablon courent ensemble, tant de métaux de toutes sortes semés dans les entrailles de la terre, la science de les trouver et les marques extérieures pour les découvrir sont à votre dégoût si peu de chose, que vous penseriez vous faire tort si vous les aviez comptés pour un bienfait? Si on vous a donné quelque méchant taudis, où il y ait en la cheminée quelque morceau de marbre, ou en la lambrissure quelque chétif coup de pinceau, vous ne pensez pas qu'on vous ait fait un petit présent; et vous possédez un palais spacieux, où vous ne voyez point je ne sais quelles enjolivures aussi déliées que le fer qui les a faites, mais des masses entières de pierre, distinguées de matière et de couleur, et de laquelle une seule petite pièce suffit à vous étonner, avec un toit au-dessus qui luit de jour d'une façon, et la nuit de l'autre, et cependant vous pensez n'avoir rien reçu? Et ce qui est la vraie marque d'ingratitude, est que vous ne voulez point savoir de gré des choses que vous êtes si passionnés à posséder. D'où avez-vous eu ce vent que vous respirez? d'où cette lumière qui donne ordre et règlement à toutes vos actions? d'où le sang qui vous coule dans les veines, pour la distribution de la chaleur vitale en toutes les parties de votre corps? d'où tant de saveurs exquises, qui vous provoquent le palais en la fin même de vos repas et vous ressuscitent l'appétit? d'où toutes ces pointes qui vous rendent le goût du plaisir après en être lassés? et enfin qui vous donne ce repos où vous vous enterrez devant la mort? Si vous aviez quelque ressentiment, ne diriez-vous pas :

> C'est de la main de Dieu que tout ce bien me vient.
> Il me donne mes bœufs, il me les entretient;
> C'est lui par qui je chante, et lui par qui j'entonne
> Dessus mon chalumeau tous les vers que je sonne¹?

Et puis il ne vous a point donné quelque petit nombre de bœufs; il a couvert toute la terre de troupeaux, et leur a baillé de quoi vivre selon les saisons. Il ne s'est point contenté de nous apprendre à dire avec un chalumeau quelque vaudeville, et de mauvaise grâce, pour en recevoir je ne sais quel maigre plaisir, mais nous a pourvus de cette infinité de sciences et de métiers nécessaires à l'entretien de notre vie, et nous ayant donné des voix capables d'être diversifiées en autant de façons que bon nous semble, a voulu que pour la perfection du plaisir nous eussions l'industrie de les accompagner de respirations, recherchées aux choses qui ne respirent du tout point. Car toutes ces inventions que nous avons viennent aussi peu de nous que notre accroissance ou que la disposition réglée que tous nos membres ont à faire leur office quand l'âge leur en a donné le moyen; aussi peu que la chute des dents de

---

1. Virgile, *Églogue* I, v. 6 et suivants.

lait aux enfants, que la puberté quand nous commençons à nous fortifier, et que les dernières dents qui nous viennent quand nous sommes arrivés jusques où nous devons croître, pour nous avertir d'être préparés à nous en retourner. Nous avons en nous les semences de tout âge et de toute science, et Dieu comme souverain ouvrier s'est réservé l'autorité de les faire sortir comme il lui plaît.

VII. Vous direz que ce sont choses qui viennent de Nature. Ne voyez-vous pas qu'en disant cela vous ne faites que changer le nom à Dieu? Que pensez-vous que ce soit que Nature, sinon Dieu même, et sa providence infuse au monde, et distribuée à toutes ses parties? Vous le pouvez nommer de telle autre façon qu'il vous plaira, Jupiter très-bon, très-grand, tonnant, et arrêteur[1]; non, comme disent nos histoires, pource qu'après un vœu qui lui fut fait, l'armée des Romains qui étoit en fuite s'arrêta, mais pource que par lui toutes choses s'arrêtent et s'affermissent. Si vous le voulez appeler Destin, vous le pouvez faire, et ne mentir point; car puisque le Destin n'est autre chose qu'une enfilure de causes accrochées l'une à l'autre, il faut qu'il soit le Destin, puisqu'il est la première cause à laquelle toutes les autres causes sont attachées. Il n'y a point de nom propre à signifier quelque effet ou quelque vertu céleste qui ne lui puisse être approprié. Autant qu'il fait de sortes de bien, autant il peut avoir de sortes de noms.

VIII. A Rome nous l'appelons le père Liber, Hercule et Mercure. Père Liber, pour l'invention des semences et réparation de la nature avec plaisir. Hercule, pource qu'il n'y a rien de plus fort que lui, et qu'après s'être lassé des ouvrages du monde, on tient qu'il se doit résoudre en feu. Mercure; pource que la raison, le nombre, l'ordre et la

---

[1]. *Jupiter Stator.*

science viennent de lui. Tournez-vous de quelque côté que vous voudrez, vous le verrez se présenter à vous. Il est partout. Toute sa besogne est pleine de lui. Tu n'avances donc rien de dire que tu ne dois rien à Dieu, puisque tu te confesses obligé à la Nature. Elle n'est point sans lui, ni lui sans elle. L'un et l'autre ne sont qu'un. Il n'y a point de différence. Si Sénèque vous a prêté quelque chose, sachez-en gré à Annæus ou à Lucius[1], n'importe; c'est toujours un même créancier, encore que les noms soient différents. Nommez-le comme bon vous semblera, c'est toujours lui. Aussi dites Nature, Destin, Fortune : ce sont les noms d'un même Dieu, qui use diversement de son pouvoir. La justice, probité, prudence, valeur, et tempérance, sont toutes qualités qui se peuvent trouver en une seule âme. Aimez-en celle qu'il vous plaira : c'est l'âme que vous aimez.

IX. Mais afin que obliquement le discours ne m'emporte à une autre dispute, Dieu fait une infinité de grandes grâces à l'homme, sans espérance qu'il lui en revienne rien, parce que Dieu n'a point besoin qu'on lui donne, et aussi que l'homme n'est pas capable de rien donner à Dieu. Il s'ensuit donc que c'est chose desirable de soi que de faire plaisir. Toute l'utilité qu'il y faut considérer, c'est celle de celui qui reçoit; pour la nôtre, il la faut mettre à part. Vous dites que les laboureurs ne jettent pas leurs grains sur le sable, et que tout de même quand nous voulons donner, il faut prendre garde que ce soit en lieu qui le mérite. Quand nous faisons plaisir, nous avons la considération même que nous avons quand nous labourons et que nous semons; car ce n'est pas chose desirable de soi que de labourer ou de semer. Vous

---

1. Ce sont les trois noms de Sénèque; il s'appelait *Lucius Annæus Seneca*.

demandez après comme vous devez donner, de quoi il ne seroit point de besoin, si le donner étoit chose desirable de soi ; vu que à qui qu'on donnât, et en quelque façon qu'on donnât, ce seroit toujours un bienfait. Ce qui est honnête se fait suivre pour l'amour de lui-même. Mais pour cela nous ne laissons pas de prendre garde à ce que nous faisons, et quand et comment nous le faisons ; car en cette observation consiste l'honnêteté. C'est pourquoi quand je regarde à qui je donnerai, mon intention est que ce que je donne soit un bienfait, parce que si je donne à un homme de mauvaise vie, il y a de la honte et n'y a point de bienfait.

X. C'est chose desirable de soi que de rendre une chose baillée en garde ; et toutefois je ne la rendrai pas ni en tout lieu, ni à toutes heures. Je la pourrois rendre quelquefois de telle façon, et devant tant de personnes, que je ferois mieux de la désavouer tout à fait. Je regarderai à l'utilité de celui à qui j'ai à la rendre, et la lui nierai, si je connois que ce soit chose qui étant rendue lui puisse apporter du déplaisir. J'en ferai de même en matière de bienfaits : je ne donnerai point, que je ne regarde quand, à qui, comment, et pourquoi. Le jugement doit conduire toutes nos actions. Il n'y a point de bienfait où il n'y a point de jugement, pource que rien n'est vertueux si le jugement ne l'accompagne. Combien de fois oyons-nous ceux qui ont fait quelque don mal employé, se tancer eux-mêmes, et dire qu'ils aimeroient mieux l'avoir perdu, que donné à celui à qui ils l'ont donné ! On ne sauroit perdre son bien plus honteusement, que de le donner mal à propos. Et y a plus de quoi se fâcher de n'avoir pas donné comme il faut, que de n'avoir pas été remercié. Le dernier vient de la faute d'autrui, le premier de la nôtre, pour n'avoir pas bien su choisir. Vous pensez que l'élection que je veux qu'on y fasse soit de regarder qui aura plus de moyen de se revancher. Rien moins. Je n'en cherche point un qui me rende, j'en cherche un qui sache gré; car on n'est pas toujours ingrat pour ne rendre point, et quelquefois aussi on ne laisse pas de l'être après avoir rendu. Je ne considère que la volonté. C'est pourquoi je passerai pardessus un riche qui ne vaudra rien, et donnerai au pauvre qui sera honnête homme; car avec son indigence il ne laissera pas d'avoir du ressentiment, et quand il sera nécessiteux de toutes choses, il sera toujours riche d'affection. Ce n'est ni le gain, ni le plaisir, ni la gloire qui me fait donner. Si je contente celui qui reçoit, c'est assez. Je ne donne que pour faire ce qu'il faut que je fasse. Non pas que cette nécessité n'ait de l'élection; mais je vous dirai quelle elle est.

XI. Je prendrai un homme de bien, sans malice, qui ait de la mémoire et du ressentiment, abstinent au bien d'autrui, non avare ni mesquin au sien, et qui ait bonne volonté. Après cette élection ainsi faite, que la fortune ne lui donne point de moyen de me reconnoître, je ne m'en soucie pas : j'ai fait ce que je voulois faire. Si mon utilité me doit faire libéral, si je ne dois faire bien qu'en espérance qu'on me le rende, il faut donc que je me prive d'en faire à un qui s'en va en quelque pays bien éloigné, à un que je ne verrai jamais, ni à un malade désespéré de guérison, et que quand moi-même je me connoîtrai prêt à mourir je me garde de rien donner, parce que je n'aurai pas du temps assez pour en recevoir la revanche. Et toutefois pour montrer que le bienfaire est de soi-même une chose desirable, s'il vient quelque étranger en notre port, encore qu'il se veuille rembarquer tout aussitôt, nous ne laissons pas de le secourir. Si quelqu'un a fait bris [1], nous lui équipons une autre barque

---

1. A fait naufrage par suite du bris de son navire.

pour le reporter. Il s'en va sans nous connoître, et ne faisant plus compte de nous voir jamais, nous baille notre assignation sur les Dieux, pour être payés de ce que nous avons fait pour lui. Cependant ce bienfait, tout stérile qu'il est, ne laisse pas de plaire à notre conscience, et de nous donner du contentement de l'avoir fait. Et en l'article même de la mort, un homme ne fait-il pas en son testament une infinité de biens, qu'il sait bien qui ne lui seront jamais reconnus? Combien perdons-nous de temps à consulter combien et à qui nous donnerons? Ce n'est pas que cela nous importe, puisque nous ne devons rien recevoir des uns ni des autres; mais c'est que nous ne donnons jamais avec une diligence plus rigoureuse que quand, l'utilité mise à part, l'honnêteté seule nous demeure devant les yeux, et nous ôte ces brouillas d'espérance, de crainte et de plaisir, qui nous avoient obscurci le jugement. Quand la mort nous a si bien investis qu'il n'y a plus de moyen d'en échapper, et que nous sommes renvoyés à la conscience, comme à un juge incorruptible, c'est alors que nous pensons de mettre notre bien en mains de personnes qui le méritent, et commençons de faire les choses avec religion, quand nous les faisons sans intérêt.

XII. Et certainement un homme alors a bien du plaisir de penser en soi-même : « Je mettrai cettui-ci plus à son aise qu'il n'est; je donnerai à cettui-là moyen de paroître plus qu'il ne fait : » là où si nous ne devions donner que pour en avoir récompense, il se faudroit laisser mourir sans testament. Vous me direz qu'un bienfait est un prêt non payable; que le prêt de soi n'est point chose desirable; par ainsi que le bienfait ne l'est point aussi. Quand nous disons que le bienfait est un prêt, c'est par une façon de parler figurée; comme quand nous disons que la loi est une règle qui juge ce qui est juste, et ce qui ne l'est pas, et toutefois une règle de soi n'est pas chose desirable. La démonstration nous fait user de ce langage. Quand je dis que le bienfait est un prêt, il faut entendre que c'est comme un prêt; et qu'il ne soit vrai[1], j'y ajoute non payable, combien qu'il ne soit point de prêt qui ne puisse ou qui ne doive être payé. Mais tant s'en faut qu'il se faille proposer du profit quand on fait quelque plaisir, que souvent pour le faire il se faut résoudre de perdre, et courre fortune selon que l'occasion s'en présentera. Comme si quelqu'un est entre les mains des voleurs, je ferai ce que je pourrai pour l'en délivrer, et le faire passer sûrement. Je prendrai la protection d'un criminel qui aura quelques grandes parties[2], et je m'attirerai ses ennemis sur les bras, pour tomber peut-être en la peine d'où je le veux tirer, au lieu que je pouvois demeurer à quartier[3], et regarder le combat sans être de la partie. Je répondrai pour un qui a été condamné à payer, et m'obligerai à ses créanciers, afin que ses biens ne soient décrétés; ou pour sauver un homme qui aura sa tête à la taille[4], je me mettrai en danger d'y mettre la mienne. Si quelqu'un est sur les termes d'acheter une maison au terroir de Tusculum ou de Tivoli, pource que l'air y est bon, et que c'est une agréable demeure en été, il ne dispute point en quelle saison il l'achètera; quand elle est achetée, il s'en sert. Il en est de même quand il est question de bienfaits; car si vous me demandez ce qui en revient, je vous répondrai : une bonne conscience. Qu'est-ce

---

1. Cette locution traduit l'interrogation latine : *vis scire?* L'orthographe est différente dans le texte qui est joint à l'édition de 1669 de la traduction de du Ryer : on y lit *est* pour *et* : « Est qu'il ne soit vrai. »

2. *Partie*, adversaire, celui qui plaide contre quelqu'un.

3. *A quartier*, à part, à l'écart.

4. Voyez plus haut, p. 74, note 1.

qui revient de faire plaisir? Mais vous-même, dites-moi, qu'est-ce qui revient d'être juste, d'être innocent, d'être magnanime, d'être chaste, d'être tempérant?

XIII. Pourquoi est-ce que le monde fait son tour? A quelle fin est-ce que le soleil allonge tantôt les jours, et tantôt les accourcit? Tout cela sont bienfaits; car ils se font pour notre commodité. Comme c'est l'office du monde de donner les vicissitudes aux choses, comme c'est celui du soleil de changer de place d'un côté à l'autre quand il se lève et quand il se couche, et sans récompense faire ces choses qui nous sont salutaires; aussi est-ce un des offices de l'homme de bien de faire plaisir. A quelle fin donc est-ce qu'il donne? De peur de ne donner point, et de perdre l'occasion de faire bien. C'est votre plaisir de vous accoutumer à ne rien faire, de vous plonger en une sécurité aussi profonde que le dormir même, et tout le jour à l'ombre d'une treille de jardin vous entretenir de quelques pensées bien délicates, que vous appelez repos d'esprit, vous engraisser à force de manger et de boire, et par indigestions empirer le mauvais teint que vous avez à faute de vous exercer. De nous, c'est notre plaisir de ne trouver rien de laborieux qui puisse soulager le labeur de ceux que nous voulons obliger, rien de dangereux qui les ôte de danger, ni rien d'incommode qui leur apporte de la commodité. Qu'ai-je à faire de retirer un bien que j'aurai fait? Après qu'on m'aura rendu, n'est-ce pas mon intention de continuer à donner? Le bienfait regarde l'utilité de celui à qui il est fait, et non la nôtre : autrement c'est à nous, et non à lui que nous le faisons. C'est pourquoi nous reconnoissons bien du profit en des choses de quoi nous ne pouvons faire cas, pource qu'on les a pour de l'argent. Le marchand profite aux villes, le médecin sert aux malades, le tripier est bon pour les choses qui sont à vendre; mais pource que tous ces gens-là ne servent aux autres que pour leur profit, ils profitent sans qu'on leur en sache gré.

XIV. Depuis qu'il y a du dessein de gagner, il n'y a plus de bienfait. Je donnerai ceci, j'aurai cela. C'est une enchère. Je ne dirai point qu'une femme soit femme de bien, qui fait la froide pour allumer d'autant celui qui la poursuit, ou qui craint la peine des lois et la rigueur de son mari. Je trouve qu'Ovide a bien dit :

Quæ, quia non licuit, non dedit, illa dedit[1].

Je ne pense point faire de tort à celle qui est femme de bien par crainte, de la mettre au rang de celles qui ne valent rien. Tout de même, qui a donné pour recevoir n'a point donné. Autrement il faudroit dire que nous faisons plaisir aux animaux que nous nourrissons pour nous en servir ou pour les manger; que nous faisons plaisir aux arbres que nous arrousons de peur que la terre qui n'est point remuée venant à s'endurcir par la sécheresse ne soit occasion de les faire endurer[2]. Tout ce qu'on apporte à cultiver, ou un champ, ou quelque autre chose de qui le fruit n'est point en elle-même, ne peut avoir la gloire d'être fait de bonne foi. Il ne se faut rien proposer d'avare ni de sordide quand il est question de faire plaisir. Il y faut aller d'une humeur libérale, et après avoir donné une chose, avoir envie d'en donner une autre, et surtout ne regarder point s'il nous en reviendra quelque chose, de peur que la gloire de donner ne se gâte par la honte de donner pour le profit. De quoi se peut vanter un homme qui s'aime soi-même, et qui tourne à son utilité particulière tout ce qu'il épargne et

---

1. Voyez Ovide, *Amor.* III, *eleg.* IV, v. 4. — Dans l'édition de 1630 il y a *quam* pour *quæ*.

2. *Endurer*, souffrir; en latin : *ne.... laborent*.

qu'il acquiert? Quand l'intention de faire plaisir est pure et nette, toutes ces imaginations ne viennent jamais en l'esprit. Elle nous fait oublier nos intérêts, et la main au collet nous traîne au dommage tout évident, étant assez satisfaite du contentement qu'elle a de faire plaisir.

XV. N'est-ce pas chose hors de toute dispute, que l'injure est le contraire du bienfait? Comme l'injure de soi est évitable, pour la même raison le bienfait est desirable de soi. Et comme l'infamie du mal est plus que toute la récompense qui nous est proposée de le faire, aussi quand il est question de bienfaire, l'honnêteté de la chose même, sans autre considération, doit être assez forte pour nous en donner la volonté. Nous avons tous une inclination naturelle d'aimer nos bienfaits. Depuis que nous avons obligé un homme, nous prenons plus de plaisir à le voir qu'auparavant, et bien souvent le premier bien qu'il a reçu de nous est cause que nous lui en faisons un second. Combien de fois oyons-nous dire: « Je l'ai tiré de peine, je lui ai sauvé la vie, je ne saurois avoir le courage de l'abandonner! Il me prie de l'assister contre ses ennemis. Ce sont gens de beaucoup de moyen et de crédit. Je voudrois bien n'en rien faire; mais le remède? Je l'ai déjà assisté une et deux fois. » Ne voyez-vous pas que cette considération a je ne sais quoi de violent, qui nous contraint de faire plaisir? premièrement pource qu'il le faut faire, et secondement pource que nous y sommes embarqués. Il y en a tel à qui la première fois nous pouvions nous excuser, mais pource que nous lui avons déjà fait plaisir, nous pensons qu'avoir commencé nous oblige à continuer. Et tant s'en faut que l'utilité soit ce qui nous convie à faire plaisir, qu'au contraire l'affection seule que nous portons à notre bienfait est le plus souvent cause que nous faisons de la dépense à entretenir des choses qui ne nous servent de rien, et sommes portés aussi naturellement à l'indulgence d'un bienfait mal réussi, que d'un enfant qui nous déplaît.

XVI. Pour le regard de ce qu'ils disent, qu'on se doit aussi revancher d'un bienfait pour le profit, et non pour l'honneur, il sera bien aisé de leur répondre ; parce que des mêmes raisons que nous avons amenées pour prouver que le bienfait est de soi chose desirable, nous tirerons la conséquence indubitable de ce que nous avons en cet endroit à leur prouver. Il faut faire état que cette maxime que nous baillons pour fondement à toutes nos preuves, qui est qu'une chose honnête n'est estimée pour autre occasion que pource qu'elle est honnête, est un point qui demeure fixe, et contre lequel il n'y a plus d'apparence de disputer. Qui est-ce qui voudroit dire que ce ne fût chose honnête de reconnoître un plaisir qu'on a reçu ? Qui est-ce qui n'aura mal au cœur d'un ingrat, et ne le détestera comme un homme qui n'est pas même capable de se faire bien ? Quand on vous parlera[1] de quelqu'un qui aura beaucoup d'obligations à son ami, et cependant ne fera compte de les reconnoître, que direz-vous de lui ? de quoi l'accuserez-vous ? ou d'avoir fait une chose qui lui fera recevoir de la honte, ou de n'en avoir point fait une qui lui pouvoit apporter du profit ? J'estime que vous le tiendrez pour un méchant homme, et qui a plutôt besoin de punition que de curateur ; ce que vous ne feriez pas, si ce n'étoit chose honnête et desirable de soi que de reconnoître un bienfait. Il est des choses qui ont une montre[2] douteuse, et qu'on ne peut tenir pour honnêtes, que premièrement on n'en fasse l'interprétation. Mais celle-ci est trop belle, trop brillante, et trop exposée à la vue, pour révoquer son mérite en doute.

---

1. Dans l'édition de 1630 : « Quand on nous parlera. »
2. *Montre*, apparence.

XVII[1]. Y a-t-il chose au monde de qui l'approbation soit si universellement reçue aux esprits des hommes, comme de reconnoître un plaisir quand on nous l'a fait? Que pensez-vous qui nous convie à le faire? Est-ce le profit? qui rend quiconque l'estime coupable d'ingratitude. Est-ce l'ambition? quel sujet y a-t-il de se vanter d'avoir payé ce qu'on devoit? Est-ce la crainte? les ingrats ne craignent rien, pource qu'on n'a point fait de loi contre eux, avec cette opinion, peut-être, que la nature y avoit assez pourvu, comme il n'y a point de loi qui commande l'amour des enfants envers les pères, ni l'indulgence des pères envers leurs enfants. Nous n'avons que faire d'être poussés à une chose où nous sommes portés naturellement. Comme il ne faut exhorter personne à se vouloir du bien, parce que c'est une affection qui sort avec l'homme du ventre de la mère, aussi ne faut-il à rechercher[2] les choses qui sont honnêtes de soi-même. Leur propre mérite les recommande; et est une chose si aimable que la vertu, que ceux même qui font de mauvais actes ne laissent pas en leur âme d'approuver ce qui est bon. Qui est celui qui ne prenne plaisir qu'on l'estime libéral? qui parmi les injures et les outrages n'affecte le nom d'homme de bien? qui ne cherche quelque beau masque à la laideur de ses méchancetés? et qui, s'il a fait quelque injure, ne la fît volontiers passer pour obligation? Ainsi quand ils ont foulé quelqu'un aux pieds, ils prennent plaisir qu'il les remercie; et ne pouvant être ni bons ni libéraux, montrent toutefois qu'ils seroient bien aises qu'on les eût en cette opinion. Cette affection que naturellement on porte à ce qui est honnête, leur fait de-

---

1. Dans les éditions de 1630 et de 1631, les chapitres XVI et XVII sont réunis en un seul. Le suivant toutefois a le chiffre XVIII.

2. Aussi l'homme ne manque-t-il pas de rechercher....

sirer une réputation contraire à leur vie, et cacher leur méchanceté, qui leur déplaît et leur fait honte, quoiqu'ils ne se puissent priver d'en tirer le fruit. Aussi faut-il qu'un homme soit étrangement révolté contre les maximes naturelles, et dépouillé de tout sentiment d'humanité, qui fait mal avec cette intention de se donner du contentement. Et de fait, demandez à qui vous voudrez de ceux-ci qui vivent de brigandages, et qui coupent la gorge aux passants sur les chemins, s'ils ne seroient pas plus aises que l'argent leur vînt d'autre façon. Le plus enragé de tout ce qu'ils sont vous dira qu'il seroit bien content de n'en faire point la vie, pourvu qu'il en eût le revenu. La méchanceté ne plaît à personne, mais seulement le profit d'être méchant. La plus grande obligation que nous ayons à la nature, c'est qu'aussitôt que nous sommes sur le point de quelque action, la vertu nous fait passer dans l'âme quelque rayon de sa lumière ; et si nous ne l'avons suivie, pour le moins nous ne pouvons pas nous excuser qu'elle ne nous ait éclairé.

XVIII. Voulez-vous bien voir que la gratitude est chose désirable de soi-même ? Représentez-vous si l'ingratitude de soi-même n'est pas évitable, comme la chose du monde qui divise et ruine le plus la société du genre humain. Quel autre moyen avons-nous de nous conserver, que par la vicissitude des offices que nous nous rendons l'un à l'autre réciproquement ? Tout ce que notre vie a pour se défendre, tout ce qu'elle peut opposer aux violences extérieures, est en la communication des bienfaits. Mettez les hommes chacun à part soi, que sera-ce qu'une gorge chaude au reste des animaux [1], et un peu de

---

1. Il y a en latin : *Animalium præda et victimæ*. Gorge chaude signifie, en terme de fauconnerie, la chair des animaux vivants qu'on donne aux oiseaux de proie.

sang, qu'ils auront plus tôt épandu que desiré? Toutes ces bêtes qui vivent aux solitudes ont de quoi se défendre. L'homme, comme exposé aux injures, est né sans armes. S'il a des dents et des ongles, c'est à tout autre usage plutôt qu'à le faire redouter. La société seule est le rempart de sa foiblesse et la couverture de sa nudité. La société le fait commander aux animaux les plus grands et les plus effroyables, au lieu que s'il étoit seul il ne seroit pas capable de contester avec le plus petit. Et par la société, combien qu'il soit né pour vivre en la terre, il ose entreprendre sur une autre nature, et rendre la mer une partie de sa domination. C'est en la société qu'il trouve le remède de ses maladies, l'appui de sa vieillesse et la consolation de sa douleur. C'est la société qui lui fait avoir du courage, parce que s'il est assailli de la fortune, il est assuré d'être secouru. Otez la société du monde, vous divisez l'unité du genre humain, sans laquelle la vie ne peut subsister. Or il n'y a point de meilleur moyen de l'ôter, que de tenir cette opinion, que l'ingratitude de soi n'est point évitable, mais seulement pour la crainte de quelque chose d'extérieur. Car combien y a-t-il d'hommes qui peuvent être ingrats sans craindre d'en être recherchés? Et puis, pensez-vous que celui qui reconnoît un plaisir par crainte, ait moins d'ingratitude que celui qui ne le reconnoît du tout point?

XIX. Un homme de bon sens ne craint jamais les Dieux. C'est l'imagination d'un furieux de redouter ce qui est salutaire. Où il y a de la crainte, il n'y peut avoir d'amour. Et vous-même, Épicure, ne vous faites-vous pas un Dieu sans armes? Ne lui ôtez-vous pas les traits et les foudres, et ne le mettez-vous pas en un lieu séparé du monde, clos entre deux cieux d'un labyrinthe de hautes murailles, hors du commerce et de la vue, sans compagnie ni d'homme ni de bête, et sans matière de faire ni bien ni mal? Ne lui bouchez-vous pas les yeux et les oreilles, pour ne savoir rien de ce qui se passe au monde, et le négliger, comme assez empêché à prendre garde que les mondes qu'il a de tous côtés ne lui tombent sur le dos? En quelle plus mauvaise posture, en quel équipage plus contemptible le sauriez-vous mettre, pour nous ôter toute occasion d'en avoir peur? Et cependant vous voulez qu'on croie que vous lui portez honneur comme à votre père? C'est, à mon avis, de bonne affection. Ou bien si vous ne craignez qu'on ne pense que ce que vous en faites soit pour reconnoître quelque obligation, puisque vous ne lui en avez point, et que vous avez été fait par la rencontre fortuite de vos atomes et de vos miettes, à quelle fin prenez-vous la peine de l'honorer? Vous me direz que c'est pour la dignité particulière de sa nature, et pour la splendeur de sa majesté. Je ne veux pas disputer qu'ainsi ne soit; mais aussi faut-il que vous m'accordiez que, puisqu'il n'y a ni espérance qui vous y convie, ni prétention de récompense qui vous en sollicite, il y a donc quelque chose desirable de soi-même, de qui l'excellence vous y attire, qui est l'honnêteté dont il est question. Or y a-t-il quelque chose plus honnête que le ressentiment d'un plaisir qu'on nous a fait? La vie n'a point plus d'étendue que la matière de cette vertu.

XX. Mais vous me direz qu'en cela même il se trouvera quelque utilité. Je l'avoue; car en quelle vertu est-ce qu'il ne s'en trouve point? Mais nous appelons une chose desirable de soi-même, qui bien qu'elle ait hors de soi quelques commodités, ne laisse pas de plaire quand on les met à part. Il y a du profit à reconnoître un plaisir; mais quand il y auroit de la perte, il ne faut pas laisser de le reconnoître. Quelle utilité se peut proposer un homme qui reconnoît un plaisir? Il acquiert de nouvelles amitiés, et donne occasion de lui faire plaisir une autre fois. Et quoi donc, que fera-t-il s'il pense acquérir des ennemis? S'il voit que tant s'en faut qu'il lui en revienne quelque chose, au contraire une partie de ce qu'il a déjà court fortune de se perdre, faudra-t-il qu'il se dispose volontairement à sa ruine? C'est ingratitude de rendre avec espérance, et jeter les yeux sur un second plaisir en s'acquittant du premier. Quiconque ne part point d'auprès d'un malade qui veut faire son testament, avec dessein d'avoir, ou la succession, ou quelque légat[1], qu'il fasse tous les offices de bon ami qu'il est possible de faire, je l'appelle ingrat, puisqu'il se propose des espérances, et qu'il jette l'hameçon[2]. C'est un oiseau de proie, il rôde autour de la charogne. Celui qui a l'âme reconnoissante, au contraire est satisfait de sa bonne intention, et fait une chose vertueuse pour le seul amour de la vertu.

XXI. Voulez-vous voir qu'il est ainsi, et qu'il n'est point corruptible à l'utilité? Il y a deux sortes d'hommes reconnoissants. L'un est celui qui a rendu quelque chose au lieu de ce qu'il avoit reçu. L'autre est celui qui de bon cœur a reçu quelque bienfait, et de bon cœur s'en reconnoît obligé. Le premier a peut-être de quoi faire montre. Le dernier est resserré dans sa conscience. Mais que lui sert cette bonne affection qui ne paroît point? Si fait. Quand il ne feroit autre chose, cela seul est une reconnoissance : il aime son bienfacteur, confesse qu'il doit, et desire de s'acquitter. Si vous y demandez quelque chose de plus, le défaut ne vient pas de lui. Celui qui ne peut faire son métier faute d'outil n'est pas pour cela moins bon artisan. Le chantre que le bruit empêche de se faire ouïr n'a pas moins bonne voix. Si j'ai envie de

---

1. *Légat*, legs. — 2. Dans l'édition de 1630 : « le hameçon. »

me revancher, la reconnoissance est faite ; ce qui reste, c'est le payement ; car assez souvent il peut y avoir de la gratitude sans rendre, et de l'ingratitude après avoir rendu, parce que de cette vertu, comme de toutes les autres, la considération est en la volonté. Il suffit à celui qui doit, que son intention soit bonne ; tout autre manquement est imputable à la fortune, et non à lui. Comme un homme ne laisse pas d'être éloquent pour ne rien dire, d'être fort pour avoir les mains en repos, et pilote pour n'être pas sur la mer, parce qu'une science n'est point défectueuse pource qu'elle est empêchée de s'employer : ainsi ne peut-on accuser d'ingratitude celui qui veut reconnoître, bien qu'il ne le puisse faire, et qu'autre que lui ne sache sa volonté. Je dirai bien davantage. Quelquefois un homme est tenu pour ingrat, et ne l'est pas ; mais le peuple, qui jamais n'interprète les choses que de travers, lui en donne la réputation. Le remède, c'est sa bonne conscience, qui le réjouit au milieu des calomnies, lui représente la fausseté de ce qu'on dit de lui, prend sur soi l'événement de toutes choses, et voyant le grand nombre qui le condamne, ne compte point les opinions, mais avec une seule emporte son arrêt d'absolution. Si cela ne lui réussit, et que la fidélité reçoive le traitement de la perfidie, il demeure au-dessus de sa peine, et ne succombe point à l'affliction.

XXII. J'ai, dit-il, ce que je voulois avoir, et que je demandois. Je ne me repens, ni ne me repentirai point ; et quelque cruauté que la fortune me fasse, elle ne m'orra jamais dire : « Qu'est-ce que je pensois faire ? de quoi me sert à cette heure ma bonne volonté ? » Elle me sert en la torture, et dans le feu même. Et pour ce, qu'on me brûle un membre après l'autre, et que goutte à goutte on me fasse fondre, je bénirai les feux qui feront luire mon innocence, et seront à mes ennemis mêmes témoins indubitables de ma bonne foi. Reprenons à cette heure un argument dont nous nous sommes déjà servis. D'où nous vient, quand nous sommes prêts à mourir, le soin de reconnoître ceux qui nous ont fait plaisir, et envoyer notre mémoire à la recherche de notre vie passée, afin que pas un qui nous ait obligés n'ait occasion de se plaindre qu'il ne nous soit pas souvenu de lui? Nous sommes alors en un point où les espérances ne sont plus de saison, et toutefois en cette extrémité nous prenons peine de laisser tout le monde content. Ne cherchons point la cause de cette considération ailleurs qu'en l'excellence de la chose, qui est elle-même sa récompense, et aux appâts qu'ont toutes choses honnêtes pour gagner les âmes, et par l'admiration d'une splendeur à qui rien n'est comparable les assujettir à se ranger à leur amour. Vous me direz que c'est chose qui apporte beaucoup de commodités. Il est vrai. Aussi est-il raisonnable que la meilleure vie soit la plus assurée, et que ceux de qui la conscience est bonne aient l'esprit plus en repos. Nature n'eût pas été juste, si la gratitude n'avoit et son fruit et ses récompenses, comme les autres vertus. Mais tant s'en faut que je croie qu'elle ait besoin de promettre quelque chose pour être suivie, qu'au contraire quand, au lieu que le chemin y est sans péril et sans peine, il faudroit traverser des rochers et des montagnes de qui le coupeau[1] seroit dans les nues, et à la merci de tout ce que les lieux solitaires ont de serpents et de bêtes sauvages, je serois d'avis de passer, et de l'aller trouver.

XXIII. Si une chose a des commodités extérieures, ce n'est pas à dire qu'elle ne soit desirable de soi. On ne voit guère de choses belles qui n'aient quelque mérite d'ail-

---

1. *Coupeau*, sommet.

leurs. Mais elles vont devant, le reste les suit. Qui doute que le tempérament de tout cet univers ne se fasse par les révolutions et vicissitudes du soleil et de la lune? que l'un ne nourrisse les corps, relâche les terres, resserre les humeurs superflues et rompe ce que la rigueur de l'hiver a trop étreint? que l'autre par la vertu pénétrante de sa tiédeur ne fasse mûrir les fruits, et par sa croissance et décroissance ne donne règle à la fécondité de toutes choses? que le cours du soleil ne fasse l'année, comme celui de la lune le mois, parce qu'elle n'a pas à faire tant de chemin? Mais quand tout cela ne seroit point, n'ont-ils pas l'un et l'autre de quoi nous retenir les yeux, et se rendre adorables, encore qu'ils ne fissent que se montrer? Quand tout ce nombre infini d'étoiles se lève au soir, et que tant de flambeaux inextinguibles s'allument en toutes les parties du ciel, qui est le stupide que la beauté d'un tel spectacle n'élève à la contemplation? Tout le monde les regarde, et pas un ne pense à la commodité qui lui en revient. Voyez-les couler doucement, sans faire bruit, et sous une contenance de ne bouger d'une place faire une diligence incroyable. Combien pensez-vous qu'en cette nuit où vous n'imaginez autre chose qu'une simple distinction des jours pour les séparer, elles dépêchent d'affaires de conséquence? combien en ce silence elles préparent de sujets de parler? et combien par leur même sente, il marche de destinées avec elles, pour être portées à leur période par la certitude infaillible de leur mouvement? De tous ces feux, qui ne semblent avoir été mis au ciel que pour l'embellir, il n'y en a pas un qui ne fasse quelque chose. Si vous croyez qu'il n'y en ait que sept qui marchent, et que le reste soit immobile, vous vous trompez. Le nombre est petit de celles de qui nous connoissons les mouvements, mais il en est une infinité qui, pour être loin de notre vue, sont hors de notre jugement. Mais quoique c'en soit[1], elles vont et viennent toutes; et de celles qui s'accommodent à la portée de nos yeux, il y en a la plupart qui ne veulent pas qu'on remarque leur allure, et qu'on la reconnoisse exactement. Quand donc vous n'en tireriez ni votre génération, ni votre vie, ni votre conduite, laissant toutes leurs utilités à part, et ne jugeant que de la beauté seule d'une si grande machine, ne confesserez-vous pas que c'est l'objet le plus agréable qu'il vous est possible de voir, et la matière qui mérite mieux de vous entretenir?

XXIV. Comme encore que le premier usage de notre vie soit en ces corps lumineux, et qu'ils ne nous soient pas seulement utiles, mais nécessaires, toutefois leur majesté seule nous occupe tout l'esprit : ainsi toute vertu, mais principalement la gratitude, a bien avec soi beaucoup de choses propres pour la vie, mais elle ne veut pas qu'en cela soit le fondement de l'amitié que nous lui portons. Elle a quelque chose de plus de mérite, et n'est pas assez reconnue par celui qui la met au nombre des choses profitables. Qui reconnoît un plaisir parce qu'il y a du profit, il ne le reconnoîtra par conséquent qu'autant qu'il y en aura. La cause de sa reconnoissance en sera la mesure. La vertu ne veut point qu'une âme lâche et basse présume de lui faire l'amour. Il faut venir à elle les mains ouvertes. Voici ce que pense un ingrat : « Je voudrois bien lui rendre le plaisir qu'il m'a fait; mais il me coûtera trop, mais si je le fais, je me pourrai mettre en peine; tout le monde ne le trouvera pas bon; il vaut mieux que je ne fasse rien qui me porte préjudice. » Ce sont choses incompatibles que la gratitude et l'ingratitude. Comme les effets en sont différents, aussi sont les intentions.

---

1. Dans les éditions de 1630 et de 1631 : « Quoi que s'en soit. »

L'une contre l'honneur fait ce qui est profitable; l'autre ce qui est honnête contre le profit.

XXV. C'est chose que tout le monde se propose, de vivre selon nature, et de se conformer à l'exemple des Dieux. Or les Dieux s'ils font quelque chose, ils n'y apportent jamais autre considération, que la raison qu'ils ont de la faire; si peut-être vous ne pensez qu'aux encensements et aux sacrifices soit la récompense de cette infinité de biens qu'ils nous font. Considérez combien de choses ils ont à faire tous les jours, combien ils en distribuent, combien ils font germer de fruits, combien ils versent d'orages pour amollir la terre, et pour redonner de l'humeur aux fontaines qui se dessèchent, et comme par une infusion de nourriture invisible ils renouvellent toutes choses, et conservent le monde en son entier. Cependant toutes leurs actions sont gratuites, et de tout ce qu'ils font et qu'ils donnent, ils n'en tirent pas une seule commodité. Pour nous conformer à leur exemple, il nous faut suivre cette même considération de n'aller jamais[1] pour le salaire où nous sommes appelés par le devoir. Ayons honte de trafiquer de bienfaits. Les Dieux ne nous vendent rien. Les voulez-vous imiter? faites du bien à ceux mêmes qui sont ingrats. Les méchants voient le soleil comme les bons, et les mers ne font point meilleure mine à la barque d'un marchand qu'à la frégate d'un écumeur[2].

XXVI. Voici où ils nous font une question : si un homme de bien doit faire plaisir à celui qu'il sait bien être ingrat? Devant que de répondre, laissez-moi dire quelque chose, de peur que je ne me trouve surpris par quelque interrogation captieuse. Les stoïques font de

---

1. Var. (édit. de 1631) : Cette même considération et n'aller jamais....

2. Voyez *Poésies*, p. 78, pièce XIX, vers 71 et suivants.

deux sortes d'ingrats. L'un est ingrat parce qu'il est fol. Le fol est mauvais aussi. Qui est mauvais a toute sorte de vices, et par conséquent l'ingratitude. Ainsi tous ceux qui sont mauvais, nous les appelons intempérants, avares, paillards, et querelleux ; non pas que chacun de ces vices en son dernier degré se trouve en un mauvais homme, mais parce qu'ils y peuvent tous être, et que de fait ils y sont, encore qu'ils ne paroissent pas. L'autre que le vulgaire appelle ingrat, est celui qui a quelque inclination particulière à ce vice. Pour ce premier ingrat, qui n'est ingrat sinon qu'en tant qu'il est mauvais, et qui n'a ce vice que tout ainsi qu'il a tous les autres, l'homme de bien ne laissera pas de lui faire plaisir ; car s'il en refusoit à telles gens, il n'en feroit à personne. Mais quant à l'autre, qui fait profession de tout prendre et ne se revancher de rien, je ne lui donnerai non plus qu'à un affronteur[1]. Qui est-ce qui voudroit prêter à un qui a mangé tout ce qu'il avoit? ou bailler un dépôt à un qui fait coutume de les nier? Un fol peut être appelé couard, suivant la règle des mauvais, qui universellement et sans distinction ont toute sorte de vices ; mais couard est proprement celui qui tremble au moindre bruit qu'il oit, et appréhende toutes choses sans occasion. Le fol a bien tous les vices ensemble, mais il n'a pas à tous une naturelle inclination. L'un est enclin à l'avarice, l'autre est luxurieux, l'autre est sujet à faire des querelles.

XXVII. C'est pourquoi ceux-là s'abusent qui font ces questions aux stoïques : Achille est-il couard? Aristide est-il injuste? Fabius, qui par temporiser sagement releva les affaires de sa république, est-il téméraire? Décius craint-il la mort? Scévole est-il traître, ou Camille déserteur? Nous ne disons pas que tous vices soient en toutes

---

1. *Affronteur*, trompeur.

personnes, de la façon que nous en voyons quelqu'un éminent en quelque particulier ; mais qu'il n'y a sorte de vice dont un fol et un mauvais se puisse dire exempt ; si bien qu'à ce compte-là le plus hardi même peut avoir de la couardise, et le prodigue de l'avarice. Comme un homme a tous les sentiments, mais ce n'est pas à dire que tous les hommes aient des yeux de Lyncée ; aussi celui qui est fol n'a pas tous les vices en son extrémité[1], comme quelques vices se voient en quelques-uns. Tous vices sont en tous hommes[2], mais tous ne sont pas extrêmes en un homme seul. L'un aime l'argent, l'autre les femmes, et l'autre le vin. Ainsi, pour revenir à mon propos, quiconque est mauvais, est ingrat ; car il n'y a point de méchanceté dont le mauvais n'ait quelque semence. Toutefois celui s'appelle proprement ingrat, qui penche plus à ce vice qu'à nul autre ; et c'est à lui que je me garderai bien de faire plaisir. Comme un père n'a guère de soin au bien de sa fille, qui la marie avec un fâcheux que déjà plusieurs femmes ont rejeté ; comme un pense mal à ses affaires, qui en baille la conduite à quelqu'un qui a fait cession ; comme un père ne sera pas en son bon sens, qui par testament laissera pour tuteur à son fils un brigandeur[3] ordinaire de pupilles : ainsi dirons-nous que celui-là sait très-mal comme la libéralité doit être exercée, qui choisit un méchant pour lui bienfaire, et ne considère pas qu'il y perd ce qu'il y met.

XXVIII. Vous me direz que les Dieux font du bien aux ingrats comme aux autres. Il est vrai ; mais les choses qu'ils leur donnent sont envoyées pour les gens de bien, et ce que les méchants y participent, c'est pource qu'ils

---

1. Il faut lire sans doute : « en leur extrémité, » ou « tout vice en son extrémité. »

2. Var. (édit. de 1631) : En tous les hommes.

3. *Brigandeur*, spoliateur.

ne peuvent être séparés. Or il est plus raisonnable d'assister les méchants pour les bons, que d'abandonner les bons pour les méchants. Ainsi tout ce que vous alléguez, le jour, le soleil, l'hiver, l'été, le printemps, l'automne, les pluies, les fontaines, et les vents réglés par les saisons, sont choses qui ont été généralement faites pour tous les hommes, et n'y eût pas eu d'apparence de les éplucher tous un à un, pour faire à chacun son présent particulier. Le Roi met aux charges ceux qu'il en connoît dignes; mais s'il donne quelque chose par tête à son peuple, il y comprend tout le monde, sans distinguer qui mérite ou qui ne mérite pas. En la distribution publique des blés, le larron, le parjure, l'adultère en ont leur part comme les autres. On n'informe point des vertus ni des vices; il suffit d'être de la ville. Quand c'est chose qui se baille, non à ceux qui sont gens de bien, mais à ceux qui sont habitants, le bon et le mauvais la partagent également. Tout de même, il y a des choses que Dieu donne universellement à tout le genre humain, d'où personne n'est exclus; car il n'étoit pas possible de faire qu'un homme de bien et un méchant partant ensemble de même port, et allant à même voyage, le vent fût bon à l'un, et contraire à l'autre. Et puis pour le bien commun il falloit que le commerce de la mer fût libre, et que l'homme n'eût rien de clos à sa juridiction. Il n'y avoit pas moyen de défendre aux pluies les champs des sacriléges, et leur prescrire ce qu'elles arrouseroient ou n'arrouseroient pas. Il y a des choses qu'on expose à qui les veut prendre. On bâtit les villes pour les bons et pour les mauvais. Les monuments des esprits sont mis en lumière pour tout le monde, et quelquefois pour des gens qui ne méritent pas de les toucher. La médecine assiste indifféremment toutes personnes, et ne vit-on jamais supprimer les compositions des remèdes salutaires pour empêcher la guérison de ceux qui sont les plus indignes de vivre. Faites le contrôleur et le difficile quand il est question de choses qui se donnent séparément, et où le mérite se considère ; mais en celles où chacun peut avoir part, cette diligence est superflue. Il y a bien de la différence de choisir un homme, ou de ne l'exclure point. Le palais[1] est ouvert à tout le monde. La paix est pour les meurtriers comme pour les autres. Ceux qui ont dérobé le bien d'autrui demandent qu'on leur rende le leur. Les séditieux et les gens de bien en une ville se garantissent par une même muraille contre la violence des ennemis. Les lois sont la défense de ceux mêmes qui les ont plus outragées. Il est de beaucoup de choses qu'il n'y avoit moyen de donner à certaines gens sans les donner à tous. De celles-là où nous y sommes tous appelés sans différence, je n'en dispute point. Mais pource qu'il faut que je donne avec élection, je verrai, si je puis, de ne donner point à un ingrat.

XXIX. Si donc un ingrat me consulte, ne lui dirai-je point mon avis? Ne lui laisserai-je point tirer de l'eau en mon puits? S'il est hors de son chemin, ne l'y remettrai-je point? Ou peut-être serai-je tenu de lui faire tous ces offices, sans que toutefois je lui doive rien donner? Il y faut trouver quelque distinction, ou pour le moins la chercher. Un bienfait est une action qui profite ; mais toute action qui profite n'est pas bienfait, car il y a des choses trop petites[2] pour en mériter le nom. Deux points sont requis pour appeler une chose bienfait. Premièrement qu'elle soit assez grande, parce que toutes ne sont pas à la mesure de ce nom ; car si je donne un morceau de pain, ou quelque denier, ou si je laisse allumer une chandelle à la mienne, quelle apparence y a-t-il que j'appelle

---

1. Les tribunaux.
2. Édition de 1630 : Car il y a de choses trop petites.

cela bienfait? Ce n'est pas que ces petites choses-là ne fassent quelquefois plus de plaisir que de bien plus grandes; mais la valeur en est si contemptible, qu'aux occasions mêmes où elles semblent les plus nécessaires, elles ne peuvent avoir aucun prix. Puis après il faut ce qui est le principal : c'est que le bienfait aille à celui pour qui je le destine, et que je l'en juge digne; que je le donne de bon cœur, et que je m'en réjouisse après l'avoir donné. Or il n'y a rien de toutes ces considérations aux choses dont il est question; car nous ne les leur donnons pas comme à gens qui le méritent, mais les baillons nonchalamment comme choses de peu de prix; et semble que nous n'ayons pas tant d'égard à l'homme, comme nous avons à l'humanité.

XXX. Je ne veux pas dire qu'il n'y ait des choses qu'en considération du mérite de quelque autre je donnerois à celui que je connoîtrois ne les mériter point; comme en la brigue des honneurs, quelquefois des gens qui ne valoient du tout rien ont été préférés à de bien habiles hommes, pour le seul respect de l'antiquité de leur maison; comme certainement cela n'est pas sans apparence. C'est chose sacrée que la mémoire des grandes vertus, et n'y a rien qui plus convie de gens à bien faire, que de voir le crédit des grands personnages, et la considération de leurs services vivre si longtemps en la souvenance des hommes, que le fruit en soit encore recueilli par leur postérité. Qui bailla le consulat au fils de Cicéron, que la mémoire de son père? Qui fit dernièrement appeler Cinna de l'armée pour le faire consul? Qui a donné des charges à Sextus Pompeius, et à tous les Pompées, sinon la grandeur d'un homme seul? Grandeur à la vérité si grande, qu'il y a eu assez de sa ruine pour élever tous ceux de sa maison. Qui en ces derniers jours a fait prêtre en plus d'un collége Fabius Persicus, homme si sale et si abominable, que les plus sales et les plus abominables ne s'en approchoient qu'avec horreur? N'est-ce pas la mémoire d'un Verrucosus, d'un Allobrogicus, et de ces trois cents, qui par les mains d'une famille seule avec autant de fortune que de courage décidèrent la querelle de tout le peuple romain? Nous devons ce respect aux vertus, de les honorer absentes comme présentes. Ceux qui ont obligé plus d'un siècle, il est raisonnable que plus d'un siècle les reconnoisse. Cettui-ci a mis d'honnêtes hommes au monde : il faut avoir égard à lui. S'il n'a point de mérite, ses fils en ont. Cet autre est d'une maison où il y a eu de grands personnages : quel qu'il soit, c'est raison qu'il se ressente de leur gloire, et que comme lieux sales éclairés du soleil, ces fainéants, qui n'ont point de clarté propre, prennent quelque lumière de celle de leurs prédécesseurs.

XXXI. Je veux en cet endroit prendre la défense des Dieux. Car on demande ordinairement : « Que vouloit dire leur providence de faire régner Arideus? » Pensez-vous que ç'ait été à lui qu'elle ait donné ce royaume? Ç'a été à son père, et à son frère. Pourquoi a-t-elle mis l'empire du monde entre les mains de Caius César, homme insatiable de l'effusion du sang humain, et qui le regardoit couler avec une contenance si émue et si passionnée, qu'il faisoit croire que volontiers il eût ouvert la bouche pour le recevoir? Et quoi donc, vous croyez que ce fut à lui qu'il fut donné? Ce fut à Germanicus son père, à son aïeul, à son bisaïeul, et à plusieurs autres de moindre condition, mais non de moindre mérite, qui les avoient précédés en cette maison. Pensez-vous, quand on fit Mamercus Scaurus consul, qu'on ne sût pas bien son exercice ordinaire de lécher les mois de ses servantes? Et lui-même le dissimuloit-il? N'étoit-ce pas son plaisir qu'on le reconnût tel qu'il étoit? Il me souvient d'avoir ouï réciter en beaucoup de compagnies, et louer en sa présence une rencontre qu'il fit contre soi-même. Voyant un jour Asinius Pollio couché de son long, il lui dit avec une parole déshonnête qu'il lui feroit une chose qu'il prenoit plus de plaisir qu'on lui fît. Et comme il reconnut que Pollio s'en piquoit, il le paya de cette réponse : « Tout le mal que j'ai dit soit sur moi et sur ma tête. » Il en a fait lui-même le conte beaucoup de fois. Et toutefois un homme de qui tout le monde savoit l'ordure et la vilenie, et qui lui-même la publioit, n'a point laissé d'être honoré du consulat. Il a vu porter les verges devant lui, et a été assis au tribunal. La raison est qu'il est impossible de se ramentevoir ce vieil Scaurus, prince du sénat, et laisser en la poussière ceux qui sont sortis de lui.

XXXII. Et comme il y en a que les Dieux traitent favorablement en considération de leurs pères, ou de quelques prédécesseurs plus éloignés, aussi en est-il à qui ils font des grâces particulières pour le mérite qui doit être longtemps après eux en quelques-uns de leur postérité; car ils savent toute la suite de leur besogne, du commencement jusques à la fin, et rien ne doit advenir qui ne leur soit présent. De nous, ce qui nous en paroît nous semble sortir de dessous terre, et sommes surpris comme d'un accident inopiné quand il arrive des choses qu'il y a longtemps qu'ils acheminent, et qu'ils tiennent entre leurs mains. Ils font ceux-ci rois, pource que leurs prédécesseurs ne l'ont pas été, pource qu'ils ont estimé que le commandement sur leurs passions leur fût un empire souverain, pource que la justice et la tempérance ont été leurs sceptres et leurs couronnes, et qu'au lieu de vouloir être servis par la République, ils n'ont point imaginé de plus glorieuse domination que de se dédier à la servir. Ils les font rois, parce qu'en leur race il y a eu quelque homme de bien, qui a eu l'âme au-dessus de la fortune, qui en une dispute civile s'est laissé vaincre, afin que l'utilité publique vainquît. Pour l'amour de lui, que cettui-ci qui en est sorti commande ; non qu'il le puisse ni qu'il le sache mieux faire, mais parce qu'un autre l'a mérité pour lui. Il est si contrefait qu'il fera peur à voir, et tant plus il sera paré, tant plus il sera laid. Je sais bien qu'on dira que je suis un aveugle et un téméraire, qui ne sais pas le rang qu'il faut bailler aux gens de bien. Qu'on en croie ce qu'on voudra. Je sais que je fais une grâce à l'un, et que je paye à l'autre une chose que je lui dois il y a longtemps. D'où connoissent-ils cettui-ci, qui ne pense qu'à fuir la gloire qui le suit, qui porte aux dangers le visage que les autres en rapportent, et qui n'a jamais de considérations particulières qui le séparent du bien public ? Où est-il ? qui est-il ? Ce n'est point chez moi qu'on fait papier de mise[1] et de recette. Je sais à qui je dois. Aux uns je suis long à payer ; aux autres je baille par avance, comme l'occasion se présente, ou que je vois qu'il est expédient pour le bien de mes affaires.

XXXIII. Je ferai donc quelquefois du bien à un ingrat, mais non pas pour l'amour de lui. Mais quoi ? si vous ne savez s'il est ingrat ou non, comme ferez-vous ? Attendrez-vous que vous le sachiez, ou si vous craindrez de laisser passer l'occasion qui s'offre de l'obliger ? A attendre il y va du temps ; car, comme dit Platon, la pensée de l'homme n'est pas chose bien pénétrable. A n'attendre point, il y a du hasard. Je réponds à cela, que nous ne recherchons jamais trop exactement une certitude ; mais parce que c'est chose qui n'est pas bien aisée à trouver que la vérité, nous nous contentons de suivre ce qui nous en apparoît. Toutes les actions de la vie vont par ce chemin. C'est ainsi que nous semons, ainsi que

---

1. *Faire papier*, tenir registre. — *Mise*, dépense.

nous nous mettons sur la mer, que nous allons à la guerre, que nous nous marions, et procurons d'avoir des enfants ; encore que tout cela soient choses qui n'ont rien de certain en leur événement. Pour nous appeler à quelque entreprise, il suffit de nous y montrer de l'espérance; car qui voudroit bailler caution à celui qui sème que sa récolte sera bonne, à celui qui se met sur la mer qu'il fera son voyage sans fortune, à celui qui va à la guerre qu'il vaincra, à celui qui se marie qu'il aura une femme de bien, et à celui qui veut être père que ses enfants lui donneront du contentement? Nous suivons la raison, et non pas la vérité. Nous ne laisserons guère de marques de notre vie, si nous n'entreprenons que ce que nous serons assurés qui nous doive réussir. En la dispute de ces vraisemblances, qui me tirent l'une d'un côté, l'autre de l'autre, je ne puis point faillir de gratifier un qui en apparence me donne opinion qu'il ne sera point ingrat.

XXXIV. Mais ne peut-il pas arriver qu'un que vous aurez gratifié comme homme de bien se trouvera méchant, et qu'au contraire un que vous aurez rejeté comme méchant se trouvera homme de bien? Nous nous fions aux apparences des choses qui n'ont point de certitude, et y sommes trompés le plus souvent. Qui en doute ? Je voudrois bien avoir quelque chose de plus clair pour me conduire, mais je n'en trouve point. Il faut que je suive la vérité sur cette piste, comme sur la plus apparente. Il est vrai que je n'y entrerai pas que je ne l'aie bien considérée auparavant. Car il se peut bien faire aussi qu'en un combat je tuerai un ami que je prendrai pour un ennemi, et ne frapperai point un qui sera du parti contraire, parce que je penserai qu'il soit du mien. Mais ce ne sont pas choses qui arrivent tous les jours; et quand cela sera, il n'y a point de ma faute, parce que j'ai fait l'un et l'autre contre mon intention. Si je sais qu'un homme soit ingrat, je ne lui ferai point de plaisir. Mais il m'a surpris, il est autre que je n'avois pensé. En cela, il n'y a point de ma faute. Je lui ai fait plaisir, parce que je pensois qu'il fût homme d'honneur. Oui, mais si vous avez promis à quelqu'un de lui faire plaisir, et qu'après vous trouviez que c'est un ingrat, le lui ferez-vous, ou non? Si vous le faites sciemment, vous faillez, parce que vous faites plaisir à un à qui vous n'en devez point faire. Si vous ne le faites, vous faillez aussi, parce que vous ne faites pas ce que vous avez promis. Voici un scrupule qui vous donne de quoi ronger vos ongles, et fait courre fortune à la présomptueuse maxime que vous tenez, que jamais le sage ne se repent de chose qu'il ait faite, que jamais il n'y trouve à redire, et jamais ne change d'avis. Le sage ne change point d'avis, tant que les choses demeurent en l'état qu'elles étoient quand il l'a pris. Aussi n'est-il point capable de se repentir : parce qu'alors il ne se pouvoit mieux faire que ce qu'il a fait, ni mieux résoudre que ce qu'il a résolu. Au demeurant, quoi qu'il entreprenne, ce sera toujours avec cette condition : pourvu qu'il n'arrive point d'empêchement. Aussi disons-nous que tout lui réussit et que rien n'advient contre son opinion : parce qu'en son âme il a toujours bien présumé qu'il lui pouvoit arriver quelque chose qui gâteroit l'exécution de ce qu'il entreprenoit. C'est une assurance de fous, de se répondre de la fortune. Le sage a toujours deux succès devant les yeux. Il sait ce que l'erreur peut sur toutes les choses du monde, comme tout y est mal assuré, et combien les meilleurs conseils ont ordinairement de traverses, qui se bandent[1] à les faire condamner en l'événement. Il marche après le sort avec un pas suspendu, comme en un chemin glissant. Mais quelque incertitude qu'il y ait aux choses, il n'y a jamais

---

1. *Se bandent*, conspirent.

que de la certitude en son âme; et cette condition, qu'il n'oublie en rien qu'il fasse ou qu'il propose, le garde que jamais il ne peut choir que sur ses pieds.

XXXV. Je vous ai promis un plaisir; mais c'est pourvu qu'il ne survienne rien qui m'en doive empêcher; car que sera-ce, si ce que je vous ai promis, ma patrie me le demande? s'il se fait une ordonnance par laquelle ce que je vous ai promis soit défendu? Je vous ai promis ma fille; mais depuis j'ai su que vous étiez étranger. Il ne peut donc y avoir d'alliance entre nous. Ma défense est la loi qui me le défend. Mettez les choses comme elles étoient quand je vous ai fait ma promesse, et si je ne la vous tiens, je n'empêche point que vous ne m'appeliez méchant et parjure, comme il vous plaira. Autrement, par le changement qui est arrivé, je suis quitte de ma parole, et aux mêmes termes que j'étois avant que la vous avoir donnée. Je vous ai promis de plaider votre cause; mais depuis j'ai su qu'il y a de l'intérêt de mon père. Je vous ai promis d'aller aux champs avec vous; mais on m'assure que tout est plein de voleurs par les chemins. Je devois me trouver à une vue[1] avec vous; mais mon fils est malade, mais ma femme est au travail d'enfant. Pour tenir ma parole engagée, il faut que tout soit comme il étoit quand je vous ai promis. Or quelle plus notable mutation peut-il arriver que de vous avoir trouvé un ingrat et un méchant homme, contre ce que je m'en étois persuadé? Je pensois vous donner quelque chose, pour l'opinion que j'avois que vous eussiez du mérite; mais je vous la refuserai, pource que je vois bien que vous n'en avez point;

---

1. *Se trouver à une vue*, c'est « se transporter sur un héritage contentieux pour le montrer à l'œil à sa partie, et l'assurer de ce qui lui est demandé. » Voyez le dictionnaire de Furetière. — C'est là le sens propre de la locution latine *in rem præsentem venire*, que Malherbe traduit de cette manière.

et peut-être me fâcherai-je encore avec vous pour m'avoir si vilainement abusé.

XXXVI. Si est-ce que devant que me dédire, je considérerai ce que la chose peut valoir. Sa mesure me donnera conseil. Si elle est petite, je la vous donnerai, non pource que vous la méritez, mais pource que je vous l'ai promise. Et ne vous la donnerai pas comme un présent; mais je penserai qu'il faut retirer ma parole, et me mordrai le doigt pour me ressouvenir de n'y retourner pas. Je serai bien aise qu'il m'en coûte quelque chose, afin qu'une autre fois je ne sois pas si léger à promettre. Cela me servira de bâillon[1]. Si elle est grande, je me garderai bien, comme disoit Mécénas, de faire chose de quoi je sois tancé plus d'une fois; car je ferai comparaison de l'un à l'autre. C'est quelque chose de tenir sa promesse; mais aussi est-ce beaucoup de ne donner point à un qui en soit indigne. Toutefois il en faut considérer l'importance. Si c'est peu de cas, il faut avoir patience. Mais s'il m'en peut revenir quelque dommage, ou que ce soit chose qui me puisse faire rougir, j'aime mieux m'excuser une fois de l'avoir refusé, que toute ma vie de l'avoir donné. Le tout est de savoir combien j'estime ma parole; et non-seulement je ne baillerai point ce que j'aurai promis mal à propos, mais, qui plus est, je me ferai rendre ce que je n'aurai pas bien donné. Un homme n'est pas sage qui a été surpris en une promesse, s'il pense être obligé de la tenir.

XXXVII. Philippe, roi de Macédoine, avoit en son armée un soldat, vaillant homme, et qui avoit bien servi en beaucoup d'occasions, à cause de quoi le Roi de fois à autre lui donnoit beaucoup de choses, et le reconnois-

---

1. Malherbe traduit ainsi *linguarium*, qui paraît signifier plutôt « une amende pour des paroles inconsidérées. »

sant d'une âme vénale, ne cessoit de lui laisser aller quelque petit présent, pour engager toujours davantage son affection. Il arriva que ce soldat étant sur un navire qui se perdit, fut jeté sur les terres d'un homme du pays, qui tout aussitôt qu'il fut averti de cet inconvénient, courut au rivage, où le trouvant malmené comme il étoit, il le recueillit, le fit apporter en sa maison, lui quitta son lit, le fit panser un mois à ses dépens, et enfin, après l'avoir bien remis, lui donna moyen de s'en retourner. Ce soldat en disant adieu devoit faire son hôte tout d'or, et ne lui demandoit point plus long terme que de se voir auprès de son prince. En la première occasion qu'il eut de parler à Philippe, il ne faillit pas de lui faire le discours de son naufrage, et sans lui parler du secours, au bout du compte lui demanda les biens d'un certain homme, qu'il lui dépeignit comme il voulut. Ce certain homme étoit ce même hôte qui l'avoit si bien reçu et si bien traité. Les rois sont bien souvent contraints de fermer les yeux quand ils donnent, et principalement entre les nécessités de la guerre, où il y a danger de mécontenter les demandeurs. La justice d'un homme ne peut pas résister à tant de cupidités qui ont les armes en la main. Aussi n'est-il pas possible d'être bon capitaine, et être homme de bien tout ensemble. Comme seroit-il possible de soûler tant d'hommes perpétuellement affamés? Que leur demeureroit-il si chacun avoit le sien? Cette considération fit accorder à Philippe ce que le soldat lui demandoit. Le pauvre homme se voyant hors de sa maison, ne fit pas comme quelque niais, qui eût pensé qu'on lui eût fait grâce de ne l'avoir pas donné lui-même. Il en écrivit à Philippe, en peu de paroles et librement. Cette lettre le mit tellement en furie, qu'à peine eut-il loisir de la lire pour commander à Pausanias qu'il fît rendre le bien au premier maître, et que le soldat fût marqué au front de lettres qui portassent témoignage de son crime. Et certainement il méritoit mieux que ces lettres lui fussent gravées dans les os que marquées simplement sur le front, pour avoir été si malheureux de vouloir réduire son hôte en la même ruine et en la même misère d'où il l'avoit tiré. Mais nous parlerons du châtiment qu'il méritoit. Quoi que c'en soit, il n'y a point de doute qu'il ne le fallût priver de ce que par une injure si remarquable il s'étoit efforcé de posséder. Et pour ce qui est de la punition, qui est-ce qui auroit eu compassion d'un acte que la pitié même n'auroit su pardonner?

XXXVIII. Philippe ne vous peut donner ce qu'il vous a promis, qu'il ne fasse non-seulement une injustice, mais un acte abominable, et que par même moyen il ne ferme le rivage à tous ceux qui jamais courront fortune sur la mer. Mais n'importe, vous voulez qu'il le fasse, pource qu'il le vous a promis. Ce n'est pas légèreté de quitter une erreur quand on l'a reconnue. On a plus tôt fait d'avouer franchement qu'on a été trompé, et qu'on ne pensoit pas que la chose allât de cette façon. C'est la rigueur d'une opiniâtreté trop folle et trop présomptueuse, de dire : « Bien ou mal, il faut que cela soit, puisque ma parole y est. » Il n'y a point de honte, quand la chose change, de changer d'avis. Or sus, je veux que Philippe le fît jouir de ce bien qu'il vouloit avoir acquis par son naufrage. N'eût-ce pas été une interdiction générale d'eau et de feu à tous ceux que la fortune eût jamais fait tomber en quelque inconvénient? « Il vaut bien mieux, dit Philippe, que tu te promènes par mon royaume avec ton inscription, où chacun lira que je veux que la table hospitale[1] soit sacrée, et n'entends point que ce soit crime capital aux terres de mon obéissance de recueillir les personnes

---

[1]. La table de l'hospitalité.

affligées en sa maison. Je ne saurois faire mettre cette déclaration sur table de bronze où elle fût plus authentiquement que sur ta peau. »

XXXIX. Pourquoi donc est-ce, dira quelqu'un, que votre Zénon, ayant promis vingt-cinq ou trente écus à quelqu'un, que depuis il ne trouva pas tel qu'il pensoit, il s'opiniâtra contre l'avis de ses amis à les lui prêter, pource qu'il les lui avoit promis? Premièrement la considération d'un prêt est autre que d'un bienfait. Quand vous avez prêté, si on ne vous rend vous avez moyen de vous pourvoir par justice. Si son bien est de mise[1], vous y entrez pour votre part. Un bienfait se perd tout à la fois, et tout à l'heure. Puis l'un est le trait d'un mauvais homme, et l'autre d'un mauvais ménager. Et ne croyez pas que Zénon même, si c'eût été quelque somme d'importance, se fût opiniâtré à la lui prêter. C'étoit vingt-cinq ou trente écus. Ne lui pouvoit-il pas survenir une maladie où il les auroit dépendus? C'est le moins que peut valoir l'honneur de tenir sa parole. Je vous ai promis d'aller souper chez vous, quelque froid qu'il fasse. Mais s'il neige, c'est un marché à part. Je vous ai promis de me trouver à vos fiançailles. Je ne laisserai pas d'y aller pour quelque indisposition; mais si j'ai quelque accès de fièvre, je suis dispensé d'y aller. Je vous serai caution puisque je vous l'ai promis; mais si la somme n'est liquidée, ou s'il se faut obliger par écrit, je n'en ferai rien. En toutes promesses cette condition est entendue: si je puis, si je dois. Remettez-moi les choses comme quand je vous fis ma promesse, il est raisonnable que je la tienne. Si depuis il est survenu quelque chose, et que je vous manque, vous ne vous pouvez plaindre de moi. Puisque la condition est

---

1. Si son bien est saisi, mis aux enchères, abandonné aux créanciers par suite de banqueroute. Le texte porte *si foro cesserit*.

changée, pourquoi ne puis-je changer d'avis? Faites que les choses soient de même, pour moi je suis toujours ce que j'étois. Nous ne sommes pas mis en amende toutes les fois que nous ne comparoissons pas à quelque assignation. Il y a des fautes qui ont des excuses recevables.

XL. Cette réponse peut servir aussi pour la question que je vais proposer: si de quelque façon que ce soit il faut toujours rendre un plaisir qu'on a reçu. Je dois bien avoir la volonté bonne, mais quelquefois il se peut faire que la grandeur de celui qui m'a fait plaisir, ou ma petitesse, m'ôte le moyen de la témoigner. Car qu'est-ce qu'on peut rendre à un roi? Que peut-il venir d'un pauvre homme qui soit digne d'un grand seigneur? vu même qu'il en est de cette humeur, que jamais ils ne sont las d'accumuler un bienfait à l'autre, et prendroient pour injure qu'on se voulût revancher en leur endroit. Avec ces gens-là que sauroit-on faire autre chose, que vouloir? Ce n'est pas excuse légitime de refuser un bienfait, que d'alléguer qu'on n'a pas rendu le premier. Je le prendrai d'aussi bon cœur qu'il me sera donné, et ne refuserai point à celui qui me fait cet honneur de m'aimer, un sujet capable de donner de l'exercice à sa bonté. Qui ne prend point le second bienfait, n'est pas bien aise d'avoir reçu le premier. Je ne me revanche pas. Qu'importe? Il ne tient pas à moi. Je le ferois, si j'en avois eu l'occasion ou le moyen. Il avoit l'un et l'autre quand il m'a fait plaisir. Est-il homme de bien, ou méchant? S'il est homme de bien, j'ai bonne cause. S'il est méchant, je ne dispute point avec lui. C'est aussi, à mon avis, une chose qu'il ne faut pas faire, que de se hâter de se revancher outre la volonté de ceux qui nous ont obligés, ni les presser de prendre, s'ils ne sont contents de recevoir. Ce n'est pas bien rendre la pareille, que de forcer un homme à reprendre outre son gré ce qu'il vous a baillé avec le vôtre. Il y en a que si on leur envoie quelque petit présent, ils ne l'auront pas sitôt reçu, que mal à propos ils n'en renvoient un autre; tant ils ont de peur qu'on ne les pense avoir obligés. C'est faire un affront à un présent, que de le rendre sitôt, et par précipitation de la revanche montrer qu'on n'en estime point l'obligation. Il se peut encore offrir une autre occasion où je ne rendrai point un bienfait, encore que j'en aie le moyen. Ce sera quand ma revanche me feroit plus de mal, que de bien à celui à qui je la ferois, et que je m'incommoderois beaucoup pour bailler une chose de quoi il ne seroit guère accommodé. Quoi que c'en soit, qui se dépêche de rendre, pense qu'on lui ait prêté quelque chose, et non pas qu'on lui ait fait plaisir. Toute impatience de payer montre qu'on ne doit pas de bon cœur. Qui ne doit de bon cœur est ingrat.

# LIVRE CINQUIÈME.

I. Je pensois aux quatre premiers livres avoir achevé ce que je m'étois proposé de traiter, pource que j'y avois discouru de la façon de faire plaisir, et de le recevoir, qui sont les deux points où la chose consiste. Ce que je fais de plus, le sujet ne le demande pas, je le lui baille. Je sais bien que je devrois aller où il me mène, et non pas où il me convie, parce qu'autrement il ne cessera de naître quelque chose, plutôt non nécessaire que superflue, de qui la douceur me provoquera l'esprit. Mais puisque vous le voulez[1], allons de long, et après la matière principale dépêchons ce qui en approche, bien qu'il n'y soit pas attaché. Si nous ne gagnons notre peine, au moins il y a de l'apparence que nous ne la perdrons pas. Et puis vous êtes d'une humeur que vous ne voudriez jamais ouïr parler d'autre chose que de bienfaits, tant vous y êtes porté par l'inclination de votre bon naturel. Je ne vis jamais homme, ni si disposé à faire plaisir, ni qui fasse plus de cas de ce qu'on lui donne, pour petit et considérable[2] qu'il soit. Votre bonté vous a fait venir à ce point, qu'il vous est avis qu'on vous oblige quand on fait plaisir au premier venu. Si vous étiez reçu à payer pour les ingrats, ce seroit votre ambition de les acquitter; tant vous avez peur que quelqu'un ne se repente d'avoir fait

---

1. Voyez plus haut, page 51, note 1.
2. Il faut sans doute lire : « et peu considérable. » Il y a en latin *levissimorum officiorum*.

plaisir. Vous cherchez si peu de gloire au bien que vous faites, et avez tant d'égard au contentement de ceux que vous obligez, que si bien vous faites quelque chose pour quelqu'un, vous la faites d'une sorte qu'elle a plutôt apparence de revanche que de bienfait. C'est ce qui vous en fait recueillir plus que vous ne voulez, parce que les bienfaits ont cela de commun avec la gloire, qu'ils suivent ceux qui les fuient, et que ceux qui en faisant plaisir ont eu moins de soin qu'on les reconnoisse sont ordinairement ceux qu'on voit les mieux reconnus. Quelque ingratitude et dissimulation qu'il y ait eue aux plaisirs qu'on a reçus de vous, si vous n'en faites d'autres, il ne tient qu'à vous en demander. C'est une patience qui ne se trouve qu'en un homme de bien, et en une âme vraiment généreuse, de supporter d'un ingrat si longtemps, qu'on lui donne occasion de se changer. Et de fait il en arrive ainsi le plus souvent. Quand on ne se pique point trop tôt contre les vices, ils perdent cette véhémence que l'aigreur auroit irritée, et à la fin se laissent accabler à la vertu.

II. Il se dit communément un propos qui est fort à votre goût : qu'il est vilain d'être vaincu de courtoisie. Et toutefois on doute s'il est véritable. Et pour moi je trouve que la question vaut bien d'être débattue, et qu'il n'y a pas si peu de difficulté que vous pensez. Il n'y a jamais de honte de céder aux choses où il est honnête de combattre. Pourvu qu'on ne quitte point les armes et qu'on ne démorde l'envie de vaincre, on ne peut jamais être vaincu. Tous ceux qui ont même intention en l'entreprise de quelque chose, n'ont pas ni même moyen ni même force en l'exécution. La fortune, à qui appartient le succès des choses les mieux délibérées, ne se partage pas à chacun également. Pourvu que la carrière soit honorable, encore que quelqu'un qui sera mieux en jambes nous passe, ce nous est toujours du mérite d'avoir couru. Il n'est pas de ceci comme des courses publiques, où la palme fait la déclaration de la victoire; encore qu'en celles-là même ceux qui font le mieux ne sont pas quelquefois ceux à qui la fortune laisse emporter le prix. Quand il est question d'un office où deux apportent chacun ce qu'ils peuvent de leur côté, s'il y en a un de qui la condition soit si bonne qu'il ne puisse rien entreprendre que ses moyens ne lui permettent d'exécuter, et que l'autre extrêmement redevable n'ait de quoi faire sa revanche pareille au plaisir qu'il a reçu, ni peut-être de quoi se revancher du tout, mais cependant ait la volonté bonne, et l'esprit continuellement bandé à s'acquitter, il est aussi peu vaincu que celui qui l'épée au poing veut mourir avec ce contentement, que l'ennemi ait pu avoir sa vie, mais non pas l'avantage de le faire retirer. Un homme de bien n'est point sujet à cette vergogne que vous dites, d'être vaincu; car il ne se rend jamais, jamais il ne renonce à la querelle; mais immuable jusques au dernier soupir, il demeure sur sa posture, et croit qu'à la vérité on lui a fait beaucoup de plaisir, mais qu'il n'avoit pas volonté d'en rendre moins.

III. En Lacédémone le pancrace et le ceste étoient défendus, parce que ce sont combats où la victoire consiste en la confession du vaincu. De plusieurs coureurs, celui qui le premier est au bout de la carrière passe les autres de vitesse, mais non pas de courage. Un lutteur que trois fois on a porté par terre, perd bien le prix, mais il n'est pas pourtant tenu de le bailler lui-même à son ennemi. Ce peuple qui ne se proposoit rien avec tant d'ambition que d'être invincible, ne voulut point permettre de combats où le vaincu fût lui-même contraint de prononcer l'arrêt de sa honte, et faire bailler la palme au victorieux. Ce que lui fait pour la police d'une république est généralement observé par tous ceux qui aiment l'honneur : c'est de se résoudre de n'être jamais vaincus ; parce qu'une grande âme, quoi qui arrive à son désavantage, ne voit jamais rien au-dessus[1] de soi. C'est pourquoi on ne dit point que les trois cents Fabies furent vaincus, mais bien qu'ils furent tués ; que les Carthaginois vainquirent Régulus, mais qu'ils le prirent ; et ainsi de tout homme à qui la fortune n'a point abattu le courage, de quelque pesanteur qu'elle se laisse tomber sur lui. Il en est de même aux bienfaits. Il est vrai qu'il a bien reçu d'autres plaisirs, en plus grand nombre, et de plus d'importance que ceux qu'il a faits ; mais il n'est pas vaincu pourtant. Si vous calculez la mise et la recette, il pourra y avoir quelque chose plus d'un côté que d'autre ; mais si vous considérez les volontés (comme à la vérité c'est ce qui est considérable) et non autre chose, la palme se trouvera si bien disputée, que vous ne saurez à qui l'adjuger ; car, quand deux se sont battus, desquels l'un a force coups, et l'autre quelque égratignure seulement, on ne laisse pas de dire qu'ils n'ont rien eu l'un de l'autre, encore qu'il y en ait un qui semble avoir été plus malmené.

IV. Il faut donc conclure qu'en matière de bienfaits, pourvu qu'un homme se reconnoisse redevable, et qu'il ait la volonté disposée à la revanche, et porte le courage où les moyens ne peuvent aller, il est impossible qu'il soit vaincu. Puisqu'il a cette généreuse résolution, qu'il y demeure ferme, et que par démonstrations extérieures il la fait paroître en toutes les occasions qui se présentent, qu'importe qu'il ait reçu quelque peu plus qu'il n'a donné ? Vous avez moyen de donner beaucoup, et de moi tout ce

---

1. On lit dans l'édition de 1630 : « *Au-dessous* de soi ; » mais c'est une faute d'impression, qu'on a corrigée dans l'édition de 1631. Le latin porte : *Inter superantia animus invictus est.*

que je puis, c'est de recevoir. La fortune est pour vous, la bonne volonté est pour moi. Je suis en pourpoint, et vous armé de toutes pièces; mais pour cela vous n'emporterez rien du mien. La courtoisie est donc une querelle où il n'y a moyen de vaincre personne, parce que chacun a de l'affection autant qu'il en veut avoir; car s'il y a de la vergogne à ne pouvoir rendre autant qu'on a reçu, il ne faut donc rien prendre des grands seigneurs, que leur condition a mis au delà de toute revanche. Il ne faut rien prendre des rois ni des princes, que la fortune fait trop grands pour recevoir si peu que nous avons moyen de leur donner; si ce n'est que nous leur voulions mettre en compte les services que nous sommes capables de leur faire, et la disposition universelle que nous apportons à leur obéir; comme de fait tout ce qu'ils ont de grandeur n'est bâti que là-dessus. Il est aussi des hommes que la sagesse a tellement dépouillés de toutes sortes de desirs, et rendus contempteurs si magnanimes de la vanité du monde, qu'il n'est pas possible à la fortune même de les obliger. Si Socrate m'a fait plaisir, quel moyen aurai-je de me revancher en son endroit? Comme ferai-je avec Diogène, qui tout nu regardoit l'éclat des richesses les plus magnifiques aussi dédaigneusement que du fumier, et qui, à son jugement et de tous ceux qui n'avoient point de taie devant les yeux, fouloit sur la tête à celui qui avoit le monde à ses pieds? Il avoit plus que celui qui avoit tout, pource qu'il pouvoit refuser plus qu'Alexandre n'étoit capable de donner.

V. Telles gens que cela ne nous font point de honte de nous surmonter en bienfaits. Si je ne blesse point un homme invulnérable, je n'en ai pas moins de valeur. Le feu ne brûle moins, pour avoir rencontré quelque matière qui n'est point brûlable; ni le fer, pour ne couper pas une pierre, ou quelque autre chose qui n'est point divisible, n'a pas moins la vertu de couper. J'en dis de même d'un homme qui a la volonté disposée à reconnoître. Ce ne lui est point de honte d'être vaincu de bienfaits, quand la fortune ou la vertu de ceux qui lui ont fait plaisir est telle, que les revanches trouvent la porte fermée chez eux. Pour le père et la mère, il y a de l'apparence qu'ils nous peuvent vaincre; car en l'âge où nous les trouvons sévères, et que nous n'avons pas le jugement de comprendre le bien que nous en recevons, nous leur voulons mal. Et puis comme le temps, qui mûrit toutes choses, nous a fait reconnoître que ce qui nous les faisoit haïr nous les devoit faire aimer, et que toutes leurs rigueurs étoient des diligences nécessaires pour tenir en bride les mouvements inconsidérés de notre jeunesse, à cette heure-là nous les perdons. Il y en a peu qui vivent si longtemps, qu'ils goûtent le vrai contentement qu'il y a d'avoir des enfants. La plupart ne les sentent que par la charge qu'ils en reçoivent. Et toutefois ce n'est point chose honteuse qu'un fils soit vaincu de bienfaits par son père. Mais pourquoi seroit-elle honteuse du père, puisqu'elle ne l'est d'homme du monde? Il est des personnes à qui nous sommes égaux et inégaux : égaux en affection, qui est la seule chose qu'ils nous demandent, et la seule aussi que nous leur promettons; inégaux en fortune, qui peut bien empêcher la volonté que nous avons de reconnoître, mais pour cela ne nous doit pas faire rougir comme vaincus. Pourvu qu'on suive, il n'y a point de déshonneur à n'atteindre pas. Nos affaires sont quelquefois d'une façon, que devant que de payer la première dette, il faut faire un second emprunt. Et ne faut point avoir honte de devoir des choses que nous ne pourrons pas rendre; parce que nous savons bien qu'il ne tiendra pas à nous, et que si nous en sommes empêchés, ce sera pour quelque incommodité qui nous en ôtera le moyen. Quoi qu'il en soit, nous ne serons point vaincus en affection, et n'aurons point honte de l'être en choses qui ne seront pas en notre pouvoir.

VI. Alexandre se glorifioit ordinairement que jamais personne ne l'avoit vaincu de bienfaits[1]. Ce n'est pas une louange qu'il dût imputer à l'obéissance des Macédoniens, des Grecs, des Cares[2], des Perses, et de tant d'autres peuples réduits sous son empire depuis un coin de la Thrace jusques aux derniers bords de la mer du Levant, puisque Socrate le fit aussi bien que lui, et que Diogène même le vainquit. Je dis qu'il le vainquit. Pourquoi non? puisqu'à la honte de son ambition élevée au-dessus de toutes les hauteurs de la terre, il lui fit voir un homme à qui il ne pouvoit ni rien prendre ni rien donner. Le roi Archélaüs pria Socrate de le venir trouver. A quoi on dit qu'il fit réponse qu'il ne vouloit point aller trouver un homme qui lui pût faire plus de bien qu'il ne lui en pouvoit rendre. Je ne sais pas qui lui faisoit tenir ce langage; car il étoit libre de ne rien prendre s'il ne vouloit. Et puis il commençoit le premier à faire plaisir, parce qu'il venoit à la requête d'Archélaüs, et lui faisoit un plaisir de quoi il ne se pouvoit jamais acquitter. Tout ce que lui pouvoit donner Archélaüs, c'étoit de l'or et de l'argent, et il en pouvoit recevoir l'exemple de ne faire cas ni de l'or ni de l'argent. Pourquoi donc avoit-il peur de ne se pouvoir revancher en son endroit? Que pouvoit-il recevoir de si grand comme ce qu'il lui eût donné, de lui faire voir un homme qui savoit que c'étoit de la vie et de la mort, et qui étoit sur la frontière de l'une comme toujours prêt de passer à l'autre? s'il eût ouvert les yeux à ce roi, qui ne voyoit goutte en plein midi, et qui savoit si peu des secrets de nature, que l'étonnement de voir une éclipse de soleil lui fit fermer son palais, et raser le poil à son fils,

---

[1]. VAR. (édit. de 1631): En bienfaits. — [2]. *Cares*, Cariens.

comme s'il eût fait le deuil, ou qu'il lui fût survenu quelque grand inconvénient? Combien lui eût-il fait de plaisir s'il le fût allé trouver dans les ténèbres où la peur l'avoit envoyé cacher, et lui eût dit : « Sortez, n'ayez point de peur! Ce que vous voyez n'est pas une défaillance du soleil, c'est la rencontre de deux astres, parce que la lune qui marche au-dessous du soleil s'est trouvée entre lui et nous, et nous en a fait perdre la vue. Quand elle ne le fait que toucher en passant, elle n'en cache qu'une partie. Quand son opposition est plus grande, elle en cache davantage; et si elle est du corps entier, et que à droite ligne elle se trouve entre le soleil et la terre, nous ne le voyons du tout point. Mais parce qu'ils font toujours leur chemin d'une extrême vitesse, ils ne seront guère en cette conjonction, et tout incontinent se trouveront l'un d'un côté et l'autre de l'autre, et la terre sera éclaircie comme elle étoit. C'est un ordre qui durera éternellement, et ne sera jamais siècle qui n'ait des jours limités[1], où par cette interposition de la lune nous serons empêchés de voir, ou tout le soleil, ou une partie de ses rayons. Attendez tant soit peu, vous le verrez désembarrassé de ce nuage, et luire aussi clair et net qu'il étoit auparavant. » Socrate n'avoit-il pas de quoi payer Archélaüs, en lui enseignant à se conduire au gouvernement de son État? Et sans en venir plus avant, que pouvoit donner Archélaüs, qui ne fût assez reconnu par le seul honneur que Socrate lui eût fait de le recevoir? Pourquoi donc est-ce que Socrate fit cette réponse? sinon que cet homme, qui en paroles couvertes se moquoit ordinairement des grands plutôt que des autres, aima mieux se défaire d'Archélaüs par une excuse[2] qu'il prît à son avantage, que de lui ré-

1. *Limités*, fixés; en latin *dispositos ac prædictos dies*.
2. L'édition de 1630 porte *par un écrit*, faute corrigée dans l'édition de 1631.

pondre quelque chose mal à son goût qui l'auroit offensé. Il lui dit qu'il ne vouloit rien prendre qu'il ne pût rendre, et peut-être qu'il eut peur qu'il ne lui fallût prendre quelque chose contre son humeur, ou qui ne fût pas digne de lui. On dira que s'il ne la vouloit, il avoit moyen de la refuser. Oui, mais il encouroit l'indignation d'un prince qui n'avoit pas sa colère réglée, et qui vouloit, quoi qu'il donnât, qu'on le reçût avec honneur. Autant vaut ne recevoir point ce qu'un roi baille, comme ne bailler point ce qu'il veut recevoir. Les deux ne lui font pas moins d'injure l'un que l'autre; et même, s'il est superbe, il se piquera moins de n'être point craint, qu'il ne fera d'être dédaigné. Voulez-vous savoir le vrai sujet qui garda Socrate d'aller trouver Archélaüs? Cet homme, qui étoit si libre qu'une ville libre ne le put endurer, ne voulut pas se donner un maître, et s'assujettir volontairement.

VII. Je crois que nous avons assez traité cette question, s'il y a de la honte à être vaincu de bienfaits. Ceux qui la font savent bien qu'un homme ne peut se faire plaisir à soi-même; car autrement ils eussent bien su aussi qu'il n'y a point de honte d'être vaincu par soi-même. Or il y a quelques stoïques qui demandent si on se peut devoir quelque chose à soi-même, et si on est obligé de s'en acquitter. Ce qui, à mon avis, a donné sujet de mettre cette dispute en avant, c'est que nous disons ordinairement : « Je n'en sais gré qu'à moi, je ne me puis plaindre que de moi, j'en suis en colère contre moi-même, je m'en châtierai, je m'en veux mal, » et plusieurs autres telles paroles, qui semblent s'adresser à quelque autre qu'à nous. Ils disent que si je puis faire chose qui me nuise, je puis aussi faire chose qui me profite. Et puis quelle raison y a-t-il que faisant quelque chose pour un autre on l'appelle bienfait, et que la faisant pour moi-même elle ne porte pas le même nom? Pourquoi ne me serai-je obligé d'une chose que je me serai donnée, puisque si un autre me l'avoit donnée je lui en serois obligé? Pourquoi ne craindrai-je autant d'être ingrat à moi-même, comme de vivre parmi la crasse et les ordures, et par une avarice extraordinaire me refuser ce qui est nécessaire pour la bouche ou pour les habits? On parle aussi mal d'un qui souffre une vilenie en son propre corps, que de celui qui fait marchandise de l'impudicité d'autrui. Comme on n'approuve pas un cajoleur, qui s'accorde à tout ce que dit un autre, et ne trouve rien de si faux qu'il n'affirme pour lui faire plaisir, aussi ne fait-on un qui se mire soi-même, qui est content de sa suffisance, et se veut faire croire qu'il est habile homme. Un vicieux est aussi peu supportable quand il se fait soi-même la matière de son intempérance, que quand il se donne carrière en quelque autre sujet. Quelle conquête plus glorieuse peut faire un homme, que la sienne propre? Quelle domination plus louable peut-il avoir que celle de ses passions? Il n'est point de peuple si barbare, et si peu capable de sujétion, de qui le gouvernement nous soit si difficile que de nous-mêmes. Platon a remercié Socrate de ce qu'il avoit été son précepteur. Pourquoi ne peut aussi justement Socrate se remercier de ce que lui-même il s'est enseigné? Marcus Cato disoit ordinairement : « S'il te manque quelque chose, emprunte-le chez toi. » A ce compte-là, si je me puis prêter, pourquoi ne me pourrai-je aussi donner? Il est une infinité de choses où la coutume du langage d'un homme en fait deux ordinairement. Nous disons : « Laisse-moi, je me veux entretenir, » et : « Je me tirerai l'oreille. » Si cela est, comme quelquefois un homme peut avoir sujet de se courroucer contre soi-même, ne peut-il pas avec autant de raison avoir sujet de se remercier? Ne se peut-il pas louer, puisqu'il se peut reprendre, et se faire bien, puisqu'il se peut faire mal? Injure et plaisir sont choses contraires. Si nous disons : « Il s'est fait injure, » tout de même nous pouvons dire : « Il s'est fait plaisir. »

VIII. On ne se peut rien devoir à soi-même. Naturellement l'obligation précède la revanche. Un qui doit présuppose un qui a prêté. L'un ne peut être sans l'autre, non plus qu'un mari sans femme, ou qu'un père sans enfants. L'un ne peut recevoir que l'autre ne donne. Ce n'est ni donner ni recevoir, que mettre une chose d'une main en l'autre. Comme un homme ne se porte point, encore qu'il fasse mouvoir son corps d'un lieu à l'autre ; un homme qui plaide sa cause ne s'assiste point, et ne se peut ériger une statue comme à l'auteur de son salut ; un malade qui s'est guéri par le soin qu'il a eu de se gouverner, ne s'en demande point de salaire : ainsi en toute autre chose, quand par notre industrie nous nous sommes fait quelque bien, nous n'en devons point de reconnoissance, parce que nous n'avons à qui la faire. Quand j'accorderois qu'un homme se peut donner quelque chose, ne la reçoit-il pas quand il la donne ? Et quand j'accorderois qu'il peut recevoir quelque chose de soi-même, n'en fait-il pas la revanche quand il la reçoit ? On a son change sans aller hors de la maison ; c'est un nom illusoire qui ne fait que passer. Celui qui donne, est celui même qui reçoit ; ce sont deux actions en un homme seul. Devoir est un mot qui ne peut avoir lieu qu'entre deux personnes. Comme seroit-il donc en un seul homme, puisqu'il s'acquitte par l'action même qu'il s'est obligé ? comme en une boule il n'y a ni haut ni bas, devant ni derrière, parce que le mouvement change l'ordre ; ce qui suivoit, précède, l'orient devient l'occident, et de quelque façon que tout aille il revient toujours en même point. Pensez qu'il en est ainsi de l'homme ; faites-lui faire tant de tours qu'il vous plaira, ce sera toujours lui. S'est-il blessé, il n'a contre qui faire informer. S'est-il attaché, s'est-il enfermé, il n'est point tenu d'en rendre compte. Il s'est donné quelque chose; mais au même temps il l'a rendue à celui qui la lui avoit donnée. On dit que jamais Nature ne perd rien. Ce qu'on lui ôte d'un côté lui revient de l'autre. Mais, direz-vous, à quel propos vient cet exemple pour la question mise en avant? Je le vous dirai. Faites compte que vous êtes ingrat; le bienfait pour cela ne se perd point, il demeure à celui qui l'a donné. Prenez le cas que vous n'en vouliez pas prendre la revanche. Elle est déjà chez vous avant qu'on vous la fasse. Vous ne pouvez rien perdre. Ce qui vous est ôté vous est acquis. Le cercle tourne dans vous-même; en prenant vous donnez, en donnant vous prenez.

IX. Vous me direz qu'il se faut faire plaisir, et qu'il se le faut donc rendre. L'antécédent d'où vous tirez cette conséquence n'est pas véritable; car personne ne se fait plaisir, mais obéit à l'inclination qu'il a de nature de se procurer du bien, et de laquelle vient cette sollicitude extrême que nous avons d'éviter ce qui nous peut nuire, et suivre ce qui nous peut profiter. C'est pourquoi celui qui se donne quelque chose n'est point libéral, celui qui se pardonne point clément, ni point miséricordieux celui qui a compassion de sa misère propre. Ce qui étant fait à l'endroit des autres est libéralité, clémence et miséricorde, est nature quand il est fait en notre endroit. Le bienfait est une chose volontaire; mais c'est chose que par force il faut faire que de procurer notre utilité. Plus un homme fait de bien, plus il est en réputation d'être libéral. Qui jamais a vu louer un homme, pour s'être fait plaisir et s'être délivré de la main des voleurs? On ne peut dire qu'un homme se loge; aussi ne peut-on dire qu'il s'oblige. On ne se peut faire crédit; aussi ne se peut-on faire plaisir. S'il est vrai qu'un homme se puisse faire du bien, c'est une libéralité qui est en perpétuelle action.

Il ne peut savoir le compte de ses bienfaits. Comme donc aura-t-il moyen de se revancher, vu que les revanches lui seront autant de nouvelles obligations? Comme pourra-t-il discerner s'il se prête ou s'il se rend, vu qu'il est lui-même le théâtre et le joueur de la comédie? Je me suis tiré de péril; c'est un plaisir que je me suis fait. Si une seconde fois je m'en tire, est-ce un nouveau plaisir que je me fais, ou une revanche de celui que je me suis déjà fait? Et puis quand je vous accorderai qu'un homme se peut faire plaisir, je ne vous accorderai pas pourtant qu'il se le doive. Pourquoi? Pource qu'en se le donnant, il se le rend. L'ordre d'un bienfait va de cette façon : on reçoit, on doit, et puis on rend. Il n'y a point d'apparence que nous nous puissions rien devoir, parce que nous faisons la dette et l'acquittons tout ensemble. Donner, devoir, et rendre, sont des actions qui se doivent faire entre deux personnes; par une seule, il n'y a point de moyen.

X. Bienfait est bailler quelque chose profitable. Le mot de bailler présuppose une autre personne qui reçoive. Ne dirions-nous pas qu'un homme seroit hors du sens, qui diroit qu'il se seroit vendu quelque chose? parce que la vendition est une aliénation et remise d'une chose et du droit que nous y avons, sur une autre personne. Il est de donner comme de vendre. C'est laisser partir quelque chose de nos mains, et bailler à posséder à un autre ce que nous avons possédé. On ne se peut donc donner de bienfait, puisqu'on ne se peut rien donner du tout. Il se fait un assemblage de deux contraires, qui sont donner et recevoir. Et cependant il y a bien de la différence, quand on les met l'un vis-à-vis de l'autre. Mais si quelqu'un se fait plaisir à soi-même, à cette heure-là donner et recevoir, qui sont deux choses, n'en deviennent qu'une. Je pense avoir dit, il n'y a guère, qu'il est des choses d'une certaine forme, que toute leur signification s'en va hors de nous. Je suis frère, mais c'est d'un autre; car il n'y a point de moyen qu'un homme soit frère de soi-même. Je suis pareil, mais c'est à quelqu'un. On ne peut parler de comparer ni de joindre, qu'on ne s'imagine plus d'une chose. Les bienfaits sont de cette nature. Le mot même de bienfait le montre. Il y a aussi peu de moyen de se bienfaire, que de se favoriser, ou d'être de son parti. Cette matière est assez fertile d'exemples, pource que le bienfait est au rang des choses qui veulent de la pluralité. Il est des choses très-belles, très-honnêtes et très-excellentes, qui ne se peuvent faire qu'en compagnie. On fait cas de la bonne foi, comme d'une des choses autant utile que nulle autre au commerce des hommes, et cependant on ne dit point qu'un homme se soit gardé la foi.

XI. Venons à cette heure à la dernière partie. Celui qui se revanche, il faut qu'il lui coûte quelque chose, comme à un qui paye de l'argent qu'il doit. Or il ne coûte rien à celui qui se revanche à l'endroit de soi-même, non plus que celui ne gagne rien qui se fait bien à soi-même. Le bienfait et la revanche ont une réciprocation qui n'est point en un homme seul. Celui qui se revanche profite à son tour à celui qui l'avoit obligé. Celui qui se revanche à soi-même, à qui peut-on dire qu'il profite? Et qui est celui, quand il oit parler de bienfait et de revanche, qui ne s'en imagine l'un en un lieu, et l'autre en l'autre? Qui se revanche à soi-même se profite. Et qui est l'ingrat qui n'ait toujours été disposé à le faire? Mais plutôt qui est celui qui se soucie d'être ingrat, pourvu qu'il puisse faire son profit? Ils disent davantage. Si nous nous devons des remercîments à nous-mêmes, nous nous devons aussi des revanches. Or nous disons : « Je me rends grâces de ce que je ne me suis point marié avec une telle, et de ce que je n'ai point contracté d'amitié avec un tel. » En disant cela, nous cherchons de la gloire, et abusons des termes de remercier, pour donner du mérite à notre action. Un bienfait peut bien être fait et n'être pas rendu. Qui se fait bien à soi-même ne peut faire qu'il ne retire ce qu'il a donné. Ce n'est donc point un bienfait. Un bienfait se fait en un temps, et la revanche en l'autre. En un bienfait, ce qui est de plus estimable et de plus glorieux, c'est que pour l'utilité d'un autre nous oublions la nôtre, et nous incommodons pour l'accommoder ; ce que ne fait point celui qui se fait bien à soi-même. Bienfaire est une action de société, qui acquiert des amis et oblige des personnes. A se bienfaire à soi-même, il n'y a point de société, point d'acquisition d'amis, ni d'obligation d'aucun. Nous ne donnons sujet à personne de dire : « Il faut que j'honore cet homme, il a fait du bien à un tel, il m'en fera. » Un bienfait est ce que quelqu'un donne, non pour l'amour de soi, mais pour l'amour de celui à qui il donne. Celui qui se fait du bien, il le fait pour l'amour de soi. Ce n'est donc point un bienfait.

XII. Trouvez-vous à cette heure que je vous aie menti de ce que je vous avois dit à l'entrée de ce discours ? Vous direz que tant s'en faut que je puisse tirer quelque gain de ma peine, je fais ce que je puis pour la perdre. Ayez patience, et vous direz encore plus vrai que vous ne dites ; parce que je vous mènerai dans des obscurités, d'où quand vous serez sorti, vous n'aurez non plus fait pour vous que de vous être tiré d'un bourbier où vous pouviez ne vous mettre point si vous n'eussiez voulu ; car quel plaisir y a-t-il de se rompre la tête à dénouer une chose que vous n'avez nouée pour autre fin que pour la dénouer ? Mais comme il y a des choses que pour jouer et passer le temps nous lions en sorte qu'il n'est pas bien aisé de les délier si vous n'en savez le secret, et que celui toutefois qui les a liées délie tout aussitôt, parce qu'il en connoît l'entrelacement, cependant elles donnent du plaisir, parce que leur difficulté tente la pointe du jugement, et l'excitent à se bander; tout de même ces subtilités qui semblent insidieuses ôtent l'assoupissement et la nonchalance des esprits, que tantôt il faut mettre en une campagne rase, pour s'y donner carrière à leur aise, tantôt mener dans des solitudes scabreuses et pénibles, pour avoir l'exercice de se faire passage en des lieux qui n'en ont point. Il y en a qui disent qu'il n'est point d'ingrats; et voici leurs raisons. Un bienfait est chose qui profite. Or, selon l'opinion de vous autres stoïques, on ne sauroit profiter à un méchant. Il s'ensuit donc qu'un méchant ne peut recevoir de bienfait, et par la même conséquence il est impossible qu'il soit ingrat. Davantage, le bienfait est une chose honnête et vertueuse; le méchant n'est susceptible de rien d'honnête ni de vertueux; par conséquent il n'est point susceptible de bienfait. Ne recevant point, il n'est point obligé de rendre; et pourtant il est impossible qu'il soit ingrat. Il y a encore plus : vous dites vous-mêmes que l'homme de bien ne fait rien que bien. S'il ne fait rien que bien, il ne peut être ingrat. L'homme de bien rend un plaisir quand il l'a reçu, le méchant n'en peut recevoir, et par cette raison il n'y a homme de bien ni méchant qui soit ingrat. Ainsi donc ce mot d'ingrat est le nom d'une chose qui n'est point en nature. Nous ne connoissons point d'autre bien que ce qui est honnête. Ce qui est honnête ne trouve point de place chez le méchant; car il ne seroit plus méchant s'il avoit le commerce de la vertu. Or, tandis qu'il est méchant, on ne lui peut faire de bien, parce que le bien et le mal sont deux contraires, qui ne se peuvent jamais assembler. Il s'ensuit donc que personne ne lui profite, parce que, quoi qu'on lui donne, il se corrompt tout aussitôt, à faute qu'il n'en sait pas bien user. Comme un estomac bilieux altère la qualité de tout ce qu'on lui baille, et des plus saines viandes en fait des occasions de sa douleur, aussi depuis qu'un esprit ne voit goutte, vous ne lui pouvez rien commettre où il ne trouve le sujet de sa honte et la cause de sa perdition. De là vient que ceux qui sont les plus gorgés de contentements et de richesses ont le plus de trouble et d'agitation, et que pour l'abondance de la matière d'où procède leur inquiétude, ils entrent en une confusion si grande, qu'ils sont quelquefois bien empêchés de se trouver. Il ne peut donc rien arriver au méchant qui lui soit profitable, ou plutôt qui ne soit cause de sa perte. Il communique son mauvais naturel à tout ce qui l'approche, et les choses belles en apparence et qui seroient bonnes si on les bailloit à un homme de bien, deviennent poison et peste entre ses mains. C'est pourquoi il n'est pas possible qu'il fasse bien à personne, parce qu'il ne peut donner ce qu'il n'a point; et quand il pourroit bienfaire, il n'en a pas la volonté.

XIII. Accordons que tout cela soit véritable, comme il l'est; il ne s'ensuit pas pourtant qu'un méchant ne puisse recevoir quelque chose qui pourra ressembler un bienfait, et que s'il ne s'en revanche, on ne le puisse appeler ingrat. Il y a des biens de l'âme, des biens du corps, et des biens de fortune. Quant aux biens de l'âme, le méchant n'y a point de part; pour les deux autres, il y est recevable. Il les peut prendre, il les doit rendre, et s'il ne les rend, il est ingrat. Nous ne sommes pas seuls de cette opinion. Les péripatétiques même, qui donnent les coudées assez franches à la félicité de l'homme, disent qu'il est de certains bienfaits de peu d'importance qu'un méchant peut recevoir, et que ne les rendant point, il est coupable d'ingratitude. Nous disons donc qu'une chose ne se peut appeler bienfait s'il n'en vient quelque profit à l'âme; toutefois, qu'elle ne soit commode et desirable, nous ne le nions pas. Un méchant peut faire à un homme de bien des présents de cette nature, et en peut aussi recevoir de lui; comme de l'argent, des habits, des états et la vie même. Si quelqu'un ne les rend point, on ne le peut appeler ingrat. Mais comme pouvez-vous appeler un homme ingrat pour ne rendre point ce qui n'est pas un bienfait? Il est des choses qui prennent leur nom de ce qu'elles semblent être, plutôt que de ce qu'elles sont. Ainsi nous disons une boîte d'or ou d'argent; ainsi nous appelons un homme ignorant, non qui n'a du tout point de lettres, mais qui n'y a pas fait beaucoup de progrès; ainsi nous disons qu'un homme est tout nu quand ses habits sont déchirés. Ces choses-là ne sont pas bienfaits; toutefois elles en ont la ressemblance. Vous pensez peut-être que je veuille dire que tout ainsi qu'elles sont comme bienfaits, celui qui ne les rend point est aussi comme un ingrat, mais non pas ingrat véritablement. Ce n'est pas ainsi que je l'entends, parce que celui qui les donne et celui qui les prend sont d'accord que ce sont bienfaits, et tous deux les appellent de cette façon. Et par ainsi celui qui trompe en une chose qui a l'apparence d'un vrai bienfait, est aussi bien ingrat, comme est empoisonneur celui qui baille à boire une liqueur innocente, s'il pense bailler une poison.

XIV. Cléanthe presse bien davantage, et dit que quand ce ne seroit pas un bienfait que ce qu'on reçoit, celui qui ne le rend point ne laisse pas d'être ingrat; pource que quand c'en seroit un, il n'eût pas laissé d'en faire de même. Ainsi celui qui s'est mis sur un chemin pour voler et pour tuer, est voleur devant que de mettre la main au sang, parce qu'il s'est armé pour le faire et qu'il en a eu la volonté. La méchanceté se pratique et se fait paroître en l'exécution, mais elle est formée de plus long temps.

Ce qu'il a reçu n'étoit pas un bienfait, mais il en avoit le nom. On punit les sacriléges, et toutefois il n'est point d'homme qui ait les mains si longues qu'il les porte jusques au ciel. Il demande davantage comme il se pourroit faire qu'on fût ingrat à l'endroit d'un méchant, puisqu'on n'en peut recevoir de bienfait. Pource qu'ayant donné une chose du nombre de celles que les ignorants appellent biens, on est obligé, quelque méchant qu'il soit, de lui faire une revanche de même qualité que son bienfait, et sans examiner les choses de plus près, lui rendre pour bon ce qu'il a baillé pour bon. Quoi qu'un homme nous ait prêté, soit de l'or ou du cuir marqué du coin de la ville, comme autrefois en Lacédémone, pourvu qu'il soit de mise, n'importe. C'est argent que nous devons, acquittons-nous en mêmes espèces que nous sommes obligés.

XV. Vous n'avez que faire de vous informer que c'est que bienfait, et si un nom si grand et si spécieux se doit ravaler à une matière si vile et si contemptible. Laissez faire recherche à quelque autre de la vérité, contentez-vous de suivre ce qui en a l'apparence, et vous conformez à ce qui est honnête suivant l'opinion commune, et que vous-même appelez honnête, quelque chose que ce soit. Comme vous tenez qu'il n'y a personne ingrat, on pourroit dire par la même raison qu'il n'y auroit personne qui ne le fût ; car puisqu'à votre compte tous les fous sont méchants, et qu'un vicieux en une chose est vicieux en toutes, il est nécessaire que tous les hommes soient ingrats, puisqu'il n'en est point qui n'ait de la folie et de la méchanceté. Quoi donc? de quelque côté que l'homme se tourne, il ne peut faillir qu'il ne soit injurié. Quelles plaintes fait-on plus ordinaires que de l'ingratitude, et qu'il n'en est guère à qui le bien qu'on leur fait ne semble une occasion légitime de rendre du mal? Nous ne sommes pas seuls qui en murmurons, et qui mettons au rang du vice tout ce qui n'est point conforme aux règles de la vertu. Voici je ne sais quelle voix qui sort, non de l'école des philosophes, mais de dessous une halle, à la condemnation de la malice universelle du monde[1].

. . . . . . . . . . . . .

A cette heure on passe bien plus outre ; les bienfaits sont méchancetés exécrables. On ôte la vie à ceux pour qui on la dût perdre. Les meurtres et les empoisonnements sont les récompenses des bienfaits qu'on a reçus. Assassiner sa patrie et conjurer à sa ruine sont les marques de grandeur et d'autorité. Toute hauteur est basse qui n'est au-dessus[2] de la République. Les armées qu'elle paye sont tournées contre elle, et les harangues ordinaires des capitaines à leurs soldats, c'est de massacrer leurs femmes et leurs enfants, et ne laisser ni leurs propres maisons, ni leurs dieux domestiques, que tout ne porte les témoignages de leur fureur. Ceux qui dussent rougir d'entrer en triomphe en la ville, quand le sénat même le commanderoit, et qui ramenant une armée victorieuse, n'auroient audience que hors des murailles, maintenant couverts du sang de leurs citoyens et bien souvent de leurs frères, penséroient n'être pas dignement reçus en la ville s'ils n'y entroient les enseignes déployées. Ce n'est pas à la liberté à parler ; les étendards lui font signe qu'elle se taise. Et ce peuple maître du monde, qui

---

1. Ici se trouvent, dans le texte latin, trois vers qui n'ont point été traduits par Malherbe :

> Non hospes ab hospite tutus,
> Non socer a genero ; fratrum quoque gratia rara est ;
> Imminet exitio vir conjugis, illa mariti.
> (Ovide, *Métamorphoses*, liv. I, v. 144 et suivants.)

2. L'édition de 1630 et les suivantes portent par erreur *au-dessous*. Il y a dans le texte latin : *Humili se ac depresso loco putat stare quisquis non supra rempublicam stetit.*

avoit donné la paix à tant de nations, et toujours essayé de porter les guerres si loin, que le bruit ne lui pût fâcher ni les yeux ni les oreilles, a les ennemis à sa porte, et de la peur que lui font ses propres armes n'ose sortir de sa maison.

XVI. Coriolanus fut ingrat. S'il eut de la piété, ce ne fut que bien tard, et après avoir déjà fait la moitié du parricide qu'il avoit entrepris. Catilina fut ingrat. Il ne pensa pas faire assez de prendre la ville, s'il ne tâchoit de la ruiner, si de l'autre côté des Alpes il n'appeloit les peuples de la Gaule à la poursuite de leurs inimitiés naturelles, et ne leur donnoit moyen d'immoler des capitaines romains aux monuments de leurs pères, pour s'acquitter à la fin des sacrifices qu'ils avoient si longtemps desiré de leur payer. Marius fut ingrat, qui, de simple soldat, parvint à la dignité de consul. S'il n'eût fait mourir autant de Romains que de Cimbres, et s'il n'eût donné le signal, ou pour mieux dire, s'il n'eût été le signal lui-même de perdre la ville et de couper la gorge à la plus grande partie des habitants, il n'eût point reconnu de changement en sa fortune, et eût pensé être toujours aussi petit compagnon qu'il avoit été. Sylla fut ingrat, qui guérit sa patrie avec des remèdes pires que la maladie même, qui après avoir depuis Préneste jusqu'à la porte Colline marché dans le sang, commença de nouvelles boucheries dans la ville, tua deux légions (ce qui fut cruel, après la victoire, et ce qui fut détestable, après leur avoir donné sa parole, et les avoir fait assembler en un petit coin, pour avoir moins de peine à les massacrer), et enfin, ô grands Dieux ! inventa la proscription, qui est une promesse d'argent et d'impunité à celui qui apporteroit la tête d'un citoyen romain, au lieu qu'anciennement une couronne étoit la récompense de celui qui en avoit sauvé quelqu'un. Pompée fut ingrat, qui pour trois consulats, trois triomphes et un nombre infini d'autres honneurs, usurpés presque tous avant que l'âge l'en eût rendu capable, ne put mieux faire connoître le gré qu'il en savoit à sa patrie qu'en prenant des compagnons pour lui aider à l'assujettir; comme si sa grandeur eût dû être moins enviée, quand on eût vu entre les mains de plusieurs une autorité que personne ne devoit avoir. Il fut ingrat de se procurer des commandements extraordinaires, de distribuer les provinces, pour s'en réserver le choix, de faire trois parts de la République, pour en retenir les deux en sa maison, et enfin de réduire le peuple romain à cette extrémité, de ne pouvoir avoir la vie qu'il ne se résolût à la servitude. Jules César, son ennemi et son vainqueur, fut ingrat d'avoir laissé la guerre de Gaule et d'Allemagne pour venir assiéger Rome, et tout homme de bien et populaire qu'il étoit, donner le rendez-vous à ses troupes dans le cirque de Flaminius, bien plus près que Porsenna ne s'étoit campé. Il est vrai qu'il ne fut pas si cruel comme il pouvoit être par le droit que la victoire lui avoit acquis. Il fit ce qu'il disoit ordinairement; il ne tua personne qui n'eût l'épée à la main. Et quoi donc? Les autres à la vérité furent plus sanguinaires, mais au moins comme ils furent soûls, ils mirent les armes bas; cettui-ci remit bien de bonne heure l'épée au fourreau, mais il ne la quitta jamais. Antoine fut ingrat à son dictateur, quand en la harangue qu'il fit au peuple, il déclara qu'il avoit été bien tué, et donna des gouvernements et des charges à ceux qui avoient fait le meurtre. Il fut ingrat à sa patrie, de la déchirer comme il fit de guerres, proscriptions et pilleries, et la réduire en si mauvais termes, qu'elle qui avoit rendu les droits, franchises et libertés aux Grecs, aux Rhodiens et à tant de grandes villes, devint tributaire, non de rois de sa nation, mais de je ne sais quels étrangers, que la fortune même n'avoit pas estimés dignes du sexe que la nature leur avoit donné.

XVII. Je n'aurois pas du temps assez, s'il me falloit souvenir de tous ceux qui ont été ingrats jusques à la ruine et destruction entière de leur patrie, et n'aurois pas moins de besogne si je voulois réciter combien de fois la République même a été ingrate à l'endroit de ses citoyens les plus gens de bien et les plus zélés à son service, n'étant pas le nombre des indignités qu'elle a faites moins grand que celles qu'elle a reçues. Elle a envoyé Camille en exil, et y a laissé aller Scipion. Cicéron a eu le même traitement que Catilina, et a souffert en sa maison et en ses biens des outrages que peut-être son ennemi même eût eu honte de lui faire quand il fût demeuré victorieux. Rutilius, pour récompense d'avoir été homme de bien, fut contraint de s'aller cacher en un coin de l'Asie. Caton fut une fois refusé de la préture, et ne put jamais avoir le consulat. Nous sommes ingrats publiquement. Que chacun parle à soi-même en particulier ; il n'y en a pas un qui ne se plaigne de quelque ingrat. Or il n'est pas possible que tout le monde se plaigne, et qu'il demeure quelqu'un de qui on ne se plaigne point. Il faut donc conclure que tous les hommes sont ingrats généralement. Mais ne sont-ils autre chose ? Si sont. Ils sont stupides, malicieux, et timides, tout ce qu'ils sont[1] ; et ceux qui le sont le plus, sont ceux qu'on estime avoir plus de résolution. Ajoutez-y qu'ils sont tous ambitieux, tous sans piété ; mais pour cela ne vous mettez pas en colère ; pardonnez-leur, ils sont tous hors du sens. Je ne vous dis rien que je ne vous mette le doigt dessus. Regardez comme la jeunesse est ingrate. Qui est le jeune homme si simple qui ne souhaite la mort de son père ; si modéré, qu'il ne l'attende ;

---

1. *Tout ce qu'ils sont*, tous tant qu'ils sont.

et si consciencieux, qu'il ne se la représente? Qui trouverez-vous qui craigne la mort de sa femme, tant soit-elle vertueuse, et qui plutôt ne compte son âge, pour se figurer dans combien de temps il en pourra être délivré? Qui est celui qui après avoir gagné sa cause porte seulement hors du palais la mémoire du bien que lui a fait son avocat? Mais tout cela demeure sans dispute; allons ailleurs. Qui est celui qui meure sans quelque regret? Qui est l'homme qui au dernier moment ait l'assurance de dire:

> Au gré de mes destins mes jours sont achevés[1]?

Qui est celui qui au partir du monde ne soupire, et ne fasse connoître que s'il pouvoit il n'en partiroit point? Et toutefois il n'est point d'ingratitude plus manifeste, que de ne se contenter point du temps qui nous est limité. Si vous comptez les jours, vous n'en aurez jamais assez. Pensez que ce n'est point du nombre d'années que dépend la félicité. Prenez-en ce qu'on vous en baille. La mort la plus différée n'est pas la plus heureuse, comme la vie la plus longue n'est pas la meilleure. Combien seroit-ce plus sagement fait de nous repasser en la mémoire les plaisirs passés, pour en remercier la fortune, et sans compter combien ont vécu les autres, penser que nous pouvions vivre moins que nous n'avons vécu! Dieu n'a pas pensé que je méritasse davantage; je me contente. Il me pouvoit donner plus de jours; toutefois j'ai de quoi le remercier. Ne soyons jamais ingrats envers les Dieux; ne le soyons point envers les hommes, et particulièrement reconnoissons ceux qui ont fait quelque plaisir, ou à nous, ou à ceux qui nous appartiennent.

XVIII. Vous me direz que j'étends les obligations jusques à l'infini, quand je parle de ceux qui nous appartien-

---

1. Virgile, *Enéide*, liv. IV, v. 653.

nent, pource qu'à ce compte-là qui fait plaisir au fils fera plaisir au père, et qu'on pourroit encore demander si le faisant au père on obligeroit par même moyen le frère, l'oncle, le grand-père, la femme et le beau-père. De sorte que pour vider cette question, il seroit besoin d'y mettre quelques bornes, et prescrire jusques où l'enfilure de ce parentage doit aller. Si je laboure votre champ, je vous ferai plaisir ; et si j'empêche votre maison d'être brûlée, ou si je la garde d'aller par terre, ne vous en ferai-je point? Si je tire votre serviteur de quelque peine, vous me remercierez ; et si je sauve la vie à votre fils, ne me penserez-vous point être obligé?

XIX. Vous m'alléguez des exemples qui ne se ressemblent point. Mon champ n'a point d'obligation à celui qui l'a labouré, ni ma maison à celui qui l'a étançonnée, parce que l'un et l'autre sont insensibles. C'est à moi que le plaisir est fait ; j'en dois la revanche, parce que nul autre ne la doit. Aussi l'intention de celui qui laboure mon champ, n'a point été de lui faire plaisir, mais à moi. J'en dirai de même du serviteur, parce qu'étant à moi, ce qui est fait pour lui m'oblige, comme chose qui revient à mon profit. De mon fils, c'est une autre chose. Il est capable de recevoir un plaisir. Aussi le reçoit-il, et je ne fais que m'en réjouir. C'est un nœud qui me touche, mais qui ne m'étreint point. Mais vous qui dites que vous ne devez point ce qui est fait pour votre fils, répondez-moi. La santé du fils, sa bonne fortune et sa richesse, sont-ce choses où le père n'ait point d'intérêt? Ne sera-t-il pas plus heureux si son fils lui demeure, et plus malheureux s'il le perd? Et quoi donc? se peut-il faire que celui que j'ai fait heureux, et garanti d'être malheureux, ne m'ait point d'obligation? Il ne m'en a point, direz-vous. Il est des choses faites pour les autres qui s'étendent jusques à nous ; il faut que celui les rende qui les a reçues,

comme si quelqu'un à qui vous avez prêté de l'argent
m'en a puis après baillé une partie, vous n'avez point
d'action contre moi, mais contre celui seulement à qui vous
l'avez prêté. On ne nous sauroit faire plaisir, de quelque
nature qu'il soit, qu'il n'en revienne quelque commodité
à nos parents, et quelquefois à ceux qui sont les plus éloignés. La question est de savoir qui a reçu le plaisir. On
ne s'informe point de ce qu'il en a fait, ni avec qui il l'a
partagé ; il faut aller à la source, c'est au coupable qu'on
se doit adresser. Mais, je vous prie, où pensez-vous? Ne
me dites-vous pas que je vous ai donné votre fils, et que
s'il fût mort vous ne l'eussiez pas voulu survivre? Comme
est-il possible que je vous aie sauvé celui de qui la vie vous
est plus chère que la vôtre, et que vous ne m'en ayez
point d'obligation? Vous vous jetez à mes genoux, vous
tuez des victimes comme pour votre salut propre, et me
dites que vous et votre fils êtes une même chose, que j'ai
sauvé deux vies, et la vôtre encore plus que la sienne.
Pourquoi me cajolez-vous de cette façon, si je ne vous ai
point fait de plaisir? Pource que si mon fils a emprunté de
l'argent, combien que ce ne soit pas moi qui doive, toutefois je ne laisse pas de le payer. S'il a été surpris avec
quelque femme, j'en rougirai ; mais je ne serai pas adultère pourtant. Je vous dis que je vous suis obligé de ce
que vous avez fait pour mon fils, non que je le sois,
mais pource que je serai bien aise de l'acquitter. Mais
ce m'a été un plaisir extrême de le voir hors de danger,
ce m'a été un grand bien, et si je l'eusse perdu, je demeu-
rois sans enfants, et me trouvois par conséquent en l'affliction la plus grande et la plus sensible qui me pouvoit
arriver. Il n'est pas à cette heure question si ce que tu as
fait m'a profité, mais si tu m'as donné quelque chose ;
car un animal, une pierre et une herbe me peuvent
bien profiter, et toutefois je ne leur dois point de bien-

fait ; parce que rien ne peut bienfaire, que ce qui en a la volonté. Votre intention n'a pas été de faire plaisir au père, mais au fils, et cependant vous ne saviez pas seulement que je fusse son père. Et pour ce quand vous direz : « N'ai-je pas fait plaisir au père de qui j'ai sauvé le fils? » répliquez de l'autre côté : « Aurois-je fait plaisir à un homme que je ne connoissois pas, et à qui je ne pensois du tout point? » Mais que direz-vous si, comme quelquefois il peut arriver, vous vouliez mal au père de qui vous avez sauvé le fils? Voudriez-vous dire que vous eussiez obligé un de qui vous étiez alors capital ennemi? Mais pour laisser la dispute et décider en jurisconsulte, il faut regarder l'intention de celui qui donne. Il a donné à celui à qui il vouloit donner. Si la chose a été faite en l'honneur du père, c'est le père qui a reçu le bienfait. Si le plaisir a été fait au fils, le père en peut bien tirer quelque fruit, mais il n'en est pas obligé; non pas que si l'occasion s'offre il ne fasse quelque chose de son côté; toutefois ce ne sera point comme tenu de payer une dette, mais comme convié de commencer le premier à faire plaisir. Hors de sa volonté vous ne lui pouvez rien demander. S'il fait quelque chose, c'est équité, plutôt que reconnoissance ; car il n'y a pas moyen de limiter si un plaisir fait au fils s'étend au père, à la mère, au grand-père, à l'oncle, aux enfants, aux parents, aux amis, aux serviteurs et à la patrie. Il vaut donc mieux dire que celui est obligé chez qui le plaisir prend sa première assiette : autrement de l'un à l'autre vous enfileriez tout ce qu'il [y] a d'hommes au monde, et entreriez en un labyrinthe d'où vous ne sauriez jamais vous débrouiller. Mais voici une autre question : Deux frères sont ennemis. J'en sauve l'un. On me demande si j'oblige l'autre, qui ne sera pas bien aise que son frère soit échappé. Il n'y a point de doute que ce ne soit un bienfait de profiter à quelqu'un, encore que ce soit contre sa volonté; comme au contraire je ne tiens pas qu'un homme fasse plaisir s'il n'en a l'intention, encore qu'il fasse chose d'où il nous revienne quelque profit.

XX. Appelez-vous bienfait une chose qui le tourmente et qui l'afflige? Il y a beaucoup de bienfaits qui ont une mine triste et renfrognée, comme d'attacher, couper et brûler pour guérir. Il ne se faut pas soucier si celui à qui nous faisons du bien le trouve mauvais, il faut regarder s'il a sujet de le trouver bon. Une pièce d'argent n'est pas mauvaise, pource qu'un étranger, et qui n'en connoît point le coin, la refuse. Qu'il haïsse le bien qu'on lui fait tant qu'il voudra; s'il en a du profit, il en a l'obligation, pourvu que celui qui lui donne le fasse en intention de lui profiter. Il suffit que la chose soit bonne, le mauvais courage de celui qui la reçoit ne l'altère point. Or à cette heure prenons le revers de la médaille. Il veut mal à son frère, mais il lui est expédient de l'avoir. Je l'ai tué. Quoi qu'il die et qu'il s'en réjouisse, je ne lui ai point fait de plaisir. C'est une insidieuse façon de nuire, que de nuire en sorte qu'on en soit remercié. Je vois bien ce que vous voulez dire. Ce qui profite est bienfait, ce qui nuit ne l'est point. Mais je vous vais dire une chose qui ne nuit ni ne profite, et cependant c'est un bienfait. J'ai trouvé votre père mort en quelque lieu à l'écart, et l'ai inhumé. Je n'ai rien fait pour lui, parce qu'il n'avoit point d'intérêt de quelque façon qu'il lui fallût pourrir, et n'ai rien fait aussi pour son fils, car que lui en est-il revenu? Voulez-vous que je vous die ce qu'il y a de gagné? J'ai fait un office qu'il falloit qu'il fît. Il desiroit de pouvoir inhumer son père, le devoir l'y obligeoit, je l'ai délivré de cette peine. Encore faut-il que j'aie reconnu le corps, et qu'il me soit souvenu du fils; autrement si la seule compassion m'a fait faire pour lui ce que j'eusse fait pour le premier venu, cela ne se peut appeler bienfait. Si j'ai jeté de la terre sur un mort que je ne connoissois point, c'est un office que j'ai fait à l'humanité, personne ne m'en doit rien en particulier. Mais quelqu'un peut-être me dira que puisque je suis si curieux de savoir à qui j'aurai bienfait, il semble que j'aie intention de le redemander; ce qu'on tient qui ne se doit pas faire, et voici la raison qu'on met en avant. Un mauvais homme, quoique vous le redemandiez, ne le vous rendra pas. Un homme d'honneur le vous rendra de lui-même, et ne donnera point la peine de l'en solliciter. Après, si vous avez fait plaisir à un homme d'honneur, ne vous précipitez point de le lui ramentevoir, pour ne lui faire ce tort qu'on pensât que de soi-même il ne fût pas assez disposé à s'acquitter. S'il est méchant, il faut plier les épaules. Ne faites point un prêt d'un bienfait. La loi même ne veut pas qu'on redemande, puisqu'elle ne le commande point. Et certainement tandis que je ne me verrai point trop pressé, j'emploierai plutôt un autre que celui à qui j'aurai fait plaisir. Mais si le salut de mes enfants, la vie de ma femme, ou la liberté de ma patrie m'envoie où je voudrois bien ne point aller, je commanderai à ma discrétion de s'accommoder à ma fortune, et protesterai que si je viens à la porte d'un ingrat, c'est après que j'ai trouvé toutes les autres fermées, et qu'il ne m'est demeuré que cette seule voie pour remédier à mon extrême nécessité. Le besoin de ravoir en cette occasion vaincra la honte de redemander. Et puis, quand je donne à un homme d'honneur, c'est bien avec dessein de ne redemander jamais; mais toujours cette condition se doit entendre : si la nécessité ne m'y contraint.

XXI. Vous me direz que la loi le défend, puisqu'elle ne le permet pas. La coutume de vivre, plus forte que loi du monde, nous fait bien passage à des choses qui n'ont point de loi. Il n'y a point de loi qui défende de révéler le secret d'un ami, ni qui commande de garder la parole à un ennemi. Aussi n'y en a-t-il point qui commande de tenir sa promesse. Et toutefois si quelqu'un a publié quelque chose que je ne voudrois pas qui fût sue, ou s'il n'a pas fait ce qu'il m'avoit promis, je me plaindrai de lui. Oui, mais vous faites un prêt d'un bienfait. Nullement. Je n'exige pas, je redemande; et encore je le fais d'une façon, que c'est plutôt avertir que redemander. Quand mes affaires seroient si décousues qu'il n'y auroit plus rien d'entier, je n'irai jamais chercher le remède vers un homme avec lequel il me faille lutter. Si je le connois de si fâcheuse desserre[1] qu'il faille plus d'un simple avertissement pour en tirer quelque chose, j'aimerai mieux ne lui dire mot, et ne penserai pas qu'il soit digne que je le presse de faire son devoir. Comme un homme qui a mangé tout ce qu'il avoit et ne s'est réservé ni bien ni honneur à perdre, n'est plus importuné de ses créanciers, parce qu'ils ne veulent pas s'amuser à poursuivre ce qu'il leur est impossible d'avoir; celui que je verrai manifestement et opiniâtrément ingrat, aura les mêmes trêves avec moi. S'il s'en peut tirer quelque chose avec des paroles, je prendrai[2]; mais je n'en viendrai point jusques aux tenailles.

XXII. Il y en a qui ne désavouent pas qu'on ne leur ait fait plaisir, mais ils ne savent comme le rendre. Ces gens-là ne sont pas si bons comme ceux qui s'acquittent, ni si mauvais comme ceux qui ne pensent rien devoir. Leurs effets sont longs à se produire, mais quoi qu'il en soit[3], ils ont de la volonté. Je me contenterai d'avertir ceux que je verrai de cette humeur, et feignant de penser ail-

---

1. *Être de fâcheuse desserre*, être mauvais payeur, ou, comme l'on dit très-familièrement, être dur à la détente.
2. Var. (édit. de 1631): Je le prendrai.
3. Var. (*ibid.*): Quoi que c'en soit.

leurs, d'un propos à l'autre je les amènerai tout bellement au point où je voudrai qu'ils viennent. Je sais bien que tout aussitôt ils me diront : « Pardonnez-moi, je vous jure que je ne pensois pas que ce fût chose où je vous pusse servir ; je m'y fusse offert sans vous donner la peine d'en parler. Je vous prie, ne pensez pas que je ne me souvienne de l'honneur que vous m'avez fait, et combien vous m'avez obligé. » Pourquoi les connoissant ainsi disposés, douterai-je de les rendre meilleurs, et pour eux, et pour moi ? Si je vois quelqu'un sur le point de faire quelque faute, je fais ce que je puis pour l'en empêcher ; à plus forte raison dois-je garder mon ami qu'il ne faille, et surtout qu'il ne faille en mon endroit. C'est un second bien que je lui fais, de ne souffrir pas qu'il soit ingrat. Et puis, je ne viendrai pas ouvertement aux reproches, mais tout doucement je lui ferai ressouvenir de ce qui se sera passé entre nous, et le prierai de me faire plaisir en quelque occasion qui se présente. De cette façon il ne sera pas si sourd, qu'il n'entende bien que le plaisir que je lui demande est une semonce que je lui fais de se revancher de celui qu'autrefois je lui ai fait. Quelquefois, s'il en est besoin, je le piquerai un peu plus avant, mais ce sera pourvu qu'il y ait apparence que cela serve. Car autrement si je trouve que sa guérison soit sans espérance, je ne perdrai point les remèdes, et me garderai que d'un ingrat je n'en fasse un ennemi. Si nous faisons la règle générale de ne rien dire à personne, il n'y a point de doute que par notre silence les ingrats s'endurciront en leur vice, et que ceux qui pour peu d'atteinte qu'on leur donnât pourroient encore se faire gens de bien, s'achèvent [1] de perdre à faute d'une remontrance, qui a quelquefois servi au père à corriger le fils, à la femme à retirer son

---

1 VAR. (édit. de 1631) : S'achèveront.

mari de la débauche, et à l'ami de provoquer [1] la froideur et la paresse de son ami.

XXIII. Il y en a qui s'éveillent pour peu qu'on les pousse, sans qu'il soit besoin de les frapper. Aussi en est-il qui à reconnoître un bien qu'on leur a fait ont bien assez de foi, mais il y a de la rouille à leur ressort, et n'ont pas le mouvement si prompt comme il seroit besoin. Il les faut pincer, pour leur ôter cet assoupissement. Ne faites pas de votre bienfait une injure; car c'est injure, si tout exprès vous ne me redemandez point un bienfait, afin que la honte me demeure de ne m'en être point acquitté. Je me revancherois volontiers, mais que puis-je faire si je ne sais ce que vous desirez de moi, et si les occupations et les divertissements que j'ai d'ailleurs ne me donnent pas le loisir d'en épier les occasions? Faites que je sache en quoi je suis capable de vous servir. Qui vous donne mauvaise opinion de moi, devant que d'en avoir fait aucune épreuve? Pourquoi voulez-vous perdre et votre bienfait et votre ami? Que ne m'accusez-vous d'ignorance plutôt que d'ingratitude, et de peu de pouvoir plutôt que de mauvaise volonté? Venez-en à l'essai. Je lui en dirai donc quelque chose en secret, sans aigreur, sans reproche, et si à propos, qu'il pensera plutôt s'en être souvenu de lui-même, que d'en avoir été averti.

XXIV. Un jour un vieux soldat, peu compatible avec ses voisins, avoit une cause qui se plaidoit devant Jules César, et étoit sur le point de la perdre. « Vous souvenez-vous, dit-il, mon capitaine, qu'auprès de Sucrone en Espagne vous vous donnâtes une entorse au pied? » Comme César eut répondu qu'oui, le soldat continuant : « Vous souvenez-vous que là même à l'extrême chaleur du jour,

1. Tel est le texte de toutes les éditions. La préposition *de* remplace *à* devant le dernier infinitif.

comme il vous eût pris envie de vous reposer sous un arbre qui ne rendoit guère d'ombre, et que la place fût inégale, et pleine de grandes masses de roches d'entre lesquelles ce seul arbre étoit sorti, un soldat vous étendit son manteau pour vous coucher dessus? — Il m'en souvient bien, répondit César, et me souviens bien que me trouvant fort pressé de soif, je me voulus traîner à une fontaine qui n'étoit pas bien loin de là, parce que ma douleur me gardoit de cheminer, et que ce même soldat, homme brave et courageux, m'alla quérir de l'eau dans son morion. — Pourriez-vous point, mon capitaine, répliqua le soldat, reconnoître ou l'homme ou le morion? — Pour le morion, dit César, je ne le saurois remarquer, mais l'homme fort bien. Contentez-vous que ce n'est pas vous; » ce qu'il ajouta comme en colère, parce qu'il avoit opinion que par ce vieux conte il lui voulût distraire l'esprit, et brouiller le jugement de sa cause qui ne valoit rien. « Vous avez raison, César, dit alors le soldat, de ne me connoître point. J'avois alors tous mes membres. Depuis je perdis un œil à la bataille de Monde, et fus tellement blessé, qu'il me fallut tirer des os de la tête. Et quand vous verriez le morion même, il ne seroit pas en état que vous le pussiez reconnoître; car il me fut mis en deux d'un coup d'épée. » A cette heure-là César fit défense de le molester davantage, et lui donna les champs pour lesquels il avoit été mis en procès.

XXV. Et quoi donc? pourquoi ne pouvoit-il pas redemander un bienfait à son capitaine, puisqu'il voyoit que pour la multitude des affaires il ne pouvoit pas avoir la mémoire nette, et qu'ayant la grandeur de sa fortune occupée[1] à ranger des armées, il n'étoit pas possible qu'il

---

1. VAR. (édit. de 1631) : Et que l'ayant la grandeur de sa fortune occupé....

se pût souvenir de chaque soldat en particulier? Ce ne fut pas redemander son bienfait, mais le reprendre en un bon lieu où il l'avoit serré pour la première occasion, où toutefois pour le ravoir il falloit étendre la main. Je le redemanderai donc, ou par quelque nécessité qui m'y pourra contraindre, ou pour l'honneur de celui même à qui j'aurai à le redemander. Au commencement que Tibère vint à l'empire, comme quelqu'un voulant parler à lui, au premier mot de sa harangue lui eût dit : « Il vous peut souvenir, » Tibère qui pensa qu'il lui vouloit ramentevoir quelques particularités de leur ancienne amitié, que peut-être il n'eût pas pris plaisir d'ouïr, sans le laisser passer plus avant lui dit : « Il ne me souvient point de ce que j'ai été. » Tant s'en faut que j'eusse voulu redemander un bienfait à un homme de cette humeur, que je n'eusse rien plus desiré que de sortir du tout de sa mémoire, et n'y rentrer jamais pour quelque sujet que ce fût. Il vouloit qu'on adorât sa fortune présente, et qu'on ne parlât plus de la passée. Ses anciennes connoissances lui faisoient mal au cœur, et rien ne le gênoit si cruellement comme la présence d'un vieil ami. Il y a plus de considération à redemander un plaisir bien à propos, qu'à le demander. Il y faut apporter des paroles si pesées, qu'un ingrat même n'ait moyen d'y reculer. Si nous avions à vivre entre des sages, il faudroit attendre et ne rien dire. Toutefois quelque sages qu'ils fussent, je trouverois que ce seroit le plus sûr de leur déclarer franchement la disposition de nos affaires, et le pouvoir qu'ils ont d'y remédier. Les Dieux savent tout, et cependant nous ne laissons pas de leur faire des vœux et des prières, non tant pour les persuader à nous bienfaire, que pour leur faire souvenir de nous. Ne voyez-vous pas en Homère ce prêtre, qui pour obtenir sa demande, comme il fit, leur allègue sa dévotion, et que toute sa vie il les a religieusement servis et adorés? C'est la seconde vertu, de vouloir être averti, et le pouvoir être. Il faut doucement hocher la bride aux esprits, pour les faire tourner du côté qu'on veut. Il en est peu qui d'eux-mêmes soient capables de se conduire. Ceux-là font beaucoup, qui se remettent en chemin quand on leur fait connoître qu'ils n'y sont pas. Il ne les faut pas laisser sans guide. Nous avons la nuit les mêmes yeux que le jour, et toutefois ils nous demeurent inutiles, jusques à ce que la clarté revenue les remette en exercice, et leur donne moyen de nous continuer le service accoutumé. Les outils se reposent, si l'ouvrier ne les fait travailler. Aussi la volonté bien souvent est bonne, mais tantôt les délices et la paresse lui ôte le mouvement, et tantôt elle est retenue pour ne savoir pas ce qui est de son devoir. C'est à nous de la mettre en besogne, et non pas nous dépiter contre elle, et la laisser en son ordure. Quand un écolier choppe[1] à réciter sa leçon, le maître avec un mot ou deux qu'il lui nomme lui relève la mémoire. Il en faut faire de même à ceux que nous voulons qu'ils se ressouviennent de reconnoître un plaisir qu'on leur a fait.

1. *Chopper*, faire un faux pas, se tromper.

## LIVRE SIXIÈME.

I. Il y a de certaines questions qu'on ne met en avant que pour l'exercice de l'esprit. C'est tout le fruit qu'on en peut tirer. Il en est d'autres qui plaisent quand on les recherche, et profitent quand on les a trouvées. Je m'en vais vous en faire voir de toutes les deux sortes. Vous me ferez tenir les premières sur la montre, ou replier incontinent, comme il vous plaira. Pour les autres, quand je les aurai dépliées, et que vous ne les voudrez regarder, encore aurez-vous fait quelque chose d'en avoir eu la vue. Il n'est pas inutile de connoître tout ce qu'il est superflu d'apprendre. Je vous regarderai toujours au visage, et selon que vous me ferez signe je m'arrêterai, ou passerai plus avant.

II. On demande s'il est possible d'ôter un plaisir par force. Quelques-uns tiennent que non, parce que c'est une action et non pas une chose, et qu'il y a même différence qu'entre le don et la donation, la navigation et la personne qui navigue. Il n'est point de malade sans maladie, et cependant le malade et la maladie sont deux choses. Ainsi le bienfait est une chose, et ce qui vient à nous par le moyen du bienfait en est une autre. L'action n'a point de corps ; depuis qu'elle est faite, elle ne peut plus n'avoir été. Quant à la chose, elle est portable d'un lieu à l'autre, et peut à toute heure changer de main. Ainsi quand vous ôtez ce qui est à vous, la nature même ne peut pas reprendre ce qu'elle a donné. Il peut y avoir de l'interruption en ses bienfaits, mais de rescision il n'y en a point. Je meurs, mais j'ai vécu; je suis aveugle, mais j'ai vu. Ce que nous avons eu peut bien cesser d'être, mais il n'est pas possible qu'il n'ait été. Or ce qui est le plus assuré en un bienfait, c'est l'avoir été. L'usage s'en peut perdre, mais il ne laisse pas de demeurer. Que la nature bande tout ce qu'elle a de forces, elle ne peut retourner en arrière. Je puis bien perdre une maison, de l'argent, un serviteur, et toute autre chose qui porte le nom de bienfait; mais quant à ce qui est proprement bienfait, il est immobile, et n'y a moyen de me l'ôter. Il faut qu'on m'ait donné, il faut que j'aie reçu.

III. Je trouve que Marc Antoine, voyant que la fortune prenoit parti ailleurs, et qu'il ne pouvoit plus disposer de rien que de sa vie, encore pourvu qu'il se dépêchât, fait cette exclamation fort à propos dans le poëte Rabirius:

J'ai ce que j'ai donné.

O que de choses il avoit eu moyen d'avoir, s'il eût voulu! Ce sont les richesses vraiment assurées et inviolables à tous les accidents qui peuvent survenir. L'envie même, qui n'aime point ce qui s'élève, ne les regarde jamais de travers, quand elles monteroient jusques au ciel. A quoi pensez-vous d'épargner des choses à quoi vous n'avez rien, et dont vous n'êtes que dispensateurs? Tous ces biens qui vous enflent au-dessus de l'humanité, qui vous font oublier votre foiblesse, que vous enfermez sous tant de cadenas et de verrous, que ravis par l'effusion du sang d'autrui[1] vous défendez aux dépens du vôtre, pour qui vous faites gémir la mer et la terre sous le faix de vos armes, pour qui vous mettez les villes en poudre, sans penser à ce que la fortune vous prépare, et pour qui deux hommes alliés, amis, et compagnons aux charges publi-

---

1. En latin: *Quæ ex alieno sanguine rapta.*

ques, perdant la considération de tant de choses qui les devoient retenir, ont mis tout cet univers en désordre, ne sont pas à vous. Vous n'en êtes que le dépositaire. Ils tendent déjà les mains à un nouveau maître. Un ennemi s'apprête à les prendre, ou un successeur qui ne vous aime pas mieux qu'un ennemi. Voulez-vous que je vous die le moyen comme ils seront vraiment à vous, et que jamais vous ne courrez fortune de les perdre? Donnez-les. Pensez à vos affaires, et voyez de vous en rendre la possession plus honnête et plus assurée. Ce que vous estimez tant, et à quoi vous imputez votre richesse et votre grandeur, tandis que vous l'avez n'a point de nom honorable. C'est une maison, c'est un esclave, c'est de l'argent. Quand vous l'aurez donné, c'est un bienfait.

IV. Je confesse, dites-vous, que quelquefois nous pouvons avoir reçu un bienfait, et cependant nous ne le devons pas. Il faut donc qu'on nous l'ait ôté. Il y a plusieurs occasions qui nous font cesser d'être obligés; non pas qu'on ait repris le bienfait, mais parce qu'on l'a corrompu. Quelqu'un m'a tiré de prison, mais depuis il m'a forcé ma femme. Il ne m'a rien ôté; mais en me faisant une injure qui n'est pas moindre que son bienfait, il m'a rendu quitte de ce que je lui devois. Que si l'injure et le bienfait mis en balance, l'injure se trouve la plus pesante, outre que l'obligation demeure éteinte, il m'est permis de me plaindre, et de faire ce qui dépend de moi pour en avoir la raison. Le bienfait en cela n'est point ôté, mais vaincu. Et quoi? n'est-il pas quelquefois des pères si méchants et si malheureux que la loi même permet de se retirer d'avec eux et les renoncer? Est-ce qu'ils aient ôté à leurs enfants ce qu'ils leur avoient donné? Non; mais l'impiété venue après le bienfait lui a fait perdre sa recommandation. Le bienfait ne s'en va pas, mais la grâce du bienfait; de sorte que l'ayant encore, je cesse de le devoir. Quelqu'un qui m'avoit prêté de l'argent m'a brûlé ma maison. Le dommage a récompensé le plaisir. Je suis quitte et n'ai rien payé. Un autre m'avoit fait de la courtoisie et m'avoit donné quelque témoignage de me vouloir du bien ; mais depuis il m'a traité si outrageusement et s'est porté si indignement en mon endroit, que je lui suis aussi peu obligé que si jamais il ne m'avoit fait plaisir. Il a coupé la gorge à ses bienfaits. Quelqu'un qui avoit baillé son bien à ferme, a gâté les blés de son fermier et lui a coupé ses arbres. Il ne lui peut rien demander, quelque contrat qu'il y ait entre eux ; non qu'il ait reçu la somme accordée, mais pource qu'il s'est empêché lui-même de la recevoir. Ainsi bien souvent, vous qui êtes créancier, serez condamné envers votre detteur[1], pource qu'il se trouvera qu'il n'a pas tant du vôtre comme vous avez du sien. Le juge ne vous dira pas quand et quand : « Vous lui avez prêté de l'argent, il faut qu'il le vous rende. Et quoi donc ? Vous avez eu son bétail, vous avez tué son esclave, vous jouissez de sa terre, sans l'avoir achetée. Toutes choses estimées et compensées, vous qui demandiez, pensez à payer. » Quelquefois aussi le bienfait demeure et l'obligation s'en perd, s'il y a eu du regret à le faire ou de la repentance après l'avoir fait ; si celui qui l'a fait a pensé plutôt le perdre que le donner ; s'il l'a fait pour sa considération propre ; s'il s'en est glorifié, et l'a publié partout jusqu'à l'importunité. De cette façon le bienfait demeure, encore qu'on ne le doive point, comme il est des deniers d'une nature que le créancier n'en peut faire de poursuite. Ils sont dus, mais on ne les exige pas.

V. Il y en a qui font cette comparaison des bienfaits et des injures. Vous m'avez fait un plaisir, mais depuis vous m'avez fait une injure. Je vous dois la revanche du

---

1. *Detteur*, débiteur.

bienfait et le ressentiment de l'injure. Cela ne se doit pas entendre de cette façon. Vous êtes quitte à moi du mal que vous m'avez fait, et moi quitte à vous du bien que j'en avois reçu. L'absolution est réciproque. Quand je dis que je lui ai rendu son bienfait, je n'entends pas lui avoir rendu la même chose, mais quelqu'autre au lieu de celle qu'il m'avoit baillée; car rendre, c'est bailler chose pour chose. Pourquoi non? puisqu'en tout payement nous ne regardons pas de rendre les mêmes espèces, mais le même nombre d'argent. Quelquefois on nous aura prêté des testons, et nous rendrons des écus; ou bien sans bailler ni or ni argent, par quelque assignation, transport de dette, ou quelques assurances que nous baillerons à notre créancier, nous le rendrons content, et cependant nous dirons que nous lui avons rendu son argent. Il m'est avis que j'ois que vous me dites que je perds ma peine. Qu'importe que le bienfait demeure, puisqu'il n'y a plus d'obligation? Ce sont des finesses de jurisconsultes qui disent qu'il n'y a point d'usucapion d'héritage, mais seulement des choses qui sont en l'héritage, comme si l'héritage et les fruits de l'héritage n'étoient pas une même chose. Rendez-moi plutôt content d'une chose qui sera bien plus à propos : si un homme m'ayant fait un plaisir, et depuis une injure, je lui dois rendre la pareille de l'un et de l'autre, et payer chacune de ces deux dettes séparément; ou bien si pour n'avoir plus que faire ensemble, je dois être quitte du bienfait pour l'amour de l'injure, et lui de l'injure pour l'amour du bienfait. Vous devez savoir comme cela se décide en vos écoles, mais au palais nous le pratiquons de cette façon. Les actions sont séparées; sur ce qui est demandé on se défend; chaque procédure se fait à part. Si quelqu'un m'a baillé de l'argent à garder, qui puis après me dérobe quelque chose, il me poursuivra pour le dépôt, et moi lui pour le larcin.

VI. Les exemples que vous avez allégués ont de certaines lois qui les règlent. Une loi ne brouille point l'autre; chacune va par son chemin. Le dépôt a son action, et le larcin la sienne. Mais il n'y a point de loi pour le bienfait; j'en suis l'arbitre. C'est à moi de faire l'estimation du bien et du mal que j'ai reçu, et là-dessus déclarer qui fera du retour à son compagnon. En ce que vous avez mis en avant nous ne pouvons rien; on nous mène, il faut suivre. Au bienfait, nous y pouvons tout. Voilà pourquoi je les juge sans séparer ni diviser; mais les bienfaits et les injures, je les renvoie à un même juge. Autrement il faudroit aimer et haïr, plaindre et remercier en même temps : qui sont choses incompatibles. J'aurai bien plus tôt fait de mettre le plaisir et l'injure vis-à-vis l'un de l'autre, et faire à ma conscience[1] le jugement de leur inégalité. Comme une écriture faite sur les mêmes lignes d'une autre ne l'ôte pas, mais empêche qu'on ne la puisse lire, ainsi une injure n'ôte pas le bienfait, mais elle garde qu'il ne paroisse.

VII. Je vous ai dit que je vous regarderois toujours au visage, et me conduirois par la mine que je vous verrois faire. Il me semble que vous vous ridiez, comme si je me laissois emporter trop loin, et que vous ayez envie de me dire :

Quelle route prends-tu si fort à la main droite ?
N'éloigne point le bord[2].

Je ne saurois faire que ce que je fais; et pourtant si vous pensez que nous ayons assez discouru sur cette matière, prenons-en une autre et voyons si nous pouvons être obligés à celui qui, contre sa volonté, nous a fait plaisir. J'eusse bien parlé plus clairement, mais j'ai fait la pro-

---

1. Var. (édit. de 1631) : En ma conscience.
2. Virgile : *Énéide*, liv. V, v. 162.

position ainsi confuse, afin que par la distinction on connût puis après qu'il est question de deux choses : si nous sommes obligés à celui qui nous fait quelque bien sans le vouloir faire, et si nous le sommes à celui qui nous en fait sans le savoir; car que nous ne devions rien à celui qui nous en fait par force, c'est chose trop manifeste, sans qu'il faille perdre des paroles à le prouver. Cette question, et toute autre qui la ressemble, se décide par une maxime générale[1] : qu'il n'y a point de bienfait, que premièrement on ne se soit proposé de le faire, et secondement qu'on n'ait eu affection de le faire à celui à qui on l'a fait. C'est pourquoi nous ne remercions point les rivières, encore que navigables à toute sorte de bateaux, elles nous apportent d'une course éternelle tout ce qui sert à la vie de l'homme, ou que pleines de poissons coulant doucement au travers d'une large campagne, elles réjouissent la terre et nous fassent des paysages où se perd la gloire de tous les pinceaux qui travaillent à les imiter[2]. Le Nil apporte des commodités autant que fleuve qui soit au monde, et toutefois personne ne lui pense être obligé du bien qu'il fait, comme aussi personne ne s'offense contre lui, quand il excède son débordement ordinaire, ou qu'il se retire plus tard qu'il n'a accoutumé. Que le vent me serve à souhait, que sans tempête il me porte incontinent où je veux aller, je ne lui en sais point de gré, ni à une viande qui me sera la meilleure et la plus salutaire que je la saurois desirer. La raison est que qui veut obliger, il ne faut pas seulement qu'il profite, mais

---

1. On lit dans l'édition de 1630 : *Un maxime générale*, avec *un* au masculin et *générale* au féminin; *un* est une faute, que les éditions suivantes ont corrigée. Le *Dictionnaire* de Nicot ne donne au mot *maxime* (dans le latin du moyen âge, *maxima*) que le genre féminin.

2. *Et nous fassent des paysages....* Ce membre de phrase a été ajouté par Malherbe.

aussi qu'il ait l'intention de profiter. Pour la même raison aussi nous ne devons rien aux bêtes brutes, et cependant combien d'hommes sont échappés aux périls par la seule vitesse de leurs chevaux ! ni aux arbres, et toutefois combien voyez-vous faire en été d'agréables retraites sous leur ombre contre la chaleur excessive du soleil ! Or que m'importe que celui qui me profite ou ne le sache point, ou qu'il soit incapable de le savoir, puisque ni l'un ni l'autre n'a la volonté de profiter? N'y auroit-il pas autant d'apparence que je susse gré à un bateau, à un carrosse ou à une lance, comme à un homme qui sans le vouloir faire me profite casuellement?

VIII. Je puis bien être obligé sans que je le sache, mais je ne le saurois être par un qui ne le sache point. Combien voit-on d'hommes guéris par des choses fortuites que cependant on ne met pas entre les remèdes ! N'y en a-t-il pas eu qui pour être tombés au cœur de l'hiver dans une rivière ont recouvert[1] leur santé, que toutes les drogues des apothicaires ne leur avoient su rendre? d'autres qui pour avoir eu le fouet ont perdu la fièvre quarte? et d'autres encore auxquels une subite appréhension a tellement diverti l'esprit, que l'heure suspecte s'est passée, et l'accès qu'ils attendoient ne leur est point venu? Toutefois il n'y a pas un de ces accidents qui soit appelé salutaire, encore qu'il puisse quelquefois arriver que la fortune en fait naître les causes de notre salut. Ainsi s'il y a des hommes qui nous profitent sans qu'ils le veuillent, ou plutôt pource qu'ils ne le veulent pas, quelle raison avons-nous de penser leur être obligés? Mais que direz-vous si peut-être la fortune a fait réussir à mon avantage ce qu'ils avoient entrepris pour ma ruine? Pensez-vous que j'aie de l'obligation à un qui visant à moi a frappé mon

---

1. On disait autrefois, surtout au palais, *recouvert* pour *recouvré*.

ennemi ? Pourquoi suis-je encore en vie, sinon pource qu'il a été maladroit? Bien souvent un témoin, pour se parjurer trop manifestement et dire des choses hors de toute apparence, a fait décroire[1] les dépositions véritables de tous ses compagnons, et avoir compassion d'un criminel, comme d'un homme circonvenu par la menée de ses ennemis. Il y en a d'autres à qui le grand crédit de leurs parties, qui les avoit mis en peine, a été ce qui les en a fait sortir. Les juges qui pouvoient condamner par raison, n'ont pas voulu condamner par faveur. Cependant ce qui a servi n'a pas obligé, parce qu'on ne regarde pas où le coup a donné, mais où vouloit donner celui qui l'a tiré. C'est l'intention qui distingue le bienfait de l'injure, et non pas l'événement. Ma partie qui mettra quelques contrariétés en avant, ou par quelque trait présomptueux offensera le juge, ou légèrement se départira de la déposition d'un de ses témoins, me fera par ce moyen gagner ma cause. Je ne m'informe point s'il s'est oublié pour me faire plaisir; il me suffit de savoir que son intention étoit de me faire mal.

IX. Pour lui être obligé, il faudroit que lui et moi eussions voulu une même chose. Il ne m'a point fait de bien, puisqu'il ne m'en a point voulu faire. Car qu'y a-t-il de si déraisonnable que de s'offenser contre un qui en la presse vous aura marché sur le pied, ou poussé, ou fait jaillir quelque ordure sur vous? Or qu'y a-t-il qui vous ôte le sujet de le rechercher, attendu que de soi la chose est injurieuse, sinon qu'il ne l'a pas faite à son escient? Ce qui garde l'un d'avoir fait injure, garde l'autre d'avoir fait plaisir. La volonté fait l'ami et l'ennemi. Combien y en a-t-il qui fussent morts à la guerre, si quelque maladie ne les avoit empêchés d'y aller? Il y en a qui, sans un

---

1. *Décroire*, ne pas croire, suspecter.

ajournement que leur avoit fait faire leur partie, eussent été accablés de la chute de leur maison, et d'autres qui si leur vaisseau ne se fût perdu seroient la chaîne aux pieds entre les mains d'un corsaire. Et néanmoins nous ne savons gré ni à la maladie, ni au naufrage, parce qu'un accident n'a pas le sentiment de faire un bon office; ni à cet ennemi qui nous a garantis, pource qu'il nous a chicanés. Cela ne se peut appeler bienfait, qui ne part point d'une bonne intention, et que celui même qui le fait ne connoît point. Si quelqu'un m'a fait plaisir sans le savoir, je ne lui dois rien. S'il m'a fait plaisir en me voulant nuire, je verrai de faire comme lui.

X. Revenons au premier. Vous voulez que je fasse quelque chose pour le reconnoître, et il n'a rien fait pour m'obliger. Passons à l'autre. Vous voulez que j'aie volonté de lui rendre, et il n'a pas eu volonté de me donner; car qu'est-il besoin de parler du troisième, de qui la fortune a converti l'injure en bienfait? C'est peu pour m'obliger, que de l'avoir voulu faire; ne l'avoir point voulu, c'est assez pour ne m'obliger point; car en un bienfait, la volonté seule ne suffit pas. Mais comme ce ne seroit pas un bienfait, quand l'intention seroit la meilleure qu'on la sauroit desirer, s'il n'étoit accompagné de la fortune; aussi n'en est-ce pas un, quelque profit ou plaisir qu'il fasse, si une bonne intention ne l'a précédé. Outre le succès de la chose qui me profite, il faut pour m'obliger qu'elle ait été entreprise avec dessein de me profiter.

XI. Cléanthe en amène cet exemple. J'ai envoyé deux laquais chercher Platon à l'Académie. L'un est allé, et n'a laissé coin ni au portique ni ailleurs, où il ait pensé le pouvoir trouver, qu'il n'ait regardé partout. Enfin il s'en est revenu bien las, et bien fâché de ne l'amener point. L'autre s'est assis à écouter le premier charlatan qu'il a trouvé, ou s'en est allé jouer dans les rues avec d'autres marauds comme lui; mais d'aventure il a vu passer Platon, et de cette façon a trouvé celui qu'il ne cherchoit point. Nous dirons que le premier est bon garçon, parce que s'il n'a été heureux il a été diligent; et pour l'autre, de qui la fortune a favorisé la poltronnerie, nous lui baillerons les étrivières. C'est la volonté qui m'apporte le bienfait. Voyez avec quelle condition je veux être obligé. La volonté n'est rien, qui ne profite; le profiter n'est rien, qui n'en a la volonté. Prenez le cas que quelqu'un ait eu la volonté de me donner, et ne m'ait point donné; son affection est bien chez moi, mais non pas son bienfait. La volonté doit aller quant et[1] la chose, et la chose quant et la volonté. Comme si un homme m'a voulu prêter de l'argent, et ne m'en a point prêté, je ne lui dois rien; aussi si quelqu'un m'a voulu faire plaisir, mais il ne s'en est point suivi d'effet, je serai bien son ami, mais non pas son obligé. J'aurai en son endroit la volonté qu'il a eue au mien; et si ma fortune étant meilleure que la sienne je fais quelque chose pour lui, je ne me revancherai point, mais l'obligerai, parce que j'aurai commencé la courtoisie.

XII. Je vois bien à cette heure où vous voulez venir. Vous n'avez que faire de me rien dire; votre visage parle. Vous voulez savoir si ayant tiré plaisir de ce qu'un autre faisoit pour l'amour de soi, vous lui en avez de l'obligation; car ordinairement je vous ois plaindre qu'il est des hommes qui font une chose pour eux-mêmes, et cependant la veulent mettre sur le compte de leurs amis. Je vous dirai ce qui en est; mais premièrement je diviserai cette question, pour ne confondre ce qui est raisonnable et ce qui ne l'est pas. Il y a bien de la différence si quelqu'un nous fait plaisir pour l'amour de soi, ou pour

---

1. *Quant et*, avec.

l'amour de nous, ou pour l'amour de l'un et de l'autre. Celui qui ne pense qu'à soi, mais nous profite, pource qu'autrement il ne se pourroit profiter, est comme un qui fait bonne provision de fourrage pour entretenir toute l'année son bétail, comme un qui nourrit bien ses esclaves pour en avoir plus d'argent, et qui fait bien traiter et bien bouchonner ses bœufs, et comme un laniste[1] qui a soin de bien équiper et bien instruire ses gladiateurs, pour les mieux vendre à ceux qui les produisent aux spectacles. Il y a bien différence de faire plaisir, ou de négocier.

XIII. Aussi ne suis-je pas si peu raisonnable, que de ne vouloir du tout point avoir d'obligation à celui qui en me profitant aura fait aussi quelque chose pour lui-même; car je ne demande pas qu'il s'oublie pour se souvenir de moi; au contraire c'est tout mon desir que le bien qu'il me fait lui profite plus qu'à moi-même. Pourvu qu'il nous ait considérés tous deux, et qu'il se soit proposé de diviser son bienfait entre nous, je ne suis pas marri qu'il en ait la meilleure part. L'association qu'il me fait, et le soin qu'il a de moi, me rendent coupable, non-seulement d'injustice, mais d'ingratitude, si je me fâche qu'il se profite en une chose en laquelle il m'a profité. C'est avoir un très-mauvais naturel, de ne savoir point de gré d'un plaisir s'il n'incommode celui qui le fait. Je n'en dirai pas de même de celui qui pour l'amour de soi me fait plaisir. Pourquoi ne vous ai-je aussi tôt fait plaisir, que vous à moi? Prenez le cas que pour arriver à quelque magistrat[2] il m'ait fallu racheter dix prisonniers d'un plus grand nombre que tenoient les ennemis. Si je vous ôte les fers des pieds, et vous tire de servitude, ne m'aurez-vous point

---

1. Le *laniste* (*lanista*) était celui qui dressait les gladiateurs.
2. *Magistrat*, comme en latin *magistratus*, désignait jadis et la magistrature et celui qui l'exerçait.

d'obligation? Cependant ce que j'en ferai sera pour l'amour de moi. Ma réponse est qu'en cela vous faites quelque chose pour l'amour de vous, et quelque chose aussi pour l'amour de moi. Le rachet[1] est pour l'amour de vous (car pour ce qui vous touche, il vous suffisoit de racheter les premiers venus), l'élection pour l'amour de moi. Ainsi l'obligation que je vous ai n'est point de ce que vous m'avez racheté, mais de ce que vous m'avez choisi, parce qu'en l'affaire que vous aviez, je n'étois pas plus nécessaire que tout autre que vous eussiez voulu racheter. Vous avez voulu que j'eusse ma part en une chose qui vous devoit profiter. Mais en ce que vous me préférez aux autres, vous ne faites rien que pour l'amour de moi. C'est pourquoi si pour être préteur il vous falloit nécessairement payer la rançon de dix prisonniers, et que nous ne fussions justement que dix, pas un de nous ne vous auroit de l'obligation, parce qu'en nous délivrant vous ne pouviez avoir autre égard qu'à votre commodité particulière. Or je ne suis pas si déraisonnable, que je n'avoue que vous m'ayez fait plaisir, mais je dis que vous y avez participé.

XIV. Et quoi donc[2]? si je vous eusse fait ballotter, et que votre nom se fût trouvé du nombre de ceux qu'il m'eût fallu racheter, ne me penseriez-vous rien devoir? Si ferois, mais peu de chose; et je vous dirai quoi. Vous avez fait quelque chose pour moi de m'avoir fait ballotter. Ce que mon nom a rencontré, je le dois au sort; ce qu'il a pu rencontrer, je le vous dois. Vous m'avez fait ouverture à recevoir votre bienfait. Je sais bien que j'en dois la meilleure part à la fortune, mais je vous suis obligé de ce

---

1. *Rachet*, rachat.
2. La phrase est plus claire en latin. Malherbe a négligé de traduire *inquit*, « dit-il, dit celui qui m'a racheté. »

que sans vous la fortune n'eût point eu le moyen de m'obliger. Quant à ceux qui font des plaisirs mercenaires, et qui ne regardent point à qui, mais pour combien ils les font, je ne les mets du tout point en compte. Quelqu'un m'a vendu du blé. C'est bien chose certaine que si je voulois vivre il m'en falloit acheter; mais pourtant je ne lui suis point tenu de la vie, parce qu'il me l'a fait acheter. Je ne prends point garde combien m'étoit nécessaire une chose sans laquelle je ne pouvois vivre, mais combien je dois peu savoir de gré d'une chose que je n'aurois point eue si je n'avois point eu d'argent. Le marchand qui a fait venir le blé ne pensoit point à mes affaires, il vouloit faire les siennes. Au demeurant il est payé, je ne lui dois rien.

XV. Vous me direz qu'à ce compte-là vous ne devez rien, ni à votre médecin, qui a eu sa pièce d'argent quand il vous est venu voir, ni à votre précepteur, à qui vous avez payé son landit[1]; et toutefois ce sont personnes à qui nous portons ordinairement beaucoup d'affection et de respect. Je réplique à cela qu'il est des choses qui valent plus qu'on ne les achète. Nous achetons d'un médecin des choses qui sont au delà de toute estimation, la vie, et la santé; d'un précepteur, la connoissance des bonnes lettres, et la polissure de notre esprit. Nous ne leur payons donc pas ce qu'ils nous baillent, mais la peine qu'ils prennent, et le retardement qu'ont leurs affaires cependant qu'ils se divertissent à nous servir. Ils n'ont pas la récompense de leur mérite, mais le salaire de leur occupation. Il y a bien encore une meilleure raison, mais devant que la vous dire je veux répondre à l'objection que vous allez ouïr. Il y a des choses qui valent plus que ce qu'on les

---

1. Le *landit* ou *landi* était le salaire ou présent que les écoliers donnaient à leurs maîtres vers le temps du *Landit*, c'est-à-dire de la foire qui se tenait à Saint-Denis au mois d'octobre.

[vend, et pour ce encore que vous les ayez achetées, vous m'en devez quelque chose qui n'est point au marché. Premièrement, qu'importe combien elles valent, puisqu'on est d'accord de ce qu'on en doit payer? Et puis vous-même en avez fait le prix, et non pas moi. Elles valent mieux que ce qu'on les] a vendues[1]. Oui, mais on ne les a pu vendre davantage. Les saisons donnent le prix aux choses. Estimez-les tant que vous voudrez ; quand elles sont payées au plus haut prix qu'elles peuvent aller, elles sont payées ce qu'elles valent. Au reste l'acheteur est quitte au vendeur, quand il a bien payé ce qu'il a pris. Et puis quand ces choses vaudroient davantage, puisqu'il n'y va rien du vôtre, pourquoi les voulez-vous estimer par leur effet et par leur usage, et non pas par la coutume, et selon que les vivres sont chers ou à bon marché? Quel payement assez grand sauriez-vous faire à un qui dans son vaisseau vous passe la mer d'un monde à l'autre, qui en haute mer, quand vous avez perdu la terre de vue, vous fait tenir une route assurée, prévoit les tempêtes futures, et plein de sollicitudes, cependant que les autres ne pensent qu'à se donner du bon temps, fait plier les voiles, abattre le mât, et tenir toutes choses préparées pour l'inconvénient ou d'un coup de vague ou d'un tourbillon? Et toutefois vous êtes quitte à lui d'une chose de si grande importance quand vous lui avez payé son naulis[2]. Combien estimez-vous le contentement de trouver un logis quand vous avez passé quelque fâcheuse lande, un couvert quand il tombe une grosse pluie, et une étuve ou un bon feu quand vous avez bien froid? Tout cela se trouve en une hôtellerie, et cependant nous savons combien il

---

1. Ce qui est entre crochets avait été sauté dans l'édition de 1630 et a été rétabli dans l'édition de 1631.
2. Prix du passage. Voyez tome I, p. 358.

nous y doit coûter. On ne sauroit dire combien fait pour nous un qui nous étançonne une maison ruineuse, et la tient suspendue de tous côtés, sans autre appui que celui de son artifice émerveillable ; et toutefois peu de chose nous acquitte d'un si grand bien. Une muraille est la sûreté de tout un peuple contre les incursions des ennemis et des voleurs, et quelquefois il arrivera qu'une seule tour sera la conservation de l'honneur et de la vie de toutes les familles d'une ville, et néanmoins on sait combien les matières en coûtent, et combien les maçons qui les font doivent avoir de leur peine par chacun jour.

XVI. Il n'y auroit jamais de fin à mes discours, si je voulois de tous côtés vous ramasser les exemples des choses qui ne coûtent guère et valent beaucoup. Pourquoi donc me dites-vous qu'après avoir payé mon médecin et mon précepteur je leur dois encore quelque chose, et que le salaire que je leur baille ne suffit pas à m'acquitter ? Pource que le médecin et le précepteur font quelque contrat d'amitié avec nous, et ne nous obligent pas en la vente qu'ils nous font de leur science, mais au témoignage qu'ils nous rendent de quelque particulière affection en notre endroit. Et pour ce, si un médecin ne fait autre chose que monter en ma chambre aux heures accoutumées de ses visites, me tâter le pouls, et m'ordonner vitement ce que je dois faire ou ne faire pas, sans se soucier autrement de l'événement de mon mal, quand je lui ai baillé son salaire je ne lui dois rien davantage, parce qu'il ne m'est pas venu voir comme son ami, mais comme un homme qui l'avoit envoyé quérir. Tout de même si un précepteur m'a mis au rang du commun, et sans affection particulière de m'instruire a versé au milieu de sa classe ce que j'ai recueilli comme les autres écoliers, il ne faut point qu'il attende rien de moi que ce qu'on a de coutume de lui payer. D'où vient donc cette grande obligation que nous leur avons? Ce n'est point pour le bon marché d'une chose qu'il nous ont vendue moins qu'elle ne valoit, mais pour quelque démonstration qu'ils nous ont faite d'avoir du soin de nous, et nous vouloir du bien plus que l'ordinaire de leur profession ne les obligeoit. Il n'étoit pas tenu comme médecin de faire ce qu'il a fait pour moi. Ma maladie lui a donné de la peur, et non sa réputation. Il ne s'est pas contenté de m'enseigner les remèdes, mais les a lui-même appliqués, et s'est assis auprès de moi pour en attendre l'opération. Il s'est trouvé à toutes les occasions qu'il a pensé qu'il me pouvoit arriver quelque accident. Il ne s'est lassé ni dédaigné [1] d'aucun service. Il a eu peur quand il m'a ouï plaindre. Il étoit appelé de beaucoup de personnes, mais j'étois seul qui lui travaillois l'esprit, et ne voyoit les autres qu'autant que mon mal lui en donnoit le loisir. S'il m'a fait ces offices-là, je lui suis obligé comme à un ami, et non point comme à un médecin. Si d'autre côté mon précepteur s'est efforcé de me faire apprendre quelque chose, s'il a accommodé sa patience à ma tardité, si outre les leçons ordinaires il m'a fait quelques répétitions séparément, si par exhortations il a fortifié la bonté de mon inclination, si par louanges il a relevé mon courage, et par remontrances excité ma fainéantise, s'il a fait sortir mon esprit dehors en dépit qu'il en eût, et par manière de dire l'est allé querir avec la main aux ténèbres où il étoit pour le produire au jour, et ne m'a point avarement dispensé ce qu'il savoit afin qu'il me fût plus longtemps nécessaire, mais a desiré me le pouvoir verser tout à une fois si j'eusse été capable de le recevoir, je suis ingrat si je ne l'aime et ne l'honore comme l'homme du monde qui m'en a donné le plus d'occasion.

1. *Se dédaigner de quelque chose*, juger quelque chose indigne de soi.

XVII. Si ceux qui font les métiers les plus déshonnêtes nous ont fait quelque chose où nous voyons qu'ils aient pris plaisir de nous bien servir, nous leur donnons ordinairement quelque pièce d'argent par-dessus le marché. Nous baillons le vin à un batelier, à un pauvre artisan, et à un homme même qui travaille chez nous à la journée. Et à ceux de qui nous tenons les sciences, qui sont l'embellissement et l'appui de notre vie, nous ne serons pas ingrats si nous ne leur pensons devoir autre chose que ce que nous leur avons accordé? Il y a davantage, c'est qu'en la tradition de cette sorte d'études, il se fait une communication d'esprits; et quand cela est, il n'y a point de doute qu'après que le médecin et le précepteur ont eu le prix de leurs peines, on leur doit encore celui de leur affection.

XVIII. Platon ayant passé une rivière dans un bac sans que le batelier lui demandât de l'argent, il pensa que ce fût pour quelque respect particulier qu'il lui portât, et lui dit qu'il avoit fait plaisir à Platon. Comme puis après il vit qu'il traitoit les autres de même, et généralement ne prenoit rien de personne, il lui dit alors qu'il n'avoit point fait de plaisir à Platon. Car afin que je te doive quelque chose, il ne suffit pas que tu me la bailles, mais il faut que tu me la bailles pour l'amour de moi. Si vous jetez de l'argent au milieu du peuple, si j'en ai recueilli quelque pièce, vous ne pouvez dire que vous m'ayez obligé. Et quoi donc? ne me devez-vous rien? Non pas comme un particulier. Je vous dois comme font tous les autres; quand ils payeront tous, et moi aussi.

XIX. Vous dites donc que je ne suis point tenu à un batelier qui m'aura passé l'eau, et n'aura rien pris de moi. Je le dis voirement[1]. Il fait bien quelque chose de bon,

---

1. *Voirement*, vraiment.

mais non pas un bienfait; car il le fait pour l'amour de lui, ou quoi qu'il en soit il ne le fait pas pour l'amour de vous. Et lui-même ne pense pas vous obliger; mais il le fait, ou pour la République, ou pour le voisinage, ou pour quelque vanité, ou peut-être il en attend quelque récompense en gros, qui vaudra mieux que ce que par tête il en pourroit recueillir. Et comment donc? Si le Prince donne le droit de bourgeoisie à toute la Gaule, et à toute l'Espagne quelque immunité, chaque Gaulois et chaque Espagnol ne lui en aura-t-il point d'obligation en particulier? Pourquoi non? Mais ce ne sera pas comme d'un plaisir fait à leurs personnes, mais comme de la portion d'un bienfait que toute leur province aura reçu. Oui, mais le Prince ne savoit qui j'étois, et faisant cette gratification générale, tant s'en faut qu'il pensât à me faire bourgeois, qu'il ne se souvenoit point que je fusse au monde. Ainsi pourquoi lui serois-je tenu d'une chose, que quand il l'a faite je n'étois point en son imagination? Premièrement il n'a pu penser à faire du bien à toute la Gaule, qu'il n'ait aussi pensé de vous en faire, parce que vous en êtes. Et s'il ne vous a désigné par quelque marque particulière, il vous a compris en celle de votre nation. Et puis vous lui devez une chose non particulière, mais commune, et ne la payerez pas comme une chose que vous devez, mais comme une contribution à la reconnoissance que votre nation lui en fera.

XX. Si quelqu'un prête de l'argent au corps de la ville d'où je suis, je ne dirai point qu'il soit mon créancier, et si je fais l'état de mes dettes, cette partie ne sera point du compte. Toutefois quand il sera question de payer, j'y entrerai pour ma part comme les autres. Par la même raison je soutiens que je ne dois rien d'une grâce octroyée à ma nation, parce qu'elle m'a bien été faite, mais sans me la penser faire, tant s'en faut qu'on me la fît pour l'amour de moi. Toutefois j'avoue bien qu'il sera raisonnable qu'il m'en coûte quelque chose, parce que par un long circuit il en est arrivé quelque fruit jusques à moi. Si on veut qu'une chose m'oblige, il la faut faire en ma considération. Vous me direz qu'à ce compte-là vous ne devez rien ni à la lune ni au soleil, parce que ce qu'ils tournoyent au ciel, ils ne le font pas pour l'amour de vous. Ils le font pour le bien et pour l'entretènement de l'univers, dont je suis une partie, et par conséquent ils le font pour l'amour de moi. Davantage, eux et les hommes ne sont pas une même chose ; car qui me fait plaisir pour avoir moyen de s'en faire ne m'oblige point, parce qu'il me fait instrument de son utilité. Or on ne peut dire du soleil et de la lune qu'ils nous fassent plaisir avec dessein de s'accommoder en quelque chose ; car en quoi sommes-nous capables de les servir ?

XXI. Je penserois, direz-vous, que le soleil et la lune nous veulent faire du bien, s'ils étoient libres de ne le vouloir pas. Mais il faut qu'ils se meuvent, et ne leur est pas possible de s'en dispenser ; et puis qu'ils s'arrêtent s'ils peuvent, et laissent leur besogne s'il est en leur liberté de se reposer. Voyez combien je vous vais bailler de réponses à cette objection. Cettui-là ne veut pas moins, qui ne peut ne vouloir pas. Au contraire on ne sauroit avec un meilleur argument prouver qu'une volonté soit ferme, que de dire qu'elle n'a pas même moyen de se changer. Un homme de bien ne sauroit ne faire point ce qu'il fait ; car s'il ne faisoit ce qu'il fait, il ne seroit pas homme de bien. Et par cette même raison il ne peut faire de bienfait, parce qu'il fait ce qu'il doit, et il ne peut ne le faire point. Davantage, il y a bien de la différence de dire : « Il ne peut ne le faire point, parce que veuille ou non, il est contraint de le faire ; » ou bien : « Il ne peut ne le vouloir point ; » car s'il lui est force de me faire du bien, j'en ai l'obligation à celui qui le contraint, et non point à lui. S'il faut qu'il le veuille, mais pour cette considération qu'il ne peut rien vouloir de meilleur, c'est lui-même qui se contraint. Ainsi ce que je ne lui devois point pource qu'il est contraint, je le lui dois pource qu'il se contraint soi-même. Qu'ils cessent de vouloir, dites-vous. Représentez-vous qu'il n'y a homme si hors du sens qui n'avoue que c'est vraiment une volonté que celle qui ne peut cesser ou changer quand bon lui semble sans qu'il lui en arrive mal, et qu'au contraire on ne peut rien imaginer qui ait tant de volonté, que ce qui en a une si ferme et si certaine, que l'éternité même n'est pas capable d'y mettre fin. Seroit-il possible que celui voulût, qui peut dévouloir en un moment, et que celui ne semblât pas vouloir, de qui la nature est insusceptible de ne vouloir point?

XXII. Or sus, dites-vous, qu'ils s'arrêtent, s'ils le peuvent faire. C'est comme si vous disiez : Que tous ces corps lumineux, distingués par espaces et rangés pour être les sentinelles de l'univers, quittent leurs places ; que par une confusion subite les astres choquent les astres ; que par la rupture de la concorde des choses tout ce qui est au ciel tombe en la terre ; que cette contexture, de qui la vitesse n'est point imaginable, rompe à mi-chemin ses vicissitudes promises jusques à tant de siècles ; que ce qui va et vient à cette heure alternativement avec ses contre-poids réglés pour tenir le monde en son égale température, soit embrasé par une soudaine combustion ; que tant de diversités ne soient plus qu'une chose ; que le feu possède tout ; qu'une obscurité relente[1] lui succède, et que les Dieux mêmes tombés au fond d'un abîme[2] soient

---

1. *Relent, relente*, qui sent le renfermé, le moisi. Le texte latin est *vigra nox*.
2. L'édition de 1630 porte ici *une abîme;* mais au livre VII, chap. III, il y a *un abîme*, au masculin.

compris en cette universelle calamité. Le démenti qu'on vous donneroit coûteroit bien cher. Toutes ces choses-là vous profitent en dépit que vous en ayez; et quoique leurs mouvements aient une plus grande et première cause, si est-ce qu'ils se font pour l'amour de vous.

XXIII. Ajoutez-y à cette heure que les Dieux ne peuvent être contraints par une puissance externe, et n'ont rien qui les commande que leur éternelle volonté. Ils ont établi un ordre pour ne le changer jamais. Ainsi ne peut-on dire que peut-être ils voudroient bien ne faire point ce qu'ils font, parce que s'il est des choses qu'ils ne puissent faire cesser, c'est que par un arrêt précédent ils ont ordonné qu'elles persévéreroient jusques à la fin. Jamais ils ne se repentent de leur premier avis. Aussi, pour n'en mentir point, il ne leur est pas permis de le rétracter. Ce n'est pas que si leur propre force les retient invariables en leurs résolutions, il y ait du manquement en leur puissance; mais pource qu'ils ne se peuvent fourvoyer des choses qui sont parfaitement bonnes, et que par un décret immuable ils se sont eux-mêmes commandé de marcher de cette façon. Or en ce premier établissement par lequel ils règlent le monde, ils se souvinrent de l'homme, et en toutes choses mirent quelque vertu capable de servir à sa commodité; si bien que les astres ne font pas seulement leurs courses pour eux-mêmes, mais aussi pour nous, comme étant une partie de la besogne aussi bien qu'eux. Nous sommes donc obligés au soleil, à la lune, et généralement à tous les corps célestes, parce qu'encore qu'ils se lèvent et marchent pour de plus dignes sujets que nous ne sommes, si est-ce qu'en allant à des choses de plus de mérite, ils ont cette vertu de nous faire du bien en leur passage. Et puis il y faut ajouter que le bien qu'ils nous font vient par délibération, et non fortuitement; ce qui est un autre argument de l'obligation que nous leur avons, parce qu'ils ne sont point ignorants du bien qu'ils nous font, et que nous n'en recevons rien que longtemps auparavant ils ne sachent que nous le devons recevoir. Et combien qu'ils aient un plus haut dessein et un plus grand fruit de leur action que de conserver les choses mortelles, néanmoins dès le commencement du monde cet esprit universel a pris la peine de rechercher nos utilités, et de régler toutes choses en sorte qu'il fît paroître que nous n'avons pas été le dernier objet de son imagination. Nous devons du respect à ceux par qui nous sommes en ce monde, et cependant assez de fois l'homme et la femme s'assemblent qu'ils ne pensent pas à faire des enfants. Nous n'en pouvons pas autant dire des Dieux, parce que la provision qu'ils nous ont faite d'aliments et de toutes choses nécessaires nous démentiroit. Tant de choses qu'ils ont engendrées pour notre usage montrent bien le soin qu'ils ont apporté à nous engendrer. Nature devant que de nous faire a pensé à nous. Nous ne sommes pas si peu de chose que nous lui soyons tombés des mains sans qu'elle en ait rien aperçu. Regardez quelle juridiction nous avons, et combien l'empire de l'homme est hors de l'homme. Regardez jusques où nos corps ont liberté de se promener, et comme, si nous ne sommes pas contents de ce grand espace d'un bout de la terre à l'autre, nous avons la mer qui s'humilie à nous et nous reçoit aussitôt qu'il nous plaît d'y voyager. Regardez ce qu'osent les esprits des hommes, comme seuls ils connoissent les Dieux ou s'en informent, et s'élèvent en haut à la contemplation des choses célestes. L'homme n'est point une besogne tumultuaire et faite sans y penser. C'est la première pièce des ouvrages de Nature, et celle de qui, ou pour le moins à qui elle a plus de sujet de se glorifier. Quelle frénésie est-ce de mettre en dispute le bien que les Dieux donnent aux hommes? Quelle reconnoissance doivent espérer de nous ceux à qui nous n'en pouvons faire qu'il ne nous coûte quelque chose, si nous ne voulons pas seulement confesser d'être obligés à ceux qui nous font journellement une infinité de biens, qui ne se peuvent lasser de nous en faire, et qui les font avec intention de n'en avoir jamais rien ? De quelle perverse inclination procède cette ingratitude, de ne vouloir rien devoir à quelqu'un, pource qu'il ne s'offense à ceux qui désavouent le plaisir qu'il leur a fait, et de la continuation et entresuite de ses bienfaits l'un après l'autre tirer une conséquence qu'il faut qu'il donne par nécessité ? Dites : « Je ne veux point de ses bienfaits ; qu'il les garde ; qui lui demande rien ? » et ajoutez à ces paroles toutes celles qu'une âme qui n'a point de honte est capable d'imaginer. Pour cela vous ne ferez point cesser sa libéralité. Vous ne la sentirez point moins pour la méconnoître, et ce qui est encore plus généreux, il vous fera du bien au même temps que vous direz du mal de lui.

XXIV. Ne voyez-vous point comme les pères contraignent leurs enfants, tout petits et délicats comme ils sont, à souffrir les choses qui leur sont salutaires ? S'ils pleurent ou répugnent, ils les caressent, et de peur que leur laissant les membres libres en un âge qui n'a point encore de jugement ils ne s'y donnent quelque entorse, ils les serrent pour les tenir droits et les rendre de belle taille. Au partir de là ils les envoient à l'école, avec menaces s'ils ne font leur devoir d'étudier. Puis comme déjà les ans leur apportent cette audace inconsidérée qui leur est ordinaire, ils tâchent de leur faire couler en l'âme la frugalité, la pudeur et les bonnes mœurs. S'ils ne les reçoivent volontairement, ils les leur appliquent par la rigueur. Et enfin comme l'âge les a mis au rang des hommes, et qu'ils doivent se conduire d'eux-mêmes, si pour leur mauvaise inclination ils rejettent les avis qu'on leur donne, on tente par la force l'amendement que par la douceur on leur a inutilement procuré. Ainsi des bienfaits que les enfants reçoivent des pères, les plus grands sont ceux qui leur sont faits sans qu'ils en aient ou la connoissance, ou la volonté de les recevoir.

XXV. A cette manière d'ingrats, et qui rejettent les bienfaits, non pour ne les vouloir, mais pour n'être tenus de s'en revancher, ressemblent certains autres, qui au contraire de ceux-ci sont trop ardents et trop précipités à reconnoître, et prient ordinairement qu'il arrive quelque malheur à ceux qui leur ont fait plaisir, afin de leur pouvoir témoigner qu'ils s'en souviennent, et qu'ils ne desirent rien tant que de s'en acquitter. La question est s'ils font bien, et si leur zèle a de la piété. Je trouve qu'ils sont comme ces esprits passionnés pour une femme, qui font des souhaits qu'elle soit contrainte par quelque accident de quitter le pays, afin de lui faire compagnie en son bannissement; qu'elle soit pauvre, afin de lui faire connoître qu'ils n'ont rien qui ne soit à elle; qu'elle soit malade, afin de ne bouger du chevet de son lit, et mériter sa bonne grâce par la diligence qu'ils apporteront à l'assister; finalement, amoureux comme ils sont, ils font des vœux que des ennemis n'auroient pas le courage de s'imaginer. C'est pourquoi vous voyez souvent une haine et une amitié furieuse finir de même façon. Il en prend de même à ceux qui desirent des inconvénients à leurs amis, afin de les en délivrer, et se veulent faire passage au bienfait par une injure, au lieu qu'ils feroient mieux de se reposer, que par une méchanceté chercher l'occasion de faire bien. Que diriez-vous d'un pilote qui souhaiteroit le mauvais temps, des tempêtes enragées et des tourbillons de vent, pour donner à sa suffisance plus de recommandation par le péril? ou de quelque général d'armée qui prieroit aux Dieux que l'ennemi avec un grand nombre d'hommes le vînt attaquer dans son retranchement, comblât son fossé, mît le désordre et l'épouvante en ses troupes, passât sur le ventre à ceux qui résisteroient, et déjà vainqueur absolu plantât ses drapeaux sur les portes, afin que les choses semblant par cet accident du tout renversées et hors d'espérance de salut, il eût davantage de gloire à les relever par sa valeur? C'est faire venir ses bienfaits par un détestable chemin, de souhaiter que la fortune combatte celui qu'on desire de défendre, et mette par terre celui qu'on se promet de redresser. C'est un naturel inhumain, et perversement ambitieux de revanche, de faire des vœux contre celui qu'avec honneur on ne peut abandonner.

XXVI. Mais mon vœu, direz-vous, ne lui porte point de préjudice. Je lui souhaite le remède aussitôt que le péril. Cela s'appelle que vous avouez que vous faites quelque mal, mais non pas tant que si vous lui souhaitiez le péril sans le remède. Ce sont de mauvais traits, de plonger un homme en l'eau pour l'en tirer, l'abattre pour le redresser, et l'enfermer pour le mettre dehors. L'intention d'une injure ne peut être bienfait, et n'y a jamais de mérite à faire cesser un inconvénient que vous avez fait naître. J'aime mieux que vous ne me blessiez point, que de me guérir. Vous me pouvez obliger de me guérir si je suis blessé, mais non pas de me blesser pour être guéri. La cicatrice ne donne jamais de contentement, que quand on se souvient de la plaie; et si nous prenons plaisir de la voir reprise, c'est en sorte que nous aimerions encore mieux qu'elle n'eût du tout point été. S'il y a de l'inhumanité de faire ce souhait contre une personne qui ne vous a jamais fait plaisir, combien pensez-vous qu'il y en ait davantage contre ceux à qui vous avez de l'obligation?

XXVII. Oui, mais je souhaite quand et quand de le

secourir[1]. Premièrement, si je vous arrête à la moitié de votre vœu, vous êtes ingrat. Je n'ois pas encore le remède que vous y voulez apporter, mais j'ois bien ce que vous desirez qu'il souffre. Vous lui souhaitez du trouble d'esprit, du souci, de la peur, et quelque chose encore de pire, afin qu'il ait besoin d'être secouru; ces souhaits-là sont contre lui. Vous souhaitez qu'il ait besoin de votre aide; cettui-ci est pour vous. Vous avez envie de le payer, et non pas de le secourir. Qui se précipite de cette façon, cherche d'être quitte, et non pas de s'acquitter. Ainsi toute l'honnêteté qui peut être en ce que vous souhaitez, est ingratitude et vilenie; car vous ne desirez pas d'avoir moyen de lui rendre le plaisir qu'il vous a fait, mais qu'il ait besoin de vous en requérir. Vous prenez le haut du pavé, et, ce qui fait mal au cœur à dire, faites agenouiller à vos pieds un qui vous a fait plaisir. Combien feriez-vous plus honnêtement de lui devoir avec une bonne affection, que de chercher un mauvais moyen de le payer! Il y auroit moins de mal à lui nier la dette; il n'y perdroit que ce qu'il y auroit mis. Mais vous le voulez voir par la ruine de ses affaires réduit à vous faire hommage, et si abattu par le changement de sa condition, qu'il ait le crève-cœur de voir ses bienfaits au-dessus de lui. Voulez-vous que je die que cela soit une bonne volonté? faites vos souhaits devant celui pour qui vous les faites. Appelez-vous vœu ce qui se peut diviser entre l'ami et l'ennemi, et qui, si vous n'eussiez dit ces dernières paroles, vous auroit acquis un ennemi capital? Il s'est trouvé des ennemis qui ont souhaité de prendre des villes pour en empêcher le pillage, et de vaincre des en-

---

1. C'est le texte de l'édition de 1630. Dans les suivantes on lit : « D'avoir moyen de le secourir, » ce qui est plus conforme au latin : *ut possim ferre illi opem.*

nemis pour leur donner la vie; et cependant ce ne laissent pas d'être vœux d'ennemis, et tout ce qu'il y a de douceur ne vient qu'après la cruauté. Mais enfin quelle opinion peut-on avoir d'un vœu de qui le succès n'est formidable à personne tant qu'à celui pour qui il est fait? Vous lui faites courre grand'fortune, de lui bailler les Dieux pour assaillants, et vous pour défenseur. Les Dieux mêmes y sont injuriés, en ce que des deux côtés de la médaille vous prenez le plus beau pour vous. Afin que vous profitiez, vous voulez qu'ils nuisent. Si vous pratiquiez une accusation contre lui, et puis la fissiez cesser, si vous l'embrouilliez en quelque procès, et l'en débrouilliez tout aussitôt, qui douteroit que vous ne fussiez un méchant homme? Quelle différence y a-t-il de tenter ces inconvénients par fraude, ou de les procurer par vœu, sinon que vous lui donnez plus forte partie? Ne demandez point quel tort vous lui faites. Votre vœu est superflu ou injurieux, et injurieux, même quand il ne réussiroit point. Ce que vous ne pouvez est une grâce de Dieu, ce que vous desirez est une injure. C'est assez. Il a de quoi vous savoir même gré que si vous l'aviez faite.

XXVIII. Vous répliquez que si vos vœux eussent succédé[1] à le mettre en peine, ils eussent aussi succédé à l'en tirer. Premièrement, vous lui desirez un danger certain, sous espoir d'une assistance qui ne l'est pas. Mais prenons le cas que l'un et l'autre soit certain, si est-ce que toujours ce qui le fâche marche devant. Et puis, voulez-vous connoître la condition de votre vœu? Imaginez-vous que le mauvais temps vous a surpris en haute mer, et que vous ne savez en quelle part vous devez chercher le port. Quelle gêne pensez-vous qu'ait soufferte celui qui a eu faute[2], encore qu'il ait trouvé du secours! celui qui a eu peur,

---

1. *Succédé*, réussi. — 2. *Faute*, besoin.

encore qu'il ait été garanti! celui qui a été en prison et sur la sellette, encore qu'il ait eu arrêt d'absolution! Jamais la fin d'une crainte n'est si douce, qu'une sécurité solide et inébranlée ne soit beaucoup plus agréable. Souhaitez d'avoir moyen de me rendre ce que j'ai fait pour vous quand j'en aurai besoin, et non pas que j'en aie besoin afin que vous ayez moyen de me le rendre. Vous ne me souhaitez rien que vous-même ne me fissiez si vous en aviez le moyen.

XXIX. Combien pensez-vous que ce vœu seroit plus honnête! Je lui desire si bonne fortune, qu'il ait toujours moyen de faire plaisir, et jamais besoin d'en recevoir; que la matière d'obliger les hommes lui afflue de toutes parts en telle abondance, que jamais il n'ait sujet de regretter de ne le pouvoir faire, ni de se repentir de l'avoir fait; que la multitude de ceux qui auront de la reconnoissance et du ressentiment en son endroit provoque son naturel, disposé de lui-même à l'humanité, à la miséricorde et à la clémence, mais que jamais il n'ait occasion de les employer; qu'il soit réconciliable à ceux qui le rechercheront, et ne soit point en peine de se réconcilier à personne; que toujours la fortune également indulgente l'accompagne d'une félicité si continuelle, que ceux qu'il obligera ne lui puissent jamais faire autre payement que de confesser qu'ils lui sont obligés. Combien auriez-vous plus de raison de faire ces vœux, qui vous acquitteroient aussitôt que les autres, qui vous remettent à des occasions qu'il est malaisé que vous voyiez jamais arriver! Car qui nous garde que nous ne puissions reconnoître un bienfait à l'endroit de ceux à qui la fortune n'a rien nié de tout ce qui se peut desirer? Un avis fidèle, une conversation assidue, un entretien de bonne grâce, qui plaise sans être flatteur, des oreilles fidèles aux délibérations, sûres et secrètes, et une privauté de communication, ne sont-ce pas choses qui nous peuvent acquitter aux plus grands à qui nous saurions être obligés? Jamais les prospérités n'ont mis un homme en lieu si sûr, que n'avoir faute de rien ne lui fasse avoir faute d'un ami.

XXX. Toute autre occasion de nous revancher ne peut être que triste, et tant s'en faut qu'on fasse bien de desirer qu'elle arrive, qu'au contraire il faut faire des vœux qu'elle n'arrive point. Ne pouvez-vous être quitte, que les Dieux ne soient courroucés? Quand autre chose ne vous montreroit la faute que vous faites, ne la voyez-vous pas en ce que celui à qui vous desirez de vous revancher est bien plus heureux que vous lui demeuriez ingrat? Figurez-vous la prison, les fers, la misère, la servitude, la guerre, la pauvreté. Ce sont les matières de votre souhait, c'est où vous envoyez ceux qui ont contracté avec vous. Pourquoi ne desirez-vous du bien à un qui vous en a fait? Avez-vous peur que vous ne trouviez de quoi vous revancher? Ne vous en mettez point en peine, c'est une matière de quoi vous ne manquerez point. Croyez-vous qu'un homme puisse être si riche, qu'on ne lui puisse payer ce qu'on lui doit? Je vois bien que je vous fais languir, il faut que je vous ôte de peine. Quand l'opulence et la félicité de celui qui vous a fait du bien ne vous laisseroit avoir moyen quelconque de vous revancher, je vous vais dire une chose de quoi les plus contentes fortunes ont affaire, et que n'ont point ceux qui ont tout : un qui parle franchement, et qui trouvant un homme engagé parmi des conteurs de fables, et par l'accoutumance d'ouïr leurs piperies, privé de connoissance et de jugement, l'a tiré d'entre leurs mains et lui a ouvert les yeux pour connoître le mensonge et ne consentir qu'à la vérité. Ne voyez-vous pas en quels précipices les jette la liberté qu'ils suppriment et la fidélité qu'ils ravalent à des obéissances serviles? parce que n'étant pas chose sûre de leur suader ou dissuader ce qu'on estime le meilleur, ceux qui sont auprès d'eux tournent leurs imaginations à la flatterie, et comme en une contention profitable, disputent à qui sera le plus artificieux à les tromper. De là viennent les fausses impressions qu'ils prennent de leurs forces, et que se croyant être aussi grands comme on leur dit qu'ils sont, ils s'attirent des guerres périlleuses sur les bras, rompent des paix utiles et nécessaires, versent le sang d'une infinité d'hommes, et quelquefois le leur, pour une passion à laquelle personne n'ose contredire, s'opiniâtrent sur la certitude qu'ils s'imaginent en des choses incertaines, craignent de fléchir autant que d'être vaincus, se promettent de la perpétuité en ce qui branle pour la seule extrémité de sa hauteur, et bien souvent se font tomber leurs États sur leurs têtes, pour n'avoir pas connu qu'en ce théâtre de leur pompe, brillante de vanités passagères et de biens périssables, aussitôt qu'ils ont cessé de pouvoir ouïr les choses véritables, ils devoient cesser aussi d'espérer aucun heureux événement.

XXXI. Xerxès se préparant à la guerre contre la Grèce, encore que de lui-même il fût assez ambitieux et n'appréhendât guère la caduque foiblesse des choses du monde, il n'y eut pas un des siens qui ne contribuât quelque trait à le fortifier en sa vanité. L'un disoit que les Grecs n'attendroient pas la déclaration de la guerre, mais s'enfuiroient à la première nouvelle d'un tel appareil. Un autre, qu'il n'y avoit point de doute qu'un si grand nombre d'hommes ne fût suffisant à mettre toute la Grèce dans terre[1], non pas à la conquérir; qu'il n'y avoit à craindre, sinon que les villes ne fussent abandonnées, et

---

1. *Mettre dans terre* traduit le latin, *obruere*, qui signifie proprement, *couvrir de terre, enfouir*.

qu'en ces grandes solitudes un tel équipage ne fût inutile, à faute de résistance qui donnât occasion de l'employer. Un autre, que le monde auroit de la peine à loger cette armée, qu'il n'y auroit pas de mer assez pour ses vaisseaux, que les soldats ne sauroient comme camper, qu'il ne se trouveroit point de plaine qui ne fût trop petite pour mettre sa cavalerie en bataille, et que quand tout ce qu'il y avoit de mains en son armée tireroient une flèche, l'air auroit trop peu d'espace pour les recevoir. Entre toutes ces rodomontades, et autres que chacun inventoit pour plaire à cet homme déjà furieux de la bonne opinion qu'il avoit de soi-même, il n'y eut que Démaratus, Lacédémonien, qui lui dit que cette grande multitude de laquelle il se glorifioit lui sembloit une masse pesante et indigeste, qui devoit faire peur à celui qui la menoit; qu'il y avoit du poids, mais non pas de la force; que jamais on ne peut conduire ce qui n'a point de mesure; que ce qu'on ne peut conduire ne peut durer. « Vous trouverez, dit-il, en la première montagne les Lacédémoniens, qui vous montreront ce qu'ils savent faire. Tous ces milliers de peuple s'arrêteront devant trois cents hommes, qui fermes comme s'ils étoient fichés en terre, garderont le pas qu'ils auront en garde, et le boucheront de leurs propres corps avec une obstination si grande, que toute l'Asie ne suffira pas à les déloger. L'effort de tout le genre humain réduit en corps d'armée sera soutenu par une poignée de gens. Après que la mer se sera laissé gourmander à votre arrogance, une petite sente se moquera de vous; et quand vous aurez compté la perte que vous ferez au passage des Thermopyles, vous saurez dire combien vous pourra coûter le demeurant. Vous saurez qu'on vous peut faire fuir, quand vous aurez su qu'on vous peut faire demeurer. Il n'y a point de doute qu'en beaucoup de lieux tout ne fuie devant vous, et que d'arrivée¹ vous ne portiez de l'étonnement où vous passerez, comme un torrent nouvellement débordé; mais après qu'ils se seront reconnus, ils se rassembleront de tous côtés, vous affoibliront par vos propres forces, et vous ruineront à la fin. Ce qu'on met en avant est vrai, qu'il y a trop peu de terre pour un si grand appareil; mais c'est ce qui vous gâtera. La Grèce aura de quoi vous vaincre, pource qu'elle n'aura pas de quoi vous loger. Vous ne vous y pourrez pas remuer tout à la fois; et, ce qui sera votre ruine, quand il y aura quelque désordre en un quartier, ou que quelque chose y branlera par quelque effort qu'y feront les ennemis, vous ne pourrez pas y remédier à propos. Il y aura longtemps que vous aurez été défait, et vous ne penserez pas avoir été combattu. Au demeurant, ne vous imaginez pas que ce que vous avez tant d'hommes que vous-même n'en savez pas le nombre, soit cause qu'on ne vous puisse faire tête. Il n'y a rien de si grand qui ne soit périssable; et quand il n'arriveroit autre malheur, la seule grandeur est cause suffisante de ruiner ce qu'on estime le plus assuré. » Les choses se passèrent comme Démaratus les avoit prédites. Ce prince qui faisoit trembler le ciel et la terre, et qui tout aussitôt changeoit la forme d'une chose qui l'avoit empêché, fut arrêté par une compagnie de gens de pied, et par autant de défaites comme il tenta de combats, reconnut combien il y a de différence d'une armée à une multitude confuse de peuple qui n'est point aguerri. Ainsi plus misérable de honte que de perte, il remercia Démaratus de ce que seul il lui avoit dit la vérité, et lui permit de demander ce qu'il voudroit. Il lui demanda de pouvoir entrer dans Sardis², qui est la ville capitale de l'Asie, porté dans un chariot, et la tiare droite sur la tête, qui étoit une grandeur ré-

---

1. *D'arrivée*, d'abord. — 2. *Sardis*, Sardes.

servée à la seule personne du Roi. Il méritoit bien de n'avoir point la peine de demander de récompense. Mais voyez, je vous prie, la misère de cette nation, qu'en un si grand nombre d'hommes il ne se trouvât personne de qui le Roi pût ouïr la vérité, que celui qui se pouvoit résoudre de la dire à ses dépens.

XXXII. Auguste relégua sa fille, débordée en impudicité si jamais femme le fut, et sans penser au tort qu'il se faisoit, fit savoir à tout le monde la vergogne de sa maison. Il publia comme elle recevoit les hommes par troupes, passoit les nuits à faire des collations en tous les quartiers de la ville, n'exemptoit pas même de ses ordures la tribune[1] où son père avoit fait l'édit contre les adultères, et se trouvoit tous les jours à la statue de Marsyas, où de simple adultère devenue coureuse publique, elle se contentoit à son aise, et pour n'être point obligée aux cérémonies, prenoit plaisir de se voir sous des hommes qu'elle ne connoissoit point. Toutes ces vilenies, pour la honte qui en retournoit sur lui-même, eussent été mieux celées avec impunité, que divulguées avec scandale. Cependant il ne s'en étoit pu taire. A quelque temps de là, comme sa colère fut passée et que la honte lui fut revenue, soupirant du regret de n'avoir pu taire ce qu'il avoit ignoré jusques à ce qu'il fût déshonnête d'en parler, il s'écrioit ordinairement : « Je n'en serois pas où je suis, si Agrippa ou Mécénas eussent vécu. » Tant il étoit malaisé à celui qui avoit tant de milliers de peuples sous sa domination de recouvrer seulement deux hommes qu'il avoit perdus. On lui avoit taillé des légions en pièces, il en eut aussitôt levé de nouvelles. Son armée de mer avoit été perdue, il ne fut guère qu'il n'en eût une autre sur l'eau. Le feu lui avoit consumé quelques bâtiments, il en eut

1. Var. (édit. de 1631) : Le tribunal.

incontinent réédifié de plus magnifiques. Mais en toute sa vie il ne put trouver de quoi remplir les places d'A-grippa et de Mécénas. Qu'en dois-je penser? Étoit-ce qu'il n'en trouvoit point qui fussent de leur mérite, ou que par dégoût il aimât mieux avoir matière de se plaindre que la peine de chercher? Ne nous figurons pas qu'A-grippa et Mécénas eussent de coutume de lui dire la vérité, et que s'ils eussent été en vie, ils n'eussent dissimulé comme les autres. Mais c'est chose qu'on voit ordinairement, qu'un grand, pour faire dépit à ses serviteurs présents, magnifie ceux qu'il a perdus; et parce qu'il est hors de danger de les ouïr jamais, leur donne hardiment la gloire d'avoir été libres à lui dire la vérité.

XXXIII. Mais pour revenir d'où je suis parti, vous voyez comme sans beaucoup de peine on se peut revancher à l'endroit de ceux mêmes que la fortune a portés au haut de sa gloire. Dites-leur, non ce qu'ils prennent plaisir d'ouïr, mais ce que toute leur vie ils prendront plaisir d'avoir ouï. Que leurs oreilles, où il n'entre que des flatteries, reçoivent quelquefois une parole de vérité. Donnez-leur un bon avis. Vous demandez ce que vous pouvez faire pour eux? Faites que leur félicité ne les aveugle point; qu'ils sachent que s'ils n'ont beaucoup de mains, et bien fidèles, qui leur aident, il ne leur est pas bien aisé de la retenir. Aurez-vous peu fait pour eux, quand au lieu de cette folle imagination qu'ils ont d'une éternelle grandeur, vous leur aurez fait connoître que le sort ne peut donner que des choses casuelles; que ce qui nous vient au petit pas s'en retourne à toute bride; et qu'on ne descend point par échelons comme on est monté, mais que bien souvent de la très-haute fortune à la très-basse il y a si peu de chemin, qu'il se trouve fait devant que d'avoir été appréhendé? Vous ne savez point le prix de l'amitié, si vous ne jugez que lui donnant un ami vous lui donnez une chose rare, non-seulement en une maison, mais en tout un siècle, et de quoi on trouve qu'on a le moins quand on s'est imaginé d'en avoir le plus. Et quoi? Pensez-vous que ce soient autant de vos amis que ceux qui sont aux rôles que votre nomenclateur porte en la mémoire ou en la main? Pensez-vous que ce soient amis, que ceux qui par troupes se rendent tous les jours à votre porte, et qui approchent de vous plus ou moins, selon le prix que vous mettez vous-même à leurs qualités? C'est une coutume qu'ont toujours eue les rois, et ceux qui les imitent, de faire de leurs amis comme du peuple d'une ville, qu'on divise par ordres, afin que chacun tienne le rang de sa condition. C'est une vanité des grands, de vouloir qu'on fasse grand cas de pouvoir entrer chez eux, et d'être le plus près de leur porte, pour à l'ouverture mettre le premier le pied dans une maison où il y a puis après tant d'autres portes, qu'après être entré dedans on se trouve encore dehors.

XXXIV. Caïus Gracchus, et après lui Livius Drusus, furent les premiers qui amenèrent cette mode à Rome de faire distinction de ceux qui leur venoient faire la cour, et d'en faire entrer les uns au cabinet, et les autres à la chambre, et laisser le reste se promener à la salle ou à la basse-cour : tellement qu'ils faisoient compte d'avoir des amis de plusieurs sortes, et en effet n'en avoient du tout point. Appelez-vous ami celui à qui on désigne sa place pour vous saluer? Pensez-vous que la foi d'un homme vous soit ouverte, à qui votre chambre est si fermée qu'il y frappe deux heures, et si enfin on lui ouvre, c'est si peu qu'il faut qu'il se tourne de côté pour y entrer? Attendez-vous une parole franche et véritable d'un qui n'oseroit vous dire *bonjour*, qui est une parole publique et permise indifféremment à tous ceux qu'on ne connoît point, que son rang de parler ne soit venu? Allez chez qui vous voudrez de ceux-ci qui mettent toute une ville en rumeur pour leur faire la cour; quand vous y verrez les rues pleines, et les chemins couverts d'allants et de venants, souvenez-vous que vous êtes en un lieu où il y a bien des hommes, mais pas un ami. C'est au cœur que les amis se trouvent, et non pas en une basse-cour. C'est au cœur qu'il les faut recevoir, loger et retenir, avec une affection où tous les sentiments contribuent quelque chose. Apprenez cette leçon aux grands, vous les payez de tout le bien que vous en sauriez recevoir. Vous avez mauvaise opinion de vous, si vous pensez ne pouvoir servir qu'à ceux qui sont en affliction. Si vous êtes capable de vous bien conduire en toutes fortunes, aux douteuses prudemment, courageusement aux mauvaises, et discrètement aux bonnes, il ne se sauroit présenter chose où vous ne puissiez faire quelque office à votre ami. Ayez cette résolution, de ne l'abandonner point quand il aura besoin de vous. Cette vie est assez fertile de tumultes et de misères; vous ne chômerez point de sujets pour donner de l'exercice à la volonté que vous avez de l'assister. Comme celui qui desire du bien à quelqu'un pour y avoir part, encore qu'il semble penser aux affaires d'autrui, toutefois il a soin des siennes; ainsi qui desire de voir son ami en quelque peine pour y survenir et l'en dégager, il montre son ingratitude, et qu'il en fait si peu de cas, qu'il est content de s'acquitter aux dépens de quelque inconvénient qu'il en puisse recevoir. Il y a je ne sais quoi qui lui pèse, il se veut décharger. Il y a bien de la différence d'avoir hâte de reconnoître un bienfait, pour le rendre, ou pour ne le devoir point. Qui a envie de rendre, attendra la commodité de son bienfaiteur, et la desirera. Qui ne pense qu'à être quitte, ne se souciera pas de quelle façon il y arrive[1];

---

1. On lit dans l'édition de 1630 : « Ne se souvient pas de quelle

qui est un argument indubitable d'un homme qui n'a rien de bon dans le cœur.

XXXV. Il y a de l'ingratitude en cette précipitation. Je ne le vous saurois mieux exprimer, que de répéter ce que je vous ai dit. Vous n'avez pas envie de rendre le bien qu'on vous a fait, mais de vous dépêtrer. Il m'est avis que je vous ois dire : « Ne serai-je jamais hors d'avec cet homme? Quand je devrois remuer le ciel et la terre, il faut que j'en sorte. » Si vous desiriez de vous acquitter du sien, vous confesseriez que ce seroit un payement où il n'y auroit point d'apparence; et toutefois il y en a encore moins en ce que vous desirez, pource que par imprécation vous maudissez une tête que vous devriez révérer avec religion. Si tout haut vous lui souhaitiez qu'il fût pauvre, qu'il fût prisonnier, qu'il n'eût de quoi vivre, ou qu'il mourût, ne feriez-vous pas connoître au monde votre inhumanité? Mais quelle différence trouvez-vous de le dire, ou de le penser? Seriez-vous en votre bon sens si vous faisiez ces souhaits-là pour vous? Allez à cette heure, et vous louez d'une reconnoissance qu'un ingrat même auroit horreur d'imaginer, sinon que ne se contentant pas de nier sa dette, il se voulût déclarer ennemi [de celui qui l'auroit obligé][1].

XXXVI. Quel jugement feriez-vous d'Énée, s'il avoit desiré que sa ville fût prise, pour avoir l'honneur de porter son père sur ses épaules hors du péril de la captivité? Que diriez-vous des jeunes gens de Sicile, s'ils avoient souhaité l'inflammation extraordinaire du Montgibel[2],

---

façon il y arrivera. » Il y avait là deux fautes évidentes : *souvient* au lieu de *souciera* et *arrivera* au lieu d'*arrive*. Elles ont été corrigées dans les éditions suivantes.

1. Les mots mis entre crochets manquent dans l'édition de 1630. Dans le texte latin il n'y a rien qui y réponde.

2. *Gibel* (*Gibello*), de l'arabe *Djebel*, montagne, est le nom moderne de l'Etna.

afin que par l'office qu'ils firent à leurs pères leurs noms fussent mis entre les exemples, et leur piété rendue mémorable en la bouche de tous les siècles à venir? Rome ne doit rien à Scipion, s'il desira la continuation de la guerre punique pour avoir l'honneur de la mettre à fin; et ne doit rien non plus aux Déciens qui moururent pour elle, s'ils avoient désiré de la voir en une extrémité qui n'eût point de remède que leur résolution de se perdre pour la sauver. C'est la plus infâme vergogne[1] que sauroit avoir un médecin, que de chercher de la besogne. Il s'en est trouvé qui pour faire des cures de réputation, ayant irrité les maladies les ont enfin rendues mortelles, ou mis les malades en tel état qu'il leur a fallu souffrir des gênes[2] et des cruautés désespérées avant que de pouvoir être guéris.

XXXVII. Hécaton récite que Callistratus allant en exil avec quelques autres, qui par les menées de certains séditieux étoient bannis avec lui, comme un d'entre eux souhaitoit que la ville se vît en si mauvais termes qu'on fût contraint de les rappeler, il répondit que devant que cela fût il prioit aux Dieux qu'il ne pût jamais y revenir. Rutilius, Romain, fut encore plus courageux. Comme quelqu'un lui disoit qu'on étoit à la veille d'une guerre civile, et que dans peu de jours il faudroit que tous les bannis fussent rappelés : « Que vous ai-je fait, dit-il, que vous souhaitiez que mon retour soit de pire condition que mon partement? Ne vaut-il pas mieux que mon pays ait honte de mon absence, qu'en ma présence occasion de s'affliger? » Ce n'est pas un bannissement, quand il n'y a personne qui ne soit plus honteux que le banni. Comme ces deux gens de bien firent en bons patriotes, de ne vouloir pas en la ruine de leurs villes trouver une brèche pour rentrer en leurs maisons, et supporter plutôt leur afflic-

---

1. En latin : *gravissima infamia*. — 2. *Gênes*, tortures.

tion particulière, que de souhaiter celle de tout un peuple en général, ainsi celui n'est point louable, qui desire des incommodités à un homme pour avoir le contentement de l'en délivrer. Quand l'intention en seroit bonne, la prière n'en peut rien valoir. Qui auroit mis le feu en une maison, ne seroit pas quitte pour l'éteindre; et tant s'en faut qu'il en acquît de la gloire, qu'il auroit de la peine d'en éviter la punition.

XXXVIII. Il est des villes où les méchants souhaits sont traités comme les crimes mêmes. Démade à Athènes fit condamner un qui vendoit des choses nécessaires aux funérailles, parce qu'il fut convaincu d'avoir souhaité de bien gagner; ce qu'il ne pouvoit faire, s'il ne mouroit beaucoup de personnes. Et cependant tous ne sont pas d'accord qu'il ait été bien condamné. Peut-être qu'il ne souhaitoit pas que beaucoup de gens eussent affaire de sa marchandise, mais qu'il la pût avoir à bon marché, et la vendre bien cher. Puisque la négociation consiste à vendre et acheter, et que le gain n'est pas moins en l'un qu'en l'autre, pourquoi n'en tirez-vous l'interprétation que d'un côté? Et si vous le punissez, que ne punissez-vous tous ceux qui font la même négociation, puisqu'en leur cœur ils font le même souhait? Il ne se trouveroit guère d'hommes qui se pussent parer de la condemnation; car à qui est-ce que le gain vient d'ailleurs que du dommage d'autrui? Le soldat demande le trouble, afin qu'on ait besoin de lui. Le laboureur hausse la tête quand il voit enchérir le blé. L'avocat se réjouit de la multitude des procès. Le médecin en une saison malsaine fait ses affaires. Les merciers et les marchands de soie s'enrichissent par la débauche des jeunes gens. Que le vent n'abatte point de maisons, que le feu n'en brûle point, les maçons et les charpentiers n'auront point de besogne. On a puni le vœu d'un homme, mais celui de tout le reste du monde ne vaut pas mieux. Où pensez-vous que tendent Arruntius, Atérius, et tous ces autres qui font métier comme eux de crocheter les testaments, sinon à cela même que se proposent les fossoyeurs, désignateurs et libitinaires[1] ? Encore ceux-ci desirent la mort aux personnes sans savoir à qui, et ne perdent rien à leur vie ; mais les autres demandent la fin de leurs meilleurs amis, et si celui qu'ils chevalent[2] ne meurt bientôt, il les épuise, parce que toujours il leur coûte quelque chose. Aussi ne desirent-ils pas seulement sa mort pour avoir ce que par leur déshonnête servitude ils pensent avoir mérité, mais aussi pour se décharger de la dépense que journellement ils font pour entretenir son amitié. Il ne faut donc point douter que perdant en la vie de ceux dont la mort leur est profitable, leur vœu ne soit plus violent que celui de ces pauvres gens. Et cependant leur mauvaise volonté connue à tout le monde ne reçoit point de punition. Enfin retirons-nous tous au cabinet de la conscience, et nous représentons les choses que nous avons souhaitées dans l'âme, combien trouverons-nous de vœux que nous aurons honte de nous confesser à nous-mêmes, et combien peu que nous voulussions avoir faits en la présence d'un témoin !

XXXIX. Mais il est des choses répréhensibles, qui pourtant ne sont pas condemnables[3] ; comme est le vœu de cet ami qui cherche une mauvaise preuve de sa bonne affection, et tombe au vice qu'il se propose d'éviter, devenant ingrat par cette impatience précipitée de faire paroître qu'il ne l'est point. Voici ce qu'il dit : « Que je le voie

---

1. *Designatores, libitinarii*, les directeurs et entrepreneurs de funérailles.

2. *Chevaler*, presser vivement quelqu'un pour obtenir quelque chose. Nicot traduit le mot par le verbe latin *captare*.

3. Dans l'édition de 1631 : « condamnables. »

à ma merci ; qu'il ait besoin de ma faveur ; qu'il coure fortune du bien, de l'honneur et de la vie, et ne se puisse garantir sans moi ; qu'il soit si misérable qu'il prenne ma revanche pour un bienfait ; que dans sa maison même il se fasse des parties contre lui, desquelles sans mon aide il n'ait moyen de se parer ; qu'il ait en tête un puissant ennemi résolu de le ruiner ; que de tous côtés il trouve quelqu'un qui lui en veuille et qui cherche de venir aux mains avec lui ; que d'une part il soit pressé d'un créancier, et de l'autre poursuivi par un accusateur. »

XL. Regardez comme vous êtes raisonnable. Vous ne lui souhaiteriez rien de tout cela, s'il ne vous avoit fait plaisir. Quand je me voudrois taire des autres fautes plus importantes que vous faites, de rendre le mal pour le bien, pour le moins ne vous pouvez-vous excuser de cette-ci, que vous n'attendez pas de faire les choses en leur saison ; ce qui toutefois est si observable, que pour bienfaire il ne le faut ni laisser passer ni prévenir. Comme on peut reprendre un plaisir mal à propos, aussi n'est-il pas toujours temps de le rendre. Si vous me rendez un plaisir en une occasion où je ne le desire point, vous êtes ingrat ; combien donc l'êtes-vous davantage, de me vouloir contraindre à le desirer ! Allez tout beau. Pourquoi ne voulez-vous point que mon bienfait fasse quelque séjour avec vous ? Vous est-ce un si grand déplaisir de m'avoir quelque obligation ? Que sauriez-vous plus faire si vous étiez pressé de quelque usurier ? Pourquoi me cherchez-vous de la besogne ? Pourquoi me brouillez-vous avec les Dieux ? Comme seriez-vous âpre à exiger, qui avez si peu de patience à rendre ?

XLI. Apprenons donc que l'obligation des plaisirs que nous avons reçus ne nous ôte point le repos d'esprit. Desirons de rendre, mais attendons-en les occasions, et ne les faisons point. Cette précipitation d'être quitte a de l'ingratitude. Celui ne rend point volontiers qui ne doit point de bon cœur. Ce qu'il ne prend pas plaisir de voir en sa maison, lui est charge plutôt que présent. Combien seroit-il plus honnête et plus juste d'avoir toujours le bienfait d'un ami en la main et le lui montrer, que de le presser mal à propos de le reprendre, et lui faire ce tort d'en user comme d'argent prêté ! Puisque le bienfait est un bien qui attache deux personnes ensemble, dites à celui qui vous a fait plaisir : « Il ne tient pas à moi que ce qui est vôtre ne retourne à vous ; je ne souhaite point qu'une mauvaise fortune vous donne occasion de le reprendre ; c'est tout mon desir de vous voir un visage joyeux et content quand je le vous rendrai ; et si quelque mauvais destin se prépare pour l'un de nous deux, et qu'il faille ou que l'incommodité de vos affaires vous fasse avoir besoin de ce que j'ai de vous, ou que ma misère me remène à votre porte vous en demander encore autant, soient plutôt les destinées rigoureuses à moi qu'à vous. Donne celui qui a déjà donné. Je suis prêt :

Il ne tient point à Turne[1].

Vous en verrez la preuve au premier sujet qui s'en offrira. Cependant les Dieux me soient témoins que la protestation que j'en fais est véritable. »

XLII. Vous avez une chose, Libéralis, que je remarque fort souvent. Partout où il est question de faire un office à votre ami, vous y êtes bouillant, et craignez toujours de n'y venir pas assez à temps. Cette inquiétude n'est point digne d'une belle âme. Il se faut assurer de soi, et sur le témoignage que nous rend notre conscience de la vérité de notre amour, donner congé à tout ce qui nous peut brouiller l'esprit. On peut aussi bien faillir en donnant,

1. Virgile, *Énéide*, liv. XII, v. 11.

qu'en ne donnant point. Que la première loi du bienfait soit que celui qui a fait le plaisir choisisse le temps d'en recevoir la revanche. Mais j'ai peur qu'on n'ait mauvaise opinion de moi. Ne pensez point à la renommée; contentez votre conscience. Vous avez deux juges en ce fait. Vous en pouvez tromper l'un, et l'autre non. Et quoi donc, s'il ne se présente jamais occasion de rendre, demeurerai-je toujours obligé? Vous demeurerez obligé, mais vous ne serez ni honteux ni marri de l'être, et prendrez du contentement à regarder une chose qu'on a mise en garde entre vos mains. Le déplaisir de ne pouvoir assez tôt rendre est une repentance d'avoir pris. Si vous avez jugé quelqu'un digne de vous bienfaire, pourquoi le trouvez-vous indigne que vous lui soyez obligé?

XLIII. Ceux-là s'abusent bien qui pensent qu'il ne faille faire autre chose que donner, et qu'un homme n'est pas brave si tous ceux qui le viennent voir ne s'en retournent les mains et les poches pleines en leur maison. C'est bien la marque d'une grande fortune, mais non pas toujours d'un grand cœur. Il y a quelquefois plus de peine à prendre qu'à donner; car pour ne rien donner à l'un au préjudice de l'autre, puisqu'ils sont pareils étant faits avec la vertu, s'il y a de la grandeur de courage à faire un plaisir, il n'y en a pas moins à le devoir. Encore y a-t-il plus de besogne à cettui-ci, parce qu'il y va du soin et de la diligence à garder ce qu'on vous donne, et n'y en a point à donner. Il ne faut pas pour cela nous donner l'alarme et nous hâter de nous acquitter mal à propos. Nous le pourrions faire si hors de saison, que nous ne faillirions pas moins que de ne le faire pas quand il en seroit temps. Son bienfait est entre mes mains. Je ne crains ni pour lui ni pour moi. Sa dette est bien assurée, il ne la peut perdre qu'il ne me perde; et quand il me perdroit, il ne la perdroit pas. Je l'ai remercié; cela s'appelle je l'ai payé. Qui est trop en peine de rendre une chose pense que celui qui l'a baillée soit trop en peine de la ravoir. Accommodons-nous à lui, quoi qu'il veuille. S'il veut avoir son bienfait, rendons-le-lui et ne marchandons point. S'il veut qu'il demeure en garde chez nous, pourquoi lui voulons-nous défouir son trésor? Pourquoi lui refusons-nous de le garder? Il mérite bien de choisir ce qu'il aimera le mieux. Qu'on en croie ce qu'on voudra; n'importe. L'opinion et la renommée sont choses qui nous doivent suivre, et non pas nous mener.

# LIVRE SEPTIÈME.

1. Bon courage, Libéralis.
. . . . . . . . . . . . . . . . .
Voici le livre des glanes. A cette heure que je suis au bout de la matière, je regarde de tous côtés, non ce que je dois dire, mais ce que je n'ai point dit. Prenez en bonne part ce qui reste, puisque c'est pour vous qu'il est resté. Si j'eusse voulu me faire valoir, je devois aller par degrés, et mener ma besogne d'un ordre que le plus friand fût servi le dernier. Mais sans y apporter tant de façon, j'ai tout d'un coup mis sur la table ce qui m'a semblé le plus nécessaire. A cette heure s'il m'est échappé quelque chose, je le ramasse. Et pour en parler franchement, si vous m'en demandez mon avis, je ne trouve pas qu'il soit trop à propos, après qu'on a dit ce qui peut servir à l'instruction de la vie, de courre après des choses qui ne sont pas tant pour le remède de l'âme que pour l'exercice de l'esprit. Démétrius le Cynique, homme qu'à mon jugement on ne sauroit mettre auprès de rien si grand qu'il ne fasse toujours paroître sa grandeur, dit ordinairement une chose que je trouve fort à propos : qu'il vaut mieux ne savoir que peu de préceptes de sagesse, et les avoir toujours en la main, que d'en apprendre une infinité qu'il faille chercher quand on s'en veut servir. « Comme, dit-il, pour être bon lutteur il n'est pas question de savoir toutes ces prises

---

1. Sénèque cite ici deux vers des *Géorgiques* de Virgile (liv. II, v. 45), que Malherbe n'a pas traduits.

et liaisons qui ne se mettent guère en usage, mais suffit d'en apprendre deux ou trois exactement, et prendre bien à propos l'occasion de les pratiquer, parce que l'importance n'est pas de savoir beaucoup, mais de savoir assez pour vaincre ; aussi en cette science il y a plusieurs choses qui plaisent, mais peu qui servent. Quand vous ne sauriez point pourquoi l'Océan a son flux et son reflux ; pourquoi en chaque septième année l'âge de l'homme a sa marque ; pourquoi regardant une galerie d'un bout à l'autre, il nous semble qu'elle aille en s'étrécissant, et que les piliers du bout éloigné de nous s'entre-touchent ; pourquoi deux gémeaux séparés en la conception sont assemblés en l'enfantement ; si un même coup s'est divisé en deux, ou s'ils ont eu chacun leur conception à part ; pourquoi ayant même naissance ils ont leurs fortunes si contraires, et venant ensemble au monde prennent quand ils y sont des chemins si différents : ce ne nous[1] sera pas grand dommage de passer par-dessus des choses qu'il est aussi difficile de comprendre comme inutile de savoir. La vérité est cachée dans des abîmes. Et ne faut point pour cela que nous nous plaignions que Nature nous a fait tort ; parce que s'il est quelque chose difficile à trouver, c'est ce qui ne peut de rien servir à celui qui le trouve, que de pouvoir dire qu'il l'a trouvé. Tout ce qui fait l'amendement et la félicité de l'homme est en belle vue, et bien près de lui. Si l'esprit s'est fortifié contre les choses casuelles, et porté au delà de l'appréhension ; s'il a donné des bornes à l'avidité de ses espérances, et se restreint à ne rien demander qu'à soi-même ; s'il ne doute point de la bonté des Dieux, et est résolu contre la malice des hommes ; s'il se rit des sollicitudes de notre vie, et recon-

---

1. On lit *nous* dans toutes les éditions ; Malherbe avait probablement écrit *vous* ; en latin il y a *tibi*.

noît que lui chercher du lustre c'est lui procurer du tourment; s'il estime la mort un repos de toutes misères; s'il remet à la vertu la conduite de ses actions, et pour la suivre ne trouve point de mauvais chemin; si comme un animal sociable et né pour la communication, toute la terre ne lui semble qu'une maison commune; s'il ouvre sa conscience aux Dieux, et vit comme continuellement éclairé des hommes; et finalement si plus honteux de soi-même que des autres, il se retire en quelque demeure écartée où les vents du monde ne le troublent point, il n'ignore rien de ce qu'il est utile et nécessaire de savoir. Tout le reste ne lui peut servir qu'à passer le temps quand il n'a point d'occupation, ne lui étant pas défendu, depuis qu'il s'est mis en état d'assurance, de se laisser quelquefois échapper à des considérations qui n'ont à la vérité rien de solide, et toutefois peuvent contribuer quelque chose à son embellissement. »

II. Ce sont les préceptes que Démétrius veut qui ne nous partent jamais des mains, que nous portions en quelque part que nous allions, et que, s'il se peut faire, nous attachions et incorporions avec nous, afin que par leur méditation continuelle, toujours et partout nous puissions trouver ce qui nous est salutaire quand nous en aurons besoin, et que tout aussitôt que nous voudrons faire quelque chose, la distinction de ce qui est honnête ou déshonnête, présente à notre imagination, nous avertisse qu'il n'est rien mauvais que ce qui n'est point honnête, ni rien bon que ce qui se peut faire avec honneur. C'est par cette règle qu'il faut policer nos actions, faire et desirer toutes choses, et réputer les plus misérables hommes du monde, quelque belle et pleine d'éclat que puisse être leur fortune, ceux qui n'ayant soin que de leur ventre et de leur paillardise, laissent moisir leurs âmes en l'assoupissement d'une abominable oisiveté. C'est avec cette règle qu'il faut qu'il se représente que la volupté est une chose fragile, peu durable, et en un moment dégoûtée des objets qu'elle estime le plus; qui plus on la prend avidement, plus elle est sujette à se changer en son contraire; qui tire infailliblement la honte et la repentance après elle, et n'a rien de splendide, ni rien digne de cette prérogative donnée à l'homme sur les autres animaux d'approcher le plus près de la divinité, mais basse et contemptible, comme faite par le ministère des plus sales et plus vergogneuses parties de notre corps, ne peut être que sale et vergogneuse en son événement. Que la volupté vraiment digne de l'homme, et de l'homme d'honneur, n'est pas de se gorger de viandes, et réveiller des cupidités qu'il est bien plus sûr de laisser dormir, mais de n'avoir en l'esprit ni ces gênes que fait naître l'ambition des hommes bandés les uns contre les autres, ni cette perturbation qui vient de croire ce qu'on nous raconte des Dieux, et nous figurer en leur nature les mêmes vices et qualités défectueuses qui sont en l'humanité. C'est cette volupté toujours égale, toujours intrépide, et jamais importune, que goûte le sage de qui nous parlons, savant aux lois du ciel et de la terre, et par la jouissance des choses présentes exempt des inquiétudes que donne l'imagination de celles qui sont à venir. Il sait bien que se proposant des choses incertaines, il est impossible d'avoir rien de ferme. Aussi les roses de son âme n'ont point d'épines[1]. Il n'espère rien, il ne craint rien, mais content de ce qu'il possède, se moque de ce que lui montre la fortune, et des choses douteuses qu'il peut avoir de sa libéralité. Quand je vous dis qu'il est content de ce qu'il possède, ne vous

---

1. Il n'est guère besoin d'avertir que cette métaphore n'est point dans Sénèque. Il dit simplement : *Magnis itaque curis exemptus et distorquentibus mentem.*

imaginez pas qu'il est content de peu de chose. Il possède tout, non comme le possédoit Alexandre, à qui sur les bords mêmes de la mer Rouge[1] il manquoit plus qu'il n'avoit acquis. Ce qu'il tenoit, et que ses victoires avoient soumis à son empire, n'étoit point à lui, puisqu'Onésicritus avec son armée navale couroit encore l'Océan pour découvrir des ennemis, et chercher des guerres en une mer qui n'avoit jamais connu de vaisseau. Quelle marque voudriez-vous plus apparente de sa pauvreté, que de se précipiter entre des choses qui n'avoient ni fin, ni fond, ni mesure, et pour assouvir une ambition furieuse être content de s'exposer à toute sorte de périls? Qu'importe combien il a brigandé de royaumes, combien il en a donné, ni combien de terres lui sont tributaires, puisqu'il desire quelque chose qu'il n'a point?

III. Alexandre, qu'une témérité fortunée mena sur les pas d'Hercule et de Bacchus, n'a pas été seul entaché de ce vice, mais généralement tous ceux à qui la fortune a fait venir l'appétit en les soûlant. Considérez Cyrus, Cambyse, et toute la race des rois de Perse. Qui trouverez-vous qui de soi-même ait borné sa domination, et n'ait perdu la vie sur quelque dessein de l'étendre plus avant? Et ne s'en faut pas étonner : quelque grande que soit une chose, sitôt qu'elle est au pouvoir de l'ambition, elle se consume et s'épuise, comme tombée en un abîme qui n'a point de fond. Depuis que des mains sont insatiables, il n'importe qu'on y mette. Le sage seul est le vrai maître de toutes choses, et n'a point de peine à les garder. Il n'a point d'ambassadeurs au bout du monde, il ne jette point d'armées sur la frontière des ennemis, il ne tient point de garnisons dans les places, il n'a point de régiments de

---

1. *Rouge*, manque dans l'édition de 1630, mais se trouve dans les éditions suivantes.

gens de pied, ni de cornettes de cavalerie. Mais comme les Dieux sans armes conservent la paix en leur empire, et de leur citadelle, qui ne craint l'intelligence ni la surprise, ont l'œil à la protection de ce qui leur appartient; ainsi de quelque étendue que soit la charge du sage, il la fait sans tumulte, et meilleur et plus grand que le reste des hommes voit à ses pieds tout ce que la terre a de plus élevé. Riez-vous-en tant qu'il vous plaira. C'est la preuve d'un courage extrêmement brave, et qui se sent extraordinairement appuyé sur sa propre force, quand l'esprit a couru de l'orient à l'occident, qu'il a pénétré dans les plus inaccessibles solitudes, et considéré cette abondance diversifiée d'animaux, et de toutes choses que la nature produit si libéralement, de pouvoir comme Dieu laisser aller cette voix : « Tout cela est à moi. » C'est de là que vient qu'il ne desire plus rien, parce que hors de tout il n'y a rien.

IV. C'est ce que je voulois, direz-vous. Vous êtes où je vous demandois. Il faut voir comme vous sortirez de ce filet, où de vous-même vous êtes venu vous envelopper. Dites-moi comme on peut donner quelque chose à un sage, puisque tout est sien? car ce que vous lui donnez est sien aussi, et par conséquent il est impossible qu'il reçoive aucun bienfait. Et cependant vous dites qu'on lui peut donner quelque chose. La même question que je vous fais du sage, je la vous fais des amis. Vous dites qu'entre eux toutes choses sont communes. On ne peut donc rien donner à son ami, parce qu'on ne lui peut rien donner où il n'ait sa part. Il n'est pas incompatible qu'une chose soit au sage, et au maître qui la possède. Quand je dis que tout est au sage, je n'entends pas que chacun ne demeure propriétaire de ce qui est à soi. Par la constitution du droit civil tout est au Roi, et toutefois il n'y a rien de tout ce dont il s'attribue la seigneurie universelle qui n'ait son possesseur particulier; de façon que nous pouvons donner au Roi une maison, un esclave, et une somme d'argent, et cependant on ne dit point que nous lui donnions chose qui soit à lui; parce que bien que son pouvoir s'étende sur toutes choses, elles ne laissent pas d'appartenir particulièrement à quelqu'un. Nous disons le terroir d'Athènes et de Campagne[1], et cependant il n'est point de champs qui n'aient leurs maîtres, et qui ne soient distingués de tenants et aboutissants. On dit bien en général : « C'est le terroir de telle ou telle ville, » mais en particulier on dit le champ d'un et d'un tel. Et pour ce je puis donner à la communauté d'une ville des terres que déjà nous appelions siennes auparavant, parce qu'elles sont d'une façon à elle, et de l'autre à moi. Qui doute que l'esclave et tout ce qu'il a ne soit à son maître? et toutefois il ne laisse pas de lui faire des présents; car il ne s'ensuit pas que l'esclave n'ait rien, pource qu'il n'auroit rien si son maître ne vouloit. Et ce que volontairement il donne à son maître n'est pas moins un présent, pource que son maître le pouvoit prendre de force s'il eût voulu. Par ces exemples (demeurant d'accord, comme nous sommes, que tout est au sage) on peut résoudre notre question : comme il est possible, puisque tout est sien, qu'il reste de quoi lui donner? Les enfants n'ont rien qui ne soit au père, et néanmoins qui doute qu'un père ne puisse recevoir quelque chose de son fils? Tout est aux Dieux, et cependant nous leur faisons des offrandes, et mettons des pièces d'argent sur leurs autels. Ce que j'ai, pour être vôtre, ne laisse pas d'être mien. Il peut bien être vôtre et mien tout ensemble. Vous dites que celui qui tient des femmes qui se prostituent est maquereau. Toutes choses sont au sage. Au nombre de toutes choses sont comprises les femmes qui se prostituent. Il

---

1. Campanie.

s'ensuit donc qu'elles sont au sage, et que par conséquent il est maquereau. Par cette même raison, ils veulent dire que le sage ne peut rien acheter, et voici leur argument : Personne n'achète ce qui est sien. Tout est au sage. Le sage ne peut donc rien acheter. Ils passent plus outre, et disent qu'il ne peut rien emprunter, parce que personne ne paye intérêt de son argent. Et de cette façon, combien qu'ils entendent bien ce que nous voulons dire, ils nous proposent un nombre infini de calomnieuses[1] subtilités.

V. Quand je dis que tout est au sage, c'est en sorte que chacun ne laisse pas de demeurer maître du sien ; comme sous un bon règne le Prince a bien la juridiction sur toutes choses, mais les particuliers en retiennent la propriété. Ceci se pourra mieux prouver quelque autre fois plus à loisir. Il suffira pour cette heure de dire que je puis donner au sage ce qui est d'une façon à lui, et de l'autre à moi. Ce n'est pas chose nouvelle, qu'on puisse donner une partie à celui à qui est le tout. Vous m'avez loué une maison. En cette maison il y a du vôtre et du mien. La chose est à vous, et l'usage de la chose est à moi. De même, s'il ne plaît à votre fermier, vous ne pourrez manger des fruits qui naîtront en votre jardin ; et qu'il soit famine ou cherté,

> Vous lui verrez en vain un grand monceau de blé[2].

Il aura crû dans votre champ, et sera serré dans votre grenier, et cependant vous n'y oserez toucher. Vous serez maître du logis que vous avez loué, et cependant vous n'y entrerez point. Si votre esclave est à mes gages, vous ne le pourrez emmener s'il ne me plaît. Si vous m'avez loué un coche, vous n'y pourrez avoir place que par ma cour-

---

1. *Calomnieuses*, chicanières.
2. Virgile, *Géorgiques*, liv. I, v. 158.

toisie. Vous voyez donc bien comme il se peut faire qu'une chose sera vôtre, et cependant vous ne laisserez pas de la recevoir de moi comme une gratification.

VI. En ce que je viens d'alléguer il y a deux maîtres d'une même chose. Comment? Pource que l'un a l'usage, et l'autre la propriété. Nous disons les livres de Cicéron, et cependant Dorus le libraire dit qu'ils sont à lui. L'un et l'autre dit vrai. L'un se les attribue pour les avoir faits, et l'autre pour les avoir achetés. A qui que vous disiez qu'ils sont, vous ne faillirez point ; car ils sont à l'un et à l'autre, mais à divers titres. Ainsi Tite Live peut acheter ou recevoir en don ses propres livres d'un libraire. Je puis donner au sage ce qui est mien, encore que tout soit à lui ; car puisque la seigneurie universelle est comme celle des rois, et que cependant toutes choses particulières ont leur maître particulier, il est capable de recevoir des présents, de devoir, d'acheter et de louer. Tout est à l'Empereur ; mais il n'y a que ce qui est sien particulièrement qui soit de son domaine. Son empire comprend tout, son patrimoine ne s'entend que de ce qui est à lui propriétairement. On peut demander ce qui est à lui, ou ce qui n'y est pas, sans diminuer rien de sa grandeur ; car cela même qu'on dit être à un autre, est à lui par un autre moyen. Ainsi le sage possède toutes choses en esprit, et en propriété ce qui est particulièrement à lui.

VII. Quelquefois Bion argumente que tous les hommes sont sacriléges ; quelquefois il soutient qu'il n'en est point, et qu'il n'y a moyen de l'être. Quand il veut mettre tout le monde entre les mains du bourreau, voici ce qu'il dit : « Quiconque prend, consume, et applique à son usage une chose qui appartient aux Dieux, il est sacrilége. Or toutes choses sont aux Dieux. Tout ce donc que quelqu'un prend, en quelque lieu que ce soit, il le prend aux Dieux, à qui tout appartient. Et par conséquent quiconque prend quelque chose que ce soit, il est sacrilége. » Après, quand il veut mettre les temples et le Capitole au sac et au pillage, il dit qu'on ne sauroit faire de sacrilége, pource que tout ce qu'on prend en un lieu qui appartient aux Dieux, on le porte aussi en un autre qui leur appartient. On lui répond à cela : que tout est bien aux Dieux voirement, mais que tout ne leur est pas dédié ; que le sacrilége se commet aux choses où la religion leur a donné titre particulier ; que de cette façon le monde entier est leur temple, et qu'il n'y en a point d'autre digne de leur amplitude et magnificence ; et cependant nous ne laissons pas de faire distinction des choses profanes et des sacrées, et dans un petit coin, à qui nous avons donné le nom de chapelle, nous n'oserions faire des choses que nous faisons à la vue de tout le ciel. Un sacrilége ne peut faire injure aux Dieux, pource que leur condition les a mis hors de la portée de nos insolences ; et toutefois on le châtie, d'autant qu'en ce qu'il a fait il a pensé s'adresser aux Dieux. Pour son opinion et la nôtre il faut qu'il soit puni. Comme donc un homme est estimé sacrilége qui dérobe quelque chose de sacré, combien qu'en quelque part qu'il la mette, ce ne puisse être que dans l'enclos du monde, par la même raison, encore qu'on ne puisse rien ôter au sage de ce qu'il possède comme seigneur universel, toutefois on lui peut dérober quelque chose de celles qui au partage du monde sont tombées en sa propriété. Il se plaît en cette possession générale, et n'en voudroit pas de plus particulière. Il diroit comme un grand capitaine romain, à qui pour les services qu'il avoit faits à la République on vouloit bailler autant de terre qu'en labourant il en pourroit environner en un jour : « Il ne vous faut pas un citoyen à qui il faille plus qu'à un citoyen. » Combien pensez-vous qu'en ce refus il y eût plus de gloire qu'au mérite ! car d'arracher les bornes de ses voisins, c'est chose ordinaire ;

mais de s'en donner à soi-même, il n'est point d'exemple de cette vertu.

VIII. Quand donc nous voyons le sage avoir de l'autorité sur toutes choses, et son pouvoir s'étendre sur tout l'univers, nous disons que tout est à lui; quand nous suivons le droit ordinaire, nous comptons par tête ce qu'il peut avoir de revenu. Ces deux estimations sont bien différentes. On lui feroit horreur de lui parler de posséder le monde au même droit qu'il possède son bien particulier. Je ne vous irai point querir Socrate, Chrysippus, Zénon et tous ces autres qui sans mentir ont été grands personnages, mais que peut-être on estimeroit moins, si ce n'est que l'envie ne s'oppose pas à la gloire de ceux qui sont morts. Je vous viens d'alléguer Démétrius. C'est un homme que je crois que la nature expressément ait fait naître au siècle où nous sommes, pour montrer qu'il nous est aussi peu possible de le corrompre, comme à lui de nous corriger; homme d'une sagesse exacte, encore qu'il ne l'avoue pas, d'une résolution inébranlable et d'une éloquence conforme à la gravité des matières qu'il traite, non fardée, non empêchée à l'élection des paroles, mais qui suit où l'affection du sujet l'emporte, et qui par ses conceptions toujours relevées témoigne combien son âme a de courage et de vigueur. Je ne pense point que Dieu l'ait fait si plein de prud'homie et de suffisance, que pour être un exemple que notre siècle eût la gloire de suivre ou la reproche[1] de n'avoir point suivi.

IX. Si quelque Dieu lui vouloit bailler la possession propriétaire du monde à cette condition de n'en rien donner, je jurerois bien qu'il ne la voudroit pas prendre, et qu'il diroit : « Quant à moi, je n'ai rien qui m'oblige ni qui m'arrête, je ne me veux point brouiller en cette confusion

---

1. Voyez plus haut, liv. III, chap. XVI.

d'affaires, ni m'engager au fond d'une bourbe d'où j'aie de la peine à me tirer. Pourquoi m'apportez-vous tout ce qu'il y a de mal et d'ordure sur la terre? Je ne prendrois pas ce que vous m'offrez, quand ce seroit pour le redonner aussitôt, parce qu'entre tant de choses, il y en a beaucoup que j'aurois honte qu'elles vinssent de ma main. Je me veux remettre devant les yeux l'éclat de ces vanités, par qui tous les hommes du monde, et les rois même, sont éblouis. Je veux considérer ce qui est le prix de votre sang et de vos vies. Faites-moi venir premièrement les dépouilles de la luxure[1], l'une après l'autre, ou tout à la fois, comme vous aimerez le mieux. Je vois les compartiments élaborés d'une voûte, et des coquilles des plus vilains et plus paresseux animaux que produise la nature, qui ont coûté beaucoup d'argent, et où le peintre a si vivement contrefait cette bigarrure qui les recommande, que l'artifice ne diffère point du naturel. Je vois des tables et des meubles de bois, qui ne valent pas moins que le revenu d'un sénateur, et qui sont d'autant plus estimés, que la mauvaise fortune des arbres les a produits avec plus de nœuds. Je vois là des vases de cristal qui ne sont prisés que pource qu'ils sont fort fragiles, et que le péril qui dût apporter le dégoût, en fait naître le desir à ceux qui n'en savent pas bien user. J'en vois de porcelaine, parce que la luxure ne seroit pas servie à souhait si quelque vaisseau qui ne fût de prix recevoit ce qui doit incontinent être vomi. Je vois des perles, non une à chaque oreille (car aujourd'hui les oreilles se sont accoutumées à la pesanteur), mais par couples les unes au-dessus des autres. Les femmes n'avoient pas encore bien mené leurs maris pas le nez[2], s'ils ne leur eussent

1. Dans le sens du latin *luxuria*, luxe.
2. Ce jeu de mot est de Malherbe. Sénèque s'est contenté de dire : *Non satis muliebris insania viros subjecerat, nisi....*

pendu aux oreilles le revenu de deux ou trois bonnes maisons. Je vois des robes de soie (s'il faut appeler robes ce qui ne défend ni le corps ni la honte, et que celles qui les portent se peuvent dire aussi nues que si elles ne portoient du tout rien), et cependant les étoffes en sont apportées de bien loin et achetées bien cher, afin que leurs mignons mêmes ne puissent voir davantage en la chambre que ce que publiquement elles découvrent à la vue de tous ceux qui les veulent regarder.

X. « Où en es-tu, avarice? Combien est-il aujourd'hui de choses qu'on estime plus que ton or? Toutes celles que je viens de dire sont plus honorées qu'il n'est, et coûtent plus qu'il ne fait. Je ne touche point à ces plaques d'or et d'argent que tu mets en réserve, et qui sont les sujets ordinaires de notre passion. Mais si est-ce qu'il semble que la terre, qui d'ailleurs a mis au jour tout ce qui a été nécessaire pour l'usage de notre vie, eût retiré ces métaux au lieu le plus secret de ses entrailles, et se fût couchée dessus de tout son poids pour les y retenir, prévoyant qu'ils n'en pourroient sortir qu'à la ruine et destruction du genre humain. Je vois le fer tiré des mêmes ténèbres où étoit l'or et l'argent, afin que puisque les hommes avoient à s'entre-tuer, ils ne manquassent non plus d'outils pour le faire que de récompenses de l'avoir fait. Encore toutes ces choses-là sont matérielles et ont de quoi rendre l'esprit aucunement complice de la folie des yeux. Je vois des contrats, des cédules, des cautions, simulacres inutiles de richesses et fantômes d'une avarice malade, qui ne servent qu'à piper les esprits foibles par une imagination ridicule d'avoir des choses qui ne sont point. Que sont-ce que l'intérêt, le papier-journal[1], l'u-

---

1. Registre, livre de compte. Malherbe traduit ainsi le latin *calendarium*.

sure, sinon des noms sans substance, que les hommes ont recherchés pour donner quelque soubassement illusoire à leur insatiable cupidité? La nature nous a certainement donné du sujet de nous plaindre d'elle, de n'avoir mis l'or et l'argent plus avant dans la terre, ou ne les avoir couverts de quelque chose si de pesant, qu'il n'y eût moyen de jamais les faire sortir au jour. Que sont-ce ces contrats, ces papiers de compte, cette invention de vendre le temps, et cette usure vraiment sanglante de bailler l'argent à douze pour cent, sinon des maux volontaires partis de notre forge, et chimères d'une vaine convoitise, où il n'y a rien qui puisse être objet ou de l'œil ou de la main? Oh! qu'un homme est misérable qui se glorifie de tenir un gros papier de rentes, de labourer de grandes campagnes par ses esclaves, d'avoir des troupeaux innombrables distribués à paître en toutes les provinces, de mener une suite qui semble une armée, et finalement d'avoir des palais de qui l'enceinte ait plus l'apparence d'une ville que de la maison d'un particulier! Quand il aura bien considéré toutes ces particularités, qui sont les sujets ordinaires de sa dépense, et qu'il pensera bien avoir de quoi s'enfler, il confessera qu'il est pauvre s'il compare ce qu'il desire à ce qu'il a. Laissez-moi aller. Renvoyez-moi parmi mes biens. Je m'en vais en mon royaume de sagesse, de qui l'étendue n'a point de limites, et d'où je sais bien que je ne puis jamais être dépossédé. Toutes ces choses sont miennes, mais c'est d'une façon que tout le monde en a sa part. »

XI. Aussi comme Caïus César un jour lui[1] voulut donner deux cents talents, il fut si dédaigneux et si brave à ne les prendre point, que seulement il ne voulut pas qu'on sût qu'il les eût refusés. Aussi pour n'en mentir point, à

---

1. A Démétrius le Cynique.

quelque fin que fût fait ce présent, ce n'étoit pas chose suffisante pour honorer ou pour corrompre un courage ferme et résolu comme le sien. Il ne lui faut point dérober le témoignage qu'il mérite. J'ai ouï réciter que s'étonnant du peu de sens de l'Empereur, qui s'étoit persuadé que si peu de chose le dût rendre autre qu'il n'étoit, il tint un propos aussi relevé que son âme étoit haute et généreuse : « Il me devoit, dit-il, offrir tout son empire, puisqu'il avoit envie de me tenter. »

XII. Encore donc que tout soit au sage, on ne laisse pas de lui pouvoir donner quelque chose. Aussi quoiqu'on die que tout est commun entre les amis, ce n'est pas à dire qu'on ne puisse faire un présent à son ami ; car cette communité n'y est pas telle qu'avec un compagnon qui peut dire : « Cette moitié est vôtre, et cette-ci mienne ; » mais comme celle d'entre le père et la mère, qui ayant deux enfants n'en ont pas chacun le sien, mais chacun deux. Or à cette heure quiconque soit celui qui veut que nous soyons compagnons, je lui veux montrer qu'il n'y a rien de commun entre lui et moi. Pourquoi ? Pource que cette société, non plus que l'amitié, ne peut être qu'entre les sages. Les autres sont aussi peu amis que compagnons. Au reste les choses peuvent être communes en beaucoup de sortes. Les degrés du théâtre destinés aux chevaliers romains leur sont communs à tous; et cependant quand j'y ai pris place, je la puis appeler mienne. Si je la cède à quelqu'un, encore que je lui aie cédé une chose commune, il semble toujours que je l'aie gratifié de quelque chose. Il est des choses qui ne sont aux personnes qu'avec certaine condition. Si j'ai place aux siéges des chevaliers, ce n'est pas pour la vendre, ni pour la louer, ni pour y habiter, mais seulement pour regarder. Et pour ce je ne mentirai point si je dis que j'ai place aux siéges des chevaliers; mais venant au théâtre, si je trouve toutes les places des chevaliers prises, je puis dire que j'y ai place, parce qu'il m'est permis de m'y seoir, mais je ne l'ai pas, parce que ceux avec qui ce droit de place m'est commun ont tout occupé. Pensez qu'il en est de même entre les amis. Tout ce qu'a notre ami nous est commun, mais celui qui le tient en a la propriété. Je n'en puis user sans sa permission. Vous vous moquez, direz-vous. Si ce qui est à mon ami est à moi, je dois avoir puissance de le vendre. Il ne s'ensuit pas; car vous ne pouvez pas vendre les siéges du théâtre, et cependant vous y avez part avec tous les autres chevaliers. Vous n'avez pas liberté de vendre une chose, ni de la consumer, ni d'en faire ce qu'il vous plaît; elle n'est donc pas à vous. C'est un argument qui ne vaut rien; car une chose ne laisse pas d'être à vous, pour y être à certaine condition. Vous me l'avez baillée, mais pour cela vous ne laissez pas de l'avoir.

XIII. Pour ne vous tenir pas davantage, un bienfait ne sauroit être plus grand que l'autre, oui bien les choses où il consiste, selon que ceux qui donnent prennent plaisir d'étendre leur bienveillance, et de se contenter en la témoignant. Comme quand les amoureux multiplient leurs baisers et s'embrassent plus étroitement, ils ne s'aiment pas davantage, mais ils donnent de l'exercice à leur affection. La question que je vais proposer est vidée par les précédentes. Aussi ne ferai-je que passer par-dessus; les raisons qui ont servi aux autres serviront encore en celle-ci. On demande si celui qui a fait tout ce qu'il a pu pour se revancher est quitte; car pour montrer qu'il n'est point quitte, il a fait ce qu'il a pu pour s'acquitter. Il ne peut donc avoir fait ce qu'il n'a point eu moyen de faire; comme celui n'a point payé son créancier, qui pour le payer a cherché de l'argent partout et n'en a point trouvé. Il est des choses de cette nature, que l'effet y est nécessaire, et d'autres qu'on réputc comme faites, quand pour les faire on a tout essayé. Le médecin est quitte de ce qu'on lui peut demander, quand pour guérir le malade il n'a rien oublié de ce qui dépend de lui. L'avocat de qui la partie a perdu sa cause n'a pas moins de suffisance, pourvu qu'il ait bien plaidé. Si le général d'une armée a fait tout ce que peut faire un sage et vaillant capitaine, et que cependant il se soit passé quelque chose à l'avantage de ses ennemis, il ne mérite pas moins d'être loué. Tout de même si quelqu'un pour se revancher en votre endroit a fait ce qui lui est possible, mais votre bonne fortune l'en a gardé, vous n'avez point eu de sujet d'éprouver un ami ; vous avez toujours été riche, il n'a eu que vous donner ; toujours sain, il ne vous a pu assister ; toujours à votre aise, il n'a pu vous secourir ; encore qu'il ne vous ait rien rendu, vous ne le pouvez accuser d'ingratitude. Et puis si continuellement cette pensée lui a occupé l'esprit, s'il a toujours ouvert les yeux, et n'a rien oublié de la diligence qui s'y pouvoit apporter, n'a-t-il pas eu plus de peine que s'il eût eu moyen de rendre aussitôt qu'il eut reçu ?

XIV. Le fait de l'emprunteur n'est pas semblable, pource que s'il ne paye, ce n'est pas assez d'avoir cherché de l'argent. Il a toujours son créancier à dos, qui ne lui en quitteroit pas un jour, où vous au contraire avez affaire à un homme de bon naturel, qui, s'il vous voyoit en cette inquiétude, vous diroit :

« Bannissez-vous ce trouble de l'esprit[1].

« C'est assez ; ne vous tourmentez plus ; je suis content de vous ; vous me faites tort si vous croyez que j'en desire

---

1. Virgile, *Énéide*, livre VI, v. 85.

quelque chose davantage ; j'ai tout le témoignage que je pouvois desirer de votre affection. » Oui, mais si vous dites que celui qui a payé en cette monnoie soit quitte, vous mettez rendre et ne rendre point en un même degré. Posons à cette heure le cas au contraire, que quelqu'un ne se fût nullement souvenu qu'on lui eût fait plaisir, et n'eût pas fait une seule démonstration de s'en ressentir, ne diriez-vous pas qu'il seroit ingrat? Or cettui-ci a couru de jour et de nuit, et a laissé toutes autres affaires, tant il avoit de peur qu'il ne lui échappât quelque occasion de se revancher. N'estimerez-vous non plus celui qui a eu cette sollicitude si continuelle et si pressée, que celui qui n'en a point eu du tout? Vous êtes injuste, si vous demandez une chose qu'il ne tient pas à moi que je ne vous baille. Enfin prenez le cas qu'ayant su que vous aviez été pris, j'ai emprunté de l'argent, et baillé en gage[1] tout ce que j'avois pour en trouver ; je me suis embarqué au cœur de l'hiver le plus cruel qui pouvoit être ; j'ai passé à la merci de tous les brigandages de la côte, et couru toutes les fortunes de la mer ; et finalement ayant été par toutes les solitudes les plus égarées pour chercher ceux qui sont fuis de tout le monde, je suis arrivé où étoient les corsaires, mais un autre vous avoit déjà délivré. Direz-vous que je ne me suis point ressenti du plaisir que vous m'avez fait? non pas même quand en ce voyage par le bris du navire j'aurois perdu l'argent que je portois pour votre rançon, et que je me serois mis aux pieds les fers que je m'étois proposé de vous ôter? Si est-ce que les Athéniens appellent Harmodius et Aristogiton tyrannicides ; et la main de Mucius laissée sur l'autel de l'ennemi eut la même gloire que si elle eût fait le coup qui lui avoit été commandé. Quand la vertu lutte contre la fortune, on ne

1. VAR. (édit. de 1631) : Baillé à gage.

l'estime pas moins pour être demeurée au deçà de l'exécution. Celui qui a suivi les occasions, et qui comme il lui en est échappé une a couru après l'autre, afin de vous pouvoir rendre ce qu'il avoit reçu de vous, il a plus fait que celui qui sans sueur et sans peine n'a pas été sitôt obligé qu'il n'ait trouvé moyen de s'acquitter.

XV. Vous me dites qu'au bienfait il y a deux points, la volonté de donner, et la chose qui est donnée, et que par conséquent il en faut deux à la revanche. Vous auriez raison de tenir ce langage à un paresseux, qui sans bouger d'une place penseroit assez faire de vouloir, mais non pas à un qui assemble à cette volonté tous les efforts qui lui sont possibles, et ne voit pierre qu'il ne remue pour s'acquitter; car il ne tient pas à lui que l'effet n'accompagne la volonté. Davantage, il ne faut toujours estimer les choses au nombre; quelquefois une en vaut deux. C'est pourquoi, puisque l'impossibilité lui résiste, payez-vous de la grandeur de son affection. Que si toujours en la reconnoissance les effets sont nécessaires, à qui est-ce que les Dieux ne reprocheront l'ingratitude, puisqu'on ne leur peut rien offrir que la volonté? Oui, mais, direz-vous, les Dieux ne peuvent rien recevoir de nous. Il est vrai; mais si celui qui m'a fait plaisir pour la félicité de sa condition en est de même, pourquoi est-ce qu'il ne se contentera de la même satisfaction?

XVI. Toutefois si vous voulez que je vous die ce qui m'en semble, et que je me signe[1], je suis d'avis que l'un fasse compte d'avoir reçu la revanche, et que l'autre se souvienne qu'il n'en a point fait. Que l'un quitte, et que l'autre ne pense pas moins à payer. Que l'un die : « Je suis payé, »

---

1. Que je signe ma réponse. Malherbe traduit ainsi les mots latins : *Si vis signare responsum.*

et que l'autre réponde : « Je dois. » Le but de toutes nos questions doit toujours être le bien public. Il faut couper chemin aux excuses des ingrats, s'il est possible, et ne leur rien laisser sous quoi leur mauvaise volonté se puisse mettre à couvert. J'ai fait tout ce qui m'a été possible. Continuez. Avez-vous opinion que nos ancêtres n'eussent de jugement assez pour connoître qu'il n'est pas raisonnable de traiter également un bordelier[1] à qui les dés et les femmes auroient fait manger tout ce qu'il auroit pu trouver en la bourse de ses amis, et un homme de bien qui par inconvénient de feu, par violence, ou par quelque autre accident plus pitoyable, auroit perdu tout ce qu'il avoit, ou du sien ou de l'autrui? Le commerce de la foi leur a semblé chose si nécessaire qu'ils n'ont rien voulu recevoir qu'on pût alléguer à son préjudice, et ont pensé qu'il valoit mieux rejeter quelque petit nombre d'excuses légitimes, que, les recevant, faire une ouverture générale à tout le monde d'en inventer à son plaisir. Vous avez fait ce que vous avez pu pour vous revancher. C'est assez pour lui, et peu pour vous ; car comme celui qui ne se tient pas satisfait de vous voir avec toutes sortes de sollicitudes et d'anxiétés rechercher les moyens de lui rendre ce que vous en avez reçu, ne mérite point de reconnoissance, aussi êtes-vous ingrat si quand il se tient payé de la bonne volonté qu'il voit en vous, et ne vous demande autre chose, vous ne jugez que par vous tenir quitte il vous rend davantage son obligé. Ne lui dérobez point ce que vous lui devez, et ne l'importunez pas aussi de protestations ; mais sans dire mot, voyez de trouver l'occasion de vous acquitter. Rendez à

---

[1]. Nicot, dans son *Dictionnaire*, traduit ce mot, que Malherbe a ajouté, par *ganeo*, *scortator*, « débauché, coureur de mauvais lieux. »

cettui-là, parce qu'il redemande, et à cettui-ci, parce qu'il ne redemande point; à cettui-là, pource qu'il ne vaut rien, à cettui-ci, pource qu'il est homme d'honneur. Au demeurant, s'il étoit homme de bien quand il vous fit plaisir, et que depuis il soit devenu méchant, ne vous faites pas accroire que ce changement vous ait rendu quitte. Vous ne le seriez pas d'une chose déposée entre vos mains, ni d'argent qu'on vous auroit prêté; pourquoi le seriez-vous plutôt d'un bienfait? S'il a changé, voulez-vous changer aussi? Et quoi donc? si un homme sain vous avoit baillé quelque chose, et qu'il devînt malade, vous penseriez-vous dispensé de la lui rendre? N'est-ce pas en l'infirmité que nous avons plus de sujet d'assister nos amis? Il est malade d'esprit, il est raisonnable de lui aider, et supporter de lui. Il faut, à mon avis, que ceci soit distingué, pour être entendu.

XVII. Il y a deux sortes de bienfaits. L'un, qui est le vrai bienfait, ne peut être ni donné ni reçu que par un sage. L'autre descend parmi le peuple, et tombe au commerce de ceux qui ne sont pas tant suffisants. Quant à cettui-ci, c'est chose sans doute qu'à qui que ce soit que je doive, qu'il devienne meurtrier, larron, adultère, ou ce qu'il voudra, je n'y ai point d'intérêt, il faut que je paye. Les crimes ont leurs lois. Ils seront mieux châtiés par un juge que par un ingrat. Ne soyez point ce qu'il est. Jetez au méchant, rendez à l'homme de bien : à cettui-ci, pource que vous lui devez; à cettui-là, pour ne lui devoir rien.

XVIII. Pour l'autre sorte de bienfait, il n'est pas si aisé de s'y conduire. Comme je ne puis recevoir si je ne suis sage, il semble aussi que je ne puis rendre à celui qui ne l'est point; car posez le cas que je rende, il n'est pas capable de recevoir, il a perdu l'usage des choses. Voudriez-vous que je renvoyasse la pelote à un manchot?

C'est folie de donner à quelqu'un ce qu'il ne peut recevoir. Je commencerai à répondre par la fin. Je ne lui donnerai point chose qu'il ne pourra recevoir; mais si je lui dois, je ne laisserai pas de lui rendre, sans regarder à son incapacité; car je ne puis obliger sinon celui qui reçoit; si je rends, je ne fais que m'acquitter. Oui, mais il ne se pourra servir de ce que je lui aurai rendu. C'est à lui d'y penser. Il en sera coupable, et non pas moi.

XIX. Vous me direz que rendre est bailler à quelqu'un qui reçoive. Et quoi? si vous deviez du vin à quelqu'un, et qu'il vous l'eût fait verser dans un sein[1] ou un crible, le lui penseriez-vous avoir rendu? ou bien le lui voudriez-vous rendre d'une façon qu'en le lui rendant il fût perdu pour vous et pour lui? Rendre, c'est avec le gré de celui à qui vous devez lui rebailler ce qu'il vous a prêté. Je ne suis obligé à autre chose. De le faire jouir de ce qu'il aura reçu de moi, c'est un soin qui passe déjà plus avant. Je lui dois tenir parole, mais je ne suis pas son tuteur. Qu'il conserve, s'il veut, ce que je lui rends; je lui veux rendre ce que je lui dois. Je rendrai à mon créancier l'argent qu'il m'aura prêté, sans m'informer s'il le va tout aussitôt employer en pâtisserie. S'il veut que je le baille à quelque garce, je le veux bien aussi. S'il me dit que je le mette dans sa poche, encore qu'elle soit percée, je l'y mettrai, parce que je n'ai qu'à le rendre, et non pas à le garder quand je l'aurai rendu. Je suis obligé de conserver un plaisir que j'ai reçu; si je l'ai rendu, mon obligation ne va point plus avant. C'est assez qu'il ne se perde point

---

1. Dans toutes les éditions postérieures à l'édition de 1631 on a changé le mot *sein* en celui de *sac*, qui ne rend pas aussi bien le mot latin *reticulum*. On comprendrait plutôt que les éditeurs eussent remplacé *sein* par *seine*, seule forme que donne Nicot: ce mot est, comme on sait, le nom d'un filet de pêche.

tandis qu'il est chez moi. Mais au demeurant, si celui qui me l'a fait me le redemande, il faut que je le lui rende, quand il lui devroit tomber des mains en le recevant. Je le rendrai à l'homme de bien, quand il en sera temps ; au méchant, quand il me le demandera. Oui, mais vous ne lui pouvez pas rendre la chose en l'état que vous l'avez prise ; car vous l'avez prise d'un sage, et vous la rendez à un fou. Non fais ; je la lui rends telle qu'à cette heure il la peut recevoir. S'il y a du manquement, il en est accusable, et non pas moi. Je lui rendrai ce qu'il m'a baillé. S'il redevient sage, je le lui rendrai tel que je l'ai reçu ; tandis qu'il est vicieux, je le lui rendrai tel qu'il est capable de le recevoir. Mais que sera-ce si le changement est si grand qu'il ne soit pas seulement devenu vicieux, mais inhumain et sauvage, comme un Apollodorus, ou comme un Phalaris ? lui rendrez-vous en tel état le plaisir que vous aurez reçu ? C'est chose impossible en nature, qu'une altération si notable en un homme sage ; et si quelqu'un de très-homme de bien est devenu très-méchant, il n'est pas possible qu'en ce qu'il est à cette heure, il ne demeure quelque impression de ce qu'il fut par le passé. La vertu ne désempare jamais tellement une âme, qu'elle n'y laisse des caractères que nulle mutation, tant soit-elle grande, n'ait jamais la force d'effacer. Quoiqu'une bête sauvage nourrie parmi nous regagne les bois, elle ne dépouille jamais toute la douceur qu'elle a prise en notre conversation, et demeure aussi différente des autres qui n'ont jamais senti la main de l'homme, comme de celles qui nous sont privées et domestiques naturellement. Il n'est pas possible que celui qui a eu quelque trait de prud'homie puisse devenir méchant en perfection. C'est une teinture qui ne prend jamais si bien une autre couleur, que toujours elle ne retienne quelque apparence de celle qu'elle avoit premièrement. Puis après je vous demande si c'est une cruauté qui particulièrement demeure cachée dans l'âme, ou qui rompe toute clôture, et se manifeste en la ruine du général ; car puisque vous m'avez allégué Apollodorus et Phalaris, si le méchant intérieurement est de leur naturel, pourquoi ne lui rendrai-je le bien qu'il m'aura fait, afin qu'une fois pour toutes je m'en dégage, et que jamais plus je ne me rembarque avec lui? Mais si publiquement il se réjouit et se paît de sang humain, s'il ne distingue point les âges en l'exercice de ses cruautés insatiables, si nulle sorte de supplice ne le satisfait, si non la colère, mais une avidité naturelle, est cause de sa furie, si aux yeux des pères il met le glaive en la gorge des enfants, si non content d'une mort simple, il y ajoute des gênes et des tortures extraordinaires, s'il ne brûle pas, mais rôtit, s'il ne fait autre métier que de tuer, et toujours dégoutte de quelque sang épandu nouvellement, quand je ne lui rendrai point un plaisir qu'il m'aura fait, ne le quitterai-je pas à un bon marché? Tout ce qui me pouvoit convier à la revanche, c'est la considération de la société des hommes ; mais puisque lui-même la découpe et la démembre de cette façon, quelle obligation me peut-il rester qui m'attache désormais avec lui? Si quelqu'un fait la guerre à mon pays, tout ce qu'il a fait pour moi n'a plus de mérite ; la reconnoissance devient crime de félonie. S'il laisse mon pays en repos, mais travaille le sien, si pour être éloigné de la province d'où je suis il ne la trouble point, mais fait toujours quelque tumulte et quelque remuement en la sienne, cette mauvaise inclination fera que me séparant de sa compagnie je me résoudrai, sinon de le haïr, pour le moins de lui vouloir du mal, et ne douterai point que l'affection générale de tout le genre humain ensemble ne me soit plus considérable, que ce que je dois à l'amitié particulière d'un homme seul.

XX. Mais encore que cela soit, et que depuis le temps que par la licence qu'il prit de faire toutes choses défendues il ne demeura rien qui ne fût permis en son endroit, et que je sois libre de vivre avec lui comme il me plaira, si est-ce que j'y apporterai cette observance, que si je lui suis bon à quelque chose qui ne donne appui ni mainforte à ses mauvaises intentions, mais qui se puisse faire sans le préjudice du public, je ne craindrai point en cette occasion indifférente de lui rendre, si je puis, le plaisir que j'en ai reçu. S'il a quelque petit enfant qui coure fortune, je serai bien aise de lui pouvoir sauver la vie; car en cela, quelle incommodité recevront les misérables qui journellement sont travaillés par sa cruauté? Je ne lui baillerai point de quoi payer des gardes. S'il veut bâtir, je lui fournirai du marbre; s'il aime les beaux habits, je lui en ferai venir, parce que ce sont des vanités qui ne peuvent faire mal à personne; mais pour des soldats et pour des armes, c'est chose qu'il n'aura point de moi. S'il me demande des comédiens ou des femmes, je serai bien aise de lui bailler quelque chose qui l'apprivoise, et qui peut-être soit un instrument de l'adoucir. S'il veut des gondoles, des vaisseaux à chambres, ou quelques autres telles fantaisies de grands, qui lassés des passe-temps de la terre veulent que l'eau leur en fournisse, je ne ferai point difficulté de lui en bailler; mais non pas des galères et des vaisseaux de guerre, qu'il puisse employer à l'établissement de son injuste domination. Si je le vois malade sans apparence de guérison, tout d'une main je me revancherai de ce que je lui dois, et m'obligerai tout le monde, pource qu'aux gens de son humeur, le remède est la fin de la vie, et n'est rien si bon que la mort à ceux que la continuation de mal faire a mis hors de toute espérance d'amendement. Mais il n'est guère de méchancetés si désespérées que celle de quoi nous parlons, et quand il s'en trouve, c'est un prodige non moins expiable qu'une ouverture de la terre, ou que des flammes sorties de dessous les abîmes de la mer. Et pour ce reculons-nous-en, et parlons des choses qui nous sont détestables, mais au deçà de l'horreur. Quant à cet autre qui n'est que vulgairement méchant, que je puis rencontrer partout, et à qui chacun en particulier craint d'avoir affaire, il n'y a point de doute que je ne lui doive rendre ce qu'il aura fait pour moi. Je ne veux pas faire mon profit de ses vices. Que ce qui n'est point à moi s'en retourne à son maître, bon ou mauvais, il ne m'en chaut. Puisque je prends garde de si près à rendre, que ferois-je s'il étoit question de donner? Je me souviens ici d'un conte qu'il faut que je fasse.

XXI. Un philosophe pythagorique avoit pris de méchants souliers à crédit chez un cordonnier. Au bout de quelques jours revenant pour le payer, après avoir longtemps heurté à la boutique qui étoit fermée, quelqu'un lui dit : « Que gagnez-vous? Le cordonnier que vous demandez est mort et enterré[1]. Mais peut-être que ce qui nous afflige pour l'opinion que nous avons que nos amis morts sont perdus pour nous à jamais, ne vous semble rien à vous autres qui tenez qu'ils doivent revenir au monde, » rencontrant[2] sur ce pauvre homme qui étoit pythagorique. Notre philosophe remporte son argent, prenant plaisir à le faire sonner en sa main. Mais depuis blâmant en soi cette volonté secrète qu'il avoit eue de ne payer point, et reconnoissant que ce peu de profit lui avoit donné quelque plaisir, il retourne à la même boutique, résolu que le cordonnier n'étoit point mort pour lui, et qu'il falloit payer ce qu'il devoit; et par entre

---

1. *Enterré.* Il y a dans le latin *combustus est.*
2. *Rencontrant,* plaisantant.

deux ais de qui la jointure s'étoit lâchée laissa tomber son argent dans sa boutique, afin de s'accoutumer par cette punition à ne vouloir rien avoir du bien d'autrui.

XXII. Cherchez à qui rendre ce que vous devez. Si personne ne vous le demande, faites-en de vous-même la sommation. Qu'il soit homme de bien ou méchant, ce n'est pas à vous de vous en informer. Rendez-lui, et vous accusez. Ne savez-vous pas comme vos offices sont divisés? Sa charge est d'oublier et la vôtre de vous souvenir. Ce n'est pas que quand je dis qu'il faut qu'il oublie, je lui veuille faire perdre la mémoire, et principalement d'une chose si louable comme est un bienfait. Il est des choses que nous commandons de faire au delà de leur mesure, afin que justement on les fasse comme nous les voulons avoir. Quand je dis qu'on ne se doit point souvenir de ce qu'on a donné, j'entends qu'on ne s'en doit point vanter, ni le publier, ni s'en prévaloir en façon quelconque au désavantage de celui qui l'a reçu ; car il en est que[1] s'ils ont fait quelque plaisir, ils ne se trouveront en compagnie où ils n'en fassent le conte. Ils le diront devant dîner, ils ne s'en tairont pas quand ils seront soûls. Ils en importuneront ceux qu'ils ne connoissent point, et entre leurs amis le feront passer pour un secret. Afin de couper chemin à cette mémoire ainsi excessive et importune en reproches, en commandant d'oublier, qui est plus qu'on ne peut faire, nous conseillons ce qu'on doit faire, qui est de n'en parler point.

XXIII. Quand nous doutons qu'une chose ne soit pas faite comme nous la desirons, il faut que le commandement passe outre les bornes, afin que l'obéissance aille jusques où elle doit aller. On ne se sert des hyperboles,

---

1. Dans l'édition de 1631 il y a *qui* au lieu de *que*.

que pour amener par le mensonge à la vérité. C'est pourquoi quand Virgile a dit :

Plus que la neige blancs, et plus prompts que le vent[1],

il a dit plus que ce qui pouvoit être, afin de faire croire tout ce qui se pouvoit. Et celui qui a dit :

Roide comme un torrent, ferme comme un rocher[2],

a bien pensé qu'on ne se persuaderoit pas qu'il y eût homme au monde immobile comme un rocher. L'hyperbole a toujours plus de hardiesse que d'espérance ; mais pour faire croire ce qui est croyable, elle afferme[3] ce qui passe au delà de toute crédulité. Quand nous disons que celui qui a fait un plaisir l'oublie, nous voulons dire qu'il fasse comme s'il l'avoit oublié ; que la mémoire en disparoisse, et ne se renouvelle plus. Quand nous disons qu'il ne faut point répéter un plaisir qu'on a fait, nous n'en condamnons pas toute répétition ; car assez souvent les méchants ont besoin d'être pressés de rendre, et les gens de bien d'en être avertis. Et quoi donc? si j'ai fait plaisir à quelqu'un, et qu'il se présente une occasion où il ait moyen de me le rendre, s'il ne la voit point, ferai-je difficulté de la lui montrer? lui cèlerai-je mes nécessités, afin que sous ce prétexte faussement il puisse dire qu'il ne les a point sues, ou qu'à bon escient il ait sujet de se plaindre que je ne lui ai fait connoître le moyen qu'il avoit de me secourir? Il faut quelquefois lui en faire couler quelque ressouvenance, mais discrète, qui l'avertisse et ne l'ajourne pas.

1. *Énéide*, liv. XII, v. 84. Le nom de Virgile n'est pas dans le texte latin, où se trouvent seulement ces mots : *Itaque qui dixit*.
2. Ovide, *Métamorphoses*, liv. XIII, v. 801.
3. *Afferme*, affirme.

XXIV. Socrate dit un jour tout haut en la présence de ses amis : « J'aurois un manteau, si j'avois de l'argent. » Il ne demanda rien à personne, mais il les avertit tous, et lors il y eut de la presse à qui lui en bailleroit. Pourquoi non ? Combien étoit-ce peu de chose que ce que Socrate recevoit ? Comme les pouvoit-il toucher plus doucement que de leur dire : « J'aurois un manteau, si j'avois de l'argent ? » Après cela quiconque se hâta le plus, il tarda trop ; il avoit déjà failli à Socrate. Ce que nous défendons de redemander, c'est pour faire la leçon à ceux qui exigent avec trop de rigueur. Nous ne voulons pas qu'il ne se fasse jamais, mais qu'il se fasse peu.

XXV. Aristippus ayant un jour pris plaisir à sentir quelque parfum : « Mal avienne, dit-il, à ces efféminés qui ont diffamé une chose si belle. » Il faut dire comme lui : Mal avienne à ces méchants et importuns quadruplateurs de bienfaits, qui sont cause qu'on a honte de faire un avertissement si bon et si nécessaire entre les amis. Pour moi, je ferai ce que le droit d'amitié me permet, et ne me soucierai point de redemander un plaisir à ceux à qui je ne ferois point difficulté de le demander, et qui seront si aises de me le pouvoir rendre, qu'ils tiendront pour une seconde obligation la liberté que j'aurai prise de les avertir. On ne m'orra jamais faire cette plainte[1] :

. . . . . . . . . . . . . . . . . . . . . . . . . . . . . .

J'y trouve plus de reproche que d'avertissement. C'est nous faire haïr les bienfaits, et non-seulement nous ôter la honte de l'ingratitude, mais quelquefois donner occa-

---

1. Il y a ici dans Sénèque deux vers de Virgile, que Malherbe n'a pas traduits :

Ejectum littore, egentem,
Excepi, et regni demens in parte locavi.

(*Énéide*, liv. IV, v. 373, 374.)

sion d'y prendre plaisir. Il suffit de dire avec un langage qui ne soit ni haut ni recherché[1] :

. . . . . . . . . . . . . . . . . . . . . . . . . . . .

afin que lors il ait sujet de répondre : « Pourquoi ne m'auriez-vous fait plaisir? J'étois pauvre, misérable, chassé de mon pays, qui ne savois où m'adresser; vous m'avez fait cet honneur de m'ouvrir votre maison. »

XXVI. Mais vous me direz que si j'y vais ainsi couvertement, il pourra dissimuler, et se pourra faire aussi qu'il ne s'en souviendra du tout plus. Qu'est-il de faire[2]? Vous me faites une question certainement qui mérite bien d'être disputée, et où il sera temps de faire la fin de notre discours : En quelle façon il faut supporter les ingrats. Paisiblement, doucement et généreusement. Que jamais discourtoisie, oubliance ni ingratitude ne vous offensent en sorte que toujours ce ne vous soit plaisir d'avoir donné. Quelque injure que vous receviez, gardez qu'il ne vous échappe de dire : « Je voudrois n'en avoir rien fait. » Aimez même l'infélicité de votre bienfait. Le moyen qu'il s'en repente toute sa vie, c'est que vous ne vous en repentiez du tout point. Ne vous en offensez point comme si c'étoit quelque chose de nouveau. Si cela ne fût advenu, vous auriez sujet de vous ébahir. L'un craint la peine, l'autre les frais, et l'autre le péril. L'un est diverti par une vilaine honte qu'il a que le rendre ne lui soit une confession d'avoir reçu; l'autre ne sait pas son devoir; l'autre est paresseux; et l'autre a des occupations qui lui tiennent l'esprit ailleurs. Considérez comme l'immense avi-

---

1. Autre citation de Virgile, non traduite par Malherbe :

   Si bene quid de te merui, fuit aut tibi quidquam
   Dulce meum.          (*Énéide*, liv. IV, v. 317, 318.)

2. Qu'y a-t-il à faire? que dois-je faire?

dité des hommes a toujours la bouche ouverte, et ne se lasse jamais de demander. Vous ne vous étonnerez point que personne ne rende, quand vous ne verrez personne qui ne pense avoir trop peu reçu. Qui verrez-vous d'entre eux qui ait l'âme si solide et si ferme, qu'un bienfait puisse être sûrement entre ses mains? L'un enrage après les femmes, l'autre veut toujours avoir le ventre à table; l'autre se consume d'une avarice qu'il est impossible d'assouvir; l'autre a l'envie qui le travaille; et l'autre, qui ne s'imagine que la grandeur et la vanité, entre dans les épées nues des premiers, et plus plein d'ambition que de courage, s'abandonne à toutes sortes de périls. Ajoutez-y que les vieillards perdent les mouvements de l'esprit comme du corps, et les jeunes au contraire, portés par les inquiétudes coutumières à leur âge, ont dans l'âme un tumulte perpétuel. Ajoutez-y encore un amour aveugle de soi-même, et une gloire fondée sur des choses contemptibles, une contumace bandée à mal faire, une légèreté sans arrêt, une témérité précipitée, une frayeur qui ne donne jamais de conseil fidèle, un labyrinthe d'erreurs où s'égare notre vie, une audace aux âmes les plus lâches, une discorde entre les meilleurs amis, et cette maladie universelle de courre après les incertitudes, et s'ennuyer même de ce qui est si grand, que devant que nous l'eussions nous n'espérions pas que jamais il nous fût possible de l'avoir.

XXVII. Pensez-vous trouver parmi des passions pleines de trouble et de tempête une chose si calme et si tranquille comme la foi? Vous ne sauriez voir notre vie mieux représentée qu'au sac d'une ville, où toute honte perdue et tout respect mis sous les pieds, pour oser il suffit qu'on puisse, et n'est rien de plus magnanime que de confondre toutes choses, et ne laisser rien qui n'ait quelque atteinte de violence et de fureur. Le fer et le feu reluisent de toutes parts. Les crimes ne reconnoissent point les lois, et la religion même, qui parmi les plus tranchantes épées des ennemis a toujours été la sauvegarde des suppliants, n'arrête point les outrages des victorieux. L'un pille la maison d'un particulier, l'autre ouvre les coffres d'une recette; l'un entre dans un lieu profane, l'autre dans un temple; l'un rompt une chose, l'autre passe par-dessus une autre, et si la place est trop étroite, il met par terre ce qui l'empêche, avec autant de plaisir comme s'il faisoit quelque butin. L'un dérobe et ne tue point, l'autre porte les habillements sanglants de quelqu'un qu'il vient de massacrer, et n'y en a pas un en tout ce désordre qui n'ait en la main quelque chose du bien d'autrui. D'où vient donc qu'en cette avidité si naturelle à toute la race des hommes, vous vous souvenez si peu de la condition commune, qu'entre tant de gens qui emportent vous en cherchez un qui veuille rapporter? Si vous vous fâchez qu'il soit des ingrats, fâchez-vous qu'il soit des luxurieux[1], des avares, des impudiques, des malades difformes, et des vieillards qui n'aient point de couleur. Je vous accorde bien que c'est un mal insupportable, qui désunit la société des hommes et dissipe la concorde, où consiste le seul appui de notre imbécillité. Mais quel remède, si ceux qui le blâment ne l'évitent point?

XXVIII. Pensez en vous-même si vous avez reconnu tous ceux qui vous ont obligé, si jamais bienfait s'est perdu chez vous, et s'il vous souvient de tout ce qu'on a fait pour vous. Vous trouverez que vous n'aviez pas quinze ans, que tous les plaisirs qu'on vous avoit faits en enfance ne fussent évanouis, et que malaisément il vous peut ressouvenir à cette heure de ceux qu'en votre jeunesse vous

---

1. *Luxurieux*, en latin *luxuriosus*, fastueux, qui vit dans le luxe. Voyez plus haut, p. 225, note 1.

avez reçus. Nous en avons perdu les uns, nous en avons jeté les autres. Il y en a qui peu à peu se sont disparus de devant nous, et d'autres qui nous ont fait mal au cœur, et que nous avons mis à part, de peur de les regarder. Pour excuse de cette infirmité, je vous dirai premièrement que notre mémoire est foible, et ne suffit pas à si grand nombre de choses. Comme il y en entre une, il faut que l'autre sorte, et que ce qui est vieil fasse place au dernier venu. De là vient que nous ne faisons pas grand compte de notre nourrice, parce que le temps qui s'est passé depuis a porté trop loin de notre vue ce qu'elle avoit fait pour nous. De là vient le peu de révérence que nous portons à nos précepteurs. De là vient qu'en la brigue que vous faites pour être consul ou pontife, il ne vous souvient plus de celui qui vous donna sa voix pour être questeur. Fouillez-vous bien, et peut-être trouverez-vous en votre poche le vice dont vous vous plaignez. Vous êtes injuste, de vous aigrir contre une offense publique, et malavisé, de rechercher un crime où vous avez part. Voulez-vous avoir grâce? faites-la. Votre patience donnera sujet à l'ingrat de s'amender, et quand cela ne seroit pas, vos reproches ne pourroient de rien servir qu'à l'empirer. Ne lui endurcissez point le front. S'il a encore quelque respect, ne soyez point cause qu'il n'en ait plus. Quelquefois une injure trop haut prononcée, a fait impudent celui qui ne l'étoit point. Personne ne se soucie d'être ce qu'on sait bien qu'il est. Voulez-vous ôter la honte à un homme? faites qu'il se trouve convaincu.

XXIX. J'ai perdu le bien que j'avois fait. Et quoi? disons-nous avoir perdu ce que nous avons porté sur l'autel? Un plaisir est au nombre des choses consacrées. S'il est mal rendu, pour le moins il a été bien fait. Celui qui l'a reçu n'est pas tel que nous nous l'étions promis. Soyons toujours d'une sorte, et nous gardons de le ressembler.

La perte que nous plaignons à cette heure est faite il y a longtemps. Quand nous publions un ingrat, nous avons part à sa honte, parce que la plainte d'un plaisir perdu montre qu'il n'a pas été fait comme il devoit. Défendons le mieux que nous pourrons sa cause en notre conscience. Peut-être qu'il ne s'est pu revancher, peut-être qu'il n'a su, peut-être qu'il le fera. On a vu de mauvais payeurs à qui la sagesse et la patience du créancier a donné moyen d'acquitter leurs dettes, pour les avoir attendus et supportés. Il nous en faut faire de même, et donner quelque nourriture à une foi qui n'a guère de vigueur.

XXX. J'ai perdu le bien que j'avois fait. Pauvre homme, vous ne savez pas bien le temps de votre perte. Vous l'avez perdu voirement, mais ce fut quand vous le fîtes; à cette heure vous vous en êtes aperçu. La modération n'est pas quelquefois inutile à recouvrer des choses qu'on pensoit avoir perdues. Les blessures de l'âme, aussi bien que celles du corps, se veulent manier tout bellement. Ce qu'il y a moyen de démêler quand on a patience, se rompt bien souvent quand on s'opiniâtre de le tirer. Quel besoin avez-vous de l'injurier, et de vous plaindre et crier après lui? Pourquoi le désobligez-vous par votre importunité? S'il est ingrat, il ne vous doit déjà plus rien. Quelle raison avez-vous de dépiter un homme que vous avez obligé, pour donner à sa faute un prétexte par la vôtre, et vous acquérir au lieu d'un ami douteux un indubitable ennemi? Ne pensez-vous pas qu'on demande que veut dire qu'un homme qui vous avoit tant d'obligations n'ait pu supporter de vous? Sans doute on y soupçonnera toujours quelque chose; et s'il ne vous en demeure point de tache, pour le moins aurez-vous été souillé. Et puis c'est la coutume de ceux qui médisent de ne se contenter pas de quelque calomnie légère, parce qu'ils se persuadent que l'importance de la chose doive donner à leur mensonge quelque ressemblance de vérité.

XXXI. Combien prendriez-vous bien un meilleur chemin de conserver avec lui cette apparence d'amitié, voire l'amitié même, s'il est en quelque volonté de s'amender ? Il n'y a point de méchant homme qu'une opiniâtre bonté ne vainque, ni d'esprit si revêche, et si déclaré contre les choses aimables, qui ne soit contraint d'aimer les gens de bien. Aussi quand il ne leur devroit autre chose, il a cette obligation à leur facilité, qu'il peut être ingrat sans en être recherché. Voici donc ce qu'il faut que vous pensiez : J'ai fait un plaisir qu'on ne m'a point reconnu. Que dois-je faire ? Les Dieux vous montrent le chemin, suivez-les. Ils commencent à faire du bien à ceux qui l'ignorent, et le continuent à ceux qui le méconnoissent. Faites-en de même. L'un leur reproche la nonchalance, l'autre l'injustice, l'autre les jette hors du monde, et se les représente en quelque coin destitués de toutes choses, sans pouvoir, sans connoissance, sans lumière et sans occupation. L'autre sait bien que c'est au soleil que nous devons les intervalles du jour et de la nuit, que c'est lui qui par la dissipation des ténèbres nous garantit d'une éternelle obscurité, qui tempère les saisons, nourrit les corps, fait germer les semences et mûrit les fruits ; et cependant il dit que c'est quelque pierre ou quelque globe de feux fortuitement assemblés, et aime mieux lui donner tout autre nom, que de l'appeler Dieu. Toutefois comme les bons pères qui se rient quand ils sont injuriés de leurs enfants, les Dieux ne cessent de multiplier leurs biens sur ceux mêmes qui n'accordent pas qu'ils les tiennent de leur main, et d'une continuation toujours égale font leur distribution à tous les peuples du monde, comme n'ayant ce pouvoir immense à autre fin que pour l'employer à faire bien. Ils envoient les pluies en leur saison pour arrouser la terre, donnent du mouvement à la mer par le moyen des vents, marquent les temps par la course des astres, amollissent les hivers et les étés avec une plus douce respiration, et par une bonté qui ne s'altère jamais supportent l'inclination malheureuse que nous avons à les offenser. Conformons-nous à cet exemple. Donnons, quoique nous ayons donné beaucoup de choses qui ne nous aient pas bien succédé. Donnons à d'autres, et à ceux mêmes qui nous ont déjà trompés. Si notre maison tombe, nous ne laissons pas d'en refaire une autre. Si le feu l'a consumée, la place est encore tiède que déjà nous y mettons de nouveaux fondements, et bien souvent rétablissons les villes aux mêmes lieux où l'abîme les a dévorées : tant nous avons le courage opiniâtre aux bonnes espérances. Il ne se feroit rien sur la mer ni sur la terre, si on ne tentoit une seconde fois ce qui à la première n'a pas bien réussi.

XXXII. C'est un ingrat. Il se fait l'injure, et non à moi. Quand je lui ai fait plaisir, j'ai fait ce que je devois. Pour cela je ne donnerai pas moins, mais je prendrai mieux garde comme je donnerai. Un autre me rendra ce que cettui-ci m'a fait perdre. Au contraire je continuerai de donner encore à lui-même, et comme un bon laboureur vaincrai par la culture l'infertilité du terroir. Mon bienfait est perdu pour moi, et lui pour tout le monde. Ce n'est pas un acte généreux que donner et perdre, oui bien perdre et donner.

# APPENDICE.

## COMMENCEMENT DU LIVRE II
## DU TRAITÉ DES BIENFAITS DE SÉNÈQUE.

La traduction du *Traité des bienfaits*, telle qu'elle parut en 1630, offre, comme on l'a vu plus haut (p. 25), une lacune assez importante au commencement du second livre. Cette lacune fut comblée seulement en 1639, dans l'édition séparée de cet ouvrage publiée par Ant. de Sommaville, qui, suivant les termes du privilége à lui octroyé à cette occasion, annonçait avoir « recouvert (le traité) augmenté de quelques chapitres non encore imprimés. » Il ne faut probablement voir dans cette déclaration qu'une supercherie au moyen de laquelle le libraire put obtenir un privilége, celui qu'on avait accordé aux éditeurs de 1630 étant expiré depuis plusieurs années. Ce qui nous paraît venir à l'appui de cette conjecture, c'est le sans-façon avec lequel P. du Ryer, qui professait une si haute admiration pour Malherbe, a modifié et corrigé le nouveau texte lorsqu'il l'a inséré avec le reste du *Traité* et les *Épîtres* dans sa traduction des OEuvres de Sénèque (1659, in-fol.). Aussi est-il permis, ce semble, de le lui attribuer. Quoi qu'il en soit, nous donnons ici ces onze premiers chapitres du livre II, en nous conformant au texte de l'édition de 1639. Elle est intitulée : *Sénèque. Des Bienfaits, de la version de M$^{re}$ François de Malherbe, gentil-homme ordinaire de la chambre du Roy*. A Paris, chez Antoine de Sommaville, M.DC.XXXIX. in-12.

I. Continuons notre discours, et voyons de quelle façon il faut faire plaisir ; la chose est aisée à mon avis. Donnons comme nous voudrions recevoir, volontairement, promptement, et sans marchander. Ce que nous donnons n'a point de mérite, quand nous avons du regret à le voir partir d'entre nos mains, et semblons plutôt nous l'arracher, que de le donner à notre ami. Si nous ne pouvons faire qu'il n'y ait quelque retardement, gardons pour le moins qu'on n'y aperçoive point de délibération. Celui qui délibère oblige aussi peu que celui qui refuse, parce qu'en la volonté seule du bienfaisant est toute la réputation du bienfait. Qui donne et voudroit bien ne donner point, ne donne pas, mais il est serré de si près, qu'il laisse aller ce qu'il ne peut retenir. Il en est assez qui donnent, parce qu'ils n'ont pas l'assurance d'éconduire. Les bienfaits vraiment agréables, sont ceux qui n'ont difficulté ni longueur, que la modestie de ceux qui les reçoivent. Donnons si nous pouvons devant qu'on nous demande; si nous ne pouvons, donnons incontinent après qu'on nous a demandé. Toutefois le premier est le meilleur, parce qu'un homme de courage ne venant jamais aux requêtes, qu'il ne rougisse et baisse les yeux, on ne lui fait pas peu de courtoisie de l'exempter de cette nécessité. Qui prie, achète bien ce qu'il reçoit : ç'a toujours été l'opinion des gens d'honneur, qu'il n'y a rien de mieux vendu que ce que les prières font obtenir. Si les vœux se faisoient à haute voix, ils seroient plus rares qu'ils ne sont; et quoique ce soit chose très-honnête de prier les Dieux, si le faisons-nous ordinairement en quelque solitude, et si secrètement qu'il se reconnoît bien que nous ne prenons pas plaisir d'être vus en cette action.

II. C'est un fâcheux mot que : « Je vous prie; » si nous voulons gratifier un ami, nous ne lui devons pas donner la peine de le dire. Après qu'il est dit, donnons sitôt que nous voudrons, nous ne pouvons donner que trop tard. Ce seroit beaucoup qui pourroit deviner ce qu'on veut de nous, et aller au-devant d'une nécessité que peut-être on n'a pas la hardiesse de nous déclarer. Un homme obligé de cette façon, aime sa dette et s'en ressouvient éternellement. Si la demande nous a prévenus, ne nous laissons point faire de longues harangues, semblons plutôt avertis que priés, et promettons si promptement que l'on croie que c'étoit chose que nous étions résolus de faire quand on ne nous en auroit point parlé. Comme une viande ou un verre d'eau sont quelquefois donnés si à propos à un malade, qu'ils lui sauvent la vie, ainsi le plaisir le plus petit et le plus contemptible qui se puisse imaginer, s'il est fait au besoin, il n'y a point de doute qu'il ne devienne aussi précieux qu'un de bien plus grande importance, sur lequel on a été longtemps à délibérer. Il est certain que celui qui donne tôt, donne avec affection ; aussi lui voyez-vous paroître le cœur au visage, et sa façon riante donne un témoignage indubitable du contentement qu'il a de faire plaisir.

III. Il y en a qui avec une gravité mélancolique, tantôt faisant les muets, et tantôt parlant comme s'ils avoient la peine d'ouvrir la bouche, gâtent le plaisir qu'ils veulent faire, et ne semblent pas tant promettre que refuser. Nous ferons mieux en semblables occasions d'accompagner les bons effets de bonnes paroles, et dire à celui qui nous prie : « Vous avez tort que je n'ai plus tôt su que je fusse capable de vous servir ; il semble que vous vous soyez adressé à moi avec quelque défiance ; c'est chose où vous n'avez que faire de l'entremise de personne ; vous me faites beaucoup d'honneur de me commander ; je suis content pour ce coup d'excuser vos cérémonies, pourvu qu'une autre fois quand je pourrai quelque chose qui vous soit agréable, vous en usiez avec autorité. » Sans doute celui qui recevra de cette façon estimera notre volonté plus que la chose même qu'il nous demandoit, et s'en ira disant en lui-même : « J'ai fait une belle acquisition aujourd'hui ; je suis plus satisfait de la rencontre d'un si honnête homme, que si j'avois gagné beaucoup davantage par autre moyen. Il n'est pas possible que je me puisse jamais acquitter en son endroit. »

IV. Il y en a d'autres, lesquels après qu'avec un langage et une démonstration toute manifeste de leur arrogance, ils vous ont fait repentir de les avoir employés, sont encore si longs et si pesants à livrer ce qu'ils ont promis, qu'on auroit meilleur marché de n'en avoir rien obtenu ; car à toute heure il faut avoir leur courtoisie en la bouche ; et bien souvent cette dernière sollicitation a plus d'épines que la première. Il faut trouver un ami qui les en fasse ressouvenir, et un autre qui le reçoive. De manière qu'un présent ayant à passer par tant de mains, c'est force que les intercesseurs en partagent l'obligation avec l'auteur. Voulons-nous avoir le remercîment tout entier? Faisons que le bienfait tout entier arrive entre les mains de ceux à qui nous l'avons promis, qu'il n'y ait point de courtier qui s'en mêle, point de fripier qui en retienne rien. La gloire de notre libéralité ne se peut communiquer à un autre qu'avec diminution de ce qui nous en appartient.

V. Il n'y a point de gêne si grande que de languir après l'attente de quelque chose. Les espérances coupées sont plus supportables que les suspendues, et toutefois la plupart des hommes a cette misérable vanité, que s'ils ont fait quelque promesse, ils en remettent l'exécution d'un jour à l'autre, pour le contentement qu'ils ont d'avoir toujours quelqu'un qui les suive. Ainsi font ordinairement les officiers des princes qui ne sont pas bien aises qu'ils n'aient un monde de gens à leur queue, et penseroient pouvoir moins, s'ils n'avoient de quoi montrer qu'ils peuvent beaucoup. Ils ne vous expédieront jamais à l'heure même, et vous n'aurez jamais rien qu'une pièce après l'autre. Aux injures ils courent la poste, aux bienfaits ils clochent et vont bien à peine le petit pas. Le dire du Comique est très-véritable : « Quand tu veux faire plaisir, souviens-toi que ce que tu donnes au temps, tu l'ôtes à l'obligation. » De là viennent ces murmures que fait naître le juste dépit. « Faites-le si vous le voulez faire, la chose ne vaut pas tant de façon. Si vous n'en voulez rien faire, il ne faut que le dire. » Quelqu'un pensera qu'il y ait de l'ingratitude en ce langage ; il n'y en a point ; car comme seroit un ingrat à ceux qui vendent si cher une si mauvaise denrée? Mais il n'est pas possible qu'un homme qui a du courage ne se lasse de faire le valet, qu'il ne se dépite contre ses affaires, et ne cesse de desirer ce qu'on lui fait poursuivre avec trop de cour et de longueur. C'est cruauté de faire durer le supplice d'un criminel, et miséricorde de le dépêcher promptement. En l'extrémité de sa peine est la fin de la douleur. Le temps qui précède son exécution est la plus grande et la plus cruelle partie de son supplice. Il en est de même aux bienfaits : tant plus on donne tôt, tant plus on oblige celui qui reçoit ; l'attente du bien a du trouble et de la sollicitude. Et parce que la plupart des bienfaits sont recherchés pour le remède de quelque incommodité, si nous pouvons mettre incontinent un homme hors de peine, et cependant nous le laissons trop longtemps endurer, ou le faisons réjouir trop tard, nous ôtons l'âme à notre courtoisie. Une bonne volonté n'est jamais lente, et le propre de celui qui fait volontiers, c'est de faire vitement. Qui est long à donner, ne donne pas de bon cœur, et perd ensemble deux choses de grande importance : le temps et le témoignage de l'affection. Vouloir tard est une marque de ne vouloir pas.

VI. Toutes nos actions ont des circonstances selon lesquelles elles doivent être considérées, et le plus souvent comme on est long ou prompt à faire une chose, elle réussit ou bien ou mal. Une flèche ne blesse pas toujours d'une façon, non que ce ne soit toujours le même fer, mais parce que selon qu'on la décoche elle fait des ouvertures inégales. Une épée qui n'a fait qu'égratigner la peau, eût percé la peau d'outre en outre, si le coup eût été plus violent. La façon de donner fait différer les choses qu'on donne, encore qu'elles soient du tout semblables. C'est bien du contentement et de la gloire, de ne permettre pas qu'on nous remercie, et de l'heure même qu'on donne ne se souvenir plus d'avoir donné. Quoi qu'il y ait, il ne faut jamais tancer ceux à qui nous donnons ; le plaisir et l'injure sont incompatibles ; quiconque les assemble montre qu'il a faute de jugement. Le bienfait est une chose douce, n'y apportons point d'aigreur : laissons le sucre sans absinthe[1], et si nous avons quelque chose à dire, attendons qu'il s'en présente une occasion plus à propos.

VII. Fabius Verrucosus comparoit un plaisir fait de mauvaise grâce à du pain pierreux que l'on prend parce qu'on a faim, mais mal volontiers parce qu'il ne vaut rien. Tibère un jour prié par un Allius, qui avoit mangé tout son bien, de lui donner de quoi s'acquitter, il lui commanda de lui bailler le rôle de ceux à qui il devoit ; cela n'étoit pas donner, mais bien sonner la trompette pour lui attirer sur les bras tout ce qu'il avoit de créanciers. Enfin il lui fit expédier une rescription, mais avec des remontrances si outrageuses, qu'ayant emporté ce qu'il demandoit, il ne fut rien moins que gratifié. Il le dégagea des autres, et ne se l'engagea point. Je crois bien que prévoyant beaucoup de pareilles importunités, il leur vouloit couper chemin par cette invention, qui peut-être

---

1. Il n'est question dans le texte latin ni de sucre ni d'absinthe ; Sénèque dit simplement : *Nec quidquam illis (beneficiis) triste miscendum.*

n'est pas mauvaise pour tenir en bride ceux qui dépendent inconsidérément; mais en matière de faire plaisir, ce n'est point ainsi qu'il y faut procéder.

VIII. Quand nous donnons quelque chose, apportons-y tout ce que nous pouvons pour la faire bien recevoir. Donner comme Tibère, c'est gourmander; et pour en dire mon avis, les princes en cela n'ont point plus de privilége que les autres. Il se proposoit d'éviter une chose, et ne laissa pas d'y tomber; car il s'en trouva qui lui firent la même requête que Allius; il leur donna bien quelque argent, mais ce fut après qu'il leur eut fait rendre compte de leurs dettes en la présence du sénat. Je trouve cette procédure plus tyrannique que libérale. Je n'appelle point faire du bien quand on me le fait d'une façon qu'il faut que je rougisse lorsqu'il m'en souvient. On m'a fait aller devant le juge; si je n'eusse plaidé, je n'eusse rien eu.

IX. Ceux qui font des règles de sagesse, font de deux sortes de plaisirs : les uns qui veulent la montre et la lumière, les autres qui cherchent le secret et l'obscurité. Les récompenses d'un service fait à la guerre, les titres d'honneur et autres telles choses à qui la publication donne de l'embellissement, se doivent bailler devant le monde. Au contraire les plaisirs qui semblent apporter quelque diminution à l'honneur et à la qualité, comme sont les remèdes dus à quelque misère ou incommodité, ne veulent être vus de personne que de celui qui les reçoit; et s'il étoit possible de le tromper lui-même, en sorte qu'il eût ce qui lui est nécessaire, et ne sût point d'où il seroit venu, ce seroit conduire la courtoisie au dernier point de sa réputation.

X. On conte qu'un jour Arcésilaus étant allé visiter un sien ami malade, et le remarquant dénué de toutes choses, mais si opiniâtre avec cela à dissimuler toutes ses nécessités que la maladie même ne les lui pouvoit faire déclarer, il pensa qu'il le falloit assister sans qu'il en vît rien, et lui coula doucement sa bourse sous son oreiller, afin que ce pauvre homme, à qui la honte faisoit dommage, fût tenu de devoir à la fortune ce qu'il faisoit scrupule de devoir à son ami. Quoi ! ferai-je donc du bien à un homme, et il ne saura point qui le lui aura fait? Premièrement, si l'ignorance est une partie du plaisir, je veux qu'il l'ignore, et après cela je lui en ferai tant d'autres, que par les derniers il connoîtra qui lui aura fait le premier; et enfin quand il ne le sauroit pas, il me suffira que je le sais. Vous me direz que ce n'est pas assez. Aussi ne seroit-ce si je m'étois proposé de bailler à usure, mais si je n'ai pensé qu'à rendre mon bienfait agréable, il ne me faut point d'autre témoignage que le mien; autrement je ne prends pas plaisir à bienfaire, mais à être regardé quand je fais bien. Vous voulez qu'il le sache, parlez plus ouvertement : vous voulez qu'il le vous rende. En quelque façon que ce soit, je veux qu'il le sache. Mais quoi? si c'est son profit, son honneur et son contentement, qu'il n'en sache rien, pourquoi ne consentirez-vous à cette ignorance? Je veux qu'il le sache, je vois bien que c'est : vous ne voudriez pas de nuit empêcher un homme d'être tué. Je ne dis pas que quand honnêtement il se peut faire, on ne puisse recueillir quelque joie de voir que ce que l'on donne soit reçu de bonne volonté; mais si le besoin de mon ami est de cette condition, que le secours lui en fasse honte, et que ce que je fais pour lui, s'il est publié, lui soit plutôt injure que plaisir, je suis bien content qu'il n'en soit rien mis au papier de ma dépense. Serois-je si malavisé de lui dire que c'est de moi qu'il a reçu ce plaisir? et si hardi de reprocher une chose qu'il ne m'est pas seulement permis de ramentevoir? La loi d'un plaisir qu'un ami fait à l'autre, c'est que l'un tout incontinent oublie d'avoir donné, l'autre se souvienne éternellement d'avoir reçu.

XI. On ne sauroit mieux gêner un homme, que de lui répéter souvent qu'on lui a fait plaisir. Un à qui du temps du triumvirat un des amis de César avoit sauvé la vie, après avoir enduré longtemps de l'autorité que cette obligation lui faisoit prendre sur lui, fut à la fin contraint de lui dire tout haut : « Remettez-moi à César, ou cessez de me représenter que je fusse mort sans vous. Si vous me laissez la liberté de m'en ressouvenir à ma discrétion, vous m'avez sauvé la vie; s'il faut que je m'en ressouvienne à la vôtre, vous m'avez tué. Je ne vous ai point d'obligation de m'avoir gardé pour un échantillon de votre crédit. Lassez-vous de me promener. Trouvez bon que j'oublie mon infortune, et triomphez de moi une fois pour toutes. » Depuis qu'un plaisir est fait, il n'en faut plus parler; qui le ramentoit, le redemande; le meilleur est de n'y penser plus, et de n'en refraîchir jamais la mémoire que par un autre bienfait. Il ne le faut pas même conter aux autres : sinon, on vous dira comme à un qui publioit partout un plaisir qu'il avoit fait : « Voulez-vous nier que vous n'en soyez payé? — Quand? — Autant de fois que vous avez fait le conte. » Ce n'est point à vous d'en rien dire, il sera plus honnête qu'un autre le fasse, et quand il le fera, ne doutez pas qu'on ne mette au nombre de vos louanges, ce que vous en méritez[1] pour n'en avoir point parlé. Mais peut-être vous avez peur que, si vous ne le dites, personne ne le sache, et que cela ne me donne occasion de ne vous en savoir point de gré. Tant s'en faut que cela soit, qu'au contraire, s'il s'en parle en votre présence, vous devez incontinent répondre : « Vraiment il mérite bien davantage; je suis seulement marri que je ne puis accompagner de plus de preuves la volonté que j'ai de le servir. » Et pour vous montrer que vous ne tenez pas ce langage en bouffonnant, ni comme font plusieurs par une modestie simulée, dédaignant en apparence ce qu'en effet ils desirent de toute leur affection, ajoutez-y toute la démonstration d'humanité que vous sauriez vous imaginer. Le laboureur qui ne se soucie de son blé que quand il le sème, ne fera jamais de bonne récolte. Ce n'est pas sans peine que le blé monte en épi. Jamais une diligence n'est fructueuse, si elle n'est continuée jusques à la fin. Peut-il être de plus notables bienfaits que ceux des pères à leurs enfants? Et toutefois ils sont inutiles, si la piété se lasse de les entretenir. Il en est de même de tous les autres bienfaits. Si nous ne leur aidons, nous les perdons. Ce n'est pas assez de les avoir fait naître, il les faut faire vivre. Aimons-les, si nous voulons qu'on nous en sache gré; mais surtout, comme j'ai dit, gardons la langue. Le ramentevoir importune, le reproche fait des ennemis. Il n'y a rien de si évitable que l'arrogance, quand on fait plaisir. Laissons la vanité, les choses parleront, pourvu que nous ayons la patience de nous taire. Quelque bienfait que ce puisse être, il est impossible qu'il ne soit haï quand il est fait arrogamment.

1. Il y a *ne méritez* dans l'édition de 1639 et dans les suivantes; *ne* est évidemment une faute, pour *en*.

FIN DU TRAITÉ DES BIENFAITS.

# TRADUCTION

DES

# ÉPÎTRES DE SÉNÈQUE.

Je n'ai pu découvrir l'époque à laquelle Malherbe composa cette traduction des *Épîtres* de Sénèque[1], traduction qu'il n'eut pas le temps d'achever, car il n'a fait passer en notre langue que les quatre-vingt-onze premières lettres. Elle fut éditée après sa mort par les soins de J. B. de Boyer, neveu de sa femme, et conseiller au parlement de Provence. Jusqu'ici les bibliographes ont indiqué comme étant la première édition celle qui a été publiée à Paris en 1639, in-12, chez Ant. de Sommaville, sous le titre suivant : *Les Epistres de Seneque, traduites par M<sup>re</sup> François de Malherbe, Gentil-homme ordinaire de la chambre du Roy*. C'est une erreur : en effet, à la suite du privilége, daté du 6 décembre 1636, on lit : « Achevé d'imprimer *pour la seconde fois* le premier jour de février 1639. » La date de cette première édition, que je n'ai pu rencontrer nulle part, est donnée par une ligne placée à la suite du privilége de l'édition de 1648 : *Achevé d'imprimer pour la première fois le septiesme septembre* 1637[2]. C'est donc en 1637 que parut l'édition princeps, dont nous ignorons le format.

La traduction de Malherbe fut imprimée plusieurs fois : en 1637,

1. Le 13 septembre 1631, Peiresc écrit à P. Dupuy : « Je vous envoie copie d'une des épîtres de Sénèque, de la traduction de Malherbe, qui n'a pas nui à ma consolation en notre petite solitude, principalement dans la contemplation des révolutions présentes. » (Biblioth. impér., collect. Dupuy, ms. DCCXVII, f° 118.)

2. Cette désignation de la date de l'*achevé d'imprimer* avait pour but de fixer l'époque du privilége, qui courait à compter du jour où le livre privilégié « seroit achevé d'imprimer. » Le privilége est indiqué comme étant de neuf ans, dans l'édition de 1639, et de vingt ans dans celle de 1648.

en 1639 (Paris, in-12); en 1645 (*ibid.*, in-12)[1]; en 1648 (*ibid.*, in-4º); puis dans les diverses éditions in-folio et in-12 de la *Traduction des OEuvres de Sénèque* par P. du Ryer (1659, 1669, etc.)[2]; et enfin en 1667 (Paris, in-12).

Nous suivrons ici le texte de l'édition de 1639 qui, selon toute vraisemblance, est la reproduction de l'édition de 1637. Elle contient, outre le privilége : 1º une épître (dédicatoire) à Richelieu, par Boyer, dont il a été parlé plus haut; 2º un avis *au Lecteur*, par l'un des premiers membres de l'Académie française, J. Baudoin, qui, comme il le dit lui-même dans cet avis, « apporta quelque soin à mettre au jour cette traduction; » et enfin quelques vers français et latins en l'honneur de Malherbe[3]. Nous reproduisons les deux premières pièces.

1. Entre les éditions de 1639 et de 1645, il y en eut une troisième, dont nous ignorons la date : on lit à la suite du privilége, dans l'édition de 1645 : « Acheué d'imprimer *pour la quatriesme fois*, le troisiesme iour de Iuillet, mil six cens quarante-cinq. »

2. Dans l'édition de 1648, à la suite de la traduction de Malherbe, se trouve, avec une pagination différente, le reste des Épîtres traduit par P. du Ryer, qui, dans un avis *au Lecteur*, s'excuse de la liberté qu'il a prise : « Il ne m'importe, dit-il, qu'on m'accuse de témérité; je n'ai traduit ce reste de lettres que pour mon instruction, et l'on peut être téméraire quand il s'agit de s'instruire. Si Monsieur de Malherbe paroît plus illustre et plus accompli par l'opposition de mes défauts, au moins je m'en consolerai en ce qu'ils serviront toujours à donner un nouveau lustre à la réputation d'un homme que j'aime et que je révère. »

3. Par Dalibray, Colletet et Isnard.

A MONSEIGNEUR L'ÉMINENTISSIME CARDINAL
DUC DE RICHELIEU.

Monseigneur,

J'ai souvent ouï dire à feu Monsieur de Malherbe, qu'il ne desiroit qu'autant de vie qu'il en falloit pour célébrer vos immortelles actions, et que tout ce qu'il en avoit écrit, n'étoit que l'ombre de ce qu'il en avoit conçu, pour le donner quelque jour à la postérité. Mais la mort, qui prévient d'ordinaire les grands hommes en leurs plus grandes pensées, le surprit dans celle-ci, et lui envia le contentement d'accomplir un si louable dessein. Si elle l'eût épargné jusques à présent, ses derniers vers font assez juger que le succès n'en pouvoit être que très-heureux; car ce feu divin dont son esprit étoit enflammé, n'avoit reçu aucune diminution de sa vieillesse. Il l'avoit conservé tout pur et tout entier dans ce dernier âge, avec une extrême passion pour votre service, et pour la gloire de votre nom; ce qu'il me témoigna particulièrement, un peu avant que mourir, par la prière qu'il me fit de mettre au jour sous l'appui de Votre Éminence ces Épîtres de Sénèque, qu'il a traduites en notre langue. Je vous les présente donc, Monseigneur, et pour ma décharge, et pour l'honneur de ces deux hommes illustres; car je suis bien assuré qu'elles seront sous votre protection comme dans l'asile le plus saint et le plus inviolable qu'aient aujourd'hui les bonnes lettres. Que si les morts étoient, comme nous, capables de passion et de sentiment, Malherbe et Sénèque auroient sans doute bien du sujet de se réjouir : l'un de voir sa dernière volonté accomplie, et l'autre d'avoir en France pour protecteur un grand héros, qui ne se fait pas moins aimer par ses vertus, que le prince dont il étoit conseiller se fit haïr par ses vices. Aussi se promet-il, Monseigneur, de recevoir de Votre Éminence un accueil autant favorable, que le traitement qu'il reçut d'un si mauvais maître fut inhumain. Ce cruel lui accourcit la vie du corps; et Vous étendrez par votre autorité celle de son nom, et de sa mémoire. Cordoue en Espagne fut autrefois son berceau, et Rome le théâtre de ses vertus; comme aujourd'hui en France Monsieur de Malherbe est l'organe de sa gloire et le plus excellent interprète de ses pensées. Cela étant, Monseigneur, je crois que vous ne dédaignerez pas de protéger après sa mort les écrits d'un homme que vous avez honoré de votre estime durant sa vie. Outre sa prière, la faveur qu'il a faite à mon fils de lui donner son nom[1], et les obligations que ceux de ma maison, et moi en mon particulier, avons à Votre Éminence, m'invitent à lui faire ce présent. Je vous supplie très-humblement de le recevoir, avec le même visage que si l'auteur même vous le faisoit, et de le prendre pour une partie de la reconnoissance qu'est obligé de vous rendre,

Monseigneur,

De Votre Eminence,

Le très-humble et très-obéissant serviteur,

J. B. DE BOYER.

1. Voyez la *Notice biographique* en tête du tome I.

#### AU LECTEUR.

Vous savez, lecteur, combien est recommandable de soi Monsieur de Malherbe, et quelles preuves il a rendues de son esprit en tous ses rares ouvrages. Mais en celui-ci particulièrement, il paroît bien qu'il n'excelloit pas moins à traduire qu'à inventer; car il y déduit si nettement les pensées de son auteur, que par les délicatesses de notre langue il enchérit sur les grâces de la latine. Vous demeurerez d'accord avec moi, si vous lisez ces épîtres, que j'appellerois un chef-d'œuvre, s'il en avoit achevé la version. Mais la mort qui l'a prévenu, nous a privés des dernières lettres, que j'ai cru ne pouvoir traduire, à moins que d'attirer sur moi l'indignation de toutes les Muses. Aussi est-il vrai qu'un seul Malherbe a pu l'achever comme un seul Apelle pût autrefois donner le dernier trait de pinceau à cette belle Vénus, qu'il voulut à dessein laisser imparfaite; ce qui n'empêche pas toutefois que chaque lettre en particulier ne soit une merveille de l'art, tant on y voit éclater d'agrément et de beauté, comme en tous les autres écrits que nous avons de cet excellent homme. Ayant eu l'honneur d'être connu de lui, j'ai bien voulu rendre à sa mémoire ce petit devoir, que d'apporter quelque soin à mettre au jour cette traduction. Bien que je la vous offre, lecteur, ce n'est pourtant pas à moi que vous la devez, mais à Monsieur Boyer, conseiller du Roi au parlement d'Aix, et neveu de cet illustre auteur, aux vertus et à l'estime duquel il a succédé légitimement. De vous dire au reste ce que vaut ce livre, cela seroit superflu, puisque tout le monde sait bien ce qu'a valu Monsieur de Malherbe. Je vous parlerois de lui plus hautement, et plus au long, si je ne croyois trop basses toutes les louanges que je lui pourrois donner, après celles qu'il a reçues en la préface de la première partie de ses œuvres[1],

---

1. Baudoin veut parler du *Discours* de Godeau : voyez, au tome I, l'*Appendice* des poésies, p. 365-385.

tellement qu'il me suffit de vous dire que ces louanges sont d'autant plus justes, qu'elles s'adressent à l'homme du monde qui les a le mieux méritées ; et d'autant plus illustres aussi, qu'elles lui sont données par un des plus rares et des plus célèbres esprits de notre siècle.

J. Baudoin.

## ÉPÎTRE I.

ARGUMENT. — I. Le temps est la seule chose que l'homme possède, et celle qu'il méprise le plus. — II. Le seul remède qu'on peut apporter à la fuite du temps, c'est de le bien employer en tout âge.

I. Voici, Lucilius, mon ami, comme il vous faut faire : désengagez-vous, et rendez-vous à vous-même ; et désormais le temps que par ci-devant on vous a fait perdre par force, ou qui vous est échappé d'autre façon, ramassez-le, et le conservez curieusement à l'avenir. Croyez que ce que je vous écris est véritable. Du temps que nous avons, une partie nous est ôtée, l'autre dérobée, et l'autre s'écoule sans s'en apercevoir ; mais on ne le sauroit perdre plus honteusement, que n'en faisant point de compte. Une grande partie de la vie se perd à mal faire, une très-grande à ne rien faire, et toute à faire des choses à quoi nous ne pensons pas ; car où me trouverez-vous un seul homme qui mette prix au temps, qui taxe la valeur d'un jour, et qui reconnoisse que de moment en moment il s'approche du tombeau ? Nous nous trompons ordinairement en une chose : c'est que voulant considérer la mort, nous regardons devant nous, et la plus grande part en est déjà passée. Tout ce que nous avons consumé de notre âge est entre les mains de la mort. Faites donc, je vous prie, comme vous m'écrivez : ne laissez pas échapper une heure seulement ; et de cette façon employant le jour où vous êtes, au moins aurez-vous gagné ce point, que vous n'aurez pas tant affaire du lendemain. Nous perdons la vie cependant que nous la différons ; et tout ce de quoi nous jouissons au monde n'est à nous que par emprunt. Le temps est la chose seule de quoi nous nous pouvons dire propriétaires, et tout le bien que la nature a voulu que nous possédions; encore est-il si glissant et si fugitif, qu'il est en la puissance du premier venu de le nous ôter. Toutefois nous sommes tellement aveuglés, que le plus petit bienfait que nous recevons, et duquel il est aisé de nous acquitter, nous nous en estimons infiniment redevables; et si nous avons reçu du temps, nous ne faisons pas compte de rien devoir, combien que ce soit la seule faveur de laquelle l'homme du monde le plus officieux ne sauroit jamais se revancher.

II. Peut-être que vous me demanderez de quelle façon je m'y gouverne, moi qui donne ces avertissements? Je vous en parlerai franchement : je fais tout ainsi que fait un homme qui aime le luxe, et qui toutefois ne laisse pas de prendre garde à ses affaires. Je tiens le bureau de ma dépense, et ne puis pas dire que je ne perds rien; mais au moins puis-je dire combien je perds, pourquoi je perds, et de quelle façon. Je saurai bien rendre compte de ma pauvreté. Ainsi m'advient-il comme à ceux qui sont tombés en nécessité par accident, et non par leur défaut. Tout le monde les plaint, mais personne ne leur aide. Et quoi donc? Je ne saurois estimer pauvre celui qui se contente du peu qui lui reste. Toutefois je vous conseille de garder ce qui est à vous, et de commencer de bonne heure à vous rendre bon ménager; car ainsi que nos pères ont estimé très-sagement, il est bien tard d'épargner le vin quand il est à la lie, pource que non-seulement ce qui reste est peu de chose, mais encore est-ce le pire du vaisseau.

## ÉPÎTRE II.

Argument. — I. La lecture de divers livres nuit plus qu'elle ne profite. — II. Celui n'est pas pauvre qui a peu, mais bien celui qui desire davantage que ce qu'il a.

I. Ce que vous m'écrivez, et ce que journellement on me raconte de vous, m'en fait espérer beaucoup de bien. Vous n'aimez pas à courir, et ne rompez pas votre repos en changeant à toute heure de place; cette agitation ne peut être que d'un esprit où il y a de la maladie. Le premier argument qui nous fait juger que nous avons l'âme tranquille, c'est quand elle demeure ferme, et s'arrête avec soi. Toutefois prenez-vous garde que cette lecture que vous faites de beaucoup d'auteurs et de toute sorte de livres, n'ait quelque chose de changeant et de mal assuré. Il se faut particulièrement attacher à certains esprits, et se nourrir avec eux, si vous en voulez tirer quelque chose qui vous demeure ferme en l'entendement. Être partout c'est n'être en nulle part. Ceux qui passent leur vie à voyager font beaucoup d'hôtes et point d'amis. Il en prend de même[1] à ceux qui ne prennent conversation particulière avec pas un esprit, mais passent en poste par-dessus toutes choses. La viande qu'on rejette aussitôt qu'on l'a prise ne peut faire bien, d'autant qu'elle n'a pas le loisir de se joindre à la substance du corps. Il n'est chose au monde si contraire à la santé, que de changer trop souvent de remèdes; et n'est pas possible qu'une plaie se cicatrise, quand d'une heure à l'autre on y fait essai de divers médicaments. Jamais une plante souvent remuée ne se peut

---

1. *Il en prend de même*, il en arrive de même.

bien enraciner, et n'est rien de si utile qui puisse faire bien, ne faisant que passer. La pluralité des livres divise l'esprit ; pour ce, ne pouvant lire autant de livres que vous en pouvez avoir, c'est assez d'en avoir autant que vous en pouvez lire. Mais vous me direz que tantôt vous prenez plaisir d'en avoir un, tantôt vous en voulez lire un autre. C'est le fait d'un estomac dégoûté, d'entamer plusieurs sortes de viandes, desquelles la diversité fait plus de corruption qu'elle n'apporte de nourriture. Lisez donc toujours les plus approuvés, et si parfois il vous vient en fantaisie de vous divertir à la lecture des autres, vous le pouvez faire, mais que vous reveniez toujours aux premiers. Ne laissez passer jour que vous ne vous soyez fortifié de quelque défense nouvelle contre la pauvreté, la mort et les autres pestes de la vie. Et quand vous aurez jeté les yeux sur plusieurs choses, de cette variété triez-en une, et la mettez en réserve le même jour.

II. Quant à moi, j'en fais ainsi. Je lis beaucoup pour avoir le moyen d'apprendre quelque chose. Voici le profit que j'ai fait aujourd'hui dans Épicure ; car il m'advient quelquefois de passer au camp des ennemis, non pour me ranger de leur parti, mais pour épier leurs actions : « C'est, dit-il, une chose honorable que la pauvreté contente. » Mais ce n'est pas pauvreté s'il y a du contentement. Et quiconque se peut accorder avec la pauvreté, ne peut être que riche. Ce n'est pas être pauvre que d'avoir peu, mais bien de desirer davantage que ce qu'on a ; car que nous importe combien nous avons de trésors aux coffres, de blé aux greniers, de troupeaux aux champs, d'argent en usure, si nous avons toujours la main sur le bien de notre voisin, et ne considérons pas ce que nous avons acquis, mais ce qui nous reste d'acquérir[1] ? Vou-

---

1. « Ce qui nous reste à acquérir. » (*Édition de 1645.*)

lez-vous savoir quelle est la mesure des richesses? La première est d'avoir ce qui nous est nécessaire; et la seconde, d'avoir ce qui nous suffit.

## ÉPÎTRE III.

Argument. — I. Il faut penser longtemps à faire un ami; mais après l'avoir fait, il ne lui faut tenir rien de caché. — II. On n'est pas moins blâmable de ne se fier à personne, que de se fier à tout le monde. — III. Le sage doit chercher le repos dans un honnête travail.

Vous avez mis les lettres que vous m'écrivez entre les mains d'un que vous me mandez être votre ami; puis tout aussitôt vous m'avertissez que je ne lui communique pas entièrement tout ce qui vous touche, et me dites que vous-même n'avez pas de coutume de le faire; si bien qu'en une même heure vous l'avouez et désavouez pour ami. Mais à mon avis, vous l'avez appelé votre ami d'un nom général, comme nous baillons le titre de monsieur à ceux que nous rencontrons par la rue, quand il ne nous souvient pas assez tôt comme ils s'appellent. Or oublions cela; mais je vous apprends que si vous estimez quelqu'un votre ami, de qui vous ne vous fiez autant que de vous-même, vous vous abusez entièrement, et ne savez pas ce que peut une parfaite amitié.

I. Délibérez de toutes choses avec votre ami; mais délibérez de lui-même premièrement. Après l'amitié contractée, il faut de la confidence[1]; devant que de la contracter, il faut du jugement; et ceux font les choses au rebours,

---

1. *Confidence*, confiance.

qui contre l'avis que donne Théophraste, attendent à juger d'une personne après qu'ils se sont embarqués à l'aimer ; et comme ils l'ont reconnue, c'est assez qu'ils en retirent leur amitié. Quand il sera question de faire un ami, pensez-y longtemps auparavant ; quand vous vous y serez résolu, ne lui tenez rien de caché : parlez aussi confidemment avec lui qu'avec vous-même. Il est vrai que je vous conseille de vivre d'une façon que vous ne fassiez rien de quoi vous craigniez de vous fier, même à votre ennemi. Mais pource qu'il se passe des choses que l'accoutumance a mises au rang de celles qu'on appelle secrètes, faites part à votre ami de tous vos ennuis, et généralement de tout ce que vous avez dans le cœur. Vous le rendrez fidèle, s'il voit que vous l'ayez en cette opinion ; car il advient souvent que faisant paroître que nous avons peur d'être trompés, nous avertissons les autres de nous tromper, et donnons un honnête prétexte de faillir à ceux que nous ne tenons pas pour gens de bien. Pourquoi donc retiendrai-je en la présence de mon ami, ce que j'aurai volonté de dire ? Et pourquoi ne me réputerai-je en sa compagnie aussi seul que s'il n'y avoit que moi ?

II. Il y en a qui content indifféremment à toutes personnes ce qui ne se doit dire qu'à leurs amis, et déchargent incontinent ce qui les démange en l'oreille du premier venu ; d'autres au contraire vont retenus à l'endroit de ceux mêmes qu'ils aiment le plus, et rappellent tout ce qu'ils ont de secret au plus intérieur de leur âme, avec tant de soupçon qu'à peine se peuvent-ils assurer de leur propre conscience. L'un et l'autre ne valent rien ; car il ne se faut ni fier, ni défier de tout le monde : il est vrai que de ces deux vices, j'en tiendrois un pour être le plus honnête, et l'autre pour être le plus assuré.

III. Avec même raison pouvons-nous reprendre et ceux qui sont en une perpétuelle inquiétude, et ceux qui ne se reposent jamais ; car je ne trouve pas que ce soit industrie d'aimer la rumeur et le tumulte, mais plutôt le débattement d'une âme perplexe et travaillée[1] : comme aussi je n'estime pas repos, de ne pouvoir supporter le moindre mouvement du monde, mais bien une dissolution et languissement. Pour ce, vous retiendrez ce que j'ai trouvé dans Pomponius : « Il est des hommes qui se sont tellement retirés aux cachettes de la solitude, qu'ils estiment tout ce qui est au jour être en trouble et confusion. » Ce sont deux points qu'il faut mêler ensemble, travailler en se reposant, et se reposer en travaillant. Demandez-en avis à la nature : elle vous répondra qu'elle a fait le jour et la nuit.

## ÉPÎTRE IV.

ARGUMENT. — I. Du contentement de l'âme, après qu'elle a quitté les vices. — II. Du peu de sujet que nous avons de craindre la mort. — III. La pauvreté qui se mesure à la règle de la nature est la plus grande richesse de l'homme.

I. Continuez comme vous avez commencé, et vous hâtez le plus qu'il vous sera possible, afin de goûter plus longtemps le contentement que donne l'âme, quand elle est réformée et réglée. Déjà la peine qu'on prend à la réformation et au règlement est une partie de cette jouissance ; mais le plaisir qu'apporte la contemplation d'une âme, quand elle est déjà pure, luisante, et sans aucune tache, est chose bien plus agréable. Il vous souvient combien vous fûtes aise quand on vous ôta la prétexte, et

---

1. En latin : *exagitatæ mentis concursatio.*

qu'on vous bailla la robe d'homme; vous le serez sans comparaison beaucoup davantage, quand après que vous aurez quitté cette âme de jeune garçon, la philosophie vous aura fait prendre place au nombre des hommes ; car l'âge de cette enfance se passe bien, mais, ce qui est le plus importun, les conditions d'enfance nous demeurent ; et ce que j'y trouve de pis, c'est que nous avons tout ensemble l'autorité des vieillards, et les vices des garçons ; non pas des garçons seulement, mais des enfants. Ceux-là craignent les choses de peu d'importance, ceux-ci appréhendent même celles qui ne sont du tout point, et nous avons peur des unes et des autres.

II. Apprenez seulement, et vous trouverez qu'il est de certaines choses qu'il faut d'autant moins redouter, qu'elles semblent apporter plus de frayeur et d'étonnement : le mal qui vient le dernier ne peut jamais être[1]. La mort vient à vous : s'il étoit possible qu'elle demeurât avec vous, ce seroit occasion de la craindre; mais il faut par force ou qu'elle n'arrive pas, ou qu'elle passe de long[2]. Vous me direz qu'il est malaisé de conduire l'âme à cette résolution de ne faire point de cas de la mort; mais ne voyez-vous pas combien sont petits les sujets qui souvent ont fait que plusieurs n'en ont tenu compte ? Un amoureux s'est pendu devant la porte de sa maîtresse; un esclave importuné des mauvais traitements de son maître s'est précipité du haut de la maison en bas ; un autre qui

---

1. On lit dans l'édition de 1667 : « Ne peut être grand. » Ou le mot *grand* a été omis dans les premières éditions, ou Malherbe a lu : *Nullum malum quod extremum est. Malum* avait été introduit dans le texte par Muret d'après une conjecture d'Érasme; mais la leçon, bien préférable, des manuscrits et des plus anciennes éditions est : *Nullum magnum quod extremum est.*

2. C'est-à-dire : qu'elle passe outre, qu'elle s'éloigne. En latin : *transeat.*

s'en étoit fui, a mieux aimé se mettre une dague dans le sein que de se laisser remener. Et doutez-vous que la vertu n'ait autant de puissance comme la peur? Il n'est pas possible que celui passe la vie en assurance, qui prend trop de peine à la prolonger; il met le compte de beaucoup d'années entre les félicités qui lui semblent plus desirables. C'est ce qu'il faut que vous ayez au devant des yeux, afin que quand il sera question de déloger, vous ne le fassiez à regret, et ne l'embrassiez point comme font ceux qui en allant à vau-l'eau, traînés par la violence d'un torrent, empoignent des épines, et s'accrochent à la première chose qui se présente. La plus grande partie des hommes flotte entre la crainte de la mort et les tourments de la vie, pource qu'ils n'ont ni la volonté de vivre, ni la science de mourir. Apprenez à vivre à votre aise, en laissant à part les ennuis que vous peut apporter la sollicitude de la vie. Un bien, pour grand qu'il soit, ne peut réjouir celui qui le possède, s'il ne fait compte de le pouvoir perdre, et ne tient son âme préparée à cet inconvénient. Or il n'est chose de qui la perte nous étonne si peu, que de celle laquelle étant perdue ne se peut regretter. Il faut donc vous imaginer tout ce qui peut arriver même aux plus grands, et vous fortifier à l'encontre. La tête de Pompéius reçut jugement d'un pupille et d'un châtré. Celle de Crassus éprouva l'insolente cruauté d'un Parthe. Caïus César remit celle de Lépidus à la discrétion du tribun Décimus, et lui-même enfin bailla la sienne à Chéréas. Jamais la fortune ne met un homme si haut, qu'elle ne le menace de souffrir en soi-même, ce qu'elle lui permet de faire à l'endroit des autres. Il ne se faut pas fier à la bonace : la mer est irritée en un moment, et bien souvent d'une heure à l'autre les bateaux se perdent à l'endroit même auquel ils s'étoient sauvés auparavant. Souvenez-vous que vous pouvez avoir la gorge coupée aussi bien d'un voleur que d'un ennemi. Quand bien vous aurez votre vie assurée contre ceux qui ont le plus de puissance, vous n'aurez rien fait, puisque le moindre valet que vous aurez a la puissance de vous l'ôter quand il lui plaira. Je veux dire que quiconque méprise sa vie, est maître de celle d'autrui. Représentez-vous les exemples de ceux qui sont morts de la main de leurs domestiques, ou par une violence découverte, ou par surprise : vous trouverez que la colère des rois n'en a pas fait davantage mourir, que le dépit et l'indignation des propres serviteurs. Que vous importe donc si celui de qui vous avez peur est fort ou foible, puisque le plus foible du monde est assez fort pour faire ce que vous craignez? Mais si d'aventure vous tombez entre les mains de vos ennemis, le vainqueur vous fera mener à la mort? Je veux qu'il le fasse, vous fera-t-il mener en autre part qu'au lieu même où vous allez? Pourquoi êtes-vous si abusé de commencer à cette heure d'avoir sentiment d'une chose que vous endurez il y a déjà longtemps? Je vous dis que depuis l'heure que vous êtes né, on vous mène continuellement à la mort. Ce sont les considérations qu'il nous faut avoir, si nous voulons attendre en repos cette heure dernière, de laquelle la crainte nous rend toutes les autres pleines de travail et d'inquiétude.

III. Mais il est temps de clore ma lettre. Je m'en vais vous faire part de ce que j'ai treuvé de bon aujourd'hui; cette fleur n'est non plus de mon jardin que les précédentes. La pauvreté qui se mesure à la règle de nature, est la plus grande richesse que l'homme sache posséder. Voulez-vous savoir quelle est cette règle, et quelles bornes elle nous a prescrites? de n'avoir point de faim, point de soif, ni point de froid. Pour chasser la faim et la soif, il n'est point question de courtiser les portes des grands, et se rendre sujet à leurs froides mines, qui ne sont qu'autant d'affronts couverts d'une apparence extérieure d'humanité. On n'a que faire de traverser la mer, ni de se consumer à la suite d'une armée. Nature ne desire rien qui ne se trouve partout, et avec peu d'incommodité. C'est aux choses superflues qu'on a de la peine et qu'il faut suer pour les acquérir, qui nous font user nos habits, vieillir sous les tentes, et courir aux rivages étrangers. Ce qui suffit se recouvre sans beaucoup de difficulté.

## ÉPÎTRE V.

Argument. — I. Il faut être philosophe en effet, et non pas en apparence.— II. Une trop grande austérité de vie est ridicule et blâmable. — III. L'espoir et la crainte donnent la gêne à notre âme.

I. J'approuve infiniment votre dessein, et suis bien aise de ce que sans vous soucier d'aucune autre chose, vous employez tout votre labeur à vous réformer, et vous rendre meilleur de jour en jour. Je ne vous conseille pas seulement de continuer, mais je vous en prie. Toutefois gardez-vous de ressembler à quelques-uns, qui n'ayant pas tant de soin de bien faire comme ils affectent, prennent plaisir à vivre ou à s'habiller avec quelque particularité qui les fasse regarder. Fuyez ces façons de faire de ceux qui se laissent croître les cheveux sans les couper, négligent leur barbe, jurent une haine capitale aux richesses, couchent contre terre; et toute telle manière d'artifices, qui n'ont autre but que l'ambition, combien qu'ils la suivent par une voie différente de l'ordinaire. Le nom de la philosophie n'est de soi-même que trop assailli d'envieux et de calomniateurs; que sera-ce si nous commençons à nous séparer de la fréquentation du reste des hommes? Je veux bien que nous différions d'avec eux intérieurement ; mais si faut-il que notre apparence extérieure soit populaire. Ne soyons pas ni superbes, ni mécaniques en notre habillement[1]. N'ayons point de moulures d'or, ni d'enrichissement d'orfévrerie en notre vaisselle d'argent ; mais aussi n'estimons pas que ce soit une grande marque de frugalité de n'en avoir du tout point. Vivons mieux que le peuple, non pas au contraire du peuple ; autrement nous éloignerons de notre compagnie ceux de qui nous desirons l'instruction, et ferons que de peur d'être sujets à nous imiter en toutes nos actions, ils ne nous voudront imiter en pas une. La première chose que nous promet la philosophie, c'est le sens commun, l'humanité naturelle, et la conversation[2], de laquelle nous nous bannissons, si nous faisons des professions différentes.

II. Prenons garde que les choses mêmes par lesquelles nous recherchons à nous faire admirer, ne soient celles qui nous rendent odieux et ridicules. Notre intention est de vivre selon nature. C'est chose contraire à la nature de se tourmenter le corps, de mépriser les commodités qui sont de peu de coustange[3], de prendre plaisir aux ordures, et se nourrir de viandes sales, grossières et dédaigneuses[4]. C'est autant de folie de fuir les choses qui sont en usage, et qui se recouvrent avec peu de peine, comme c'est de luxe de rechercher les délicates. La philosophie veut bien qu'on soit sobre et content de peu, mais non pas qu'à force de l'être par trop, on réduise le

---

1. *Mécaniques en notre habillement*, c'est-à-dire vêtus comme de pauvres artisans. Il y a en latin : *Non splendeat toga ; ne sordeat quidem.*

2. *Conversation*, société. Le texte latin porte *congregatio*.

3. *Coustange*, coût, dépense.

4. *Dédaigneuses*, qui méritent, qui excitent le dédain.

corps à n'en pouvoir plus. Il faut qu'en la sobriété tout y soit honnête, et qu'il n'y ait rien de mécanique. Je n'aime que cette sorte de vie. Treuvons un tempérament à la nôtre entre les bonnes mœurs et les mœurs vulgaires. Qu'il n'y ait personne qui ne connoisse notre manière de vivre; que tout le monde l'admire. Mais quoi? ne ferons-nous rien que ce que les autres font? N'y aurat-il point quelque différence de nous à eux? Si aura certes, il y en aura beaucoup. Quelqu'un veut-il treuver à redire en nous? Faisons-lui connoître que nous sommes fort dissemblables du commun des hommes. Que celui qui entre dans notre maison tienne plus de compte de nous que de la richesse de nos meubles. C'est une grande modération à l'homme d'être aussi content d'une vaisselle de terre que d'une d'argent; mais je ne l'estime pas moindre en celui qui se sait servir de la vaisselle d'argent comme de celle de terre. C'est avoir le cœur bien lâche que de ne pouvoir s'accommoder avec les richesses. Mais voici le profit que j'ai fait aujourd'hui, auquel je veux que vous preniez part. J'ai trouvé dans notre Hécaton, que le but de nos desirs fortifie entièrement les remèdes qui nous sont nécessaires contre la peur. Soyez exempt de souhait, et vous le serez de crainte. Ne doutez point que deux choses si contraires ne puissent bien subsister entre elles. Ce que je vous dis est vrai, mon ami Lucilius[1], et quoiqu'elles ne semblent pas être d'accord, elles le sont néanmoins et s'attachent l'une à l'autre; car comme le prisonnier et le soldat qui lui sert de garde, sont liés à une même chaîne, ainsi ces deux choses, quoique différentes, marchent ensemble, et la peur suit l'espérance.

III. Je ne m'en étonne pas néanmoins, puisque toutes deux mettent à la gêne un esprit irrésolu, et font double-

---

1. Il y a par erreur *Lucius* dans l'édition de 1639.

ment languir celui qui est en attente. La principale crainte de l'un et de l'autre procède sans doute de ce que nous ne portons point nos pensées aux choses présentes, mais les envoyons bien loin au-devant de celles qui sont à venir. Voilà comme la prévoyance, qui fait la plus haute félicité de la vie, est changée en malheur. Les bêtes sauvages fuient les dangers qu'elles voient devant leurs yeux, et sont en sûreté après en être échappées. Il n'en est pas ainsi de nous. Le passé nous fâche, l'avenir nous met en peine, et beaucoup de biens que nous avons nous acheminent à de grands maux; car notre mémoire nous ramène la crainte, qui est une fâcheuse maladie, et la prévoyance la fait venir avant le temps. Or il n'est point d'homme qui soit réduit à ce point de misère par le seul objet des choses présentes.

## ÉPÎTRE VI.

Argument. — I. Plus on se connoît éloigné du vice et plus on est proche de la perfection. — II. La science est inutile, si elle ne passe des uns aux autres. — III. On apprend plus par la conversation des doctes que par la lecture de leurs livres.

1. Je commence à connoître, mon ami Lucilius, que non-seulement je deviens meilleur, mais qu'il se fait une nouvelle transformation de moi-même. Je n'ose toutefois ni espérer ni promettre qu'en ma façon de vivre ordinaire il n'y ait encore je ne sais quoi qui a besoin de changement. Est-il incompatible[1] aussi qu'en moi ne se rencontrent beaucoup de choses qu'il faut nécessairement

---

1. C'est-à-dire répugne-t-il, est-il impossible que...?

ou corriger, ou ravaler, ou porter plus haut? Cela suffit déjà, ce me semble, pour apprendre à mon esprit qu'il s'est changé en mieux par la connoissance qu'il a de ses vices, que jusques ici il avoit ignorés. Il est des malades avec lesquels on se réjouit, quand ils ont senti leur mal. Je serois donc bien aise de vous pouvoir faire part d'un changement si prompt que le mien; car je commencerois dès lors à mieux espérer de notre amitié : j'entends de cette vraie amitié que ni l'espoir, ni la crainte, ni le soin que nous avons de nos intérêts, ne nous peuvent faire rompre; de cette amitié, dis-je, avec laquelle les hommes meurent, et pour laquelle ils ont du plaisir à mourir. Il ne me seroit pas malaisé de vous en nommer plusieurs, qui n'ont pas manqué d'amis, mais bien d'amitié : ce qui ne peut advenir quand il se rencontre qu'une mutuelle volonté rend aussi mutuels les desirs, dans la conjoncture des choses honnêtes[1]. D'où vient donc que cela peut arriver ainsi entre amis? C'est de ce qu'ils savent que toutes choses, voire même leurs plus grandes adversités, leur sont ordinairement communes.

II. Vous ne sauriez croire combien je profite de jour en jour. Montrez-moi donc, me direz-vous, quels sont les moyens que vous avez pour cela, et faites-m'en part, je vous prie, puisqu'ils ont tant de vertu. Je le veux; et il ne tiendra pas à moi que je ne verse tout ce que je sais dans le profond de votre âme; car je n'ai point de plus grand plaisir que d'apprendre afin d'instruire les autres. Aussi ne pensai-je pas qu'aucune chose, pour si utile et si excellente qu'elle fût, me pût jamais plaire, si je ne la savois que pour moi-même. Si l'on me vouloit donner toute la sagesse du monde, à condition que je la

---

1. En latin : *Quum animos in societatem honesta cupiendi par voluntas trahit.*

posséderois moi seul, et ne l'enseignerois à personne, je n'en voudrois point. La jouissance du bien ne peut être agréable, si l'on n'y associe quelqu'un. Je vous envoyerai donc les mêmes livres, d'où j'ai tiré ces préceptes ; et pour vous garantir de la peine de chercher partout ce qu'il y a de plus utile, je vous marquerai les endroits que j'estime et que j'admire le plus.

III. Sachez néanmoins que vous ne profiterez jamais tant de la lecture des livres que de la vive voix et de la conversation des honnêtes gens. Il faut que vous-même veniez sur les lieux : premièrement, pource que les hommes se fient plus à leurs yeux qu'à leurs oreilles, et qu'avec cela, le chemin est long par les préceptes, mais court et facile par les exemples. Cléanthe n'eût jamais bien ressemblé à Zénon, s'il se fût contenté de l'ouïr. Il a vécu avec lui ; il a vu comme il vivoit ; il a remarqué ses secrets : il a étudié toutes ses actions, et a considéré si les siennes propres y étoient conformes. Platon, Aristote, et tous ces autres philosophes qui ont introduit tant de sectes différentes, ont plus appris des mœurs de Socrate que de ses paroles. Ce n'a pas été l'école, mais la compagnie d'Épicure, qui a fait grands personnages Métrodore, Hermachus et Polyénus. Je ne vous appelle pas seulement pour faire votre profit, mais afin que vous-même puissiez être profitable, et vous et moi nous soulagerons beaucoup l'un l'autre. Cependant pource que je vous dois, selon ma coutume, la rente de ma journée, je veux vous faire part d'une chose qui m'a aujourd'hui grandement plu dans Hécaton. « Vous demandez, dit-il, ce que j'ai appris : à m'aimer moi-même. » Certes le gain qu'il a fait n'est pas petit : il peut bien dire qu'il ne sera jamais seul, et vous pouvez bien vous assurer aussi, que celui qui est ami de soi-même le sera de tous.

## ÉPÎTRE VII.

Argument. — I. Fuir la multitude. — II. La compagnie nous gâte. Il blâme les spectacles des gladiateurs. — III. Les vices s'insinuent par le nombre des exemples. — IV. Il ne faut point chercher l'approbation du peuple.

I. Vous me demandez ce qu'il me semble que vous devez principalement éviter : la multitude ; vous n'y serez pas encore bien sûrement. Pour moi, je confesse ma foiblesse. Quand je vais en compagnie, je n'en reviens jamais comme j'y suis allé : mon équipage n'est plus en l'ordre où je l'avois mis ; il ne rentre chez moi que quelque chose de ce que j'avois fait sortir. Il arrive aux esprits qui se remettent de quelque vieille indisposition, comme aux corps qu'une longue maladie a mis si bas, qu'ils ne peuvent prendre si peu d'air qu'ils ne s'en treuvent mal.

II. La conversation de beaucoup de gens nous est contraire. Il n'y en a pas un qui ne nous loue de quelque vice, ou ne nous l'imprime, ou ne nous en laisse quelque tache, sans que nous nous en apercevions. Tant plus les compagnies sont grandes, et plus nous sommes en danger. Mais il n'y a rien où les bonnes mœurs courent plus de fortune qu'aux théâtres ; car alors les vices coulent par la porte qu'on a ouverte à la volupté. Que pensez-vous que je die ? J'en reviens plus avare, plus ambitieux et plus dissolu ; et qui plus est, je me trouve avec moins de douceur et d'humanité, pour avoir été parmi les hommes. D'aventure je me suis aujourd'hui trouvé au spectacle du midi[1], pensant y voir quelque farce, ou quelque bouf-

---

1. En latin : *In meridianum spectaculum.*

fonneur, et en somme quelque passe-temps qui m'otât le goût des cruautés qui se font aux spectacles des gladiateurs. Au contraire, tout ce que j'avois jamais vu de combats n'étoit que miséricorde. On ne s'amuse plus à des bayes[1]; ce sont homicides et non autres choses. Ceux qui combattent n'ont rien que la chemise; tout y est à découvert : aussi ne donnent-ils point de coups qui ne portent. Il y en a beaucoup qui y trouvent plus de plaisir qu'aux ordinaires, ni qu'aux demandés; et certainement ils ont raison, car le fer entre partout. Il ne se parle ni de casque ni de bouclier; aussi de quoi servent-ils, ni toute cette dextérité qu'on apprend à l'escrime, sinon de dilayer[2] la mort de quelque moment? Au matin on fait combattre les hommes avec des lions et des ours : mais à midi on leur met leurs spectateurs en tête. Aussitôt qu'il y en a un qui a tué son homme, on le met aux mains avec un autre qui le tue; et jamais on ne laisse le victorieux en repos, jusques à ce qu'un autre l'ait dépêché. Enfin le peuple ne s'en va point que tout ne soit mort : tout passe par le fer et par le feu; c'est ce qui se fait tandis que le théâtre n'est point empêché. Si quelqu'un a fait une volerie, on le pend. S'il a tué, on lui fait souffrir ce qu'il a fait. Mais toi, pauvre misérable, qu'as-tu fait qu'on t'ait condamné au spectacle de toutes ces inhumanités? Tue, brûle, frappe. Pourquoi est-il si couard à s'enferrer? que n'est-il plus hardi à tuer? que ne meurt-il plus volontiers? Ils reçoivent des coups s'ils refusent d'aller aux plaies, et faut que tous nus ils cherchent l'épée l'un de l'autre, et tâchent de la rencontrer. Le spectacle est-il cessé, pour faire toujours quelque chose on égorge des hommes; et cependant vous ne vous prenez pas garde que vous baillez un exemple qui peut tourner à votre préjudice. Vous avez

---

1. En latin : *Omissis nugis*. — 2. *Dilayer*, différer.

de quoi remercier les Dieux de ce que vous enseignez d'être cruel à un qui ne le peut apprendre.

III. Une âme tendre et qui n'est pas bien imprimée du caractère de la vertu n'est pas bien parmi la multitude : on se laisse facilement aller à ce qu'on voit faire à beaucoup de gens. Socrate même, Caton et Lélius couroient fortune que la fréquentation de si grand nombre de personnes dissemblables à leur humeur, ne leur mît l'âme en désordre, tant il est malaisé que ceux mêmes qui se tiennent en meilleure assiette ne succombent à l'effort des vices, qui viennent en si grande troupe les assaillir. Un seul exemple d'avarice ou de luxure[1] est capable de faire beaucoup de mal. Si nous vivons ordinairement avec un homme délicat, sa conversation peu à peu nous énerve et nous amollit. Un voisin riche irrite nos cupidités. Il n'est point de blancheur si nette qui ne se tache, quand on l'approche de quelque chose qui ne l'est point.

IV. Que pensez-vous que puisse devenir un homme qui a tout un peuple sur les bras ? Vous direz qu'il faut qu'il se résolve, ou d'imiter, ou de haïr, et cependant l'un et l'autre est dangereux. Il ne faut ni ressembler au nombre, pource qu'il est grand, ni haïr le grand nombre, pource qu'il ne nous ressemble pas. Réduisez-vous en vous-même tant que vous pourrez. Cherchez la communication de ceux qui vous peuvent apprendre quelque instruction, et recevez en la vôtre ceux à qui vous en pouvez donner ; ce sont offices réciproques : en enseignant on est enseigné. Que l'envie de produire votre bel esprit ne vous fasse point entretenir toute sorte de personnes, ni disputer publiquement. Cela seroit bon si votre marchandise étoit propre pour le peuple ; mais il n'y aura personne qui vous

---

1. Voyez plus haut, p. 225, note 1.

entende; et si peut-être il s'en trouve un ou deux, il faudra que vous ayez la peine de les former vous-même, et les rendre capables de ce que vous leur direz. A quoi donc vous servira ce que vous avez appris? Ne craignez point d'avoir perdu votre peine: vous avez étudié pour vous.

Mais afin que j'aie étudié pour autre que pour moi, je vous ferai part de trois belles choses que j'ai rencontrées aujourd'hui assez conformes à ce propos. Il y en aura une pour acquitter cette lettre, et les deux autres que je vous baillerai par avance. Voici ce que dit Démocrite : « Un homme seul m'est tout un peuple, et tout un peuple m'est un homme seul. » Un autre aussi, quiconque il soit, car on ne sait qui ce fut, comme on lui demandoit que lui servoit d'employer tant de temps après une chose que la difficulté rendoit si peu communicable, répondit fort pertinemment : « Je me contenterai de fort peu de gens, et quand je n'aurois personne, j'en aurois encore assez. » La troisième a bien de la grâce : Épicure en est l'auteur. Il écrivoit un jour à un de ses compagnons d'étude (ce discours n'est point pour tout le monde, je parle à vous) : « Nous nous sommes un théâtre l'un à l'autre. » Ce sont paroles, mon grand ami, qu'il faut avoir gravées au fond de l'âme, pour ne sentir point ce chatouillement ordinaire que nous donne l'approbation d'un grand nombre de jugements. Vous êtes loué de beaucoup; quelle occasion trouvez-vous de vous glorifier, pour être ce que plusieurs vous estiment? Ramenez ce que vous avez de bon à l'intérieur.

## ÉPÎTRE VIII.

Argument. — I. La vie contemplative n'est pas inutile. — II. Nous avons assez, quand nous avons ce qui nous est nécessaire. — III. Il loue la philosophie. — IV. Les choses casuelles ne sont point nôtres.

I. Vous vous étonnez que je vous conseille de vous séparer de la multitude, et ne chercher autre applaudissement que celui de votre conscience, vu que tout ce que commandent les Stoïques, c'est de mourir en action. Et quoi, pensez-vous que pour être chez moi je demeure en une chaire sans me remuer? Quand je ne veux voir personne, c'est alors que je cherche le moyen de profiter à beaucoup. Il ne se passe jour que je ne fasse quelque chose, et que je ne donne encore quelque partie de la nuit à étudier. Je ne destine point d'heures au dormir, et ne permets pas à mes yeux de se clore aussitôt que le sommeil les en sollicite. Je les tiens en besogne le plus que je puis, et ne me repose que quand le travail et la veille m'ont fait succomber. J'ai quitté les affaires aussi bien que les hommes, et premièrement les miennes. Je fais celles de ceux qui viendront après nous. J'écris des choses qui leur soient profitables, et tâche de leur laisser des avertissements salutaires, comme de bons médicaments dont j'ai fait la preuve en mon propre mal. Il est vrai que je ne suis pas entièrement guéri; mais au moins il n'y a plus de chancre en mes ulcères. Je montre aux autres un bon chemin que je n'ai connu que fort tard et bien las. Je leur crie : « Gardez-vous de tout ce qui plaît au vulgaire, craignez ce que la fortune donne. Quand vous la verrez vous tendre quelque chose, défiez-vous d'elle, et ne passez pas plus avant. Les bêtes et les poissons ne sont trompés que par quelque espérance qui les réjouit. Ce que vous appelez présents de la fortune, ce sont ses embûches. Qui voudra vivre à son aise, qu'il se garde le plus qu'il pourra de s'y laisser engluer. Ce qui fait en cela notre misère plus déplorable, c'est la honte d'avoir pensé prendre, et se trouver pris : cette course nous emmène dans des précipices. Quand la vie est si haut élevée, on n'en peut sortir qu'en tombant ; la prospérité nous ébranle ; il n'est plus en nous de nous arrêter, il faut faire tête, ou s'enfuir. De cette façon la fortune ne nous abattra jamais ; si elle nous donne quelque atteinte, ou nous effleure la peau, c'est tout ce qu'elle nous peut faire.

II. « Tenez cette règle de vivre, que vous treuvez[1] saine et salutaire, de ne traiter votre corps qu'autant qu'il en a besoin pour s'entretenir en santé ; sinon il vous donnera de la peine, quand il sera question de le faire obéir à l'esprit : mangez pour apaiser la faim, buvez pour étancher la soif, habillez-vous pour n'avoir point de froid, et vous contentez d'une maison où le vent et la pluie ne vous puissent offenser : qu'elle soit ou de gazon ou de marbre, que vous importe ? Un homme est aussi bien sous du chaume, que sous de l'or. Ce qu'on ajoute pour l'embellissement n'est que superfluité : faites compte que vous n'avez rien d'admirable que l'esprit. Quand il est grand, tout lui est petit. » Si je me tiens ce langage, si je le tiens à la postérité, ne trouvez-vous pas que je fais plus de service que de comparoître à une assignation pour plaider une cause, ou d'aller mettre mon cachet au bas de quelque testament, ou de me trouver au sénat pour assister un ami de ma parole, ou de ma faveur ? Croyez-moi, ceux qui semblent n'avoir point d'occupations, sont ceux qui

---

1. *Treuverez* dans l'édition de 1648.

en ont de plus dignes : ils négocient au ciel et en la terre.

III. Mais il est temps de finir cette lettre, et l'accompagner, comme j'ai commencé, de quelque présent. Ce ne sera pas à mes dépens, je frippe[1] toujours quelque chose dans Épicure. Voici ce que j'ai pris aujourd'hui : « Servez la philosophie, si vous voulez avoir la liberté[2]. » Vous n'êtes point remis d'un jour à l'autre. Vous êtes expédié tout aussitôt, parce que c'est la liberté même que la servir. Vous me demanderez pourquoi je prends ces sentences plutôt dans Épicure qu'en notre école. Mais, vous, pourquoi ne les prenez-vous plutôt pour paroles sorties de la bouche de tout un peuple, que de les attribuer à Épicure en particulier? Combien trouvez-vous de choses dans les poëtes, que les philosophes ont dites ou devoient dire! Je ne parle point des tragédies, ni de nos moralités, de qui la matière a quelque chose de sévère. Mais combien trouvez-vous de belles paroles dans les farces mêmes! Combien de vers dans Publius[3], qui pouvoient avoir lieu dans une tragédie! J'en rapporterai ici un, parce qu'il concerne cette quatrième partie de philosophie que nous venons de traiter. Il dit que les choses casuelles ne doivent pas être comptées pour nôtres.

Un bien n'est point à nous, quand les Cieux nous le donnent.

Il me souvient qu'autrefois vous m'en aviez dit un de votre façon sur le même sujet, qui a bien meilleure grâce, et moins de paroles :

Rien n'est à nous que fortune ait fait nôtre.

1. *Fripper*, piller.
2. « La vraie liberté, » lit-on dans l'édition de 1648. Il y a en effet dans le latin : *Ut tibi contingat vera libertas.*
3. Publius Syrus.

En voici encore un de vous que je ne veux pas laisser derrière :

Ce qu'on nous baille on nous le peut ôter.

Je ne vous mets pas cela en compte; car il n'y auroit pas d'apparence de vous payer de ce qui est à vous.

---

## ÉPÎTRE IX.

ARGUMENT. — I. Le sage est invincible aux incommodités, mais non insensible. Il aime d'avoir un ami; mais n'en ayant point il s'en peut passer. — II. Il faut aimer pour être aimé. Le contentement de faire un ami est plus grand que de l'avoir. — III. Les vrais amis ne visent qu'au bien de ceux qu'ils aiment. Des amis de fortune. — IV. Le sage pour vivre heureusement se peut passer de tout le monde; mais pour vivre, non. — V. Le sage est content de sa condition, et le fol au contraire.

I. Vous me demandez mon avis de la répréhension que fait Épicure en une épître, de ceux qui disent que le sage est content de soi-même, et par conséquent qu'il n'a que faire d'amis : c'est une reproche que fait Épicure à Stilpon, et à ceux qui ont comme lui jugé que ce fût le souverain bien d'avoir une âme insusceptible de toute appréhension. Mais nous équivoquerons, si pour exprimer l'*apathie*[1] nous voulons user du mot d'impatience, parce qu'il semblera quelquefois qu'il ait un sens tout contraire à celui que nous lui voudrons donner; car nous voudrons parler de celui de qui l'âme est si ferme et si vigoureuse[2],

---

1. Dans l'édition de 1639 on lit *apathi* (sans e), et dans l'édition de 1645 *apathé*. C'est la transcription du mot grec ἀπάθειαν, employé par Sénèque.

2. Dans l'édition de 1639, il y a *rigoureuse* pour *vigoureuse*.

qu'il n'y a douleur quelconque qui la puisse émouvoir ; et il semblera que nous l'entendions d'un homme flouet[1], tendre, et à qui seulement une piqûre du doigt fasse perdre le jugement. Voyez donc si nous ferions point mieux[2] de dire une âme invulnérable, ou une âme mise hors de toute souffrance. Voici la différence qu'il y a d'eux et de nous. Notre sage est invincible aux incommodités, mais non insensible ; le leur y est insensible aussi. Nous avons cela de commun, que le sage est content de soi-même, mais qu'il ne laisse pas d'être bien aise d'avoir un ami, un voisin, un qui loge avec lui, combien qu'il ait en soi de quoi se passer de toutes choses. Voyez s'il n'est pas bien content de soi-même : que si par quelque maladie ou en un combat une main lui est coupée, cet accident qui lui diminue le corps, ne lui diminue point son contentement. Si par quelque inconvénient il perd un œil, il se contentera de celui qu'il aura de reste, et sera aussi aise mutilé de ses membres comme s'il étoit entier. Il ne desire point ce qui lui manque, mais il aimeroit mieux qu'il ne lui manquât rien : aussi le contentement qu'il a de soi n'est pas tel qu'il ne veuille point avoir d'ami, mais que n'en ayant point il a moyen de s'en passer. S'il le perd il ne se désespère point, parce que c'est une place vide qu'il peut remplir tout aussitôt qu'il lui plaira. Comme si Phidias perd une statue, il en peut incontinent faire une autre ; lui tout de même, qui est grand maître en la science de faire des amitiés, aura bientôt recouvré ce qu'il aura perdu. Vous demandez comment il en aura sitôt fait un autre ? Je le vous dirai, pourvu que nous demeurions d'accord que dès à cette heure je vous paye ce que je vous dois, et que pour le

---

1. *Flouet*, fluet, délicat.
2. Dans l'édition de 1645 : « Si nous ne ferions point mieux. »

regard de cette lettre vous n'ayez plus rien à me demander.

II. Hécaton dit : « Je vous apprendrai une recette d'amour, sans drogue, sans herbe et sans charme quelconque. Voulez-vous qu'on vous aime? aimez. » Les amitiés nouvelles ont leurs voluptés aussi bien que les vieilles. Avoir et faire un ami sont choses où il y a la même différence qu'entre semer et recueillir. Le philosophe Attalus disoit ordinairement que faire les amis étoit plus doux que de les avoir, comme un peintre est plus aise de peindre que d'avoir peint. Cette sollicitude occupée à son ouvrage lui est un contentement extrême en son occupation. Comme il donne le dernier coup de pinceau, cette pensée s'évanouit, pource qu'alors il ne jouit que du fruit de son art; au lieu qu'il jouissoit de son art même quand il peignoit. L'âge de vingt ans est plus capable de service; mais l'enfance a je ne sais quelle grâce qui donne plus de plaisir. Revenons à cette heure à notre propos.

III. Le sage, encore qu'il se contente de soi-même, ne laisse pas de vouloir avoir un ami, sinon pour autre chose, au moins pour ne laisser point en friche une vertu si belle et si louable comme l'amitié : « Non point, disoit Épicure, pour avoir qui se tienne auprès de lui quand il sera malade, qui, s'il est en prison, lui aide à s'en retirer, et l'assiste de moyens, s'il est en nécessité; mais au contraire pour avoir quelqu'un qui reçoive ces offices de lui quand il en aura besoin. » L'intention ne peut être bonne de celui qui fait amitié pour y treuver le remède de ses incommodités. Il achèvera comme il a commencé : il a voulu avoir un ami qui lui ôtât la chaîne des pieds, le clou n'en sera pas sitôt rivé qu'il ne prenne congé de lui : ce sont amitiés pour la journée[1]. Un ami qu'on a fait

---

1. Dans l'édition de 1645 : « Ce sont amitiés à la journée. »

pour la commodité plaira si longtemps[1] qu'il en apportera. C'est pourquoi vous ne voyez qu'amis de toutes parts auprès des belles fortunes, et rien que solitude aux maisons de ceux qui sont abattus. Les amis fuient les occasions d'être éprouvés, et de là viennent tant d'abominables exemples de ceux qui par crainte abandonnent lâchement, et des autres qui trahissent infidèlement ceux qu'ils ont fait profession de bien aimer. Il ne faut pas que la fin en soit meilleure que le commencement. Quiconque s'est fait ami pource que c'étoit son profit de l'être, puisqu'en l'amitié il a prisé autre chose que l'amitié même, il n'y a point de doute que si l'argent l'en sollicite il ne prise quelque chose au préjudice de l'amitié. Qu'ai-je donc affaire d'avoir un ami, afin d'avoir quelqu'un de qui j'assiste les nécessités, accompagne le bannissement et défende la vie aux dépens de la mienne quand il en aura besoin ? Cette amitié que vous décrivez n'est pas une amitié, mais une négociation, qui n'estime et ne regarde que le moyen qu'il y a de profiter. Il n'y a point de doute que la passion des amants n'ait quelque chose qui ressemble à l'amitié : on peut dire que c'est une amitié insensée. En voyez-vous quelqu'un qui aime sa maîtresse pour le gain, pour l'ambition ou pour l'honneur ? L'amour a tant de contentement en soi-même, qu'il néglige toute considération extérieure, et n'allume l'âme d'autre désir que de la chose qui semble belle, et donne apparence de rendre une réciproque affection. Et quoi donc, se peut-il faire qu'une cause qui est honnête fasse naître une volonté qui ne l'est point ? Vous me direz que ce n'est pas à cette heure qu'il faut disputer si l'amitié est chose desirable de soi-même, ou pour quelque autre sujet ; car si de soi-même elle est desirable, il n'y a point de doute que

---

1. *Si longtemps*, aussi longtemps.

celui qui a son contentement en soi-même, sans espérance de gain et sans dessein de se fortifier contre la fortune, ne s'en puisse approcher comme d'une chose belle en perfection. Qui en fait provision comme d'un remède aux calamités fortuites, il la fait descendre de son trône et la met au rang du commun. Le sage se contente de soi. C'est une parole, mon grand ami, que beaucoup de gens interprètent mal : ils le séparent[1] de la communauté de toutes choses, et ne veulent point qu'il sorte hors de sa peau. Pour bien faire, il faut distinguer : cette promesse a des bornes, et ne s'étend pas indifféremment à toutes choses.

IV. Le sage pour vivre heureusement se peut passer de tout le monde ; mais pour vivre, non ; car en ce dernier il peut avoir affaire de beaucoup de choses ; mais en l'autre, il n'est question que d'avoir une âme purgée de mauvaises affections, élevée au-dessus des imaginations vulgaires, et résolue à se rire du plus effroyable visage que la fortune lui sauroit montrer. Voici la distinction qu'en fait Chrysippus : il dit que le sage n'a faute de rien, et que toutefois il a besoin de beaucoup de choses ; le fol au contraire n'a besoin d'aucune, parce qu'il n'en sait point user ; mais il a faute de toutes. Le sage a besoin de mains, d'yeux[2], et d'assez d'autres choses nécessaires au service de la vie ; mais il n'a faute d'aucune chose, parce qu'avoir faute présuppose de la nécessité : or il n'est rien nécessaire au sage. C'est pourquoi, bien qu'il soit content de soi-même, il ne laisse pas d'avoir besoin d'amis, et met

---

1. Toutes les éditions donnent ici par erreur : « la séparent, » et à la ligne suivante : « qu'elle sorte. »

2. Ici encore il s'est glissé une singulière faute dans le texte. Au lieu de ces mots : « A besoin de mains, d'yeux, » on lit dans toutes les éditions, même dans celle de 1667, où la version de Malherbe a été si librement remaniée : « A besoin de moins (1667 : du moins) d'yeux. »

peine d'en acquérir le plus qu'il peut, non pour vivre heureusement; car c'est chose que de soi-même il peut faire, quand il n'auroit pas un ami. Le souverain bien trouve en la maison toute la provision qui lui fait besoin pour son service : il ne va rien emprunter dehors; il ne dépend d'autre que de soi-même; et s'il en vient là, que de mendier quelque chose, il est à la discrétion de la fortune, et ne faut plus qu'il parle de sa liberté. Oui, mais quelle triste condition sera celle du sage, si prisonnier entre les mains des ennemis, en quelque terre lointaine, ou retenu en quelque long voyage sur mer, ou jeté par la tempête en quelque rivage solitaire, il ne se trouve en toutes ses incommodités secouru de l'assistance ni de la consolation d'un seul ami? Il fera ce que fit Jupiter, quand après la résolution universelle du monde toutes choses étoient retournées en leur confusion première. Tandis que la nature est quelque temps sans recommencer la génération, il rappelle à soi toutes ses pensées, et se donne lui-même le contentement de s'entretenir. Le sage a moyen d'en faire de même : il se resserre en soi-même, se tient compagnie, et tant que la disposition de ses affaires est en sa puissance, n'a besoin de personne que de soi. Avec ce contentement il se marie; avec ce contentement il fait des enfants; et toutefois s'il lui falloit vivre seul, il aimeroit mieux ne vivre pas. L'utilité ne le porte point aux amitiés : c'est l'inclination naturelle qui l'y provoque. L'amitié, comme beaucoup d'autres choses, a je ne sais quelle douceur agréable à notre goût : nous chérissons la société comme nous abhorrons la solitude. La nature, qui s'est proposé de faire vivre les hommes ensemble, a voulu que les amitiés eussent un certain aiguillon, qui nous sollicitât à les rechercher. Néanmoins, quoique le sage aime extrêmement ses amis, qu'il prenne toute la peine qu'il peut d'en acquérir, et que bien souvent il en fasse plus d'état que de soi-même ; si faut-il qu'il termine en soi tout son contentement, et qu'il die ce que dit même Stilpon[1] à qui s'attaque Épicure. Comme après sa ville prise, et sa femme, et ses enfants perdus, il se retiroit tout seul, avec un esprit à qui les adversités n'avoient rien ôté, Démétrius, celui qui pour le nombre des villes qu'il avoit forcées étoit appelé Poliorcète, lui demandant s'il avoit rien perdu : « Je porte, dit-il, tout mon bien sur moi ; » parole certainement qui témoigna la force du ressort de son âme, et qui fut victorieuse sur la victoire même. Et de fait, Démétrius l'oyant ainsi parler, fut si confus, que presque il ne savoit s'il avoit vaincu. « Tout mon bien est avec moi : ma justice, ma vertu, ma tempérance, ma prudence, et cette résolution que j'ai toujours eue de n'appeler point bien ce qu'on me peut ôter, ne m'ont point été saccagées[2]. Les voici qui m'accompagnent aussi entières et aussi miennes qu'auparavant. » Si nous nous étonnons de voir quelques animaux passer au travers du feu sans qu'il leur fasse mal, combien avons-nous plus de sujet d'admirer cet homme, qui par la prise de sa ville enveloppé dans le feu, le fer et les ruines, a treuvé moyen sans blessure ni perte quelconque de s'en dégager? Vous voyez en cela combien la conquête de tout un peuple est bien plus aisée que celle d'un homme seul. Un Stoïque tient le même langage, et aussi bien que Stilpon parmi le sac et la flamme des villes prises, conserve ses biens et les emporte en toute assurance avec soi. Il est content de soi-même, et dans les bornes limite sa félicité. Ne

---

1. C'est le texte de toutes les éditions. Il faut évidemment lire : « Ce même Stilpon. » Il y a dans le texte : *et dicet quod Stilpon ille dixit*.

2. L'édition de 1643 donne « emportées, » au lieu de « saccagées. »

pensez pas qu'il n'y ait que nous de qui les paroles soient relevées. Épicure même, qui se mêle de reprendre Stilpon, parle de même; je m'en vais vous dire que c'est, et combien que ce jour ici ne soit plus du compte, vous ne laisserez pas, s'il vous plaît, de le prendre en bonne part. « Quand la terre entière seroit le patrimoine d'un homme seul, il est misérable, s'il ne pense avoir assez; » ou bien si vous l'aimez mieux en autres termes (car il faut prendre plutôt garde au sens qu'aux paroles) : « Quand un homme auroit l'empire du monde, s'il ne s'estime heureux, il ne l'est point. » Et afin que vous connoissiez que tout cela part d'un sens commun, et que ce sont leçons que fait la nature à toutes sortes d'esprits, vous trouverez en un poëte comique[1] :

Il n'est heureux qui ne pense point l'être.

Car que peut-il chaloir comment vous soyez, si vous pensez être mal? Et quoi donc, à votre compte, un qui sera vilainement riche et qui aura force valets, mais encore plus de maîtres, sera bienheureux, pourvu seulement qu'il veuille dire qu'il s'estime tel? Je n'ai que faire de ce qu'il dit. Je regarde ce qu'il peut, et non pour une fois seulement, ou pour un jour, mais ce qu'il peut continuellement. N'ayez pas peur que cette magnanimité si ferme et si résolue se trouve en un homme qui n'ait du mérite. Il n'y a que le sage capable de se plaire; toute folie porte avec elle un dégoût de sa condition.

1. Publius Syrus.

## ÉPÎTRE X.

Argument. — I. Les méchants ne doivent point vivre seuls. — II. Quels doivent être les vœux des gens de bien. — III. Qu'il faut vivre avec les hommes comme vu de Dieu, et parler avec Dieu comme écouté des hommes.

I. Je suis toujours d'un même avis : fuyez les grandes compagnies, fuyez les petites, fuyez même la conversation d'un homme seul. Voyez où va mon jugement : je ne sache personne de qui je vous permette la communication, et toutefois je vous ose bien laisser entre vos mains. On conte que Cratès, écolier de ce même Stilpon, de qui j'ai fait mention en ma précédente, voyant un jeune homme se promener à part, lui demanda ce qu'il faisoit seul. A quoi le jeune homme ayant répondu qu'il s'entretenoit avec soi-même, Cratès lui répliqua : « Donnez-vous bien garde, je vous prie, que vous ne vous entreteniez avec un homme qui ne vaille rien. » Nous tenons ordinairement des gardes auprès de ceux qui pleurent une personne morte, ou qui ont quelque frayeur en l'âme, de peur qu'en la solitude il ne leur vienne quelque trouble qui les induise à se faire mal. Il faut en faire de même aux malavisés ; car comme ils n'ont personne qui divertisse[1] leur dangereuse inclination, ils se proposent des choses pernicieuses, et jamais ne sont sans quelque imagination funeste, ou pour eux ou pour autrui. C'est alors qu'ils repassent en leur esprit tout ce qu'ils ont de mauvaises intentions, qu'ils tirent au jour tout ce que la honte ou la crainte leur faisoit tenir caché, provoquent

---

1. *Divertisse*, détourne.

leur audace, irritent leur paillardise, et sollicitent leur colère par les moyens qu'ils lui mettent en avant de se venger. Enfin tout ce que la solitude a de commodité, qui est de ne se découvrir à personne, et de ne craindre point d'être accusés, est perdu pour eux; ils se découvrent et se trahissent eux-mêmes. Voyez donc combien j'espère de vous, ou plutôt comme je m'en confie; car l'espérance est un nom qui ne convient qu'aux choses où il y a encore de l'incertitude. Je ne trouve personne à qui je vous aime mieux bailler en garde qu'à vous-même. Je me ressouviens de quelque langage que je vous ai ouï tenir, plein à la vérité d'une grandeur de courage vraiment solide et bien conforme à la vigueur de l'âme qui le produisoit. Je m'en réjouis dès l'heure, et dis en moi-même : Ce ne sont pas là des paroles qui viennent du bout des lèvres, le fondement en est plus avant ; voici un homme qui n'est pas fait comme beaucoup d'autres ; il n'a pas envie de se perdre ; c'est ainsi qu'il faut parler, c'est ainsi qu'il faut vivre.

II. Prenez garde que rien ne vous fasse baisser le cœur ; n'importunez point les Dieux de vous accorder ce que vous leur aviez demandé par le passé ; quittez-les[1] de vos vœux précédents : faites-en de nouveaux. Demandez-leur une conscience sans fraude, un esprit sans trouble, et un corps sans maladie[2] : ce sont là des vœux qu'il ne faut point craindre de leur faire. Ils ne font jamais mauvais visage à nos requêtes, quand nous ne leur demandons rien du bien d'autrui.

III. Mais afin que, selon ma coutume, vous ne receviez point ma lettre sans quelque présent, je vous dirai une

---

1. *Quittez-les*, tenez-les quittes.
2. Dans l'édition de 1645, et même encore dans celle de 1667 : « Un corps sans malice. »

chose très-véritable que j'ai apprise dans Athénodorus. « Vous pouvez dire que vous êtes hors de toute passion quand vous en êtes venu là que de ne rien demander à Dieu que vous ne lui puissiez demander tout haut et à la vue de tout le monde; » car aujourd'hui quelle folie est celle des hommes! Ils ne desirent rien de si malhonnête qu'ils n'osent demander à Dieu : tous les vœux sont autant de crimes. Si quelqu'un fait semblant de s'approcher d'eux, ils se taisent tout aussitôt, et content à Dieu des choses qu'ils ont honte qu'un homme sache. Voyez donc si nous ne pourrons point tenir cette maxime pour une règle de vie : Vivez avec les hommes comme vu de Dieu; parlez avec Dieu comme écouté par les hommes.

## ÉPÎTRE XI.

ARGUMENT. — I. Il défend ceux qui rougissent. — II. Les habitudes naturelles ne se peuvent changer. — III. Il se faut toujours imaginer quelque homme d'honneur pour témoin de nos actions, afin de ne faire rien mal à propos.

I. Je me suis entretenu avec un de vos amis du meilleur naturel qu'il est possible et ai reconnu son jugement, son humeur et sa suffisance, aussitôt qu'il a commencé de parler. Je pense qu'il me laissera le goût qu'il m'a donné, car en ce qu'il m'a dit il ne pouvoit y avoir rien de préparé, parce que je l'ai surpris. Il y avoit déjà quelque temps qu'il étoit revenu à soi, que la honte (un des bons signes que puisse avoir un jeune homme) ne lui pouvoit encore sortir du visage, tant la rougeur s'y étoit ramassée de toutes parts. C'est une foiblesse que je n'ai pas opinion qu'il perde jamais, quelque assurance qu'il prenne, quelque vertu qu'il acquière, et à quelque perfection qu'il puisse arriver.

II. Il n'est point de sagesse qui puisse rien contre les défauts que naturellement nous avons ou au corps ou en l'esprit. Ce qui naît avec nous se peut adoucir, mais non pas vaincre. Il en est qui ne parlent jamais en grande assemblée qu'ils ne soient tout en eau, comme s'ils avoient fait quelque grand effort; d'autres à qui les genoux tremblent, d'autres à qui les dents s'entre-choquent, la langue bégaye et les lèvres ont un mouvement qu'il ne leur est pas possible d'arrêter. Il n'y a point de préceptes contre ces imperfections : la nature veut demeurer maîtresse, et que les plus forts connoissent qu'ils ne le sont pas assez pour lui résister. Le rougir est du nombre de ces infirmités, et quelque gravité qu'ils aient, il n'y a moyen de s'en parer. Il est bien vrai qu'il paroît davantage aux personnes jeunes, parce que leur sang est plus chaud et leur peau plus déliée; mais les plus expérimentés et les plus vieux ne s'en garantissent point. Il y en a qui ne sont jamais plus dangereux que quand ils rougissent, comme s'ils avoient épandu toute leur honte. C'étoit signe que Sylla entroit en furie quand le sang lui montoit au visage. Il n'y avoit rien de moins effronté que Pompée; jamais il ne parloit devant deux personnes qu'il ne rougît : aux assemblées cela lui étoit infaillible. Il me souvient qu'on fit un jour entrer Fabianus au Sénat pour porter quelque témoignage; il devint rouge, et cette honte lui donna merveilleusement bonne grâce. Cela ne vient pas de foiblesse d'âme, mais de la nouveauté des choses, qui bien qu'elles n'étonnent pas, elles troublent toutefois, faute d'accoutumance, pour une facilité naturelle qu'on a de s'émouvoir; car comme il y en a de qui le sang ne bouge jamais de sa place, aussi en est-il qui l'ont si remuant, qu'il ne leur peut rien arriver que tout aussitôt la couleur ne leur vienne au visage. La sagesse, comme j'ai dit, n'y sert de rien; autrement la nature même seroit en sa domination. Quoi que l'homme fasse et quelques règlements qu'il donne à son âme, les habitudes que la température du corps et la condition de sa nativité lui donnent ne se sépareront jamais d'avec lui. On ne les peut ni chasser quand on les a, ni faire venir quand on ne les a point. Les comédiens, qui se mêlent de contrefaire nos passions, nos craintes, nos étonnements et nos tristesses, quand ils veulent représenter la honte, tout ce qu'ils peuvent faire, c'est de baisser la tête, d'humilier leurs paroles et tenir les yeux fichés en terre; mais de rougir il n'y a moyen. Le commandement et la défense y sont inutiles. Aussi la sagesse, qui connoît bien qu'elle n'y peut de rien servir, ne nous y promet point de remède : c'est chose qui vient sans qu'on l'appelle, et qui s'en reva[1] sans qu'on la chasse, comme ne dépendant d'ailleurs que de sa propre jurisdiction.

Ma lettre veut que je la finisse par une sentence; en voici une très-utile et très-salutaire que je voudrois qui vous fût gravée au cœur :

III. « Il faut faire élection de quelque homme de bien et nous imaginer que nous en sommes perpétuellement éclairés, afin de ne faire que ce que nous ferions s'il étoit présent. » Ce précepte, mon grand ami, est d'Épicure, qui non sans cause a jugé que nous avons besoin d'un gardien et d'un précepteur. Il ne se feroit pas la moitié des crimes qui se font, s'il ne se pouvoit rien faire qu'en la présence d'un témoin. Il est bon que notre âme se propose quelque personne de mérite à révérer, et de qui l'autorité l'oblige à ne faire ni penser chose qui soit mal à propos. O que bienheureux est l'homme qui a cette puis-

---

1. *S'en reva*, s'en retourne.

sance, que non à le voir, mais à se le représenter seulement, on se fasse homme de bien! Et bienheureux celui tout de même qui en peut tellement respecter un autre, qu'il ne faut que la seule souvenance pour le remettre ou le retenir en son devoir! Quiconque est capable de rendre ce respect, sera bientôt digne de le recevoir. Je vous conseille donc de choisir Caton. S'il vous semble trop roide, prenez Lélius, qui n'est pas si bandé; ou bien quelque autre de qui le parler, la vie et le visage, où se manifeste l'intérieur, vous seront plus agréables. Montrez-le-vous à toute heure, ou pour être en sa garde, ou pour vous composer à son imitation. Je vous dis encore un coup que nous avons besoin de quelqu'un sur lequel nous prenions les préceptes de notre vie : sans une règle il est impossible de redresser ce qui n'est pas droit.

---

## ÉPÎTRE XII.

Argument. — I. Toutes choses représentent à l'homme sa vieillesse. — II. La vieillesse n'est pas sans plaisir. — III. Être préparé à mourir tous les jours. — IV. Il est en nous de finir nos misères quand il nous plaît.

I. De quelque part que je me tourne, je trouve partout des témoignages que je suis vieil. Je m'en étois allé en ma maison aux champs, et me plaignois de ce qu'il me coûtoit à l'entretenir; la réponse de mon fermier fut que ce n'étoit pas sa faute, mais que le bâtiment étoit vieil, et cependant il n'y avoit rien que je n'eusse fait faire. Que dois-je penser de moi si le temps a usé les pierres qui sont de mon âge? Cela m'ayant mis en colère, je pris le premier sujet qui se présenta de m'attaquer à lui, et lui dis : « Il se connoît bien aux platanes qu'ils sont mal entretenus ; ils n'ont point de feuilles ; les branches en sont tortues et pleines de nœuds, comme le pied en est misérable et rude. Si vous aviez été curieux de les déchausser et de leur rafraîchir la racine, ils ne seroient pas comme cela. » Il me jure qu'il y faisoit tout ce qui s'y pouvoit faire, et qu'il n'est pas possible d'en avoir plus de soin qu'il en avoit, mais que les arbres étoient vieux. Ceci demeure entre nous : je les ai plantés et en ai vu les premières feuilles. Comme je me tourne vers la porte, je demande qui est ce bonhomme qu'on a mis là si à propos comme prêt à partir. « Où l'avez-vous pris ? Qui vous a fait apporter céans le mort d'une autre maison ? » Et lui alors : « Ne me reconnoissez-vous point, Monsieur ? Je suis Félicio, à qui vous avez donné tant de pourpres[1] et qui a tant été votre mignon, le fils de Philositus, votre fermier. — Je vous jure, dis-je, qu'il n'est pas en son bon sens. » Mais que vous en semble ? N'est-ce pas là un beau personnage pour avoir été mon mignon ? Pensez comme cela se peut faire : les dents lui tombent.

II. J'ai cette obligation à ma maison, qu'en quelque part que je regarde je vois des marques de mon âge. Embrassons-la[2] et faisons amitié avec elle. Elle a des plaisirs, pourvu qu'on les sache prendre. Les pommes ne sont jamais meilleures que quand la saison s'en passe. La principale beauté de l'enfance est en la sortie. Le dernier verre de vin semble toujours le meilleur aux ivrognes,

---

1. En latin *sigillaria*, qui signifie « cadeaux envoyés ou donnés pendant les Sigillaires, » c'est-à-dire pendant la fête qui suivait les Saturnales. — Dans l'édition de 1667 on a sauté ces mots : « qui vous a donné tant de pourpres. »

2. *La*, c'est-à-dire mon âge, ma vieillesse. Plusieurs fois déjà nous avons vu *âge* employé au féminin. Plus loin cependant dans ce chapitre, Malherbe (ou peut-être ses imprimeurs) le fait masculin.

parce que c'est celui qui les noie et qui les met les jambes en haut. Le plus doux de la volupté de l'homme est en la fin. L'âge qui commence à descendre, et qui toutefois n'est point encore au précipice, est celui qui nous contente le plus. Et je crois que celui même qui est au bas de la tuile[1] n'est pas sans plaisir. Quand il n'en auroit point d'autre, ce ne lui est pas peu de volupté que de n'avoir qu'à faire[2] de voluptés. Qu'un homme a de repos en l'esprit quand ses passions ont pris congé de lui!

III. Vous me dites que c'est chose fâcheuse de se voir à deux doigts de la mort. Premièrement un vieil homme n'a pas plus de sujet d'y penser qu'un jeune; car c'est chose où nous ne sommes pas appelés par le nombre des ans, et puis il n'y a personne si chargée de jours qui avec apparence ne se puisse promettre d'en vivre encore un. Or un jour est un degré de notre vie : tout notre âge est un ouvrage à pièces qui a comme des cercles les uns dans les autres, les moindres enfermés dans les plus grands. Il y en a un qui ceint tous les autres : c'est celui qui comprend depuis la naissance jusqu'à la mort. L'autre enferme les ans de notre adolescence; notre enfance est contenue en l'autre; et puis il y a l'an où sont comprises toutes les saisons qui par leur multiplication accomplissent le cours de notre vie. Le mois n'a pas tant de rondeur, et le jour encore moins. Toutefois aussi bien que les autres il va du commencement à la fin; il marche du levant au couchant. C'est pourquoi Héraclitus, qui pour ses façons de parler mal intelligibles a eu le nom de *Ténébreux*, a dit que tout jour est pareil à l'autre : ce que les uns ont interprété, qu'un jour est pareil à l'autre en nombre d'heures; et ils ne mentent point, parce que si le jour

---

1. Des deux leçons, *tegula* et *regula*, Malherbe a traduit la première.
2. Dans l'édition de 1645 : « Que de n'avoir que faire. »

est un espace de vingt-quatre heures, il faut nécessairement que tous les jours soient égaux, pource que ce qui se perd au jour se trouve en la nuit. Les autres entendent que tous les jours se ressemblent, d'autant qu'au plus long espace de temps qui puisse être, vous ne pouvez voir autre chose que ce que vous voyez en un jour, la lumière, les ténèbres, et les vicissitudes alternatives du monde. Le soleil fait cette égalité par sa vitesse réglée, qui jamais ne fait du chemin une fois plus que l'autre. Et pour ce il n'y a jour qu'il ne faille employer comme si c'étoit celui de la retraite, et qui fît fourniture entière de la somme. Ce Pacuvius, que le bon usage rendit propriétaire de la Syrie[1], après que tous les soirs il s'étoit enseveli dans le vin et dans ses festins mortuaires, comme s'il eût fait lui-même ses funérailles, étoit porté de sa table en sa chambre, entre les applaudissements de ses bardaches[2], avec un concert de musique, qui chantoit : *Il a vécu, il a vécu;* et ne se passoit jour que cette cérémonie ne s'observât. Faisons en gens de bien ce qu'il faisoit en méchant : ne nous allons point coucher sans dire avec une façon qui témoigne notre contentement :

Au gré de mes destins, j'ai mon cours achevé[3].

Si Dieu permet qu'une autre fois nous voyions le soleil, à la bonne heure. Un homme est très-heureux, et se peut vraiment dire à soi, qui ne se gêne point de sollicitudes en l'attente du lendemain. Quiconque a dit : *J'ai vécu*, ne se lève jamais que son profit ne lui soit assuré.

IV. Mais il est temps de clore ma lettre. Il me semble que j'oi que vous demandez si elle vous doit aller treuver

---

1. En latin : *Pacuvius, qui Syriam usu suam fecit.*
2. *Bardaches*, mignons.
3. Virgile, *Énéide*, liv. IV, v. 653.

les mains vides. Ne vous souciez : elle portera quelque chose, et non quelque chose, mais beaucoup ; car y a-t-il rien de plus estimable que cette parole que je lui baille pour vous porter? « C'est une chose très-fâcheuse de vivre en nécessité; mais il n'y a point de nécessité qui nous oblige d'y vivre. » Pourquoi n'y en a-t-il point? Pource que de tous côtés nous ne voyons que chemins bien courts et bien aisés qui nous mènent à la liberté. Rendons grâces à Dieu que nul qui s'en veuille aller du monde n'y peut être retenu. Nous en sortirons sitôt que nous en aurons envie et foulerons aux pieds toutes les nécessités qui nous en voudroient empêcher. Oui; mais, direz-vous, cela vient de la boutique d'Épicure. Pourquoi faites-vous un présent du bien d'autrui? Ce qui est véritable est mien. Je ne veux cesser de vous alléguer Épicure, afin que ces sectaires qui avec passion s'attachent aux opinions particulières de quelqu'un, et regardent, non ce qui est dit, mais par qui, sachent que quand les choses sont parfaitement bonnes, tout le monde a droit d'en prendre sa part.

## ÉPÎTRE XIII.

ARGUMENT. — I. Nul ne peut savoir sa force sans l'avoir éprouvée. — II. Les appréhensions du mal à venir sont quelquefois fausses, et toujours inutiles. — III. Les vieillards qui ont des espérances et font des desseins sont ridicules.

I. Vous avez du cœur assez ; je le sais bien, puisque devant que la philosophie vous eût fortifié, vous preniez déjà plaisir à contester avec la fortune. Il faut croire qu'à cette heure que vous êtes venu aux mains avec elle, et avez reconnu votre force, vous avez bien plus de résolution. Nous ne sommes jamais assurés de la résistance que nous pouvons faire, que nous n'ayons vu paroître beaucoup de difficultés de toutes parts, et qu'il n'en soit venu quelques-unes jusques à nous. C'est en cette épreuve que se remarque une âme vraiment généreuse et qui n'est point capable de servitude. Il est malaisé qu'un athlète qui n'a jamais eu coup, ni atteinte, puisse aller au combat avec la même assurance que celui qui y a versé du sang; à qui les dents ont sonné de coups de poing; qui porté par terre d'un croc-en-jambe[1], a regagné le dessus de son ennemi; à qui, s'il est tombé, le courage est demeuré debout, et qui autant de fois qu'on l'a jeté bas, autant de fois s'est relevé, toujours opiniâtre à disputer la victoire, et jamais disposé à se confesser vaincu. Pour demeurer donc en ma similitude, vous êtes beaucoup de fois tombé sous la fortune; et cependant vous ne vous êtes jamais rendu, mais toujours revenu sur vos pieds avez recommencé la lutte avec plus de courage qu'auparavant. La vertu n'est jamais si forte qu'après qu'on lui a donné quelque sujet de se piquer.

II. Toutefois, si vous le trouvez bon, voici du secours que je vous amène, pour vous en servir comme vous en aurez besoin. Il y a plus de choses qui nous font peur, qu'il n'y en a qui nous font mal; et bien souvent nous sommes en peine plutôt par opinion que par effet. Je ne parlerai point en Stoïque, mais rabattrai le plus que je pourrai de la rigueur de leur doctrine, pour n'aller pas si bandé avec vous; car ils ne tiennent point que tous ces accidents, qui sont les sujets ordinaires de tant de gémissements, soient choses qui méritent seulement qu'on en fasse cas. Laissons là ces paroles, qui certainement sont véritables, mais que tout le monde n'est pas capable

---

1. Dans l'édition de 1645 : « D'un croc enjambé. »

de goûter. Tout ce que je veux dire, c'est que vous ne vous fassiez point misérable devant le temps, puisque ce que vous appréhendez qui vous doive accabler, n'arrivera peut-être jamais ; que s'il doit arriver quelque jour, pour le moins il n'est pas encore arrivé. Il est des choses où nous nous affligeons plus qu'il ne faut ; d'autres où nous nous affligeons plus tôt qu'il ne faut, et d'autres où nous nous affligeons sans qu'il y ait du tout point de sujet de nous affliger. Nous nous augmentons la douleur aux unes ; nous la prévenons aux autres ; et aux autres nous nous l'imaginons. Quant aux premières, pource que la chose est en controverse, et qu'il y a contestation de cause, remettons-les à une autre fois : ce qui seroit léger à mon avis, seroit insupportable au vôtre. Il en est qui rient quand on les fouette, et d'autres qui pleurent pour une chiconnaude[1] ; une autre fois nous en mettrons la dispute sur le tapis, et verrons si c'est leur force ou notre foiblesse qui les fait valoir. Faites une chose pour moi : quand vous verrez tous ces cajoleurs qui vous diront qu'il y a bien de la compassion en votre fait, pensez plutôt à ce que vous sentez qu'à ce que vous oyez ; consultez avec votre patience ; et puisque vous savez mieux vos affaires que nul autre, faites-vous ces questions à vous-même : Qu'y a-t-il pourquoi je leur fais tant de pitié ? D'où leur vient cette peur d'approcher de moi, comme s'il y avoit de la contagion en mon malheur ? Ce de quoi ils me plaignent est-il si mauvais, ou peut-être y a-t-il point plus de honte que de mal ? N'est-ce pas sans occasion que je me tourmente, et que je me figure du mal en une chose qui n'en a point ? Voulez-vous connoître s'il y a sujet de vous affliger ou non ? En voici la règle : nous nous affligeons,

---

1. *Chiconnaude*, chiquenaude. L'édition de 1645 a cette seconde orthographe, la seule que donne le *Dictionnaire* de Nicot.

ou pour le présent, ou pour l'avenir, ou pour tous les deux ensemble. Du présent, le jugement en est bien aisé à faire : si le corps est libre, s'il est en bonne disposition, et que d'ailleurs nous n'ayons pas reçu d'injure qui nous ait apporté quelque douleur, nous verrons comme tout ira demain; pour aujourd'hui nous n'avons point de besogne. Mais je vois qu'il m'en va venir. Regardez premièrement si vos conjectures ont de l'apparence; car la plupart du temps nous sommes en peine pour des soupçons qui n'ont point de fondement, et prenons l'alarme en nos affaires, aussi bien qu'à la guerre. C'est chose certaine, mon grand ami, que nous sommes faciles à recevoir des impressions : nous n'essayons point de convaincre ce qui nous veut faire peur, et ne nous donnons pas le loisir de l'éplucher, mais nous nous étonnons tout aussitôt et nous mettons à fuir, comme ceux qui pour une poussière émue par la course de quelque troupe de moutons, ou pour quelque nouvelle qui n'a point d'auteur, prennent l'épouvante, et mettent leur armée en un désordre qu'il n'est pas bien aisé de rétablir. Les choses fausses ont je ne sais quelle vertu de nous troubler plus que les autres. Ce qui est certain a sa mesure, qu'il n'outre-passe point ; l'incertain est remis à la discrétion de l'âme étonnée, pour l'imaginer grand ou petit, comme il lui plaira. De là vient qu'il n'y a point de frayeurs si pernicieuses, et si peu remédiables que celles qui n'ont point de source : aux autres la raison manque; en celles-ci l'entendement. Examinons donc les choses comme il faut, et ne passons point légèrement par-dessus. Il est vraisemblable qu'il nous arrivera quelque mal, mais au moins il n'est pas encore vrai. Combien avons-nous vu venir de choses non attendues, et combien d'attendues qui n'ont point comparu? Je veux que sans faillir il nous en arrive : que sert d'aller au-devant de la douleur? nous l'aurons assez tôt quand et le mal. Cependant promettez-vous quelque chose de meilleur. Que gagnerez-vous? le temps : il n'est pas impossible qu'il ne survienne des accidents, qui feront surseoir ou cesser le péril, ou l'envoyeront de quelqu'autre côté. Il y a eu des maisons brûlées, où ceux qui étoient dedans n'y sont pas demeurés : il en est tombé de qui la chute n'a fait mal à personne. L'épée a quelquefois été retenue sur le point que le bras étoit haussé pour frapper, et s'est trouvé des criminels qui ont plus vécu que l'exécuteur qui les avoit menés au supplice. La mauvaise fortune a de la légèreté comme la bonne ; il peut être, et aussi n'être pas : quoi que c'en soit, il n'est point ; proposez-vous quelque chose de meilleur. Il est des fois que sans aucun signe apparent qui présage rien de mal, l'esprit s'imprime de fausses imaginations, ou pour l'ambiguïté de quelque parole, qu'il interprète à son désavantage, ou pource qu'il se persuade que quelqu'un lui veuille plus de mal qu'il ne fait, et ne pense pas combien il est en colère, mais combien, s'il y étoit, il auroit moyen de lui faire déplaisir. Or il ne faut plus parler de vivre, ni d'être jamais autre que misérable, si nous voulons avoir autant de craintes, comme il y a de choses qui nous peuvent faire mal. Le remède des absentes c'est la prévoyance, et des présentes la résolution. Sinon, servez-vous d'un vice contre l'autre : mêlez de l'espoir à votre peur. En toutes les choses que nous appréhendons, la plus apparente n'est point si certaine, comme il est certain que nous ne sommes pas tombés en tous les périls qui nous ont fait craindre, et que nous avons espéré beaucoup de biens qui ne nous sont point arrivés. Mettez donc l'espoir et la crainte en la balance, et de quelque côté qu'elle penche, rassurez-vous, et croyez ce de quoi vous aurez le plus d'envie. Si la pluralité des opinions est pour la crainte, attachez-vous à son contraire, et cessez de vous affliger. Souvenez-vous que c'est la coutume de la plupart des hommes d'être en une anxiété perpétuelle, encore qu'ils n'aient point de mal et que pour certain il ne leur en doive point arriver. Depuis qu'ils sont ébranlés, il n'y a plus de moyen qu'ils s'arrêtent, et qu'ils veuillent réduire leur crainte à la vérité. Pas un ne dit : « C'est un homme de néant, que celui qui me l'a dit, ou c'est un menteur, ou c'est un niais à qui on a fait croire ce qu'on a voulu. » Nous nous laissons aller à tous les rapports qu'on nous fait. L'incertain nous épouvante, comme le certain ; et pource que nous ne gardons point de mesure, il se forme une peur de ce qui n'étoit que scrupule seulement. J'ai honte de parler avec vous de cette façon, et de vous donner de si foibles remèdes. Quelqu'un vous dira peut-être que cela n'arrivera pas ; et vous, dites-lui : « Quand il arriveroit, qu'en sera-t-il ? Nous verrons ce qu'il en sera ; s'il arrive, ce sera peut-être pour mon bien : ma mort fera de l'honneur à ma vie. » La ciguë a fait la réputation de Socrate. Otez à Caton ce poignard protecteur de la liberté, vous ne lui laisserez pas beaucoup de gloire. Je suis trop long à vous proposer, vous n'en avez pas de besoin. C'est assez de vous avertir. Je vous pousse en une part où votre inclination vous mène ; je ne vous dis rien à quoi vous ne soyez né : ayez d'autant plus de soin d'accroître une chose qui est vôtre, et prenez plus de peine à l'embellir.

III. Je m'en vais finir ma lettre, après y avoir mis sa marque, c'est-à-dire après lui avoir baillé quelque parole magnifique à vous porter. « Entre autres maux qu'a la folie, elle a encore celui-ci, qu'elle commence tous les jours de vivre. » Pensez, mon grand ami, ce que cela veut dire, et vous verrez combien a peu de grâce la légèreté des hommes, qui chaque jour font de nouveaux fondements de leur vie, et commencent des desseins au monde, sur le point qu'ils sont prêts d'en partir. Regardez-les tous un à un : vous verrez des vieillards courir après les honneurs, se préparer à des voyages, et entreprendre des affaires avec autant de passion et d'espérance que s'ils n'avoient que vingt ans. Or est-il chose au monde plus laide que de commencer à vivre, quand l'âge commande de mourir? Je ne vous dirois pas qui est l'auteur de cette sentence, si ce n'étoit qu'elle est des plus secrètes et des moins publiées de celles d'Épicure, que je vous ai protesté que je louerois et adopterois, quand elles me sembleroient le mériter.

## ÉPÎTRE XIV.

Argument. — I. Comme il faut aimer le corps. — II. Se tenir loin des grands, — III. La pauvreté nous met à couvert de l'envie et de la haine. — IV. Caton est blâmé de s'être entremis des affaires en la guerre civile. — V. La vie privée est la plus sûre. — VI. Celui a plus de richesses qui s'en sait le mieux passer.

I. L'amitié que nous portons à notre corps est naturelle : je l'avoue, et avoue aussi que puisque nous en avons la garde, il est raisonnable de lui faire quelque caresse. Mais je dis qu'il ne se faut pas abaisser à le servir. Qui le servira, qui sera trop en peine pour sa conservation, et en fera la fin où il rapportera toutes choses, il faudra qu'il se propose d'avoir beaucoup de maîtres. Il nous faut comporter non comme devant vivre pour le corps, mais comme ne pouvant vivre sans le corps. On ne le peut trop aimer, qu'à toute heure on ne soit travaillé de crainte, inquiété de sollicitudes, et rendu le but de toutes les injures que le malheur nous voudra procurer. Qui l'estime trop n'estime jamais assez la vertu. J'accorde bien qu'on en ait du soin tout ce qu'on en peut avoir, mais je veux que ce soit en sorte que sans regret on le jette au feu, quand la raison ou la foi nous obligeront à le faire, ou que nous y serons conviés par la conservation de notre honneur. Évitons néanmoins non-seulement les périls, mais aussi les incommodités, tant qu'il nous sera possible; et retirés en un lieu de repos, faisons ce que le devoir nous commande, pour le parer des choses qui lui peuvent apporter du déplaisir. Il y en a, ce me semble, de trois sortes : la pauvreté, les maladies, et l'injure d'un grand, qui se proposera de nous offenser. De tous ces maux, le dernier est celui qui nous étonne le plus, parce qu'il vient avec plus de rumeur et de tumulte. Les maux que nous avons nommés naturels, entrent chez nous en silence : ils n'ont ni spectacle qui fasse peur à la vue, ni bruit qu'on ne puisse ouïr sans s'effrayer. L'autre marche avec un plus grand équipage : ce ne sont que fers, que feux, que chaînes, qu'épées à l'entour de lui. Vous ne lui voyez que potences, prisons, tortures, croix, pieux à traverser les corps d'un bout à l'autre, chariots à les démembrer, chemises poissées à les rôtir, et tout ce que l'ingénieuse rage des hommes peut encore inventer pour l'assouvissement d'une insatiable cruauté. Il ne faut donc point s'étonner si nous craignons une chose qui nous montre tant de funestes visages, et nous menace avec un si formidable appareil; car comme un bourreau fait la douleur du patient d'autant plus grande qu'il lui en montre plus d'instruments, et qu'il y a des hommes qui succombent à la vue des choses dont ils eussent peut-être supporté le sentiment, ainsi, de ces maux qui domptent nos âmes et leur font porter le joug, il n'y a point de doute que les plus fâcheux ne soient ceux qui nous représentent la diversité du pouvoir qu'ils ont de nous tourmenter. Nous en avons d'autres qui ne sont pas moins rigoureux, comme la faim, la soif, les ulcères des intestins, les fièvres qui nous brûlent dans le corps ; mais on ne les voit point : ils n'ont rien de quoi faire montre, ni qu'ils puissent faire porter devant eux pour nous effrayer. A ces premiers, comme aux grandes armées, pour vaincre, il suffit de se montrer, et pour ce le moyen de s'en défendre, c'est de ne les combattre point.

II. Quand le gouvernement est populaire, il faut craindre le peuple ; quand il se manie par un conseil, ceux qui y ont du crédit, et parfois quelques particuliers sur qui le peuple s'est démis de sa puissance pour être gouverné par eux. Il y auroit fort à faire à gagner l'amitié de tant de personnes : c'est assez de n'en avoir point l'inimitié. Ainsi le sage ne provoquera jamais le mauvais gré de ceux qui sont en autorité, mais l'évitera, comme il feroit un coup de vague, s'il étoit sur la mer. En allant en Sicile vous traversez le détroit ; un pilote malavisé ne se soucie pas des menaces du vent de midi, qui est celui de tous ces quartiers que les mariniers craignent le plus, mais au lieu de tenir la main gauche, s'en va droit donner dans Charybde, et investir[1] les endroits où est le péril. Un autre qui pense mieux à ses affaires, s'informe à ceux du pays, de la marée, et du jugement qu'il faut faire des nuages, et se garde bien d'approcher de ces tournoiements si décriés par les naufrages qui s'y font. Un homme sage en fait de même. Il évite le plus qu'il peut une puissance qui lui peut nuire, mais il le fait si dextrement qu'on ne s'en aperçoit point ; car en cela consiste une bonne partie de son assurance, parce que quand un homme fuit une chose, il fait juger qu'il ne l'approuve pas.

---

1. *Investir*, ancien terme de mer, « échouer, donner contre. »

III. Pour aviser donc à nous garantir du peuple, premièrement ne lui demandons rien : il y a de la noise où il y a des compétiteurs ; et secondement prenons garde de n'avoir rien qu'il y ait beaucoup de profit à nous ôter. N'ayons à dépouiller sur nous que le moins que nous pourrons. Ce n'est point le sang qui fait épandre le sang : si quelques-uns le font, cela n'arrive pas bien souvent. Il y en a plus qui demandent la bourse que la vie. Un voleur ne met jamais la main sur un homme nu ; les chemins les plus guettés sont libres à ceux qui n'ont rien. Après cela nous avons une vieille leçon de nos pères, qui nous enseigne de nous garder de trois choses : de la haine, de l'envie et du mépris. Le moyen de le faire, la sagesse nous l'apprendra ; le tempérament en est bien chatouilleux, parce qu'il est à craindre que la fuite de l'envie ne nous mène au mépris, et que cependant que nous ferons difficulté de nous mettre au-dessus des autres, nous ne leur fassions connoître qu'ils ont moyen de se mettre au-dessus de nous. Beaucoup ont eu sujet de craindre, pource qu'ils avoient de quoi être craints. Retirons-nous de la circonférence au centre : l'envie et le mépris sont aussi dangereux l'un que l'autre. Il faut donc se jeter entre les bras de la philosophie, qui a je ne sais quelle majesté, révérée, je ne dis point des gens de bien, mais généralement de tous ceux qui ne sont point méchants au dernier point ; car quant à l'éloquence, et aux autres choses capables de faire quelques remuements en un peuple, quiconque s'en veut prévaloir, il a aussitôt un adversaire en tête. Cettui-ci qui demeure coi, et ne se mêle que de ses affaires, au lieu d'être méprisé reçoit du respect de toute sorte de gens ; et ceux mêmes qui ne valent rien, ne dédaignent pas de lui faire honneur. Jamais le vice n'aura l'autorité si grande, et jamais ne se fera de conjurateurs si désespérés contre la vertu, que le nom de philosophie ne demeure saint et vénérable éternellement; il est vrai qu'à la manier, il y faut, comme en toutes autres choses, apporter de la douceur et du jugement.

IV. Trouvez-vous que Caton philosophât comme il faut, de penser par son seul avis empêcher des guerres civiles, se jeter au milieu des armes de deux furieux; et tandis que les uns se bandoient contre Pompée, les autres contre César, par une opinion irrégulière les vouloir avoir tous deux pour ennemis? Tout le monde n'approuvera pas qu'un homme sage, voyant les choses ainsi disposées, se soit jeté parmi leur confusion et leur tumulte. Que pensez-vous faire, Caton? Il ne se parle plus de la liberté; c'en est fait il y a longtemps; la question est à qui servira la République. Vous n'y avez que voir : on élit un maître. Que vous importe qu'un des deux soit victorieux? Mais ce ne sera pas le meilleur. J'ai touché les dernières actions de la vie de Caton, mais ses premières ne venoient pas plus à propos au désordre où déjà les affaires commençoient de s'embrouiller. De quoi lui servit jamais tout ce qu'il sut crier et tempêter, que d'irriter une populace qui tantôt l'enlevoit tout couvert de crachat hors de la place, et tantôt du sénat le traînoit en la prison? Mais une autre fois nous disputerons s'il est des choses où le sage, quoique sa peine doive être inutile, ne doive pas laisser de l'employer.

V. Cependant je vous conseille, pour n'être point sujet à la mauvaise grâce d'un grand, d'être de ceux qui ne s'embarrassent point aux affaires du monde, et faisant les réduits[1], n'ont soin que des lois qui enseignent aux hommes à faire bien. Le sage ne fera point le réformateur des mœurs publiques, et se gardera que par une

---

1. *Réduits*, retirés, vivant dans la retraite.

façon de vivre extraordinaire, il n'attire les yeux et la haine du peuple sur lui. Vous me demandez si vous comportant de cette façon, vous serez hors de tout danger. C'est chose que je ne puis non plus promettre que la santé à un tempérant, encore que la tempérance soit l'occasion de la santé. Il se perd bien quelque vaisseau dans le port ; mais que pensez-vous qu'il se fasse en pleine mer ? Combien eût-il couru plus de fortune, s'il eût été d'une humeur active et remuante, puisqu'en ne faisant rien il n'a pu se garantir ! Quelquefois les gens de bien font mauvaise fin : je vous l'accorde ; mais ce n'est pas si souvent comme les méchants. Une touche reçue aux habits[1] n'ôte pas à un homme la réputation de bien tirer. C'est assez que le sage entreprenne : le succès n'est pas de sa jurisdiction. Nous commençons les choses, la fortune les finit. Et pour moi, je ne me remets pas à son jugement. Mais elle apporte quelquefois des ennuis et des traverses : on ne condamne[2] pas le voleur tandis qu'il fait le coup. Je vous vois tendre la main, pour avoir votre rente accoutumée ; je vous la veux bailler en une pièce d'or ; et puisque nous avons parlé d'or, je vous veux apprendre comme l'usage vous en donnera plus de plaisir :

VI. « Le vrai moyen de bien jouir des richesses, c'est de s'en savoir passer. » Vous voulez que je vous nomme qui me l'a dit ; voyez comme je suis libéral : tout ce que je vous donne, je le prends en la bourse d'autrui. Ç'a été Épicure, ou Métrodore, ou quelque autre de cette cabale. Qu'importe qui l'ait dit ? il est dit pour tout le monde. Qui ne se peut passer de richesses est en alarme pour elles ; qui est en alarme pour une chose, n'en jouit point, et

---

1. Terme d'escrime.
2. Malherbe a suivi la seule leçon adoptée de son temps, *damnatur*, qui a ici peu de sens, et à laquelle Schweighæuser, par une conjecture ingénieuse, a substitué *dominatur*.

pense toujours d'y ajouter; le soin de l'accroissement lui ôte la mémoire de l'usage. Il ne bouge du Change[1] avec quelques marchands; s'il est chez lui, c'est avec des jetons, quelque registre en la main; et bref, de maître il devient son procureur et son facteur.

## ÉPÎTRE XV.

Argument. — I. L'étude et l'agitation modérée sont l'exercice de l'âme, comme courir, sauter, aller en carrosse, et parler haut, sont l'exercice du corps. — II. Comme il faut conduire la voix. — III. Celui qui se contente de sa condition est heureux. — IV. Les biens de fortune ne donnent point un parfait contentement, ils sont insidieux et peu solides.

I. Nos pères avoient une coutume que j'ai encore vu garder de mon temps, de mettre au commencement de leurs lettres : *Si vous êtes sain, tout va bien.* Nous pouvons dire tout de même : *Si vous philosophez, tout va bien;* car en cela consiste la santé. Si vous ne philosophez, vous avez l'esprit malade, et votre corps, quelque vigoureux et valide qu'il soit, n'a rien que la force d'un frénétique, ou d'un furieux. Pensez donc à cette santé premièrement, et puis à l'autre. Vous en aurez bon marché, si vous avez seulement la volonté de vous bien porter. La souplesse des bras, la dilatation des épaules et l'affermissement des reins, ne sont pas occupations d'une âme bien faite; et un homme de lettres ne fait rien pour lui de s'y arrêter. Faites-vous si gras et si charnu que vous pourrez, un bœuf

---

1. En latin : *Forum conterit.* C'était au forum que se tenaient les banquiers et les changeurs.

le sera toujours plus que vous. L'esprit qui porte un si pesant corps, est écorché de sa charge, et perd beaucoup de sa disposition [1]; et pour ce, pressez-vous le plus que vous pourrez le corps, et vous lâchez l'esprit. La bonne chère a beaucoup d'incommodités : premièrement en l'exercice il se fait une dissipation d'esprit, qui rend l'homme inhabile à la méditation, où il est besoin de se bander; davantage la réplétion empêche la subtilité; puis il y a certaine race de gens de néant, par qui nous nous laissons conduire : âmes nées à la servitude, qui toujours dans une étuve, ou dans un cabaret, pensent avoir fait une bonne journée, quand ils se sont fondus en sueur; et d'un repas à l'autre mettent si peu d'intervalle que pour se remplir ils ont bien à peine loisir de se vider. Boire et suer sont la vie d'un cardiaque [2]. Il y a des exercices qui ne sont ni longs ni pénibles, qui ouvrent incontinent les pores, tellement qu'il ne s'y perd guère de temps, qui est ce qu'il faut principalement considérer : comme sont la course, le mouvement des bras en levant quelque chose de pesant en la main, et le saut en haut, ou en avant, ou bien le salien, autrement et plus injurieusement appelé le saut du foulon. Prenez celui que vous aimerez le mieux : il ne vous donnera point de peine, quand vous vous y serez accoutumé. Quoi que vous fassiez, ne soyez guère avec le corps, que vous ne reveniez incontinent à l'esprit. Passez le jour et la nuit à l'exercer ; c'est chose de peu de travail, que vous pourrez faire au froid et au chaud; la caducité même de l'âge ne sauroit vous en empêcher. La sollicitude ne peut être infructueuse, et est un bien qui amende de vieillir [3]. Ce n'est pas que je veuille que vous ne soyez jamais sans un

---

1. *Disposition.* Voyez plus haut, tome I, page 416.
2. *Cardiaque*, qui a l'estomac malade.
3. *Qui amende de vieillir*, c'est-à-dire, qui s'amende en vieillissant, en latin : *Quod vetustate fit melius.*

livre ou sans tablettes en la main. L'esprit même a besoin de quelque trêve, non pour s'anéantir, mais pour se relâcher. Le carrosse et la litière donnent de l'agitation au corps, et n'empêchent point d'étudier. Vous avez moyen d'y lire, dicter, parler, et écouter; comme aussi ce sont toutes choses que vous pouvez faire en vous promenant. Il y a même quelque exercice à parler haut.

II. Toutefois je ne trouverois pas bon de faire monter la voix de degré en degré par certaines mesures, et puis la rabaisser. Que si vous cherchez de l'art à vous promener, faites venir quelqu'un de cette race de gens à qui la faim a fait apprendre tant de nouvelles inventions : vous en trouverez qui vous conduiront les pas avec tant de justesse, que l'un ne passera point l'autre; prendront garde jusques à l'enflure de vos joues, et vous donneront autant de leurs cérémonies, que votre patience à les croire croîtra leur audace à les commander. Et quoi donc? tout aussitôt que j'ouvrirai la bouche, il faudra que je crie du haut de la tête? C'est une chose si naturelle de hausser la voix tout bellement, que ceux même qui plaident gardent cet ordre de parler au commencement, et de ne crier que sur la fin : on ne vient pas d'un plein saut aux prières et aux obtestations. Et pour ce, vous suivrez en cela l'humeur où vous serez; et tantôt avec véhémence vous vous irriterez contre ce qui vous semblera blâmable; et tantôt irez plus doucement, selon que la voix et la force des flancs vous en donneront la disposition. Quand vous serez sur le point de clore votre propos, prenez garde que la voix ne vous tombe pas; mais qu'elle descende en sorte qu'on y remarque la modestie de celui qui la gouverne, et non l'intempérance d'un homme grossier et mal appris; car il n'est pas question de s'exercer pour parler, mais de parler pour s'exercer. Je ne vous ai pas ôté d'un petit bourbier; mais outre cela je vous veux faire un présent qui ne vous sera pas désagréable ; voici un enseignement bien digne d'être noté ·

III. « La vie des fols n'est que chagrin, sollicitude, et appréhension de l'avenir. » Demandez-vous de qui est ce précepte ? de celui même de qui sont les précédents. Mais quand nous disons la vie des fols, de quelle vie entendons-nous être ? de celle des fols à marotte et à chaperon ? Non ; je ne parle d'autres fols que de nous-mêmes, qui par nos concupiscences furieuses nous laissons emporter à des choses nuisibles, ou pour le moins incapables de nous soûler jamais ; qui sommes toujours malcontents parmi tant d'occasions de contentement, et ne pensons jamais combien l'esprit a de repos, qui ne desire rien ; et de générosité, celui qui pense être pourvu de toutes choses et ne s'attend point à ce que la fortune lui voudra donner. Pour ce, mon grand ami, représentez-vous à toute heure la félicité de votre condition. Quand vous aurez regardé combien il y en a qui vous passent, regardez combien il y en a qui vous suivent. Vous êtes ingrat aux Dieux, et à votre propre vie, si vous ne considérez combien vous avez devancé de personnes. Mais que vous importent les autres, puisque vous vous êtes devancé vous-même ? Donnez-vous des bornes que quand vous voudriez il vous soit impossible de passer.

IV. La durée de ces biens insidieux n'est pas éternelle, et bien souvent l'espérance en est meilleure que la possession. S'il y avoit quelque chose de solide, il y auroit de quoi se rassasier ; mais l'altération ne se passe point pour en boire, et toujours notre soif trouve quelque chose qui la sollicite en l'apparence spécieuse d'un breuvage si bien préparé. Puisque ce sont choses qui roulent encore entre les incertitudes du temps à venir, pourquoi veux-je plutôt impétrer de la fortune qu'elle me les donne, que de moi, que je ne les demande point ? Or à quelle fin les demanderai-je, sinon qu'il ne me souvienne du tout plus de la foiblesse de ma condition? Assemblerai-je[1]? Pour quoi faire? pour avoir de la peine? Je suis au dernier jour de ma vie, et si je n'y suis, je n'en saurois être bien éloigné.

## ÉPÎTRE XVI.

Argument. — I. La philosophie doit être la guide de l'homme. — II. La philosophie est utile à l'homme, soit qu'une providence éternelle gouverne le monde, ou que les choses arrivent fortuitement ; d'autant qu'elle enseigne d'obéir à Dieu, et de souffrir les adversités avec patience. — III. Celui qui se règle par les lois de la nature est riche; qui par celles de l'opinion, est pauvre.

I. Je ne doute pas que vous ne sachiez bien qu'il n'y a moyen de vivre, non pas heureusement, mais passablement, sans l'étude de la sagesse, et que selon le progrès qu'on y fait, on approche plus ou moins de la parfaite félicité ; mais ce n'est pas tout que de le savoir, si par une méditation continuelle on ne tâche de se confirmer en cette opinion. Les sages résolutions sont plus fortes à garder qu'à prendre ; il faut persévérer, et ne cesser jamais de vous fortifier, que vous n'ayez fait un bon naturel de ce qui n'est qu'une bonne volonté. Vous n'avez que faire avec moi de tant de paroles, ni de si longues protestations : je vois bien le profit que vous avez fait. Je sais d'où vient ce que vous m'écrivez : il n'y a ni fard ni déguisement ; toutefois, pour vous dire franchement ce que j'en pense, j'en ai déjà beaucoup d'espérance, mais de confiance je n'en puis encore avoir. Faites le même scrupule que je fais : ne soyez ni prompt ni facile à présumer de vous ;

---

1. *Assemblerai-je*, amasserai-je.

épluchez-vous bien; fouillez-vous partout, et ne laissez rien où vous ne regardiez; surtout avisez si vous n'apprenez plutôt à philosopher qu'à vivre.

II. La philosophie n'est pas une besogne vulgaire, ni faite pour servir de montre. Il y faut moins de langage que d'exécution : on ne l'appelle pas pour nous faire passer le jour et nous garder qu'il ne nous ennuie de nous reposer. C'est elle qui forme et qui façonne l'esprit, qui donne des règles à la vie, dirige les actions, montre ce qu'il faut faire et ne faire pas; et assise continuellement au timon de la barque, nous fait sans naufrage passer au milieu de tout ce que la mer a de périls : qui ne l'a point, n'est jamais sans appréhension. Il arrive d'une heure à l'autre un nombre infini d'affaires où nous avons besoin de conseil; c'est d'elle qu'il le faut prendre. Mais, dira quelqu'un, que me sert la philosophie s'il y a un destin? que me sert-elle si Dieu gouverne le monde? que me sert-elle si tout arrive fortuitement? Car ce qui est certain est conséquemment immuable, et quant à ce qui n'est pas, quel moyen puis-je avoir de me préparer à l'encontre? Soit que Dieu par son décret ait prévenu mon conseil, et ordonné ce que je dois faire, quoi que je délibère, il demeure toujours au pouvoir de la fortune de faire l'événement bon ou mauvais, comme il lui plaira. Prenez de ces deux opinions celle qui vous sera la plus vraisemblable, ou les recevez toutes ensemble : il faut, quoi qu'il en soit, toujours philosopher. Soit que le destin nous ait soumis à des lois invariables, soit que Dieu préside sur l'univers et dispose de ce qui s'y passe, soit que la fortune pousse et tourne en désordre les choses du monde, c'est toujours à la philosophie qu'il faut avoir recours pour nous garantir; c'est d'elle qu'il faut apprendre à nous humilier à Dieu, vouloir ce qu'il veut, et sans se rendre jamais à la fortune, supporter avec patience les choses que par prévoyance nous n'aurons pu divertir. Mais il n'est pas temps de disputer s'il y a des choses de notre juridiction, si la Providence commande, si nous sommes traînés par la chaîne des destins, ou si sans ordre et sans règle toutes choses arrivent casuellement ; je m'en remets à l'avertissement que j'avois commencé de vous donner, que vous ne laissiez point refroidir cette belle ardeur que vous avez, mais teniez votre âme si ferme en la posture où vous l'avez mise, que vous fassiez habitude ce qui n'est qu'un mouvement. Je vois bien que dès le commencement de cette lettre, vous avez fait compte qu'elle ne viendroit pas sans être accompagnée de quelque présent. Cherchez bien, et vous le treuverez.

III. Au reste ne vous étonnez point de me voir si libéral : je vous donne encore du bien d'autrui. Mais pourquoi dis-je du bien d'autrui ? Tout ce qui est bien dit, de quelque part qu'il vienne, je fais état qu'il est mien, comme ceci d'Épicure : « Si vous vous réglez par nature, vous ne serez jamais pauvre ; si par opinion, vous ne serez jamais riche. » Il faut peu de chose à nature, rien ne suffit à l'opinion. Ayez des biens plus que la fortune n'en donna jamais à un homme seul ; possédez en une condition privée ce qui contenteroit un roi ; soyez vêtu d'habits où le clinquant cache la matière ; parez vos maisons de marbre, afin que ce ne soit pas assez d'avoir des richesses, si vous n'y marchez dessus ; ajoutez à ces délices des statues et des tableaux, et généralement tout ce que l'art a jamais fait pour l'assouvissement du luxe, ce ne vous seront que des aiguillons pour vous provoquer à desirer quelque chose de plus grand et de plus beau. Les desirs de nature sont limités ; ceux de l'opinion n'ont où s'arrêter, parce qu'une chose fausse n'a point de bornes. Qui va par le chemin treuve quelque bout ; qui est égaré n'en trouve point. Retirez-vous des vanités, et quand vous voudrez savoir si le souhait que vous faites est selon nature, ou selon l'opinion, regardez s'il se peut arrêter en quelque lieu. Si après avoir marché longtemps vous treuvez que vous n'êtes point encore au bout du chemin, faites compte que ce que vous desirez n'est point naturel.

## ÉPÎTRE XVII.

Argument. — I. L'appréhension de l'état de nos affaires ne nous doit point détourner de l'étude de la philosophie. — II. Louange de la pauvreté. — III. Celui qui veut premièrement amasser du bien, et puis s'adonner à la philosophie, fait la fin de ce qui doit être le commencement. — IV. Il ne faut, ni pour la pauvreté ni pour l'indigence, se retirer de la philosophie. — V. Le sage n'a faute de rien, parce que la nature se contente de peu; mais le riche vit dans les inquiétudes, et a faute de tout. — VI. Les richesses ne mettent pas fin aux misères, mais les changent.

I. Jetez-moi tout ce que vous avez, si vous êtes sage; ou pour mieux dire, si vous le voulez être, ne pensez qu'à trouver la tranquillité d'esprit : voyez où elle est, et y courez le plus diligemment que vous pourrez. Si quelque chose vous accroche que vous ne puissiez démêler, coupez-la. Vous vous excusez que les affaires de votre maison vous retardent, et dites qu'avant que rien entreprendre vous les voulez mettre en tel état, que vous en puissiez vivre sans rien faire, afin que la pauvreté ne puisse ni vous fâcher, ni vous donner sujet de fâcher personne : en cela vous tenez un langage qui montre que vous ne connoissez pas ni la nature ni la force du bien où vous prétendez. Vous remarquez assez combien la philosophie tout ensemble est chose profitable; mais en ce qui est de ses parties, vous n'y portez pas les yeux si près comme il en seroit besoin. Vous ne savez pas qu'il n'est point d'occurrence où nous n'en puissions tirer du secours, et que nous ne pouvons avoir d'affaires de si grande importance, que son pouvoir ne s'y étende, ni si petites, qu'elle ne s'y abaisse pour nous y subvenir. Croyez-moi, demandez-lui ce que vous avez à faire; je m'assure qu'elle ne vous conseillera pas de vous aller seoir en un comptoir. Le délai que vous demandez de pourvoir à vos affaires, n'est-ce pas afin que la pauvreté ne vous puisse incommoder? Mais que direz-vous, si au lieu de la craindre, on vous fait voir que vous avez occasion de la desirer? Assez de gens étoient nés à la philosophie, et s'y fussent dignement employés, si les richesses ne leur en eussent ôté le moyen.

II. La pauvreté n'a ni faix qui la presse, ni appréhension qui la trouble. Si l'alarme sonne, elle sait bien que ce n'est pas à elle qu'on en veut; s'il faut sortir, elle est prête et ne fait que regarder par où. Le pauvre n'est point en peine de son bagage. S'il se faut mettre sur mer, il n'y a point pour cela de rumeur au port; les quais ne sont point couverts de ceux de son train; il n'est point suivi d'une troupe de valets si grande, qu'il n'y ait pas de vivres assez dans le pays pour les nourrir. Peu de ventres sont aisés à paître[1], quand ils sont réglés, et qu'ils ne desirent de la viande que ce qu'il en faut pour être nourris. La faim coûte peu, la friandise beaucoup. Tout ce que veut la pauvreté, c'est de se pouvoir contenter aux choses qui lui sont nécessaires. Pourquoi donc refuserez-vous sa compagnie, depuis que les riches mêmes, qui ont bon jugement, la prennent pour exemple, et de sa vie empruntent le régime de la leur? Voulez-vous que votre

---

1. C'est-à-dire, il est aisé de nourrir peu de ventres quand ils sont,....

esprit se fournisse de belles conceptions? soyez pauvre, ou vivez en pauvre. Il est impossible d'étudier avec fruit sans la frugalité : la frugalité n'est autre chose qu'une pauvreté volontaire.

III. Laissez-moi donc ces excuses : « Je ne suis pas encore bien, il me manque encore quelque chose ; quand je l'aurai, je ne veux faire plus que philosopher. » Mais voyez la faute que vous faites : ce que vous vous proposez d'acquérir, après que vous aurez toute autre chose, c'est ce que vous devez avoir, avant que rien acquérir. Vous faites la fin de ce qui doit être le commencement. Vous dites que vous voulez acquérir de quoi vivre : apprenez par même moyen de quelle façon il le faut acquérir. Si quelque chose vous empêche de bien vivre, elle ne vous empêche pas de bien mourir : il ne faut ni pour la pauvreté, ni pour l'indigence même se retirer de la philosophie.

IV. Quand il seroit question d'en venir à ces extrémités de faim qu'on a vues en beaucoup de siéges, il se faut résoudre à les supporter. Pourquoi ne souffrirons-nous en l'acquisition d'une liberté perpétuelle, et qui nous assurera contre toutes les menaces du ciel et de la terre, ce que tant de fois on a souffert en des occasions où tout le loyer de la patience n'étoit que de ne tomber point à la discrétion du victorieux? Il y faut aller, et dût-on mourir de faim. Il s'est vu des armées réduites à la nécessité de toutes choses, qui ont vécu de racines, et mangé des ordures qui feroient mal au cœur à réciter : et tout sans autre sujet que pour régner, et ce qui vous semblera plus étrange, pour régner au royaume d'autrui. Et se treuvera-t-il quelqu'un si lâche que pour se démêler des fureurs où le monde l'engage, il appréhende de supporter la pauvreté? C'est donc une folie de se proposer d'acquérir du bien. Premièrement il ne coûte rien pour aller trouver la philosophie. Vous avez raison ; quand il ne vous manquera plus rien, vous verrez d'avoir aussi la sagesse : ce sera la dernière pièce de la vie, et s'il faut ainsi parler, la bonne mesure. Voulez-vous bien faire? Si vous avez quelque chose, commencez dès maintenant à philosopher; car que savez-vous? peut-être vous en avez déjà plus qu'il ne vous en faut.

V. Si vous n'avez rien, cherchez premièrement la philosophie, et puis vous penserez au reste : oui, mais j'aurai faute de ce qui me sera nécessaire. Cela ne se peut, parce que nature est contente de peu de chose, et le sage s'accommode à nature. S'il se trouve réduit à des nécessités irrémédiables, il ne marchandera point à quitter le monde, et se délivrer lui-même de son importunité. S'il a de quoi pouvoir allonger sa vie, sans desirer davantage, il trouvera ce qu'il lui faut pour sa bouche et pour ses habits. Il s'entretiendra doucement, il verra les occupations des riches, et la peine que prennent ceux qui le veulent être : et vide de toutes inquiétudes dira en lui-même : « Que ces pauvres gens sont malavisés de prendre un si long chemin, et d'attendre ou les intérêts de leur argent, ou le profit de leur marchandise, ou la succession de quelque vieillard! » Ce que la sagesse baille, vous l'avez content[1]. Elle fait tout d'un coup un homme riche, en lui apprenant à ne se soucier point de l'être : ce sont choses qui ne vous touchent point. Je fais plus de cas de vous que des riches. En un bon siècle, vous en auriez trop.

VI. Sans la mauvaise coutume que je vous ai fait prendre, je pouvois ici clore ma lettre. On ne fait jamais la révérence aux rois, sans leur faire quelque présent; je ne vous puis dire adieu, qu'il ne m'en coûte quelque chose. Que sera-ce? Épicure me le prêtera. « Plusieurs, pour avoir

---

1. Content, *comptant*

acquis du bien, n'ont pas fini leurs misères, mais les ont changées. » Je ne m'en ébahis pas : le vice n'est pas aux choses, il est en l'esprit. Ce qui les dégoûtoit en la pauvreté, les dégoûte aux richesses. Comme il n'importe au malade que son lit soit d'or ou de bois, parce qu'en quelque lieu qu'on le mette, son indisposition ne le quitte point, aussi depuis qu'un esprit n'est pas sain, mettez-le parmi les richesses, ou parmi la pauvreté, comme vous aimerez le mieux, c'est tout un ; il ne peut aller en part[1] où sa maladie n'aille quant et lui.

## ÉPÎTRE XVIII.

Argument. — I. Le sage doit être modéré dans les débauches publiques, s'il ne les peut fuir tout à fait. — II. Nous devons quelquefois faire essai de l'abstinence et de la pauvreté, et au milieu des caresses de la fortune, nous résoudre à ses outrages. — III. Où il y a trop de colère, il n'y a jamais assez de jugement.

I. Nous sommes au mois de décembre. C'est une saison où tout va par écuelles[2]. Le luxe n'a point de lois : chacun fait le plus de bruit qu'il peut, comme si les Saturnales étoient quelque autre chose que les jours ouvriers. Et certainement il faut avouer que la différence y est si petite, que je trouve que celui rencontra fort bien, qui dit que décembre, qui ne souloit[3] être qu'un mois, étoit à cette heure un an entier. Si vous étiez ici, je saurois volontiers ce que vous seriez d'avis de faire ; si nous ferions

---

1. *En part*, quelque part, en un lieu.
2. *Aller par écuelles*, faire grande débauche, manger tout ce qui est dans les écuelles. (*Dictionnaire comique* de le Roux, au mot *Écuelle*.)
3. *Souloit* (*solebat*), avait coutume de.

## ÉPÎTRE XVIII.

comme de coutume, ou si pour ne sembler pas avoir des mœurs particulières, nous mettrions robe bas, et ferions la débauche comme les autres; car à cette heure pour passer le temps et faire fête, nous changeons d'habits; ce qu'autrefois on ne faisoit que lorsqu'il y avoit quelque mauvaise nouvelle, ou que les choses sembloient se préparer à quelque remuement. Si je sais quelque chose de votre humeur, votre opinion seroit de prendre une voie d'entre les extrémités, et faire un peu plus de chère que d'ordinaire, mais aussi n'aller pas jusques où va le peuple, si peut-être vous n'étiez d'avis que c'est alors qu'il se faut tenir la bride plus haute, afin de faire montre de la tempérance, en un temps où l'on ne voit que des exemples d'insolence et dissolution de tous côtés. Il n'y a point de preuve qui fasse mieux connoître que l'esprit est ferme, que quand il n'y a rien assez attrayant pour le convier au désordre, ni rien d'assez fort pour l'y traîner. Ce seroit bien, à n'en mentir point, un trait plus courageux de demeurer sec et sobre, au milieu d'un peuple qui ne fait qu'ivrogner, et rendre sa gorge emmi les rues; mais il y a bien plus de discrétion à se tirer hors de la multitude, sans montrer qu'on soit irrégulier, et faire ce que font les autres, pourvu qu'on le fasse d'autre façon qu'ils ne le font : il n'est pas impossible de passer son temps, sans se déborder.

II. Au demeurant, j'ai tant d'envie de reconnoître comme vous avez l'âme en bonne assiette, que suivant les règles des grands personnages, je suis d'avis que vous fassiez un essai d'être mal nourri et mal vêtu quelques jours, afin de pouvoir dire : « Est-ce ceci de quoi on m'avoit fait si grand'peur? » Il faut en la sécurité se préparer aux étonnements, et au milieu des caresses de la fortune, se résoudre à ses outrages. Les soldats en pleine paix marchent en bataille, travaillent aux tranchées, et se lassent à des labeurs superflus, pour se fortifier aux nécessaires. Voulez-vous n'avoir point de peur en l'exécution de quelque chose? assurez-vous devant que d'y aller. Cette considération a fait que beaucoup de gens ont voulu donner quelques jours de chaque mois à vivre comme les pauvres, et se sont approchés le plus qu'ils ont pu de l'indigence, afin que jamais ils ne craignissent ce que si souvent ils avoient essayé. Ne pensez pas que je vous appelle simplement à quelque retranchement de votre ordinaire, ou à manger sous quelque cabane, ou à faire quelqu'une de ces austérités fantastiques où par caprice les grands vont chercher de l'appétit, quand l'assiduité des délices leur en a fait perdre le goût. Que votre lit soit une paillasse, votre habit une haire, et votre viande[1] du pain bis; faites cette vie-là durant trois ou quatre jours, et quelquefois davantage, afin que ce ne soit pas un jeu, mais une épreuve à bon escient, et croyez qu'alors vous aurez l'esprit bien content, quand vous verrez que pour deux liards vous aurez mangé tout votre aise[2], et connoîtrez que pour être soûl, vous n'avez que faire d'être en la bonne grâce de la fortune, puisqu'en dépit d'elle il faut qu'elle vous fournisse ce qui vous fait besoin. Quoi que vous fassiez pourtant, ne vous imaginez point d'avoir fait quelque grande prouesse. Vous n'avez rien fait qu'une infinité d'esclaves et de pauvres ne fassent. Toute la gloire qui vous en est due, c'est que vous le faites volontairement. La continuation ne vous en fâchera non plus que l'essai; exerçons-nous à la quintaine[3], et de peur que la fortune ne nous surprenne, faisons de bonne heure connoissance avec la pauvreté. Quand nous aurons su

1. *Viande*, nourriture.
2. Dans l'édition de 1645 : « Tout à votre aise. »
3. *Quintaine*, pieu contre lequel les cavaliers s'exerçaient à frapper de la lance ou du javelot.

combien c'est chose supportable d'être pauvres, nous en serons riches avec moins d'appréhension. Épicure, qui étoit si savant en volupté qu'il en faisoit leçon, avoit de certains jours où il ne mangeoit pas son soûl, pour voir s'il y défailloit quelque chose d'une pleine et parfaite volupté, ou combien il en défailloit, et si c'étoit chose qui méritât de s'en travailler beaucoup. Cela se trouve ainsi dans les lettres qu'il écrivoit à Polyénus durant le gouvernement de Charinus. Il se vante aussi qu'il ne dépendoit pas un soul à chaque repas ; et que Métrodorus, qui n'étoit point encore du tout si philosophe, n'en dépensoit[1] pas plus d'un entier. Vous ne croyez pas qu'il y eût de quoi se soûler à faire de si mauvais repas? si avoit-il de quoi se contenter, non d'une volupté légère et périssable, mais d'un contentement bien solide et bien assuré. Il n'y a pas grand'friandise à manger un peu de bouilli[2], ou un morceau de pain d'orge, et boire de l'eau ; mais c'est un plaisir extrême que de trouver du plaisir en ce qui n'en a point, et se réduire à des choses que la plus rigoureuse et la plus injuste fortune du monde n'est pas capable de nous ôter. Les criminels font bien meilleure chère à la Conciergerie[3], et ceux mêmes qui sont mis à part afin d'être menés au supplice, ne sont pas traités si maigrement. Quelle démonstration plus évidente sauroit-on faire de la grandeur de notre âme, que de nous ranger volontairement à des choses que nous ne souffririons pas quand nous serions à la dernière extrémité? C'est ainsi qu'on se prépare contre la fortune. Commencez donc de bonne heure, mon grand ami, à prendre cette coutume, et destinez quelques jours où séparé du monde, et rendu commu-

---

1. Nous suivons le texte de 1639, qui donne ici *dépensoit*, et deux lignes plus haut *dépendoit*.
2. Il faut sans doute lire *bouillie*. Le latin est *polenta*.
3. *Liberiora sunt alimenta carceris*, dit le latin.

nicable aux plus petits, vous entriez au commerce de la pauvreté.

*Aude, hospes*, etc.[1].

Celui seul en est digne qui sait mépriser les richesses : ce n'est pas que je les condamne, mais je veux qu'il les possède sans appréhension, et cela ne se peut faire que nous ne soyons résolus à nous en pouvoir passer, et que nous ne les regardions comme toujours prêtes à s'en aller d'avec nous.

III. Mais il faut commencer à fermer ma lettre. Je me doute bien que vous ne me le permettrez pas que premièrement vous n'ayez été payé de ce que je vous dois. Je vous assignerai donc sur Épicure, qui m'acquittera. « Où il y a trop de colère, il n'y a jamais assez de jugement. » Vous n'ignorez pas comme cette sentence est véritable. Puisque vous avez eu des valets, vous avez eu des ennemis. C'est une passion qui ne respecte personne : elle naît d'amour aussi bien que de haine, et non moins parmi les choses sérieuses, qu'entre les jeux et les passe-temps. Les effets n'en sont point selon la cause, mais selon la disposition de l'âme qui la conçoit; comme il n'importe pas combien un feu soit grand, mais combien la matière où il tombe est capable de s'allumer; car il est des choses si dures et si solides, que quelque feu que ce soit, elles ne le reçoivent pas; et au contraire il en est qui en sont si susceptibles, qu'il suffit d'une seule étincelle pour les consumer tout incontinent. Il n'y a point de doute qu'une colère bien violente ne se termine en fureur; et

---

1. Le texte de Malherbe ne donne que les premiers mots (et non traduits) de la citation :

Aude, hospes, contemnere opes, et te quoque dignum
Finge Deo.
(Virgile, *Énéide*, livre VIII, v. 364, 365.)

pour ce, il est bon de s'en donner garde non-seulement pour la modestie, mais encore pour la conservation de notre entendement.

## ÉPÎTRE XIX.

ARGUMENT. — I. Le sage ne doit point vieillir à la cour, ni aux charges publiques, mais chercher son repos à bonne heure, non tout à fait dans la solitude, mais dans une honnête occupation. — II. Les amis de table ne sont point les vrais amis. On ne doit pas tant prendre garde à la chose donnée, comme à celui qui la reçoit.

I. Je ne reçois jamais de vos lettres que je n'en sois transporté de joie. Elles m'avoient par ci-devant fait espérer quelque chose de vous, mais à cette heure elles m'en répondent, et changent l'incertitude de leurs promesses en des assurances indubitables. Continuez de mieux en mieux, je vous en prie et vous en conjure, comme de la chose que je vous souhaite le plus. Dérobez-vous tout bellement à ces occupations qui vous divertissent, ou si vous ne pouvez, tirez-vous-en ouvertement. Nous n'avons que trop perdu de temps : la vieillesse nous avertit de plier bagage. Quelle envie est-ce qu'on nous en pourra porter? Nous avons passé notre vie parmi la tempête; finissons-la dans le port. Ce n'est pas que je vous conseille de chercher de la réputation par cette retraite; il ne la faut ni montrer ni cacher. Quelque jugement que je fasse du forcénement des hommes, je ne veux pas que vous alliez vous mettre au fond d'une caverne pour vous y ensevelir en un oubli perpétuel. C'est assez que votre repos paroisse, il n'est pas besoin qu'il soit éminent[1]. Ceux qui ne sont point venus au monde sont libres de n'y venir point, et demeurer cachés en l'obscurité; mais à vous, le temps n'est plus de le faire. Votre bel esprit, qui vous a mis si avant au jour, la gentillesse de vos écrits, et la connoissance que les grands ont de votre mérite, vous en empêcheront. Vous avez tant de réputation, que quand vous vous iriez cacher au bout du monde, et que vous ne sortiriez jamais d'une chambre, ce que vous avez déjà fait vous produiroit. Il n'est point de ténèbres pour vous : fuyez où vous voudrez, vous y porterez toujours les rayons de cette lumière qui vous a fait éclairer par le passé. Personne ne se peut offenser que vous vous mettiez en repos, c'est chose que vous pouvez faire sans regret ni morsure d'âme quelconque; car que nous laissez-vous que vous vous aperceviez d'avoir laissé si vous ne voulez? Vos clients? ce n'est pas vous qu'ils demandent, mais quelque chose de vous. Vos amis? autrefois on recherchoit de l'amitié, à cette heure on ne se soucie que du profit. Les vieillards que vous aurez quittés referont leurs testaments; le donneur de bonjour ira chercher une autre porte. Il est malaisé qu'une chose vaille beaucoup et ne coûte guère. Regardez ce que vous aimez mieux perdre, ou vous, ou quelque chose du vôtre. Plût à Dieu que la fortune vous eût laissé vivre en la condition qu'elle vous avoit fait naître, et que le bon vent ne vous eût point emporté si loin de terre! Vous étiez bien, sans cette félicité précipitée, qui vous a fait avoir des gouvernements et des commissions, et prétendre aux charges de qui celles-ci ne sont que les degrés pour y monter. D'un état vous passerez à l'autre, et de cet autre, à un autre; mais enfin que sera-ce? Quand faites-vous compte de vous

---

1. *Id age ut otium tuum non emineat, sed appareat*, dit le latin.

reposer? quand vous aurez ce que vous desirez? Ce ne sera jamais. La suite de nos cupidités est comme celle des causes, de qui les Stoïques tiennent que les destins sont enfilés. La fin de l'une est la naissance de l'autre : vous vous êtes laissé choir en une vie où la misère et la servitude n'ont point de bornes. Tirez-vous le col hors du joug : vous aurez meilleur marché de l'avoir coupé une fois, que pressé perpétuellement. Si vous revenez à la vie privée, vous y trouverez bien les choses plus petites, mais elles ne laisseront pas de vous rassasier. A cette heure votre estomac est un abîme, rien que vous y jetiez ne le contente. Or lequel est-ce que vous aimez mieux, d'être pauvre et soûl, ou riche et affamé? Les grands ne sont jamais sans convoitise, et sont encore exposés à la convoitise d'autrui. Si vous n'êtes content, vous ne pouvez contenter personne. Mais comme sortirai-je? Faites comme vous voudrez ; mais de quelle façon que ce soit, il faut sortir. Souvenez-vous combien l'avarice vous a fait courre de fortunes, et combien de travaux l'ambition vous a fait trouver agréables. Il faut oser aussi quelque chose pour votre repos, ou vous résoudre de vieillir en cette inquiétude de commissions ou de charges publiques, parmi le tumulte, et toujours dans quelques nouveaux flots, d'où, quelque modeste et paisible que vous soyez, vous n'aurez moyen de vous garantir. Qu'importe que vous veuillez vous reposer? Votre fortune ne le veut pas : que sera-ce si vous la laissez monter plus haut? L'accroissement du bien, ne sera-ce pas un accroissement d'appréhension? Je vous veux ici réciter une chose que Mécénas a dite en son *Prométhée* (la torture lui fit à la fin découvrir la vérité) : « La seule hauteur étonne les choses élevées. » Il a voulu dire que le coupeau[1]

---

1. *Coupeau*, sommet.

d'une chose haute a toujours de l'étonnement. Est-il possible qu'il y ait grandeur au monde qui veuille qu'un homme soit contraint de confesser qu'il en est enivré? Ce fut certainement un bel esprit, et qui pouvoit mettre sa biendisance entre les exemples, si la prospérité de la fortune ne l'eût rendu plutôt femme qu'efféminé. Vous en serez de même, si vous n'y prenez garde. Il eut envie de prendre terre, mais ce fut trop tard : pliez les voiles de bonne heure.

II. Cette sentence de Mécénas me pouvoit acquitter si je voulois; mais je me doute qu'il me faudroit avoir procès avec vous, et que vous voudrez avoir votre payement de monnoie courante. Puisqu'ainsi est, je m'en vais en emprunter d'Épicure : « Ne prenez pas tant garde à ce que vous mangez, comme avec qui vous mangez. C'est une vie de lion ou de loup, que manger sans un ami. » Pour avoir cette élection, retirez-vous; autrement il faut que vous preniez la compagnie telle qu'entre ceux qui vous viennent voir, un officier vous aura voulu choisir[1]. Les amis ne se trouvent point en une basse-cour[2], ils ne s'éprouvent point en une table. C'est le mal ordinaire des grands, de penser être aimés de ceux qu'ils n'aiment point, et croire que pour acquérir des amis, ce soit assez de les obliger. Au contraire, il est des hommes qui ne veulent du mal qu'à ceux qui leur ont fait du bien : plus ils doivent, plus ils haïssent. Une petite somme étrange[3] celui qui l'emprunte; une grande le rend ennemi. Et quoi donc, les plaisirs ne font pas les amitiés? Si font, pourvu qu'on choisisse ceux qui les doivent recevoir, et qu'indifféremment on ne les épande pas sur les premiers

---

1. En latin : *Habebis convivas, quos ex turba salutantium nomenclator digesserit.*

2. Malherbe traduit ainsi le mot latin *atrium*.

3. *Étrange*, aliène.

venus. Ainsi jusques à ce que de vous-même vous soyez capable de vous conduire, prenez l'avis de ceux qui sont sages, et ne regardez pas tant ce qui vous part des mains, comme la personne qui le reçoit.

## ÉPÎTRE XX.

Argument. — I. La philosophie est une école de bien faire, et non de parler; être constant en ses résolutions est la marque d'un homme sage. — II. La pauvreté fait connoître les vrais amis. La gloire d'une âme généreuse n'est point d'aller au-devant des incommodités, mais par le mépris des richesses de s'y préparer, comme à choses qui ne sont pas fort difficiles à supporter. — III. Qu'il faut quelquefois se représenter une pauvreté imaginaire, pour s'accoutumer à la véritable.

I. Si vous vous portez bien, et pensez avoir du mérite assez pour être quelque jour vôtre, ce sont les meilleures nouvelles que je saurois recevoir de vous. Je serois bien aise d'avoir l'honneur de vous tirer de la confusion où vous êtes, avec peu d'espérance de vous en débrouiller. C'est pourquoi je vous prie et vous conseille de faire descendre la philosophie jusqu'au fond de votre âme, et de mettre en pratique ce que vous avez appris, non avec du langage ou par des écrits, mais par assurance de courage et diminution de vos passions. Vérifiez vos paroles par effets. Il n'est pas question ni de haranguer devant une assemblée, pour faire admirer son éloquence, ni de disputer de quelques propositions curieuses, pour entretenir de jeunes hommes et je ne sais quelles gens qui ne savent où passer le jour. La philosophie est une école de bien faire, et non de parler : elle veut que chacun se forme à sa règle, qu'on vive comme on parle, et qu'en nos actions tout soit d'une peinture, sans qu'il y ait rien de dissemblable ni de bigarré. Le principal office de la sagesse, et sa marque la plus évidente, c'est que les œuvres ne démentent point les paroles, et qu'en toutes occurrences un homme se trouve toujours égal à soi. Mais qui sera capable de cette perfection? peu de gens sans mentir; et toutefois il s'en trouvera quelques-uns. C'est chose qui n'est pas bien aisée; mais si est-ce que je n'oblige pas le sage à marcher toujours de même pas : il me suffit qu'il tienne toujours un même chemin. Prenons donc garde si nous nous habillons point d'une façon, et gouvernons notre maison de l'autre ; si nous ne baillons point trop avarement aux autres ce que nous prenons trop libéralement pour nous ; si vous n'êtes point frugal en dépense de table et trop somptueux en magnificence de bâtiments. Choisissons pour une fois une forme de vivre, et la suivons éternellement. Il y en a qui sont mesquins et sordides en leur maison, et qui dehors font les grands et les magnifiques. Cette inégalité vicieuse est la marque d'un esprit qui chancelle et qui n'est point encore en bonne assiette. Je m'en vais vous dire d'où leur vient cette humeur ainsi variable, et pourquoi il y a si peu de rapport de leur conseil à leur exécution. Ils ne se proposent point un certain but, et s'ils le font ils n'y persévèrent point, mais se laissent incontinent emporter ailleurs, et ne se contentent pas de changer, mais retournent sur leurs pas, et reprennent la résolution même qu'ils avoient condamnée auparavant. Afin donc de laisser les anciennes définitions qu'on a faites de la sagesse, et comprendre toute la considération de la vie humaine, je me contenterai de ce que je vous vais dire. Qu'est-ce que la sagesse? quand on a voulu quelque chose, être toujours ferme à la vouloir, et ne vouloir jamais ce qu'une fois on n'a point voulu. Je n'y ajoute point cette petite exception, que ce qu'on veut soit juste, pource qu'il est impossible qu'une chose injuste puisse plaire continuellement. Les hommes savent peut-être ce qu'ils veulent en ce moment où ils veulent, mais après ils n'en savent plus rien. Il n'y a personne du tout ferme à vouloir ou ne vouloir point. Le jugement se change : il se contredit d'un jour à l'autre, et de là vient que plusieurs font de la vie comme d'un jeu. Suivez donc ce chemin que vous avez pris, et peut-être qu'il vous mènera à la perfection, ou pour le moins vous gagnerez ce point, que si quelque chose vous manque, vous serez le seul qui reconnoîtrez votre défaut.

II. Mais que deviendront mes domestiques? Quand ils ne mangeront plus votre pain, ils mangeront le leur. Vous saurez par la pauvreté ce que le bien que vous avez fait ne vous a su faire apprendre. Les amis de cœur vous demeureront : vous ne serez laissé que de ceux qui vous suivoient pour quelque autre chose que pour vous. Quand la pauvreté ne vous serviroit qu'à vous faire connoître qui vous aime, n'est-ce pas du sujet assez de la vous faire aimer[1]? Ne vous verrez-vous jamais en un état qui n'oblige personne à mentir pour vous faire honneur? Faites donc que toutes vos pensées, toute votre sollicitude et tous vos souhaits soient d'y parvenir. Remettez à Dieu tous les autres vœux que vous lui pouvez avoir faits, et qu'il vous accorde cettui-ci, que votre contentement soit en vous-même et aux biens qui ne procèdent que de vous. Quelle félicité sauriez-vous voir plus à commandement? Réduisez-vous si bas, qu'il soit impossible de tomber. Le tribut de cette lettre que je m'en vais vous payer, vous donnera plus de sujet de vous y résoudre : soyez-en jaloux tant qu'il vous plaira. Je sais bien qu'Épicure ne se

---

1. C'est-à-dire, n'y a-t-il pas là assez de sujet pour, cela ne suffit-il pas pour vous la faire aimer?

fâchera non plus de payer pour moi, qu'il a fait par le passé. « Croyez que quand je vous verrai étendu sur quelque pauvre lit, et vos habits tout déchirés, ce que vous me direz m'en semblera bien plus brave et plus magnifique. Je n'en orrai pas seulement le langage, j'en verrai l'expérience. » Pour moi je ne prends jamais tant de plaisir d'ouïr notre Démétrius, que quand je le rencontre couché sur la paille, ou sur quelque chose encore pis, et si mal en ordre qu'il est plutôt nu qu'habillé; car il ne professe pas la vérité, il la témoigne. Et quoi donc? ne peut-on vivre parmi les biens, et les mépriser? Pourquoi non? On ne peut dire qu'un homme n'ait beaucoup de courage, qui après avoir longtemps amoureusement regardé les richesses, se prend à rire de ce qu'elles le sont venues trouver, et les reconnoît siennes plutôt par ouï-dire, que pour sentiment qu'il en ait. Ce n'est pas peu de pouvoir converser parmi les richesses, et ne s'y laisser point corrompre. Il y a de la gloire d'en avoir, et vivre en pauvre; mais il y a moins de péril à n'en avoir point. Je ne sais, direz-vous, si ce riche tomboit en pauvreté, comme il la supporteroit patiemment. Je ne sais, vous répondrai-je pour Épicure, si la fortune donnoit des biens à ce pauvre, comme il auroit du jugement et du courage à les mépriser. Il faut entrer au fond de leur âme de l'un et de l'autre, et voir si c'est à bon escient et sans fard que le pauvre prend plaisir à l'être, et si le riche, quelque bonne mine qu'il fasse, ne se réjouit point d'avoir du bien. Ce n'est pas un grand témoignage d'une volonté bien disposée, qu'un méchant lit ou un mauvais habillement, sinon qu'il y paroisse, non de la nécessité, mais et de l'élection et du consentement à les avoir. Au demeurant, la gloire d'une inclination généreuse n'est point à chercher mal à propos ces incommodités, comme plus salutaires au repos de cette vie, mais de s'y préparer indifféremment comme à choses qui ne sont point si difficiles qu'il n'y ait moyen de les supporter. Et certainement, Lucilius, elles sont supportables, voire plaisantes, quand on y vient averti de longue main. La sécurité les accompagne, sans laquelle nous ne pouvons jamais rien avoir qui nous donne du plaisir.

III. Nous ferons donc bien, à mon avis, à l'imitation de beaucoup de grands personnages, de nous réserver quelques jours, où par l'exercice d'une pauvreté imaginaire nous nous accoutumions à la véritable; de quoi nous avons d'autant plus de besoin, que nous aurons été plus noyés dans les délices, et que toutes choses nous sembleront plus dures et difficiles. Il faut pincer notre esprit, afin qu'il se réveille, et lui rementevoir le peu que nature nous a ordonné pour notre entretien. Il n'y a personne qui sorte riche du ventre de sa mère : quiconque vient au monde, il faut qu'il se contente d'un peu de lait pour sa nourriture, et d'un morceau de drap pour son habillement. Et cependant de si petits commencements viennent ces ambitions disproportionnées, à qui les royaumes entiers ne sont pas encore assez.

## ÉPÎTRE XXI.

ARGUMENT. — I. La vertu nous rend immortels, et non les biens de fortune. — II. Celui qui a borné ses desirs est riche.

I. Pensez-vous que votre empêchement vienne d'où vous m'écrivez? Vous n'avez rien qui vous traverse tant que vous-même. C'est de là que vient votre inquiétude, que vous ne savez ce que vous demandez, et approuvez mieux la vertu que vous ne vous y rangez. Vous voyez bien où est la félicité, mais vous n'avez pas assez de cœur pour vous y acheminer. Puisque vous ne savez d'où cela vient, je le vous dirai. Vous pensez que ce qu'il vous faudra laisser soit quelque chose bien estimable; et autant de fois que vous vous représentez le repos de la vie, où vous voudriez bien passer, autant de fois l'éclat de celle d'où vous partirez vous retient, comme si vous deviez choir au fond de quelque sale et ténébreuse obscurité. Vous vous trompez, Lucilius : de la vie où vous êtes, on monte à celle que vous desirez. Il y a entre ces deux vies la même différence qu'entre la lumière et la lueur : l'une qui a son origine en elle-même, et l'autre qui n'éclaire que par autrui. La vie où vous êtes, pource qu'elle est frappée d'un brillement[1] extérieur, donne incontinent une ombre épaisse à ceux qui s'y arrêtent; celle que vous desirez a de soi-même une splendeur véritable, et n'emprunte point de rayons pour éclairer. Vous luirez du lustre de votre science : sa célébrité vous rendra célèbre. Épicure écrivant à Idoménéus, l'un des principaux officiers du roi son maître, et qui étoit employé en affaires de grande importance, pour le tirer d'une vie qui n'avoit que de la montre, et lui faire embrasser une gloire solide et durable, lui disoit : « Si vous cherchez de l'honneur, toutes ces vanités que vous suivez, et qui vous font suivre, ne vous en donneront point tant que mes lettres. » Ne lui a-t-il pas tenu promesse? Qui jamais eût ouï parler d'Idoménéus, s'il ne se fût rencontré dans les lettres d'Épicure? Tous ces magistants[2] et satrapes, et ce roi même d'où venoit la grandeur d'Idoménée, ont leurs noms, aussi bien que leurs cendres dans le tombeau. At-

---

1. *Brillement*, éclat.
2. Lisez : *Mégistants* (édit. de 1648; en latin, *megistanas*), grands seigneurs. On a substitué, dans l'édition de 1645, *magistrats* à *mégistants*, *magistants*.

ticus eut Agrippa pour gendre, Tibérius pour père de son gendre, et Drusus César pour arrière-neveu; et toutefois avec tous ces noms si grands et si magnifiques, si les lettres de Cicéron ne l'avoient mis au monde, on ne sauroit pas qu'il a vécu. Nous serons couverts d'une profonde épaisseur de siècles qui tomberont sur nous; il y aura quelques esprits qui lèveront la tête, et longtemps disputeront la conservation de leur mémoire, mais à la fin ils succomberont eux-mêmes, et comme les autres, seront noyés en l'abîme d'un silence perpétuel. Ce que promettoit Épicure à son ami, je le vous promets, Lucilius. J'ai du crédit avec la postérité : j'ai de quoi faire vivre ceux qu'il me plaira mener avec moi. Notre Virgile a promis à deux de faire qu'il seroit mémoire d'eux éternellement, et de fait il leur tient promesse :

*Fortunati ambo*, etc.[1].

Tous ceux que la fortune produit à la vue du monde, et que les rois font les pièces principales de leur État, sont honorés et leurs maisons fréquentées, tandis qu'ils vivent; mais ils n'ont pas sitôt fermé les yeux, qu'on n'en parle plus. Il est au contraire des beaux esprits : c'est après la mort qu'on les estime davantage, et non pas eux seulement, mais généralement tous ceux qui en quelque façon se sont attachés à leur mémoire.

II. Puisqu'Idoménéus a eu place en ma lettre, il est raisonnable qu'il lui en coûte quelque chose. Épicure lui voulant persuader d'enrichir Pythoclès par une voie extraordinaire, mais indubitable, lui dit une parole fort remarquable : « Voulez-vous, dit-il, que Pythoclès soit riche? n'accroissez point ses biens, mais diminuez ses convoitises. » Cette sentence sans interprétation est assez

---

1. *Énéide*, liv. IX, vers 446 et suivants.

claire et a trop de grâce pour lui chercher d'embellissement. Je vous avertirai seulement d'une chose : que ce qu'il a dit des richesses, se peut appliquer partout où vous vous en voudrez servir. Voulez-vous faire Pythoclès honnête homme? n'accroissez point ses honneurs, mais diminuez ses convoitises. Voulez-vous qu'il soit en une volupté perpétuelle? n'accroissez point ses voluptés, mais diminuez ses convoitises. Voulez-vous que sa vie soit longue? n'accroissez point ses années, mais diminuez ses convoitises. Toutes ces paroles ne sont point particulièrement à Épicure; elles sont publiques. Je tiens qu'il faut faire en la philosophie comme au sénat. Quand quelqu'un a dit quelque chose qui ne me plaît qu'en quelque partie, je lui fais diviser son opinion, et me range de son côté. Et puis j'allègue tout exprès Épicure, afin que ceux qui se voudroient jeter de son parti, pensant y trouver la couverture de leurs intentions vicieuses, sachent que de quelque côté qu'ils se tournent, il faut qu'ils se résolvent d'être gens de bien et se comporter avec honneur. Quand ils iront pour se rendre dans ses jardins, et qu'ils verront écrit sur sa porte : *Passant, il y a bon logis céans : la volupté y est tenue pour souverain bien*, après cela vous treuverez un concierge gracieux, qui vous traitera de bouillie[1], et vous donnera de l'eau tout ce que vous en voudrez; il vous dira : « Eh bien! ne vous fais-je pas bonne chère? On ne s'affame point en ces jardins, on s'y rassasie; ce qu'on y boit ne provoque point l'altération, mais ôte la soif, avec un remède gratuit et naturel. » J'ai passé ma vie en cette volupté : je vous parle de ces desirs qui n'écoutent point de consolation, et à qui par force il faut donner quelque chose pour les apaiser; car quant aux autres, qui se peuvent remettre à une autre

---

1. C'est-à-dire avec de la bouillie.

fois, châtier, corriger ou supprimer du tout, ils ne sont ni naturels, ni nécessaires, ni nous ne leur devons rien. Si nous leur baillons quelque chose, c'est de notre gré. Le ventre ne veut point de remontrance : il demande, il somme. Et toutefois ce n'est point un fâcheux créditeur[1]; nous le renvoyons pour peu de chose; il se contente de la raison, et ne veut pas qu'on se ruine pour le payer.

---

## ÉPÎTRE XXII.

ARGUMENT. — I. Le sage se doit tout à fait démêler des occupations spécieuses en apparence, et pernicieuses en effet. — II. Le moyen d'échapper aux occupations publiques, c'est d'en mépriser les honneurs et les récompenses. — III. Nous entrons au monde meilleurs que nous n'en sortons.

I. Vous connoissez déjà bien que vous ne sauriez mieux faire que de vous démêler de ces occupations spécieuses en apparence, et pernicieuses en effet ; mais vous ne savez pas le moyen d'y parvenir. Il y a des choses qu'on ne peut montrer qu'en présence. Un médecin ne sauroit par lettres ordonner au malade les heures qu'il doit manger, ou se mettre au bain : il faut qu'il lui tâte le pouls. Le vieux proverbe dit que le gladiateur délibère sur l'arène. Son adversaire fera quelque mine, ou quelque mouvement de la main, ou se mettra sur quelque posture, sur laquelle il se résoudra de ce qu'il faudra qu'il fasse. Pour les choses qui se doivent faire, ou qui se font ordinairement, il y a bien moyen de les écrire et de les faire savoir non-seulement aux absents, mais à ceux

---

1. *Créditeur*, créancier.

mêmes qui viendront au monde, après que nous en serons hors ; mais de prescrire le temps, ou la façon de procéder en quelque chose, c'est un avis qui ne se peut donner de loin. Il en faut délibérer avec les yeux ; l'occasion nous échappe d'un moment à l'autre. Ce n'est rien que d'être présent pour la voir, qui n'est vigilant pour l'employer : et pour ce épiez-la bien. Si vous la voyez, ne faillez pas de la prendre ; et quoi qui en arrive, ne demeurez plus comme vous êtes. Vous vivez d'une façon que vous seriez plus heureux de ne vivre point. Toutefois je ne suis pas d'avis que ce changement se fasse avec violence. Rompez ce que vous avez mêlé plutôt que de ne vous dégager point ; mais devant que de le rompre, faites ce que vous pourrez pour le débrouiller. Il n'y a si poltron qui n'aime mieux tomber une fois, que d'être en branle toute sa vie. Cependant pensez que vous êtes loin de terre, et ne vous engagez point plus avant en la mer. Soit que vous-même vous soyez mis dans la barque, soit que comme vous le voulez faire croire, vous y ayez été porté fortuitement, si vous passez outre, vous n'avez point d'excuse : on verra bien que vous y êtes non par fortune, mais par élection. Ce sont contes que ce qu'on dit ordinairement : « Je n'ai su m'en garantir, je n'en voulois rien faire, mais ç'a été force. » On ne force jamais personne de courre après la félicité ; c'est quelque chose de ne la rejeter point, et demeurer ferme quand la fortune vient, sans aller au-devant pour la faire marcher plus vitement. Je veux, si vous le trouvez bon, qu'avec moi vous ayez encore en votre conseil des gens plus sages que je ne suis, et de qui je prends ordinairement l'avis quand j'ai quelque chose à délibérer. Il y a dans Épicure une lettre qu'il écrit à Idoménéus, qui se rapporte fort à ce propos. Il le prie qu'il se hâte, et qu'il se dépêche le plus qu'il pourra, devant qu'il survienne quelque empêchement qui lui ôte la liberté de s'en aller.

Toutefois il ajoute incontinent après, qu'il ne doit rien tenter que bien à propos ; mais que quand l'heure sera venue, il se jette par la fenêtre plutôt que de demeurer ; qu'au reste celui qui pense à la fuite ne doit jamais s'endormir ; et que pourvu qu'on ne prévienne ni perde le temps, il n'y a rien si difficile qui ne puisse avoir une bonne fin. Peut-être vous voulez savoir ce qu'en tiennent les Stoïques. Il ne faut pas qu'on vous fasse accroire que ce soient gens qui se précipitent au péril sans jugement ; ils sont plus considérés que résolus[1]. Vous attendez possible qu'ils vous disent que c'est une honte de laisser tomber sa charge ; que depuis qu'on a pris une profession, il faut lutter contre ce qu'elle a de malaisé, et que la marque d'une âme magnanime et valeureuse est de se roidir contre les difficultés. Ils vous tiendront ce langage, quand il y aura quelque fruit en la persévérance, et qu'il ne sera question de chose qu'on ne puisse ni faire ni souffrir avec honneur ; autrement un homme de bien ne voudra pas s'attacher après quelque chose de sordide, ni d'une occupation en faire naître une autre, pour avoir toujours quelque sujet de se tourmenter. S'il se trouve une fois embarqué dans les affaires du monde, il n'en voudra pas toujours souffrir les marées, comme vous pensez qu'il fera ; mais ayant reconnu combien les choses qui lui donnent de la peine sont peu durables, incertaines et douteuses, il se retirera tout bellement, et sans tourner le dos reculera jusques à ce qu'il soit hors de péril.

II. Le moyen d'échapper aux occupations c'est d'en mépriser les récompenses : il n'y a que cela qui nous arrête et nous retienne. Quoi donc, que deviendront tant de belles espérances ? M'en irai-je sur le point de faire la

---

1. Il y a dans le latin : *Cautiores quam fortiores.*

récolte? N'aurai-je plus personne qui vienne après moi, personne qui corne après mon carrosse [1], ni qui se promène en ma basse-cour [2]? Ce sont vanités que les hommes ne peuvent laisser qu'à regret; ils détestent bien les arbres, mais ils prennent plaisir d'en cueillir le fruit, ils se plaignent de l'ambition comme d'une maîtresse; c'est-à-dire, si vous examinez le fond de leur affection, ils ne lui veulent pas de mal, mais ils sont en dispute avec elle. Sondez cette sorte de gens, qui font mine d'avoir à contre-cœur les choses qu'ils ont recherchées, et pensent de fuir ce qu'ils pensent leur être nécessaire : vous trouverez qu'ils savourent comme sucre ce qu'ils rejettent comme absinthe; on ne les tient point, ils s'arrêtent volontairement. Il n'est point tant d'esclaves, comme il en est qui prennent plaisir de l'être. Mais vous avez envie de vous dégager de la servitude : la liberté vous plaît à bon escient; tout ce que vous demandez, c'est de le pouvoir faire si à propos, que jamais plus vous n'ayez sujet de vous soucier de rien. Vous ne trouverez point de Stoïque qui ne soit en cela de votre opinion. Il n'y a ni Zénon, ni Chrysippus qui vous conseillent chose qui n'ait quelque mesure, qui ne soit raisonnable et que vous ne puissiez faire avec honneur. Mais si vous voulez attendre que vous ayez donné ordre à ce que vous porterez quand et vous, et aux provisions qu'il vous faudra pour votre retraite, ce ne sera jamais fait. Quand un vaisseau se brise, ceux qui se jettent à la nage ne se chargent point de leurs hardes. Ne vous souciez que de gagner le port d'une meilleure vie. Les Dieux vous assisteront, mais non pas comme ils assistent ceux à qui d'un bon visage ils donnent des maux déguisés d'une apparence magnifique, se garantissant de cette

---

1. Dans l'édition de 1645 : « Personne qui courre après mon carrosse. » Le latin porte *incomitata lectica*.
2. Voyez plus haut, p. 236, note 2.

# ÉPÎTRE XXII. 349

excuse, que si ce qu'ils baillent est dommageable, ils n'ont pu refuser ce qu'on leur a demandé.

III. Je m'en allois cacheter ma lettre ; mais il me la faut rouvrir, afin que vous ne la receviez point qu'avec le présent accoutumé. Tout à cette heure il me vient de souvenir d'une parole d'Épicure, aussi véritable que bien dite; je fouille toujours dans les coffres d'autrui : « Nous nous en allons tous de ce monde, comme si nous venions d'y arriver. » Prenez qui vous voudrez, jeune, vieil, ou de moyen âge; vous n'en trouverez pas un qui n'ignore la vie et qui n'appréhende la mort. Nous nous remettons tous au lendemain; et de là vient que nous n'avons jamais rien de prêt. Ce que je trouve de meilleur en cette sentence, c'est qu'elle reproche l'enfance aux vieillards. « Comme nous sommes entrés au monde, nous en sortons. » Cela n'est pas vrai; nous naissons meilleurs que nous ne mourons. La faute en est à nous : il ne s'en faut point prendre à nature; elle a plutôt sujet de se plaindre de nous, et nous dire : « D'où vient ceci ? quand je vous mis au monde, vous n'aviez point de cupidités, point de frayeurs, de superstition, de perfidie, et de toutes ces autres pestes que vous avez à cette heure ? Que n'en sortez vous tels que vous y êtes venus ? » Nous serions vraiment sages, si nous pouvions mourir avec aussi peu de peur comme nous sommes nés. Mais comme le péril approche, nous ne savons plus où nous en sommes : nous avons l'âme et le visage en désordre, et versons des larmes, que nous savons bien qui ne nous serviront de rien. Quelle vilenie est-ce que d'être en alarme sur le point de sortir hors de tout péril ? L'occasion de ce trouble est, que nous n'avons du tout rien de ce que nous voudrions bien avoir. Quand nous sommes près de mourir, il ne nous est rien demeuré de ce que nous avons vécu. Nous avons laissé tout écouler : nous ne nous soucions point d'une bonne vie, mais d'une longue. Et cependant le bien vivre est si facile que tout le monde le peut faire, et le vivre longuement si difficile qu'il n'y a pas un qui puisse ajouter une heure seulement à son dernier jour.

## ÉPÎTRE XXIII.

ARGUMENT. — I. La vraie joie consiste en la bonne conscience, au mépris des vanités, des choses casuelles, et en un règlement de vie uniforme. — II. Celui vit honteusement, qui commence tous les jours à vivre.

I. Vous attendez que je vous mande comme l'hiver nous a traités doucement, comme il n'a été ni si long ni si rigoureux que de coutume, comme le printemps est fâcheux, comme il est froid extraordinairement, et toutes ces niaiseries de gens qui ne cherchent qu'à remplir le papier. Pour moi je ne vous veux rien écrire de quoi nous ne puissions recevoir quelque profit. Que sera-ce donc, sinon de vous exhorter à prendre garde que vous ayez l'âme bien faite? Demandez-vous qui en est le fondement? de ne se réjouir point des vanités. Ai-je dit que c'en est le fondement? c'en est le faîte. Quand un homme en est venu là, qu'il sait de quoi se réjouir, et que pour être heureux il ne se remet à la discrétion d'autre que de soi-même, il ne sauroit monter plus haut. Quiconque se laisse chatouiller à quelque espérance, quelque apparente et facile qu'elle soit, et quelque bon succès que ce qu'il se propose ait accoutumé d'avoir, il est impossible que jamais il ait ni l'âme nette, ni le courage bien assuré. Faites, Lucilius, que votre première leçon soit d'apprendre à vous réjouir.

## ÉPÎTRE XXIII.

Vous me direz que vous ôtant les choses fortuites, et les espérances qui sont les plus chères délices de l'esprit de l'homme, je ne vous en laisse pas beaucoup de sujet. C'est tout au contraire : je ne veux pas que jamais vous soyez sans contentement. Tout ce que je demande, c'est qu'il naisse en votre maison : il y naîtra, pourvu qu'il soit en vous-même. Les autres joies relâchent bien le front, mais elles ne remplissent pas l'estomac; ce ne sont que fumées. Il ne suffit pas de rire pour être joyeux, il faut que l'âme soit gaie, en bonne assiette, et si relevée que toutes choses demeurent au-dessous d'elle. Croyez-moi, c'est une chose sévère qu'une joie véritable. Avez-vous opinion qu'on puisse sans se rider, et comme parlent ces affétés, en faisant les doux yeux, mépriser la mort, ouvrir la maison à la pauvreté, résister à ses affections, et se disposer à la patience d'une douleur? Il n'y a point de doute que le contentement de ces méditations ne soit grand, mais il n'a pas le goût bien délicat. C'est celui que je veux que vous recherchiez. Ne vous souciez que d'en rencontrer la source, vous n'en trouverez jamais le bout. Les métaux de peu d'importance sont ordinairement si près du gazon, qu'on les découvre en deux coups de bêche. Ceux qui sont de prix se cachent au fond de la terre; mais aussi tant plus qu'on y fouille, tant plus on y trouve de quoi fouiller. Tout ce que le vulgaire estime, n'est que piperie : s'il a quelque plaisir, il ne fait que s'épandre en la superficie et ne pénètre point à l'intérieur. Il ne peut y avoir de fondement en une joie qui vient de dehors. Celle de qui je parle, et où je tâche de vous conduire, est essentielle, et n'a pas tant d'apparence que de vérité. Voulez-vous être heureux, Lucilius? il n'y a qu'un chemin qui vous y mène : marchez sur toutes ces vanités que vous voyez luire, et ne desirez point une chose que vous ne pourrez avoir, si vous ne la mendiez. Tournez-vous toujours du côté du vrai bien, et vous réjouissez à vos dépens. — Comment à mes dépens? — De vous, et de ce qui est meilleur en vous. Quant au corps, encore qu'il soit l'organe de la plupart de nos opérations, traitez-le comme nécessaire; mais n'en faites point de cas. Les voluptés qu'il donne sont vaines, et ne durent point : elles sont aussitôt haïes comme passées; et bien souvent se changent en leur contraire, si on ne les prend avec beaucoup de discrétion. Ce que je vous dis est véritable. Elles sont en un précipice, et qui n'y garde mesure, il en sort ordinairement de la douleur. Or il n'est rien si malaisé que de garder mesure en ce qui est à notre goût. D'un bien véritable prenez-en tout à votre aise. Vous êtes assuré que la quantité ne vous en peut faire mal. Vous me demanderez que c'est que ce bien véritable, et d'où il peut venir. Je le vous dirai : de la bonne conscience, des intentions vertueuses, des actions droites, du mépris des choses casuelles, et d'un règlement de vie uniforme, qui ne s'égare jamais de son chemin; car comme seroit-il possible que ceux qui ne font que sauter d'un dessein à l'autre, ou qui même n'y sautent pas, mais se laissent aller au gré de la fortune, étant vagues et suspendus, eussent quelque chose de certain et d'arrêté? Il s'en trouve peu qui gouvernent eux et leurs affaires par conseil. La plupart ne vont pas, mais sont portés, comme ces choses que nous voyons flotter sur une rivière : les unes, parce que l'eau qui les soutient est molle et dormante, descendent tout bellement en bas; les autres par le fil impétueux sont traînées avec violence. Les unes par un branlement languide[1] sont je-

---

1. *Languide*, languissant, qui se ralentit; *cursu languescente*, dit le latin.

tées à bord [1], et les autres rapidement emportées jusques en la mer. Il faut donc prendre une résolution de ce que nous avons à faire. Et quand elle est prise, y persévérer.

II. Mais il est temps de payer ce que je dois : je m'en vais acquitter cette lettre avec une belle parole de votre Épicure. « C'est chose fâcheuse de commencer tous les jours à vivre, » ou si vous trouvez la conception mieux exprimée de cette façon, « c'est mal vivre que de commencer toujours à vivre. » Demandez-vous pourquoi? pource que leur vie est toujours imparfaite, et qu'il n'y a point d'apparence qu'un homme qui ne fait que commencer à vivre, se puisse préparer à mourir : il faut faire en sorte que nous ayons toujours assez vécu. Cette méditation n'entre point en l'esprit d'un homme qui pense toujours être au commencement de sa vie. Ne croyez pas que le nombre en soit petit : il n'en est guère d'autres. Si vous vous en étonnez, je vous dirai chose qui vous étonnera bien davantage. Il en est qui commencent de vivre quand il est temps de cesser; il y en a qui cessent de vivre, et n'avoient pas encore commencé.

1. *A bord*, au bord, sur le rivage.

## ÉPÎTRE XXIV.

ARGUMENT. — I. Qu'il ne faut point appréhender les maux à venir. — II. Le moyen de n'appréhender point les maux à venir est d'en prendre la mesure à part soi et taxer sa crainte. — III. La mort n'a que l'apparence d'un plus grand mal, et toute sa pompe n'est que la douleur d'une goutte, d'une colique, ou d'une femme en son accouchement. — IV. La mort et les afflictions sont la condition de la vie. — V. Chaque jour emporte une partie de notre vie, et la dernière heure n'est pas celle qui fait la mort, mais qui l'accomplit. — VI. L'homme sage ne doit craindre ni desirer la mort.

I. Vous me mandez que les bravades de votre partie vous font douter que vous n'ayez quelque arrêt à votre préjudice : c'est peut-être afin que je vous mette l'oreille sous le coude[1], et que je vous conseille de vous flatter de l'espérance de quelque meilleur événement; car besoin est-il d'aller au-devant des maux, préoccuper[2] une douleur que nous sentirons assez tôt quand l'occasion en sera venue, et gâter la jouissance du présent par l'appréhension de l'avenir? Il n'y a point de doute que vous n'ayez faute de jugement, si vous vous rendez misérable à cette heure, pource que vous serez misérable quelque jour.

II. Mais je vous veux bien mener à la sécurité par un autre chemin. Si vous voulez vous dépouiller de toute sollicitude, faites compte que ce que vous doutez qui vous advienne[3], indubitablement vous adviendra. Quelque mal que ce soit, prenez-en la mesure à part vous, et taxez votre crainte; vous treuverez que ce qui vous

---

1. C'est-à-dire : que je vous rassure, que je vous conseille de vous rassurer. Il y a en latin : *Existimas me suasurum ut meliora tibi ipse proponas.*

2. *Préoccuper*, anticiper. — 3. *Douter*, craindre, redouter.

fait peur, s'il est grand ne sera pas de longue durée. Il n'en faut point aller chercher la preuve bien loin : il n'y a point de siècle qui n'ait des exemples de pareilles résolutions. Jetez les yeux de quelque côté que vous voudrez dedans l'Italie ou dehors, vous trouverez partout des âmes grandes, et d'acquisition[1], et de naturel. Je veux que vous soyez condamné, que pouvez-vous avoir pis que le bannissement ou la prison? Que sauroit craindre le corps au delà de la flamme et de la mort? Considérez chacune de ces douleurs à part, et quand et quand ramentevez-vous ceux qui l'ont méprisée; vous serez plus en peine de les choisir que de les chercher. Rien ne déplut à Rutilius en sa condamnation, que d'avoir été mal jugé. Métellus en son bannissement eut patience; Rutilius prit plaisir au sien. L'un revint pour gratifier sa république qui le rappeloit; l'autre, prié par Sylla de revenir, ne craignit point de le refuser, en un temps où lui refuser étoit crime capital. La prison ne fit point taire Socrate : on lui donna moyen de se sauver, mais il n'en voulut rien faire, et demeura, pour apprendre aux hommes le mépris de deux choses qu'ils appréhendent le plus, la mort et la prison. Mucius se rôtit la main ; c'est une chose bien cruelle que le feu, mais combien l'est-il davantage quand c'est vous-même qui vous êtes occasion de le sentir? Vous voyez un homme qui ne sait que c'est de science, et qui n'a jamais ouï leçon du mépris de la douleur ni de la mort, fortifié seulement d'un courage militaire, se donner lui-même la punition d'un dessein mal exécuté. Il demeura ferme à regarder fondre sa main dans la flamme : et quoiqu'il ne lui en restât plus que les os dépouillés, ne l'ôta jamais que l'ennemi même ne lui fît ôter le feu. Il pouvoit bien

---

1. *Et d'acquisition*, c'est-à-dire par les qualités qu'elles ont acquises.

faire quelque chose avec plus de succès, mais non avec plus de valeur. Voyez comme la cruauté n'est pas ni si dure ni si tendre[1] à ordonner les supplices, comme est la vertu à les endurer. Il fut plus facile à Porsenna de pardonner à Mucius la volonté qu'il avoit eue de le tuer, qu'à Mucius de se pardonner à soi-même la faute qu'il avoit faite de ne l'avoir point tué. Vous me direz que ce sont des contes qu'on fait aux écoles, et que tantôt quand il sera question de mépriser la mort, j'aurai l'exemple de Caton tout prêt à mettre sur le bureau. Pourquoi ne l'y mettrois-je? pourquoi ne vous représenterois-je comme cette nuit qui fut sa dernière, lisant le livre de Platon, son épée au chevet de son lit (car il avoit aussi bien pourvu à pouvoir mourir qu'à le vouloir), après avoir donné l'ordre qui se pouvoit donner au désordre où étoient ses affaires, il pensa qu'il falloit faire en sorte que Caton ne pût recevoir la vie ou la mort de personne; et pour cet effet ayant tiré du fourreau son épée, qui jusque-là n'avoit jamais fait de sang : « Tu n'as rien gagné, dit-il, Fortune, d'avoir traversé toutes mes entreprises. Jusques ici j'ai combattu pour la liberté de ma patrie, mais non encore pour la mienne. Je ne me suis point obstiné pour vivre libre, mais pour vivre entre des libres. Maintenant que les choses du monde sont déplorées, et que leur confusion n'a plus de remède, il est temps de mettre Caton en lieu de sûreté. » Et là-dessus il se la plongea dans l'estomac; et bientôt après diminué de sang et de force, mais aussi ferme de courage qu'auparavant, non plus en colère contre César, mais contre soi-même, à faute d'armes, fourra ses mains dans sa plaie, en arracha les emplâtres et les

---

1. Il y a *tendre* dans toutes les éditions. Ne faut-il pas plutôt lire *tendue* ?

bandes, et fit sortir cet esprit si généreux et si brave qui ne pouvoit rien voir au-dessus de soi. Je ne vous amène pas tous ces exemples pour exercer votre esprit, mais pour vous assurer contre ce qui vous fait le plus de peur. Or il n'y a point de meilleur moyen de vous assurer, que de vous montrer que le mépris de ce moment de rendre l'âme, est une résolution où les plus grands personnages sont bien souvent égalés par des esprits foibles, qui jamais en autre occasion n'ont donné témoignage d'avoir du cœur. Scipion, de qui le grand Pompée avoit épousé la fille, ayant été reporté par un vent contraire à la côte d'Afrique, où tout aussitôt il se trouva tellement investi dans son vaisseau qu'il n'y avoit moyen qu'il échappât, se donna de l'épée au travers du corps; et comme il ouït qu'on demandoit où étoit le général, il répondit : « Le général se porte bien. » Cette parole le fit aller du pair avec tous ceux de sa maison, et continua l'opinion qu'on avoit, que l'Afrique étoit fatale[1] à la gloire des Scipions. Ce fut beaucoup de vaincre Carthage, mais ce fut encore plus de vaincre la mort. « Le général, dit-il, se porte bien. » Eût-il été raisonnable qu'un général, et un général qui commandoit à Caton même, fût mort d'une façon moins brave et moins relevée? Je ne vous veux point amuser à lire les histoires, ni à réveiller tous ceux des siècles passés qui ont méprisé la mort, dont le nombre est infini : regardez seulement le nôtre, de qui nous accusons ordinairement la mollesse et la dissolution. Vous y en trouverez de toutes qualités, de toutes fortunes et de tous âges, qui n'ont point fait de cas de s'ôter la vie,

---

1. Malherbe, en prose comme en vers, emploie presque toujours le mot *fatal* dans le sens latin : *marqué par le destin.* Ici le texte de Sénèque porte : *Et fatalem Scipionibus in Africa gloriam non est interrumpi passa.*

pour donner la mort à ce qui les affligeoit. Je vous jure, Lucilius, qu'il y a si peu d'occasion de craindre la mort, que je ne crois point qu'il y ait rien de comparable au bien que nous en recevons. Ne vous souciez donc point des menaces de votre partie, et combien que votre conscience vous doive faire attendre un bon succès de vos affaires, toutefois pource que pour gagner sa cause il ne suffit pas de l'avoir bonne, promettez-vous d'un côté qu'on vous rendra justice; mais de l'autre préparez-vous à vous consoler, quand on ne vous la rendra point.

III. Surtout souvenez-vous de considérer les choses hors de leur tumulte; voyez de près ce que c'est : vous n'y trouverez rien d'épouvantable que le seul épouvantement que nous en prenons. Nous ne sommes en cela guère moins enfants que les enfants mêmes. Ceux qu'ils aiment le plus, qu'ils ont le plus accoutumé de voir tous les jours, leur font peur quand ils sont masqués. Les choses ont leur masque aussi bien que les hommes. Il le leur faut ôter, et les regarder en leur visage naturel. Que pensez-vous faire de me montrer des glaives, des feux et une troupe de bourreaux qui grincent les dents à vos côtés? Ne vous cachez point sous cet équipage : cela est bon pour faire peur à des niais. C'est la mort de quoi mon valet et ma servante firent dernièrement si peu de cas. A quoi est bonne cette montre de fouets, de tortures et de gênes, destinées à chaque partie du corps pour le tourmenter? Que veulent dire tous ces instruments à déchirer un homme pièce à pièce, que vous nous déployez avec tant d'appareil? Otez-nous ce qui nous étonne, faites taire les gémissements et les cris; supprimez cette aigreur de voix que le démembrement fait éclater. Qu'est-ce que toute votre pompe, sinon la douleur même d'une goutte, d'une colique, ou d'une femme en son accouchement? si je la puis supporter, c'est peu de chose; si je ne puis, j'en serai bientôt hors. Représentez-vous ce que tant de fois vous avez ouï dire. Souvenez-vous de ce que si souvent vous avez dit vous-même, et rendez par effet témoignage de la vérité de votre doctrine. Il n'y a chose si honteuse que la reproche qu'on nous fait ordinairement, que notre philosophie se limite à des paroles et ne va point jusqu'à l'action.

IV. Que voulez-vous dire? est-ce à cette heure que vous vous avisez que vous êtes sujet à la mort, au bannissement et à la douleur? Ce sont toutes choses à quoi vous êtes né : faisons compte que tout ce qui peut être sera. Je sais bien que vous n'avez point attendu mon conseil à vous résoudre : aussi ne veux-je de vous autre chose pour cette heure, sinon que vous ôtiez ce trouble de votre esprit : autrement vous serez ébahi, que vous le trouverez lâche quand il sera question de l'employer. Tirez-le du particulier au général : dites-lui que ce corps est mortel et fragile, et que non-seulement l'injure, ou l'oppression d'une force plus grande que la sienne, mais sa volupté propre peut être occasion de l'affliger. La bonne chère lui donne des indigestions, le vin des paralysies, les femmes des affoiblissements de pieds, de mains et de toutes les jointures. Mais que sera-ce si je deviens pauvre? j'aurai beaucoup de compagnons. Si je suis banni? je ferai compte d'être originaire du lieu même où il me sera commandé d'aller. Si j'ai les fers aux pieds? je dirai : « Et quoi? suis-je libre en l'état où je suis? Ne suis-je pas attaché naturellement à cette masse de chair? » Si je meurs, je cesserai de pouvoir être malade, je cesserai de pouvoir être prisonnier, je cesserai de pouvoir mourir. Je ne suis pas si malavisé d'apporter ici la chanson d'Épicure, que ce sont contes que les appréhensions qu'on nous donne des enfers[1];

---

1. Les éditions de 1639 et 1648 portent par erreur *des enfants*; mais la faute est corrigée dans l'édition de 1645.

qu'il n'y a point d'Ixion qui tourne une roue, de Sisyphe qui porte une pierre qui retombe, de Titie [1], de qui le poumon et le foie, renaissants à mesure qu'ils sont mangés, soient éternellement déchirés par un vautour. C'est à faire aux enfants de craindre Cerbère, des lieux sans jour, et des fantômes qui n'ont autre chose que des os. La mort ou nous consume, ou nous laisse aller. Si elle nous laisse aller, ce que nous avons de meilleur nous demeure, et ne perdons que ce qui ne faisoit que nous charger. Si elle nous consume, comme nous ne pouvons plus sentir de bien, aussi ne pouvons-nous plus souffrir de mal. Trouvez bon que je vous rapporte ici un de vos vers, et que je die que vous ne l'avez pas plus écrit pour les autres que pour vous. Il n'y a point d'apparence de dire une chose et penser le contraire : combien est-ce plus de honte de démentir ce qu'on a écrit!

V. Il me souvient d'avoir vu quelque trait de vous, où vous disiez que nous ne tombions pas tout d'un coup en la mort, mais que nous y descendions par degrés, et une pièce après l'autre. Il n'est jour que nous ne mourions, car il n'est jour que nous ne perdions quelque chose de notre vie, et lors même que nous croissons, notre vie décroît. Nous avons été enfants, garçons et jeunes hommes. Ces âges-là sont perdus pour nous : le temps passé jusques à hier est tout évanoui, et le même jour où nous sommes est moitié à nous, et moitié à la mort. Comme ce n'est pas la dernière goutte d'eau qui vide une clepsydre, mais toutes celles qui sont coulées auparavant, ainsi l'heure dernière où nous cessons d'être, n'est pas seule qui fait notre mort, mais bien elle est seule qui l'accomplit. C'est l'heure où nous sommes arrivés au logis, mais nous

---

1. *Titie*, Tityus. Sénèque ne nomme pas ce personnage, et se borne à dire : *Nec ullius viscera et renasci posse quotidie et carpi.*

avons été longtemps par les chemins. En faisant toute cette description, avec votre suffisance accoutumée, et qui toujours grande, semble encore avoir quelque véhémence particulière quand il est question de rendre témoignage à la vérité, vous avez dit :

L'homme a plus d'un trépas, mais le dernier l'emporte.

J'aime mieux que vous vous amusiez à vous lire, qu'à lire ma lettre. Vous verrez en vos vers que cette mort de qui nous avons tant de peur est bien la dernière, mais qu'elle a été déjà précédée par beaucoup d'autres.

VI. Je vois bien où vous voulez venir. Vous demandez s'il y aura rien dans cette lettre. Je m'en vais vous mettre quelque chose qui se rapporte à la matière que nous avons traitée. Épicure ne blâme pas moins ceux qui desirent la mort, que ceux qui la craignent. Voici ce qu'il dit : « C'est une moquerie de vouloir mourir par un dégoût de vivre, vu que de la vie que nous démenons, nous vient l'occasion de vouloir mourir. » Et en un autre lieu : « Est-il rien de si ridicule que de souhaiter la mort, vu que c'est la crainte que nous en avons, qui nous fait déplaire de la vie ? » — « Ce n'est pas tout que de la souhaiter. Il en est de si malavisés, ou plutôt si hors du sens, qu'ils se font mourir eux-mêmes, pour la peur qu'ils ont de mourir. » Prenez celui que vous voudrez de tous ces points : il vous fortifiera l'esprit en la patience de la vie et de la mort. Il ne faut pas trop aimer la vie, mais aussi ne la faut-il pas trop haïr. Nous n'avons pas moins de besoin de nous résoudre au dernier qu'au premier ; et quand la raison même nous conseille de mourir, il le faut faire avec jugement, et non pas y courre à bride abattue. Un homme de courage, et qui a la tête bien faite, ne s'en doit pas fuir de la vie : il en doit sortir. Evitons sur toutes choses cette passion, à qui beaucoup se laissent gagner, de vouloir mourir sans savoir pourquoi ;

car en la mort, comme en autre chose, l'esprit de l'homme a quelquefois des mouvements inconsidérés. Il n'y a point de distinction de qualité, ni de suffisance. Chacun se laisse emporter : les sots et les poltrons, comme les galants et les braves; ceux-ci pour avoir trop de cœur, et ceux-là pour n'en avoir point. Il y en a qui s'importunent de faire et voir toujours de mêmes choses. Ils ne haïssent pas leur vie, mais ils en sont ennuyés. Ce sont considérations où la philosophie même nous amène quelquefois. Ne ferons-nous jamais autre chose que nous lever, coucher, manger, avoir faim, trembler de froid et brûler de chaud? C'est toujours à refaire : les choses du monde sont enfilées d'une sorte, qu'en s'entrefuyant elles se suivent. La nuit presse le jour, le jour la nuit; l'été, l'automne, l'hiver et le printemps sont le commencement et la fin les uns des autres. Tout se passe, mais c'est pour revenir : je ne vois rien que je n'aie vu; je ne fais rien que je n'aie fait. Il n'y a personne qui n'en fût dégoûté. Il y en a assez qui n'estiment pas la vie une chose fâcheuse, mais il leur semble qu'elle est superflue, et qu'il y a moyen de s'en passer.

## ÉPÎTRE XXV.

ARGUMENT. — I. Les mauvaises habitudes, quelque enracinées qu'elles soient, ne sont point incurables. — II. Le plus pauvre du monde est assez riche pour avoir ce qui est nécessaire. — III. Qu'il nous faut représenter un témoin en toutes nos actions, il n'importe quel, pourvu que sa vie soit telle, que les plus perdus aient honte de faire paroître leurs vices devant lui. — IV. L'homme de bien doit vivre chez soi, et le méchant en compagnie.

I. Quant à ce qui touche nos deux amis, il n'y faut pas aller par un même chemin. Il y en a un duquel il suffit de redresser les imperfections ; mais de l'autre, il les faudra rompre tout à fait. Je parlerai librement. Si je ne pique le premier, je ne suis point son ami. Et quoi ! voudriez-vous mettre un homme de quarante ans en tutelle ? Ce n'est point un âge capable d'instruction. Il faut qu'une âme soit tendre pour prendre le pli qu'on lui veut bailler. Je ne sais pas ce que j'avancerai ; mais puisque mon devoir me commande que je l'entreprenne, je courrai la fortune de l'événement. Il n'est point de mal incurable, quelque enraciné qu'il soit ; mais il se faut bander contre l'intempérance et réduire le patient à souffrir beaucoup de choses contre sa volonté. Quant à l'autre, je n'en suis guère plus assuré : tout ce que j'y vois de bon, c'est qu'il rougit quand il fait quelque faute. Tant qu'il aura cette honte, j'en aurai bonne opinion : il la lui faut entretenir. Pour le regard de cet endurci, je ne tiens pas qu'il le faille mener trop rudement, de peur de le désespérer. Il faut choisir le temps à propos pour y tenter quelque chose, et le prendre, s'il est possible, quand il est en bonne humeur et qu'il semble être en quelque disposition d'amendement : je ne me tromperai jamais en ses intervalles. Quand il sera sage, je m'attendrai de le revoir plus égaré que jamais, et quoiqu'il n'y paroisse pas de vice, je ne laisserai pas de croire qu'il y en ait.

II. Je donnerai quelques jours à cet exercice, et verrai ce qui s'y pourra faire. Quant à vous, faites-nous voir votre résolution et vous dépêchez de serrer bagage. Rien de ce que nous avons ne nous est nécessaire : si nous nous rangeons aux lois de nature, nous sommes riches. Ce qui nous fait besoin ne coûte rien, ou s'il coûte quelque chose, c'est si peu que cela ne vaut pas d'en parler. Nature ne veut que du pain et de l'eau. Le plus pauvre du monde est assez riche pour en avoir, et qui s'en contente, sa condition est aussi bonne que celle de Jupiter. C'est l'opinion d'Épicure, de qui je vous vais dire un autre beau trait : « Faites, dit-il, toutes choses comme si quelqu'un vous regardoit. »

III. Il n'y a point de doute que vous ne fassiez beaucoup pour vous, de choisir quelqu'un sur qui vous ayez toujours les yeux, et que vous imaginiez toujours présent, quand vous ferez quelque dessein. Ce seroit bien plus de gloire de vous proposer quelque homme de bien ; toutefois prenez le premier venu : je me contenterai que vous pensiez toujours être en la présence de quelqu'un. La solitude ne nous persuade jamais que du mal : quand vous serez si suffisant que vous aurez honte de vous-même, vous pourrez alors donner congé à votre gouverneur. Jusques à ce que cela soit, mettez-vous en la conduite de quelque homme d'autorité, soit Caton, Scipion ou Lélius, c'est tout un qui[1], pourvu que sa vie soit telle que les plus perdus aient quelque honte de faire paroître leurs vices devant lui.

IV. Quand vous en serez venu là, que de vous porter honneur à vous-même, je vous donnerai le même conseil que donne Épicure. Pensez que vous n'avez jamais plus de besoin de vous retirer en vous-même, que quand vous êtes contraint d'être en compagnie. Gardez-vous de ressembler au grand nombre que vous voyez. Vous ne feriez pas bien alors de vous quitter. Regardez-les tous l'un après l'autre : il n'y en a pas un qui ne se trouve mieux en toute autre compagnie que la sienne. Ne vous retirez jamais plus en vous-même, que quand il faudra que vous soyez en compagnie, mais ne vous y retirez pas si vous n'êtes homme de bien, et si vous n'avez l'âme sans tumulte

---

1. *C'est tout un qui*, n'importe lequel. A la place de ces mots, on lit : « Il n'importe, » dans l'édition de 1659.

et sans passion; car alors vous feriez mieux de vous quitter et vous en aller avec la troupe. Vous ne sauriez être plus mal avec autre qu'avec vous.

## ÉPÎTRE XXVI.

ARGUMENT. — I. La vieillesse affoiblit le corps et fortifie l'âme, en la délivrant des vices. — II. La mort qui est causée par la vieillesse est douce. — III. La mort est le juge véritable de notre vie. — IV. Qu'il faut continuellement apprendre à bien mourir.

I. Je vous disois, il n'y a guère, que je m'en allois arriver tout bellement à la vieillesse. Mais à cette heure, je me doute que la vieillesse ne soit demeurée bien loin derrière moi. Ma disposition et mes ans se doivent désormais nommer d'autre façon. Quand on parle de vieillesse, on n'entend pas un âge rompu, mais seulement lassé. Ce que j'ai, c'est décrépitude : je suis au bout de la carrière. Toutefois je ne craindrai point de dire que je ne me sens incommodé que du corps, et que je n'eus jamais l'entendement ni plus sain, ni plus entier. Je n'ai rien de vieil en moi que les vices, et les parties destinées à leur usage : l'esprit est vigoureux, et se réjouit que le corps ne lui donne guère plus de traverses. A cette heure qu'il est déchargé d'une bonne partie de son faix, il ne demande que de l'exercice, et me veut démentir, quand je parle de ma vieillesse. Il dit qu'il est en sa fleur. Je suis content de le croire et de le laisser faire; mais si veux-je regarder ce que je dois de mon amendement à la philosophie, et ce que j'en dois à mon âge. Je veux mettre d'un côté ce que je puis faire et ne veux pas faire, et de l'autre ce que je veux bien faire et que je ne puis; car si je veux quelque chose de plus que ce que je puis, je suis bien aise de mon impuissance.

II. Quelle occasion avons-nous de nous en plaindre, et quelle incommodité nous est-ce que ce qui devoit avoir fin soit achevé ? Vous me répondrez qu'il n'y a point de plus grand déplaisir que d'aller en diminuant, et se voir comme fondre de jour en jour : car nous ne tombons pas d'une secousse et ne sommes pas renversés d'un seul effort. Nous avons tous les jours quelque coup d'ongle, et d'une heure à l'autre perdons quelque chose de notre vigueur. Mais comme saurions-nous mieux partir du monde, que d'être par une dissolution naturelle insensiblement amenés à notre fin ? Non qu'il y ait du mal à mourir tout d'un coup, et sortir inopinément de cette vie, mais pource que c'est une douce voie que d'en être retiré tout bellement.

III. De moi, comme si j'étois sur le point d'en faire l'expérience, et en ce dernier jour qui prononcera l'arrêt de mes années passées, je me considère et me tiens ce langage : « Tout ce que j'ai dit ou fait jusques à cette heure, n'est rien. Si j'ai donné quelques témoignages de mon courage, ç'a été en choses de peu de mérite, et y a eu plus d'imposture que de vérité. Je n'ai rien fait que beaucoup d'espérances ne m'aient sollicité de faire. Si j'ai quelque chose de bon dans l'âme, la mort me le dira. C'est pourquoi, sans m'effrayer, je me prépare à cette journée, où le masque levé, je verrai si mon courage est aussi brave que ma langue, et si les rodomontades que j'ai faites contre la fortune n'étoient point autant d'artifices, pour me faire estimer ce que je n'étois pas. Ne prenez point garde à l'opinion des hommes : elle est ordinairement douteuse et peut pencher aussitôt d'un côté que d'autre. Mettez à part toute l'étude que vous avez jamais faite : la mort vous jugera. Ce ne sont ni les disputes, ni les discours profonds, ni les préceptes de philosophie, qui font paroître la force de l'âme ; bien souvent ceux qui ont le courage plus bas, ont le langage le plus haut : c'est à rendre l'esprit qu'on voit ce qu'un homme a dans le cœur. La condition me plaît bien ; je n'ai point de peur de ma cause. » Voilà comme je m'entretiens; mais faites compte que je ne parle pas moins à vous qu'à moi. Si vous êtes plus jeune, qu'importe? La mort ne compte pas les années. Elle vous attend peut-être ailleurs que vous ne pensez, et pour ce attendez-la partout. J'étois prêt à clore ma lettre et prenois déjà le cachet ; mais il m'est souvenu qu'il lui falloit garnir sa bougette[1], et lui bailler de quoi faire son chemin. Je ne vous dis point où je fouille : vous le savez bien. Ayez tant soit peu de patience, je vous irai querir chez moi de quoi payer.

IV. Cependant Épicure me prêtera cette sentence : « Avisez lequel sera le meilleur, que la mort vienne à nous, ou que nous allions à elle. » Il veut dire qu'il faut apprendre à bien mourir. Vous pensez peut-être que c'est folie d'apprendre avec tant de peine une chose que nous ne devons faire qu'une fois : et je trouve au contraire, que c'est ce qui nous y doit rendre plus diligents. Il ne faut jamais cesser d'apprendre une chose que nous ne pouvons jamais être assurés de bien savoir. Méditer la mort, c'est méditer la liberté. Qui sait mourir, ne sait point servir. Il est au-dessus de toute puissance; pour le moins il en est hors. Il se moque des prisons, des gardes et des cachots : il a la porte ouverte. Tout ce qui nous arrête, c'est l'amour de la vie. Il n'est pas bon de la quitter du tout, mais il en faut retrancher quelque chose, afin que si l'occasion s'en présente, nous n'ayons rien qui nous empêche de faire à l'heure même ce qu'il faudra faire quelque jour.

---

1. *Bougette*, petit sac de cuir qu'on porte en voyage.

## ÉPÎTRE XXVII.

Argument. — I. Les vieillards sont blâmables qui aiment les plaisirs des jeunes gens, et qui ne font mourir leur vice devant qu'eux. — II. La vertu est le seul bien de l'homme, qui ne s'acquiert pas par procureur, comme beaucoup d'autres sciences.

I. Vous me direz que je vous prêche à présent que je me suis prêché moi-même, et que m'étant mis en bon état, je passe mon temps à reprendre les autres. Je ne suis pas si présomptueux de me sentir malade et faire le médecin; mais comme gardant le lit, tous deux en même chambre, je devise avec vous de notre maladie, et vous fais part des remèdes que je sais pour la guérir. Quand je parlerai donc à vous, pensez que c'est à moi-même que je parle, et que devant vous en mon cabinet je me demande compte de mes actions. C'est à moi que je crie : Regardez quel âge vous avez, et vous aurez honte d'avoir les mêmes volontés et les mêmes desseins que vous aviez quand vous étiez encore enfant. Devant que de mourir faites pour vous une chose : que les vices meurent premier que vous. Quittez toutes ces voluptés pleines de trouble et de tumulte, qui vous coûteront bien cher un jour. Les passées font de mal autant que les futures. Quelque bon succès qu'aient les crimes, ils ne laissent pas de gêner l'âme après l'exécution. Le trouble qu'ils donnent ne se passe pas avec eux. Il en est de même d'un plaisir que la vertu n'accompagne point. Il a toujours le repentir à sa queue, il n'est ni solide ni fidèle; et quand il ne seroit point dommageable, sa fuite nous donne assez de sujet de le fuir.

II. Voyez plutôt de treuver quelque bien qui soit durable; or il n'y en a point d'autre que celui que de soi l'âme prend elle-même. C'est de la vertu seule que viennent les joies perpétuelles et qui sont hors de toute appréhension. S'il y a de l'obstacle, il passe au-dessous d'elle, comme un nuage qui ne leur empêche point le jour. Quand sera-ce que nous serons si heureux d'y parvenir? Certainement nous ne nous arrêtons pas tout court; mais nous nous hâtons bien lentement : il y a encore bien de la besogne. Si vous en voulez voir la fin, il y faut veiller, et travailler vous-même. Ce n'est point chose qui se fasse par procureur. Il y a d'autres sciences où l'on peut prendre de l'aide pour étudier. Il y avoit de mon temps un Calvisius Sabinus fort riche, et qui avoit l'esprit et le revenu d'un affranchi[1]. C'étoit l'homme que je vis jamais, qui avoit la plus mauvaise grâce à faire le grand. Il avoit si peu de mémoire, que s'il vouloit parler d'Ulysse, d'Achille, ou de Priam, il ne savoit pas trouver leurs noms, quoiqu'il les connût mieux que nous ne connoissons nos maîtres d'école. Jamais vieil nomenclateur, de ceux-ci qui forgent les noms quand ils ne les savent point, n'en donna de si faux à personne, comme ce pauvre homme en donnoit aux Grecs et aux Troyens. Et cependant il avoit envie d'être tenu pour un savant personnage. Il s'avisa pour avoir plus tôt fait d'avoir des esclaves, et les acheter bien cher, dont l'un sût Homère par cœur, et l'autre Hésiode; les neuf lyriques eurent aussi chacun le sien. Ne vous étonnez pas si je vous dis qu'il les acheta bien cher. Il n'en trouva point, il les fit faire exprès. Quand il eut dressé tout cet équipage, il

---

1. Les éditions de 1639 et de 1645 portent : *de l'esprit;* mais bien que ce sens ait été adopté par quelques commentateurs, la suite le rend impossible, à moins qu'on n'y voie une ironie. Nous avons adopté la leçon *qui avoit l'esprit*, donnée par l'édition de 1648. Il y a dans le latin : *Patrimonium habebat libertini et ingenium.*

commença de rompre la tête à ceux qu'il appeloit à manger avec lui. Ses protecoles[1] étoient à ses pieds, qui lui fournissoient des vers à mesure qu'il en demandoit. Mais il n'en pouvoit pas réciter une moitié, que l'autre ne lui échappât. Un Sabellius Quadratus, qui ne faisoit autre métier que de suivre les tables des riches qu'il voyoit n'avoir pas beaucoup d'entendement, et se rire d'eux en mangeant leur bien, lui conseilla d'avoir des valets à lui ramasser les paroles. Comme Sabinus lui eut dit que ces esclaves lui coûtoient deux mille écus la pièce : « Vous eussiez eu, répondit Sabellius, autant d'armoires[2] à meilleur marché. » Toutefois il avoit cette bonne opinion de soi, qu'il pensoit être le plus savant homme qui fût en sa maison. Le même lui conseilla de s'exercer à lutter. Sabinus, homme malsain, pâle et exténué, lui ayant répondu là-dessus : « Comme voudriez-vous que je luttasse? tout ce que je puis faire c'est de vivre. — Je vous prie, dit-il, ne dites pas cela, vous avez tant de valets si grands et si forts à votre commandement. » Une bonne âme ne tombe point au commerce; et quand il s'en trouveroit à vendre, je ne pense pas qu'il se trouvât personne qui en voulût acheter. Quant à la mauvaise, on ne trafique d'autre chose. Mais prenez ce que je vous dois et adieu. « C'est richesse qu'une pauvreté qui se range aux lois de nature. » Épicure a toujours ce langage en la bouche, et n'en change que les paroles; mais on ne peut jamais trop dire ce qu'on ne peut jamais assez savoir. Il est des personnes à qui il ne faut que montrer les remèdes, et d'autres à qui il les faut mettre dans la tête à coups de marteau.

1. *Protecoles* (ou comme l'écrit le *Dictionnaire* de Nicot, *prothocolles*), moniteurs, *monitores*.

2. En latin : *scrinia*, coffres propres à contenir des livres, des manuscrits.

## ÉPÎTRE XXVIII.

ARGUMENT. — I. Le changement des lieux ne profite point à ceux qui portent leurs vices avec eux. — II. Fuir le bruit du Palais. — III. Connoître sa faute, c'est être en voie d'amendement.

I. Vous vous étonnez que tant de voyages que vous avez faits, et tant de lieux où vous avez été, ne vous ont fait passer votre humeur mélancolique; et pensez être seul à qui cela soit arrivé. C'est l'esprit qu'il faut changer, et non pas l'air. Passez tant de mers que vous voudrez[1]; reculez-vous en des solitudes où jamais homme ne mette le pied : en quelque part que vous alliez, vous aurez toujours vos vices avec vous. Quelqu'un faisant un jour cette même plainte à Socrate, il lui dit : « Pourquoi vous étonnez-vous que vos voyages vous soient inutiles, vu que vous vous portez partout où vous allez ? » La cause qui vous fait partir s'en va quand et vous. Quel grand profit vous peut faire de voir et connoître des pays et des villes, que jamais vous n'avez connus ni vus ? Tout cela n'est que vous tourmenter en vain. Voulez-vous savoir d'où vient que vous ne gagnez rien de fuir ? Vous vous enfuyez avec vous. Il faut mettre bas ce qui vous charge l'esprit; autrement, soyez où vous voudrez, vous ne serez jamais bien. Faites compte que vous êtes aujourd'hui comme est cette sibylle en Virgile, quand l'enthousiasme

---

1. Sénèque cite ici un demi-vers de Virgile (*Énéide*, liv. III, v. 71), que Malherbe n'a pas traduit :

. . . . Terræque urbesque recedant.

la prend, et qu'elle a dans le corps un esprit autre que le sien :

> La prêtresse tempête, et voudroit bien pouvoir
> Mettre le Dieu dehors[1].

Vous courez de tous côtés, pensant vous décharger de ce qui vous presse, et tant plus vous vous remuez, tant plus vous en recevez d'incommodité : comme vous voyez dans un vaisseau que ces paquets qui ne bougent d'une place ne l'ébranlent point, et que quand ils sont jetés inégalement d'un lieu à l'autre, ils le font perdre[2] et presque renverser de leur côté. Tout ce que vous faites, vous le faites contre vous. Vous vous gâtez de vous remuer, vous donnez des heurts à un malade. Quand vous serez guéri, vous n'irez en lieu qui ne vous donne du plaisir. Quand on vous relégueroit au bout du monde, et qu'on vous confineroit en la région la plus sauvage qui soit sur la terre, quelque barbare qu'y soit le peuple, vous y trouverez de l'hospitalité. L'importance de votre repos est en vous, et non pas au lieu où vous allez. Il ne peut chaloir où nous soyons. C'est folie de s'en soucier : il faut faire compte que nous ne sommes point nés pour un petit coin de terre, mais que le monde entier est notre patrie. Si vous aviez cette impression, vous ne vous étonneriez pas que la diversité de tant de lieux, où le dégoût vous a chassé de l'un à l'autre, ne vous auroit de rien servi. Ce n'est pas voyager ce que vous faites : c'est rôder et tournoyer. Vous êtes aujourd'hui en un lieu, demain en l'autre, comme si la félicité que vous cherchez ne se pouvoit pas trouver partout. En quelle part du monde sauroit-on ouïr plus de tempête qu'en un Palais[3]?

---

1. Virgile, *Énéide*, liv. VI, v. 78, 79.

2. Il y a *perdre* dans toutes les éditions. Ne serait-ce pas une faute, pour *pendre*, dans le sens de *pencher?*

3. C'est-à-dire qu'au Palais. Il y a *forum* dans le latin.

Et cependant qui seroit contraint d'y vivre, on trouveroit moyen d'y avoir du repos.

II. Mais tant que l'élection de ma demeure me sera libre, je m'en tiendrai le plus loin que je pourrai; car comme il n'est point de corps si bien composés qu'une demeure mal aérée n'apporte quelque altération à leur santé, tout de même, quand un esprit vertueux n'a pas encore atteint sa perfection, mais est encore en chemin d'y arriver, il est des choses qu'il fait beaucoup pour lui de n'approcher point. Je ne suis pas de l'opinion de ceux qui à corps perdu se jettent au milieu des ondes, et nourris volontairement dans le tumulte ne sont pas bien aises, s'ils ne sont toujours aheurtés contre quelque difficulté. Je ne dis pas que si les occasions s'en présentent, un homme sage ne les reçoive avec patience; mais il ne prendra pas plaisir à les chercher : il aimera mieux la paix que la guerre. Et de fait, qu'auroit-il gagné de s'être démêlé de ses vices, s'il lui falloit toute sa vie avoir le balai en main pour nettoyer les ordures de son voisin? Vous me direz que Socrate eut trente tyrans en tête, et que jamais ils ne lui purent faire faillir le cœur. Qu'importe le nombre des maîtres? il n'y a qu'une servitude. Quiconque la peut mépriser, quand il y auroit autant de maîtres qu'il y a d'hommes au monde, il est libre.

III. Il est temps de cesser; mais il faut premièrement acquitter la gabelle. « Le commencement de s'amender, c'est de connoître qu'on a failli. » Épicure est auteur de cette sentence, qui est très-belle à mon jugement; car qui ne pense point faillir, ne sauroit vouloir qu'on le reprenne. Il se faut prendre en faute devant que de s'amender. Il en est qui font gloire de leurs vices. Estimez-vous qu'un qui ne pense point être malade, se mette en peine de chercher le médecin? et pour ce, faites ce qu'il vous sera possible pour vous convaincre. Informez contre vous : soyez premièrement votre accusateur, et puis votre juge. A la fin, demandez grâce, mais ne la vous donnez pas quand vous penserez mériter punition.

## ÉPÎTRE XXIX.

ARGUMENT. — I. Qu'il ne faut pas cesser de reprendre ceux qui n'aiment point à être repris. — II. Les méchants ne rient pas longtemps. — III. La vertu enseigne le mépris de la mort. — IV. On ne peut plaire au peuple et être homme de bien.

I. Vous me demandez des nouvelles de Marcellinus, et desirez savoir ce qu'il fait : je ne le vois guère. Ce n'est pas que je lui donne sujet de s'éloigner de moi, mais il ne prend pas plaisir d'ouïr la vérité. Toutefois il n'a plus que faire de rien craindre de ce côté-là; car il ne la faut dire qu'à ceux qui prennent plaisir à l'écouter. C'est pourquoi tout le monde n'approuve pas cette franchise générale de Diogène et des autres Cyniques, qui sans distinction de personnes, faisoient des remontrances aux premiers qu'ils rencontroient en leur chemin : car à quel propos vous amuseriez-vous à prêcher un sourd ou un muet? Mais vous direz : « Pourquoi ne ferai-je bon marché des paroles, puisque c'est chose qui ne coûte rien? Je ne puis pas savoir si je ferai le profit de celui que j'avertirai, mais je sais bien que je n'en puis avertir beaucoup, que je ne fasse le profit de quelqu'un. Il faut ouvrir la main : qui fait beaucoup d'entreprises, c'est force qu'il y en ait une qui lui succède. » Pour moi, Lucilius, je ne suis pas d'avis qu'un homme d'honneur en use de cette façon. Son autorité perd son lustre par cette communication trop universelle; et ceux qui se corrigeroient par ses remontrances, s'il ne les rendoit pas si communes, n'en peuvent faire compte, quand ils voient que sans élection de sujets ni de personnes, il les emploie en toutes occasions indifféremment. Il n'est pas besoin que celui qui tire donne à tous coups dans le blanc : il n'y a point d'art en ce qui se fait par accident. La sagesse est un art : il est raisonnable qu'elle ait un but, qu'elle choisisse ceux qu'elle jugera capables d'instruction, et quitte les autres, non du premier coup toutefois, mais après avoir essayé tout ce qu'elle aura jugé propre pour leur guérison. Je ne tiens pas que Marcellinus soit du tout perdu; toutefois pour le sauver, il ne faut plus guère tarder à lui tendre la main. C'est un bel esprit, mais qui prend déjà le chemin de se gâter. Il en sera ce qui pourra : j'en courrai la fortune, et lui dirai librement mon avis de ce que je lui verrai faire mal à propos.

II. Je sais bien qu'il se mettra tout aussitôt sur ses bouffonneries, qui feroient rire un mort[1], et se moquera de lui-même le premier, et puis de moi. Je n'aurai pas ouvert la bouche, qu'il ne me prévienne, et que le premier il ne me die tout ce que je lui penserai dire. Il recherchera tout ce qui se passe en nos écoles, et me remettra devant les yeux les salaires des philosophes, leurs amies, et leurs bonnes chères. Il m'en montrera l'un au bourdeau, l'autre au cabaret, et l'autre à la cour. Il me montrera ce plaisant philosophe Ariston, qui se fait promener en une chaire[2], et discourt en cette belle posture; car c'étoit l'heure qu'il prenoit pour travailler. C'est celui de qui Scaurus, un jour qu'on disputoit de quelle secte il

1. *Facetias quæ risum evocare lugentibus possunt*, dit Sénèque.
2. C'est-à-dire une chaire à bras (*sella gestatoria*, comme traduit Nicot), ce qu'on appela plus tard chaise à porteur. Il y a dans le latin : *Qui in gestatione disserebat*.

étoit, répondit : « Je sais bien qu'il n'est pas péripatéticien ; » et Julius Grécinus, grand personnage, interrogé quel jugement il en faisoit : « Je ne puis, dit-il, que vous en dire; car je ne sais ce qu'il fait sur cette selle entre deux limons, » comme si on lui eût parlé d'un cocher. Il me mettra devant le nez tous ces charlatans, qui pour leur honneur eussent mieux fait de ne se mêler point de la philosophie, que d'en trafiquer indignement, comme ils font. Mais tenez-vous préparé à souffrir toutes ces injures. Peut-être qu'il me fera rire, et peut-être aussi que je le ferai pleurer : s'il continue de rire, je serai bien aise, puisqu'il faut qu'il y ait du mal, que pour le moins sa folie soit de belle humeur. Quoi qu'il en soit, la gaieté de telles gens n'est jamais longue : prenez-y garde; vous les verrez tout d'un coup pâmés de rire, et en moins de tourner la main, ils crieront comme enragés. Je suis résolu de l'entreprendre, et de lui montrer que je ne l'estime pas si peu comme font beaucoup d'autres : si je ne déracine du tout ses vices, je les garderai de croître. Sa maladie ne guérira pas, mais elle aura de bons intervalles; et peut-être qu'après les intervalles la parfaite guérison pourra venir. Quand on ne feroit que l'en soulager, à un malade ce n'est pas peu. Une bonne relâche est une espèce de santé.

III. Tandis que je me prépare à son instruction, vous, qui déjà pouvez quelque chose, et qui par la considération du progrès que vous avez fait jusqu'à cette heure, jugez à peu près ce que vous pouvez faire à l'avenir, formez votre vie, relevez votre courage, faites ferme contre tout ce qui est formidable, et ne vous souciez point du nombre de ceux qui vous pensent faire peur. Ne seroit-ce pas une folie bien manifeste de craindre la multitude, en un lieu où il faut venir l'un après l'autre? Plusieurs vous peuvent bien menacer, mais en votre mort il n'y a passage que pour un. C'est le règlement qu'a fait nature. Un vous a donné l'âme, un vous l'ôtera.

IV. Si vous aviez quelque discrétion, vous ne me demanderiez plus rien. Mais je ne veux rien avoir du vôtre : je m'en vais vous jeter ce que je vous dois. « Je n'ai jamais eu volonté de plaire au peuple; car ce que je sais, le peuple ne l'approuve pas, et ce que le peuple approuve, je ne le sais pas. » Vous me demandez qui dit cela? Ne savez-vous pas qui est mon chaland? Épicure. Mais il n'y a philosophe, de quelque secte qu'il soit, péripatétique, académique, stoïque ou cynique, qui ne vous en die autant que lui. Il n'est pas bien aisé qu'un homme à qui la vertu plaît, puisse plaire au peuple : on ne peut avoir sa bonne grâce, que par des moyens qui ne valent rien; il faut donner ordre de[1] lui ressembler. Si vous n'êtes des siens, vous ne sauriez être à son gré. Or, en votre établissement, votre opinion vous importe bien plus que celle des autres. Il faut être infâme pour être aimé de ceux qui le sont. De quoi donc servira cette philosophie que vous estimez tant, et que vous tenez préférable à tout ce qu'il y a de choses et de sciences au monde : que vous aimerez mieux vous plaire qu'au peuple; que vous pèserez plutôt les opinions, que vous ne les conterez ; que vous ne craindrez ni les Dieux ni les hommes, et supporterez les adversités avec patience, ou les finirez avec honneur? Au demeurant, si je vois que le peuple vous tienne pour un grand personnage; que quand vous entrerez il fasse des acclamations, et vous applaudisse; que tout l'équipage des comédiens soit en rumeur à votre venue; que par toute la ville les femmes et les enfants prêchent vos louanges : pourquoi ne me ferez vous pitié, puisque je sais par quelle échelle on monte à cette faveur?

1. *Donner ordre de,* faire en sorte de.

## ÉPÎTRE XXX.

Argument. — I. La vieillesse est une maladie sans remède. — II. Le sage ne craint point la mort. — III. Les vieillards peuvent mieux parler de la mort que les jeunes. — IV. La nécessité de mourir doit ôter l'appréhension de la mort. — V. La vieillesse nous tire du monde sans violence. — VI. Le sage seul fait bon visage à la mort. — VII. Les vieillards doivent moins craindre la mort que les jeunes, bien que toutefois elle soit aussi près des uns que des autres.

I. J'ai vu le bonhomme Bassus Aufidius, bien bas et bien cassé. Il fait ce qu'il peut pour se défendre de la vieillesse ; mais elle est déjà la plus forte : elle abat plus qu'il ne peut redresser ; elle se laisse choir sur lui de toute sa pesanteur. Vous savez qu'il a été toujours malsain, et d'une température fort sèche. Il s'est entretenu longtemps, ou pour mieux dire, rapetassé le mieux qu'il a pu. Mais la force lui a failli d'un coup. Comme en un navire, s'il n'y a qu'une fente ou deux, il y a moyen de le calfeutrer ; mais depuis qu'il commence à s'ouvrir de tous côtés, c'est perdre sa peine que de le vouloir raccoutrer : il en est de même d'un corps où l'âge s'est rendu maître. On peut bien appuyer sa foiblesse pour un temps ; mais à la fin, comme en un vieil édifice de qui l'assemblage se déjoint, et qui tandis qu'on l'étançonne d'une part s'éclate de l'autre, il n'y a plus de remède que d'en sortir.

II. Le bonhomme pourtant ne laisse pas d'avoir toujours bon courage. Cette coutume lui vient de l'étude qu'il a faite en philosophie, qui résout tellement les âmes, que de quelque petite complexion que soit un homme, il a toujours assez de force. La présence de la mort ne lui change pas ni la couleur ni la parole; et quand il défaut, c'est alors qu'il a moins d'apparence de défaillir. Un bon pilote, quoique sa voile soit en pièces, et son vaisseau, trouve moyen de raccommoder les restes de son équipage, et d'achever sa route. Bassus en fait de même, et voit venir sa fin avec un visage si ferme, que s'il avoit la même assurance à regarder celle d'un autre, vous l'estimeriez plutôt insensible que résolu. Il y a de la peine, quand nous sommes arrivés à cette heure inévitable, de s'en pouvoir aller sans regret, et ne murmurer point. C'est une leçon qu'on ne sait pas, sans l'avoir longtemps étudiée. Aux autres morts il y a quelque espérance : si vous êtes malade, vous guérissez; si le feu vous surprend, vous l'éteignez; si la maison où vous êtes tombe, c'est peut-être d'une façon que vous n'aurez point de mal; si vous faites naufrage, quelque vague vous pourra jeter à bord; si quelqu'un vous tient l'épée à la gorge pour vous tuer, quelque chose pourra survenir qui lui fera faillir son coup. Mais si la vieillesse vous mène à la mort, il faut marcher : il n'y a répit, ni opposition qui vous en garantisse. C'est bien la mort la plus douce de toutes; mais aussi est-ce la plus longue. Vous diriez à voir ce bonhomme qu'il est à ses obsèques : il s'inhume, survit à soi-même, et ne s'afflige point de n'être plus avec soi; car il dit beaucoup de choses à ce propos. Il fait ce qu'il peut pour nous persuader que si en la mort nous avons du travail ou de la crainte, nous en sommes cause, et non pas elle; et qu'en mourant nous ne sommes non plus incommodés que quand nous sommes morts. Or il y a aussi peu de raison de craindre ce qu'on ne sentira point, que ce qu'on ne souffrira point. Comme est-il possible qu'un homme s'imagine de sentir une chose qui le privera de tout sentiment? Il faut donc conclure qu'il n'y a non plus d'appréhension que de mal en la mort. Je sais bien que ce sont choses qui beaucoup de fois ont été dites, et qui le seront encore beaucoup de fois; mais je ne faisois point de profit à les lire, et encore moins à les ouïr dire à des gens à qui l'âge ne donnoit point encore occasion de craindre ce qu'ils conseilloient de n'appréhender point.

III. Mais sans mentir, ce langage venant de Bassus qui a un pied dans la fosse, m'a touché d'une étrange façon; car pour en dire mon avis, je trouve qu'il est plus malaisé de se résoudre à la mort, quand on en approche, que quand on y est. Quelque lâche et timide que soit un homme, quand il voit la mort présente il se dispose à ne vouloir point éviter ce qui n'est point évitable. Vous voyez un gladiateur qui durant le combat aura fait le plus mal et le plus poltronnement qu'on sauroit faire, quand il sera bas, tendre lui-même sa gorge à son adversaire, et lui conduire l'épée à la partie qu'il pense la plus mortelle, afin d'être bientôt dépêché. Mais quand la mort est encore en chemin, et qu'indubitablement elle s'en vient à nous, c'est un péril où il faut une froideur et une assurance de qui peu d'hommes sont capables, que ceux qui par l'étude se sont de longue main préparés à cet assaut. C'est pourquoi je prenois grand plaisir à l'ouïr dire son avis d'une chose qu'il avoit bon moyen de connoître, pour la voir de si près comme il faisoit. S'il revenoit quelqu'un de l'autre monde qui vous dît qu'il n'y a point de mal en la mort, vous le croiriez, parce qu'il parleroit d'une chose qu'il auroit éprouvée. Tout de même aussi ne pouvons-nous mieux savoir l'étonnement que donne la mort quand elle approche, que de ceux qui se sont trouvés auprès d'elle, qui l'ont vue arriver, et qui lui ont donné la bienvenue.

IV. Vous pouvez bien mettre Bassus de ce nombre-là: il ne nous a point voulu laisser tromper; il ne trouve non plus d'apparence à craindre la mort que la vieillesse. A la jeunesse succède la vieillesse; à la vieillesse la mort. Qui ne veut point mourir, seroit content de n'avoir point vécu. La mort est la condition de la vie : quand on nous donne l'une, on nous promet[1] l'autre; nous en sommes au chemin, c'est folie de l'appréhender. L'appréhension est des choses douteuses : la mort est certaine, il la faut attendre. C'est une nécessité qui n'épargne personne, il n'y a point de force qui nous en défende. Pourquoi se plaindroit un homme d'être compris en une loi qui comprend tout le monde? La première partie d'équité, c'est l'égalité; mais il n'est point de besoin de plaider la cause de nature. Elle ne nous a point donné de loi pour nous, que la même qu'elle a prise pour elle : tout ce qu'elle a fait, elle le défait; ce qu'elle a défait, elle le refait.

V. Or, à cette heure, si par le bénéfice de la vieillesse nous sortons du monde tout bellement, et n'en sommes point ravis par force, mais tirés doucement une pièce après l'autre, n'avons-nous pas de quoi remercier les Dieux, qu'après avoir goûté du monde à notre aise, nous nous trouvions conduits en un repos qui nous étoit nécessaire, et qu'en une si longue lassitude nous avions occasion de desirer?

VI. Vous en voyez qui souhaitent la mort d'une façon, qu'ils ne sauroient être plus passionnés à demander la vie. Mais je trouve bien autant de courage à ceux qui de pied ferme la regardent venir sans s'émouvoir. Ceux-là quelquefois y sont emportés ou par une rage, ou par quelque dépit violent qui les transporte. Mais indubita-

---

1. Les éditions de 1639, de 1645 et de 1648 donnent *permet;* mais le sens veut *promet*, et c'est la leçon des éditions de 1659 et de 1667.

blement cette procédure si tranquille est une preuve qui ne se peut faire que par un esprit bien judicieux et bien rassis. Il se voit assez de personnes qui par colère se vont rendre à la mort; mais quand elle vient, il en est peu qui lui fassent bon visage, si par une longue méditation ils ne se sont disposés à la recevoir.

VII. C'est pourquoi je suis bien souvent tout exprès allé trouver ce bonhomme, à qui je porte beaucoup d'amitié, pour voir s'il seroit toujours en même posture, et si j'y reconnoîtrois point quelque affoiblissement de l'esprit comme du corps. Mais toujours je lui treuve la disposition meilleure; comme en la septième carrière[1] le contentement de ceux qui courent est plus visible, pource qu'ils pensent qu'il ne s'en faut guère qu'ils n'aient emporté le prix. Il s'accommodoit aux préceptes d'Épicure, et me disoit qu'il se persuadoit premièrement, qu'en cette expiration dernière on ne sentoit point de mal : toutefois que s'il y en avoit, c'étoit quelque consolation de penser qu'on en seroit bientôt quitte, pource qu'une extrême douleur n'est jamais longue; au demeurant, que si cette distraction[2] du corps et de l'âme le travailloit, il se représenteroit qu'après cette douleur, il n'en auroit jamais d'autre; qu'il ne doutoit point qu'un homme de son âge n'eût l'âme au bord des lèvres, et que par conséquent il n'y auroit pas beaucoup de peine à la faire sortir. Un feu qui s'est pris à quelque matière forte, et qui a beaucoup de corps, s'éteint avec de l'eau, et quelquefois par la ruine de ce qu'il brûle; mais celui qui n'a plus d'aliment s'amortit de soi-même. Voilà les discours qu'il me fait, et que j'écoute fort volontiers, non comme choses nouvelles, mais parce que je pense être aux mains avec la mort. Et quoi donc? n'ai-je jamais

---

1. Dans les jeux du cirque. — 2. *Distraction*, séparation.

vu personne qui se soit tué soi-même? Si ai; j'en ai vu, et ne me suis pas contenté de les voir, je les ai regardés; mais j'estime bien plus ceux qui sans être fâchés de la vie, ouvrent la porte à la mort et la reçoivent de bonne grâce, sans que toutefois ils la prennent au collet pour la faire entrer. Il disoit que si la mort nous donnoit de la peine, la faute en vient de nous-mêmes, qui prenons l'alarme aussitôt que nous pensons qu'elle est près de nous; car de qui peut-elle être éloignée, puisqu'en tous lieux et à toutes heures elle est sur le point de nous assaillir? Quand nous craignons quelque sujet de mort qui semble venir à nous, considérons combien il y en a d'autres bien plus proches, de qui nous n'avons point de peur. Un ennemi vous menace de vous tuer : une indigestion préviendra son épée. Considérons les causes de notre appréhension : nous trouverons qu'elles semblent une chose, et en sont une autre. Ce n'est pas la mort que nous craignons, mais l'imagination de la mort. Nous en sommes toujours aussi près une fois que l'autre, tellement que s'il la falloit craindre, il se faudroit résoudre de n'être jamais qu'en alarme; car en quelle saison en sommes-nous exempts? Mais je dois appréhender que mes lettres ne vous semblent si longues, que vous les haïssiez pis que la mort. Je m'en vais donc les finir, après vous avoir dit encore une parole : « Voulez-vous ne craindre jamais la mort? méditez-la perpétuellement. »

## ÉPÎTRE XXXI.

ARGUMENT. — I. Fuir la volupté; la félicité de l'homme gît au repos de l'âme. — II. Il n'est point de bien sans vertu, ni de mal sans vice. — III. Définition du bien et du mal : quelle est la règle du sage ? — IV. L'homme sage est seul heureux.

I. Vous êtes à moi, je le vois bien. Vos promesses commencent déjà d'avoir quelque effet. Je vous ai vu fouler aux pieds toutes ces vanités que le vulgaire appelle biens, ne vous proposer que la vertu : continuez en cette belle résolution. Je ne vous demande pas que vous fassiez plus que ce que vous avez entrepris. Vos fondements tiennent beaucoup de place : faites le bâtiment suivant le dessin. Faites la besogne que vous avez en la main, et pour bien faire, bouchez-vous les oreilles, non avec de la cire, selon qu'Ulysse fit de ses compagnons, mais avec quelque chose de plus ferme. Les voix qu'il appréhendoit étoient bien attrayantes, mais non pas générales : celle que vous avez à craindre n'est point au pied d'un rocher, vous l'orrez en quelque part du monde que vous alliez. La volupté n'a point ses embûches en un lieu seul : il n'y a ville qui ne vous doive être suspecte. Passez outre, et soyez sourd aux meilleurs amis que vous ayez. Leur intention est bonne, mais leurs vœux ne valent rien. Si vous voulez être heureux, priez Dieu que rien de ce qu'ils vous souhaitent ne vous arrive. Ce qu'ils voudroient vous voir posséder, n'est pas bien : tout le bien que peut avoir un homme, c'est de s'assurer de soi-même ; et en cela seul est la cause et l'établissement de sa félicité. Le moyen d'y parvenir, c'est de ne se soucier point du travail, et de le tenir pour indifférent ; car qu'une même chose soit tantôt bonne et tantôt mauvaise, tantôt facile à supporter et tantôt difficile, cela ne se peut faire. Ce n'est pas bien que le travail. Qu'est-ce donc qui est bien ? Le mépris du travail. Je ne saurois approuver qu'on prenne beaucoup de peine en des choses de peu de fruit; mais quand je verrai quelqu'un s'acheminer à quelque entreprise louable, tant plus il se bandera, sans vouloir faire de reposées, tant plus je me ravirai de le regarder, et lui crierai : « Courage, efforcez-vous : faites, si vous pouvez, cette montée tout d'une haleine. » Les belles âmes se nourrissent au labeur. Ne prenons point garde aux souhaits accoutumés de nos pères et de nos mères, pour y conformer les nôtres : nous ferions mieux de n'en faire du tout point.

II. Un homme de mérite se fait tort d'importuner les Dieux; quel besoin est-il de vœux ? Faites votre bonne fortune vous-mêmes : vous la ferez si vous prenez cette impression, que, où il y a de la vertu, il y a du bien, et qu'où il y a du vice, il n'y peut avoir que de l'infamie et du déshonneur. Comme il n'est point de splendeur sans lumière, d'obscurité sans ténèbres, de chaud sans feu, ni de froid sans air, ainsi les choses ne sont honnêtes ou déshonnêtes, qu'en tant que le vice ou la vertu les accompagne.

III. Qu'est-ce qui est donc bien ? Connoître les choses. Qu'est-ce qui est mal ? Ne les connoître point. En l'élection des choses, la considération du temps sera la règle d'un habile homme. Mais quoi qu'il rejette ou qu'il choisisse, s'il a l'âme grande et au-dessus de toutes choses, il ne rejettera rien par crainte, et aussi ne choisira rien par admiration. Surtout qu'il se garde de se ravaler. Ce n'est rien que de ne refuser point le travail, il le faut chercher. Me demandez-vous ce que j'appelle travail inutile et superflu ? Celui de qui le sujet n'est point relevé : non toutefois qu'il soit non plus mauvais que celui qu'on emploie aux choses louables[1], pource que c'est de l'âme que vient la résolution, qui nous sollicite aux entreprises laborieuses, et nous dit : A quoi est bon ce repos? un homme de bien ne craint point la sueur.

IV. Au demeurant, souvenez-vous d'être toujours conforme à vous-même, et ne vous démentir en aucune de vos actions. En l'égalité de la vie consiste la perfection de la vertu, qui ne peut être sans la connoissance des choses divines et humaines; et de là vient la félicité souveraine, par laquelle nous sommes faits compagnons des Dieux, et n'avons plus la peine de les prier. Voulez-vous savoir le moyen d'y parvenir? Il ne vous faut aller ni par l'Apennin, ni par le mont Cenis, ni par les déserts de Candavie, ni courre la fortune des Syrtes, ou de Scylle et de Charybde : combien toutefois qu'une chétive petite commission[2] les vous a tous fait passer. Le chemin y est sûr et plaisant : et pour le faire, il ne vous faut ni provision ni équipage que la nature ne vous ait donné. Ne quittez point ce que vous avez d'elle, vous irez du pair avec Dieu. Vous n'irez point du pair avec Dieu pour être riche : Dieu n'a rien. Vous n'irez point pour des habits magnifiques : Dieu n'en a point; non pour avoir une réputation qui vous fasse connoître à tous les peuples de la terre : Dieu n'est connu de personne, et plusieurs même ont mauvaise opinion de lui, qu'il ne punit pas; non pour une presse de valets, qui vous portent en litière aux champs et à la ville : ce Dieu, tout grand et tout puissant, porte tout. Aussi ne sera-ce ni la beauté ni la force : le temps les consume. Il faut donc trouver quelque chose qui soit incorruptible, sans embarras, et si bonne qu'on ne puisse rien desirer de meil-

---

1. En latin : *Non est malus; non magis quam ille (labor) qui pulchris rebus impenditur.*

2. *Commission*, emploi.

leur. Que peut-ce être? l'esprit. Mais un esprit si droit, si bon et si grand, qu'on puisse dire que c'est un Dieu logé dans un corps humain. Cet esprit ne se trouvera point plutôt en un prince qu'en un gentilhomme, en un gentilhomme qu'en un valet. L'ambition et l'injure ont fait cette distinction de qualités. Il n'y a si petit recoin en la terre, d'où il n'y ait moyen de monter au ciel. Aidez-vous seulement, et prenez une forme digne de Dieu. Ce ne sera ni avec or, ni avec argent : ce ne sont point matières qui le puissent représenter. Souvenez-vous que les Dieux ne furent jamais si propices qu'au temps qu'ils étoient de terre.

## ÉPÎTRE XXXII.

Argument. — I. Le sage ne fréquente que ses semblables. — II. Il achève de vivre devant que de mourir. — III. Pourquoi nous desirons de vivre longtemps.

I. Je demande de vos nouvelles à tous ceux qui viennent de vos quartiers, et m'informe que vous faites, où vous êtes, et en quelle compagnie vous demeurez. Il vous est impossible de me tromper. Je suis avec vous. Ne vous figurez pas seulement qu'on me rapporte vos actions : imaginez-vous que je les vois. Voulez-vous savoir de tout ce qu'on me dit de vous ce qui me réjouit le plus? C'est qu'on ne m'en dit rien, et que la plupart de ceux à qui je m'adresse n'en ont point ouï parler. Le meilleur moyen que vous ayez de vous garantir, c'est de ne fréquenter point gens d'autre humeur que la vôtre, et qui desirent ce que vous méprisez. J'ai cette bonne opinion de vous, que vous n'êtes plus capable de change, et que quelques sollicitations qu'on vous sache faire, vous demeurerez ferme en votre résolution.

II. Qu'est-ce donc qu'il y a? je ne crains point le change, je crains le divertissement[1] : notre vie est si courte, qu'on ne sauroit si peu nous arrêter, qu'on ne nous fasse beaucoup de tort. Et puis nous l'accourcissons encore par notre inconstance, n'ayant pas sitôt entrepris une besogne, que nous la quittons pour en commencer une autre : nous déchirons notre vie, et la mettons par morceaux. Avancez-vous donc, Lucilius, et pensez quelle diligence vous feriez, si vous aviez un ennemi à dos, qui vous suivît l'épée en la main. Vous en êtes là : vous êtes couru[2], piquez et vous sauvez. Mettez-vous hors de péril, et vous représentez à toute heure combien c'est belle chose d'accomplir sa vie avant que de mourir, et pouvoir avec une âme non brouillée d'appréhension ni de sollicitude quelconque, achever en repos le reste de ses jours. La vie n'est point plus heureuse, pour être plus longue. O quand verrez-vous le temps que vous mépriserez le temps! que vous serez tranquille et paisible et sans vous soucier d'ajouter un jour à l'autre, vous ferez compte que vous aurez assez vécu.

III. Voulez-vous savoir d'où vient que nous sommes si desireux de l'avenir? Il n'est point d'homme qui soit à soi : de tout ce dont vos parents vous desirent l'abondance, je vous en desire le mépris. Ils appauvrissent un monde de personnes, pour vous enrichir : ils ne peuvent rien porter chez vous, qu'ils ne prennent chez un autre. Vous ne pouvez croître, que quelqu'un ne diminue. Quant à moi, tout ce que je vous desire, c'est que vous soyez vôtre, et que délivré de toutes les cogitations[3] vagues et

---

1. *Divertissement*, détournement, distraction.
2. *Couru*, poursuivi. En latin : *Fit hoc, premeris; accelera et evade*.
3. *Cogitations* (en latin *cogitationes*), pensées.

fluctuantes, qui vous mettent l'âme en désordre, vous cherchiez à vous contenter par l'intelligence du vrai bien, qui est aussitôt possédé comme connu, sans desirer autre longueur à votre vie que celle qu'il semblera bon à nature de vous donner. Quiconque vit après avoir achevé sa vie, il se peut vanter d'être libre, et qu'il n'est point de nécessité capable de le forcer.

## ÉPÎTRE XXXIII.

Argument. — I. Les discours des Stoïques sont sentencieux. — II. Pour faire jugement d'un grand personnage, comme d'une belle femme, il faut tout voir. — III. Un homme d'âge ne doit pas toujours rapporter les dits d'autrui, mais doit raisonner lui-même.

I. Vous voulez qu'en ces lettres comme aux précédentes, je mette quelques sentences de nos Stoïques : ils ne se sont point amusés à des fleurettes. Prenez-les par où vous voudrez, ils sont toujours mâles. Quand en une multitude une chose paroît par-dessus l'autre, il y a de l'inégalité. Un arbre quelque grand qu'il soit, n'est point admirable en une forêt qui est toute de même hauteur. Vous ne trouvez autre chose parmi les vers et dans les histoires, que les sentences que vous me demandez; et pour ce, je ne veux pas que vous les attribuiez à Épicure. Elles sont à tout le monde, et particulièrement aux Stoïques, mais on les remarque en lui plus qu'on ne fait ailleurs, pource qu'elles y sont rares, et qu'on s'étonne quand un homme qui fait profession d'une vie molle et délicieuse, lâche quelque parole où il y a de la rigueur. J'en parle selon l'opinion commune; car selon la mienne, tout joli qu'il est, avec ses manches pendantes[1], je trouve qu'il a du courage et de la force. On peut bien sentir le musc et l'ambre, et n'être ni moins galant, ni moins brave, que si on sentoit la poudre à canon[2]. Ne me demandez donc point de triage : ce qui se trouve par endroits chez les autres, est partout chez les Stoïques. Nous n'avons point de montre pour abuser les acheteurs, qui ne treuveront rien dans la boutique. Prenez-en un échantillon où bon vous semblera : nous ne faisons qu'une bourse tout ce que nous sommes; chaque sentence n'a point son auteur à part. Si nous les voulons séparer, de qui dirons-nous qu'elles sont? De Zénon, de Cléanthe, de Chrysippus, de Panétius? Nous n'avons point de maître : chacun est à soi. Entre eux si Hermachus[3] ou Métrodorus disent quelque chose, tout est attribué à Épicure. S'il se traite quelque chose chez nous, c'est sous son nom et sous ses auspices. Toutes ces belles choses que nous avons sont en si grand nombre, et si semblables, que quand nous voudrions, il est impossible d'y rien choisir.

C'est au pauvre homme à compter son troupeau[4].

Envoyez vos yeux où vous voudrez, vous rencontrerez toujours quelque trait qui vous semblera triable[5] : si ce n'étoit que vous les voyez en une troupe, tout vous plairoit également.

II. Ne vous imaginez donc point de pouvoir faire

1. Il y a dans le texte : *licet manuleatus sit*.
2. Voici le texte de Sénèque, que Malherbe a singulièrement travesti : *Fortitudo, et industria, et ad bellum prompta mens, tam in Persas quam in alte cinctos, cadit*.
3. C'est ainsi que le mot est écrit plus haut, p. 280. Ici les diverses éditions de la traduction de Malherbe donnent *Hermatus;* la véritable leçon est *Hermarchus*.
4. Ovide, *Métamorphoses*, liv. XIII, v. 824.
5. *Triable*, bon à trier.

un sommaire de nos sentences. Les esprits des grands hommes ne se goûtent point superficiellement et par une seule pièce : il y faut tout voir et tout manier. Vous trouvez plus de choses que de paroles, et un ouvrage si bien suivi, qu'il est impossible d'en rien ôter, sans faire tomber tout le bâtiment. Je suis bien content que vous voyez tous les membres un à un, mais je veux que ce soit en un même corps. Ce n'est pas assez d'une belle cuisse ou d'un beau bras, pour faire juger une femme belle : il faut qu'une grâce universelle de toutes ses parties tienne si douteux et si suspendus ceux qui la voient, qu'ils ne sachent où prendre parti pour les considérer. Toutefois si vous en avez trop d'envie, je ne serai pas si mesquin en votre endroit : je vous en baillerai, mais ce sera à pleines mains ; nous en regorgeons de tous côtés, nous ne les amassons point une à une : nous les prenons à poignées. Ce ne sont point gouttes qui tombent l'une après l'autre ; le coulement y est perpétuel : il continue. Je ne doute point qu'il ait du profit[1] pour les ignorants et pour ceux qui écoutent de loin ; car des choses ainsi baillées par morceaux, et comprises comme des vers en certain nombre de paroles, vont bien plutôt au fond. C'est pourquoi nous faisons apprendre des sentences et des *chries*[2] aux enfants, pource que ce sont choses accommodées à leur suffisance, et que leur esprit n'est pas capable de monter plus haut.

III. Un bouquet ne sied point bien en la main d'un homme ; il n'est plus temps qu'il fasse provision de je ne sais quel petit nombre de mots que tout le monde sait, et se fie en sa mémoire : il faut qu'il s'appuie sur soi-

---

1. « Qu'il n'y ait du profit. » (*Éditions de* 1645 *et de* 1648.)
2. *Quas Græci* chrias *vocant*, dit le texte. On appelait χρεία, *chria*, le développement d'une sentence, d'un mot célèbre.

même, et qu'il parle par sa bouche, et non par la bouche d'autrui. Depuis qu'un homme est vieil, ou qu'il approche de l'être, ce lui est une vilenie de n'être habile homme que par son livre. Zénon a dit cela; et vous, quoi? Cléanthe a dit cela; et vous, quoi? Jusques à quand n'aurez-vous mouvement que par autrui? Faites des règles vous-même; baillez quelque leçon aux autres; montrez quelque chose de votre cru. Je ne saurois avoir bonne opinion de ceux-ci, qui ne font jamais rien d'eux-mêmes, mais se contentent de servir d'interprètes aux autres, et se tiennent toujours cachés à l'ombre de quelqu'un. Il ne m'est point avis qu'ils puissent avoir rien de généreux en l'âme, puisqu'ils n'osent rien faire de ce qu'ils ont si longtemps étudié. Tout le métier qu'ils font, c'est d'apprendre par cœur. Se souvenir est une chose, et savoir en est une autre. Se souvenir, est conserver une chose mise en dépôt en notre mémoire. Savoir au contraire, c'est travailler à sa propre besogne, sans patron, et sans regarder à chaque fois un maître, pour lui demander son approbation. Zénon dit ceci; Cléanthe dit cela. Faites qu'il y ait différence entre vous et un livre. Serez-vous toujours écolier? Ne monterez-vous jamais en chaire? Quel plaisir prenez-vous d'écouter, puisque vous pouvez lire? Mais c'est beaucoup que la vive voix. Il est vrai, quand celui qui parle prend du sien : mais à réciter les paroles d'un autre, et faire le greffier, je ne trouve pas qu'il y ait beaucoup d'honneur. Il y a encore autre chose : c'est que cette manière de gens qui ne sortent jamais de hors page[1], suivent les premiers en des opinions que tout le monde réprouve, et en des choses qu'on cherche encore, et qui ne seront jamais trouvées, si nous nous contentons de ce que les premiers ont mis en avant.

---

1. « Hors de page. » (*Éditions de 1645 et de 1648.*)

Davantage, qui suit un autre ne suit rien, ne trouve rien, et pour mieux dire, ne cherche rien. Et quoi donc? ne tiendrai-je point le chemin de ceux qui sont passés devant moi? Si ferai : mais si j'en trouve un plus court et plus beau, je serai bien aise de le prendre, et d'y faire le passage pour les autres. Ceux qui nous ont précédés ne sont pas nos maîtres, ils ne sont que nos guides : la vérité tend la main à tout le monde, personne ne s'en est saisi jusques ici. Sa recherche donnera encore de la besogne assez à ceux qui viendront après nous.

---

## ÉPÎTRE XXXIV.

Argument. — I. Le sage disciple réjouit le précepteur. — II. Pour devenir homme de bien, il ne suffit pas d'avoir bien commencé, il faut bien finir.

I. Il m'est avis que je suis plus grand que de coutume, et que je sens quelque chaleur qui me rajeunit, tant je suis transporté de joie, quand par ce que vous faites et ce que vous m'écrivez, je reconnois quelque avantage sur vous-même; car pour le commun, il y a longtemps que vous lui avez mis la poudre aux yeux[1]. Si un laboureur prend plaisir de voir fructifier ses arbres, un berger de voir multiplier son troupeau, un nourricier de voir bien porter son nourrisson, quel contentement pensez-vous

---

1. Mettre (ou jeter) de la poudre aux yeux. « Ce proverbe, dit le *Dictionnaire* de Trévoux, prend son origine de ceux qui couroient aux jeux olympiques, où l'on disoit de ceux qui avoient gagné le devant qu'ils jetoient de la poudre aux yeux de ceux qui les suivoient, en élevant le menu sable et la poudre par le mouvement de leurs pieds. » Il y a simplement dans le latin : *turbam olim reliqueras*.

que ce soit à ceux qui ont fait la nourriture des esprits, quand après les avoir formés en un âge encore tendre, ils les voient tout d'un coup élevés et parvenus? Je vous tiens pour mien : vous êtes ma créature. Aussitôt que j'eus reconnu ce que vous étiez, je ne faillis pas de mettre la main sur vous, de vous donner courage, et avec quelques coups d'éperon, vous faire aller plus vite que le train accoutumé. J'en fais de même encore à cette heure : mais je vous trouve déjà courant, et aussi capable de faire des remontrances que d'en recevoir.

II. Que me demandez-vous davantage? direz-vous. Certainement je vous avoue que vous êtes bien avancé, mais il n'est pas de l'instruction des esprits comme des autres ouvrages. Le bon commencement n'y fait pas la moitié de la besogne : c'est une grande partie de bonté, que d'avoir envie d'être bon, mais ce n'en est qu'une partie. Savez-vous qui j'appelle bon? Celui qui est si parfait et si accompli, qu'il ne peut devenir mauvais, quelque violence qu'on lui fasse, et quelque nécessité qui lui puisse arriver. Je ne doute point que vous ne le deveniez, pourvu que vous alliez toujours d'un même pas, et que vos effets répondent tellement à vos paroles, qu'ils semblent avoir été frappés en même coin. S'il y a de la discordance entre le faire et le dire, c'est signe d'un esprit qui n'est ni bien fait ni bien assis.

## ÉPÎTRE XXXV.

ARGUMENT. — I. L'amitié fait toujours du bien, et l'amour quelquefois du mal. — II. Le plaisir qu'on prend avec ses amis est plus sensible par la présence. — III. La constance est la marque d'un homme sage.

I. La prière si affectionnée que je vous fis d'étudier, n'est pas toute pour votre profit, il y va du mien. J'ai envie d'avoir un ami, et vous ne me le pouvez être, si depuis que vous avez commencé, vous ne continuez à vous façonner; car pour cette heure, je crois bien que vous m'aimez, mais ce n'est pas à dire que vous soyez mon ami. Et quoi donc? Sont-ce deux choses? oui, et bien différentes. Qui est ami, aime : qui aime, n'est pas ami. L'amour est quelquefois cause de mal; l'amitié ne fait jamais que du bien. Quand vous ne tireriez autre commodité de votre étude, que de savoir aimer, vous n'aurez pas perdu votre peine : dépêchez-vous donc, de peur qu'un autre n'ait la science de ce que vous avez appris.

II. Pour moi, j'en reçois bien déjà quelque fruit par le plaisir que j'ai de me figurer que vous et moi ne ferons qu'un cœur, et que si mon âge m'ôte quelque chose de ma vigueur, je la reprendrai du vôtre, encore qu'il n'y ait pas beaucoup à dire de l'un à l'autre[1]. Mais je ne veux pas demeurer au plaisir de l'imagination, j'en veux avoir par effet. Nous avons bien quelque contentement des personnes que nous aimons en leur absence, mais c'est un contentement de peu de substance, et qui s'évanouit incontinent. La vue, la présence et la conversation font la volupté plus

---

1. C'est-à-dire quoique votre âge ne soit pas bien éloigné du mien. En latin : *Quanquam non multum abest.*

vive et plus sensible, surtout quand ceux que nous voulons voir sont en l'état que nous les desirons. Le plus beau présent que vous me sauriez donc apporter, c'est vous-même. Cette considération vous doit faire avancer. Je suis vieil, et vous êtes mortel : hâtez-vous; toutefois ne vous hâtez pas tant que vous ne soyez avec vous premier qu'avec moi[1].

III. Faites-vous honnête homme, et vous gardez surtout d'être irrésolu. Quand vous voudrez essayer les progrès de votre suffisance, prenez garde si[2] vous voulez aujourd'hui ce que vous vouliez hier. La volonté variable montre la fluctuation d'un esprit qui va tantôt d'un côté, tantôt de l'autre, selon qu'il est poussé par le vent. Ce qui est fixe et fondé ne flotte point. Cette constance se trouve parfaite en celui qui est parfait en sagesse; et telle quelle, en celui qui tellement quellement y a profité. Quelle différence donc y faites-vous? L'un branle, mais sans partir de sa place, et l'autre ne branle pas seulement.

## ÉPÎTRE XXXVI.

ARGUMENT. — I. Préférer la vie privée à celle des courtisans et personnes publiques. — II. L'humeur morne est plus propre à l'étude, et l'étude des premières lettres plus convenable aux jeunes qu'aux vieux. — III. Le commerce des amis doit être des bonnes mœurs et non des biens de fortune. — IV. La règle du sage c'est le mépris de la mort. — V. La persuasion n'est point nécessaire où l'inclination nous porte. — VI. La mort ne nous ôte point la vie, mais lui donne quelque intermission.

I. Donnez du courage à votre ami, et le fortifiez contre toute cette manière de gens qui le blâment d'avoir

---

1. *Premier qu'avec moi,* avant d'être avec moi.
2. *Prenez garde si,* considérez si. En latin : *Observa an.*

quitté sa bonne fortune, et préféré l'ombre d'une vie paisible à la splendeur des charges honorables où il étoit capable de parvenir. Il ne se passera jour qu'il ne leur fasse paroître l'utilité de sa résolution. Ceux de qui la condition est enviée, auront toujours quelques nouvelles atteintes. Les uns seront froissés, les autres donneront du nez à terre. La félicité n'est que tumulte : elle se donne des agitations et des tournoiements de tête de toutes sortes. Elle passionne les uns après la grandeur, et les bouffit d'imaginations ambitieuses. Elle amuse les autres aux délices, et les amollit et relâche entièrement. Vous me direz qu'il en est qui la portent bien : je vous l'avoue; aussi en est-il qui portent bien leur vin. Il ne faut donc pas qu'ils vous fassent croire qu'un homme soit heureux qui a sa basse-cour pleine de gens qui ont affaire à lui; ce leur est une fontaine : ils l'épuisent et la troublent. Ils disent que ce n'est qu'un causeur et un fainéant. Vous savez bien qu'il est des personnes de qui il faut prendre les paroles à contre-poil.

II. Ils l'appellent heureux. Et quoi? l'étoit-il auparavant? Il y en a qui le trouvent trop sauvage et trop hagard[1] : je ne fais non plus de cas de ceux-là que des autres. Ariston disoit qu'il aimoit mieux une froideur morne en un jeune homme, qu'une humeur plaisante qui le rendît agréable en compagnie. Un vin rude en sa nouveauté sera délicat en l'arrière-saison. Celui qui ne se garde point, a la couleur belle aussitôt qu'il sort de la cuve. Quand ils l'appellent mélancolique, et ennemi de son avancement, qu'il les laisse dire, pourvu qu'il continue d'aimer la vertu, et de prendre comme il faut la teinture des bonnes lettres. Son austérité se trouvera de bon goût avec le

---

1. C'est le texte de 1645 et de 1648. L'édition de 1639 porte par erreur *et trop de hasard*, ce qui n'offre pas de sens. Il y a dans le latin : *Nimis horridi animi et tetrici*.

temps : il est à cette heure en la vraie saison d'apprendre. Et quoi? n'en est-il point toujours saison? Si est; mais comme il est toujours bienséant d'étudier toute leçon, il n'est pas convenable à tout âge. Ce ne seroit guère d'honneur à un vieillard d'apprendre à lire : il faut acquérir quand on est jeune, pour jouir quand on est vieil.

III. Vous aurez beaucoup fait pour vous, s'il devient honnête homme par votre moyen. C'est de ces choses-là, qui sont aussi bonnes à donner qu'à prendre, que le commerce est louable entre les amis, et non pas des biens qui sont en la disposition de la fortune, pour les croître et diminuer comme il lui plaît. Il ne s'en peut plus dédire, sa parole est donnée; il y a moins de honte de faire banqueroute à un créancier qu'à son honneur. Pour payer une dette, le marchand a besoin d'une heureuse navigation, le laboureur de la fertilité de la terre et de la faveur du ciel; mais il ne lui[1] faut qu'une bonne volonté pour payer.

IV. La fortune n'a point de jurisdiction sur les mœurs; qu'il avise à vous donner une règle si droite, et mette son esprit en telle assiette, que pour bon ou mauvais succès qu'il lui arrive, il ne se glorifie d'avoir gagné, ni se plaigne d'avoir perdu, mais que riche ou pauvre il soit toujours égal à soi-même, et ne se montre jamais, pour une condition ni pour l'autre, plus haut ni plus rabaissé. S'il étoit né entre les Parthes, il sauroit tirer de l'arc plus tôt qu'il ne sauroit parler. Si en Allemagne, il seroit encore au berceau, qu'il sauroit jeter le javelot. S'il eût été du temps de nos pères, il eût su piquer un cheval aussitôt que le monter, et manier une épée aussitôt que la tenir. Chacun se dispose à la discipline et aux exercices de sa nation. Au lieu de tout cela, je veux qu'il apprenne une

---

1. *Lui*, à votre ami.

chose qui le rende impénétrable à toutes flèches, et inexpugnable à tous ennemis : c'est le mépris de la mort.

V. J'avoue bien qu'en cette imagination il y a quelque chose d'épouvantable, qui ne se peut représenter sans quelque trouble, parce que ce nous est chose naturelle de nous aimer. Mais aussi quel besoin auroit-il de persuasion ni d'accoutumance en une chose où l'inclination volontaire le porteroit? On n'apprend point à pouvoir en une nécessité coucher sur des roses : c'est pour la souffrance des choses dures qu'un homme se prépare, afin que parmi les tourments sa foi ne fléchisse point, et que s'il en est besoin, debout et blessé même, il passe la nuit en garde dans une tranchée, et ne s'ose pas seulement appuyer de ses armes, de peur que le repos ne lui donnât occasion de s'endormir. Si la mort étoit incommode, il faudroit qu'il y eût quelque chose qui en reçût l'incommodité.

VI. Si vous avez si grande envie de vivre, souvenez-vous que rien de ce que vous voyez partir de devant vos yeux ne se consume. Tout retourne en ce même sein de la nature, pour en sortir la seconde fois comme il en est sorti la première : les choses cessent, elles ne périssent point. La mort même, qui nous est si formidable et que nous fuyons avec tant de soin, ne nous ôte point la vie, mais seulement lui donne quelque intermission. Un jour viendra que nous serons remis au monde : ce qu'assez de personnes refuseroient, si ce n'est qu'ils ne se souviendroient pas d'y avoir été. Mais je réserverai cette matière pour une autre fois : qui doit revenir, doit partir sans regret. Considérez le tournoiement de toutes choses en ce monde comme en un cercle; il n'y en a point qui s'anéantissent. Elles ne sont faites que pour monter et descendre alternativement. L'été qui s'en va, reviendra en l'année qui vient. L'hiver est passé, décembre le ramènera. La nuit a fait perdre la présence du soleil : le jour lui fera bientôt quitter la place. Quelque chose qui passe, cette révolution perpétuelle d'étoiles nous l'établit : une moitié du ciel hausse, l'autre baisse. Je finirai ma lettre, quand j'aurai dit encore un mot : c'est que les fols ni les enfants ne craignent point la mort, et que c'est une vergogne, que la raison ne nous puisse donner cette assurance que la faute du jugement nous fait avoir.

## ÉPÎTRE XXXVII.

ARGUMENT. — I. La philosophie nous enseigne à vaincre les nécessités et à surmonter les passions. — II. Il nous faut obéir à la raison, si nous voulons qu'on nous obéisse.

I. La parole que vous avez donnée, vous oblige d'être homme de bien. Vous avez fait montre et prêté le serment. Ce seroit vous piper que de vous promettre de l'aise et du plaisir en cette guerre; je vous veux dire ce qui en est. Le serment de l'arène et de la philosophie sont semblables : en l'un comme en l'autre, on jure de souffrir le feu, le fer et les verges jusqu'à la mort. Toute la différence qu'il y a, c'est que les gladiateurs qui se louent pour les spectacles, et qui n'ont rien à payer de ce qu'ils mangent et boivent, que leur propre sang, sont obligés à une patience forcée; et de vous, on vous la demande. Ils peuvent quitter les armes, et tenter la miséricorde du peuple; mais vous ne pouvez faire ni l'un ni l'autre : il faut mourir debout et sans se rendre. Mais aussi quand tout sera bien considéré, que nous serviroient quelque peu de jours ou d'années qu'on nous sauroit donner davantage? Quand nous entrons au monde, nous venons en une guerre d'où nous n'avons jamais notre congé : tout le remède que vous y avez, c'est de vaincre les nécessités que vous ne pouvez éviter; il se faut faire passage, la philosophie le vous ouvrira. Si vous aimez votre vie, votre assurance, votre contentement, et, qui est le principal, votre liberté, le mieux que vous pouvez faire, c'est de vous jeter entre ses bras : rien ne vous peut réussir que par son moyen. La chose du monde la plus basse, abjecte, sordide, servile, et sujette à toute sorte de cruelles passions, c'est la folie. Contre tant de maîtres, qui gouvernent quelquefois l'un après l'autre, et quelquefois tout ensemble, la sagesse est le seul expédient de s'affranchir : voyez de l'aller trouver. Il n'y a qu'un chemin qui vous y mène; vous ne sauriez vous égarer.

II. Voulez-vous que tout vous obéisse, obéissez à la raison. Si vous vous laissez commander à elle, beaucoup se laisseront commander à vous : elle vous enseignera ce que vous devez entreprendre, et comme il vous y faudra conduire. Vous ne vous intriquerez point[1]. A peine m'en saurez-vous nommer un qui veuille quelque chose, et qui sache rendre raison d'où lui est venue cette volonté. On ne délibère guère : tout se fait par boutades. La fortune nous rencontre aussi souvent, comme nous elle. C'est une vilenie de n'aller point, mais se laisser porter, et puis quand on voit la tempête, faire l'ébahi et demander : Qui m'a mis ici? comme y suis-je venu?

---

1. *Intriquer*, embarrasser, *intricare*.

## ÉPÎTRE XXXVIII.

Argument. — Les discours familiers sont plus puissants pour enseigner, que les élégants et polis.

Vous avez raison de vous plaire au commerce de nos lettres, et de le desirer. Il y a bien du fruit en un entretien qui se coule ainsi dans l'âme une pièce après l'autre. Les disputes faites avec apparat en présence de tout un peuple, sont plus magnifiques, mais non pas si familières. La philosophie est un conseil de bien faire : pour le donner il n'est point besoin de crier; les harangues sont bonnes pour la persuasion d'une âme irrésolue, mais il est plutôt question d'enseigner, que d'inciter à vouloir apprendre : cette façon de parler moins relevée fait plus d'effet. Les paroles entrent avec moins de peine; mais elles ne laissent pas de bien tenir. L'efficace en est plus considérable que le nombre : il les faut épandre comme des graines, qui pour être petites, ne laissent pas, quand elles tombent en terroir qui leur est propre, de déployer leur force, et se dilater à de merveilleuses grandeurs. Il en est de même de la raison; à la voir, ce n'est que bien peu de chose : elle croît et se multiplie en l'action. Pour peu[1] qu'il y ait de langage, quand elle rencontre une tête judicieuse et bien faite, elle se fortifie, et fait de l'opération assez. Je vous répète encore une fois qu'il est des préceptes comme des graines. Ce sont petites choses qui font beaucoup : si l'esprit qui les reçoit

---

1. L'édition de 1639 porte par erreur *pourvu*. La faute est corrigée dans les éditions de 1645 et de 1648.

a de la disposition à bien apprendre, il ne faut point douter que de sa part il ne contribue à la génération, et n'ajoute beaucoup à ce qu'il aura recueilli.

## ÉPÎTRE XXXIX.

Argument. — I. Un esprit généreux suit l'exemple des choses louables. — II. Fuir les grandeurs excessives et s'arrêter aux médiocres. — III. Le péché ne va jamais sans pénitence et sans douleur. — IV. Les voluptés rendent par l'accoutumance les choses nécessaires, qui étoient auparavant superflues.

I. Je vous envoyerai les mémoires que vous demandez, et les vous dresserai, le plus curieusement, et avec le moins de langage qu'il me sera possible; mais avisez si un discours ordinaire vous feroit point plus de profit. C'est, à mon avis, ce qu'il faut pour un qui apprend. Ceux qui savent se peuvent passer d'un simple recueil[1]. Le premier enseigne, le dernier avertit. Mais vous n'avez que faire de me demander ni l'un ni l'autre : je vous fournirai de tous deux quand il vous plaira. Vous me connoissez : je ne vous en dis autre chose. Vous aurez de moi ce que vous desirez; mais vous attendrez que je sois en humeur. Cependant vous avez assez d'autres écrits, servez-vous-en, quoique je ne doute point que l'ordre n'y soit pas bien gardé. Prenez la liste des philosophes : il ne faut que cela pour vous éveiller. Quand vous verrez combien d'honnêtes hommes auront travaillé pour vous, vous voudrez être de la partie. Un

---

1. *Recueil* est ici la traduction des mots *breviarium* et *summarium* employés par Sénèque.

esprit généreux a cela, que l'exemple d'une chose louable le convie à l'imitation. Tout homme qui a du courage dédaigne les choses basses et sordides : celles qui sont de belle apparence lui plaisent, et l'appellent à les rechercher.

II. Il est de notre esprit comme de la flamme : il s'élève toujours en haut, et peut aussi peu descendre que reposer. Tant plus il a de force, tant plus il a le mouvement prompt et l'action vigoureuse. Heureux est celui qui le peut employer à bien : il se met hors de la juridiction de la fortune. S'il prospère, son âme pour cela ne sortira point de sa place. S'il lui arrive des adversités, il y trouvera de la consolation, et se moquera de ces vanités que les autres regardent avec admiration. Un grand cœur méprise tout ce qu'on appelle grand : il fuit choses excessives[1], et s'arrête aux médiocres. Celles-ci sont utiles, et les autres nuisent par leur superfluité. Comme vous voyez que les blés se couchent pour être trop bons, que les branches se rompent pour être trop chargées, et qu'une fertilité qui passe mesure n'arrive point à maturité, il en est de même des esprits. Une félicité disproportionnée les énerve, et leur est un instrument à fâcher les autres, et se faire mal à soi-même.

III. Il est des hommes à qui leurs voluptés font ce que leur plus cruel ennemi qu'ils sauroient avoir[2], n'auroit pas le courage de leur faire. En quoi s'ils méritent quelque pardon, c'est que leur péché ne va jamais sans pénitence, et qu'il leur demeure toujours quelque douleur qui pèse bien autant que le plaisir.

1. Dans les éditions de 1645 et de 1648 : « Il fuit les choses excessives. »

2. « Le plus cruel ennemi qu'ils sauroient avoir. » (*Édition de 1645.*) — *Leur*, qui est la leçon de 1639, est certainement une faute.

IV. Il ne faut point trouver étrange que leur fureur leur donne de la peine. Depuis que nos desirs passent au delà de nature, il n'est plus de barrière capable de les arrêter. Nature a des bornes; les vanités et les concupiscences n'en ont point. Le profit est la mesure des choses nécessaires; mais les superflues, à quelle aune les réduisez-vous? Ce leur est tout un, pourvu qu'ils se plongent dans les voluptés, et ne prennent pas garde que par cette accoutumance ils tombent en cet inconvénient, que les choses qui auparavant ne leur étoient que superflues, leur sont nécessaires à l'avenir. Ils servent leurs voluptés, au lieu de les posséder, et (ce qui est le comble de leur ruine) ils ne pensent pas être bien, s'ils ne sont mal. Depuis que nous en sommes venus là, que d'aimer ce qui n'est point honnête, il faut faire compte que notre misère ne peut aller plus avant, et que quand nous avons tant continué nos vices que nous en avons fait des mœurs, c'est se rompre la tête que de chercher des remèdes, et penser encore à la guérison.

---

## ÉPÎTRE XL.

Argument. — I. Les lettres nous représentent les amis absents. — II. Il blâme le parler vite, et appreuve le lent en un philosophe.

I. Je vous ai bien de l'obligation de la diligence que vous apportez à m'écrire. Puisque je suis privé de vous voir d'autre façon, je suis bien aise de vous voir en vos lettres. Je n'en reçois jamais, que je ne m'imagine que nous soyons ensemble. Et de fait, si nous prenons plaisir d'avoir le portrait de nos amis, parce qu'il nous en entretient la mémoire, et par un contentement illusoire adoucit en quelque façon l'amertume de leur éloignement, combien doivent les lettres être agréables, puisque ce sont les marques les plus certaines et la représentation la plus vive qu'il est possible d'avoir des personnes que nous aimons! Ce que la présence a de plus doux, les caractères imprimés de la main d'un ami le font reconnoître sur le papier.

II. Vous m'écrivez qu'on vous a conté qu'une autre fois[1] Sérapion le philosophe se trouvant en ces quartiers où vous êtes, discouroit avec une promptitude si grande, et une suite de paroles si pressée, qu'il sembloit qu'une voix seule ne pût pas fournir à la multitude des conceptions que son esprit lui fournissoit. Cette qualité ne me plaît pas en un philosophe : je veux du règlement en sa langue. Aussi vous voyez qu'Homère, en la description d'un orateur, lui donne une véhémence rapide, et continuée comme celle d'un torrent, quand le printemps a fondu les neiges. Mais quand il est question d'un vieillard, il le fait couler tout bellement, et compare ses paroles à du miel. Faites donc état que ce grand flux de bouche a plus du charlatan, qui veut arrêter le monde à son banc[2], que de l'homme d'honneur qui traite quelque chose de grave, et se propose l'instruction de ceux qui l'écoutent. Mais comme je n'approuve pas le langage court, aussi ne veux-je pas qu'il tombe un mot après l'autre, comme des gouttes d'eau. La longueur importune les oreilles, et la précipitation les accable, combien que ce qu'on voit venir de loin se retienne, et trouve mieux sa place en la mémoire que ce qui va

---

1. « *Un* autrefois » dans l'édition de 1648. Ces deux mots ont été supprimés dans l'édition de 1659.
2. Le latin porte : *Istam vim dicendi.... aptiorem esse circulanti quam....*

si vite qu'on n'a loisir de le regarder. Mais enfin il est question de bailler des préceptes : une chose qui échappe n'est point baillée. Ajoutez à cela qu'un discours qui ne se propose que la démonstration de la vérité doit être simple. C'est son artifice que de n'en avoir point. En ces harangues populaires, qui ne sont ordinairement que mensonges, et où le but n'est que d'émouvoir un peuple et d'abuser de son imprudence, pour le traîner par les oreilles, tantôt d'un côté, tantôt de l'autre, on peut faire passer les paroles si promptement, qu'on n'a pas le loisir de les manier. Mais comme est-il possible d'arrêter un autre, et ne s'arrêter point? On s'abuse : une remontrance faite pour la guérison des âmes, ne veut point demeurer en la superficie. Il faut qu'elle descende au fond de l'estomac. Quel bien sauroit faire un remède, s'il ne demeure quelque temps sur la partie malade? Toute cette parlerie a plus de vanité que d'autre chose : c'est une pièce de beaucoup de son, et de peu de valeur. J'ai des frayeurs, il me les faut ôter. Mes passions m'emportent, il leur faut donner une bride. J'ai des doutes, il me les faut éclaircir. Il faut régler ma débauche, et corriger mon avarice. Laquelle est[1] de toutes ces choses qui se pourra faire en courant la poste[2]? Où est le médecin qui guérira son malade, s'il ne fait qu'entrer et sortir? Et puis quelles grâces peuvent avoir des paroles où il n'y a point d'élection? Mais comme il est de certaines choses difficiles à croire, qu'il faut voir une fois, pour pouvoir dire qu'on les a vues, il en est de même de ceux-ci, qui vont aussi vite de la langue. Il leur faut donner une heure de temps à les ouïr, et n'y retourner plus; car que sauriez-vous ap-

---

1. « Laquelle est-ce. » (*Édition de 1645.*)
2. *En courant la poste;* le latin dit *raptim.*

prendre d'eux, ou que voudriez-vous imiter? Quelle stabilité pensez-vous trouver en leur âme, puisque leur discours est si peu ferme, que quand ils lui ont une fois donné le branle, il leur est impossible de l'arrêter? Ils ressemblent à ceux qui courent à la vallée [1] : leur pesanteur les emporte, et les fait aller plus loin qu'ils n'ont résolu. Cette volubilité n'a point de grâce en la philosophie : ce n'est point son fait de jeter les paroles en désordre, mais de les asseoir tout bellement chacune en sa place, et ne s'avancer autrement que pied à pied. Et quoi donc? elle n'aura jamais liberté de se hausser? Pourquoi non? Mais que toujours elle ait égard à la bienséance de sa profession, et se souvienne qu'il n'y a rien qui lui porte plus de préjudice, que cette profusion de langage ainsi violent et déréglé. Il est bon qu'il ait de la force, mais modérée, et qu'elle coure, mais comme un ruisseau, non comme un torrent. Et tant s'en faut que cette promptitude me plaise en un philosophe, qu'à peine la pourrois-je approuver en un orateur. Car comme voudriez-vous qu'un juge, qui peut-être ne sauroit pas trop bien son métier, le pût suivre, courant ainsi à bride abattue, principalement quand en la fertilité de quelque sujet, il se laisseroit emporter à l'ostentation de sa suffisance? ou quand quelque passion sortie hors de ses bornes, et plus forte que son jugement, lui feroit ouvrir la bonde aux paroles, et dire ce que puis après il seroit content de n'avoir pas dit? Il faut que la langue s'accommode aux oreilles, sans les mettre hors d'haleine à courre après elle, ou sans leur bailler de la matière plus que ce qu'elles sont capables d'en recevoir. Vous ferez donc sagement de ne vous approcher point de cette manière de gens, qui se soucient plutôt de dire

---

1. *A la vallée*, en descendant; *per procliva*, dit Sénèque.

beaucoup, que de dire bien. Il y avoit un certain P. Vinicius, de qui Asellius disoit qu'il parloit à remises[1], et Geminus Varius, qu'il s'ébahissoit comme on faisoit cas de son éloquence, vu qu'il ne savoit pas mettre trois paroles ensemble. Je sais bien qu'il n'y avoit guère de plaisir à lui voir tirer les mots l'un après l'autre, et que quelquefois on lui eût pu dire : « Parlez, ou vous taisez. » Mais encore aimerois-je mieux vous proposer sa lenteur pour exemple, que la précipitation de Hatérius. Cet homme en son temps étoit estimé grand diseur ; il ne hésitoit jamais, ne rompoit jamais son train, et du commencement alloit d'une traite jusqu'à la fin. Mais quoi qu'il en soit, je ne pense pas qu'un homme de jugement voulût parler comme lui. Toutefois chaque nation a son goût particulier : ce qu'on trouve mauvais en un lieu, semble de bonne grâce en un autre. Peut-être entre les Grecs on supportoit cette licence, mais nous sommes si éloignés[2], que même en écrivant, nous mettons des points entre les mots pour les séparer. Cicéron même, qui le premier a donné réputation à l'éloquence romaine, n'alloit jamais qu'au petit pas en ses harangues. Le langage latin a de la vaine gloire : il se regarde ; et parce qu'il a bonne opinion de son mérite, il prend plaisir que les autres le voient, afin d'en faire cas. Fabianus, grand personnage de vie et de science, et qui après ces deux points tient le troisième rang en la louange d'un homme fort éloquent, avoit une façon de parler non impétueuse, mais sans peine, de sorte que c'étoit plutôt facilité que promptitude. C'est bien chose que je ne défends point à un homme sage, que l'aisance de parler :

---

1. *A remises*, c'est-à-dire en faisant des pauses, lentement. *Tractim*, dit le latin.

2. « Nous en sommes si éloignés. » (*Éditions de* 1645 *et de* 1648.)

toutefois je ne le lui commande pas¹, et trouve encore qu'il fera mieux de prononcer les paroles, que de les verser. Ce qui me fait vous entretenir si longtemps sur ce sujet, pour vous en divertir, c'est que je sais bien que c'est un métier que vous ne pouvez faire, que premièrement vous ne renonciez à votre honneur. Il faut que vous perdiez toute honte, et que vous-même n'écoutiez pas ce que vous direz, pource que par inadvertance il vous échappera beaucoup de choses, qui ne vous sembleroient pas bonnes, si vous y apportiez du jugement. Je vous dis que c'est un métier qui veut de l'impudence² : préparez-vous-y, si vous le voulez suivre. Ce n'est pas encore tout : vous n'y pouvez acquérir de gloire; il vous faut exercer journellement, et laisser la substance des choses, pour l'écorce du langage. Au lieu que quand bien vous auriez des paroles plus que vous n'en sauriez desirer, et qu'elles vous sortiroient de la bouche comme d'une source inépuisable, pour bien faire il en faudroit être sobre et ne les employer qu'avec discrétion. La modestie est aussi requise au langage d'un homme d'honneur, comme en son allure. La somme des sommes³, c'est que je veux que tu sois lent à parler⁴.

1. « Je ne la lui commande pas. » (*Édition de* 1645.)
2. On lit *imprudence* dans les éditions de 1639 et de 1648.
3. *La somme des sommes*, c'est-à-dire le point le plus essentiel, est la traduction littérale du *summa summarum* de Sénèque.
4. Malherbe, contre son habitude, a employé ici le tutoiement pour mieux conserver leur énergie aux mots latins : *Tardiloquum te esse jubeo.*

## ÉPÎTRE XLI.

ARGUMENT. — I. L'homme de bien est toujours accompagné d'un bon génie. — II. Mépriser les biens de fortune et aimer ceux de l'âme, c'est le fait du bon génie ou d'une vertu divine qui est dans l'homme de bien.

I. Vous ne sauriez mieux faire, que de travailler continuellement à vous faire homme de bien. C'est chose que vous seriez malavisé de desirer, puisque vous-même avez moyen de la vous donner. Il ne faut point pour cela lever les mains au ciel; il ne faut point gagner un sacristain[1], qui vous laisse parler à l'oreille d'une image, pour en être mieux exaucé. Vous avez Dieu près de vous; vous l'avez avec vous; vous l'avez dans vous. Il est vrai, comme je le vous dis, Lucilius, nous avons un esprit sacré, qui réside en nous pour la conservation de nos vies et l'observance de nos actions : il se comporte avec nous selon que nous nous comportons avec lui. Il n'est point d'homme de bien sans quelque Dieu qui l'assiste à monter par-dessus la fortune, et le rend capable des hautes et magnanimes résolutions. Quel Dieu? Nul ne le sait. S'il se présente à vos yeux quelque touffe épaisse de vieux arbres élevés au delà de l'ordinaire, et où la multitude des branches passées les unes dans les autres ne reçoive point la clarté du jour, quand et quand la hauteur, la solitude et l'ébahissement de voir en une rase campagne un ombrage si épais et si couvert, vous donnent opinion qu'il y ait quelque déité. Si vous voyez un antre qui avec ses pierres toutes mangées, et sur une re-

---

1. *Ædituus*, dit Sénèque.

laxation faite non de main d'homme, mais par la nature même[1], porte le faix d'une montagne, vous avez aussitôt l'âme frappée de quelque scrupule de religion. Nous tenons les commencements des grands fleuves pour vénérables, et donnons des autels à la saillie subite de quelque large rivière qui sort de dessous terre. Nous portons du respect aux fontaines des eaux chaudes. L'opacité sombre ou la profondeur immense de quelques étangs les a fait estimer sacrés. Si vous voyez un homme ineffrayable aux dangers, impénétrable aux passions, heureux en adversité, calme en la tempête, plus haut que le reste des hommes et aussi haut que les Dieux, ne serez-vous pas touché de quelque ressentiment qui vous induise à le vénérer? Ne direz-vous pas : Il y a là quelque chose de trop grand et de trop haut pour en faire comparaison à si peu de chose que le corps? Sans doute quelque vertu divine y est descendue, et n'est pas[2] croyable qu'une âme si excellente, si mesurée, et qui avec un mépris si généreux estime toutes choses inférieures à son mérite, et si courageusement se moque de ces objets qui font naître des craintes et des desirs, puisse avoir son mouvement d'ailleurs, que de quelque puissance du ciel. Une chose de cette grandeur ne sauroit demeurer debout, si quelque Dieu ne la soutenoit. C'est pourquoi la part de lui la plus grande est au lieu d'où elle est descendue. Comme les rayons du soleil nous touchent bien, mais ils ne laissent pas d'être au ciel, d'où ils sont envoyés sur la terre, tout de même une âme grande et sacrée, transmise au monde pour nous faire voir de plus près la divinité, converse bien avec nous; mais toujours par un de ses bouts

---

1. En latin : *Specus.... non manu factus, sed naturalibus causis in tantam laxitatem excavatus.*

2. *Et n'est pas,* c'est-à-dire : et il n'est pas.

elle tient à son origine et ne s'en détache point. Elle y est suspendue, elle y tourne les yeux et s'y appuie. Ce qu'elle est parmi nous, c'est pour être notre guide, et comme plus judicieuse, assister à nos actions et nous apprendre à les gouverner.

II. Mais comme la connoîtrez-vous? quand vous la verrez ne se parer d'autre chose que du sien; car est-il rien de si hors de propos que de louer un homme pour des choses qui ne sont pas à lui? N'est-ce pas n'avoir point de sens, que d'admirer ce qui d'un moment à l'autre peut changer de possesseur? La selle de velours et le mors doré ne font point la bonté d'un cheval. Voyez un lion que le commerce des hommes ait réduit à se laisser dorer le crin et recevoir les embellissements qu'il plaît à son gouverneur de lui donner; et en voyez un autre qui ferme, nerveux, et d'une haleine entière[1], n'a pour ornement que cette hideur effroyable avec laquelle la nature l'a fait naître dans les déserts; je ne doute point que vous ne trouviez cettui-ci de meilleure grâce que l'autre, à qui par un long apprivoisement vous verrez souffrir des choses si éloignées de son impérieux et magnanime naturel. C'est une folie à un homme de se glorifier de ce qui n'est point à lui. Le nombre des raisins, et la pesanteur des grappes qui font ployer les échalas, est la louange d'une vigne : quand elle est fertile, elle est belle. En un homme il faut louer ce qui est sien, et non autre chose. Il a de beaux enfants, une belle maison, beaucoup de terres labourables, et force argent en rente; tout cela est près de lui, je l'avoue; mais dans lui il n'y en a rien. Donnez-lui des louanges des choses qu'on ne lui peut ôter ni donner, et qui proprement appartiennent à l'homme. Demandez-vous que c'est? L'esprit, et en cet

---

1. *Integri spiritus*, dit Sénèque.

esprit une raison qui n'ait aucun défaut. L'homme est un animal raisonnable; son bien est donc parfait, quand il est parfaitement ce que nature a voulu qu'il soit. Mais que lui demande cette raison? La chose du monde la plus aisée : qu'il vive selon nature. Tout ce qu'il y a d'empêchement, c'est une folie universelle qui le fait naître. Nous tombons l'un sur l'autre dans les vices; le peuple nous pousse; personne ne nous retient : comme seroit-il possible de nous garantir?

## ÉPÎTRE XLII.

ARGUMENT. — I. Les hommes de bien sont rares. — II. A faute de puissance, et non de volonté, on cesse bien souvent de mal faire. — III. Nous ne savons faire choix des choses qui nous sont utiles. — IV. La perte des choses fortuites n'est point fâcheuse.

I. Je vois bien que celui de qui vous m'écrivez vous a déjà fait croire qu'il est homme de bien. Ce n'est pas chose qui se puisse ni faire ni reconnoître en si peu de temps. Savez-vous ce que j'appelle en cet endroit homme de bien? Celui qui l'est aucunement; car quant à l'autre qui l'est[1] en perfection, il en est peut-être comme du phénix : il s'en voit un en cinq cents ans; il ne s'en faut point ébahir : la fortune en la génération des choses grandes veut des intervalles, et les recommande par la rareté. Pour les médiocres, et qui naissent parmi la presse, elle les produit ordinairement. Mais pour retourner à votre homme, il est encore bien loin de son compte; et s'il

---

1. Ainsi dans l'édition de 1645; celles de 1639 et de 1648 portent *qu'il est*.

savoit que c'est d'un homme de bien, il ne le penseroit encore être, et possible perdroit l'espérance de pouvoir jamais le devenir. S'il se fonde en ce que les méchants ne lui plaisent point, il ne fait rien en cela que les méchants mêmes ne fassent; et la plus rigoureuse punition que souffre la méchanceté, c'est qu'elle se déplaît à soi-même, et que ceux qui la font ne l'approuvent pas. S'il allègue qu'il veut mal à ceux qui subitement arrivés à quelque grande puissance, s'y comportent insolemment; que sais-je si, quand il pourra ce qu'ils peuvent, il ne fera point ce qu'ils font?

II. La foiblesse en beaucoup de gens cache les vices, qui sitôt qu'ils penseront avoir assez de force, n'auront pas moins d'envie de paroître, que ceux à qui la bonne fortune a donné déjà courage de se découvrir. La méchanceté y est, mais les instruments lui manquent; il n'y a de quoi la montrer. Il n'est point de serpents si venimeux qu'on ne puisse manier sûrement tandis qu'ils sont roides de froid : le venin y est bien toujours, mais il est endormi. Il est assez de cruautés, d'ambitions et de luxures, capables d'aller du pair avec les plus signalés exemples qui s'en soient jamais vus : tout ce qui leur défaut, c'est que la fortune leur résiste et leur ôte le moyen de se produire. Donnez-leur la puissance des autres, vous leur trouverez la même volonté. Vous souvient-il qu'un jour que vous me parliez d'un homme de parmi le monde, et me disiez qu'il étoit du tout à vous, je vous dis que c'étoit un esprit volage, et que lui pensant tenir le bras, vous ne lui teniez que la manche? Fus-je menteur? Il a laissé la manche par où vous le teniez[1] : il s'en est enfui. Vous savez quels traits il vous a

---

1. Il y a dans Sénèque : *Te non pedem ejus tenere, sed pennam? Mentitus sum : pluma tenebatur,* etc.

joués depuis, et combien il vous a préparé de piéges, sans savoir que lui-même y devoit tomber. Il ne voyoit pas qu'en la perte des autres il procuroit la sienne, et qu'encore que ce qu'il demandoit lui pût servir de quelque chose, c'étoit néanmoins un fardeau sous lequel il seroit à la fin contraint de succomber.

III. C'est pourquoi quand nous affectons quelque chose, et que la passion nous la fait poursuivre avec beaucoup de labeur, il faut considérer, ou qu'elle est du tout inutile, ou qu'elle ne vaut pas l'incommodité que nous prenons pour y parvenir. Il est des choses superflues, et d'autres qui bien qu'elles ne le soient pas, toutefois n'ont pas de mérite assez pour nous travailler. Mais nous ne pénétrons pas si avant, et nous faisons accroire qu'on nous donne des choses qu'on nous vend bien cher ; et en cela se connoît notre peu de sens, que nous ne pensons acheter que ce qui nous fait mettre la main à la bourse, et croyons qu'on nous donne ce de quoi nous sommes nous-mêmes le payement. Nous nous impliquons de toutes sortes de sollicitudes, nous nous soumettons à toutes risques, et sommes contents de perdre l'honneur, le temps et la liberté, pour acquérir des choses où nous ne voudrions pas seulement penser, s'il nous falloit vendre ou quelque maison ou quelque héritage pour les avoir : tant il n'y a rien de quoi nous fassions si bon marché que de nous-mêmes ! Quand donc nous voudrons délibérer quelque chose, ou si nous sommes sur le point de l'exécuter, faisons comme quand nous entrons chez un marchand : sachons de quel prix est ce que nous voulons avoir ; ce qui ne nous coûte rien nous coûte quelquefois bien cher. Je vous pourrois nommer assez de choses de qui l'acquisition nous a fait perdre la liberté : pource qu'elles sont à nous, nous ne sommes plus à nous.

IV. C'est ce que nous avons à considérer, quand nous

avons envie d'avoir quelque chose : comme d'autre côté, s'il arrive que nous la perdions, notre consolation est, de nous représenter qu'elle étoit fortuite, que nous nous en sommes passés autrefois, et que nous nous en passerons bien encore à l'avenir. Si nous l'avons eue longtemps, nous dirons que nous avons eu loisir de nous en soûler ; et si nous ne l'avons guère eue, que nous n'avons point sujet de regretter une chose à laquelle nous n'étions pas encore accoutumés. Nous aurons moins de bien, nous aurons donc moins d'inquiétudes; nous aurons moins de crédit, nous serons moins ennuyés. Jetons les yeux sur tout ce qui nous ôte le sens, et pour qui nous fondons en larmes quand nous le perdons; nous trouverons que ce n'est point le perdre qui nous afflige, mais l'opinion seule d'avoir perdu. Nous y pensons, mais nous n'en sentons rien. Qui se possède ne peut rien perdre; mais le mal est, qu'il s'en trouve peu qui soient capables de se posséder.

## ÉPÎTRE XLIII.

ARGUMENT. — I. Les actions des grands, jusques aux plus petites, ne peuvent être cachées. — II. L'homme de bien ne cache point sa vie, comme le méchant.

I. Vous vous ébahissez comme je suis si particulièrement informé de vos affaires, et qui me peut avoir découvert une chose que vous n'avez communiquée à personne. Ne savez-vous pas que le bruit[1] est un grand maître de nouvelles? C'est par lui que j'ai eu des vôtres. Et quoi

---

1. En latin : *rumor*.

donc, direz-vous, suis-je si grand'chose qu'on fasse courir des bruits de moi? Ne prenez pas garde où je suis, mais où vous êtes. Toute chose éminente par-dessus ce qui est auprès d'elle est grande au lieu où elle est éminente. La grandeur n'a point de certaine mesure : c'est la comparaison qui l'accroît ou la diminue. Un bateau grand sur une rivière est petit sur la mer. Un gouvernail grand pour un navire est petit pour un autre. Faites si peu de cas de vous qu'il vous plaira : vous êtes grand en votre gouvernement. Toutes vos actions sont regardées; et jusques à votre manger et votre dormir, vous ne faites rien qui ne soit su.

II. Ce vous doit être plus de sujet de penser à vous. Vous serez heureux, quand vous pourrez vivre à la vue de tout le monde. Il y en a la plupart qui pensent que cette enceinte de murailles qui nous environne chez nous, n'est pas tant pour garder notre vie en plus de sûreté, comme pour commettre nos méchancetés avec plus de licence. Faites que vous n'en soyez pas de même. Pensez que vous avez une maison pour vous couvrir, et non pour vous cacher. Je vous vais dire une chose par où vous jugerez comme nous sommes gens de bien. Vous ne trouverez pas un homme seul[1] qui pût vivre à porte ouverte. Les portiers sont de l'invention de notre conscience : ce n'est point la magnificence qui nous a sollicités de les avoir. Nous vivons d'une façon que nous sommes surpris, si nous sommes vus sans y penser. Mais à quoi est bon de se cacher, et de fuir les yeux et les oreilles des personnes? La bonne conscience appelle la multitude. La mauvaise, en quelque solitude qu'elle se réduise, a toujours de l'anxiété. Si ce que vous faites est honnête, pourquoi ne voulez-vous que tout le monde le sache? S'il est déshon-

---

1. C'est-à-dire un seul homme.

nête, puisque vous le savez, que gagnez-vous qu'on ne le sache point? Que vous êtes un pauvre homme, si vous comptez ce témoin à rien!

## ÉPÎTRE XLIV.

Argument. — I. De la vraie et fausse noblesse. — II. Les nobles et les roturiers ont même origine. — III. Le trop grand desir des biens de fortune empêche la félicité.

I. Vous alléguez toujours votre petitesse, et dites que ni la nature, ni la fortune n'ont rien fait pour vous. Je m'étonne bien de vous ouïr tenir ce langage, vu le moyen que vous avez de vous ôter de parmi le peuple, et monter si haut qu'il n'y aura rien au-dessus de vous. Une des bonnes choses qui soient en la philosophie, c'est qu'elle n'épluche point les généalogies. Si nous recherchons d'où les hommes sont venus premièrement, nous sommes tous de la race des Dieux. Vous êtes chevalier : votre industrie vous y a fait parvenir ; mais vraiment il y en a bien qui ne le sont pas. On ne reçoit pas tout le monde à être sénateur; et aux armes même, où il n'y a que du péril et de la peine, les soldats n'y sont pas reçus qu'avec élection. Les capitaines font quelquefois les dégoûtés à les enrôler. La bonne conscience ouvre sa porte à tout le monde. Nous sommes tous de bonne maison pour elle. La philosophie ne distingue point les personnes; elle a de la splendeur assez pour tous. Socrate n'étoit pas gentilhomme; Cléanthe gagnoit sa vie à tirer de l'eau et arrouser les jardins. Platon n'étoit pas noble quand il vint à la philosophie; ce fut elle qui lui donna cette qualité. Pourquoi vous défiez-vous de votre suffisance? Qui vous fait désespérer de pouvoir aller du pair avec eux ? Faites-vous digne de leur mérite, et ils vous avoueront de leur race. Vous en serez digne, si vous croyez qu'il n'y ait homme au monde plus noble que vous. Le plus pauvre a autant de prédécesseurs que le plus riche ; il n'y a homme de qui la première origine ne soit au delà de toute mémoire. Platon dit qu'il n'y a point de valet qui ne soit de race de rois, ni de roi qui ne soit de race de valets : tout se bigarre de cette façon avec le temps.

II. La vicissitude des choses est l'exercice de la fortune. Qui est-ce qui est donc noble ? Celui qui naturellement a la disposition à la vertu. C'est tout ce qu'il y faut considérer. Autrement, si vous en voulez faire la décision par l'antiquité, il n'y a si chétif qui, de père en père et d'aïeul en aïeul, ne vous mène si loin, qu'il ne se trouvera rien au-devant de lui. C'est bien chose sans doute, que depuis la naissance du monde, nous ne pouvons être venus jusqu'à notre siècle, que par une mutation alternative de toute sorte de conditions. Une basse-cour[1] pleine d'images enfumées n'est point ce qui fait l'homme noble ; ceux qui ont été gens de bien devant nous ne l'ont point été pour nous faire avoir de la réputation : nous n'avons rien à ce qui nous a précédés[2]. C'est l'esprit qui fait l'homme noble, quand d'une cabane, aussi bien que d'un palais, il se peut élever au-dessus de la fortune.

III. Posez donc le cas que vous n'êtes point gentilhomme, mais roturier ; que vous importe, puisque vous avez moyen de si bien faire, qu'en quelque compagnie de gentilshommes que vous soyez, il n'y aura que vous qui soit noble ? Demandez-vous comment ? Si vous ne prenez point l'avis du peuple à faire distinction de ce qui est bon ou

---

1. C'est ainsi que Malherbe traduit, selon sa coutume, le mot *atrium*.

2. *Nec quod ante nos fuit nostrum est*, dit Sénèque.

mauvais, l'importance n'est pas d'où les choses viennent, mais où elles vont. On ne peut nier que ce qui nous peut faire vivre heureusement ne soit bon; car il n'est point susceptible d'empirement. D'où vient donc que nous ne trouvons le bon chemin? De ce que bien que nous desirions tous la vie heureuse, nous prenons ses instruments pour elle, et la fuyons en la desirant; car au lieu de nous procurer une sécurité solide et une confidence iné branlable, qui sont deux points où gît la félicité, nous cherchons de tous côtés des sujets de nous affliger; et marchant par un chemin plein d'embûches, nous nous chargeons de tant d'équipage, que nous ne sommes pas assez forts pour le porter. De cette façon nous n'avons jamais notre compte, et tant plus nous travaillons, tant moins il se trouve de besogne faite. Nous reculons au lieu d'avancer, et comme tous ceux qui courent dans un labyrinthe, nous nous impliquons toujours davantage, et pour faire trop de diligence, sommes cause de notre retardement.

## ÉPÎTRE XLV.

Argument. — I. Peu de livres, mais bons. Les disputes captieuses des philosophes sont inutiles. — II. Le vice nous fait la guerre sous une apparence de vertu. — III. Quel homme se peut dire heureux. — IV. Si toutes les choses nécessaires peuvent être appelées bien. — V. La meilleure partie de la vie se passe à la recherche des choses superflues.

I. Vous vous plaignez qu'il se recouvre peu de livres en vos quartiers[1]. Ce n'est rien d'en avoir beaucoup :

---

1. En latin : *Librorum istic inopiam esse quereris.*

l'importance est qu'ils soient bons. Je sais bien que la diversité des lectures donne du plaisir; mais il y a plus de profit à n'en faire qu'une. Le moyen d'être bientôt où vous avez envie d'aller, c'est de n'aller que par un chemin, sans vous égarer d'un sentier à l'autre. Ce n'est pas marcher, c'est rôder. Vous me direz que vous me demandez des livres, et non pas du conseil. Je suis prêt de vous envoyer tout ce que j'en ai, et ne m'en laisser pas un. Je suis bien marri que moi-même je ne vous puis aller trouver, et vous jure que si ce n'étoit que j'espère que vous aurez bientôt fait votre commission[1], tout vieil et indisposé comme je suis, j'eusse encore entrepris ce voyage, et que ni Scylle, ni Charybde, ni tout ce que les fables nous content de la difficulté de ce trajet, ne m'en eussent retenu. S'il ne se fût point trouvé de vaisseau, je fusse plutôt passé à nage, tant j'ai d'envie de vous embrasser, et de voir le progrès que vous avez fait. Au demeurant, pource que vous me demandez mes livres, je ne m'en estime point plus habile homme; non plus que je m'estimerois beau fils[2], si vous m'aviez demandé mon portrait. Ce que vous en faites est pour me faire plaisir, plutôt que pour bonne opinion que vous en ayez; et c'est l'amitié que vous me portez qui vous abuse. Tels qu'ils sont, lisez-les, comme d'un homme à qui la vérité plaît, et qui ne la sachant point encore, contre toutes les difficultés qui s'y treuvent demeure opiniâtre à la chercher; car de moi, je n'ai point de maître : je ne porte le nom de personne. J'honore beaucoup le jugement des honnêtes hommes, mais je ne méprise pas le mien. Ils ont cherché comme nous sans rien trouver : ce que possible ils eussent fait, s'ils n'eussent désiré que les choses nécessaires, et ne se fussent

---

1. C'est-à-dire que vous sortirez bientôt de charge et reviendrez ici.
2. *Formosum putarem*, dit le latin.

point amusés aux superflues. La subtilité des paroles et les disputes captieuses leur ont fait perdre beaucoup de temps. Nous faisons des nœuds, sans autre fin que pour les délier, tant nous avons de loisir : nous savons déjà vivre, nous savons déjà mourir. Quand il est question de nous garder d'être trompés aux choses, et non point aux paroles, c'est une besogne où notre esprit a besoin de toute sa force : il ne faut point qu'il oublie rien à la maison. A quoi peut servir cette distinction de similitudes de paroles, où personne hors de la dispute ne se peut tromper?

II. Ce sont les choses qui nous abusent : ce sont donc les choses qu'il faut discerner. Nous prenons les mauvaises pour les bonnes. Quand nous avons fait un souhait, nous en faisons un contraire; nos vœux sont combattus par nos vœux, et nos conseils se font la guerre l'un à l'autre. En combien de choses se conforme la flatterie à l'amitié? Il ne lui suffit pas de l'imiter; elle fait davantage et passe encore plus avant. Les oreilles s'ouvrent quand elle parle, et avec une réception favorable la font descendre jusques au cœur. Ce qui en est le plus dangereux, c'est ce qu'on y trouve le plus doux. Apprenez-moi à connoître cette similitude. Un ennemi se présente à moi sous un visage d'ami. Le vice me veut surprendre ; de peur que je ne le reconnoisse, il emprunte le nom de la vertu : la témérité se fait appeler valeur, la fainéantise discrétion, et la timidité bon jugement. C'est en cela qu'il y a du danger d'être trompé : donnez-moi de certaines marques pour les connoître. Un homme à qui on demande s'il a des cornes n'est pas si malavisé que de se porter la main au front, pour savoir ce qui en est, ni si grossier, qu'il ne sache bien qu'il n'en a point. Vous avez beau prêcher, s'il vous en dit[1] : ce sont tromperies, qui

---

1. *S'il vous en dit*, c'est-à-dire, « si le cœur vous en dit, si vous êtes

non plus que celles des joueurs de gobelets, ne sont point dangereuses. Au contraire, quand on y est bien trompé, c'est quand on y prend bien du plaisir. Nous demandons qu'on nous trompe encore une fois : refaites, que j'entende comme cela se fait : il ne m'en souvient plus. J'en dis de même de ces captions[1] ; car comme voulez-vous que je les appelle autrement ? il y a aussi peu de bien à les savoir, que de mal à ne les savoir point.

III. Si vous avez envie d'éclaircir des ambiguïtés, apprenez-nous que celui que le commun appelle heureux, ne l'est point ; que celui qui a ses coffres pleins d'argent, n'est point riche ; mais celui qui porte son bien en l'âme, qui haut et brave, foule aux pieds ce qui est merveille aux autres, qui ne voit personne avec qui il voulût changer de condition, qui n'estime l'homme que par cette seule partie qui le fait homme, qui sait le chemin que la nature lui montre, et se conforme à ce qu'elle ordonne ; à qui nulle violence ne peut rien ôter, qui convertit le mal en bien ; judicieux aux doutes, et ferme aux secousses ; inétonnable[2] aux frayeurs, impénétrable aux mouvements ; à qui la fortune, quand de toute sa force elle lui a tiré la plus dangereuse de toutes ses flèches, ne fait point de plaie, mais seulement quelque légère égratignure, bien à peine, et bien rarement ; car pour les traits communs desquels elle débelle[3] ordinairement le reste des hommes, ils bondissent sur lui comme la grêle, qui fait bien quelque bruit sur les tuiles de nos maisons, mais se résout

---

d'humeur à cela. » Ce membre de phrase a été retranché dans l'édition de 1659, où on lit : « Vous avez beau le lui persuader : ce sont, etc. »

1. *Caption*, sophisme. Sénèque nous dit lui-même qu'il traduit *sophisma* par *captio*.

2. *Inétonnable à....* « qui ne peut être étonné par.... » *étonné*, avec la force de sens du latin *attonitus* (stupéfait, épouvanté).

3. *Débeller (debellare)*, dompter.

tout aussitôt, sans faire mal à ceux qui sont dessous. A quelle fin m'amusez-vous à cette façon d'argumenter, que vous-même appelez mensongère, de laquelle on a tant écrit de livres? Si vous avez de la subtilité, ce n'est que mensonge que toute ma vie. Faites paroître votre bel esprit à me convaincre, et me réduisez à la vérité.

IV. J'estime une infinité de choses nécessaires, desquelles une grande partie est superflue, et celles qui ne le sont point ne peuvent rien contribuer à ma félicité. Ce sont là nos difficultés qu'il faut combattre, et les obscurités qu'il faut éclaircir; car il ne s'ensuit pas que tout aussitôt une chose soit bonne pource qu'elle est nécessaire. Si nous donnons le nom de bien à du pain, à de la bouillie et à tout plein d'autres choses dont nous ne nous pouvons passer, nous ne lui faisons pas beaucoup d'honneur : ce qui est bien est toujours nécessaire; ce qui est nécessaire n'est pas toujours bien; car il se trouve assez de choses qui ne sont d'aucun mérite, et qui cependant ne laissent pas d'être très-nécessaires.

V. Il n'y a personne, à mon avis, si mal informé de l'importance du nom de bien, qu'il le veuille rabaisser à des choses qui n'ont autre commodité que de nous aider à passer une journée. Et quoi donc? au lieu de ces distinctions de néant qui vous arrêtent, ne seroit-ce pas une plus digne et plus fructueuse occupation pour votre esprit, de faire entendre au monde que la meilleure partie du temps se perd à la recherche des choses superflues, et que la vie bien souvent se trouve passée, tandis qu'on fait des provisions pour la passer? Regardez tout ce qu'il y a d'hommes au monde, et les considérez un pour un[1], ou tous à la fois, vous n'en trouverez pas un qui ne re-

---

[1]. *Un pour un*, un à un, ou « un par un, » comme on lit dans l'édition de 1659.

mette sa vie au lendemain. Demandez-vous de quoi cela nuit? De plus qu'il ne se peut dire; car ils ne vivent pas, mais ils vivront; ils diffèrent toutes choses d'un jour à l'autre. Quand nous ne ferions autre chose qu'y penser, la vie nous devanceroit toujours; mais à cette heure étant lents et paresseux comme nous sommes, elle passe au delà de nous, comme étrangère, et n'y a jour qu'elle ne se perde, bien qu'elle ne finisse qu'au dernier. Mais de peur de faire un livre plutôt qu'une lettre, et vous remplir les mains de papier, je me réserverai pour une autre fois[1] à disputer contre ces pointilleux si déliés, qui oublient de faire, tant ils sont empêchés à parler.

## ÉPÎTRE XLVI.

ARGUMENT. — Les beaux livres, quelque grosseur qu'ils aient, ne sont jamais longs.

J'ai reçu votre livre que vous m'aviez promis, et l'ai ouvert, pensant ne faire qu'y mettre le nez, et le refermer tout aussitôt, pour le lire une autre fois quand j'en aurois la commodité. Mais je l'ai trouvé si bien à mon goût, qu'il a fallu que je sois allé de long[2]. Je ne saurois mieux vous faire croire ce qu'il m'en semble, que de vous dire qu'encore que sa grosseur le fera plutôt estimer quelque ouvrage de Tite Live ou d'Épicure que le vôtre ou le mien, je n'ai pas laissé de le trouver court, et ne m'est point parti des mains que je ne l'aie couru de bout en bout. Il se faisoit tard, je mourois de faim, la pluie

---

1. Ainsi dans l'édition de 1645. Celles de 1639 et de 1648 donnent : « pour une fois. » Le latin porte : *in alium diem.*
2. *Aller de long*, continuer.

me menaçoit; mais avec tout cela, j'en ai vu la fin. Il ne m'a pas réjoui seulement, il m'a contenté. Quelle vivacité d'esprit, quelle force de courage n'y ai-je point reconnue! Je dirois, quelle saillie! si en quelque endroit il y eût des reprises d'haleine et des rehaussements par intervalles; mais il n'y en a point. Tout y est si continu que je puis dire que c'est une besogne virile et vraiment sacrée : et cependant il ne laisse pas d'y avoir toujours quelque trait agréable aux lieux où il s'est offert occasion d'y mêler de la douceur. Vous êtes grand, il le faut avouer, et relevé, comme j'ai toujours desiré que vous soyez, et comme je prendrai plaisir de vous voir continuer. Il se peut bien faire que l'abondance de la matière vous a servi de quelque chose; c'est pourquoi je conseillerai toujours de la prendre fertile, qui occupe l'esprit et qui l'excite. Je vous en dirai davantage de votre livre quand je l'aurai repassé encore une fois; le jugement que j'en fais à cette heure, c'est comme si je l'avois seulement ouï, et non pas lu. Laissez-le-moi fouiller, et ne craignez point que je ne vous en die librement ce que j'en trouverai. Oh! que vous êtes heureux de n'avoir rien qui me donne sujet de vous mentir de si loin, si ce n'est que, suivant la corruption du siècle, je voulusse mentir par accoutumance, ne pouvant mentir par occasion!

## ÉPÎTRE XLVII.

Argument. — I. Comme il faut vivre avec les serviteurs. — II. Que leur emploi est différent, selon qu'il plaît à la fortune.

I. Je suis bien aise d'entendre de ceux qui viennent de vos quartiers comme vous vous comportez doucement avec vos serviteurs. Vous êtes trop suffisant et trop judicieux pour en user autrement. Sont-ce serviteurs? ce sont hommes, ce sont domestiques, ce sont petits amis; et si nous considérons que la fortune a le même commandement sur nous qu'elle a sur eux, ils peuvent dire : « Nous sommes tous conserviteurs. » C'est pourquoi je me ris de ceux qui penseroient s'être fait grand tort d'avoir fait manger un serviteur avec eux. Pourquoi le font-ils? par une coutume vaine et fastueuse, qui s'est introduite, qu'un maître ne mangeroit pas à son aise, s'il n'avoit une douzaine de valets debout à ses côtés. Monsieur est à table, qui se remplit, et, à peine de crever, se met des viandes au ventre, qu'il est puis après bien empêché d'en faire sortir : et cependant les pauvres serviteurs sont là, qui n'osent pas seulement mouvoir les lèvres. S'ils soufflent, aussitôt le bâton est sur les épaules : un toussement, un éternument, un hoquet, qui sont choses casuelles, leur sont crimes irrémissibles. De quelque façon qu'ils interrompent le silence, ils sont assurés des étrivières, ou de quelque chose de pis, et demeurent en cette posture et en cette abstinence jusques au jour. De là vient que n'osant rien dire en la présence de leurs maîtres, ils parlent en leur absence, au lieu qu'autrefois ceux à qui leurs maîtres permettoient de parler, non devant eux seulement, mais avec eux, et ne leur faisoient point coudre la bouche, comme on fait aujourd'hui, présentoient librement leurs têtes pour celles de leurs maîtres; et s'ils les voyoient près de tomber en quelque péril, s'y exposoient volontairement, pour les en garantir. Ils parloient en compagnie, mais ils se taisoient en la torture. De cette même arrogance est procédé le proverbe qui se dit communément : *Autant de valets, autant d'ennemis*. On se trompe : ils ne sont point nos ennemis, mais nous leur en donnons tout le sujet que nous pouvons. Je n'allègue point l'inhumanité que nous avons d'employer des hommes aux mêmes services où nous employons des bêtes. Cependant que nous sommes à table, l'un a charge de marcher sur ce que nous crachons; l'autre, de ramasser ce que laissent tomber des ivrognes, qui bien souvent seront si soûls, qu'ils ne verront goutte; l'autre avec une adresse étudiée, donnera de la viande à la compagnie; il montrera sa suffisance à trouver bien les jointures de l'aile ou de la cuisse de quelque oiseau. Misérable, certainement, de n'être au monde que pour couper une perdrix ou un levraut, de bonne grâce! si ce n'est que celui qui pour la volupté tient école de cette science l'est encore plus que lui, qui ne l'apprend que par nécessité. Un autre qui sert au buffet est paré comme une femme, et lui fait-on disputer sa jeunesse contre les années. Il est hors d'un âge où son maître le veut ramener par artifice, et porte déjà l'habit de soldat, qu'il lui fait abattre le poil avec le rasoir, ou arracher du tout. Il passe toute la nuit sans dormir, une partie à servir son maître à table, et l'autre à le contenter au lit. Un autre, qui a charge de tenir le contrôle des actions de ceux qui sont à table, se tient là planté à les regarder, afin que selon qu'ils auront mieux fait leur devoir, ou de flatter, ou de boire, ou de causer, il les fasse revenir le lendemain. Ajoutez-y ceux qui vont acheter la viande, qui savent exactement le goût du maître, ce qui l'excite (ce qu'il est bien aisé de voir), quelle nouveauté lui rend l'appétit, de quoi il est ennuyé, et ce que ce jour-là il prendra plaisir de manger. Cependant il penseroit avoir perdu sa noblesse, s'il avoit appelé quelqu'un de ses serviteurs à manger avec lui. Les Dieux sont bien plus justes, qui pour rétribution de cette arrogance, leur donnent bien souvent des maîtres du nombre de ceux qu'ils ont ainsi méprisés. J'ai vu chez Calliste celui qui avoit été son maître, qui lui avoit mis l'écriteau, et l'avoit mis en vente parmi ses esclaves de rebut, recevoir cet affront à la porte, qu'on l'ouvroit aux autres, et que lui seul étoit empêché d'entrer. Le serviteur qui avoit été mis en la première dizaine par où le crieur commence sa proclamation rendit le change à son maître, et comme il ne l'avoit pas estimé digne de sa table, il voulut passer plus outre en sa revanche, et ne l'estima pas seulement digne de sa maison. Ce maître avoit vendu Calliste; mais combien de choses vendit depuis Calliste à son maître! Voulez-vous remarquer comme celui que vous appelez votre serviteur est de même origine, qu'il jouit du même ciel, qu'il respire le même air? C'est sous la même condition de vivre et de mourir que vous. Il vous est aussi possible de le voir libre, comme à lui de vous voir serviteur. Combien pensez-vous qu'il y eût d'hommes de bonne maison, et qui, par le service qu'ils faisoient à la guerre, s'acheminoient à la qualité de sénateur, qu'en la défaite de Varus la fortune fit descendre à des services indignes, et rendit les uns bergers et les autres gardiens de quelque loge[1] au milieu des champs! Et puis méprisez un homme pour être en un état où vous pouvez être réduit! Je ne veux pas m'embarquer en cette matière, et disputer de l'usage des serviteurs à qui nous sommes si superbes, si cruels, et si contumélieux[2]. Toutefois voici la règle que j'en fais: vivez avec vos inférieurs, comme vous voulez que vos supérieurs vivent avec vous. Autant de fois que vous vous représenterez la puissance que vous avez sur votre serviteur, autant de fois représentez-vous que votre maître n'en a pas moins sur vous. — Oui, mais je n'ai point de maître. — Vous êtes encore jeune; vous en pourriez bien avoir un. Ne savez-vous pas

---

1. *Loge* (*casa*), maisonnette.
2. *Contumélieux* (*contumeliosus*), outrageant.

en quel âge Hécube fut esclave, en quel âge le furent Crésus, la mère de Darius, Platon, et Diogène? Vivez doucement avec vos serviteurs; donnez-leur de la privauté; faites-les deviser, délibérer, et manger familièrement avec vous. Je sais bien qu'en cet endroit tous nos délicats se vont écrier qu'il n'est rien de si malséant et de si vilain que cette communication; et cependant tout braves et altiers comme ils sont, je les trouverai bien souvent baisant la main aux valets des autres. Ne voyez-vous pas même comme nos pères ont reconnu qu'il y avoit trop d'envie au nom de maître, et trop d'injure au nom de serviteur? Ils appeloient le maître père de famille; et quand ils vouloient signifier[1] les serviteurs, ils disoient : ceux de la maison[2]. Cette observation est encore aujourd'hui gardée aux comédies. Ils instituèrent une fête où non-seulement ils voulurent que les serviteurs mangeassent avec leurs maîtres, mais aussi leur donnèrent des honneurs, et leur remirent la juridiction de leur famille, comme si leur maison eût été une petite république. — Et quoi donc? je ferai seoir tous mes serviteurs à ma table? — Comme vous n'appelez pas indifféremment tous ceux qui sont libres à manger avec vous, ainsi ferez-vous distinction des serviteurs : vous vous trompez, si vous pensez que je rejette un muletier, pource que c'est un muletier; ou un vacher, pource qu'il est vacher. Je n'aurai point d'égard à leurs charges, mais à leur vie.

II. Il dépend de nous d'être ou bons ou mauvais; mais d'être employés à une chose ou à l'autre, cette distinction appartient à la fortune. Faites-en manger quelques-uns avec vous, pource qu'ils en sont dignes; les autres, afin qu'ils le deviennent. S'ils ont quelque chose de servile, comme cela se peut faire par la conversa-

---

1. *Signifier*, désigner. — 2. En latin : *familiares*.

tion qu'ils ont avec des personnes sordides, ils le perdront s'ils sont reçus en la compagnie de gens d'honneur. Ce n'est pas *in foro* seulement, *vel in curia* [1], qu'il faut chercher un ami : si vous y prenez garde, vous n'aurez que faire d'aller si loin. Bien souvent une bonne matière chomme[2] à faute d'ouvrier : faites-en la preuve. Un homme est malavisé qui marchande un cheval, s'il s'amuse à regarder la bride et la selle. Aussi est celui qui fait jugement d'un homme, ou par ses habits, ou par sa condition, qui n'est autre chose qu'une robe qu'il a tout à l'entour de lui. Est-il serf? oui : mais peut-être il a l'âme libre. Est-il serf? Quel mal lui fait cela? Montrez-m'en un qui ne le soit point. L'un sert aux femmes, l'autre à l'argent, l'autre aux honneurs et tous à la crainte en général. Je vous ferai voir un homme de qualité consulaire qui fait sa maîtresse d'une vieille, un riche qui sert une chambrière, et de jeunes gens des meilleures maisons qui servent à des comédiens. De toutes les servitudes la plus indigne, c'est la volontaire. Ne croyez pas ces glorieux qui vous disent qu'il ne faut pas faire bon visage aux serviteurs; gardez votre avantage, mais sans arrogance; faites qu'ils vous respectent, et non qu'ils vous craignent. On me dira peut-être qu'à mon compte il faudroit affranchir tout ce qu'il y a de serviteurs, et qu'il n'y eût plus de différence d'eux à leurs maîtres. On se trompe, ce n'est point mon intention; mais, comme je viens de dire, je veux que les serviteurs respectent les maîtres, et non qu'ils les craignent. Je vois bien que c'est, direz-vous : vous voulez qu'ils vivent avec moi comme mes clients, ou comme gens qui me viennent voir à mon lever. Les Dieux se contentent qu'on les respecte et qu'on

---

1. *Au forum.... ou dans la curie (au sénat)*.

2. *Chommer*, chômer. En latin : *Sæpe bona materia cessat sin artifice.*

les aime. Un maître est injuste, s'il demande plus qu'il ne faut. Où il y a de la crainte, il ne peut y avoir d'amour. Vous faites donc très-bien, à mon jugement, de ne vouloir point que vos serviteurs vous craignent, et de ne les châtier, quand ils faillent, d'autre chose que de paroles. Il est des occasions où il est nécessaire de frapper; mais ce n'est pas à dire qu'aussitôt qu'une mouche nous pique, il faille avoir le bâton en la main. La délicatesse nous amène ordinairement à cette rage, qu'aussitôt qu'il nous arrive quelque chose autrement que nous ne voudrions, nous entrons en colère, et voulons faire comme les rois, qui, bien qu'ils n'ignorent pas que par la grandeur de leur fortune ils sont hors de la portée de toutes injures, et que le reste du monde n'est que foiblesse auprès de leur force, toutefois, pour avoir sujet de faire déplaisir, se plaignent d'en avoir reçu. Je ne vous entretiendrai pas davantage, parce que je sais bien qu'il ne vous faut point de remontrances. Un homme de bien se plaît en sa prud'homie; il ne s'en divertit jamais; la malice, comme une girouette, se tourne tantôt d'un côté, tantôt de l'autre; et sans regarder si le change lui porte quelque avantage, pense toujours avoir assez fait d'avoir changé.

## ÉPÎTRE XLVIII.

ARGUMENT. — I. Le mal, comme le bien, doit être commun entre les amis. — II. Les sages desirent le profit de leurs amis; et les fols ne fondent l'amitié que sur leur propre intérêt. — III. Fuir la sophisterie. — IV. La philosophie nous promet de nous faire égaux aux Dieux.

J'ai reçu de vous une lettre sur le chemin, aussi longue que le chemin même. J'en réserverai la réponse pour une autre fois ; car il n'est pas possible que je vous donne un bon conseil, que premièrement je ne me retire à part pour y penser. Je sais bien qu'avant que me consulter, vous avez été longtemps à vous y résoudre. Je vous laisse donc à penser si je dois légèrement décider ce que vous avez eu de la peine à me proposer ; puis il y a des considérations en moi, qui ne sont point en vous. Je parle en épicurien ; mais quoi que je die, rien ne me peut être considérable pour vous qu'il ne le soit pour moi.

I. Si ce qui vous touche ne me touche, je ne suis pas votre ami : nous ne devons rien avoir de séparé. Bien et mal, tout est partageable entre nous ; tout nous est commun : aussi n'est-il pas possible qu'un homme vive heureusement, qui ne tourne les yeux que sur soi-même, et qui ne considère que son profit. Il faut que vous viviez pour un autre, si vous voulez vivre pour vous. Cette société, parce qu'elle nous mêle les uns aux autres, et nous apprend qu'il y a quelque droit universel entre les hommes, est saintement et religieusement observable ; mais encore plus parce qu'elle sert à l'entretien de cette autre plus intime et plus étroite de laquelle je vous ai parlé. Si beaucoup de choses vous sont communes avec un autre à qui la seule humanité vous oblige, toutes le vous seront avec un ami. Voilà, Lucilius, de quoi je voudrois que tous ceux-ci qui sont si subtils me fissent des leçons, et qu'ils m'apprissent plutôt ce que je suis obligé de faire, ou pour un ami, ou pour un homme, que non pas combien ces mots d'homme et d'ami ont de significations.

II. La sagesse et la folie me montrent des chemins différents ; à laquelle me rangerai-je ? quel parti êtes-vous d'avis que je prenne ? La sagesse a de l'amitié à l'endroit de tous les hommes. La folie n'a pas même de l'humanité à l'endroit de ses amis. La sagesse se prépare pour l'utilité de ses amis. La folie se prépare des amis pour son utilité.

III. Vous me tournez les paroles d'un sens à l'autre, et vous amusez à ranger les syllabes; mais me voudriez-vous bien faire croire que si je ne sais faire des interrogations captieuses, et des propositions véritables, tirer une conclusion fausse pour l'approbation d'un mensonge, que je ne pourrai connoître ce que je dois fuir ou desirer? Je rougis de honte qu'en l'âge où nous sommes, nous nous jouons d'une chose de telle importance. Un rat est une syllabe; un rat mange le fourmage[1]; il s'ensuit donc qu'une syllabe mange le fourmage. Prenez le cas que je ne sache me défaire de cette surprise: en quel inconvénient tomberai-je, ou qu'est-ce qu'il m'en sera de pis? Ce sera peut-être que quelque jour, pensant prendre un rat au trébuchet, je n'y prenne une syllabe; ou que si je n'y prends garde, une syllabe ne mange mon fourmage. Mais peut-être cette conséquence semblera plus subtile et mieux tirée : un rat est une syllabe, une syllabe ne mange point de fourmage, un rat donc ne mange point de fourmage. O niaiseries vraiment dignes de petits enfants! Est-ce pourquoi nous fronçons les sourcils? Est-ce pourquoi nous nous laissons croître la barbe? Est-ce[2] que nous enseignons avec un visage si mélancolique et si rechigné?

IV. Voulez-vous savoir ce que la philosophie promet aux hommes? Conseil. L'un se voit prêt à mourir, l'autre n'a de quoi vivre ; l'autre est en peine pour la conservation de ses richesses, et l'autre envieux de celles d'autrui. Cettui-là craint sa mauvaise fortune; cettui-ci est en ombrage pource qu'il voit que tout lui succède. Ses prospéri-

---

1. *Fourmage*, fromage. — 2. Est-ce ce que. (*Édition de 1645.*)

tés lui sont suspectes : il voudroit bien s'en démêler. L'un est mal avec les hommes, et l'autre n'est pas bien avec les Dieux. A quoi leur peuvent servir ces badineries que vous leur alléguez? Il n'est point question de rire. Ceux qui vous appellent sont en peine. Les uns ont perdu leurs biens sur la mer, les autres sont prisonniers, les autres malades, les autres nécessiteux, les autres ont arrêt de mort, et déjà le glaive est tiré pour leur frapper la tête. Vous leur avez promis à tous du secours. A quoi vous amusez-vous? où pensez-vous? Cettui-ci que vous entretenez de chansons, assurez-le. Tout ce que vous voyez ici d'affligés jettent les yeux sur vous. Toute espérance d'avoir secours que de vous est perdue pour eux. Ils vous prient de remédier à leurs inquiétudes, et avec le flambeau de vérité leur donner moyen de se remettre en chemin. Faites-leur connoître les choses que la nature a fait[1] nécessaires, et celles qu'elle a fait superflues, combien il y a peu de peine à suivre ses règles, combien est contente et pleine de toutes commodités la vie de ceux qui s'y rangent, et combien au contraire ont d'anxiétés et d'amertumes ceux qui se conduisent par opinion. Apprenez-leur à vaincre leurs passions, ou pour le moins à les modérer. Plût à Dieu que toutes ces sophisteries ne fussent qu'inutiles ! Elles sont pernicieuses, je le vous montrerai quand vous voudrez, et vous ferai avouer qu'il n'y a rien qui rompe et débilite un bel esprit comme font ces subtilités. J'ai honte de dire comme ils équipent un homme contre la fortune, et quelles armes ils lui mettent en main pour la combattre. C'est ici le chemin du souverain bien par où vous allez. Vous ne trouvez que des tricheries et des exceptions infâmes à ceux même qui sont

---

1. *Fait*, et non *faites*. Tel est le texte de toutes les éditions, même encore de celle de 1667.

au tableau du préteur[1] ; car à quoi tendent vos interrogations captieuses, sinon à surprendre un homme pour lui faire faire quelque faute en la forme de procéder? Mais comme le préteur relève ceux-ci, la philosophie tout de même relève les autres, et les rétablit en leur entier. Qu'avez-vous à faire de nous tenir de si magnifiques langages, pour les accompagner après de si peu d'effet? Vous nous promettez de nous mettre l'âme en si bonne assiette que l'or et le fer nous éblouiront aussi peu l'un que l'autre, et de nous fortifier tellement contre tout ce que les hommes craignent et qu'ils desirent, que nous le foulerons aux pieds; et cependant vous nous remettez comme des enfants à connoître nos lettres. Que voulez-vous dire? Est-ce là le chemin d'aller au ciel? car la promesse que m'a fait la philosophie, c'est que j'irai du pair avec Dieu. C'est ce qu'elle m'a dit en me conviant; c'est ce qui m'amène; tenez-moi parole. Croyez-moi donc, Lucilius, intriquez-vous le moins que vous pourrez en ces exceptions et positions de sophistes[2]. Rien ne sied mieux à la prud'homie que la franchise et la simplicité. Quand vous aurez à vivre beaucoup d'années, ménagez-les si bien que vous voudrez; vous n'avez du temps que ce qu'il vous en faut pour les choses nécessaires : je vous laisse à penser, en ayant si peu comme il vous en demeure, quelle apparence[3] il y auroit de l'employer aux superflues.

1. En latin : *Etiam ad album sedentibus*. *Album* signifie le « tableau où l'on inscrivoit les décisions du préteur. » *Ad album sedere* se disait des gens qui s'occupaient de chicane.
2. *Exceptionibus et præscriptionibus philosophorum*, dit Sénèque. « Position » signifie établissement d'un principe.
3. Le latin porte : *Quæ dementia est*.

## ÉPÎTRE XLIX.

Argument. — I. Les objets nous rappellent bien souvent la mémoire de nos amis absents. — II. De la vitesse du temps. — III. Pour bien mourir, il faut souvent penser à la mort. — IV. La nature nous a donné une raison imparfaite, mais elle nous a rendus capables d'instruction pour la rendre parfaite.

I. Il faut avouer, Lucilius, qu'il y a de la nonchalance quand nous ne nous souvenons point de nos amis, si quelque objet ne nous les représente. Mais si est-ce que quelquefois le regret de leur éloignement sera dans le fond de notre âme sans se produire. Quelque lieu qui nous environne le fera sortir au jour, et ne ressuscitera pas leur mémoire comme morte, parce qu'elle ne l'est point, mais la rappellera lors divertie à quelque autre imagination : ni plus ni moins que si après la mort d'une personne qui nous étoit chère, un valet, une robe, une maison nous ramentoivent sa perte, et refraîchissent une amertume qui déjà par le temps avoit commencé de s'adoucir. Vous ne sauriez croire comme la Campagne[1], et Naples principalement, à la vue de votre maison, m'a renouvelé le déplaisir que j'ai de n'être plus avec vous. Vous ne m'êtes jamais plus présent que quand je vous éloigne. Il m'est avis que je vous vois boire vos larmes, et résister naïvement à ces agréables témoignages que la passion me produisoit de votre amitié.

II. Il me semble qu'il n'y a rien que je vous perdis[2];

---

1. La Campanie. Voyez plus haut, p. 220.
2. Qu'il n'y a rien, c'est-à-dire qu'il y a un rien de temps.

mais de quoi ne pouvons-nous dire : « Ce fut hier, » si nous nous en voulons ressouvenir ? Il n'y a rien que j'étois à l'école du philosophe Sotion ; il n'y a rien que je commençai de plaider ; il n'y a rien que je quittai le Palais ; il n'y a rien que je cessai d'y pouvoir aller. La diligence du temps est infinie ; le moyen de s'en apercevoir, c'est de regarder derrière nous ; car quant à ce qui est présent, il passe avec une fuite si précipitée que nous n'avons pas loisir de le considérer. Voulez-vous que je vous en die la raison ? Tous les temps qui sont passés sont en un lieu. Vous les voyez tout à la fois ; ils sont tous en un monceau ; de là toutes choses descendent en abîme d'oubli. Et d'ailleurs il n'y peut avoir de longs intervalles en une chose qui est toute courte. Ce que nous vivons n'est autre chose qu'un point ; mais la nature, pour nous le faire trouver plus long, en a fait plusieurs parties. De l'enfance elle en a fait une ; de l'âge puéril une autre ; de l'adolescence une autre ; de l'âge d'homme, inclinant vers la vieillesse, une autre ; et de la vieillesse la fin. Voyez combien de degrés elle a mis en si peu d'espace. Il n'y a rien que je vous allai convier, quand vous vous mîtes en chemin pour aller où vous êtes ; et toutefois ce rien est une bonne partie de notre âge : pensons que nous en serons bientôt au bout. Il ne m'a pas toujours été avis que le temps courût comme il fait à cette heure. Je ne sais si c'est que je me sens près du bout, ou que je commence de penser au mauvais ménage que j'en ai fait ; mais je trouve qu'il va si vite, que presque je ne me le puis imaginer. C'est pourquoi je ne fus jamais si en colère que je suis contre ceux qui dépendent le temps en choses superflues, et ne considèrent pas que quelque épargne qu'ils en fassent, il n'y en a pas à demi pour les nécessaires. Cicéron dit que quand il auroit encore une vie au bout de la sienne, il n'en auroit pas assez pour lire les poëtes lyriques. J'en dis de même des dialecticiens. Encore ils ne baguenaudent pas de si bonne grâce; et qui est pis, il leur est bien avis qu'ils font quelque chose de grande importance, au lieu que les autres font profession ouverte de donner du plaisir. Je ne dis pas qu'il ne les faille voir, mais il les faut voir seulement, et leur donner le bonjour de la porte, de peur qu'on ne nous en fît accroire et qu'il ne nous fût avis que ce ne fût quelque chose de plus profitable que ce n'est. Que vous sert de vous consumer avec une question qu'il y a bien plus d'esprit à mépriser qu'à résoudre? C'est à faire à un homme qui n'a doute de rien, et qui ne part qu'à sa commodité, de rassembler jusques aux plus petites choses, et ne vouloir rien laisser derrière. Quand l'ennemi nous vient sur les bras, et que l'alarme est au camp, la nécessité nous fait tomber des mains ce que la paix et le repos nous avoient fait amasser. Je n'ai pas le loisir à cette heure de rechercher les significations d'une parole ambiguë et de faire voir en cela mon bel esprit.

> Voyez courre le peuple, et border les remparts,
> Voyez le fer aigu luire de toutes parts[1].

La guerre me bruit aux oreilles; il me faut pourvoir d'une âme généreuse, et qui ne s'étonne de rien ouïr. Si en notre ville assiégée, où les femmes et les vieillards portent des pierres pour la défense de la muraille, et les capables de porter les armes sont avec l'épée à la main derrière la porte, attendant ou demandant qu'on la leur ouvre, pour sortir sur l'ennemi, qui de son côté par batterie, sapes et mines, fait trembler la terre sous les pieds, et n'oublie rien afin de pouvoir entrer, vous me voyez bien de loisir dans une chaire mettre en avant ces

---

1. Virgile, *Énéide*, liv. VIII, v. 385, 386.

plaisantes questions : ce que vous n'avez point perdu, vous l'avez ; vous n'avez point perdu de cornes ; vous avez donc des cornes, et telles autres rêveries faites au moule de cette-ci : ne diriez-vous pas que j'aurois perdu le sens ? Vous en pouvez dire autant à cette heure. Je suis assiégé encore en un siége de ville. Le danger seroit au dehors, et la muraille me couvriroit de l'ennemi ; mais à cette heure ce qui me veut tuer est dans moi[1]. Je ne suis pas de loisir d'écouter vos niaiseries ; j'ai bien autre chose à démêler : que dois-je faire ?

III. La mort me suit, la vie me quitte ; donnez-moi quelque bon avis ; faites que je ne fuie point la mort et que la vie ne me fuie point ; parlez-moi de la constance qu'il faut avoir aux adversités, et de la résolution aux choses inévitables. Faites que je me contente du peu de temps que j'ai à vivre, et apprenez-moi que l'importance de la vie n'est pas en l'espace[2], mais en l'usage ; et qu'il peut arriver, voire qu'il arrive souvent, qu'un aura été longtemps au monde, et n'aura pas beaucoup vécu. Dites-moi, quand je me vais coucher : « Il se peut faire que vous ne vous lèverez jamais ; » quand je suis levé : « Il se peut faire que jamais vous ne vous coucherez ; » quand je sors de la maison : « Il se peut faire que vous n'y rentrerez plus ; » quand j'y suis rentré : « Il se peut faire que vous n'en sortirez plus. » Vous vous abusez, si vous pensez que ce soit seulement en un bateau que nous sommes à deux doigts de la mort : c'est partout. Elle se peut bien quelquefois montrer près de nous, mais toujours elle en est aussi près en un lieu qu'en l'autre. Dissipez-moi ces ténèbres ; vous aurez moins de peine à m'enseigner une chose à laquelle je suis préparé.

1. L'édition de 1639 donne par erreur *ce qu'il*, pour *ce qui*. En latin : *Nunc mortifera mecum sunt.*

2. C'est-à-dire dans l'étendue (de la vie). *In spatio ejus*, dit Sénèque.

IV. La nature nous a fait capables[1] d'instruction, et si nous n'avons une raison parfaite, nous en avons une qu'il y a moyen de conduire à la perfection. Parlez-moi de la justice, de la piété, de la frugalité, de la chasteté, tant de celle qui nous garde d'attenter sur le corps d'autrui, que de celle qui nous rend soigneux de conserver le nôtre : si vous ne me détournez point du chemin, je serai bientôt où je veux aller; car, comme dit le tragique :

La vérité parle sans artifice[2].

Et pour ce, il ne la faut point impliquer. Le déguisement est la chose du monde la moins convenable aux mouvements d'une belle âme, et la plus indigne de ses desseins généreux et relevés.

---

## ÉPÎTRE L.

ARGUMENT. — I. Nous sommes tous aveugles en nos passions. — II. Les vices sont plus corrigibles en jeunesse qu'en vieillesse. — III. La vertu est comme naturelle en l'homme, et le vice étranger.

Vos dernières lettres sont de si vieille date, que j'ai pensé que je ne gagnerois rien de demander de vos nouvelles à celui qui me les a rendues. Il faudroit qu'il eût bonne mémoire de se souvenir de si loin. Toutefois je n'en suis point autrement en peine, parce que je sais bien que vous avez déjà l'âme en si bon état, qu'en quelque lieu que vous soyez, je ne puis ignorer ce que vous faites;

---

1. Voyez plus haut, p. 436, note 1.
2. Euripide, *les Phéniciennes*, v. 481.

car que pouvez-vous faire autre chose que travailler journellement à réparer votre vie, dépouiller quelqu'une de vos erreurs, et reconnoître que bien souvent le défaut que vous pensez être aux choses est en vous-même? Il est des fautes que nous imputons aux lieux ou au temps, et ne prenons pas garde que rien n'en est cause que nos vices, qui nous accompagnent en quelque part que nous allions.

I. Vous savez bien qu'Harpaste, la folle de ma femme, m'est demeurée comme une charge héréditaire; car autrement je ne suis pas homme à qui cette manière de monstres soit bien agréable. Si je veux passer mon temps de quelque fol, je ne suis point en peine de le chercher bien loin : je me donne du plaisir de moi-même. Cette pauvre femme a tout d'un coup perdu la vue; vous aurez peut-être de la peine à croire ce que je vous vais dire, mais cependant il n'est rien plus véritable : elle ne sait pas qu'elle est aveugle, et ne cesse de dire à son gouverneur que la maison est obscure et qu'il la mène en une autre. Il ne faut point douter que tout ce que nous sommes, nous ne fassions ce que nous nous rions de lui voir faire. Personne ne pense être avare; personne ne pense avoir des passions. Toutefois les aveugles se pourvoient d'un guide; mais nous, en quelque erreur que nous soyons, nous ne nous pouvons laisser mener. L'ambitieux dit que ce n'est pas son humeur de l'être, mais qu'au temps où nous sommes, il est impossible de vivre d'autre façon; le prodigue, qu'il n'aime pas la dépense, mais qu'il est nécessaire d'en faire, ou se bannir de la cour; le querelleux, qu'il n'aime rien tant que la paix, mais que c'est son malheur, et les sujets qu'on lui en donne, plutôt que son inclination. Un vagabond, qui ne donne point de forme à sa vie, s'excuse sur sa jeunesse. Que sert de se flatter? Notre mal ne vient point de dehors, il est dans nous ; nous l'avons au sein, et de cette ignorance d'être malades vient la difficulté principale de nous guérir.

II. Si une fois nous entreprenons cette cure, que de douleurs et d'indispositions il faudra remuer! A cette heure que la maladie n'est pas encore envieillie et qu'elle seroit plus remédiable, nous ne cherchons pas seulement le médecin ; et les âmes tendres, et qui n'ont point encore eu de part à la corruption du siècle, seroient faciles à se remettre au chemin, s'il leur étoit montré. Il faut qu'un homme soit bien révolté contre la nature, s'il ne se trouve quelque moyen de l'y ramener. Nous avons honte d'apprendre à être gens de bien, et de chercher un maître qui nous l'enseigne; mais si est-ce qu'on se trompe d'espérer qu'un si grand bien nous arrive fortuitement. Il y faut de la peine, et toutefois non pas beaucoup, si, comme j'ai dit, nous formons notre âme de bonne heure, et la redressons tandis que le mauvais pli qu'elle a pris ne fait que commencer. Mais je ne tiens pas que ce qui est dur ne puisse avoir quelque remède : toutes difficultés sont expugnables à l'assiduité du soin et à la pertinacité du labeur; et un chêne même est redressable, quelque tortu qu'il soit. Ces pièces de bois dont nous faisons nos chevrons et nos poutres, s'étendent au sentiment de la chaleur, et contre la force que nature leur a donnée s'accommodent aux services où nous les voulons employer. Combien plus heureusement nous succédera cette diligence au raccoutrement de notre âme, qui est la chose du monde la plus flexible et la plus souple! Car qu'est-ce l'âme, qu'un esprit qui de quelque façon est réduit en soi-même, et qui fait d'autant moins de résistance, qu'il est plus simple et plus délié?

III. Croyez-moi, Lucilius, ne désespérons point de

nous, parce que nous sommes de longtemps accoutumés au vice. Il n'est point de sage qui n'ait été fol. Nous avons été tous préoccupés[1]. Il faut apprendre les vertus, et désapprendre les vices. Mais ce qui nous doit donner plus de courage de nous réformer, c'est que, depuis qu'un bien est une fois entre nos mains, il ne nous échappe jamais : la possession en est perpétuelle. La vertu ne se désapprend point. Les vices en nos âmes sont plantés en un terroir étranger; et pour ce, il est bien aisé de les en chasser, et faire qu'ils n'y reviennent plus. Les choses qui sont en un fonds qui leur est propre s'y conservent facilement. La vertu est selon nature; les vices sont ses ennemis déclarés. Mais comme les vertus, une fois logées en notre âme, n'en sortent point, et n'est rien de si peu de peine que de les y retenir : ainsi la résolution de les aller querir est difficile, pource que c'est l'ordinaire d'une âme folle et indisposée de craindre ce qu'elle n'a point essayé : il la faut donc forcer, afin qu'elle commence. Ce n'est point une médecine de mauvais goût : il y a du plaisir à la prendre, aussi bien que du profit. La philosophie a cela, qu'en la guérison même, elle nous est agréable, au lieu que les autres remèdes ne plaisent qu'après la guérison.

[1]. *Préoccupés* (*præoccupati*), envahis d'abord.

## ÉPÎTRE LI.

Argument. — I. Fuir les lieux qui conviennent à la débauche[1]. — II. Les voluptés nous gâtent; le mépris de la mort nous rend maîtres de nos passions et de la fortune. — III. Les lieux austères sont plus propres à méditer le bien de l'âme que les délicieux.

Chacun fait comme il peut, Lucilius. Vous êtes en Sicile, où vous avez près de vous Etna, cette montagne de qui on parle tant. Valgus et Messala l'appellent unique, mais je ne sais pourquoi, vu qu'il se trouve assez de lieux qui jettent du feu, non-seulement aux endroits élevés, ce qui se voit plus souvent, à cause de la nature de cet élément qui cherche toujours le haut, mais aux campagnes mêmes. Pour moi, je me contente de Baies, puisque je ne puis mieux. J'en partis le lendemain que j'y fus arrivé. Cette infinité de délices que la nature y a produites, et de qui les louanges sont ordinairement en la bouche des voluptueux, me fait avoir peur d'y demeurer.

I. Et quoi donc? est-il possible qu'il y ait des lieux qu'on doive haïr? Je ne le dis pas; mais comme un homme d'honneur ne prend pas de toute sorte de robes, ni ne porte de toutes couleurs indifféremment; non qu'il ait de la passion aux robes ni aux couleurs, ni qu'il en aime ou haïsse l'une plus que l'autre; mais parce qu'il en treuve quelques-unes malséantes à la profession qu'il fait de modestie; ainsi est-il des contrées évitables au

---

1. L'édition de 1645 donne : « Qui convient à la débauche, » ce qui est bien probablement le vrai texte. Nous lisons au second paragraphe (voyez p. 447) : « *Convier* à la volupté. »

sage et à celui qui le veut être, sinon pour sa corruption, à tout le moins pour le scandale des bonnes mœurs; et pour ce, s'il se veut retirer, ce ne sera point au Canope d'Égypte, encore que le Canope n'empêche personne d'être homme de bien, ni à Baies non plus. C'est depuis quelque temps la retraite des vices; et comme si le lieu avoit quelque privilége, la débauche s'y licencie[1] et s'y relâche extraordinairement. En l'élection d'une demeure, il faut penser de l'esprit[2] aussi bien que du corps. Comme je ne voudrois pas me loger parmi des gênes et des tortures, aussi ne ferois-je parmi des broches et des lichefrites[3]. Quel besoin est-il de voir des ivrognes chanceler en une grève, fourmiller sur un étang de bateaux pleins de collations et de concerts, faire tout plein de telles folies que le luxe, qui ne reconnoît plus de lois, trouve d'autant plus agréables qu'elles sont faites en des lieux où personne ne les peut ignorer? Notre considération principale est de fuir tout ce qui provoque les vices, endurcir notre âme, et ne lui montrer que le moins qu'il sera possible ce qui la peut convier à la volupté. Un seul hiver fut la ruine d'Annibal : ce grand capitaine, que les neiges des Alpes avoient laissé passer, fut arrêté par les délices de la Campagne[4]. Il vainquit par les armes, et fut vaincu par les vices. Nous ne sommes pas moins en guerre qu'il étoit, et en une sorte de guerre qui n'a jamais de paix ni de repos. Nous voyons en cet exemple ce que peuvent les voluptés même aux âmes les plus sauvages. La première chose qu'il nous faut faire, c'est de nous en rendre maîtres; l'entreprise n'est point

1. *Se licencier*, se donner toute licence.
2. C'est-à-dire avoir égard à l'esprit aussi bien qu'au corps.
3. En latin : *Inter popinas*.
4. Voyez plus haut, p. 220 et 438.

petite : il y faut aller d'autre façon que les gants en la main[1].

II. Qu'avons-nous à faire de résoudre ce que nous avons de vigueur en un bain chaud, ou dans les vapeurs d'une étuve sèche? Ne suons point autrement que par le travail; on se moquera de nous de nous lasser, comme fit Annibal, à moitié du chemin, et quitter la guerre, pour nous amuser à faire bonne chère. Si la fainéantise est dangereuse aux victorieux mêmes, que peut-elle être à ceux qui sont encore au combat? Nous avons aussi peu de sujet de nous reposer qu'avoit l'armée d'Annibal. Il y a du péril à reculer, et de la besogne à tenir bon. J'ai guerre contre la fortune, et n'ai que faire d'elle; je ne me veux point assujettir à sa domination, ou, ce qui est plus difficile, je m'en veux dégager. Ce ne sont point choses où le courage se donne relâche : si je cède à la volupté, il faudra que je cède à la douleur; il faudra que je cède au travail; il faudra que je cède à la pauvreté. L'ambition et la colère voudront que je leur en fasse de même. Qu'est-ce que j'en puis attendre, sinon que toutes ces passions me démembrent, pour en avoir chacune sa pièce? La liberté m'est proposée; c'est la récompense que je me promets de mon travail. Demandez-vous quelle est cette liberté? N'être sujet à nécessité quelconque, ne s'émouvoir de chose qui puisse arriver, et faire descendre la fortune à la mesure de ma hauteur. Tant plus je sentirai sa puissance, tant moins je la reconnoîtrai. Qu'ai-je à faire d'endurer d'elle, étant libre de mourir quand il me plaira?

III. Pour faire ces belles et saintes méditations, il faut prendre un lieu qui ait je ne sais quoi de grave et de religieux. Un trop beau séjour ôte quelque chose de la force

---

1. Il y a dans le latin : *Nihil molliter esse faciendum.*

de l'âme : il ne faut point douter que la qualité des lieux ne puisse quelque chose à nous corrompre. Les chevaux qui viennent d'un pays rude ont la corne dure, et ne se gâtent jamais le pied ; ceux qui sont nourris parmi des marais et des herbages se foulent incontinent. Les meilleurs soldats viennent des montagnes ; ceux des villes ne sont que poultrons[1]. Les meilleures mains pour les armes sont celles qui ont tenu le manche de la charrue ; il n'y a point de travail qui les puisse lasser. Ces beaux fils qui ont leur fraise si bien dressée, et qui sont si parfumés, sont sur les dents au bout de la première traite[2]. L'austérité d'un lieu donne je ne sais quelle vigueur à l'esprit, et le rend capable de faire de grands effets[3]. Scipion en exil étoit plus honnêtement à Literne qu'à Baies. Il ne falloit pas qu'il tombât si mollement ; et ces messieurs mêmes, qui les premiers ôtèrent l'empire à la République et le mirent en leur maison, Marius, Pompée, et César, bâtirent bien au terroir de Baies, mais ce fut sur les coupeaux de montagnes, estimant que faisant la profession qu'ils faisoient, ils ne pouvoient mieux être qu'en des lieux d'où ils pussent voir et découvrir tout à l'entour. Considérez l'assiette, la matière et la façon de leurs bâtiments ; vous direz plutôt que ce sont des places pour la guerre que des palais pour le plaisir. Pensez-vous que jamais Caton eût eu le courage de demeurer en la maison de Vatia[4], pour compter les courtisanes qui passent d'un bord à l'autre, voir sur une eau toute couverte de roses une infinité de gondoles[5] peintes de toutes sortes de couleurs,

1. *Poultrons*, poltrons.
2. *In primo deficit pulvere ille unctus et nitidus*, dit Sénèque.
3. C'est sans doute *efforts* qu'il faut lire ; il y a *conatibus* dans le latin.
4. Malherbe a adopté la conjecture de Modius : *in Vatiæ* (voyez plus loin l'épître LV). Les manuscrits ont ici des leçons très-diverses.
5. Il y a *cymbarum* dans le latin.

et ouïr les vilenies d'une canaille qui du soir au matin ne fait autre exercice que de chanter? N'eût-il pas mieux aimé coucher en une tranchée que lui-même auroit faite de sa propre main pour une nuit? Aussi qui est l'homme, pourvu qu'il soit homme, qui n'aime mieux qu'on l'éveille avec une trompette, qu'avec la musique de toutes les plus douces voix qu'il seroit possible d'assembler? Nous pouvons bien avoir assez crié contre Baies, mais jamais assez contre les vices. Je vous prie, Lucilius, soyez-leur irréconciliable; et comme ils n'ont ni fin ni mesure à se produire, n'ayez ni fin ni mesure à les repousser. Jetez-moi dehors tout ce qui vous déchire le cœur; et si vous n'y pouvez faire autre chose, arrachez-vous plutôt le cœur, que de ne les vous arracher point. Surtout faites sortir les voluptés, et les tenez pour ennemies capitales, comme les Égyptiens, ceux qu'ils appellent Philètes[1] : elles nous embrassent, mais c'est afin de nous étrangler.

## ÉPÎTRE LII.

ARGUMENT. — I. L'irrésolution est une marque de folie. — II. Nous ne pouvons connoître la vraie sagesse sans l'aide d'autrui. — III. Prendre les gens de bien pour guide[2] de nos actions. — IV. Le sage méprise les louanges.

I. Que peut-ce être, Lucilius, que voulant aller d'un côté, nous sommes emportés de l'autre, et nous laissons ramener en un lieu d'où nous avons envie de nous éloi-

---

1. Entre les nombreuses variantes qu'offrent les manuscrits ou qui ont été proposées pour ce passage, Malherbe a choisi l'ingénieuse conjecture de Muret : *Philetas*.

2. Les anciennes éditions donnent le singulier; celle de 1667 le pluriel : *guides*.

gner? D'où vient cette contradiction qui lutte contre notre âme, et ne nous laisse jamais vouloir une chose à bon escient? Nous sommes entre les résolutions, comme entre les vagues, poussés de l'une, et repoussés de l'autre; nous ne voulons rien franchement, rien absolument, rien stablement. La folie en est cause, direz-vous, qui ne sait ce qu'elle blâme ou qu'elle approuve, et n'a jamais deux fois un même goût.

II. Mais quand et comment sera-ce que nous nous démêlerons d'avec elle? Nous ne le pouvons faire de nous-mêmes : nous avons trop peu de force; il faut que quelqu'un nous tende la main et nous tire du bourbier. Épicure dit qu'il y en a qui, sans que personne leur aide, arrivent à la connoissance de la vérité, et donne[1] le premier honneur à ceux qui ont cette gaillardise de se pouvoir produire d'eux-mêmes. Il fait une seconde sorte de ceux qui ont besoin qu'on les assiste, et qui ne peuvent aller si quelqu'un ne leur montre le chemin; mais quand on les mène, ils vont bien, entre lesquels il compte Métrodorus. Ceux-ci semblent aussi d'un bon naturel; toutefois ils ne peuvent marcher qu'après les autres. Quant à nous, qui ne sommes point de ces premiers, si nous pouvons être des seconds nous serons bien. Qui se peut sauver quand on lui aide, n'est pas malhabile homme, et même a déjà quelque chose de vouloir être sauvé. Après ces deux sortes, vous en trouverez encore une troisième : de ceux qui par induction sont capables de bien faire; mais il leur faut un aide, ou par manière de dire un chasse-derrière[2]. Épicure dit qu'Hermachus[3] est de ces derniers; aussi lui fait-il plus de caresses, mais il

---

1. Il y a *donnent* dans les anciennes éditions, mais c'est une faute : *maxime laudat*, dit Sénèque.
2. *Adjutore et, ut ita dicam, coactore*, dit Sénèque.
3. Voyez plus haut, p. 390, note 3.

estime l'autre bien davantage ; car encore qu'ils soient arrivés tous deux à même fin, il ne laisse pas d'y avoir plus de louange pour celui qui a fait un même ouvrage d'une matière plus difficile. Prenez le cas qu'on eût fait deux bâtiments aussi hauts et aussi magnifiques l'un que l'autre : l'un sur une roche, qui a été bientôt achevé ; l'autre sur une terre molle et pâteuse, où il a fallu fouiller bien avant, premier que de trouver un fond assez ferme pour porter les fondements. En l'un tout ce qu'il y a d'ouvrage paroît ; en l'autre la meilleure partie et la plus difficile est cachée dans terre. Il en est ainsi des esprits : les uns ont une vivacité qui tout aussitôt les porte où ils se proposent d'aller, et les autres se veulent faire comme avec la main, et le principal de la besogne est à les fonder. S'il en falloit faire jugement, je dirois que ceux où il y a si peu de peine ont été les mieux fortunés, et que les autres ont plus fait pour eux, qui par leur labeur ont acquis ce qu'ils n'avoient point eu de la nature ; et sans inclination à la sagesse, par la diligence qu'ils y ont mise, n'ont pas laissé d'y parvenir. Nous sommes de ceux qui ont l'esprit dur et laborieux : pour ce, résolvons-nous au travail et appelons quelqu'un à notre secours. — Mais qui ? — N'importe. Adressez-vous à ces premiers qui sont de loisir, autant des siècles passés que du présent : ils ne sont pas moins capables de vous aider.

III. Mais si vous en choisissez quelques-uns de notre temps, prenez garde que ce ne soit pas de ces charlatans qui n'ont autre chose que des paroles et je ne sais quels lieux communs qui leur servent en toutes occasions ; mais de ceux de qui la vie prêche, à qui vous voyez faire ce qu'ils vous enseignent de faire, et que vous ne surprenez jamais en ce qu'ils vous conseillent d'éviter. Adressez-vous à ceux que vous trouverez plus admirables à les considérer qu'à les ouïr. Vous pourrez bien aller voir ceux qui reçoivent des compagnies chez eux et discourent en leur présence, pourvu qu'ils le fassent plutôt pour l'amendement d'eux et de leurs auditeurs, que par une vanité de se faire estimer bien suffisants; car qu'y a-t-il de plus vilain qu'un philosophe qui cherche des applaudissements? Voyez-vous des malades louer un chirurgien, tandis qu'il leur coupe un bras ou une jambe? Ne dites mot; laissez-vous panser. Si je vous vois crier, je ne penserai autre chose, sinon que ce qui vous émeut, c'est que je mets la main sur votre mal. Voulez-vous faire connoître que vous écoutez avec attention, et que vous oyez des choses qui vous ravissent? Je le veux bien : pourquoi ne vous permettrois-je de dire votre avis de ce qui vous semble de meilleur?

IV. Pythagore commandoit à ses écoliers un silence de cinq ans; mais au bout du terme ils n'avoient pas congé de louer aussitôt que de parler; et de fait, pensez-vous qu'un homme de jugement descende plus joyeux de sa chaire, pour les acclamations de je ne sais quels ignorants qui lui disent qu'il a triomphé? Quelle occasion avons-nous de nous réjouir, pour être loués de ceux qu'il nous est impossible de louer? Fabianus parloit publiquement; mais il y avoit de la modestie en ceux qui l'écoutoient; et si parfois leur voix se haussoit pour lui donner quelque louange, c'étoit plutôt pour la grandeur des choses que pour l'ornement ou la douceur des paroles. Il n'est pas du tout défendu de louer; mais il faut qu'il y ait de la différence entre l'applaudissement du théâtre et celui d'une école. Toute chose a ses marques, si vous y prenez garde, et n'y a rien de si peu d'importance où vous ne reconnoissiez les humeurs d'une personne. Une démarche, un geste de la main, une réponse, un doigt porté à la tête, et un regard même vous feront connoître un impudique. Vous connoîtrez un méchant au rire; et un qui est hors de sens, au visage et à la façon. Il n'est point d'imperfections qui n'aient des marques extérieures qui les découvrent. Vous jugerez même de la suffisance d'un homme, à voir la mine qu'il fait quand on le loue. Quand vous voyez des auditeurs s'oublier à des singeries des mains devant un philosophe, et faire les ravis et les transportés à le regarder, si vous pensez qu'ils le tiennent pour un habile homme, vous vous abusez : ils le tiennent pour un homme perdu. Ce sont plutôt cris de pitié que d'approbation. Il faut laisser toutes ces acclamations pour les sciences [1] de qui la fin n'est que de donner du plaisir. Quant à la philosophie, elle est adorable. Ce n'est pas qu'il ne soit permis aux jeunes gens [2] de contenter quelquefois leur fantaisie ; mais ce sera quand ils ne se peuvent plus taire ; et puis cette louange est une exhortation à ceux qui écoutent et un aiguillon pour les inciter à la vertu ; mais il faut que la majesté des matières soit ce qui les émeuve, et non la disposition des paroles. Si l'éloquence n'apprend à vivre plutôt qu'à parler, il y a plus de danger que de profit à l'écouter. Mais je n'en dirai pas davantage pour cette heure, et me réserverai d'en faire un discours à part, où tout au long je montrerai comme il faut discourir devant un peuple, et le devoir réciproque de parler et d'écouter. Il n'y a point de doute que la philosophie n'ait reçu beaucoup d'altération, et bien diminué de sa splendeur depuis qu'on l'a fait si publique [3] comme elle est aujourd'hui. Ce n'est pas qu'il ne faille qu'on la voie ; mais il faut que ce soit au cabinet, et par les mains d'un homme d'honneur, et non pas d'un fripier.

1. Le latin porte : *Illis artibus*.
2. Dans l'édition de 1645, au lieu des mots : « Permis aux jeunes gens, » il y a simplement : « Permis aux jeunes. »
3. En latin : *Postquam prostituta est*. Voyez plus haut, p. 436, note 1.

## ÉPÎTRE LIII.

ARGUMENT. — I. Les maladies de l'âme, plus elles sont grandes, et moins on les sent. — II. La philosophie guérit les maladies de l'âme. — III. L'étude de la sagesse veut tout un homme. — IV. La philosophie nous rend comme égaux à Dieu, et nous défend contre les traits de la fortune.

Qu'est-ce qu'il est impossible de me persuader, puisqu'on m'a persuadé de me mettre sur l'eau? Quand je m'embarquai, la mer étoit calme. Il est vrai que le temps étoit chargé de nuées, qui ne se pouvoient résoudre que nous n'eussions du vent ou de la pluie. Mais je pensai qu'il y avoit si peu de Naples à Poussol[1], que devant que cela fût, je serois à couvert. Ainsi pour avoir plus tôt fait, et retranché toutes ces sinuosités qui sont en la côte, je pris le large vers Nesidia[2]. Cette bonace qui m'avoit débauché ne se perdit que je ne fusse justement à la moitié du chemin; tellement qu'autant me valoit passer outre que reculer. Il ne faisoit pas encore de tourmente; mais la mer s'y disposoit, et déjà les vagues commençoient de s'émouvoir. Je commençai de prier le pilote de me descendre en quelque lieu de la côte. Il me répondoit à cela qu'il n'y avoit point de port, et qu'en mauvais temps il ne craignoit rien tant que la terre. Mais j'étois si tourmenté d'un mal de cœur extrême, sans pouvoir rendre ma gorge, que je ne pouvois penser au péril; tellement que, voulût ou non, il fallut qu'il me contentât. Comme je me vis près du bord, je n'attendis point toutes ces

---

1. Aujourd'hui *Pussuolo*. En latin : *Puteoli*, Pouzzoles.
2. En latin : *Nesida*.

cérémonies qui sont en Virgile, qu'on tournât la proue du côté de la mer, ou qu'on jetât l'ancre par proue[1]. Mais me ressouvenant du métier que j'avois appris étant jeune garçon, je me mis en l'eau tout chaussé et tout vêtu. Combien pensez-vous que j'eus de peine à grimper contre ces rochers, et faire un chemin en des lieux où jamais personne n'avoit passé? Je reconnus bien que ce n'étoit pas sans cause que les mariniers craignoient la terre. Je vous laisse à penser comme je pouvois porter mes incommodités, qui ne me pouvois porter moi-même. Bien vous dirai-je que je ne crois point qu'Ulysse, encore qu'il n'allât en part où il ne fît naufrage, fut jamais si maltraité de la mer que moi. Pour le moins il rendoit sa gorge quand le cœur lui faisoit mal ; mais pour moi, je ne pense pas que je pusse entreprendre si petit voyage que je ne fusse vingt ans à le faire.

I. Après que mon estomac se fut remis, ce qui ne se fait pas aussitôt qu'on est à terre, et que j'eus pris de l'huile pour me fortifier, je commençai de penser en moi-même comme nous pouvons oublier nos défauts, non-seulement ceux de l'âme, qui se montrent moins tant plus ils sont grands, mais ceux mêmes du corps, qui de fois à autre se ramentoivent et nous font penser à eux. Si nous avons quelque légère émotion, nous ne nous en apercevons pas ; mais quand elle s'est augmentée, et que la fièvre y est toute apparente, il n'y a si dure complexion où la maladie ne se fasse reconnoître. Si nous avons quelque douleur aux pieds, ou sentons quelque pointe aux jointures, nous faisons bonne mine, et disons que c'est une entorse, ou quelque lassitude, pour avoir fait un exercice trop violent, ou du tout disons que nous

---

1. Sénèque cite ici deux hémistiches de l'*Énéide*, liv. VI, v. 3 et 902.

ne savons que c'est. Mais quand les nodosités sont toutes formées, et les nerfs si roides et si tendus qu'il n'y a plus moyen de marcher, à cette heure-là, par force, nous confessons que ce sont gouttes. Il n'est pas de même des maladies des esprits. Plus elles sont grandes, moins on les sent. Et ne s'en faut point ébahir, pource que celui qui ne dort que légèrement reçoit des images en ce repos, et quelquefois en dormant songe qu'il dort; mais quand le sommeil est profond, il éteint même les songes, et prive tellement l'esprit de toutes actions, qu'il n'est pas capable de pouvoir rien imaginer. D'où vient que personne ne confesse ses vices? Pource qu'il est encore parmi eux. On ne conte ses songes qu'après qu'on est éveillé.

II. C'est une marque d'être sage que de confesser qu'on a été fol. Éveillons-nous donc, afin de connoître nos imperfections : nous ne le pouvons faire que par le moyen de la philosophie. C'est elle seule qui nous peut ôter l'assoupissement que nous avons. Donnez-vous tout à elle, Lucilius : vous êtes digne d'elle, et elle digne de vous. Embrassez-la de tout votre cœur, et franchement renoncez à toute accointance, pour vous attacher à la sienne. Pour philosopher, vous n'avez que faire d'en demander congé à personne. Si vous étiez malade, il ne vous souviendroit ni de ménage, ni de procès, et n'y auroit si bon ami qui vous pût faire aller au Palais plaider sa cause. Vous laisseriez toutes choses pour penser à votre guérison. Et quoi donc? pourquoi n'en ferez-vous de même à cette heure?

III. Laissez tout ce qui vous empêche, et travaillez à vous faire homme de bien. Il ne faut point avoir d'occupation pour y arriver. La philosophie commande en reine; elle donne le temps, on ne le lui donne point. Ce n'est point une besogne qu'il faille faire par acquit : vous l'avez toujours sur les bras; elle est maîtresse; elle a toujours les yeux sur vous pour vous commander. Comme une certaine ville offroit par ses députés à Alexandre une partie de son terroir et la moitié de tous ses biens : « Je ne suis pas venu en Asie, leur répondit-il, pour prendre ce que vous me donnerez, mais afin que vous ayez ce qu'il me plaira de vous laisser. » La philosophie tient le même langage : « Je ne veux pas prendre le temps que vous aurez de reste ; je veux que vous en ayez ce que je vous en voudrai donner. »

IV. Dédiez-vous tout à cette occupation ; ne bougez d'auprès d'elle ; bandez votre esprit à la servir, et vous tirez du nombre du commun : tout ce qu'il y a d'hommes au monde sera moins que vous ; et les Dieux ne seront guère davantage. Voulez-vous savoir ce qu'ils auront plus que vous : ils vivront plus longtemps ; mais il faut avouer que c'est la gloire d'un bon maître d'avoir peu d'espace, et ne laisser pas d'y loger tout. La vie du sage lui est aussi longue comme à un Dieu son éternité. Il se trouve quelque chose où le sage peut avoir de l'avantage sur les Dieux mêmes. Ils sont obligés de leur sagesse à leur nature, et non à leur diligence. C'est une chose grande, sans mentir, d'avoir la foiblesse d'un homme et la sécurité d'un Dieu. Vous ne sauriez croire combien la philosophie a de vertu contre toutes les violences de la fortune. Elle a beau tirer contre elle : tous ses traits la trouvent couverte et impénétrable. Ceux qui sont légers demeurent dans les plis de sa robe ; les autres qui ont plus de force retournent contre ceux mêmes qui les ont décochés.

## ÉPÎTRE LIV.

Argument. — I. Sénèque se plaint de la courte haleine. — II. Méditation de la mort. — III. Le sage ne doit apporter aucune résistance à la mort.

I. J'avois été quelque temps assez bien disposé, mais tout d'un coup ma maladie m'a repris. Vous demanderez laquelle, et vous aurez raison, parce que j'en ai de toutes les sortes ; mais si est-ce que j'en ai une entre les autres à qui il semble que je sois particulièrement assigné : c'est la courte haleine ; quand cela me prend il semble d'un coup de vague, mais il ne me tient pas plus d'une heure ; car aussi qui pourroit longuement expirer? Je pense qu'il n'y a mal incommode ni dangereux par où je n'aie passé ; mais je n'en trouvai jamais de si fâcheux. C'est être malade que d'avoir quelqu'un des autres ; mais c'est rendre l'âme que d'avoir cettui-ci ; c'est pourquoi les médecins l'ont appelé *méditation de la mort*. Cette respiration fait à la fin ce qu'elle a souvent essayé. Vous pensez qu'à cette heure que je vous écris je sois bien aise d'en être échappé. Si je prends cette cessation de mal pour une guérison parfaite, je suis aussi ridicule comme un qui penseroit avoir gagné sa cause pour avoir obtenu un délai. Tant s'en faut que cela soit, qu'en la suffocation même il ne m'est jamais venu pensée qui m'ait troublé l'âme, ou qui m'ait diminué la résolution.

II. Que veut faire la mort de me tâter si souvent? Qu'elle se dépêche hardiment : ce n'est pas d'à cette heure que je la connois. Demandez-vous depuis quand? Devant que je vinsse au monde. C'est être mort que de n'être point; je sais déjà ce que c'est. Ce que j'étois quand je n'étois point, je le serai quand je ne serai plus. S'il y a du tourment après être hors du monde, il faudroit qu'il y en eût devant que d'y venir : ce qui est faux. Je vous prie, ne trouveriez-vous pas un homme hors du sens, qui diroit que la condition d'un flambeau seroit pire après être éteint que devant que d'être allumé ? Nous sommes de même : on nous allume, et puis on nous éteint. Entre l'allumer et l'éteindre nous souffrons bien quelque chose ; mais après être éteints, et devant qu'être allumés, rien du tout. Je me trompe, Lucilius, ou nous nous trompons de penser que la mort nous suive. Elle a été devant nous et sera encore après. C'est mort que tout ce qui a été devant nous ; car n'est-ce pas tout un de ne commencer point ou de cesser, puisque l'effet de l'un et de l'autre, c'est de n'être point ? Voilà les remontrances que je me faisois moi-même avec le penser ; car de parler il n'y avoit ordre. Cependant peu à peu mon haleine a commencé de faire ses intervalles un peu plus longs et à ne me presser plus si fort. Ce n'est pas qu'elle soit encore en son naturel ; mais elle n'est plus si fréquente ni si pressée comme elle étoit. Qu'elle fasse comme elle voudra : ce m'est tout un d'expirer ; tout ce que je pense, c'est de ne soupirer point.

III. Ne vous imaginez pas que l'approchement de ma fin me fasse peur ; j'y suis tout préparé. Quand je n'achèverois pas le jour où je suis, il ne m'en chaut. Un homme est louable et digne de servir d'exemple, qui ne se fâche point de mourir quand il a du plaisir à vivre. Il n'y a point de gloire à sortir quand on est jeté dehors. Et toutefois si a : on me jette dehors, mais je fais si bonne mine, que la force[1] qu'on me fait ne paroît point,

---

1. *Force*, violence.

et pour ce jamais le sage n'est mis dehors; car être jeté dehors, c'est être chassé d'un lieu d'où l'on sort en dépit de soi. Toutes les actions du sage sont volontaires, et n'y a moyen de le forcer à chose quelconque, parce qu'il veut ce que la nécessité le contraindroit de faire quand il ne le voudroit pas.

## ÉPÎTRE LV.

ARGUMENT. — I. L'exercice profite à la santé. — II. Celui qui se retire des villes et des compagnies ne vit point tant en repos et en assurance que le sage. — III. Description d'une maison de plaisance. — IV. La tranquillité ne dépend point de l'assiette d'un lieu, mais de l'esprit. — V. La communication des amis absents est plus douce que des présents.

I. Comme je descends du carrosse, je me trouve aussi las que si j'avois autant cheminé comme je suis demeuré assis. Il y a de la peine à se faire porter, comme à une chose contre nature, qui nous a donné des pieds pour marcher et des yeux pour voir de nous-mêmes, sans mendier le secours d'autrui. Nous sommes foibles, pource que nous sommes délicieux[1]; et par l'accoutumance de ne vouloir pas faire une chose, nous avons cessé de la pouvoir. Toutefois, soit que les flegmes me bouchassent le gosier, soit que quelque autre cause m'empêchât de respirer à mon aise, j'avois besoin de cette agitation; comme de fait je m'en suis fort bien trouvé, et pour ce je me suis fait promener plus longtemps, avec ce que[2] d'ailleurs j'y étois convié par le plaisir que je prenois de voir cette rive qui se courbe entre Cumes et la

---

1. *Délicieux*, adonnés aux délices. — 2. *Avec ce que*, avec cela que.

maison de Servilius Vatia et, comme un petit sentier, est close d'un lac d'un côté, et de l'autre de la mer; car pource que la mer y avoit couru nouvellement, il y faisoit plus ferme que de coutume. Or vous savez que le battement du flot aplanit une grève, et que quand elle est quelque temps sans être mouillée, elle se relaxe, à faute que le sable n'a point d'humeur qui le lie et qui le fasse entretenir[1].

II. Il est vrai que, selon ma coutume, ayant regardé de tous côtés pour voir s'il se présentoit rien de quoi je pusse faire mon profit, d'aventure je jetai les yeux sur la maison qui autrefois a été à Vatia. Ce fut là que cet homme, plus connu par sa vie retirée que par autre qualité, passa si doucement la plupart de ses jours, que quoiqu'il fût extrêmement riche et qu'il eût été préteur, on ne le tenoit heureux pour autre occasion que pour son repos. Car autant de fois que l'amitié d'Asinius Gallus, ou la perfidie de Séjanus (qu'il faisoit aussi dangereux servir comme offenser) avoient mis quelqu'un en danger, vous entendiez cette exclamation : « O Vatia! il n'y a que vous au monde qui sachiez vivre ! » De moi, je trouve qu'il se savoit cacher, mais non pas vivre. Le repos est une chose, et la poltronnerie en est une autre. Je ne passai jamais devant sa porte, tandis qu'il vivoit, que je ne disse : *Ici gît Vatia*. Mais en cela vous pouvez connoître, Lucilius, qu'il y a je ne sais quoi de saint et de vénérable en la philosophie, puisque pour être agréable, c'est assez de recommandation de lui ressembler; car aussitôt qu'un homme se retire des compagnies et cherche le repos, le peuple croit qu'il ne se soucie de rien, qu'il est content de sa condition, et qu'il ne vit que

---

1. C'est-à-dire qui le fasse tenir ensemble, qui lui donne de la cohésion.

pour soi. Néanmoins, c'est au sage seul à qui ces qualités se doivent attribuer. C'est lui seul qui n'a point de sollicitudes, et lui seul qui sait vivre pour soi; car il sait vivre, qui est le principal. Quant à celui qui fuit les hommes et les affaires, que le mauvais succès de ses cupidités bannit de la conversation, qui ne peut voir les autres plus à leur aise que lui, qui de crainte, comme quelque bête lâche et timide, se cache au fond dans une tanière, on se trompe de penser que ce soit pour vivre à soi : son intention n'est que de gourmander, dormir et paillarder. Encore qu'un homme ne vive pour personne, il ne s'ensuit pas qu'il vive pour soi; mais y a tant de gloire à n'être point variable et persévérer en une résolution quand on l'a prise, que même on porte quelque révérence à ceux qui s'opiniâtrent à se reposer.

III. De la maison et de ce qui en dépend, je ne vous en puis rien dire de certain. Je ne sais que ce qui en est exposé à la vue des passants. Il y a deux grottes qui n'ont pas peu coûté à faire. Leurs concavités ont chacune de l'espace autant qu'une basse-cour[1], et sont du tout faites l'une comme l'autre. Le soleil n'entre jamais en l'une, et ne part point de l'autre qu'il ne soit couché. Tout du long des prés coule un ruisseau qui se va rendre partie en la mer, et partie au lac d'Achéruse, et semble que ce soit un canal fait à la main. Au reste, il y a du poisson en telle quantité, qu'il est impossible de l'en épuiser. Tant qu'il y a moyen de pêcher sur la mer, on n'y touche point; mais quand il fait mauvais temps, on met la main à la provision. Toutefois ce que j'y trouvai de plus à propos, c'est qu'ayant Baies de l'autre côté de la muraille, elle est par ce moyen hors de ses incommodités; et cependant, s'il y a du plaisir, ne laisse pas d'en avoir sa part. Voilà

---

1. En latin : *atrium*.

les louanges que j'en connois; pour les autres dont je ne puis parler que par opinion, je crois que ce soit une demeure bonne pour toutes les saisons de l'année. Elle est droit au ponant, et le reçoit tellement, qu'il est [1] cause que Baies ne l'a point.

IV. Je ne trouve pas que Vatia fût trop malavisé, vieil et cassé comme il étoit, d'avoir choisi cette retraite pour y achever ses jours et n'y penser faire autre chose que se bien traiter. Mais que la tranquillité dépende de l'assiette et des commodités d'un lieu, ce n'est pas mon opinion : c'est l'esprit qui fait tout. J'en ai vu de bien mélancoliques en des maisons bien plaisantes, et de bien occupés en des solitudes bien écartées.

V. Vous vous trompez si vous pensez être mal pource que vous n'êtes point à la campagne. Et puis, pourquoi n'y êtes-vous point? Envoyez-nous vos pensées; quelque absence qu'il y ait, vous serez avec vos amis autant de fois et si longtemps qu'il vous plaira. Nous jouissons mieux absents que présents de ce qu'il y a de plus doux en la communication. La présence nous rend délicats; et pource que quelquefois nous devisons et nous promenons ensemble, quand nous sommes séparés, nous ne pensons plus à ceux que nous venons de voir; et ce qui nous doit faire porter l'absence plus patiemment, c'est qu'en présence même nous sommes le plus souvent absents. Comptez la séparation des nuits, les occupations diverses, les études particulières, les allées et venues aux champs, vous trouverez que vous n'êtes guère plus souvent avec votre ami que s'il étoit dehors. L'âme n'est jamais absente, elle voit à toutes heures les plus éloignés.

---

1. Dans l'édition de 1659, on a mis : *Qu'elle est cause;* mais *qu'il est* se trouve dans les éditions de 1639, 1645 et 1648, et peut fort bien s'entendre : *que cela est cause.*

C'est avec elle qu'il faut posséder nos amis ; et pour ce, soit que vous étudiiez, soit que vous soyez à table, soit que vous vous promeniez, soyez continuellement avec moi. Si les âmes n'avoient la clef des champs, nous serions logés bien étroitement. Je vous vois, Lucilius, je vous oy, et suis tellement avec vous, que quand je commence de vous écrire, il ne m'est pas avis que je doive faire une lettre, mais un billet.

## ÉPÎTRE LVI.

ARGUMENT. — I. Le silence n'est point entièrement nécessaire pour étudier. — II. La bonne conscience trouve le repos partout. — III. L'occupation est le remède contre l'oisiveté. — IV. Nos passions ne trouvent point de repos, même dans la solitude. — V. Les menaces de la fortune ne troublent point le sage.

I. Je meure[1], le silence n'est pas si nécessaire pour étudier, comme on nous fait accroire. Je suis ici en un lieu où je n'ai rien qu'une tempête perpétuelle. Je suis logé au-dessus des étuves. Imaginez-vous à cette heure toutes les sortes de bruits qui peuvent importuner les oreilles : quand les plus forts font leurs exercices et jettent leurs mains chargées de plomb, quand ils ahanent[2] ou font semblant d'ahaner, je les oy geindre ; quand après avoir retenu leur haleine ils viennent à la laisser aller, j'entends leurs sifflements et leurs respirations mal plaisantes ; quand il se trouve quelque maraud de valet d'étuve qui ne frotte pas comme il faut, je lui entends sonner les épaules

---

1. *Je meure*, c'est-à-dire *que je meure si le silence est aussi nécessaire*.
2. *Ahaner*, travailler, se fatiguer, avoir beaucoup de peine à faire quelque chose.

tantôt d'une façon, tantôt de l'autre, selon que la main qui le frappe est plus ou moins ouverte. Et si là-dessus celui qui a la charge des pelotes[1] vient à les compter et trouve qu'il lui en manque quelqu'une, toutes les autres tempêtes ne sont rien auprès de la sienne ; ajoutez-y à cette heure quelque misérable qui sentira les aulx ; un qui sera surpris friponnant quelque chose, et quelque autre qui pensant avoir bonne voix, se plaira de la faire résonner dans le bain. Mettez-y encore le bruit que fait l'eau quand quelqu'un se jette tout d'un coup dans la cuve. Après tout ce nombre de personnes qui ne sauroient que faire beaucoup de bruit quand ils ne parleroient qu'à l'accoutumée, figurez-vous un barbier, qui pour se faire remarquer parmi les autres, fait ouïr de fois à autre je ne sais quelle voix grêle et bruyante, et ne ferme jamais la bouche, sinon quand il arrache le poil des aisselles et fait crier un autre pour lui. Parlons à cette heure des crieurs de pâtés, saucisses, tartelettes, et toute telle manière de gens qui vendent leurs marchandises chacun avec sa musique particulière. Vous direz que parmi toute cette multitude de bruits si dissemblables il faut que je n'aie point d'oreilles ou que je sois de fer de ne perdre point l'entendement, vu que Chrysippus, l'un de nos docteurs, s'importunoit tellement d'être salué, qu'il en étoit à la mort. Mais, je vous jure que je m'en soucie aussi peu, de tout ce frémissement, que si j'oyois le flot ou la tombée d'une eau. Quoique j'aie ouï dire qu'une autre fois une ville fut portée par ses habitants du lieu où elle étoit en un autre pour ne pouvoir endurer les cataractes du Nil, je ne me trouve point si diverti d'un bruit[2] que d'une parole. Le bruit n'emplit et ne frappe que les oreilles, et la parole attire l'esprit et l'emmène avec soi. Au nombre

---

1. *Pelote*, paume, balle. — 2. *Diverti de*, distrait par.

## ÉPÎTRE LVI. 467

des bruits qui ne me détournent point, je mets les charrettes, coches et carrosses, un maréchal logé chez moi, un qui apprend à jouer de la trompette et ne fait rien qui vaille. Un son intermis[1] aussi me fâche plus qu'un qui est continu; mais je me suis tellement accoutumé à tout cela, que quand j'orrois un comite[2] criant après sa chourme[3], qui ne vogue pas comme il faut, je ne m'en troublerois pas.

II. Je sais contraindre mon esprit de penser à soi, sans se laisser emporter à ce qui est extérieur. Que le tintamarre du monde soit au dehors, pourvu qu'au dedans tout soit en paix; que le desir et la crainte ne disputent point; qu'il n'y ait point de noise entre l'avarice et la luxure; que l'une ne tourmente point l'autre : je ne me soucie pas du reste. Que me serviroit que là tout contre il y eût un profond silence, et que les passions fissent du tumulte chez moi?

Le repos de la nuit avoit tout assoupi[4].

Cela n'est point : il n'y a point de repos que celui qui vient de la raison. La nuit n'ôte point les ennuis; au contraire, elle les fait naître, et ne guérit point nos inquiétudes, mais leur donne seulement une autre forme. Les songes de ceux qui dorment ne sont point moins turbulents que les occupations de ceux qui sont éveillés. C'est en la bonne conscience qu'est la vraie tranquillité. Voyez-moi ces délicats de qui le sommeil impose silence à toute une maison, pour qui tout ce qu'il est de serviteurs se ferment la bouche et suspendent les pas, s'ils approchent d'eux, de peur qu'en entendant quelque

1. *Intermis*, intermittent.
2. *Comite*, officier de galère qui fait travailler la chiourme.
3. *Chourme*, chiourme; voyez tome I, p. 447.
4. C'est un vers de Varron, surnommé Atacinus.

chose qui les trouble, ils soient parmi les sollicitudes[1] dans leur lit, où ils se tournent tantôt sur un côté, tantôt sur l'autre, et ne dormant que des yeux se font croire d'ouïr ce qu'ils n'ont point ouï[2]. Que pensez-vous qui en soit cause? Le bruit est dans leur âme. C'est là qu'il faut mettre la paix, et faire cesser la sédition. Elle ne dort pas toujours quand le corps est assoupi : le repos est quelquefois ce qui la travaille.

III. C'est pourquoi quand nous sentons que la fainéantise, impatiente de soi-même, nous donne de mauvaises intentions, il faut chercher de l'exercice, et s'occuper à quelque chose de louable. Les grands capitaines n'ont point de meilleur remède à la désobéissance des soldats que de les tenir continuellement employés. Ceux qui ont tâche n'ont jamais loisir de faire les fols. L'occupation est une médecine indubitable aux maux de l'oisiveté.

IV. Ce n'est pas toujours le désordre des affaires publiques qui nous convie à la retraite. Quelque bonne mine que nous fassions, il y a bien souvent du dégoût ou de la peur plus que d'autre chose. C'est pourquoi l'ambition, qui n'est pas morte, mais seulement lassée, ou désespérée de quelque mauvais succès, nous vient retreuver en la solitude et nous tourmente en notre maison comme à la cour. J'en dis de même de la luxure : il semble quelquefois qu'elle se soit retirée, et cependant en cette profession de frugalité même et au milieu de l'épargne, montrant qu'elle n'avoit pas condamné les voluptés, mais seulement s'en étoit ennuyée, elle les redemande, et s'y replonge autant plus hardiment que jamais[3], parce qu'elle pense le faire plus secrètement. Les

---

1. *Inter ægritudines*, dit Sénèque.
2. Il y a dans le latin : *Quæ non audit, audisse se queritur.*
3. « Et s'y replonge autant et plus hardiment que jamais. » (*Édition de 1645.*)

vices qui paroissent sont moins dangereux que les autres, et aux maladies même c'est signe de guérison quand elles produisent leur malice en l'extérieur. Jamais l'ambition, l'avarice, et les autres maux de l'âme ne sont plus à craindre que quand le déguisement y est si grand et la simulation si artificieuse qu'on ne les aperçoit point. Nous semblons être en repos; nous n'y sommes pas; car si c'est à bon escient que nous y sommes, si c'est sans regret que nous avons sonné la retraite et pris congé des vanités du monde, les divertissements n'auront plus de lieu. Que les hommes et les oiseaux chantent tant qu'ils voudront : ils n'interrompront point nos cogitations louables, solides et déjà bien assurées.

V. Ce n'est pas signe que nous avons encore l'esprit ni bien ferme ni bien réduit à soi quand nous dressons l'oreille au cri que nous oyons emmi la rue. Cette curiosité n'est point, qu'il n'y ait de la sollicitude et de l'appréhension en l'intérieur.

*Et me quem dudum*, etc.[1].

Le premier est sage qui, parmi les flèches qui sifflent de toutes parts, parmi les efforts de deux peuples qui sont aux mains l'un contre l'autre, et dans les ruines mêmes de sa ville, qui bruit de tout côté ou du fer ou de la flamme, demeure sans s'effrayer. L'autre est un malhabile homme. Il seroit vaillant peut-être s'il n'avoit rien; mais de la peur qu'il a de perdre ses biens, au moindre

---

1. Malherbe n'a pas traduit les quatre vers suivants de Virgile, que cite Sénèque :

Et me, quem dudum non ulla injecta movebant
Tela, neque adverso glomerati ex agmine Graii,
Nunc omnes terrent auræ, sonus excitat omnis
Suspensum, et pariter comitique onerique timentem.

(*Énéide*, livre II, v. 726 et suivants.)

bruit qu'il oit il est en alarme : si quelqu'un parle, il pense que c'est l'ennemi qui lui vienne sur les bras. Si quelque chose branle, il est plus mort que vif. Ses coffres le font poltron. Prenez-moi le premier venu de tous ceux que vous jugez être bien à leur aise, qui font mener tant de mulets et de charrettes de bagage : vous trouverez qu'il craint pour ce qu'il porte et pour ce qui le suit. Voulez-vous connoître quand vous aurez la paix dans l'âme? Ce sera quand, quoi que vous oyiez, vous demeurerez ferme, et que les flatteries, les menaces et toutes confusions de voix vous bruiront aux oreilles sans que pour cela vous soyez distrait d'avec vous. Et quoi donc? ne vaut-il pas mieux être hors de la fête et de la tempête? Si fait : aussi je m'en veux aller d'autre côté. Mais j'ai voulu savoir ce que c'étoit, et donner de l'exercice à ma patience. Quel besoin est-il de me tourmenter davantage, puisqu'Ulysse, qui avoit même affaire des sirènes[1], eut si peu de peine à se garantir soi et les siens?

## ÉPÎTRE LVII.

ARGUMENT. — I. Il y a des passions naturelles qui peuvent bien altérer le sage, mais non lui faire peur. — II. C'est folie de craindre plus ou moins les choses qui ont pareille fin. — III. L'âme, comme immortelle, ne peut être offensée des incommodités du corps.

I. Comme je m'en voulus revenir de Baies à Naples, il ne me fallut point beaucoup prêcher pour me persuader que la mer étoit mauvaise, tant j'avois peu d'envie de m'y remettre. Mais je trouvai tant de fanges par le

---

1. « Qui avoit même affaire à des sirènes. » (*Édition de* 1645.)

chemin, que presque je puis dire que je vins par eau. Je courus ce jour-là toute la fortune des athlètes. J'eus l'huile en la campagne et la poudre sous la grotte de Naples. Il n'y a rien de si long que cette prison, ni de si obscur que ces trous, qui, au lieu de nous donner du jour dans les ténèbres, nous font voir les ténèbres mêmes[1]. Au demeurant, on ne gagneroit rien qu'il y fît clair, parce que la poussière y crève les yeux : vous savez comme c'est chose importune et fâcheuse en lieu découvert. Jugez ce que ce peut être sous cette caverne, où la poudre se tourbillonne en soi-même, et n'ayant par où sortir, retourne contre ceux qui la font émouvoir. Je souffris tout ensemble deux incommodités contraires : en même jour et en même chemin je fus travaillé de fange et de poussière; et cependant cette obscurité même me donna du sujet de m'entretenir. Il me fut avis que je reçus quelque coup en l'âme; et quoique je n'eusse point de peur, si ne pus-je faire que l'ordure et la nouveauté d'une chose inaccoutumée ne m'apportassent de l'altération. Je ne veux pas à cette heure parler de moi, qui suis bien loin d'une suffisance passable, tant s'en faut que j'en aie une parfaite; mais je vous dirai que l'homme le plus assuré du monde, et sur qui la fortune aura le moins de jurisdiction, n'y sauroit passer que son esprit n'ait quelque atteinte, et que le visage ne lui change de couleur. Il y a des choses, Lucilius, où toute la vertu perdra sa force et cédera, quelque résistance qu'il fasse, à l'avertissement que nature lui donne de sa mortalité : pour ce, vous le verrez incontinent se refrogner et frémir aux

---

1. *A ceromate*, dit Sénèque, *nos haphe excepit in crypta Neapolitana. Nihil illo carcere longius; nihil illis faucibus obscurius, quæ nobis præstant, non ut per tenebras videamus, sed ut ipsas.* Au lieu de la leçon *faucibus*, que Malherbe a suivie, quelques éditions donnent *facibus*.

choses subites. Si de quelque haute falaise il regarde la mer en bas, il s'éblouira. Cela ne se doit pas appeler crainte : c'est une affection naturelle, inexpugnable à tout discours de raison. De là vient qu'il se trouve assez de vaillants hommes être prêts à toutes occasions d'épandre leur sang, qui cependant n'ont point le courage de regarder celui d'un autre. Les uns s'évanouissent s'ils voient une plaie qui vienne d'être faite; les autres auront mal au cœur d'une qui sera déjà vieille et purulente. Il s'en trouveroit même qui seroient plus hardis à recevoir une épée qu'à la regarder. C'est pourquoi je vous ai dit que je n'eus point de peur, mais seulement quelque altération.

II. Je ne revis pas sitôt la lumière que je me sentis je ne sais comment réjoui, sans y penser ni sans en avoir intention; et alors je me mis à discourir en moi-même quelle folie c'étoit de craindre une chose plus ou moins que l'autre, puisque toutes ont une pareille fin. Car quelle différence faites-vous d'être assommé de la chute d'une montagne, ou d'une tour? Il n'y en a point, et toutefois il s'en trouvera qui craindront cette ruine plus que l'autre, combien que toutes les deux nous fassent mourir également; mais c'est que l'appréhension considère plutôt les causes que les effets. Vous pensez à cette heure que, selon l'opinion des Stoïques, je veuille dire que l'âme d'un homme accablé sous une si grande pesanteur demeure éparse dans ses membres, pour ne trouver par où sortir. Ce n'est pas ce que je veux faire : je trouve de l'abus en cette opinion; car comme la flamme ne peut être accablée, pource qu'elle échappe autour de ce qui la presse, et que l'air, quelques coups qu'on lui donne de pointe ou de taille, n'est ni blessé ni coupé, mais se répand à l'entour de ce qui le fait retirer, ainsi l'âme, qui est d'une substance plus simple et plus déliée que nulle autre, ne peut être ni surprise ni écrasée dans le corps, mais par le bénéfice de sa nature subtile est poussée dehors par les choses mêmes qui la semblent accabler.

III. Comme la foudre, après avoir fait un grand éclair et quelque ruine notable, s'en retourne par un petit trou, l'âme tout de même, plus subtile que le feu, passe par la plus dense partie du corps, et trouve de l'ouverture assez pour échapper. Toute la question est si elle est immortelle. Cette doute vidée, tenez pour assuré qu'il n'est point de genre de mort qui la puisse faire mourir : l'immortalité n'a point d'exception, et le privilège des choses éternelles, c'est qu'il n'y a rien qui les puisse offenser.

## ÉPÎTRE LVIII.

ARGUMENT. — I. Divers raisonnements de l'auteur, tirés de la philosophie d'Aristote et de Platon. — II. Les choses que nous voyons et que nous touchons ne sont pas au nombre de celles qui ont être, parce qu'elles finissent à chaque moment. — III. Que notre âme doit continuellement vaquer à la méditation de Dieu et non pas du monde. — IV. Pour vivre longuement il faut quitter les voluptés. — V. Si la vieillesse apporte un si grand dégoût qu'on doive desirer la mort en cet âge-là.

I. Je n'avois jamais tant reconnu la faute[1] que nous avons de mots comme j'ai fait aujourd'hui. Nous sommes tombés en propos de Platon, et là-dessus il s'est offert une infinité de choses qui avoient besoin de noms, et cependant n'en avoient point; et d'autres qui aux

1. *La faute*, le manque.

autres siècles en avoient eu, et par le dégoût du nôtre les avoient perdus. Je vous laisse à penser comme c'est chose supportable en un bélître[1] d'être friand[2].

. . . . . . . . . . . . . . . . .

. . . . . . . . . . . . . . . . .

Combien estimez-vous que dans Ennius et Attius il y a de mots changés et gâtés, puisqu'en Virgile même, que nous avons tous les jours entre les mains, il s'en trouve qu'on fait difficulté de recevoir? Si vous me demandez à quelle fin je fais ce préambule, je le vous dirai. C'est que je vous veux faire trouver bon que j'use du mot d'*essence* : aussi bien veuillez-vous, ou non, je suis résolu d'en user. Cicéron est celui qui l'a mis au monde. Je pense que vous ne voudrez pas meilleur témoignage que le sien. Si vous en voulez un plus récent, je vous alléguerai Fabianus, homme disert[3], élégant, et si curieux en l'élection des paroles, que peut-être il en est moins agréable; car autrement, Lucilius, comme voudriez-vous que je nommasse οὐσία une chose nécessaire, qui comprend la nature et est le fondement de toutes choses? Donnez donc votre sauf-conduit à mon mot d'essence, et cependant, quelque congé que vous me donniez, je n'en userai que le moins qu'il me sera possible, et peut-être me contenterai-je d'avoir eu congé d'en user. Le fruit de votre bonté sera que je sortirai d'un bourbier qui m'a fait dire des injures à notre langue, de laquelle vous connoîtrez encore mieux la misère, si je vous dis une syllabe qu'il est impossible de traduire. Demandez-vous qui elle est? C'est τὸ ὄν. Vous m'estimerez bien grossier,

---

1. *Quis autem ferat*, dit le latin, *in egestate fastidium?*
2. La traduction de Malherbe offre ici dans toutes les éditions une lacune assez considérable.
3. *Disertus*. Les éditions de 1639 et de 1645 portent par erreur *discret*.

et qu'il n'est rien si aisé que de l'interpréter par *ce qui est;* mais je trouve bien à dire de l'un à l'autre. Premièrement, je suis contraint de mettre un verbe pour un nom. Toutefois, s'il me fait besoin, je m'en servirai. Un de mes amis, et fort savant homme, disoit aujourd'hui que Platon le prenoit en six diverses significations. Je les vous dirai toutes, après que je vous aurai montré qu'il y a un genre; car pour cette heure nous cherchons ce premier genre où toutes les espèces sont comme suspendues, d'où naît toute division, et sous lequel toutes choses sont comprises. Le moyen de le trouver, c'est de prendre toutes choses en remontant, et de cette façon nous arriverons à ce qui est le premier. L'homme est une espèce, comme dit Aristote. Le cheval et le chien sont espèces. Il faut donc trouver quelque lien qui leur soit commun à tous et qui les comprenne sous soi. Que sera-ce? Animal. Animal est donc le genre de tout ce que je viens de dire, d'un homme, d'un cheval et d'un chien. Mais il y a des choses qui ont âme et ne se peuvent nommer animaux; car on tient que les semences et les arbres ont âme : aussi disons-nous qu'ils vivent et qu'ils meurent. Les choses animées seront donc par-dessus, et comprendront sous soi les animaux et les plantes. Mais il est des choses qui n'ont point d'âme, comme les pierres. Il faut donc trouver quelque chose plus générale que les animées, qui sera le corps, et dire qu'il est des corps animés et d'autres inanimés. Mais encore il y a quelque chose au-dessus; car nous disons qu'il est des choses corporelles et d'autres incorporelles. D'où sera-ce donc que nous les tirerons? De ce qu'assez improprement je viens de nommer *ce qui est.* Et voici la division que nous en ferons : ce qui est est corporel ou incorporel. C'est donc le premier et le plus ancien genre de tous les autres; et s'il le faut ainsi dire, le genre général. Les autres sont bien genres; mais ce sont genres spéciaux, comme l'homme se peut dire genre; car il a sous soi les espèces des nations : les Grecs, les Romains, les Parthes; les couleurs, blancs, noirs, blonds. Il y a puis après chaque particulier, Caton, Cicéron, Lucrèce. Ainsi donc en tant qu'il en contient d'autres sous soi, nous l'appelons genre; en tant qu'il est contenu sous un autre, nous disons qu'il est espèce. Ce genre, qui est général, n'a rien au-dessus de soi. C'est le principe des choses : tout est sous lui. Les Stoïques le veulent faire précéder par un autre, duquel je m'en vais parler, quand j'aurai montré qu'à bonne raison j'ai donné le premier rang à ce genre dont j'ai fait mention comme ayant les bras assez larges pour tout comprendre. Voici la division que je fais : ce qui est est corporel ou incorporel; il n'y a point de troisième. Des choses corporelles, les unes sont animées et les autres inanimées. Des animées, les unes ont esprit et âme, et s'appellent animaux, et les autres n'ont que l'âme seulement. Ou bien, les unes ont mouvement, marchent et passent; les autres sont fichées en terre, qui prennent nourriture et accroissement par des racines. Derechef, des animaux les uns sont mortels, et les autres immortels. Il y a quelques Stoïques qui font cettui-ci le premier genre, et je m'en vais vous dire sur quoi ils se fondent. Ils disent qu'en nature il y a des choses qui sont, et d'autres qui ne sont point. Du nombre de celles qui ne sont point sont les centaures, les géants et telles autres choses qui, bien qu'elles n'ayent point de substance, sont toutefois discernées par une forme que notre imagination leur a fait avoir[1].

Je reviens à cette heure à la promesse que je vous ai

---

[1]. Tel est le texte de l'édition de 1645; celle de 1639 donne : « leur a fait voir. »

faite de vous dire la division que fait Platon de tout ce qui est au monde, en six sortes de choses. Premièrement, il y a ce qui n'est ni visible, ni touchable, ni perceptible par aucun sentiment ; mais pource qu'il est genre, il est seulement objet de l'esprit, comme l'homme en général ne se voit point, si fait bien[1] en particulier, comme Cicéron et Caton. Un animal est chose qui ne se voit point ; mais un chien et un cheval, qui sont espèces, se voient. Platon met au second lieu les choses qui sont éminentes et relevées par-dessus les autres, et appelle cela *être par excellence* : comme *poëte* est un nom commun à tous ceux qui se mêlent de faire des vers ; et cependant entre les Grecs il ne s'entend aujourd'hui que d'un. Quand vous oyez dire le Poëte, pensez que c'est d'Homère qu'on parle. Qu'est-ce donc que nous pouvons dire être vraiment par excellence ? C'est Dieu, si grand et si puissant que tout est petit et foible auprès de lui. La troisième sorte est des choses de qui proprement on peut dire qu'elles sont. Elles sont innombrables et hors de notre vue ; et celles-là sont proprement le meuble de Platon[2]. Il les appelle *idées*, desquelles se fait, se prend, se forme tout ce que nous voyons au monde. Elles sont immortelles, immuables et inviolables. Je m'en vais vous dire que c'est qu'idée, ou pour le moins ce que Platon dit que c'est. Idée est l'exemplaire éternel des choses qui se font naturellement. J'interpréterai cette définition pour vous la faire mieux entendre. Je veux faire votre portrait. Vous êtes l'exemplaire de ma peinture, où mon esprit prend la forme qu'il donne à son ouvrage. Ainsi ce visage qui m'enseigne et qui m'instruit, et d'où je prends mon imitation, est une idée. Nature a de ces exemplaires de choses,

---

1. C'est-à-dire : mais bien.
2. *Propria Platonis supellex est*, dit Sénèque.

d'hommes, de poissons et d'arbres, un nombre infini, sur lesquels elle prend tout ce qu'elle veut produire. La quatrième sorte de choses, c'est ce qu'il appelle la figure. Je vous dirai que c'est; mais soyez attentif, et si vous treuvez la chose difficile, ne vous en prenez pas à moi, mais à Platon : il n'y a point de subtilité qui ne donne de la peine. Je me suis tantôt servi de la similitude du peintre. Voulant pourtraire Virgile, il le regardoit. Le visage de Virgile étoit l'idée et le patron de la besogne qu'il alloit faire. Ce que le peintre tire de cette idée pour l'employer en son ouvrage, c'est la figure. Demandez-vous quelle différence il y a? L'un est le patron, et l'autre la chose tirée sur le patron, et mise en la besogne. Le peintre en imite l'une, et fait l'autre. La face d'une statue, c'est la figure. La face du patron sur lequel le sculpteur a fait la statue, c'est l'idée. En voulez-vous une autre distinction? La figure est en l'ouvrage[1] et l'idée hors de l'ouvrage, et non-seulement hors de l'ouvrage, mais aussi devant l'ouvrage. La cinquième sorte est des choses qui sont communément. Celles-ci commencent de nous appartenir, comme les hommes, les bêtes, et toutes choses. La sixième est de celles qui sont presque, mais non du tout, comme le vide, et le temps.

II. Quant aux choses que nous voyons et que nous touchons, Platon ne les met pas au nombre de ce qui est proprement; car elles ont un flux perpétuel, et ne font que croître et diminuer. Personne n'est en vieillesse celui même qu'il étoit en jeunesse, ni au soir celui qu'il étoit au matin. Nos corps sont emportés comme l'eau d'une rivière : tout court avec le temps. Il n'y a rien de permanent en ce que nous voyons; et tandis que je sais

---

1. On lit ici dans toutes les éditions : « La figure en est l'ouvrage, » ce qui n'a pas de sens. Sénèque dit : *Idos* (εἶδος) *in opere est*.

que tout change, je suis changé moi-même. C'est ce que dit Héraclite : que jamais nous n'entrons deux fois en une même rivière. Elle a bien toujours le même nom, mais ce n'est plus l'eau qui y étoit. On ne s'aperçoit pas si bien de ce changement en un homme qu'en une rivière ; mais pourtant nous ne laissons pas de couler aussi vite, et pour ce je m'étonne de notre folie, de faire tant de cas d'une chose si fugitive comme le corps, et craindre de mourir un jour, vu que tous les moments de notre vie sont autant de morts de l'état où nous étions auparavant. Avez-vous peur que ce qui se fait tous les jours se fasse une fois? Je vous ai parlé de l'homme, qui est une matière fluide, caduque et sujette à toute sorte d'inconvénients ; mais parlons du monde. C'est une chose éternelle, et inexpugnable à tout accident ; et cependant il est sujet à mutation, et ne demeure pas en un état ; car encore qu'il continue d'avoir toutes les choses qu'il a eues, il les a d'autre façon qu'il ne les avoit ; ou bien elles vont d'un autre ordre. Me demandez-vous de quoi vous servira cette subtilité? De rien ; mais comme un graveur, qui a les yeux lassés de les avoir longuement tenus sur sa besogne, les jette sur quelque autre chose pour les soulager, ainsi devons-nous quelquefois nous relâcher l'esprit, et le réjouir par quelque divertissement. Toutefois en ce divertissement même, il ne faut pas être du tout oisif. Vous y trouverez de quoi faire votre profit, pourvu que vous y preniez garde. C'est chose que je pratique ordinairement, et ne lis rien de si éloigné de la philosophie, d'où je ne tâche de tirer quelque chose et le convertir à mon utilité. Que prendrai-je en ces discours que je viens de faire, qui ne touchent en façon du monde à la réformation des mœurs? Quelle correction de mes vices trouverai-je dans les idées de Platon? Quelle discipline à mes passions? Si je n'y trouve mieux, au moins y aurai-je appris que tous ces objets de nos sentiments, qui nous allument et nous irritent, n'ont point une essence véritable, mais sont fantômes, qui n'ont pris un visage que pour un temps. Il n'y a rien de stable ni de solide ; et cependant nous ne laissons pas de les desirer comme perpétuelles, et comme les devant posséder perpétuellement.

III. Nous avons une foiblesse qui nous fait arrêter à chaque pas : c'est à la considération de l'éternité qu'il faut envoyer nos âmes. Ce sont ces formes universelles, élevées au-dessus de nous, qu'il leur faut faire admirer, et Dieu au milieu d'elles, donnant ordre à faire vivre les choses, que pour le vice de la matière il n'a pu faire immortelles, et remédiant par sa prévoyance aux imperfections de ce qu'il a créé. L'ouvrage du monde ne se maintient pas pour être éternel[1] (car il ne l'est pas), mais pour la résistance que le soin de son conducteur fait à sa corruption. Les choses immortelles subsistent, même sans qu'on les défende : les mortelles sont en la protection de celui qui les a faites, qui par sa vertu leur donne ce que la fragilité de leur matière leur a dénié.

IV. Ne faisons point de cas des choses qui sont de si peu de prix, que même on révoque en doute si elles sont, et accompagnons cette considération d'une autre : c'est que si Dieu par sa providence fait vivre le monde, qui n'est non plus immortel que l'homme, et le soutient parmi tant de choses qui l'ébranlent, nous avons de notre côté quelque moyen de donner du répit à notre vie, si nous nous rendons maîtres de nos voluptés, et les bannissons de notre commerce, comme cause principale des incommodités ordinaires que nous souffrons en notre santé. Platon n'a vécu longtemps que par le soin qu'il eut de

---

1. *Pour être*, c'est-à-dire parce qu'il est.

se conserver ; car encore que naturellement il eût la complexion bonne, et que sa taille lui eût donné le nom qu'il avoit, ses voyages sur mer et les fortunes qu'il avoit courues avoient beaucoup diminué de sa vigueur. Mais il se rangea sous une abstinence si étroite, et se donna des lois si sévères en l'usage de tout ce qui sollicite nos desirs, qu'avec toute son indisposition il ne laissa pas de bien envieillir ; car je crois que vous savez bien qu'il véquit quatre-vingts et un an justement, et qu'il décéda le jour même qu'il étoit né. Pour cette observation, et pource qu'il avoit accompli le nombre le plus parfait de tous, qui est neuf fois neuf, les Mages qui fortuitement se trouvèrent alors en Athènes lui sacrifièrent, comme l'estimant avoir eu quelque chose au-dessus de la condition ordinaire de l'humanité. Mais je pense que quand il eût vécu quelques jours moins, et qu'ils ne lui eussent point fait de sacrifice, il ne s'en fût pas beaucoup soucié. Le bon régime et la sobriété ne sont pas de peu d'importance à nous faire vivre beaucoup. Ce n'est pas que la longue vie me semble chose qui doive être beaucoup desirée ; mais aussi ne suis-je pas d'avis de la refuser. Quand nous sommes gens de bien, nous avons du plaisir d'être avec nous.

V. Il faut donc vider cette question, si on se doit dégoûter des extrémités de la vieillesse, et laisser venir la mort au pas ordinaire, ou bien aller au-devant, et de sa main propre se la procurer. Je ne fais point beaucoup de différence entre craindre la mort, et l'attendre lâchement. C'est une ivrognerie extrême, après que le vin est bu, de boire encore la lie, comme si on se fâchoit qu'il demeurât quelque chose dans le tonneau. Toutefois c'est encore une dispute, si la vieillesse est la lie de l'âge de l'homme ; car on peut dire que c'est ce qu'il y a de plus clair et de plus net, au moins quand l'entendement est encore sain, que les sens font bien leur office, et que le corps n'est ni si perclus, ni si cassé, qu'il ne se puisse remuer : aussi est-il vrai qu'il y a bien différence de vivre longtemps, ou de mourir lentement. Mais si le corps est inutile à toutes fonctions, pourquoi ne tirerai-je l'esprit d'une demeure qui ne lui peut plus donner que de l'ennui? Et peut-être qu'il sera bon de le faire, un peu devant que l'occasion vous y convie, de peur que quand il le vous faudra faire, vous n'en ayez pas le moyen; car puisqu'il y a plus de danger à vivre mal qu'à mourir tôt, un homme a bien peu de jugement, qui par le raccourcissement de quelques jours n'évite le hasard d'un si grand inconvénient qui lui peut arriver. Vous n'en voyez guère à qui devant que mourir la vieillesse n'ait fait sentir quelque incommodité; et pour le meilleur marché que nous en ayons, la vie nous est inutile et ne nous sert non plus que si nous ne l'avions point. Mais d'ailleurs, quelle cruauté fait un homme de retrancher quelque portion de sa vie, encore qu'il sache bien qu'elle ne doit pas durer éternellement? Ne m'écoutez point à regret, comme si déjà ma parole s'adressoit à vous; mais comprenez bien ce que je vous vais dire. Si la vieillesse me laisse l'usage de moi-même, c'est-à-dire de la partie que j'ai meilleure en moi, je ne lui romprai point compagnie; mais si mon entendement se trouble, si le jugement et la mémoire me diminuent, et enfin si elle m'ôte la vie et ne me laisse rien que l'âme, je me dépêcherai de sortir d'un bâtiment qui s'en va choir. Pour une maladie dont la guérison n'est point désespérée et qui ne m'incommode point l'esprit, je ne me tuerai point; aussi ne ferai-je pour une douleur : mourir de cette façon, c'est être vaincu. Toutefois, si la douleur est incurable et qu'il la faille souffrir toute ma vie, je délogerai, non pour l'amour d'elle, mais pource que par elle je suis inutile aux actions pour lesquelles je suis au monde. Il ne faut ni mourir ni vivre pour la douleur. Il y a faute de courage en l'un, et de jugement en l'autre. Mais je me laisse emporter à ce discours, qui me servira de payement pour une autre fois. Et puis, comme pourroit mettre fin à sa vie celui qui ne la peut mettre à sa lettre? Adieu donc : je m'assure que je vous fais plus aise avec cette parole, qu'avec tout ce que je vous saurois dire de la mort.

## ÉPÎTRE LIX.

ARGUMENT. — I. Différence de la joie et de la volupté, suivant les Stoïques. — II. Le sage n'est jamais surpris. — III. D'ou vient que la folie est presque inséparable de l'homme, et le moyen d'y remédier. — IV. Qui doit être appelé sage. — V. La vraie joie ne se trouve point parmi les honneurs et les plaisirs du monde. — VI. Le sage est toujours content.

I. Votre lettre m'a bien donné de la volupté : trouvez bon que j'use des termes du peuple, et ne les prenez pas comme les Stoïques. La volupté, selon leur doctrine, est vice; je l'accorde. Mais si est-ce une parole que nous employons ordinairement, quand nous voulons dire que l'âme est en quelque agréable disposition. Je sais bien aussi que prenant les choses comme nous les prenons, la volupté est une chose déshonnête, et que la joie, à parler proprement, n'appartient qu'au sage seul, parce que c'est le rehaussement d'une âme assurée en sa vertu propre et en son propre bien. Toutefois nous disons ordinairement que nous avons eu bien de la joie que notre ami soit pourvu de quelque état, qu'il soit marié, que sa femme soit accouchée. Et toutefois ce sont si peu joies[1], que souvent ce sont au contraire commencements d'ennuis qui lui doivent advenir. La joie a ces qualités jointes si inséparablement avec elle, que jamais elle ne cesse, et jamais ne se change en son contraire. Quand donc Virgile dit *les mauvaises joies de l'âme*[2], il s'accommode à la beauté des paroles, plus qu'il n'en cherche la propriété; car il n'est point de mauvaise joie. Il a donné ce nom aux voluptés, et s'est fort bien exprimé; car il a voulu signifier des hommes joyeux de leur mal. Quoi qu'il en soit, ce n'est point sans cause que j'ai dit que votre lettre m'a donné bien de la volupté; car encore qu'un malhabile homme se puisse bien réjouir pour un juste sujet, toutefois pource que son affection est déréglée, et qui en un moment est capable de mutation, je l'appelle une volupté sans compas ni mesure, que l'opinion d'un faux bien lui fait avoir. Mais pour venir à mon propos, il faut que je vous die ce qui m'a contenté en votre lettre : c'est que vous êtes maître de votre discours. Il ne vous élève ni vous emporte que jusques où vous avez résolu d'aller. Il en est assez qui pour mettre un mot qui les chatouille, écriront des choses à quoi ils n'auront point pensé. Vous n'en êtes pas de même. Vous n'écrivez rien qui ne soit bien joint, et qui ne se rapporte à votre sujet. Vous dites autant qu'il vous plaît, et toutefois votre discours a encore plus de substance que de paroles. C'est un témoignage de quelque suffisance plus grande, et qu'en votre âme il n'y a rien de superflu, ni de bouffi. J'y trouve des translations[3], ni

---

1. L'édition de 1639 donne, par erreur évidemment : « Ce sont si peu de joies. » Nous avons suivi le texte de 1645 et de 1648.
2. *Énéide*, liv. VI, v. 278, 279.
3. *Translations*, métaphores. En latin : *translationes verborum*.

trop hardies, ni de mauvaise grâce, comme celles à qui l'usage a déjà baillé leur passe-port. J'y trouve aussi des figures, desquelles ceux qui nous défendent l'usage et ne les permettent qu'en vers, ne sont pas savants en la lecture des anciens ; car encore qu'ils ne cherchassent pas tant de recommandation par une élégance plausible, comme par un simple récit des choses et par une démonstration éloignée de tout artifice, si est-ce que vous ne voyez que des paraboles en leurs écrits. Il est vrai qu'elles ne nous sont pas nécessaires pour le sujet que les poëtes en usent, mais pour fortifier la foiblesse de ceux que nous voulons instruire, et leur représenter les choses si naïvement, qu'ils pensent plutôt les voir que les ouïr. Je me plais fort à lire Sextius : c'est un esprit vif, qui en sa philosophie a les paroles grecques et les fait romaines. J'y trouve une figure qui me contente fort. Il dit qu'en une armée, quand de toutes parts on se doute des ennemis, on la fait marcher en forme carrée, et que tout de même le sage doit tenir de tous côtés les vertus en bataille, afin qu'il ne lui puisse venir aucun effort sur les bras, qu'elles ne se trouvent prêtes à sa défense, et sans tumulte répondent au commandement qui leur sera fait. Il ajoute que cet ordre que donnent les grands capitaines en leurs troupes, de les disposer en sorte qu'en même temps une parole soit portée partout, nous est d'autant plus nécessaire que bien souvent ils appréhendent sans occasion et sont plus assurés au chemin qui leur est le plus suspect. Mais où est la folie, la peur y est perpétuelle ; l'épouvante y est devant comme derrière, à main droite comme à main gauche. Les périls la suivent et la précèdent. Elle s'étonne de tout, parce qu'elle ne pourvoit à rien, et prend l'alarme de ceux mêmes qui viennent à sa défense, pour ne les savoir distinguer de ses ennemis.

II. Un homme sage est toujours en cervelle[1]. De quelque côté qu'on l'attaque, on ne le trouve jamais que l'épée à la main. Que la fortune vienne quand il lui plaira; qu'elle lui ôte ses biens; qu'elle envoie sa femme et ses enfants au tombeau; qu'elle lui fasse recevoir des affronts et l'afflige en sa personne de toutes les douleurs qu'il est possible de sentir : il n'en fera pas un pas en arrière. Au contraire, avec une assurance au visage qui témoignera celle du cœur, il marchera vers elle, et sera plus tôt aux mains qu'elle n'aura fait semblant de s'approcher. Nous avons beaucoup de choses qui nous retiennent, beaucoup qui nous affoiblissent. Il y a longtemps que nous sommes sales; il est malaisé de nous nettoyer : ce ne sont point taches ordinaires que les nôtres; elles sont à l'huile[2].

III. Je m'en vais proposer une question que je dispute ordinairement en moi-même. D'où vient que la folie est si opiniâtrément attachée avec nous, que presque elle en est inséparable? Premièrement, c'est que nous n'apportons pas le courage qu'il faut à la repousser, et recherchons notre salut d'une façon qu'il semble que nous ayons peur de le trouver. Secondement, nous ne croyons pas à bon escient aux préceptes que nous ont donnés les hommes sages, et ne leur ouvrons pas l'estomac[3]; mais comme en choses qui ne nous touchent guère, pensons avoir assez fait quand nous les avons regardés par-dessus. Mais aussi comme pourroit un homme apprendre à faire la guerre aux vices, vu qu'il ne peut vaquer aux choses louables qu'autant que les vices ne le tiennent point occupé? Nous ne mettons jamais la main au fond : il nous suffit

---

1. C'est-à-dire en éveil. Le latin porte : *Sapiens autem ad omnem incursum munitus est et intentus.*

2. Il y a dans le latin : *Non enim inquinati sumus, sed infecti.*

3. En latin : *Nec apertis pectoribus haurimus.*

d'écumer le dessus, et pensons faire tort à nos autres affaires, si nous prenons quelque heure pour apprendre à nous faire gens de bien. Le principal empêchement que nous ayons, c'est que légèrement et avec peu de sujet nous entrons en bonne opinion de notre mérite. Si quelqu'un nous dit que nous sommes honnêtes gens, que nous avons bon jugement et bonne conscience, nous nous y accordons tout aussitôt, et ne nous contentons pas d'une louange où il y ait de l'apparence; mais quoi que la flatterie nous amasse impudemment à nos oreilles, nous le recevons comme chose qui nous appartient. Nous savons bien que nous ne sommes ni si bons ni si sages comme on nous veut faire accroire; mais cependant nous ne donnons jamais de démenti là-dessus; et qui pis est, sommes tellement aveuglés de l'amour de nous-mêmes, qu'il n'y a rien de quoi plus volontiers nous nous oyons louer que de ce qui est directement contraire à ce que nous faisons. Sommes-nous cruels? nous voulons qu'on propose[1] notre humanité. Vivons-nous de rapines? nous voulons qu'on die que nous donnons tout. Sommes-nous toujours ou dans un cabaret ou dans un bordeau? nous voulons qu'on fasse cas de notre continence. Et de là vient que parce que nous croyons être les plus gens de bien du monde, nous ne pensons nullement à nous amender. Alexandre, comme il faisoit la guerre aux Indes, et saccageoit des peuples qui n'étoient pas seulement connus de leurs voisins, faisant le tour d'une ville qu'il assiégeoit, pour reconnoître l'endroit le plus foible de la muraille, il fut blessé d'un coup de flèche : toutefois il ne laissa point de continuer. Mais à quelque temps de là, comme la plaie se refroidissoit, pource que le sang ne couroit plus, elle commença à lui douloir[2] à bon escient.

---

1. *Proposer*, citer pour modèle. — 2. *Douloir*, causer de la douleur.

Étant donc contraint de se retirer : «Tout le monde, dit-il, me jure que je suis fils de Jupiter, mais cette blessure me fait bien connoître que je suis homme. » Faisons-en de même; et quand on nous flattera selon la mesure de nos qualités, disons : « Vous me voulez faire accroire que je suis un suffisant homme, mais je vois bien combien je recherche de choses inutiles, et combien j'en desire qui seroient ma ruine, si je les avois. Les bêtes mêmes ont plus de jugement que je n'en ai. La faim et la soif sont la mesure de leur manger et de leur boire, et je ne sais point encore combien il faut que je mange et boive pour me remplir. »

IV. Voulez-vous à cette heure que je vous montre que je ne suis pas sage ? Le sage est celui qui plein de joie au cœur et au visage, vide de toute appréhension et de tumulte, est aussi content de sa condition comme les Dieux sont de la leur. Examinez-vous à cette heure vous-même : si vous n'avez ennui quelconque qui vous trouble, si vous n'avez point d'espérance qui vous donne des inquiétudes, si jour et nuit votre âme est en pareille assiette, toujours relevée et toujours agréable à soi-même, vous pouvez dire que vous êtes arrivé jusques où la félicité de l'homme peut aller.

V. Mais si de toutes parts vous recherchez toutes sortes de voluptés, faites compte que vous avez aussi peu de sagesse que de joie. Quelque bonne volonté que vous ayez, vous vous abusez si parmi les richesses vous vous promettez d'y parvenir. Vous cherchez le contentement parmi les sollicitudes, quand vous le cherchez parmi les honneurs. Vous demandez des fleurs en une plante qui ne produit que des épines. La joie est le souhait général de tout le monde; mais le moyen d'en avoir une grande et permanente, personne ne le sait. L'un la cherche en la dissolution des festins, et en la superfluité des dépenses;

l'autre en la vanité des états[1], et d'avoir tout le peuple d'une ville à sa queue; l'autre aux bonnes grâces de sa maîtresse, et l'autre en l'ostentation des sciences, qui ne guérissent de rien. Toute cette manière de gens se laissent tromper à l'apparence de leurs passe-temps fugitifs et périssables, comme les ivrognes au vin, qui pour une plaisante humeur qui ne dure qu'une heure, leur donne des douleurs qui les accompagnent toute leur vie; ou comme les ambitieux aux acclamations favorables d'une multitude, qui leur ont coûté beaucoup jusques à cette heure et leur doivent encore plus coûter à l'avenir. Souvenez-vous donc que l'effet de la sagesse, c'est un contentement toujours égal à soi-même, et que nul accident n'est capable de diminuer. L'esprit du sage est comme l'état du monde : au-dessus de la lune le beau temps y est perpétuel.

VI. Vous savez donc à cette heure quelle occasion vous avez de vouloir être sage, pource que le sage n'est jamais sans contentement. Ce contentement ne lui vient que de ce qu'il sait bien qu'il est homme de bien. Il faut être juste, il faut être magnanime, il faut être tempérant; autrement il n'y a moyen d'être joyeux. Et quoi donc, les fols et les méchants ne se réjouissent-ils point? non plus que des lions quand ils ont trouvé quelque proie. Après que ces misérables toute la nuit se sont lassés de vin et de femmes, et se sont rendus aux voluptés par impuissance d'y fournir, ils s'écrient alors :

*Namque ut supremam falsa inter gaudia noctem*
*Egerimus, nosti*[2].

Tous gens débauchés passent la nuit en de fausses joies, et comme s'ils n'en devoient jamais passer d'autre. Cette

1. *Ex ambitione*, dit le latin.
2. Virgile, *Énéide*, liv. VI, v. 513, 514.

joie que goûtent les Dieux, et ceux qui les imitent, n'a jamais d'intermission ni de fin. Elle en auroit si elle étoit mendiée d'ailleurs. Mais pource qu'elle naît en eux-mêmes, elle ne dépend point d'une puissance étrangère. La fortune n'ôte point ce qu'elle n'a point donné.

## ÉPÎTRE LX.

ARGUMENT. — I. Il blâme les vœux que les parents font pour leurs enfants. — II. Contre la gourmandise et la somptuosité des festins.

I. Je me plains, je dispute, je me mets en colère. Encore vous desirez ce que votre nourrice, votre précepteur, ou votre mère vous ont desiré. Vous ne jugez pas encore combien ils vous ont desiré de mal. O que les vœux de ceux qui nous aiment nous sont contraires, et principalement quand le succès en est comme ils le souhaitent! Je ne m'étonne pas si d'un bout à l'autre notre vie est pleine de misères. Nous croissons entre les malédictions de nos pères et de nos mères.

II. Une fois en notre vie parlons aux Dieux, sans leur rien demander. Jusques à quand sommes-nous résolus de les importuner, comme si nous n'avions de quoi nous nourrir? Ne ferons-nous jamais autre métier que semer les champs de toute une contrée? Quand serons-nous lassés de tant de moissons? Jusques à quand sera-ce qu'une infinité de barques iront aux provinces étrangères, chercher la provision d'une seule table? Peu d'arpents de terre fournissent de la pâture pour[1] un bœuf;

---

1. Fournissent de la pâture assez pour.... (*Édition de* 1648.)

une forêt donne à vivre à plusieurs éléphants : et l'homme pour sa nourriture bien à peine se contente de la terre et de la mer? Et quoi donc? dirons-nous que la nature, qui nous a fait le corps si petit, nous ait donné des ventres insatiables, afin que les animaux les plus vastes et les plus voraces qui soient au monde, nous cèdent la gloire de gourmander[1]? Nullement. Que pensez-vous qu'il faille pour contenter nature? Elle est soûle de peu de chose. C'est l'ambition qui nous fait dépendre[2], et non point la faim. Mettons donc, comme Salluste, ces hommes qui se font esclaves de leur bouche au nombre des bêtes, et quelques-uns encore non au nombre des bêtes, mais au nombre des morts. User de soi, c'est ce qui se doit appeler vivre. Ceux qui se cachent sont en leur maison en un cercueil[3]. Vous pouvez faire cette inscription en un marbre au-dessus de leur porte. Ils sont morts avant que mourir.

## ÉPÎTRE LXI.

Argument. — I. Nous devons penser à bien vivre en jeunesse, et à bien mourir en vieillesse. — II. Le sage n'apporte aucune résistance à la mort, puisqu'elle doit nécessairement arriver.

I. Il est temps d'avoir de meilleures volontés à l'avenir que nous n'avons eu par le passé. Quant à moi, à cette heure que je suis vieil, tout le soin que j'ai, c'est de faire connoître que je ne veux plus ce que je voulois quand j'étois jeune. Je donne les jours et les nuits à cette méditation. Toute l'étude que je fais, et toute la besogne où

---

1. *Gourmander*, se livrer à la gourmandise.
2. *Dépendre*, dépenser.
3. Comme en un cercueil. (*Édition de* 1645.)

je m'occupe, c'est à mettre une fin aux affections vicieuses auxquelles je me suis laissé conduire par ci-devant. Je tâche de faire en sorte que le jour où je suis me tienne lieu de toute ma vie. Je ne le prends pas pourtant comme le dernier, mais comme le pouvant être. A cette heure même que je vous écris, je me tiens en état, comme si la mort me devoit appeler. Je suis toujours prêt de partir ; et le peu de soin que j'ai combien je dois vivre [1] est occasion que je vis content. Autrefois j'ai pensé à bien vivre : à cette heure je pense à bien mourir. Or bien mourir, c'est mourir sans regret.

II. Donnez ordre que, s'il est possible, vous ne fassiez jamais rien contre votre gré. Tout ce qui doit être sera. La nécessité n'est que pour celui qui répugne ; il n'y en a point pour celui qui consent. Je veux dire que quiconque volontairement obéit à ce qu'on lui commande, évite ce qu'il y a d'insupportable en la servitude, qui est de faire ce qu'on ne veut pas. Il n'y a point de misère à faire une chose par commandement : oui bien à la faire par contrainte. Réglons donc notre âme d'une façon que, s'il faut que quelque chose advienne, nous nous y accordions aussitôt, et surtout que le souvenir de sortir du monde ne nous afflige point. Il se faut préparer à mourir premier qu'à vivre. Si nous n'étions insatiables, nous avons des provisions assez pour la vie. Mais toujours il nous semble et toujours nous semblera qu'il nous manque quelque chose. Les ans ni les jours ne font point la longue vie, mais la bonne disposition de l'esprit. Pour moi, Lucilius, je me contente ; quand la mort voudra que je parte, je ne répondrai point que je n'ai pas assez vécu.

---

1. C'est-à-dire : et je m'inquiète si peu du temps que j'ai encore à vivre. En latin : *quia quamdiu futurum hoc sit minimi pendo.*

## ÉPÎTRE LXII.

Argument. — I. Le sage n'est jamais occupé, parce qu'il ne s'attache point aux choses; il s'y prête. — II. Celui a tout, qui méprise tout.

I. C'est une moquerie de dire que les occupations nous empêchent d'étudier. Nous faisons la plupart semblant d'avoir des affaires. Ceux qui en ont les augmentent, et ceux qui n'en ont point sont en peine d'en trouver. Pour moi, Lucilius, je suis de loisir, et en quelque part que je sois je suis à moi. Je me prête aux choses, mais je ne m'y attache pas, ni ne cherche point les occasions de perdre le temps. Je me donne partout de l'entretien, et toujours occupe mon esprit à quelque méditation qui me puisse apporter quelque profit. Pour être avec mes amis, je ne suis pas moins avec moi. Bien souvent, ou pour faire un office, ou pour quelque autre occasion, je me trouve en des compagnies où je ne suis pas. J'envoie mon esprit à la communication de quelque homme de bien, en quelque lieu qu'il soit, et de quelque siècle qu'il ait été. Je ne vais en part[1] où je ne mène Démétrius avec moi. C'est le meilleur homme qui soit au monde. Aussi quelque nu qu'il soit, je quitte ceux qui sont couverts de clinquants, pour m'entretenir avec lui. Je ne le regarde jamais qu'avec admiration. Mais comme seroit-il possible autrement? Je vois qu'il ne lui manque rien.

II. Quelque autre que lui pourroit bien tout mépriser; mais d'avoir tout, c'est une richesse qui ne se trouve qu'en lui seul. Le plus court chemin d'avoir des biens,

---

1. *En part*, voyez p. 328, note 1.

c'est de les mépriser. Quant à Démétrius, il ne vit pas comme les méprisant, mais comme les ayant baillés aux autres pour en user.

## ÉPÎTRE LXIII.

ARGUMENT. — I. Qu'il ne faut pas s'affliger démesurément en la mort d'un ami. — II. Le pleurer excessif est plutôt marque de vanité, et de vouloir être estimé affligé, que d'une vraie amitié. — III. Le temps est un remède aux ennuis que la raison n'a pu guérir. — IV. Sénèque se blâme soi-même de s'être laissé vaincre à la douleur, en la mort d'Annéus Sérénus.

I. Vous vous affligez de la mort de votre ami Flaccus. Mais si faut-il que votre douleur ait des bornes. Je sais bien que vous ferez mieux de ne vous en fâcher du tout point. Toutefois c'est chose que je ne m'ose promettre de vous, parce que cette résolution est d'un homme plus ferme, et plus relevé sur la fortune que vous n'êtes. Je ne dis pas que cet accident n'eût touché le plus sage qui soit au monde; mais il n'eût fait que le toucher. Pour nous, nous faisons beaucoup, quand n'ayant pas de la force assez pour ne pleurer point, nous en avons assez pour ne pleurer que de mesure. Puisqu'il est impossible qu'on n'ait de l'eau dans les yeux en la perte d'un ami, pour le moins il n'y faut pas avoir des rivières; il faut qu'il sorte des larmes, mais non pas la bonde[1]. Ne pensez point que ma lettre soit trop rigoureuse, vu que le plus grand des poëtes grecs, veut que tout deuil s'achève en un jour, et remarque même que Niobé, une des plus désolées

---

1. Sénèque dit simplement : *Nec sicci sint oculi amisso amico, nec fluant; lacrimandum est, non plorandum.*

femmes qui fut jamais, n'oublia point de manger en son affliction.

II. Voulez-vous savoir d'où viennent tant de lamentations, et de gémissements démesurés ? Nous voulons prouver que nous sommes extrêmement ennuyés de la perte que nous avons faite, et ne nous lâchons pas tant à la douleur pour la douleur même, comme pour donner opinion que nous en avons beaucoup. Nous ne sommes point tristes pour nous, mais pour autrui. Nos douleurs ont leur vanité, comme nos autres actions. Et quoi donc? ne me souviendrai-je point de mon ami? La mémoire que vous en aurez ne sera guère longue, si vous la bornez à votre douleur. Vous êtes bien triste et bien rechigné. Mais vous ne laisserez pas de rire au premier sujet qui s'en présentera. Je ne vous remets point à cette longueur du temps, qui cicatrise toutes plaies et rend les plus désolés capables de consolation. Je vous dis que vous ne serez pas sitôt diverti[1] que vous ne perdiez ce que vous avez de triste en l'imagination. Vous gardez à cette heure votre douleur : soyez-y si vigilant que vous voudrez, il faut qu'elle échappe, et sa violence même sera ce qui la fera moins durer. Trouvons moyen que la souvenance de ceux que nous avons perdus nous soit agréable. Il n'y a personne qui se représente volontiers une chose qui le fâche. Toutefois, s'il ne se peut faire que nous voyant privés à jamais des personnes qui nous étoient chères, nous ne nous en ramentevions la perte sans quelque amertume, faisons, s'il est possible, qu'en cette amertume même il y ait quelque douceur; car, comme soûloit dire Attalus, la mémoire des amis nous est agréable, comme l'austérité[2] du vin vieil, ou comme une douce aigreur en une pomme ; mais enfin le temps en ôte ce qu'il

---

1. *Diverti*, distrait. — 2. Il y a dans le latin *amaritudo*.

y a de rude, et ne nous en laisse que le plaisir tout pur. Si nous le croyons, nous mangeons du sucre et des confitures, quand nous nous ramentevons nos amis qui se portent bien ; mais en la mémoire de ceux qui sont morts, on ne peut, à son avis, se réjouir sans s'affliger. Or qui est-ce qui ne sait point que les choses âcres et mordicantes excitent l'appétit? Quant à moi je ne suis pas de son opinion. La souvenance de mes amis décédés m'est toute douce. Je n'y trouve rien d'aigre, ni rien d'amer. Quand je les ai, je pense les pouvoir perdre; quand je les perds, je pense les avoir encore. Vous êtes homme raisonnable, Lucilius : jugez de ce fait comme vous devez. Ne soyez point ingrat d'un bien que la fortune vous a fait. Elle vous a ôté un ami, mais elle vous l'avoit donné. Cette incertitude de ne savoir combien nous devons jouir de nos amis nous en doit faire jouir plus avidement. Représentons-nous combien de fois nous les laissons pour aller en quelque long voyage; combien demeurant en même lieu, nous avons passé de jours sans les voir, et nous trouverons que quand ils vivoient ils n'étoient pas si souvent en notre compagnie comme à cette heure qu'ils sont morts. Mais comme est-il possible de ne se moquer point de ceux qui pleurent désespérément leurs amis, après les avoir possédés nonchalamment, et ne les aiment qu'après les avoir perdus? La peur qu'ils ont qu'on révoque en doute s'ils ont aimé, parce qu'ils n'en ont jamais fait preuve, les fait pleurer de cette façon. Ils attendent bien tard à faire paroître leur affection. Si nous avons d'autres amis, nous leur faisons tort de penser qu'il n'y ait pas en eux de quoi se consoler de celui que nous avons perdu. Si nous n'en avons point, nous avons plus à nous plaindre de nous que de la fortune. Elle nous a ôté un ami, et nous n'en avons point fait du tout. Et puis qui n'a eu qu'un ami, n'en a point eu. Si quelqu'un, à qui on auroit dérobé son manteau, s'amusoit à le pleurer, au lieu de chercher de quoi se couvrir les épaules et se parer du froid, ne diriez-vous pas qu'il n'auroit point d'entendement? Vous avez mis en terre un homme que vous aimiez; le remède est d'en aimer un autre, vous aurez moins de peine à refaire un ami qu'à le pleurer.

III. Je sais que ce que je vous vais dire est en la bouche de tout le monde; mais pour cela je ne laisserai pas de l'alléguer. Le temps est le remède indubitable des ennuis que la raison ne peut guérir. La plus vilaine fin qu'un homme de jugement sauroit mettre à ses larmes, c'est la lassitude de pleurer. Laissez la douleur, plutôt que la douleur vous laisse; et de bonne heure cessez de faire une chose que vous ne pouvez continuer longtemps, quelque volonté que vous en ayez. Nos pères, qui bailloient un an aux femmes pour pleurer, ne vouloient pas qu'elles pleurassent tout du long de l'année, mais leur défendoient de pleurer plus d'un an. Quant aux hommes, les lois ne leur en donnent point de terme, pource qu'ils ne le peuvent si peu faire que toujours il n'y aille de leur honneur; et encore avec cette fragilité des femmes, laquelle est-ce de toutes celles qui s'attachent à leurs maris morts, et qui se veuillent jeter dans la fosse[1], de qui les larmes aient continué jusqu'au bout du premier mois? Il n'y a rien qui nous attriste sitôt que la douleur. Quand elle est récente, il se trouve quelques gens qui la consolent; mais quand elle est vieille, le monde s'en moque, et justement; car il y a de la simulation, ou de la folie.

IV. Je sais bien, quoi que je vous écrive, que jamais

---

1. Dans Sénèque, bien entendu, il n'est question que de bûcher, *vix a rogo detractis*.

homme ne fut inconsolable, comme je fus en la mort d'Annéus Sérénus, et qu'à mon grand regret on me met entre les exemples de ceux que la douleur a vaincus. Toutefois aujourd'hui je condamne ma faute, et reconnois bien que cette affliction si démesurée venoit de ce que jamais je ne m'étois représenté qu'il pouvoit mourir devant moi. Tout ce que je m'imaginois, c'étoit qu'il étoit bien plus jeune que je n'étois. Et comme si les destins eussent compté les âges, je ne doutois point que je n'allasse au tombeau premier que lui. Le remède à cet inconvénient, c'est d'avoir toujours cette considération devant les yeux, que nous sommes mortels, et que nous n'avons rien qui ne le soit. Je devois dire alors : « Sérénus est plus jeune que moi; qu'importe? il doit mourir après moi, mais il peut mourir devant. » A faute de m'être préparé de cette façon, la fortune m'a surpris et m'a donné cette secousse qui m'a pensé faire choir. A cette heure je n'ai jamais autre méditation en l'âme que la nécessité de quitter le monde, et l'incertitude à quelle heure, et par quelle porte il en faudra sortir. Tout ce qui peut arriver quelquefois peut arriver aujourd'hui. Pensons donc, Lucilius, que nous irons bientôt nous-mêmes là où nous avons regret qu'il soit allé, et peut-être, si selon l'opinion des sages il y a quelque vie qui nous reçoive au partir de celle-ci, celui que nous pensons être mort n'a fait que nous précéder.

## ÉPÎTRE LXIV.

Argument. — I. Les préceptes de la philosophie bien entendus sont des remèdes aux maladies de l'âme. — II. Il faut honorer ceux qui nous ont frayé le chemin à bien vivre.

Vous fûtes hier avec nous. Si vous n'y aviez été ni plus tôt ni plus souvent, vous auriez sujet de vous plaindre. C'est pourquoi j'ai dit avec nous; car avec moi, vous y êtes perpétuellement. Il m'étoit survenu quelques amis, pour lesquels il falloit faire un peu plus de fumée que de coutume, non toutefois tant comme celle des grandes cuisines, qui met les sentinelles d'une ville en alarme; mais assez pour faire connoître que j'avois des hôtes. Nous parlâmes de beaucoup de choses, comme font des amis qui mangent ensemble; mais d'un propos nous passions à l'autre, sans en continuer un jusqu'à la fin. Après cela nous nous mîmes à lire dans Q. Sextius le père. Sans mentir, je trouve que c'est un grand homme, et stoïque, quoiqu'il y en ait qui ne le veulent pas avouer. Bon Dieu, que je le trouve nerveux! que je le trouve relevé! Les écrits des autres philosophes ne sont pas de même. Toute leur recommandation vient du nom de leur maître; au demeurant ouvrez-les, vous n'y trouverez pas une goutte de sang. Ils proposent, ils disputent, ils cherchent des subtilités; mais au partir de là, vous en sortez avec si peu de résolution que vous en avez apporté. Mais de Sextius, vous n'en sauriez si peu lire que tout aussitôt vous ne disiez : « Il a de la vie, il a de la vigueur; il est libre, il est au-dessus de l'homme; c'est à cette heure que je me sens du courage et de la force. » Quant à moi, je vous confesserai librement qu'en quelque posture que soit mon âme, je n'ai pas sitôt commencé de le lire, qu'il ne me prenne envie de provoquer tout ce qu'il y a de malheur au monde, et de faire un appel à la fortune même. Je pense être en la place de cettui-ci qui dans Virgile demande un sujet de faire paroître sa valeur :

> *Spumantemque dari pecora inter inertia votis*
> *Optat aprum, aut fulvum descendere monte leonem*[1].

Il faut que j'aie ou de l'occupation à ma valeur, ou de l'exercice à ma patience; car entre autres choses, Sextius a cela de particulier que, vous montrant combien est grande la félicité qu'il vous propose, par même moyen il vous fait connoître qu'il n'est point impossible d'y parvenir. Il la vous fait voir en un lieu haut, mais accessible à qui se voudra mettre en chemin. La vertu même fera que ses contentements vous sembleront des miracles, et cependant vous ne désespérez point de les avoir. Il faut avouer qu'il n'y a point d'occupation à qui je donne plus d'heures qu'à l'étude de la philosophie. Mais j'en suis comme du monde, que je regarde tous les jours avec autant d'ébahissement que si jamais je ne l'avois vu. Aussi toutes ses inventions et ses inventeurs me sont vénérables; il s'en faut saisir comme d'une succession commune : cela m'est acquis, cela est fait pour moi. Mais aussi devons-nous imiter le bon père de famille, et faire que par notre industrie cet héritage aille à la postérité, meilleur et plus riche que nous ne l'avons reçu. On nous a bien laissé de la besogne : nous en laisserons bien à ceux qui viendront après nous. Et quiconque naîtra d'ici à mille siècles, s'il y prend peine il aura toujours moyen d'y ajouter quelque chose du sien. Mais quand les premiers auroient si exactement travaillé qu'il n'y auroit moyen de rien inventer après eux, il ne faut point craindre

---

[1] Virgile, *Énéide*, liv. IV, v. 158, 159.

qu'en la nouveauté seule d'user des inventions et en la dextérité de les disposer, il n'y ait toujours assez de matière pour les esprits que produiront les siècles futurs.

I. Faites compte qu'on nous a laissé des médicaments pour guérir les yeux : tout ce que vous avez à faire, sans en chercher d'autres, c'est de savoir bien appliquer ceux-ci, selon que le mal ou le temps le requerra. L'un est bon pour la démangeaison des yeux, l'autre pour la crassitude[1] des paupières, l'autre pour le divertissement d'une défluxion subite[2] ; l'autre éclaircit la vue. C'est à vous de les broyer, de choisir le temps d'en user, et de savoir la quantité qu'il en faut mettre de chacun. Les anciens nous ont laissé des remèdes pour la guérison de l'âme. C'est à nous maintenant de savoir quand et de quelle façon il les faut appliquer. Ceux qui nous ont précédés sont allés bien avant, mais non pas jusqu'au bout.

II. Quoi qu'il en soit, nous leur devons de l'admiration et sommes tenus de les révérer comme Dieux. Et quand nous aurions leurs portraits et que nous célébrerions leurs nativités, je ne pense pas que ce ne nous fût un grand aiguillon pour nous inciter à la vertu. Pour le moins en devons-nous toujours parler avec honneur et rendre à ces précepteurs universels du genre humain, et qui nous ont fait l'ouverture à des choses si profitables, le respect et la révérence que nous rendons à nos précepteurs particuliers. Si nous voyons venir un consul ou un préteur, nous lui ferons toutes les démonstrations qu'on fait aux personnes de leur mérite? nous mettrons vitement[3] pied à terre; nous nous découvrirons et leur quitterons le chemin? Et quand M. Caton, Lélius, Scipion, Socrate, Platon, Zénon et Cléanthe se présenteront à nous, nous

---

1. *Crassitude* (*crassitudo*), épaisseur.
2. *Divertissement*, détournement. — *Défluxion*, fluxion.
3. On lit *justement*, au lieu de *vitement*, dans l'édition de 1639.

les regarderons comme personnes vulgaires et ne ferons pas semblant de nous en émouvoir? Quant à moi, je proteste qu'ils me sont vénérables, et qu'on ne les nomme jamais en ma présence que je ne me lève pour leur faire honneur.

---

## ÉPÎTRE LXV.

ARGUMENT. — I. Combien il y a de principes des choses, suivant l'opinion de Platon, d'Aristote et des Stoïques. — II. Comment et pourquoi Dieu a créé le monde. — III. Que la méditation des premiers principes nous porte à la connoissance de Dieu et au desir d'être réunis à lui. — IV. Nous devons plutôt penser au bien de l'âme qu'à celui du corps.

Hier au matin j'étois un peu mal fait[1] : toutefois après midi cela s'étant passé, je me mis à lire; et par cet essai me trouvant assez en état de travailler, je voulus passer plus outre. J'avois en main un sujet assez difficile et de quoi j'étois résolu de venir à bout. Je commençai d'en écrire quelque chose et de m'y bander plus que je ne fais ordinairement. Là-dessus il me survint quelques amis qui m'ôtèrent de dessus la besogne, et me tancèrent comme un malade qui ne se garde pas, et qui ne fait point de cas de sa santé. Les discours furent mis en la place de l'écriture; et sur ce que nous ne pûmes pas demeurer d'accord de tout ce qui fut mis en avant, vous fûtes nommé pour arbitre; tellement que c'est à cette heure à vous de nous appointer[2]. Vous avez plus de besogne que vous ne pensez : il y a trois parties.

---

1. *Mal fait*, mal portant. *Hesternum diem divisi cum mala valetudine*, dit le latin.

2. C'est-à-dire : de nous mettre d'accord.

# ÉPÎTRE LXV.

I. Nos Stoïques, comme vous savez, font deux principes de toutes choses, la cause et la matière. La matière demeure oisive et ne fait qu'attendre qu'on la mette en œuvre; mais au reste elle ne bougera, si personne ne la bouge. Or la cause, c'est-à-dire la raison, donne forme à la matière et la tourne comme bon lui semble : d'où vient toute cette diversité d'ouvrages que nous voyons. Il faut donc qu'en une chose il y ait ce de quoi elle est faite, et ce qui la fait : l'un, la cause, et l'autre, la matière. Toute science est une imitation de la nature, et pour ce rapportons ce que j'ai dit de l'ouvrage de l'univers à ce qui est de l'opération particulière de l'homme. En une statue il a fallu qu'il y ait eu de la matière qui reçût l'artifice[1], et un artisan qui donnât un visage à la matière. En la statue donc[2] le bronze a été la matière, la cause, l'ouvrier. Toutes autres choses en sont de même. Elles sont composées de ce qui est fait et de ce qui fait. Les Stoïques ne reconnoissent point d'autre cause que ce qui fait. Aristote en met de trois sortes : la première, la matière, sans laquelle rien ne se fait; la seconde, l'ouvrier; et la troisième, la forme, qui est donnée aux ouvrages, comme à une statue, et l'appelle εἶδος. Il y ajoute encore une quatrième, qui est l'intention de l'ouvrage. Je m'en vais vous dire ce que c'est. Le bronze est la première cause de la statue; car pour la faire, il étoit nécessaire d'avoir ce de quoi elle devoit être faite. La seconde cause, c'est l'ouvrier; car ce bronze n'eût jamais été statue, sans la dextérité de quelque main capable de le

---

1. *L'artifice*, c'est-à-dire la mise en œuvre.
2. C'est évidemment là le texte de Malherbe. Sénèque dit : *Ergo in statua materia æs fuit*. Toutes les éditions que nous avons sous les yeux ont substitué par erreur *dont* à *donc*, et rattaché cette phrase à la précédente, dont elles ne la séparent que par une virgule : « Et un artisan qui donnât un visage à la matière, en la statue dont le bronze, etc. »

façonner. La troisième cause, c'est la forme; car on ne diroit point une statue à lance, une statue à diadème, si l'une n'avoit une lance, et l'autre un diadème. La quatrième cause, c'est le dessein de l'ouvrier, sans lequel il n'auroit point travaillé. Qu'appelez-vous le dessein? Ce qui a convié l'ouvrier et l'a mis en besogne, comme l'argent, s'il l'a faite pour la vendre, la gloire, s'il a cherché d'avoir de la réputation, ou la dévotion, si son but a été d'en faire une offrande à quelque temple; et pour ce, ce qui a été occasion de la faire se peut appeler cause. Ne pensez-vous point qu'entre les causes de l'ouvrage, il faille compter une chose sans laquelle l'ouvrage n'auroit point été fait? A ces quatre causes Platon en ajoute une cinquième, qu'il appelle idée. C'est le patron sur qui [1] l'ouvrier jette la vue, pour faire ce qu'il s'est proposé. Or il n'importe pas que le patron soit un objet extérieur que l'ouvrier tienne devant ses yeux, ou une conception intérieure qu'il se figure en l'esprit. Ces exemplaires de toutes choses, les nombres de tous les ouvrages qui sont faits, et leurs mesures, sont compris en l'intelligence de Dieu. Il est tout plein de ces figures, que Platon appelle idées immortelles, immuables, infatigables. C'est pourquoi l'homme est périssable; mais l'humanité sur laquelle est prise la forme de l'homme est permanente; et quoi qui advienne à l'homme, elle ne reçoit point d'altération. Il y a donc cinq causes, selon Platon : de quoi, par quoi, comme quoi, suivant quoi, et pourquoi; et enfin ce qui procède de toutes ces causes par leur assemblement : comme en la statue, puisque nous avons pris cet exemple, le de quoi, c'est le bronze; le par quoi, c'est l'ouvrier; le comme quoi, c'est la forme qui lui est

---

1. Dans l'édition de 1667 : « sur quoi, » comme à la fin du chapitre.

appropriée ; le suivant quoi, c'est le patron sur quoi l'ouvrier a travaillé ; le pourquoi, c'est l'intention de l'ouvrier ; ce qui en procède, c'est la statue.

II. Tout cela, comme dit Platon, se trouve en l'édifice du monde : Dieu est l'ouvrier ; ce de quoi il est fait, est la matière, la forme, l'agencement et l'ordre que nous y voyons ; le patron, cette imagination sur laquelle Dieu a conçu la merveille de son ouvrage ; l'intention, ce pour quoi il l'a fait. Vous me demanderez quelle peut avoir été son intention? Sa bonté ; pour le moins Platon le dit ainsi. Quelle cause a eu[1] Dieu de faire le monde? Il est bon, il a voulu faire des choses qui fussent bonnes. Celui qui est bon ne porte envie à rien qui soit bon. Voilà pourquoi il l'a fait le meilleur qu'il lui a été possible. Donnez donc à cette heure votre jugement et déclarez laquelle de ces opinions vous trouvez la plus vraisemblable : je ne dis pas la plus vraie, parce que le vrai est autant par-dessus nous que la vérité même. Cette multitude de causes, mises par Platon et par Aristote, comprend ou trop, ou trop peu. Que s'ils mettent au nombre des causes toutes choses généralement sans lesquelles l'ouvrage ne peut être fait, ils en ont nommé trop peu ; car il faut qu'ils y mettent le temps, puisque sans temps rien ne peut être fait. Il faut aussi qu'ils y mettent le lieu, parce qu'on ne peut faire une chose qu'il n'y ait un lieu pour la faire. Et faut enfin qu'ils y mettent le mouvement, parce que sans mouvement il ne se fait rien, sans mouvement rien ne se corrompt. Il y a des mouvements en tous arts ; et n'est possible qu'il se fasse mutation quelconque, qu'il ne se fasse du mouvement. Mais l'importance est de savoir qui est la cause première et générale. Il faut qu'elle soit simple ; car la matière l'est : vou-

---

1. On lit dans toutes les éditions : *a eu,* sans accord.

lons-nous savoir que c'est? c'est la raison opérante, c'est Dieu ; et pour ce, tout ce que je viens de nommer ne sont pas causes chacune à part soi ; mais elles dépendent toutes de la cause efficiente. Vous dites que la forme est une cause ; et je vous réponds que l'ouvrier la met en son ouvrage, et que par conséquent elle en est partie, et non pas cause. Il n'y a non plus de raison de dire que le patron soit cause : c'est un instrument nécessaire à la cause. Le patron est nécessaire à l'ouvrier, comme une lime, ou un ciseau. Sans lime et sans ciseau l'art ne peut travailler, et toutefois ce sont parties et non causes de l'art. Quant à l'intention de l'ouvrier que vous dites être une cause, encore que c'en fût une, ce n'est pas une cause efficiente, mais survenante, comme sont une infinité d'autres. Mais ce n'est pas de quoi nous avons affaire. Nous cherchons la cause générale ; car de dire avec eux que c'est tout le monde parfait et achevé comme il est, je n'y vois point d'apparence, et ne les trouve pas en cela si déliés comme ils ont accoutumé d'être ; car il y a différence entre l'ouvrage et la cause de l'ouvrage. Ou prononcez votre sentence, ou ce qui est le plus court en choses si difficiles, demandez temps de vous y résoudre, et nous dites que nous revenions une autre fois.

III. Vous me demanderez quel plaisir je prends à me tourmenter après des choses qui ne peuvent remédier à mes affections vicieuses, ni me faire perdre une seule de ces cupidités qui me travaillent. La première méditation que je fais, c'est du moyen de me mettre l'esprit en repos. Je ne regarde le monde qu'après que je me suis regardé. Mais pensez-vous que cette recherche même soit du tout infructueuse, et que le temps y soit entièrement perdu? Il n'y a point de doute que l'esprit ne se lasse de la charge qu'il porte, et qu'il ne demande de retourner à ce tout duquel il est partie. Ces considérations lui en donnent le moyen; mais l'importance est de n'en faire pas les pièces si petites, et d'y chercher autre chose que ces vaines subtilités. La pesanteur du corps est le supplice de l'âme. Il la presse et la tient en une prison où elle est en une misère perpétuelle, si par la considération des ouvrages de nature, la philosophie ne lui donne quelque relâche, et de la terre ne la fait aucunement approcher du ciel : c'est là qu'il est en sa liberté; c'est là qu'il se plaît de se pourmener, et que quelquefois se dérobant de sa garde, il répare en la contemplation des choses divines ce qu'il a accueilli de vicieux et de sale au commerce de l'humanité. Comme un artisan qui a les yeux lassés de quelque besogne délicate, s'il est logé en une maison sombre, et qui n'a que des vues empruntées, il sort en la rue, et se va pourmener par la ville en quelqu'un de ces lieux qui sont destinés à l'oisiveté du peuple, où il prend de l'air et du jour tout à son aise : ainsi l'esprit enfermé dans ce logis obscur et mélancolique, autant de fois qu'il peut échapper se tire en lieu découvert et se réjouit en la considération des merveilles de l'univers.

IV. Le sage et celui qui est après à l'être tiennent bien avec leurs corps, mais ce qu'ils ont de meilleur s'en éloigne, pour vaquer à la méditation des choses célestes; et faisant compte qu'il est au rôle d'une compagnie, il pense que ce qu'il vit, est sa solde[1]; et sans vouloir ni bien ni mal à la vie, se réduit à souffrir les inconvénients des choses mortelles, jusques à ce qu'il arrive en cette condition plus heureuse à laquelle il sait bien qu'il est réservé. Me voulez-vous détourner de la considération des œuvres de nature, et ne me laisser qu'une partie de ce que je puis avoir entier? Ne m'informerai-je point qui sont les principes des choses? qui est celui qui leur a donné leurs

---

1. En latin : *Velut sacramento rogatus, hoc quod vivit stipendium putat.*

formes, et d'une masse lourde et confuse, où elles étoient embrouillées au fond d'une abîme[1], les a mises en la disposition agréable où je les vois? Ne m'informerai-je point qui est l'ouvrier du monde? comme il s'est pu faire que cette grandeur énorme ait pris un ordre et un règlement? qui peut avoir ramassé tant de choses éparses, distingué tant de mélanges, et donné de l'embellissement à tant de difformités? d'où peut venir une lumière si grande? si c'est feu, ou quelque chose plus claire que le feu? Ne m'informerai-je point de toutes ces choses? Ne saurai-je d'où je suis descendu? si je ne reviendrai plus au monde, quand j'en serai hors? ou si je renaîtrai beaucoup de fois? où j'irai quand je partirai du monde, et quelle place est préparée à mon âme, après que la mort l'aura tirée de la captivité du corps? Me défendez-vous le commerce du ciel? Voulez-vous que j'aie toujours le nez en terre? Je suis de trop bon lieu, pour être valet de mon corps : je ne suis pas né pour si peu de chose que lui. C'est une chaîne qui me garde d'être libre et non autre chose. Quand la fortune m'attaque, je la mets au devant, pour recevoir les coups et les empêcher de venir jusques à moi. Tout ce que j'ai qui peut souffrir des injures est dans ce méchant logis. S'il a des servitudes, elles ne m'assujettissent point. Jamais la chair ne me donnera d'appréhensions. Je ne serai jamais hypocrite pour elle, et ne mentirai jamais pour lui faire honneur. Notre association n'est point si ferme, que je ne la rompe quand bon me semblera; et à cette heure même que nous sommes ensemble, si nous sommes compagnons, nous ne sommes pas égaux pourtant. C'est à l'esprit qu'appartient le commandement. Mépriser son corps, c'est le

---

1. *D'un abîme,* dans l'édition de 1645. Voyez plus haut, p. 189, note 2.

moyen d'assurer sa liberté. Cette considération, dont nous parlerons tantôt, nous y servira beaucoup : c'est que tout est composé de matière et de Dieu ; que Dieu tempère le monde, et que toutes choses le suivent comme leur guide et comme leur gouverneur. Or Dieu, qui a donné la forme, est plus puissant que la matière qui l'a reçue. Ce que Dieu est au monde, l'âme l'est en l'homme. Le corps est en lui ce que la matière est en l'autre. Il est donc raisonnable que le pire serve au meilleur. Soyez résolu contre toutes les choses fortuites : ne craignez ni les injures, ni les coups, ni la prison, ni la pauvreté. Qu'est-ce que la mort? Ou c'est une fin, ou c'est le passage. Je ne me soucie point de n'être plus ; c'est la même chose que n'avoir point été ; ni de passer, parce que je ne saurois aller en part où je ne sois plus au large que je ne suis.

## ÉPÎTRE LXVI.

ARGUMENT. — I. Le corps, quelque laid qu'il soit, n'est jamais sans grâce, quand il est accompagné d'un bel esprit. — II. Les biens, quoique de trois sortes, sont égaux. — III. L'amour de la vérité est le premier bien de l'homme. — IV. Toutes les actions vertueuses sont égales en vertu, mais différentes au sujet qui les exerce. — V. La vertu fait mépriser les tourments et les incommodités. — VI. La modération dans la joie est aussi louable que dans l'affliction. La vertu rend égaux tous les hommes vertueux. — VII. La raison est le juge du bien et du mal. Qu'il y a des biens selon nature, et d'autres qui semblent contre nature. — VIII. Il borne la félicité de l'homme par le repos de l'esprit, par la santé du corps, et par la patience dans les douleurs.

I. J'ai vu ces jours passés Claranus, mon compagnon d'école, que je n'avois vu il y avoit fort longtemps. Je n'ai que faire de vous dire qu'il est bien vieil : vous le croyez bien ainsi ; mais je vous jure qu'il a l'esprit vert et vigoureux, et qui donne encore de l'exercice à son corps atténué. Il y a eu de l'injustice en la nature, d'avoir donné un si mauvais logis à un si bel hôte ; sinon que peut-être elle nous ait voulu faire voir en cet exemple qu'il n'y a peau si foible ni si misérable qui ne puisse loger un esprit bien courageux et bien content. Il est venu à bout de tout ce qui le pouvoit empêcher ; et pour apprendre à mépriser toutes choses, il s'est méprisé le premier. C'est chose qui ne me semble pas bien dite :

En un beau corps, la vertu nous plaît mieux[1] ;

car elle n'a point besoin d'être embellie d'ailleurs. Elle est son ornement elle-même ; et le corps où elle loge est consacré par[2] son habitation. Sans mentir, quand j'ai bien regardé Claranus, je le trouve beau, et son corps aussi droit que son esprit. Il peut sortir d'une cabane un grand personnage ; un bel esprit et grand, d'un corps bien difforme et bien petit. Aussi je pense que tout exprès la nature a produit des hommes ainsi contrefaits, pour montrer que la vertu peut naître partout. Il ne faut point douter qu'elle n'eût volontiers fait venir les esprits tout nus au monde, si c'est chose qu'elle eût pu faire ; mais ce qu'elle fait à cette heure est bien davantage : car elle en loge quelques-uns dans des corps si mal disposés, qu'il semble qu'il leur soit impossible de se produire. Et cependant ils ont l'action si vive et si gaillarde que malgré tout ce qui les empêche, ils ne laissent pas de se faire admirer par leurs effets. Quant à moi, je ne pense pas qu'elle ait donné cette mauvaise taille à Claranus, que pour être un exemple que par la laideur du corps un

---

1. Virgile, *Énéide*, liv. V, v. 344.
2. L'édition de 1639 donne *pour;* mais le sens veut *par*, qui est dans celle de 1645.

esprit ne s'enlaidit point, et qu'un corps, quelque laid qu'il soit, n'est jamais sans grâce quand il est accompagné d'un bel esprit. Or combien que nous n'ayons été guère de jours ensemble, nous n'avons pas laissé de faire beaucoup de discours, que je vous ferai tenir, à mesure que j'aurai la commodité de les rédiger par écrit.

II. Notre dispute fut le premier jour : comme les biens peuvent être égaux, vu qu'il en est de trois conditions. Il y en a que nos Stoïques appellent premiers biens, comme la joie, la paix, le repos du pays. D'autres, seconds, qui sont tirés d'une matière misérable, comme la patience aux tourments, et l'abstinence en une fâcheuse maladie. Quant à ces premiers biens, nous les souhaitons directement, les seconds en cas de nécessité. Il y a encore des troisièmes, comme une allure modeste et réglée, un visage rassis et une contenance telle qu'un homme de jugement la doit avoir.

III. Comme peuvent ces biens être pareils, vu que nous en desirons les uns et avons en horreur les autres? Pour les distinguer il faut remonter jusques à ce qui est le premier bien, et considérer quel il est. C'est une âme bandée à la contemplation de la vérité, qui sait ce qu'il faut desirer ou fuir, qui n'estime point les choses selon l'opinion, mais selon leur nature ; qui s'implique dans toutes les parties du monde, et remarque attentivement comme tout s'y passe; qui toujours fait ou médite quelque chose qui proportionne sa véhémence à sa grandeur; immuable aux menaces comme aux caresses; maîtresse de la mauvaise fortune comme de la bonne ; relevée par-dessus tout ce qui arrive ; qui par sa bonne grâce montre sa beauté, et par sa force, sa disposition et sa continence[1] ; vide

---

1. Nous avons suivi le texte de l'édition de 1645. Celle de 1639 donne par erreur *connivence* pour *continence*.

d'appréhension et de tumulte, inexpugnable à toute violence ; que nulle adversité n'abaisse et que nulle prospérité n'enorgueillit. Telle est la vertu de l'âme ; tel est son visage, s'il étoit possible de le voir tout, et tout à la fois. Au demeurant, elle a beaucoup d'espèces, qui se font paroître suivant la diversité des sujets, sans qu'elle en demeure ni plus petite ni plus grande.

IV. Ce qui est parfaitement bon ne peut décroître. Aussi la vertu ne recule jamais, mais elle se convertit tantôt en une qualité, tantôt en l'autre, et donne la forme des objets où elle se veut travailler. Quoi qu'elle touche, elle lui donne sa ressemblance et sa teinture : elle est l'ornement des actions, des amitiés, et quelquefois des maisons entières qui la reçoivent et qui prennent son règlement. Enfin elle ne met la main à chose quelconque, à laquelle elle ne donne tant d'éclat et de grâce, qu'on ne la peut regarder sans être ravi. C'est pourquoi sa force ne peut être plus forte, ni sa grandeur plus grande, n'étant pas possible d'accroître ce qui est en sa perfection. Il n'est rien plus droit que ce qui est droit, rien plus véritable que ce qui est véritable, ni rien plus tempéré que ce qui est tempéré. Toute vertu a sa mesure, et toute mesure ses bornes. La constance ne sauroit aller au delà des siennes, non plus que la foi, l'assurance et la vérité au delà des leurs. Que peut-on ajouter à ce qui est parfait ? Aussi ne peut-on non plus ajouter à la vertu, laquelle il faut dire avoir été défectueuse, s'il y a eu moyen d'y ajouter. Il en est de même de ce qui est honnête, de ce qui est bienséant, de ce qui est juste et de ce qui est légitime. Ils sont tous limités de certains termes. C'est une marque d'imperfection que de pouvoir croître. Les lois de toutes choses bonnes sont semblables. Ce qui est louable et ce qui est desirable ne sont pas mieux joints ensemble que le bien public et le bien particulier. Toutes les vertus, les actions vertueuses et les hommes vertueux n'ont l'un rien plus que l'autre. Les vertus des plantes et des animaux, pource qu'elles s'avancent et s'arrêtent, valent ou plus ou moins; mais les humaines, parce qu'il n'y a qu'une raison droite et simple, elles sont toutes sous une même règle. Il n'y a rien plus divin que ce qui est divin, ni plus céleste que ce qui est céleste. Ce qui est mortel monte, descend, croît, décroît, vide[1] et se remplit. En cette incertitude, il ne peut y avoir que de l'inégalité. Les choses divines n'ont toutes qu'une nature. Or la raison n'est autre chose qu'une partie de l'esprit divin, plongée dans le corps humain. S'il est vrai que la raison soit divine, et qu'il n'y ait rien de bon s'il n'y a de la raison, il s'ensuit que tout ce qui est bon soit divin. Or il n'y a point de différence entre les choses divines; il n'y en peut donc avoir entre les bonnes; et par ce moyen la joie et la patience aux tourments sont choses pareilles; car en toutes deux il y a du courage, mais en l'un il est plus remis et plus lâche, en l'autre plus ardent et plus tendu. Et quoi? ne trouvez-vous pas autant de valeur en celui qui résolûment attaque une ville et la force, qu'en celui qui la défend avec une extrême obstination? Scipion est brave, qui serre les Numantins de si près que, ne les pouvant vaincre, il les fait ruiner par leurs mains propres; et les Numantins braves, qui savent qu'ils ne sont point enfermés, puisqu'ils ont la porte de la mort ouverte; et en cette résolution rendent l'âme entre les bras de leur liberté. Toutes autres choses bonnes, comme la tranquillité, simplicité, liberté, constance, équanimité, persévérance, sont égales entre elles; car elles procèdent toutes d'une vertu qui tient l'âme droite, et l'empêche de se fourvoyer. Et quoi donc, la joie et la patience inflexible aux douleurs

---

1. Dans l'édition de 1645 : « se vide. »

ne diffèrent point? Du tout point en ce qui est des vertus, mais beaucoup en ce qui touche le sujet où l'une et l'autre s'exerce; car en l'un l'esprit se dilate et se relâche naturellement, et en l'autre, il sent de la douleur, qui est chose contre nature. Ce ne sont point choses qui se touchent, puisqu'il y a tant d'espace qui les sépare. Il n'y a pas moins de vertu d'un côté que d'autre; la diversité des sujets n'apporte point de changement à la vertu. Que la matière soit molle ou dure, facile ou difficile, plaisante ou fâcheuse, la vertu n'en est ni pire ni meilleure. C'est donc force que les biens de l'un et de l'autre soient égaux, parce que celui qui est joyeux se comporte si bien en sa joie, et celui qui souffre fait une si louable résistance à la douleur, qu'il est impossible de se comporter mieux. Or deux choses qui sont telles qu'il n'en peut être de meilleures, ne peuvent être que pareilles; car si ce qui est hors la vertu, la peut faire ou plus grande ou plus petite, une même chose ne peut être bonne et honnête tout ensemble; et cela étant, il ne faut plus parler qu'il y ait rien d'honnête au monde. La raison est qu'une chose ne peut être honnête, quand on la fait par force et contre son gré. Toute chose honnête est volontaire : qui fait une chose lentement, qui se plaint, qui recule, qui appréhende, il ôte à l'action tout ce qu'elle a de grâce, qui est de prendre plaisir en ce qu'on fait. Ce qui n'est point libre ne peut être honnête; toute crainte a de la servitude; ce qui est honnête est hors de trouble et de crainte. On ne peut refuser une chose, la juger mauvaise et s'en tourmenter, qu'il n'y ait du tumulte et de la discorde en l'âme; car d'un côté l'apparence du bien nous pousse, et de l'autre la doute du mal nous retient. Et pour ce, quand il est question de faire quelque chose de louable, s'il y a des obstacles, il ne faut point dire qu'il y ait du mal, mais seulement qu'il y a de l'incommodité. Une chose honnête ne connoît ni

commandement ni contrainte ; elle est pure et séparée de
tout mal. Je vois bien que c'est, direz-vous ; vous nous
voulez persuader qu'autant fait celui qui est bien à son
aise, que celui qui n'ouvre point la bouche en la torture,
et qui par sa patience fait rendre ceux qui ont charge
de le tourmenter[1]. Je pouvois vous répondre ce que
dit Épicure : qu'un homme sage, quand on l'auroit mis
à rôtir dans le taureau de Phalaris, s'écrieroit : « Je me
trouve bien, je me moque de tout ce qu'on me fait. » Vous
étonnez-vous que je vous die qu'on n'est pas mieux de
faire bonne chère en un festin, que d'être parmi les gênes,
quand on a le courage et la force de les endurer ? Que
ferez-vous quand vous oirez Épicure vous dire que c'est
plaisir d'être tourmenté ? Quant à moi, je trouve qu'en
cet exemple il y a de la différence entre la joie et la douleur. Si j'en avois choix, j'en desirerois l'un, et tâcherois
de me parer de l'autre, s'il m'étoit possible. L'un est naturel, l'autre contre nature. Tant qu'on les considérera
de cette façon, il y aura bien loin de l'un à l'autre.

V. Mais si vous en venez à la vertu, vous trouverez
qu'aux matières tristes, comme aux plaisantes, sa procédure est toujours semblable. La peine, la douleur, et tout
ce qu'il y a d'incommodités, ne servent de rien ; la vertu
les gardera de paroître. Les douleurs, les ennuis, les injures se resserreront aussitôt ; et de quelque part qu'elle
éclaire, tout ce qui brilloit en son absence s'obscurcira,
comme les étoiles en la présence du soleil. Les incommodités, quelques grandes qu'elles soient, quand elles se rencontrent avec elle, ne paroissent non plus que l'eau d'une
nuée en la mer. Et pour montrer qu'il est comme je le
vous dis, qu'un homme de bien voie une chose louable, il
s'y en ira sans marchander. Les bourreaux, les feux, les

---

1. *Ac tortorem suum lasset*, dit Sénèque.

fers ne l'en divertiront point. Il ne regardera pas ce qu'il est nécessaire qu'il souffre, mais ce qu'il est honnête qu'il fasse. Une belle action ne lui sera non plus suspecte qu'un homme de bien. Il se fiera d'elle, comme il feroit de lui, et n'en attendra que de l'aise, du repos et de la prospérité. Il fera d'une chose louable, mais triste et pénible, comme d'un homme de bien pauvre ou banni, et qui aura mauvais visage. Or à cette heure mettez un homme de bien et plein de richesses d'une part, et de l'autre un de qui tout le bien soit en l'esprit, quoiqu'ils soient inégaux en fortune, ils sont égaux en prud'homie. Il faut faire le même jugement des choses que des personnes. La vertu n'est pas moins louable au corps d'un homme malade ou prisonnier, qu'en celui d'un homme libre, bien robuste et bien composé. Si vous êtes vertueux, ayez tous vos membres ou soyez estropié, vous êtes d'autant de mérite d'une façon que de l'autre : autrement ce seroit juger du maître par l'habillement du valet ; car toutes choses qui sont sujettes aux accidents, comme l'argent, le corps et les honneurs, sont serviles, imbéciles, fluides, caduques et périssables d'un moment à l'autre ; comme, au contraire, les œuvres de la vertu sont hors de toute jurisdiction, rien ne les peut ni forcer ni vaincre. Que la fortune les manie doucement ou rudement, comme il lui plaira : c'est tout un ; elle ne leur peut donner un masque si laid qu'elles ne soient agréables. Le desir est aux choses ce qu'est aux hommes l'amitié. Je ne pense pas que vous aimassiez mieux un homme de bien riche que pauvre, ni fort et nerveux que grêle et flouet. Aussi, quand une chose est honnête, vous ne la devez pas moins desirer, laborieuse et difficile, que pleine de repos et de plaisir. Autrement, vous me ferez croire que de deux aussi vertueux l'un que l'autre, vous aimerez mieux le beau fils bien parfumé que l'autre qui seroit si crasseux et en si mauvais équipage qu'il feroit horreur à regarder ; et puis après vous en viendrez là, que vous aimeriez mieux celui qui seroit bien sain et entier de tous ses membres, que celui qui seroit borgne ou boiteux ; et enfin, de degré en degré, votre dégoût passeroit si avant, que de deux aussi justes et aussi sages l'un que l'autre, vous préféreriez sans doute celui qui auroit les cheveux plus longs et plus frisés que son compagnon. Où il y a de l'égalité de vertu, toute autre inégalité ne paroît point. Elle est le principal : le reste n'est qu'accessoire ; car qui seroit si mauvais censeur contre ses enfants, qu'il aimât mieux le sain que le malade, le grand et de belle taille, que le court et le petit ? Les bêtes ne sont point partiales en leur affection envers leur portée. Elles se laissent teter aux uns comme aux autres. Les oiseaux partagent également la béchée[1] à leurs petits. Ulysse est aussi bien rappelé par les rochers d'Ithaque qu'Agamemnon par les délices de Mycènes. Personne n'aime son pays pource qu'il est grand, mais pource que c'est son pays. A quelle fin tend ce discours ? Pour vous faire entendre que la vertu fait de ses ouvrages comme un père de ses enfants. Elle les regarde tous de mêmes yeux, leur est indulgente aux uns comme aux autres, fait encore quelque chose de plus pour ceux qu'elle voit les plus travaillés; comme vous voyez que les pères même, distribuant leurs richesses entre leurs enfants, en feront quelque grâce particulière à celui de qui le mauvais état méritera qu'on en ait compassion. Ainsi la vertu, qui voit quelques-uns de ses ouvrages mal traités de la fortune, ne les aime pas mieux que les autres ; mais comme bonne mère, elle les prend entre ses bras et leur aide en quelque chose à supporter leur affliction. Pourquoi ne se peut-il faire qu'un bien soit plus grand que l'autre ? Pource que

---

1. *Béchée*, becquée.

rien ne peut être plus propre que ce qui est propre, ni plus plein que ce qui est plein. Vous ne pouvez pas dire, de deux choses qui sont égales à une troisième, que l'une lui soit plus égale que l'autre. Aussi ne pouvez-vous dire qu'il y ait rien[1] plus honnête que ce qui est honnête. Que si toutes vertus ont pareille nature, il en faut autant croire des trois sortes de biens ; et de là je conclus que la modération est aussi louable à se fâcher qu'à se réjouir.

VI. Cette joie n'a point d'avantage sur une constance qui ne s'ébranle point aux tortures et qui, sous les coups que les bourreaux lui donnent, sait dévorer les gémissements. Ces premiers biens sont desirables, et les seconds merveilleux ; et néanmoins ils ne laissent pas d'être égaux, pource que tout ce qu'il y a d'incommode demeure couvert sous un plus grand bien. Quiconque les juge inégaux, il regarde les choses extérieures et non pas la vertu. Les vrais biens sont de même port et ont même étendue les uns que les autres. Les faux ont plus de vide que de plein. La montre en est belle ; mais comme vous les venez à peser, vous trouvez que ce n'est pas ce qu'il sembloit. Il est comme je le vous dis, Lucilius : tout ce qui a passe-port de la raison est solide, ne périt jamais, fortifie l'esprit et le relève en une hauteur d'où jamais il ne descend. Les choses que le vulgaire loue et qu'il appelle bonnes, enflent ceux qui se paissent de vanités. Celles qu'il estime mauvaises donnent aux âmes cette même frayeur qu'aux bêtes ombrageuses les lieux qui leur font imaginer quelque péril. Mais comme il n'y a point de sujet de se réjouir aux uns, il n'y en a point de craindre aux autres. La raison seule, pource qu'elle ne s'assujettit point aux sens, mais leur commande, est immuable, et ne se révoque jamais,

---

1. On lit dans les diverses éditions : « qu'il n'y ait rien. » Le *ne* est de trop ; *ergo*, dit Sénèque, *nec honesto honestius quidquam est*.

quand une fois elle a fait un jugement. La raison est égale à la raison, comme une chose droite à l'autre ; et par conséquent la vertu, qui n'est autre chose qu'une droite raison, est égale à la vertu. Toutes les vertus sont raisons. Sont-elles raisons, elles sont donc droites ; si elles sont droites, elles sont égales ; car étant semblables à la raison, elles sont semblables entre elles. Or je dis que les actions sont semblables entre elles en tant que l'honneur et la justice les accompagnent ; autrement il y a de la différence, selon que la matière est plus large ou plus étroite, précieuse ou vile, et générale ou particulière. Quoi qu'il en soit, ce qu'elles ont de meilleur est toujours égal : comme les gens de bien sont tous égaux en ce qu'ils sont gens de bien ; mais quelquefois l'âge les fait différer : l'un est vieil et l'autre jeune ; quelquefois la forme du corps : l'un est beau, l'autre laid ; et quelquefois la fortune : l'un est riche, l'autre pauvre ; l'un, plein de crédit et d'honneur, a du renom par tout le monde, et l'autre, bas et contemptible, bien à peine est connu de ses voisins ; mais en ce qu'ils sont gens de bien, ils sont égaux. Le sens n'est pas juge de ce qui est bon ou mauvais. Il ne sait ce qui est utile ou inutile. S'il ne voit ou s'il ne touche l'objet, il n'en sauroit que dire. Il ne peut ni prévoir les choses futures ni se ramentevoir les passées ; et partant il n'en peut savoir les conséquences : or c'est de cela que s'enfile l'ordre et l'entresuite des choses, et cette uniformité de vie qui s'achemine à la perfection.

VII. C'est donc à la raison de décider ce qui proprement se doit appeler bien ou mal. Elle ne fait point de cas d'une chose mendiée d'ailleurs, et qui ne naît point en l'homme : ce qui n'est ni bon ni mauvais lui semble de peu d'importance ; tout ce qu'elle estime bien est en l'esprit. Au reste il y a des biens qu'elle met au premier rang, comme la victoire, des enfants qui soient gens de bien, le salut du pays; et à ceux-là elle s'achemine de propos délibéré. D'autres seconds, qui ne se montrent qu'aux mauvaises fortunes, comme la patience aux incommodités d'une grande maladie ou en l'affliction d'un bannissement; et d'autres encore, qui sont autant selon que contre nature, comme de marcher discrètement, avoir bonne grâce en une chaire [1], car le seoir est aussi naturel que l'être debout ou le marcher. Entre ces deux précédents, il y a de la différence; car les premiers sont selon nature, comme se réjouir d'avoir des enfants qui soient gens de bien, et de voir les affaires publiques en bon état. Les seconds contre nature, comme être dans les tourments et ne gémir point, avoir une fièvre chaude et se passer de boire. Et quoi donc? est-il possible qu'il y ait quelque bien qui soit contre nature? Non; mais quelquefois le sujet où il est est contre nature. Mais contre tous ces maux avoir une âme inexpugnable, c'est chose qui est selon nature. Et pour le faire plus court, la matière du bien est quelquefois contre nature; mais le bien jamais, pource qu'il n'y a point de bien sans raison : or la raison se range à la nature. Qu'est-ce donc que raison? Imitation de nature. Qu'est-ce que le souverain bien de l'homme? S'accommoder à ce que nature veut. Vous direz sans doute qu'une paix qui ne vit jamais d'épée hors du fourreau est bien plus heureuse qu'une qui a coûté beaucoup de sang; et une santé qui ne fut jamais ébranlée, plus douce qu'une que, par l'observation d'une diète rigoureuse et par la continuation de prendre des médecines, on a finalement recouverte [2], après avoir été longtemps hors d'espérance de guérir; et que par même moyen il ne faut point douter qu'une pure joie ne soit meilleure qu'une

1. *Chaire*, chaise.
2. Voyez ci-dessus, p. 176, note 1. Dans l'édition de 1645, on a substitué *recouvrée* à *recouverte*.

## ÉPÎTRE LXVI.

résolution opiniâtre à souffrir les fers et les feux. Vous vous abusez : les choses fortuites ont bien de la différence ; car on les estime plus ou moins, selon qu'elles apportent plus ou moins d'utilité. Tous biens ont un même but, qui est de consentir à nature. Ce consentement est aussi grand aux uns qu'aux autres. Quand en une assemblée nous suivons tous l'opinion de quelqu'un qui a parlé le premier, on ne peut pas dire : « Cettui-ci s'y accorde plus que cettui-là. » Tous d'une voix se rangent à la même opinion. J'en dis de même des vertus : elles s'accordent toutes à nature. J'en dis de même des biens : ils s'accordent tous à nature. L'un est mort jeune, l'autre vieil et l'autre au berceau. Tous ces trois n'étoient ni plus ni moins mortels l'un que l'autre, encore que la mort ait laissé faire plus de chemin à l'un, qu'elle ait tranché l'autre en sa fleur, et fait sortir l'autre du monde aussitôt qu'il y fut entré. Un autre est mort en mangeant, un autre en dormant, un autre en passant son temps avec une femme. Opposez-leur à cette heure ceux que l'épée a tués, que la morsure d'un serpent a fait mourir, qui ont été brisés sous quelque ruine, ou qui, par une longue contraction de nerfs, avec des douleurs extrêmes, ont perdu l'usage du corps un membre après l'autre : on peut dire qu'entre ces sortes de mort il y en a de pires et de meilleures, mais c'est toujours une mort. Les chemins par où elle vient sont divers, mais ils se viennent tous rendre en un carrefour. Il n'y a point de mort plus grande ni plus petite ; car en tous hommes généralement, elle se limite en la fin de la vie. Je vous en dis de même des biens : l'un est parmi du sucre, l'autre parmi de l'absinthe ; l'un a conduit l'indulgence de la fortune, l'autre a dompté sa violence. Quoique la matière où ils travaillent soit différente et que l'un marche à son aise en une campagne rase, l'autre avec peine grimpe contre un rocher, ils sont aussi bons l'un que l'autre et tous ont une même fin. Ils sont bons, ils sont louables et ne marchent qu'avec la raison et la vertu. La vertu ne veut rien avoir d'inégal entre les choses qu'elle avoue à soi ; et ne prenez pas ce que je vous dis pour une doctrine de Stoïques seulement. Épicure même fait deux sortes de biens, desquels il compose cette souveraine et parfaite félicité : qu'il n'y ait ni douleur au corps, ni trouble en l'esprit.

VIII. Quand ces biens-là sont pleins, il n'y a moyen d'y rien ajouter ; car comme mettrez-vous quelque chose en un vaisseau plein ? Le corps n'a point de douleur : que se peut-il ajouter à cette indolence[1] ? L'esprit n'a point de trouble : que se peut-il ajouter à cette tranquillité ? Comme le ciel éclairé d'un beau soleil et de tous côtés purgé de nuées n'est point susceptible de plus grande lumière, ainsi l'homme qui a soin du corps et de l'esprit, et qui bâtit sa félicité du repos de l'un et de l'autre, quand il a le corps sans douleur et l'esprit sans trouble, se peut dire au comble de ses desirs et en un état qui ne sauroit être meilleur. S'il y survient quelques délices extérieures, elles ne font point pour cela croître son bien, parce qu'il étoit déjà parfait : mais elles le confisent, par manière de dire, et lui donnent de l'entretien[2]. Quand un homme a la paix du corps et de l'esprit, il n'est pas possible que sa félicité puisse aller plus avant. Nous ne sommes pas les seuls qui parlons des biens de cette façon ; Épicure en fait une division pareille à la nôtre. Il dit qu'il est de certaines choses qu'il estime desirables, comme un repos de corps avec exemption de toutes incommodités, et un relâchement d'esprit, qui prend plaisir en la considération de son propre bien. Après ces premiers, il en met d'autres

---

1. *Indolence* est pris ici dans le sens du latin *indolentia*, « absence de douleur. » Les éditions de 1639, 1645, 1648 portent *insolence*, erreur corrigée dans les éditions de 1659 et 1667.

2. *Sed, ut ita dicam, condiunt*, dit Sénèque, *et oblectant*.

qu'il confesse avoir du mérite. Mais il aimeroit mieux n'en avoir que faire. En ce rang il met la patience en quelque fâcheuse maladie, et la constance aux extrémités d'une douleur. Il étoit sujet à la pierre et à la colique, et en étoit si tourmenté, qu'il est impossible de l'être davantage. Et néanmoins, il dit que le jour même qu'il avoit quelque accès de l'une de ces maladies ne se passoit pas sans contentement. Or il n'y a point de contentement hors la jouissance du souverain bien. Il s'ensuit donc que ces choses que vous aimerez mieux n'éprouver point, et que toutefois quand l'occasion s'offre de s'en servir, vous avouez être chérissables, louables et dignes d'aller du pair avec les plus grands biens, sont estimées biens par Épicure. Aussi ne peut-on nier que les biens qui ont fait la clôture d'une vie bien heureuse, qu'Épicure même en mourant a remerciés, ne puissent faire comparaison avec les biens qu'on met au premier degré. Tout ce que je vous ai dit, Lucilius, n'est encore rien : il faut que vous me donniez congé de passer plus avant. S'il étoit possible qu'il y eût des biens plus grands les uns que les autres, je prendrois ceux qui vous sembleroient désagréables, et laisserois les doux et les délicats. Les prospérités sont plus aisées à conduire que les adversités à passer. Je sais bien que le même jugement qui nous rend modérés en la bonne fortune, nous garde en la mauvaise de perdre le cœur, et qu'un soldat qui sans peur aura été en garde hors de la tranchée en une nuit que l'ennemi n'aura point donné d'alarme, peut bien être aussi brave que celui qui, après avoir eu les jarrets coupés, aura combattu sur les genoux et ne se sera jamais voulu rendre. Mais quoi que ce soit, ceux qu'on voit revenir sanglants, ou d'un assaut ou d'une charge, ont des acclamations de louange et des bénédictions du peuple plus particulières et plus affectionnées que ceux qui, bien qu'ils aient aussi bien fait, toutefois ne rapportent point de marques d'y avoir été. C'est pourquoi, sans mentir, je ferois plus de cas de ces biens à qui la fortune a donné de l'exercice, qui ont vu les tempêtes, et y ont fait preuve de leur suffisance, que de ceux qu'une bonace continuelle a laissé languir[1] en oisiveté. A quelle main entière du plus vaillant homme du monde ne préférerois-je celle de Mucius, toute tronçonnée et rôtie comme elle fut? Du même courage qu'il avoit méprisé les ennemis, il voulut mépriser les flammes, et ne se lassa de regarder fondre sa main dans le feu, que Porsenna, par envie d'un si bel acte, lui fit ôter en dépit qu'il en eût; et pour faire cesser sa gloire, fit cesser le plaisir qu'il prenoit en sa punition. Qui me gardera que je ne mette ce bien entre les premiers, et que je ne l'estime d'autant par-dessus ces biens paisibles et qui n'ont jamais senti secousse aucune de la fortune, que c'est chose plus nouvelle de vaincre avec une main perdue, qu'avec une main armée? — Et quoi donc, me desirerai-je ce bien? — Pourquoi non? Comme aurois-je le courage de faire une chose, si je n'avois le courage de la desirer; sinon que je pensasse être mieux a mon aise de bailler mes jambes à frotter à quelque bardache déjà vieil, ou me faire chatouiller les doigts par je ne sais quelle femme, ou par quelque homme qui ne vaudroit guère mieux? Pourquoi n'estimerai-je Mucius bien plus heureux, qui tendit sa main au feu, comme s'il l'eût présentée à quelque opérateur pour la manier? Il raccoutra[2] tout ce qu'il avoit gâté; sans armes, et tout estropié qu'il étoit, il mit fin à la guerre, et avec un morceau de main emporta la victoire de deux rois.

1. Dans les diverses éditions : « a laissé languir, » sans accord du participe.
2. *In integrum restituit*, dit le latin.

## ÉPÎTRE LXVII.

Argument. — I. Les hommes ont de grandes obligations à la vieillesse. — II. Que tous biens sont desirables, et que ceux qui ne semblent pas tels, ne laissent pas de l'être.

I. Pour commencer par les discours ordinaires, le printemps approche déjà de l'été; mais au lieu de s'échauffer il se refroidit, et n'y a point encore d'assurance, pource que bien souvent nous retombons en hiver quand nous en pensons être échappés. Voulez-vous savoir comme il est encore incertain? Je ne puis encore ni sortir de la chambre, ni demeurer sans feu. Vous direz que c'est n'avoir ni chaud ni froid; je l'avoue, Lucilius : mon âge a de la froideur assez sans en chercher ailleurs. A grand'peine puis-je dégeler au mois de juillet. Aussi je demeure la plupart du temps sur les matelas. J'ai cette obligation à ma vieillesse, qu'elle me fait garder le lit. Pourquoi ne lui en aurois-je de l'obligation? Elle m'empêche de faire ce que la raison me défend de vouloir : mon plus grand entretien est avec mes livres. Si quelquefois je reçois de vos lettres, je me fais croire que je suis avec vous; je me transporte tellement que je pense plutôt parler à vous que vous écrire. Et pour ce je répondrai sur la question que vous me faites, comme si vous étiez présent; nous l'examinerons vous et moi.

II. Vous me demandez si tout ce qui est bon est desirable; et dites que si c'est une bonne chose que de ne s'émouvoir ni de torture, ni de feu, ni de maladie, et les endurer patiemment, il s'ensuit que la torture, le feu et la maladie sont choses desirables : à quoi toutefois il n'y a point d'apparence; et ne voit-on point que jamais homme ait fait d'offrandes aux Dieux, pour les remercier d'avoir bien eu les étrivières, ni pour avoir été bien travaillé de la goutte, ou bien allongé à la torture [1]. Distinguez ces choses, Lucilius, et vous connoîtrez qu'en ce que vous trouvez si rude, il y a quelque chose à desirer. Je voudrois bien n'avoir point la torture ; mais s'il faut que je l'aie, je souhaiterois la pouvoir souffrir en homme d'honneur et de courage. J'aimerois mieux la paix que la guerre, et néanmoins s'il faut que la guerre vienne, je desirerai de ne me désespérer point aux calamités qu'elle apportera. Je ne suis pas si hors du sens que je demande d'être malade; toutefois s'il m'arrive de l'être, je desirerai de pouvoir (mais avec résolution) souffrir ce qu'il faudra que je souffre, et forcer mon intempérance d'obéir au régime qui lui sera prescrit. Ainsi les incommodités ne sont point desirables, mais bien la vertu qui fait supporter les incommodités. Il y en a des nôtres qui tiennent que cette patience aux adversités, c'est chose qu'il ne faut ni trop fuir, ni trop desirer; et qu'il n'y a point de raison de desirer une chose qui ne soit purement bonne, tranquille et hors de tout ce qui nous peut brouiller l'esprit. De moi, je ne suis pas de leur avis. Pourquoi? Premièrement, pource qu'il n'est pas possible qu'une chose soit bonne et ne soit point desirable. Secondement, si la vertu est desirable, il faut que tout bien le soit, puisqu'il n'y a point de bien où il n'y ait de la vertu. Au partir de là, si une patience magnanime aux adversités n'est point desirable, je demande si la magnanimité l'est point. Or est-il que c'est pour elle que nous méprisons les dangers, et les appelons au combat. Sa plus belle partie et la plus admirable c'est que tant s'en faut qu'elle craigne les feux et les fers, que tout au contraire elle

---

[1]. *Aut equuleo longior factus*, dit le latin.

cherche l'occasion de s'éprouver avec eux; et quelquefois même au lieu de parer les coups, s'ouvre l'estomac, et le dispose à les recevoir[1]. S'il est vrai que la magnanimité soit desirable, il en faut avouer autant de la résolution à supporter ce qui nous fait mal, car c'est une partie de la magnanimité; mais faites-en la distinction que je vous ai dite, et vous n'aurez plus rien qui vous abuse. Souffrir des tourments n'est point chose desirable, mais c'est chose desirable de les souffrir courageusement. C'est le courage que je desire, pource qu'en cela consiste la vertu. Mais quoi qu'il en soit, où s'est-il jamais trouvé personne qui ait fait de semblables souhaits? Il est des vœux qui se font ouvertement, quand la chose qu'on demande est spécifiée; il en est d'autres qui sont cachés parmi une multitude de vœux particuliers, compris sous un vœu général. Comme je me desire une vie honnête, c'est chose qui consiste en plusieurs actions. Là-dessous est le tonneau de Régulus, le poignard de Caton, le bannissement de Rutilius, et ce breuvage empoisonné de Socrate, qui de la prison le fit monter au ciel : tellement que quand j'ai desiré une vie honnête, j'ai par même moyen desiré le tonneau, le poignard, le bannissement et le poison, parce que ce sont choses sans lesquelles il est quelquefois impossible de vivre honnêtement.

*O terque quaterque beati*[2] !

N'est-ce pas une même chose de desirer cette mort à

---

1. Il y a en latin : *interdum tela ne vitare quidem, sed pectore excipere.*

2. Dans le latin, la citation de Virgile est complète :

O terque quaterque beati
Queis ante ora patrum, Trojæ sub mœnibus altis
Contigit oppetere!
(*Énéide*, liv. I, v. 98-100.)

quelqu'un, et de confesser qu'il y a sujet de la desirer? Décius se dévoua pour la République; et donnant des éperons à son cheval, alla chercher la mort dans les épées des ennemis. Son fils par une émulation généreuse de la vertu paternelle, avec paroles solennellement conçues et déjà comme héréditaires en sa maison, en fit de même, ne se souciant d'autre chose que d'apaiser les Dieux par la victime qu'il leur sacrifioit. Sur quoi pensez-vous que furent fondées ces résolutions glorieuses de l'un et de l'autre, que sur l'opinion qu'ils avoient, que c'étoit chose desirable qu'une bonne mort? Il n'y a donc point de doute, que la plus belle et la meilleure chose du monde ne soit que de mourir[1] en quelque entreprise vertueuse, et par un acte mémorable consacrer son nom aux siècles à venir. Vous pensez, quand un homme résiste courageusement à la douleur, qu'il ne se serve que d'une vertu, pource que la patience est celle qui paroît le plus en cette action : vous vous trompez, elles y sont toutes. Quant à la magnanimité, c'est chose certaine qu'elle y est, parce que la patience, la souffrance et la tolérance ne sont que ses branches. La prudence y est, qui comme intendante sur tout ce qui se délibère, conseille de se comporter généreusement en ce qu'il est impossible d'éviter. La constance y est, qui ferme contre toute violence, ne quitte jamais la place qu'elle a prise et jamais ne démord ce qu'une fois elle a résolu. Toutes les autres vertus y sont tout de même : c'est une société qui ne se divise point que la leur. Quand il se fait quelque chose de louable, il y en a bien une qui principalement en prend la conduite, mais c'est par l'avis de ses compagnes ; or depuis que toutes les vertus approuvent une chose, encore qu'il semble que ce ne soit l'ouvrage que d'une seule, indubi-

---

1. « Ne soit de mourir. » (*Éditions de 1645 et 1648.*)

tablement elle est desirable. Et quoi? Penseriez-vous que rien ne fût desirable que ce qui vient par le ministère des voluptés et du repos, et qui nous fait mettre les festons sur notre porte[1]? Il y a des voluptés mélancoliques, et des vœux plus célébrables par adoration que par applaudissement. Ne pensez-vous pas que Régulus ne desirât d'être bientôt de retour au supplice qui lui étoit réservé par les ennemis? Prenez l'âme de quelque grand personnage, et pour quelque temps laissez les opinions populaires : représentez-vous la vertu telle que vous devez penser qu'elle est, belle, magnifique, et qui ne demande point que nous lui portions des œillets et des roses[2], mais que nous la servions avec le sang et la sueur. Regardez M. Caton approchant ses mains pures de cette vénérable poitrine, et courageusement agrandissant la plaie, que le coup n'avoit pas fait assez profonde[3]. Que lui direz-vous? Que vous plaignez son inconvénient, ou que vous louez sa résolution? Il me souvient à ce propos de notre Démétrius, qui dit qu'une vie hors de toute appréhension, et qui n'a jamais contesté contre la fortune, est une mer morte. Quand un homme n'a rien qui l'excite, qui lui fasse noise, ni qui par menace ou attaque lui donne sujet d'éprouver comme il a le courage en bonne assiette, mais croupit en l'oisiveté d'un repos continuel : ce n'est pas tranquillité, *malacia est*[4]. Attalus le Stoïque disoit ordinairement qu'il aimoit mieux que la fortune l'employât au camp qu'à la chambre. « Je suis tourmenté, mais je ne

1. *Quæ excipiuntur*, dit Sénèque, *foribus ornatis*.

2. *Quæ nobis non ture nec sertis*, dit le latin, *sed sudore et sanguine colenda est*.

3. Voyez la note de la p. 436.

4. Ces deux mots latins : *malacia est* (et non pas *malitia est*, comme le porte par erreur l'édition de 1639), « c'est de l'apathie, » n'ont pas été traduits par Malherbe.

dis mot : cela va bien. On me fait mourir, mais je ne gémis point : cela va bien. » Épicure diroit : « Cela m'est doux[1]. » Mais je parlerois[2] indignement d'une chose si honnête et si grave de lui donner un nom si délicat. Je suis dans le feu, mais je ne me rends point. Pourquoi ne sera-ce chose desirable, non que le feu me brûle, mais que le feu ne m'étonne point? La plus belle et la plus excellente chose du monde, c'est la vertu; et jamais les choses ne peuvent être que bonnes et desirables, quand elles se font par son commandement.

### ÉPÎTRE LXVIII.

Argument. — I. Il blâme la vie trop solitaire. — II. Quelles doivent être les occupations de ceux qui se retirent du monde. — III. La vieillesse est plus propre pour vaquer au bien de l'âme, que tout autre âge.

Je me range de votre opinion, et suis d'avis que vous vous cachiez en quelque retraite; mais que vous cachiez votre retraite même. Si les Stoïques ne vous en donnent le précepte, ils vous en montrent l'exemple : mais vous y trouverez l'un et l'autre. Je le vous ferai voir quand il vous plaira. Nous ne voulons pas que ceux qui nous suivent se mettent de toutes républiques[3], ni continuellement, ni sans fin; et puis quand nous avons mis le sage aux affaires d'une république digne de lui, qui est le monde, en quelque part qu'il fasse sa retraite, il est toujours en sa république; et peut-être il sort d'un

---

1. Cette phrase manque dans l'édition de 1639.
2. « Mais je penserois parler. » (*Éditions de 1645 et 1648.*)
3. « Se mêlent de toutes républiques. » (*Édition de 1645.*)

petit coin, pour entrer en un palais; et porté dans le ciel, reconnoît combien il étoit bas quand il montoit en ces chaires éminentes, que les grands du monde ont élevées pour l'ostentation de leur vanité[1]. Retenez bien ce que je vous vais dire. Le sage n'est point sans affaires, puisque le ciel et la terre sont devant lui. Je reviens à cette heure à ce que j'avois commencé de vous conseiller : que la retraite que vous voulez faire soit secrète. Ne publiez point que c'est pour philosopher; trouvez-lui quelqu'autre prétexte : dites que vous vous trouvez mal, et que vous vous affoiblissez, ou que vous êtes lassé de travailler.

I. C'est une lâche ambition que de chercher de la gloire à se reposer. Il est des bêtes qui, de peur qu'on ne les trouve, brouillent leurs voies à l'entour de leurs gîtes. Il vous en faut faire de même : autrement vous ne faudrez pas d'être suivi. La plupart des hommes ne se soucient pas d'entrer où ils voient la porte ouverte, et si elle est close, ils crochètent les serrures pour y entrer. Il n'y a rien qui sollicite plus un larron que ce qui est sous la clef. On ne fait jamais cas de ce qu'on n'enferme point. Ce qui est en prise n'arrête jamais les curieux. Le monde est ainsi fait : il n'y a si lourdaud à qui ce qui est tenu secret ne fasse ouvrir les yeux. Vous ferez très-bien, si vous vous retirez, de ne publier point votre retraite. C'est une manière de la publier, que de se cacher trop et ne se laisser voir à personne. L'un s'est retiré à Tarente, l'autre s'est enfermé à Naples; un autre depuis longtemps n'a mis le pied hors de sa maison. C'est appeler le monde, que de faire une farce de sa solitude[2].

II. Quand vous ferez votre retraite, pensez à parler

---

1. Dans le latin il y a simplement : *quum sellam aut tribunal ascenderet*.

2. En latin : *quisquis otio suo aliquam fabulam imposuit*.

avec vous, et non à faire parler de vous. Mais que me dirai-je? Ce que les hommes se disent les uns des autres si volontiers. Vous vous direz du mal de vous-même. Contez-vous vos vérités, et vous accoutumez à les ouïr. Si vous sentez quelque chose en vous où plus qu'en nulle autre part vous reconnoissiez votre infirmité, c'est de quoi vous ferez votre principal entretien. Chacun sait les indispositions de son corps, et pour ce l'un se fait vomir pour se décharger l'estomac, l'autre mange souvent pour le fortifier; l'autre se dessèche par abstinence; l'autre se purge; l'autre, qui est goutteux, se garde du vin et du bain. Et quoi qu'il en arrive, nous ne nous soucions pas du demeurant, pourvu que nous remédiions à ce qui nous presse le plus. Ainsi nous avons dans l'âme des parties intéressées qu'il est question de guérir. Que fais-je quand je me repose? je panse mon ulcère. Si je vous montrois un pied enflé, une main livide ou les nerfs desséchés de quelque jambe raccourcie, vous ne trouveriez point mauvais que je ne bougeasse d'une place, et que je donnasse ordre à ma guérison. J'ai un mal plus grand que tout cela, mais je ne le vous puis montrer. L'abcès est intérieur; je ne veux point que vous me donniez de louanges et que vous me prêchiez que je suis un grand homme, que j'ai tout méprisé, que pource que les folies de cette vie m'ont déplu, je m'en suis voulu séparer. Rien ne m'a déplu que moi-même. Vous n'avez que faire de venir à moi pour y profiter quelque chose. Vous vous trompez de penser que je vous doive donner du secours. Ce n'est pas un médecin qui se tient céans, c'est un malade. J'aime bien mieux, quand vous partirez d'avec moi, que vous disiez : « J'estimois cet homme-là bien heureux, je le tenois pour homme bien suffisant; j'avois porté les oreilles ouvertes, mais il m'a trompé : je n'ai rien vu ni rien ouï qui m'ait contenté, ni qui m'ait fait envie d'y retourner. » Si vous vous en allez avec cette opinion de moi, si vous en partez de cette façon, je suis bien : j'aime mieux que mon repos soit excusé qu'envié. Vous me direz à cette heure : « Et comment, Sénèque, me recommandez-vous le repos? Vous tenez le langage d'un Épicurien. » Je vous recommande le repos, il est vrai ; mais c'est un repos où j'entends que vous ayez des occupations plus belles et plus laborieuses que celles que vous avez laissées. Être toujours à la porte de quelque grand, tenir une liste des vieillards qui n'ont point d'enfants, avoir du crédit en cour, ce sont choses sujettes à l'envie, de peu de durée, et à quoi, sans mentir, un homme d'honneur se fait tort de s'arrêter. Cettui-ci a plus de réputation au Palais que je n'ai; cet autre est mieux suivi; je ne puis avoir tant de train que l'un, ni tant de faveur que l'autre. Il ne m'en chaut que tout le monde me vainque, pourvu que je vainque la fortune. Plût à Dieu que vous eussiez pris il y a longtemps le chemin que vous prenez à cette heure! Mais c'est la coutume d'attendre à deviser de la félicité de la vie, qu'on soit en la présence de la mort. Quoi que c'en soit, contentons-nous d'avoir été si longs, et ne différons plus à l'avenir : puisque nous n'avons voulu croire la raison de beaucoup de choses qu'elle nous disoit être superflues et ridicules, croyons-en l'expérience que le temps nous en a donnée.

III. Faisons comme ceux qui sont partis tard et veulent regagner le temps. Piquons : nous avons un âge le plus propre du monde à cette étude. Il a jeté son écume et laissé les vices qu'en la chaleur de nos premiers ans il étoit impossible de dompter. Il ne faut plus guère de choses pour les éteindre du tout. Oui; mais quand ferai-je mon profit d'une chose que je commence d'apprendre quand je suis prêt de mourir? Si vous n'en tirez autre commodité, vous en mourrez plus homme de bien. Mais cependant ne pensez pas qu'il y ait âge si propre à faire une bonne conscience, que celui qui par la connoissance des affaires du monde, et par une longue et fréquente patience de beaucoup de choses, a perdu la fougue de ses passions et s'est disposé du tout à la recherche de son salut. C'est le peu de temps que nous avons pour l'employer à l'acquisition d'un si grand bien. Quiconque se fait sage en vieillesse, il en a l'obligation à ses années.

## ÉPÎTRE LXIX.

Argument. — I. Les voyages font perdre le fruit de la vie contemplative, et replongent l'âme dans le vice. — II. Le sage médite continuellement la mort.

I. Je n'approuve pas que vous changiez souvent de lieu, et que tantôt vous soyez en l'un, tantôt en l'autre, sans faire autre chose que d'être toujours par le chemin. Premièrement, pource que tous ces voyages témoignent un esprit mal arrêté. Vous ne pouvez bien établir votre repos, si vous regardez toujours après les nouveautés, et ne faites autre métier que de courir. Ayez le corps ferme, si vous voulez que l'esprit le soit. Après cette raison, il y en a une autre. C'est que les remèdes, s'ils ne sont continués, ne peuvent profiter. Le repos et l'oubli de la vie passée ne veulent point d'interruption. Donnez loisir à vos yeux d'apprendre à se passer des choses qu'autrefois ils ont tant pris de plaisir à regarder. Accoutumez vos oreilles à de meilleures paroles que celles qu'elles ont ouïes par le passé. Vous ne sauriez sortir, que vous ne rencontriez quelque chose qui rallumera vos cupidités. Comme pour oublier une maîtresse à bon escient, il se faut garder de rien voir qui nous la ramentoive, parce qu'il n'est point de plaies qui se cicatrisent si tard, ni qui plus tôt se remettent à saigner que celles de l'amour : ainsi pour ne retomber jamais au desir des choses qui vous ont passionné, ne 'rendez plus à vos yeux ni à vos oreilles les objets que vous leur avez ôtés. L'affection est prompte à se rebeller. De quelque côté qu'elle se tourne, si elle se veut occuper, elle trouvera qui lui donnera de la besogne, et des gages. Il n'est rien de si mauvais qui n'ait sa récompense. L'avarice promet de l'argent; la luxure, beaucoup de plaisirs, et de beaucoup de sortes; l'ambition, des états, du crédit, de la grandeur, et tout ce qui en dépend. Les vices ne se font point servir sans payer, mais auprès de la vertu chacun vit à ses dépens et sur sa bourse. Quand nous donnerions tout un siècle à dompter les vices, la licence qu'ils ont prise de longue main les a tellement enflés que je ne sais si nous en pourrions venir à bout. Je vous laisse à penser ce que nous pourrons faire en un temps si court comme celui de notre vie, et encore le coupant en tant de morceaux comme nous faisons. Veillons continuellement en une chose, et y tenons toujours l'esprit bandé : tout ce que nous pourrons faire ce sera de la mettre à quelque chose près de sa perfection.

II. Si vous me croyez, n'ayez autre méditation, ni autre exercice que de vous préparer non-seulement à recevoir la mort, mais à l'envoyer querir, si l'occasion se présente que vous en ayez besoin. Autant vaut-il aller vers elle, comme attendre qu'elle vienne vers nous : tout revient à un[1]. C'est une parole très-mal dite, et vraiment digne de la bouche des ignorants, où elle est ordinai-

---

1. *Tout revient à un*, c'est-à-dire : tout revient à une seule chose, au même.

rement, qu'un homme est bien heureux de mourir de sa belle mort. Et puis vous pouvez penser encore une autre chose : que vous ne pouvez mourir que votre jour ne soit venu. Quand vous mourrez, vous avez eu le temps que vous deviez avoir. Vous ne laissez rien du vôtre : ce qui demeure est pour les autres.

## ÉPÎTRE LXX.

ARGUMENT. — I. La vie passe sans qu'on s'en aperçoive. — II. Qu'on doit quelquefois desirer la mort, et ne la fuir jamais : il n'importe pas de mourir tôt ou tard, mais de bien ou mal mourir. — III. Qu'il ne faut point conserver la vie par une action lâche. — IV. Si on doit attendre ou prévenir la mort. — V. D'où vient l'appréhension de la mort. — VI. Que les méditations de tous les accidents humains, hormis de la mort, peuvent être superflues. — VII. Que les gens de basse condition ont méprisé la mort aussi bien que Caton et que les autres grands personnages.

I. Je suis allé visiter vos Pompées[1], qu'il y avoit longtemps que je n'avois vus. Ils m'ont tellement représenté mes jeunes ans qu'il m'étoit avis que j'en venois de partir, et que j'y devois encore faire ce qu'autrefois j'y avois fait. Nous laissons la vie derrière nous, et comme à ceux qui sont en la mer,

Les villes et les champs loin des yeux se reculent[2].

Ainsi en la rapide vitesse des années, nous perdons premièrement notre enfance, puis l'adolescence, puis ce qui est entre le jeune homme et le vieil aux confins des

---

1. Vos Pompéies, *Pompeios tuos.*
2. Virgile, *Énéide,* liv. III, v. 72.

deux âges, puis ce qu'il y a de meilleures années en la vieillesse même ; et finalement commence à paroître cette fin générale de tout ce qu'il y a d'hommes au monde.

II. Pensons-nous que ce soit un écueil, sots et malavisés que nous sommes? C'est un port que nous devons quelquefois desirer, et jamais fuir. Celui qui de ses premiers ans y est arrivé, n'a non plus de sujet de se plaindre que celui qui auroit bientôt fait un voyage, qu'il pensoit devoir être bien long ; car aux navigations, comme vous savez, quelquefois faute de vent nous sommes si longtemps à branler sur l'eau, que la bonace nous importune ; et quelquefois aussi nous en avons un si bon que nous sommes tous ébahis que nous voyons la terre, et qu'il faut descendre du vaisseau. Pensez qu'il en est de même en la vie. Quelquefois ceux mêmes qui n'ont point de hâte se trouvent en un moment portés où ils doivent aller, et quelquefois ils sont menés si bellement que le chagrin les dessèche, et que bien souvent en cette longueur il arrive des occasions pour lesquelles ils seroient bien aises de ne vivre point ; car le vivre de soi n'est pas desirable, mais le bien vivre. C'est pourquoi le sage ne vit jamais qu'autant qu'il doit, et non autant qu'il peut. Il regarde le lieu où il doit vivre, et en quelle compagnie, comment et ce qu'il doit faire ; il pense toujours quelle sera sa vie, non combien longue. S'il se voit pressé d'incommodités et de traverses qui lui empêchent le repos, il s'ouvre la porte lui-même, et n'attend pas toujours à le faire qu'il se voie à l'extrémité ; mais aussitôt qu'il commence à se défier de la fortune, il prend garde à ses affaires et considère si c'est point là qu'il faut jeter l'ancre[1]. Ce lui est tout un qu'il se donne lui-même la

---

1. Dans l'édition de 1645 : « tirer l'ancre. »

mort ou qu'il la reçoive, qu'elle vienne tard ou de bonne heure. Il sait bien qu'il ne sauroit beaucoup perdre d'une chose qui ne vient que goutte à goutte. L'importance n'est pas de mourir tôt ou mourir tard, mais de mourir bien ou mourir mal. Qui meurt bien se met hors du danger de vivre mal. Et pour ce je trouve que ce Rhodiot[1] parla plus en femme qu'en homme, qui ayant été mis en une cage par un tyran, qui le faisoit nourrir là dedans en bête sauvage, comme quelqu'un de ses amis lui conseilloit de se laisser mourir de faim, lui répondit que tant qu'un homme vivoit, il ne se devoit jamais désespérer de rien.

III. Quand cela seroit vrai, si est-ce qu'on me pourroit bien mettre la vie à si haut prix, que je n'en voudrois point. Il est des choses bien précieuses, que quand je serois assuré de les avoir en faisant une si vilaine confession de ma lâcheté, j'aimerois mieux ne les avoir pas. Pourquoi considérerai-je plutôt que sur celui qui vit la fortune peut toutes choses, que je ne considérerai que sur celui qui sait mourir la fortune ne peut rien? Si est-ce pourtant que quelquefois, encore que je me voie la mort toute assurée, et que je sois sur le point de recevoir le supplice qui m'est destiné, je ne prêterai point la main à ma punition : c'est une folie de mourir, de peur de la mort. Voici venir celui qui vous doit tuer, ayez patience : pourquoi le prévenez-vous, et pourquoi vous faites-vous procureur de la cruauté d'autrui? Est-ce que vous portez envie à votre bourreau, ou que vous lui voulez épargner sa peine? Socrate pouvoit bien prévenir la ciguë par l'abstinence; et cependant il fut trente jours prisonnier, attendant la mort d'une heure à l'autre, non pas en cette intention, que tout étoit possible, et qu'en si

---

1. Ce Rhodien.

long espace de temps il y avoit place pour beaucoup d'espérances, mais pour se conformer aux lois et ne retrancher rien à ses amis du peu de temps qu'ils avoient à le posséder.

IV. Quelle contrariété d'opinions est-ce de mépriser la mort, et avoir peur de la prison? Scribonia, femme d'honneur, fut tante de Drusus Libo, jeune homme d'aussi petit jugement que de grande maison, qui se promettoit plus qu'en son siècle il n'étoit permis à personne d'espérer, et plus qu'en quelque siècle qu'il fût, un si malhabile homme que lui ne pouvoit jamais avoir. Comme il eut été rapporté du sénat dans une litière, tout mal fait[1], et mal accompagné (parce que tous ses plus proches le tenant, non plus criminel, mais déjà mort, l'avoient malheureusement abandonné), il commença de prendre avis s'il devoit attendre la mort ou se la donner. Sur quoi Scribonia lui ayant demandé quel plaisir il auroit à faire la besogne d'un autre, il la crut; il se fit mourir, et fit bien; car ayant à mourir, au bout de trois ou quatre jours, à l'appétit de son ennemi, c'étoit bien faire sa besogne que de vivre pour attendre sa commodité. Ce n'est donc pas chose qui se puisse universellement décider, si me voyant menacer de la mort par quelque violence extérieure, je la dois attendre ou prévenir. Il y a beaucoup de raisons d'une part et d'autre. Si de deux morts qui s'offrent l'une est douce et l'autre cruelle, pourquoi ne jetterai-je la main sur celle qui aura moins d'incommodité? Comme pour m'embarquer je choisirai le navire où je me dois mettre, et pour me loger je prendrai plutôt une maison que l'autre, j'en ferai de même de la mort. Ayant à quitter le monde, je prendrai le chemin qui me semblera le plus beau pour en sortir. Et

---

1. Voyez plus haut, p. 502, note 1.

puis, comme la plus longue vie n'est pas toujours la meilleure, ainsi la mort la plus longue est toujours la pire. Il n'y a chose où l'esprit doive plutôt suivre sa fantaisie qu'en la mort. Qu'il sorte du côté que son humeur le pousse; soit que le fer soit plus selon son goût, soit qu'une corde lui plaise davantage, ou qu'il aime mieux quelque breuvage qui lui bouche les veines; laissons-le faire. Qu'il rompe les liens de sa servitude de la façon que bon lui semblera. En la vie il faut tâcher de contenter tout le monde, mais en la mort nous n'avons à contenter que nous. La meilleure mort est celle qui nous est la plus agréable. Ne vous imaginez point que quelqu'un dira que vous avez eu faute de cœur; un autre, qu'il y a eu de la témérité en votre fait; et un autre encore, qu'il y avoit bien quelque manière de mort plus généreuse et plus brave que celle que vous avez choisie; mais pensez plutôt que vous êtes sur une délibération que quand vous l'aurez exécutée, vous n'aurez plus que faire de ce qu'on dira de vous; et ne vous souciez d'autre chose que de vous ôter à la fortune le plus tôt que vous pourrez : autrement, vous trouverez toujours quelqu'un qui n'approuvera pas votre résolution. Il y en aura même entre ceux qui font profession d'être philosophes, qui vous diront qu'il ne faut jamais faire de violence contre sa vie, que c'est impiété d'être meurtrier de soi-même, et qu'il faut attendre le terme que la nature nous a limité. Ceux qui tiennent ce langage rendent la liberté prisonnière et ne s'en aperçoivent pas. La prudence éternelle n'a rien fait plus à notre avantage, que ce que[1] n'ayant qu'une porte pour venir au monde, nous en avons une infinité pour en sortir. A quel propos me réserverai-je aux rigueurs d'une maladie qui n'a point d'espérance, ou à toutes les ver-

---

1. *Que ce que*, c'est-à-dire : que cela, à savoir que....

gognes que me voudra faire un insolent et cruel ennemi, si parmi les tourments mêmes, j'ai moyen de m'ouvrir le passage et me faire faire place, s'il se présente quelque chose devant moi pour m'empêcher? Le point seul où nous ne pouvons proposer de grief contre la vie, c'est qu'elle ne tient personne. La condition des hommes est bonne en une chose, que jamais personne n'est misérable que par sa faute. Prenez-vous plaisir de vivre? vivez. Vous en fâchez-vous? vous êtes libre de vous en retourner d'où vous êtes venu. Vous vous êtes si souvent fait ouvrir la veine, pour vous alléger d'une douleur de tête, ou pour vous décharger de quelque abondance d'humeurs. Ne pensez pas qu'il vous faille faire quelque grande plaie qui vous déchire tout ce que vous avez dans le corps : la pointe d'un canivet[1] vous fera l'ouverture d'une liberté perpétuelle, et par une piqûre vous vous mettrez hors d'appréhension à tout jamais.

V. A quoi tient-il donc que nous y allions si lentement? C'est que jamais nous ne nous ramentevons que nous ne sommes ici que pour un temps, et que quelque jour il nous sera force d'en déloger. Nous sommes comme ces vieux locataires que la longueur du temps a tellement acoquinés en une maison que, quelques incommodités qu'ils y reçoivent, il leur est impossible d'en vouloir partir. Voulez-vous être maître de votre corps? demeurez-y comme toujours prêt à le quitter. Proposez-vous que c'est une compagnie où vous ne devez pas toujours être, et vous la laisserez avec moins de regret, quand il vous en faudra séparer. Mais comme nous résoudrons-nous à finir notre vie, nous qui ne faisons tous les jours autre chose qu'étendre nos concupiscences?

VI. Certainement il n'y a point de méditation qui nous

---

1. *Canivet*, canif. Le latin porte *scalpellum*.

soit si nécessaire; car toutes les autres peuvent être superflues. Parce que je me serai préparé contre la pauvreté, peut-être je serai riche tant que je vivrai; je me serai pourvu d'armes contre les douleurs, et une santé continuelle m'ôtera les occasions de m'en servir; je me serai fortifié de résolutions, encore que la fortune me fît perdre ma femme, mes enfants, ou mes amis, et ils vivront tous plus que moi. La mort est le seul ennemi contre lequel je ne puis faillir de me préparer, parce qu'indubitablement il me faudra venir aux mains avec elle.

VII. Il ne faut pas s'imaginer qu'il n'y ait que les grands personnages qui aient de la force assez pour rompre les fers qui nous tiennent en cette captivité du corps. Caton fut brave certainement, de prendre son âme avec la main et la mettre dehors, quand il vit qu'elle ne sortoit pas assez tôt par l'ouverture que l'épée avoit faite; mais ce ne sont pas coups qui appartiennent à lui seul : en la lie même des hommes, il s'en est trouvé qui d'une secousse magnanime et vigoureuse se sont arrachés aux outrages de la fortune, et n'ayant pu ni mourir à leur fantaisie, ni faire élection des instruments pour se tuer, ont pris ce qui leur est venu le premier à la main, et rendu mortelles des choses qui n'étoient pas seulement nuisibles de leur naturel. Dernièrement, au jeu des bestiaires, un Allemand qu'on préparoit pour le spectacle du matin, feignit de vouloir aller faire ses nécessités, parce que par autre moyen il ne se pouvoit défaire de ses gardes. Il y a ordinairement une éponge aux privés, pour le service de ceux qui en ont affaire; il la prit avec le morceau de bois où elle est attachée, et se le fourra tout dans la gorge; si bien que par l'empêchement de sa respiration il se fit sur l'heure même rendre l'esprit. Ce fut sans mentir faire une vergogne à la mort. Je sais bien que vous me direz que le parfum n'en étoit guère bon. Mais comme saura mieux montrer un homme la faute de son jugement, que de faire le dégoûté quand il est question de mourir? Il faut avouer que cet homme, qui avoit le courage grand, méritoit bien qu'on lui remît l'élection de la mort en sa liberté. Comme pensez-vous qu'il se fût bravement servi d'une épée, et comme courageusement il se fût jeté dans la mer, ou précipité d'un rocher en bas, s'il en eût eu le moyen? Quoique dépourvu de toutes choses il trouva de quoi se bien faire, et nous apprit que pour mourir il ne faut autre chose que le vouloir. Que chacun juge de cette action ce que bon lui semblera; mais pour moi, je tiendrai toujours cette maxime : que la mort n'a point de vilenie si puante qui ne me sente mieux que tout le musc et tout l'ambre gris que la servitude sauroit avoir[1]. Puisque j'ai commencé par les exemples de gens de basse qualité, j'y continuerai, pour obliger ceux de qui la condition est meilleure, à se demander quelque chose davantage quand ils verront qu'une chose qu'on estime si terrible est méprisée par les hommes du monde qui sont les plus méprisés. C'est une opinion dont nous sommes abreuvés de longue main, que ces Catons, Scipions et autres leurs semblables que nous admirons sont au delà de notre imitation. Mais je vous veux montrer que parmi ces marauds destinés au combat des bêtes, il ne se trouvera pas moins d'exemples de cette vertu, que parmi ces capitaines qui ont eu les premières charges aux guerres civiles. Il n'y a pas longtemps qu'un bélître qu'on envoyoit dans une charrette avec des gardes pour le spectacle du matin, feignit[2] d'avoir sommeil et de chercher un lieu pour se reposer la tête, trouva moyen de se la passer entre deux rais, et

---

1. En latin : *præferendam esse spurcissimam mortem servituti mundissimæ*.
2. Dans l'édition de 1645 : *feignant*.

s'y tint ferme, jusques à ce que la roue qui tournoit lui eût tord¹ et rompu le col. Il échappa du supplice par la charrette même qui l'y portoit. Quand un homme a volonté de sortir, il n'est rien d'assez fort pour l'en empêcher. La nature ne nous garde point sous la clef. Ceux que la nécessité de sortir du monde laisse en liberté de choisir la porte, peuvent prendre celle qui leur plaira. L'élection ne peut être qu'en la multitude : quand les occasions sont difficiles, il faut prendre la première venue pour la meilleure. Quand ce seroit chose de quoi jamais on n'auroit ouï parler, l'esprit ne manquera pas à qui aura du courage assez. Vous voyez que ces chétifs esclaves mêmes s'évertuent quand la douleur les a piqués, et que ceux qui les gardent ne sauroient être si fins qu'ils ne trouvent moyen de les tromper. On ne peut dire que ce ne soit le trait d'un galant homme² d'avoir fait la résolution de mourir, et tout ensemble trouvé le moyen de l'exécuter. Puisque je vous ai promis de vous amener beaucoup de semblables exemples, je vous en vais dire encore un. La seconde journée du combat naval, un barbare à qui on avoit baillé une demi-pique, pour se battre contre un autre, se la mit au travers de la gorge. Et de fait, n'eût-il pas été bien lâche de se réserver à des tourments suivis de la risée de tout un peuple, puisqu'il avoit moyen de s'en garantir? et bien mal avisé d'attendre la mort, puisqu'il avoit des armes en la main? Ce spectacle fut d'autant plus grand, que l'exemple de mourir fut trouvé plus honnête que celui de tuer. Et quoi donc? pourquoi ne feront les gens d'honneur, fortifiés par la méditation, et par le discours de la raison contre les choses casuelles, ce que font des hommes perdus et criminels? C'est par la raison

1. *Tord*, tordu.
2. « Le train d'un galant homme. » (*Édition de* 1645.)

que nous savons que par quelque chemin différent que la mort vienne, elle ne vient jamais que par un effort, et qu'il ne peut chaloir où commence une chose qui doit venir infailliblement. La même raison nous exhorte que, s'il se peut faire, nous mourions sans douleur; sinon que nous fassions comme nous pourrons, et prenions la première chose que nous trouverons pour nous dégager. La violence pour vivre est chose malhonnête; mais quand il est question de mourir, on ne sauroit faire chose plus brave, ni plus glorieuse que d'en user.

---

## ÉPÎTRE LXXI.

Argument. — I. Pour prendre un bon conseil il faut avoir un but, qui doit être le souverain bien. — II. Il n'y a point d'autre bien que ce qui est honnête. — III. La sagesse nous apprend à distinguer le bien d'avec le mal. — IV. Que le sage doit tenir pour indifférentes les bonnes et les mauvaises fortunes. — V. Qu'on ne doit point résister à la mort. — VI. La philosophie nous montre le chemin de l'honneur et de la vertu. — VII. Qu'on trouve la félicité aussi bien dans les adversités que dans les prospérités. — VIII. Description d'un homme sage. — IX. Définition de la vertu.

Vous ne cessez de me faire des consultations, et ne prenez pas garde qu'il y a bien du chemin entre vous et moi. Ce qui est le meilleur en un conseil, c'est qu'il soit donné quand il est temps. C'est pourquoi je ne doute point que bien souvent, quand vous recevez mes avis, vous ne fissiez mieux de vous conduire tout au contraire de ce que je vous écris; car on accommode le conseil à la disposition des affaires. Or elles changent d'une heure à l'autre, et courent plutôt qu'elles ne vont. Il faut donc prendre conseil d'une chose plus tôt que le jour qu'on la veut faire[1]; encore ai-je opinion qu'il seroit trop tard, et qu'il seroit meilleur d'être pris sur le point même de l'exécution.

I. Or je m'en vais vous apprendre le moyen de le trouver. Quand vous voudrez savoir ce que vous devez ou fuir ou desirer, jetez aussitôt les yeux sur le souverain bien, et vous souvenez quelle profession de vie vous vous proposez de faire; car à cette règle se doivent conformer toutes vos actions. Il n'est pas possible de bien ranger les parties, si nous ne sommes assurés de la forme du tout. Quoique vous ayez les couleurs broyées, vous ne sauriez rien peindre que premièrement vous ne sachiez ce que vous voulez représenter. La principale faute que nous faisons, c'est que nous délibérons de la vie par les pièces, et jamais en gros. La première chose que doit faire un homme qui veut tirer une flèche, c'est de savoir ce qu'il veut frapper. Nos conseils n'ont point de certitude, parce qu'ils n'ont point de but. Un marinier qui ne sait où il veut prendre terre, ne saura quel vent il doit desirer. Parce que nos actions sont toutes fortuites, c'est force que la fortune y ait beaucoup de pouvoir. Il en est qui savent des choses qu'ils ne pensent pas savoir, comme quelquefois il nous advient de demander ceux qui sont auprès de nous; ainsi le plus souvent faisons-nous de ce qui est le souverain bien. Il est tout auprès de nous, et nous l'allons chercher bien loin. Je ne vous amuserai point de beaucoup de paroles pour vous faire entendre que c'est, ni ne vous brouillerai point l'esprit d'une diversité d'objets. Je vous mettrai tout droit le doigt dessus.

---

1. Pour que les idées se suivent et que le sens de Sénèque soit rendu, il faut remplacer *plus tôt* par *plutôt*, et supprimer le *que* qui vient après, ou ajouter une négation : « Il ne faut donc, etc. »

## ÉPÎTRE LXXI.

II. Que me serviroit de vous aller chercher tant de divisions et de subdivisions, puisque tout d'un coup je vous puis dire : le souverain bien est ce qui est honnête, et, ce que vous admirerez davantage, il n'y a point d'autre bien que ce qui est honnête; tous les autres ne sont ni vrais ni légitimes. Si une fois vous vous imprimez cette opinion, et devenez amoureux de la vertu (car de l'aimer simplement ce n'est pas assez), elle ne s'approchera de rien, si triste et si misérable[1], quelque opinion que les autres en aient, qu'elle ne vous fasse trouver du repos et du plaisir. Les tourments mêmes, si vous vous y troublez moins que celui qui les vous fait souffrir, et les maladies, si vous ne murmurez point et ne perdez point courage, vous seront des exercices qui vous donneront du contentement. Toutes ces choses qui sont amères au goût des autres vous seront douces, si vous les rehaussez au-dessus d'elles. Vous tenez pour une proposition indubitable, que ce qui n'est point bien ne peut être honnête, et que lors toutes incommodités se peuvent justement dire bonnes, quand elles sont devenues honnêtes par la présence de la vertu. Je sais bien qu'il est avis à beaucoup que ce sont chimères, et choses qui passent la condition des hommes, que ce que nous promettons; de quoi je ne m'ébahis point, parce qu'ils ne jettent les yeux que sur le corps. Mais qu'ils se retournent vers l'âme, et ils parleront d'un homme comme d'un Dieu. Retirez-vous donc, Lucilius, et me laissez toute cette race de philosophes pédants qui, d'une chose si haute et si magnifique, nous ramènent aux syllabes et repaissent les esprits de certaines subtilités qui ne font que les affoiblir. Tâchez de ressembler à ceux qui les premiers ont inventé la philosophie, et non à ceux qui l'enseignent de si mauvaise grâce, qu'ils font

---

1. C'est-à-dire : si triste et si misérable que ce soit.

penser que c'est une chose qui donne bien de la peine avant qu'on la sache, et peu de fruit quand on la sait. Si vous avez envie de faire quelque chose pour moi, rangez-vous à ces premiers maîtres.

III. Socrate, de qui toute la philosophie est d'apprendre à bien vivre, dit que la plus grande sagesse que puisse avoir un homme, c'est de savoir faire distinction du bien et du mal. « Voulez-vous être heureux, dit-il, ne vous fâchez donc point qu'on vous estime fol. Si quelqu'un vous veut dire des injures, qu'il vous en die; s'il vous veut faire des outrages, qu'il vous en fasse : quoi qui vous arrive, vous ne souffrirez rien, pourvu que la vertu soit avec vous. Voulez-vous être heureux? Voulez-vous à bon escient devenir homme de bien? Endurez qu'on vous méprise. C'est une patience dont personne n'est capable, s'il n'a cette opinion que tous biens sont égaux, pource que rien ne peut être bon qui ne soit honnête, et que ce qui est honnête, en quelque sujet qu'il soit, n'est jamais susceptible d'inégalité. »

IV. Et quoi donc? il ne peut chaloir si Caton est préteur, ou s'il ne l'est pas; s'il gagne la bataille de Pharsale, ou s'il la perd. Ce bien, de demeurer invincible en un parti vaincu, est aussi grand comme est le bien de revenir victorieux à Rome, pacifier les choses et les remettre en leur premier état. Pourquoi ne seroit-il aussi grand? la vertu qui dompte la mauvaise fortune est celle même qui règle la bonne. Or la vertu ne se peut faire ni plus grande ni plus petite : elle est toujours d'une taille[1]. Mais Pompée sera mis en route[2]; tous ces grands, de l'assistance desquels il se servoit pour un argument que sa cause étoit la cause de la République, ce sénat même, portant les armes, duquel il faisoit son avant-

---

1. C'est-à-dire : d'une même taille. — 2. *Route*, déroute.

garde, seront tout défaits en ce combat; et la ruine d'un si grand empire envoiera ses éclats en tous les quartiers du monde : une partie en Égypte, l'autre en Afrique et l'autre en Espagne; et la pauvre République, de peur de n'être pas assez longtemps misérable, ne pourra pas tomber une seule fois. Je veux que tout cela soit : je veux que Juba se perde en son propre royaume, et que ni la connoissance du pays ni la valeur de ses sujets, opiniâtrés à mourir pour le service de leur roi, ne l'en puisse garantir; je veux que la foi même de ceux d'Utique cède à la continuation des mauvais succès, et qu'en Afrique Scipion soit abandonné de la bonne fortune que ceux de sa maison y avoient toujours eue auparavant : il y a longtemps que Caton a donné ordre à sa sûreté. Mais, quoi qu'il en soit, il a été vaincu! Que voulez-vous faire? c'est un rebut qu'il faut compter parmi les autres. Il ne se désespère non plus pour n'avoir pas eu la victoire, que pour n'avoir pas été préteur. Le jour qu'on lui refusa la préture, il ne fit que jouer : la nuit qu'il devoit mourir, il ne fit que lire. Il mit la vie et la préture tout en un rang. Il s'étoit par une méditation continuelle gravé cette maxime en l'âme, qu'il falloit souffrir tout ce qui pourroit arriver. Pourquoi se fût-il troublé de la mutation de la République, lui qui savoit qu'il n'y a rien au monde, non pas la terre, non pas le ciel, non pas cette contexture universelle, quoique Dieu même la conduise, qui ne soit sujet à révolution? Les choses ne sont pas éternellement en l'ordre où elles sont à cette heure. Quelque jour viendra, qui leur fera prendre un autre chemin. Comme elles ont leur commencement et leur progrès, elles ont aussi leur fin. Tout ce que nous voyons se promener sur nos têtes, et ce que nous foulons sous nos pieds, se diminue chaque jour de quelque chose, et à la fin doit cesser entièrement. Il n'y a rien qui n'ait sa vieillesse. Nature envoie tout en même lieu, quoique ce soit par intervalles inégaux. Ce qui est ne sera plus et ne périra pas pourtant, mais se résoudra. Cette résolution nous semble une mort, parce que nous ne regardons qu'aux choses qui sont près de nous, et que l'esprit, offusqué des nuages du corps et engagé en sa servitude, ne peut pas donner jusques à celles qui sont plus éloignées. S'il le pouvoit faire et se promettre que, comme la mort a sa vicissitude après la vie, la vie aura sa vicissitude après la mort, et qu'alternativement les choses ne cesseront jamais d'être faites, défaites et refaites par l'éternelle bonté de Dieu, qui veut donner cette occupation à sa providence, il porteroit sa fin et celle des siens avec plus de patience qu'il ne fait. C'est pourquoi, quand Caton aura couru de l'esprit[1] les siècles passés et les futurs, il dira que toute la race des hommes, nés et à naître, est condamnée à la mort; que toutes ces grandes villes, à qui la fortune a donné quelque part de la seigneurie du monde, ou qui dans les autres monarchies ont la principale réputation, seront un jour en si pitoyable état qu'on en demandera des nouvelles, et n'auront plus de nom que dans les histoires. Les unes prendront fin par la guerre, les autres par une longue paix, qui se changera tout bellement en fainéantise, et les autres par la superfluité des dépenses, qui est la ruine la plus certaine que les grands États puissent avoir. Toutes ces campagnes fertiles seront couvertes de quelque inondation subite de la mer et seront mer elles-mêmes, ou bien quelque spacieuse caverne, qui est peut-être sous elles, se venant à lâcher, les engloutira. Quelle raison ai-je donc de me plaindre, et faire le malcontent, si de quelque

---

1. *Couru de l'esprit*, c'est-à-dire : parcouru en esprit; *quum ævum animo percurrerit*, dit le latin.

espace de jours je précède un destin où sera compris tout l'univers ?

V. Un bel esprit ne doit ni contester contre Dieu, ni se vouloir excepter d'une loi générale, mais se résoudre[1], ou qu'il s'en va recevoir une meilleure vie et en quelque lieu plus clair et plus tranquille jouir de la compagnie des choses divines, ou pour le moins que, sans sentiment de rien qui l'incommode, il retournera se rassembler à sa nature, et à ce tout duquel autrefois il étoit venu. Caton ne juge donc point que l'honnête vie soit un plus grand bien que l'honnête mort, parce que la vertu n'est point une matière qui s'allonge ou qui s'élargisse. Socrate disoit que la vertu et la vérité sont une même chose. Comme la vérité ne croît point, aussi ne fait la vertu. Elle est en sa plénitude, il n'y a rien de vide. Vous n'avez donc de quoi vous ébahir, quand je vous dis que tous biens sont égaux, et qu'aussi grands sont ceux qu'avec élection on peut recevoir, que ceux qu'un accident inopiné fait survenir ; car si une fois vous vous lâchez à cette opinion d'inégalité, après que vous aurez mis la souffrance courageuse et magnanime entre les moindres biens, vous la mettrez à la fin entre les maux. Socrate en prison vous semblera misérable, et misérable Caton, qui remet ses mains à sa plaie plus courageusement la seconde fois que la première ; et plus misérable que tous les autres Régulus, si cruellement traité, pour avoir estimé sa parole plus que sa vie et ne s'être pas voulu permettre de mentir, même à ses ennemis. Et toutefois c'est un langage que le plus hardi de tous ces délicats n'a jamais osé tenir ; car comme ils n'avouent pas qu'il soit heureux, aussi disent-ils qu'il n'est pas malheureux. Les Académiques

---

1. *Se résoudre, ou que*, c'est-à-dire : se résoudre à ceci, arrêter ceci dans son esprit, ou que....

tiennent que certainement un homme résolu parmi les douleurs est heureux; toutefois non parfaitement, ni pleinement; mais c'est une opinion qu'il leur est impossible de soutenir. Qui est heureux est au comble du bien; qui est au comble du bien n'a point d'autre bien au-dessus de lui. La vertu ne souffre point de diminution : là où elle est, le vertueux aura le corps en pièces, qu'il ne laissera pas d'être bien sain et bien entier. Quand je parle de la vertu, j'entends une vertu pleine de vigueur et de courage, à qui les mains démangent de se battre et qui prend le moindre ennui qu'on lui fasse, pour un appel. Ne voyez-vous pas les jeunes gens de qui l'inclination est généreuse, quand le desir de paroître les a conviés à quelque entreprise, s'exposer librement aux périls et ne trouver point de mauvais chemin, quand il faut aller chercher de la réputation?

VI. La philosophie vous inspirera la même assurance et vous baillera le même mépris de tout ce qui vous saura arriver. Ce sera d'elle que vous recevrez cette impression véritable : qu'il n'y a point d'autre bien au monde que l'honneur, que ce n'est pas une corde qui se puisse lâcher et roidir comme l'on veut, mais une règle qui ne sauroit être si peu courbée que tout n'aille de travers. C'est à la vertu de juger et non d'être jugée. S'il n'y a moyen de la faire plus droite qu'elle est, il s'ensuit aussi qu'en tout ce qui sera dressé sur elle, il ne peut y avoir rien qui soit plus ou moins droit l'un que l'autre; car étant force qu'ils se rapportent à leur règle, la raison veut aussi qu'ils se trouvent conformes entre eux.

VII. Et quoi donc? Être en un festin parmi les délices, ou à la torture parmi les douleurs, c'est une même chose? Pourquoi non? Je vous ferai bien plus ébahi, quand je vous dirai qu'il fait bon être à la torture, et mauvais être en un festin. Mais c'est quand à la torture

## ÉPÎTRE LXXI.

on fait ce qui s'y doit faire, et qu'au festin on ne s'y comporte pas comme on doit. Ce n'est pas la matière qui fait les choses bonnes ou mauvaises : c'est la vertu, en quelque part qu'elle paroisse. Toutes choses n'ont qu'une mesure et qu'un prix. Je sais bien que quelqu'un de ceux-ci qui mesurent les autres à leur aune, me sauteroit volontiers au visage, pource que je dis qu'aussi heureux est celui qui a des adversités et les supporte, que celui qui parmi les prospérités se conduit avec discrétion; et aussi heureux celui qui triomphe, et celui qui vaincu de fortune, mais immuable de courage, est porté devant le chariot du victorieux; parce qu'ils tiennent que tout ce qu'ils ne peuvent faire est impossible, et jugent de la force des autres par leur imbécillité. Pourquoi trouvez-vous étrange ce que je dis, qu'être lié, blessé, tué, brûlé, soient choses bonnes? Elles sont quelquefois plaisantes. La modestie est une gêne aux voluptueux, et le travail un supplice au fainéant. Le délicat a pitié d'un homme actif, et l'ignorant de celui qui étudie. Il en est de même des autres choses. Quand faute d'inclination, de force et de suffisance, nous ne nous en sentons pas capables, nous les estimons dures et difficiles, et ne nous souvenons pas combien nous en connoissons à qui ne boire point de vin, et être éveillés au point du jour, sont les plus cruels supplices qu'il leur est possible d'endurer. Ces choses-là de qui nous avons si mauvaise opinion ne sont ni dures ni difficiles; mais nous sommes foibles. Il faut un grand courage pour faire jugement des choses qui sont grandes; autrement nous l'imputerons à une faute qui vient de nous. Les rames nous semblent tortues ou rompues par le bout qui plonge dans l'eau, et cependant elles ne laissent pas d'être bien droites. Les choses se font diverses, selon la façon dont on les regarde. Notre esprit ne voit pas bien clair en la connoissance de la vérité. Faites-moi voir un jeune homme qui n'ait point encore eu de part à la corruption du siècle et qui ait l'esprit vif : je m'assure qu'il m'avouera qu'un homme qui magnanimement supporte le faix des adversités lui semble plus heureux, que celui que la fortune assouvit de toutes les prospérités qu'il peut desirer.

VIII. Ce n'est point chose nouvelle que ce qui n'est point au vent ne branle point. Mais quand on voit un homme se hausser là où les autres s'abaissent, se tenir debout là où les autres sont par terre, c'est en cette merveille que je trouve un juste sujet de s'ébahir. Je ne crois pas que ni aux tourments, ni en tout ce qu'ordinairement on appelle adversités, il y ait autre mal, sinon que l'esprit se plie, qu'il se courbe, que les genoux lui faillent, qui sont toutes choses à quoi le sage n'est point sujet. Quelque charge qu'il ait sur le dos, il ne marche jamais que droit : sa taille paroît toujours. S'il tombe sur lui quelque chose de ce qui peut tomber sur un homme, il n'en murmure point : il connoît sa force et sait bien qu'il a les épaules bonnes. Je ne le sépare pas pourtant du nombre des hommes, ni ne me figure pas aussi peu de sentiment en lui qu'en quelque souche. Je sais bien qu'il est composé de deux pièces, l'une irraisonnable, sensible aux morsures, aux brûlures et aux douleurs; l'autre raisonnable, ferme, intrépide et inexpugnable en ses résolutions. C'est en celle-là que consiste le souverain bien de l'homme. Tant qu'il y a du défaut, l'âme n'a que des anxiétés et des inquiétudes. Quand il est plein, un rocher n'est pas immobile comme elle est[1]. C'est pourquoi quelque zèle qu'ait un homme à se faire vertueux, et quelque près qu'il soit de la perfection, s'il n'est point

---

[1]. Le latin porte : *Antequam impleatur* (summum bonum), *incerta mentis volutatio est; quum vero perfectum est, immota illa stabilitas est.*

encore au dernier point, il se voudra faire accroire qu'il a besoin de reprendre son haleine; et au lieu que tout d'une venue il peut achever le peu qui lui reste, il relâchera quelque chose de sa diligence, d'autant qu'il n'a pas encore passé tout le mauvais chemin, et que jusques à ce qu'il soit au haut, il est toujours en danger de glisser. Mais celui de qui la sagesse est accomplie n'est jamais bien à son aise, que quand il fait quelque preuve généreuse de sa vertu. S'il se présente une occasion de faire quelque acte louable, il va droit où l'honneur et la raison lui font signe. S'il y a des difficultés et des risques, il passe par-dessus et ne se soucie pas qu'on die qu'il a été malheureux, pourvu qu'on avoue qu'il est homme de bien. Je viens à cette heure à l'endroit où vous m'attendez, afin que vous ne pensiez pas que la vertu que prêchent les Stoïques soit une chimère. Le sage de qui je parle tremblera, sentira douleur et blêmira. En quoi consiste donc la misère, et ce qui véritablement s'appelle mal? A trembler, à sentir douleur et à blêmir? Rien moins. Ce qui la cause c'est quand l'esprit troublé par ces incommodités est réduit à se confesser esclave du corps et à murmurer contre sa condition. C'est bien chose indubitable, que le sage demeure maître de la fortune par sa vertu; mais il en est assez qui font profession de l'être, à qui bien souvent des menaces bien légères donnent de bien profondes appréhensions. Mais c'est notre faute d'exiger des écoliers ce qui n'appartient qu'aux maîtres. Je loue bien ce qui est bon et me conseille de le faire; mais je n'en puis encore prendre la résolution; et quand je l'aurois, il me faudroit d'autres expériences que je n'ai, devant que de m'en pouvoir servir où l'occasion s'en présenteroit. Comme il est des couleurs que la laine prend, pour une seule fois qu'on l'aura trempée, et d'autres qu'elle ne sauroit prendre, qu'elle n'ait été dégraissée et remise en la chaudière beaucoup de fois : aussi est-il de certaines sciences qui ne sont pas sitôt enseignées que ceux qui les ont apprises n'en sachent assez, pour en faire eux-mêmes des livres. Mais si celle-ci ne descend jusques au fond et séjourne, pour avoir loisir d'agir dans l'esprit, ce qu'elle y opère n'est pas teinture, c'est une tache, et ne se voit point d'effet de ce qu'elle avoit promis. Il ne faut ni beaucoup de temps ni beaucoup de paroles pour enseigner qu'il n'y a point d'autre bien que la vertu, ou pour le moins que sans vertu rien ne se peut appeler bien, et que la meilleure partie de nous, qui est la raisonnable, est le siége de la vertu.

IX. Que sera-ce que cette vertu? Un jugement ferme et véritable, qui nous produira la promptitude de l'esprit et dépouillera les choses de ces vaines apparences qui nous les font bien souvent sans occasion ou fuir ou desirer. Quiconque aura ce jugement ne fera point difficulté de déclarer que toutes choses sont bonnes et pareilles, quand elles ont passé par les mains de la vertu. J'avoue que les biens du corps sont bons au corps, mais ils ne le sont pas généralement; et bien qu'on leur puisse donner quelque paix comme à choses sujettes au commerce, si est-ce qu'on ne les peut pas mettre au rang de ce qui véritablement est bien : aussi ne seront-ils pas égaux les uns aux autres. Les uns seront plus grands, et les autres plus petits. En ceux même qui font profession de sagesse, il y a bien de la différence. Les uns en sont déjà si avant qu'ils osent bien hausser les yeux, pour regarder la fortune, mais ce n'est pas sans ciller, parce que l'éclat de sa pompe les éblouit. Les autres, qui sont parvenus au dernier degré, ont de la confidence[1] et en-

---

1. *Confidence*, voyez p. 259, note 1.

trent en contestation avec elle. Les choses qui ne sont pas achevées ne sont jamais fermes : tantôt elles s'entr'ouvrent, tantôt elles penchent, tantôt elles se croulent et tantôt elles tombent tout à plat. Le remède, c'est de marcher toujours et s'évertuer; car il ne sauroit y avoir si peu d'interruption à notre diligence, que ce ne soit force de reculer. Quand vous avez quitté cette besogne et que vous y voulez retourner pas à pas, il ne faut pas penser de la reprendre à l'endroit où vous l'avez laissée. C'est à recommencer tout de nouveau. Pressons donc, et persévérons : il y a plus à faire qu'il n'y a de fait. Il est vrai que c'est déjà quelque profit que d'avoir bonne volonté de profiter. Pour moi, je puis dire sans mentir qu'il n'y a chose en ce monde que je desire avec plus de passion. Je vois bien aussi que de votre côté vous y avez du zèle, et que vous y marchez de bon pas. Dépêchons-nous, afin d'avoir du contentement à vivre; car autrement, avec assez peu d'honneur, que pouvons-nous dire, sinon que nous sommes retenus en une demeure où nous ne voyons que des ordures et des saletés? Surtout faisons que ce que nous avons de temps soit tout à nous : ce qui ne peut être que nous-mêmes ne soyons premièrement à nous. Quand sera-ce que j'aurai du courage assez pour mépriser l'une et l'autre fortune? Quand sera-ce qu'après avoir mis toutes mes passions sous le pied, je pourrai dire cette parole glorieuse : « J'ai vaincu? » Demandez-vous qui? Non les Perses, non les extrémités des Mèdes, ni ce qu'il peut y avoir de nations belliqueuses au delà des Daces; mais l'ambition, l'avarice et la crainte de la mort, qui a vaincu ceux qui ont vaincu le monde.

## ÉPÎTRE LXXII.

Argument. — I. Que l'étude de la philosophie doit commencer de bonne heure et être continuée. — II. La fortune n'a point d'empire sur le sage. — III. Différence d'entre celui qui est sage et celui qui est en voie de l'être.

Je sais bien la réponse de la question que vous me faites, s'il m'en pouvoit ressouvenir; mais il y a si longtemps que je n'ai donné de l'exercice à ma mémoire, que je n'en fais pas bien ce que je veux. Elle a les feuillets collés, comme ces livres qui n'ont été maniés depuis longtemps. Notre esprit a besoin d'être souvent déplié, pour remuer ce qui est dedans et le reconnoître, afin de s'en pouvoir servir quand il en sera besoin. Laissons donc cela pour une autre fois, car c'est chose qui mérite bien qu'on y pense. Au premier séjour que je pourrai faire en quelque lieu, je ne faudrai pas d'y mettre la peine. Il est des choses qui se peuvent écrire en coche[1], et d'autres qui veulent le lit, le repos et le cabinet. Cependant parmi ces occupations même, je ne laisserai pas d'y faire quelque chose; car si j'en voulois attendre la fin, ce ne seroit jamais fait. Nous les semons : pour une il en vient une douzaine, et puis nous nous donnons des remises nous-mêmes. Aussitôt que je serai hors de cette affaire, je m'en vais y travailler à bon escient : si je me suis tiré une fois d'un bourbier où je suis, je m'en vais devenir un grand écolier.

I. Il ne faut pas philosopher quand vous n'aurez autre chose à faire; mais il faut quitter toute besogne pour

---

1. En latin, d'après l'ingénieuse conjecture de Pincianus : *in cisio*.

philosopher. Quand nous commencerions d'étudier aussitôt que nous sommes hors du béguin, et que nous ne ferions autre chose jusques au dernier jour de la plus longue vie qu'un homme sauroit avoir, c'est une étude où nous ne saurions employer trop de temps. Autant vaut n'y travailler point du tout, que d'y travailler par intervalles; car nous ne la retrouvons pas à l'endroit où nous l'avons interrompue. Elle fait comme une corde qui se rompt pour avoir été trop tendue. Elle revient à son commencement. Il faut résister aux occupations et les remettre aux armoires, plutôt que les étaler[1]. Quand une étude est salutaire, il n'y a point de temps qui ne lui soit propre : mais la plupart n'étudient pas aux choses pour lesquelles il faut étudier.

II. Quelque empêchement qui survienne, il ne troublera point un esprit qui se sera mis en bon état. Ceux qui n'y sont pas ont encore des traverses : le contentement du sage est d'une contexture si bien entrelacée et d'un assemblage si fort que la fortune n'a point de pouvoir assez pour le rompre : en quelque temps et en quelque part qu'il soit, il est toujours à l'abri, parce qu'il ne dépend que de lui-même et ne met point ses espérances en la faveur. La félicité lui est domestique : elle sortiroit si elle entroit; mais elle naît[2] chez lui. Il ne se peut faire que quelquefois il n'entrevienne quelque chose, mais ce n'est qu'une égratignure, qui lui prend un peu du dessus de la peau : il peut bien avoir des incommodités, mais son bien principal est toujours en sa place. Il n'est point d'homme si bien composé, ni si sain, à qui quelquefois il ne sorte

---

1. En latin : *Resistendum est occupationibus, nec explicandæ, sed summovendæ sunt.*

2. C'est le texte de l'édition de 1645. Celles de 1639 et 1648 portent par erreur : *elle n'est.* Il y a dans le latin : *Exiret ex animo, si intraret; ibi nascitur.*

quelque pustule ou quelque bube; mais cependant l'intérieur n'a point de mal. Il y a la même différence entre un qui est parfaitement sage et un qui est après de l'être, que d'un homme sain, et d'un autre qui relevé d'une longue et dangereuse maladie, pense être guéri, pource qu'il lui est bien amendé[1]. Cettui-ci, s'il ne se gouverne bien, sent des pesanteurs et de fois à autre est contraint de prendre le lit. Le sage ne retombe jamais ni en la maladie d'où il est sorti ni en une autre; car la bonne disposition du corps n'est que pour un temps, et celui qui la vous a rendue ne la vous peut pas entretenir. Il le faut renvoyer quérir une autre fois; un esprit guéri n'a jamais plus besoin du médecin.

III. Voulez-vous savoir à quoi vous connoîtrez qu'il est guéri ? S'il a son contentement en soi-même, s'il y a son assurance et reconnoît que tous ces biens pour qui les hommes font des vœux et qu'ils se donnent et demandent les uns aux autres, ne sont nullement considérables en l'établissement d'une vraie félicité; car il n'y a point de doute que ce qui peut croître n'est point parfait, ni ce qui peut décroître n'est point perpétuel. Qui veut avoir une joie durable et que nul accident ne mette en désordre, qu'il la prenne chez soi. Toutes ces vanités qui semblent des merveilles au peuple ne font que passer d'une main à l'autre. Fortune ne nous baille rien à jouir en propriété. Ce n'est pas qu'en ce qu'elle donne il n'y ait de quoi prendre plaisir, mais il y faut apporter le tempérament de la raison, et par son règlement donner grâce à des choses qui n'en ont point quand on les prend avec indiscrétion. Attalus usoit ordinairement de cette similitude : « Avez-vous jamais vu ces chiens qui recevant à gueule

---

1. C'est-à-dire : parce qu'un amendement est survenu dans son état.

ouverte ce qu'on leur jette, n'ont pas loisir d'avoir avalé le premier morceau, pour ouvrir la gorge à recevoir l'autre? Nous en sommes de même. Si la fortune, après nous avoir fait longtemps attendre, nous jette quelque chose, nous l'envoyons aussitôt en bas, sans la goûter[1], pour nous en revenir tendre la main comme auparavant. » Le sage n'en fait point de même, parce qu'il est plein; et s'il lui vient quelque chose, il la reçoit froidement et la serre avec une contenance qui ne montre aucune agitation. Sa joie est parfaite et continuelle parce qu'elle est sienne. Ceux qui ne sont point encore au dernier point de sagesse, quelque bonne que soit leur intention et quelque chemin qu'ils aient déjà fait, ils ne sont jamais longtemps en un état. Ils vont, viennent, montent, descendent, tantôt au ciel et tantôt en la terre. L'inexpérience les fait broncher à chaque pas, et ils tombent en cet abîme sans fond, imaginé par les Épicuriens. Il y en a encore une troisième sorte, de ceux qui ne tiennent pas la sagesse à pleine main, mais ils y vont toucher du bout du doigt. Ceux-là ne branlent ni ne glissent. Ils ne sont pas encore en terre, mais ils sont déjà dans le port. Puis donc qu'il y a si grande différence entre les premiers et les derniers, et que ceux du milieu même ne sont pas hors des vagues, mais se peuvent voir en pire état qu'ils ne furent jamais, n'embrassons rien qui nous embarrasse; fermons la porte aux affaires. Si elles entrent une fois, elles en mettront d'autres en leur place devant que de sortir. Remédions-y de bonne heure : la fin n'en sera pas meilleure que le commencement.

1. *Id sine ulla voluptate demittimus*, dit le latin.

## ÉPÎTRE LXXIII.

Argument. — I. Les sages honorent davantage les rois et les magistrats que ne font les courtisans, l'ambition desquels n'a point de mesures. — II. Les sages sont plus obligés aux rois du bien de la paix que le reste des hommes. — III. L'homme de bien est semblable à Dieu. — IV. Par quel moyen on peut devenir homme de bien.

I. C'est une opinion mal fondée à mon avis, de penser que la philosophie rende ceux qui la suivent réfractaires, et contempteurs des rois et des princes, et généralement de tous ceux qui sont au gouvernement de l'État. Au contraire, je n'en trouve point qui les respecte davantage, comme certainement ils en ont beaucoup d'occasion ; car à qui est-ce que les magistrats font plus de bien, qu'à ceux qui[1], par leur sage administration, ils donnent moyen de vivre en repos et, sous la tranquillité publique, continuer la résolution qu'ils avoient prise de s'employer à la vertu ? Ne doit-on pas croire qu'ils honorent, comme leurs propres pères, ceux qui leur sont cause d'un si grand bien, et pour le moins plus que ne font ces esprits brouillés à qui leurs maîtres ne sauroient tant faire de bien qu'ils ne croient leur en être dû de reste, et qu'en leurs comptes la mise ne soit toujours plus grande que la recette ? Une libéralité n'est pas sitôt en leurs mains qu'ils n'en attendent une autre, comme si le manger leur faisoit venir la faim. Or il est impossible que celui se

---

1. C'est le texte de 1639 ; il faut sans doute lire *à qui*. L'édition de 1645 a la leçon toute différente, que voici : « qu'à ceux qui, par leur sage administration, treuvent moyen, etc. »

souvienne de ce qu'il a reçu, qui se prépare encore à recevoir. Le plus grand mal qui soit en la cupidité, c'est l'ingratitude. Ajoutez à cela, pour une règle qui n'a point d'exception, que ceux qui sont du monde et de la cour regardent toujours ceux qui sont plus, et jamais ceux qui sont moins. Un qui les précède les gêne plus qu'un nombre infini qu'ils précèdent ne les réjouit. C'est le vice ordinaire de toute ambition de ne regarder jamais derrière soi; et non-seulement de l'ambition, mais de toutes cupidités, parce qu'elles commencent toujours par la fin. Mais quand un esprit pur et net a laissé le monde, la cour et les affaires, pour s'adonner à de plus dignes occupations, il ne faut point douter que de bon cœur il n'aime ceux par qui ses méditations sont hors de trouble et de tumulte; et qu'en cette affection il n'ait[1] plus de gloire que nulle autre, parce qu'il est seul qui reconnoît des personnes qui ne le pensent point avoir obligé. Ceux qui par leur instruction l'ont rendu capable de la vertu; et ceux qui sous leur sauvegarde lui donnent moyen d'en faire les exercices, lui sont en un même rang. Il les révère également. Oui, mais il y en a d'autres qui l'ont en leur protection[2]. — Qui vous dit le contraire?

II. Mais entre plusieurs qui par une même faveur de temps et de vent sont arrivés au port, les plus obligés à Neptune sont ceux qui ont chargé des choses les plus

---

1. Nous avons suivi le texte de l'édition de 1645; celles de 1639 et 1648 donnent par erreur *il n'est* pour *il n'ait*. A la ligne suivante, il faut sans doute, au lieu de *nulle*, qui n'a point ici de sens, lire *nul*. La leçon des manuscrits de Sénèque est : *Solumque illis gratuitum testimonium reddit, et magnam rem nescientibus debet;* mais Muret avait substitué *solus* à *solum*, et les éditeurs venus après lui avaient adopté cette correction.

2. Encore une phrase qui n'a point de sens : il faut évidemment substituer « qui sont » ou « qu'ils ont » à « qui l'ont. » *Verum alios quoque*, dit Sénèque, *rex viribus suis protegit.*

précieuses : un marchand plus qu'un passager, et entre les marchands, ceux qui ont de l'or et de l'ambre ou de la conssenille[1], plus que les autres, qui n'ont que je ne sais quelles friperies dans le vaisseau, plus propres pour sa bourre que pour autre chose. Ainsi, bien que ce bénéfice de paix soit universel, si est-ce qu'il semble toucher aucunement de plus près ceux qui s'en servent à des choses de plus de profit. Ceux qui suivent les grands ont bien souvent plus d'affaires, et les esprits plus traversés en la paix qu'en la guerre. Pensez-vous que ceux qui ne se servent du repos de la paix que pour être en des festins avec des femmes, et pratiquer une infinité de ces vices d'où il est impossible de les tirer autrement qu'en faisant recommencer la guerre, lui soient aussi obligés comme ceux qui l'emploient en la seule école de vivre bien? sinon que peut-être vous estimez le sage si déraisonnable, que pource que la paix est une chose commune, il ne veuille pas qu'il lui en coûte rien en particulier. Je sais bien que le soleil et la lune n'éclairent pas pour moi seul, et cependant je ne laisse pas de leur avoir de l'obligation. J'en ai aussi de même aux saisons de l'année et à Dieu qui les tempère. Et néanmoins je ne suis pas si présomptueux de croire que ce soit en ma faveur que leur règlement ait été fait. L'avarice malavisée des hommes a fait cette différence de posséder et d'être propriétaire, parce qu'elle ne pense rien avoir que ce qui est à elle en particulier. Le sage au contraire n'estime rien si bien à soi que les choses où le reste des hommes participe avec lui ; comme de fait ce qui les rend communes, c'est le droit que chacun a de s'en servir. Vous ne sauriez avoir si petite part d'une chose, que cela ne la vous rende commune ; mais

---

1. *Conssenille* (*cossenille*, 1645), cochenille. Il y a simplement dans le texte : *qui odores ac purpuras et auro pensanda portabat.*

ces biens qui sont grands, et qui véritablement se peuvent appeler biens, ne se partagent pas de cette façon. Chacun n'en emporte pas sa pièce; ils sont possédés tous entiers. En un don qui se fait, on prend ce qui est ordonné par tête; en une distribution de viande et en telles autres choses qui se prennent avec la main, tout en va par morceaux. Mais ces biens indivisibles, la paix et la liberté, tous entiers appartiennent à un particulier, aussi bien qu'au général. C'est pourquoi le sage considère qui est celui par qui il en a la jouissance, par qui il n'oit point d'alarmes, par qui il n'est point appelé ni aux guets, ni aux gardes, ni cotisé pour les impositions que les nécessités de la guerre font mettre sus, et reconnoît que ces commodités lui viennent de ceux qui ont le gouvernement entre leurs mains. Une des premières et principales leçons de la philosophie, c'est de connoître bien ce qu'on doit et le bien payer. Or quelquefois pour être quitte, il suffit de l'avouer. Le sage donc avouera qu'il a beaucoup d'obligation à ceux qui, par leur administration et sage conduite, lui font avoir ce profond repos et de quoi pouvoir, sans divertissement aux occupations publiques, employer son temps à sa discrétion.

O Mélibée, etc.[1].

III. Si Tityre a une si grande obligation à celui qui l'a

---

1. Malherbe a pris ici d'assez grandes licences avec le texte de Sénèque et les citations de Virgile (*Églogue* I, v. 6, 7, 9, 10). Voici le latin :

« O Melibœe, Deus nobis hæc otia fecit!

« Namque erit ille mihi semper Deus. »

Si illa quoque otia multum auctori suo debent, quorum munus hoc maximum est :

« Ille meas errare boves, ut cernis, et ipsum

« Ludere quæ vellem calamo permisit agresti; »

quanti æstimamus hoc otium quod inter Deos agitur, quod Deos facit?

mis en un repos où tout ce qu'il a de commodité c'est que ses bœufs ont de l'herbe et qu'il peut sonner du chalumeau quand il lui plaît, quelle devons-nous avoir[1] à ceux qui nous en donnent un[2] où nous ne sommes pas tant compagnons des Dieux, comme Dieux mêmes? Je le vous dis à bon escient, Lucilius, il n'y a point de plus court chemin pour aller au ciel que celui que je vous montre. Sextius disoit ordinairement que Jupiter n'étoit pas davantage qu'un homme de bien. Jupiter a bien plus de quoi bailler aux hommes; mais de deux hommes de bien, le plus riche n'est pas le meilleur, non plus que, de deux pilotes qui sont aussi bons l'un que l'autre, vous ne direz pas que celui soit le plus suffisant, qui a le plus grand et le plus beau vaisseau. Qu'est-ce qu'a Jupiter plus que l'homme de bien? Si vous me dites que sa bonté dure plus longtemps, je vous réponds que le sage ne s'estime pas moins pource que sa vertu ne fait pas tant de chemin : comme de deux sages, celui qui meurt en une vieillesse décrépite n'est point plus heureux que celui de qui la vie se termine en peu de temps. Dieu tout de même passe bien le sage en nombre d'années, mais il ne le passe pas en félicité. La vertu ne se mesure pas à l'aune; la plus longue n'est pas la meilleure. Je vous avoue que tout est à Jupiter, mais il en baille la jouissance aux autres. Toute la commodité qu'il en tire, c'est qu'il est cause que d'autres en tirent de la commodité. Le sage est aussi content de voir les richesses possédées par les autres, et en fait aussi peu de cas que Jupiter. Encore il a cet avantage que ce que[3] Jupiter ne les desire point, c'est parce qu'il n'en peut user, et lui au contraire en

---

1. Dans l'édition de 1645 : « quelle la devons-nous avoir. »

2. Un repos.

3. *Ce que*, ce fait que. Le sens est : « que si Jupiter ne les désire point, c'est parce que... »

peut user et cependant ne les desire point. Pour ce, rangeons-nous à l'opinion de Sextius : suivons le chemin qu'il nous montre; oyons-le crier :

C'est par ici qu'on monte dans les cieux[1].

IV. C'est par frugalité, c'est par tempérance, c'est par magnanimité. Les Dieux ne sont ni superbes ni envieux. Comme quelqu'un se présente pour monter, ils sont aussitôt disposés à le recevoir et lui tendre la main. Vous étonnez-vous d'ouïr dire qu'un homme de bien aille trouver les Dieux? Dieu vient bien trouver les hommes, et qui plus est, se loger dans les hommes. Vous ne voyez point un homme avoir l'âme bonne, que Dieu ne soit chez lui. Il y a dans les corps humains des semences de divinité, lesquelles cultivées par une bonne main, sortent semblables à leur origine; et par une mauvaise, meurent incontinent, comme semées en terre stérile et marécageuse : tellement que pour le blé qu'on pensoit avoir, la récolte ne sera que d'aubifoin et de pavot[2].

1. Virgile, *Énéide*, liv. IX, v. 641. Sénèque a substitué *hac* à *sic* dans l'hémistiche qu'il cite (*sic itur ad astra*).
2. *Aubifoin*, bleuet. Il y a dans le latin *creat purgamenta pro frugibus*.

## ÉPÎTRE LXXIV.

ARGUMENT. — I. L'honnête est le seul bien de l'homme. — II. La crainte des adversités et de la mort nous fait vivre en alarme perpétuelle. — III. Le mépris des choses fortuites et de la mort nous rend heureux. — IV. La vertu n'a faute de rien. — V. Les biens de l'âme, et non ceux du corps, sont les vrais biens. — VI. Comme il faut user des biens extérieurs. — VII. La félicité ne dure pas longtemps. — VIII. Comme il se faut fortifier contre les injures de la fortune. — IX. Louange de la vertu. — X. Qu'il ne faut point appréhender les maux à venir.

Votre lettre m'a fait plaisir, parce qu'elle m'a réveillé d'un endormissement où j'étois et m'a donné sujet de faire travailler ma mémoire, qui certainement devient paresseuse et commence déjà de s'appesantir.

I. Mais pourquoi, Lucilius, ne voudriez-vous croire que le principal instrument de la félicité de l'homme, c'est de tenir pour indubitable qu'il n'y a point d'autre bien que ce qui est honnête? Certainement celui qui a cette opinion bien gravée au cœur, est heureux en soi-même : qui ne l'a point, est sous la tyrannie de la fortune et dépend de la volonté d'autrui. Tantôt il pleurera de ses enfants qui seront morts; tantôt il s'affligera de ce qu'ils seront malades, et tantôt il aura de l'ennui de les voir mal vivants et débauchés. Un autre aimera passionnément la femme de son voisin; un autre sera jaloux de la sienne jusqu'à la fureur. Il s'en trouvera quelqu'un qui sera désespéré de n'avoir pu entrer en un état; et quelque autre si empêché du sien qu'il aimeroit mieux n'en avoir point.

II. Mais de toutes les causes de notre misère, la plus générale est la crainte de la mort; parce que de toutes parts elle nous menace, et que de tous lieux elle sort pour nous assaillir. C'est pourquoi, si nous ne délogeons cette peur de notre âme, il se faut résoudre de vivre en alarme perpétuelle et, comme ceux qui sont en terre d'ennemi, ne faire autre chose que regarder à l'entour de nous et tourner la tête aussitôt que nous entendrons quelque bruit. Nous nous représenterons tantôt ceux qui ont été envoyés en exil, ou qui ont été mis hors de leurs biens; tantôt ceux qui ont faute en leur abondance, qui est[1] la pauvreté la plus fâcheuse de toutes; tantôt ceux qui ont fait naufrage ou souffert quelque chose de semblable, quand par la haine du peuple ou par l'envie, qui est le plus dangereux trait que la fortune tire contre les gens de bien, lorsqu'ils s'en doutoient le moins ils se sont trouvés frappés, comme grain en temps calme[2], ou comme d'un foudre inopiné, de qui la chute a fait trembler tous les lieux d'alentour; car ainsi qu'en cet accident celui qui se trouve auprès du blessé n'est pas moins étonné que lui, tout de même aux inconvénients qui arrivent par une violence extraordinaire, comme quelqu'un est accablé de malheur, les autres sont tellement abattus de crainte, que la calamité de celui qui souffre n'est pas plus grande que de ceux qui considèrent qu'ils sont capables de souffrir. Il n'y a point d'homme qui ne s'émeuve, quand quelque orage surprend un autre au dépourvu. Nous sommes comme ces oiseaux qui s'enfuient pour ouïr siffler une fronde : il ne suffit pas de craindre le coup, le bruit même nous épouvante.

III. Il n'est donc pas possible d'être heureux, sans dépouiller cette opinion; car il n'y a rien d'heureux que ce

1. C'est-à-dire : au milieu de leur abondance, ce qui est, etc.
2. Il faut probablement lire : « comme d'un grain en temps calme. » Le latin porte : *procellæ more quæ in ipsa sereni fiducia solet emergere.*

qui est assuré. On ne vit jamais bien entre les défiances. Quiconque se passionne pour les choses fortuites, il se taille plus de besogne qu'il n'en sauroit coudre. Il n'y a qu'une voie pour se mettre en sûreté : c'est de mépriser ce qui est extérieur, et ne chercher son contentement qu'en la vertu ; car quiconque pense qu'il y ait quelque chose de meilleur, ou qu'il y ait quelque autre bien au monde, c'est à lui de tendre le coin de son manteau pour recevoir ce que la fortune voudra jeter dedans. Imaginez-vous que la fortune fait des jeux, et que sur cette compagnie universelle du genre humain, elle épand des biens, des faveurs et des états ; que de ces présents, les uns sont mis en pièces entre les mains de ceux qui tirent les uns contre les autres, les autres partagés de mauvaise foi, les autres coûtent plus qu'ils ne valent à ceux qui les ont, les autres échéent[1] à ceux qui pensent ailleurs, les autres se perdent de trop d'envie de les avoir, ou nous coulent des mains, pour avoir été pris trop avidement ; et que de tous ceux qui remportent quelque chose, il n'y en a pas un à qui le plaisir dure longuement. C'est pourquoi les plus avisés, comme ils voient apporter toutes ces bagatelles, ils sortent du théâtre et ne veulent pas attendre le hasard d'une chose qui ne vaut guère et qui leur pourroit coûter beaucoup. On ne fait jamais à coups de poing avec ceux qui se retirent[2] ; on ne frappe point sur un qui s'en va. C'est au butin que se fait la noise : c'est là que nous bouillons, que nous nous tourmentons. Nous pensons avoir trop peu de mains ; tantôt nous en regardons l'un, tantôt nous nous tournons vers l'autre. Nous ne trouvons pas qu'on jette assez vite. En cette multitude infinie d'attendants, il n'y

---

1. *Échéent*, échoient.
2. *Nemo manum conserit cum recedente*, dit le latin.

en a pas un qui ne pense être de ce petit nombre sur qui le sort doit rencontrer. Nous n'avons pas la patience que les choses tombent, nous voudrions bien voler pour les aller prendre en chemin. Si nous en avons attrapé quelqu'une, et que quelqu'un l'ait faillie[1], nous pensons avoir fait un grand coup. Somme[2], ou nous n'avons rien, ou si nous avons, c'est quelque chose de néant qui nous a bien fait recevoir de l'incommodité. Ne nous trouvons donc point en telles assemblées : quittons la place aux fripons ; laissons-leur lever le nez en haut, plus suspendus eux-mêmes que ce qu'ils regardent n'est suspendu devant eux. Quiconque se propose d'être heureux, il ne faut point qu'il estime qu'il y ait autre bien au monde que ce qui est honnête : autrement, c'est force qu'il ait mauvaise opinion de la Providence divine, pource qu'il arrive beaucoup d'inconvénients aux gens de bien et que tout ce qu'elle nous donne est peu de chose, et de peu de durée au prix de tant de siècles passés et à venir. De là vient que nous parlons ingratement des biens que Dieu nous fait. Nous nous plaignons tantôt que nous n'avons pas à point nommé ce qui nous est nécessaire, tantôt que nous n'en avons pas assez, et tantôt que nous n'avons rien que nous ne soyons à toute heure en danger de perdre, et que nous ne perdions à la fin. Cela fait que nous ne voulons ni vivre ni mourir : nous haïssons l'un, et craignons l'autre. Toutes nos délibérations sont irrésolues ; et quoi que nous ayons, nous avons toujours moins que nous ne desirons ; ce qui n'arriveroit pas, si nous allions jusques à ce bien immense, au-dessus duquel il ne se trouve rien, où ce seroit force que notre volonté s'arrêtât, ne pouvant passer plus avant.

IV. Voulez-vous que je vous die pourquoi la vertu n'a

---

1. *L'ait faillie*, c'est-à-dire : l'ait manquée. — 2. *Somme*, en somme.

faute de rien? pource qu'elle s'éjouit de ce qu'elle a, sans desirer ce qu'elle n'a point. Tout lui est grand, parce que tout lui suffit. Si vous ne jugez des choses de cette façon, il ne faut plus parler de foi ni de piété, parce qu'il ne se peut faire que pour elles on n'endure quelque chose de ce qui s'appelle mal, et qu'on ne dépende[1] beaucoup de ce qui s'appelle bien. Il ne faut plus parler aussi de valeur, parce qu'il la faut faire connoître par des effets; ni de magnanimité, parce qu'elle ne se peut rehausser qu'en dédaignant comme fanges tout ce que le vulgaire desire comme trésors. C'est fait aussi du commerce de la courtoisie. Il nous fâchera de faire plaisir et de le reconnoître, comme de faire quelque besogne bien pénible et bien difficile, parce que nous estimerons quelque chose plus que le devoir, et penserons plus à l'utilité qu'à l'honneur.

V. Mais laissons toutes ces raisons à part. Ou ce que l'homme appelle bien ne l'est point, ou la condition de Dieu n'est point si heureuse que celle de l'homme; parce qu'il est assez de choses, comme le plaisir des femmes, la bonne chère des festins, et une infinité de voluptés où nous passons le temps, qui ne sont point à l'usage de Dieu. Il faut donc croire, ce qui n'est pas bien aisé, que Dieu n'a pas tout ce qui est bien, ou conclure que ces choses-là ne sont point biens, puisque Dieu ne les a point. Ajoutez à cela, que la plupart de ces choses qu'on appelle biens, ne sont pas si parfaits en nous, comme ils sont en beaucoup d'animaux. Ils mangent avec plus de volupté, parce qu'ils mangent plus avidement. Ils continuent plus le plaisir de la chair, que nous ne faisons; ils ont plus de force que nous n'en avons, et ne sont point si sujets aux maladies comme nous sommes, et par

---

1. *Dépendre*, voyez p. 491, note 2.

conséquent ils sont plus heureux en leur condition que nous en la nôtre. Ils ne savent que c'est de malice, ni de fraude. Les voluptés leur sont aussitôt possédées que souhaitées, sans que la honte ni la crainte les empêchent de les prendre quand il leur plaît. Avisez donc si vous appellerez bien, une chose que les hommes ont et que Dieu n'a point. C'est en l'âme qu'il faut loger le souverain bien. Il se chancit et se gâte, si de la meilleure partie qui soit en nous nous le transportons aux sens, que les bêtes brutes ont meilleurs et plus aigus que nous n'avons. Ce n'est pas en la chair qu'il faut constituer notre principale félicité. Les vrais biens solides, et non périssables, sont ceux que la raison nous donne. Les autres ne sont biens que par opinion, et ne sont ainsi nommés qu'improprement.

VI. Il les faut donc appeler commodités, et les tenir, non comme partie de nous, mais comme nos esclaves, et quoiqu'ils soient logés chez nous, nous souvenir toujours qu'ils sont étrangers. Mettons-les au nombre des choses basses et abjectes, pour lesquelles nous n'avons point sujet de nous enorgueillir. Quelle simplesse et quelle folie est-ce à un homme de se glorifier de la beauté d'un ouvrage qu'il n'a point fait! Ce sont choses qu'il faut avoir auprès de nous, mais non pas les y coller, afin que quand la fortune les voudra prendre, pour les porter en quelque autre part, elles s'en aillent sans emporter la pièce. Servons-nous-en : ne nous en parons point, et nous en servons le moins que nous pourrons, comme d'une chose que nous n'avons qu'en séquestre, et qui ne nous doit pas demeurer.

VII. Pour les posséder longtemps, il les faut posséder discrètement. Une félicité qu'on ne soutient point s'accable d'elle-même. Et puis quelle raison avons-nous de nous fier à ces biens qui d'un jour à l'autre ne font que changer de maître? S'ils nous abandonnent, ne demeurerons-nous pas sans appui? S'ils se tiennent avec nous, ne sommes-nous pas en un trouble d'esprit perpétuel? Vous en voyez peu de qui la félicité cesse doucement; les autres tombent au milieu de leur grandeur : ce qui les avoit fait monter les fait descendre. Il y faut donc apporter de la mesure et de l'épargne. Le désordre précipite les richesses et n'en pense jamais voir le bout : il n'est point d'abondance qui ne s'épuise, quand les choses ne sont conduites par la raison. Vous en avez l'expérience en la ruine d'une infinité de villes qui, renversées en la fleur de leurs prospérités, ont perdu par intempérance tout ce que jamais la vertu leur avoit acquis.

VIII. Il se faut fortifier contre ces accidents : or il n'y a muraille inexpugnable à la fortune. Il faut donc que la fortification soit intérieure. Si tout est bien de ce côté-là, la place peut bien être battue, mais non pas prise. Voulez-vous savoir quelle est cette fortification? Ne nous offensons de rien qui nous arrive : mais pensons que ce de quoi nous semblons être incommodés est une pièce nécessaire à la conservation de l'univers, et du nombre des choses sans lesquelles le cours et l'office du monde auroient quelque défectuosité. Voulons tout ce que Dieu voudra; et s'il nous est permis d'avoir quelque bonne opinion de nous, ayons-la pour être invincibles à la fortune, tenir les adversités sous nos pieds, et par le moyen de la raison, plus forte que nulle autre chose, vaincre tout ce qu'on estime qu'il est impossible d'endurer. Aimons la raison : nous ne saurions avoir de meilleure défense que son amour, contre tout ce qui nous sauroit assaillir. Si les bêtes sauvages, de qui le courage n'est autre chose qu'une impétuosité brutale et inconsidérée, pour l'amour de leurs petits, se jettent à corps perdu dans les ferrements qu'on leur présente; si les jeunes âmes, quand il est question d'aller où la gloire les appelle, ne trouvent ni feu ni glaive qui les arrête ; s'il s'en trouve même quelques-uns qui se perdent volontairement pour des choses qui n'ont rien de la vertu que l'ombre et l'apparence, pourquoi n'espérerons-nous que la raison, d'autant qu'elle est plus magnanime et plus résolue que toute autre chose, d'autant plus courageusement se fera passage parmi les étonnements et les dangers ? Vous me direz que toutes ces opinions de n'estimer point qu'il y ait autre bien que ce qui est honnête, ne me serviront de rien contre la fortune, et que pour cela je ne laisserai pas d'en recevoir des incommodités, parce qu'avouant (comme je fais) que ce sont biens d'avoir des enfants sages, d'être d'une ville où la vertu fleurisse, d'avoir un père et une mère qui soient gens de bien, je ne puis voir ni ma ville assiégée, ni mes enfants morts, ni mon père et ma mère prisonniers, que je ne me trouble, et que comme bon fils, bon père et bon citoyen, je ne participe à la misère de leur condition. Je vous dirai premièrement la réponse ordinaire qu'on y fait, et puis ce que j'y voudrois ajouter du mien. Il est de certaines choses que nous ne perdons point, qu'il ne nous vienne des incommodités en leur place, comme quand la bonne disposition nous laisse, la mauvaise nous demeure ; quand nous cessons de voir, nous demeurons aveugles ; quand nous avons un jarret coupé, nous devenons boiteux. Le même danger n'est pas aux choses qui ont été alléguées. Si je perds un fidèle ami, je ne deviens point infidèle ; si je perds de bons enfants, ma piété ne s'en altère point ; et puis je ne perds point ni mes enfants, ni mes amis, mais seulement leurs corps. Or un bien ne se perd point, s'il ne devient mal ; qui est chose contre nature, pource que ni la vertu, ni rien qui soit fait de sa main n'est sujet à corruption. Au partir de là, si vos amis sont morts ou vos enfants, qui étoient tels que vous les aviez desirés, c'est une perte que vous avez moyen de refournir : la vertu qui les avoit fait[1] gens de bien tiendra leur place.

IX. C'est une pièce qui répare toutes les brèches que la fortune fait : elle ne laisse rien vacant. Quand vous l'avez en l'esprit, vous n'y avez rien de vide. Elle vous ôte le regret de toutes choses : elle seule vous tient lieu de tout ce que vous sauriez souhaiter. C'est d'elle que tous biens prennent origine, et par elle qu'ils font leur opération. Que vous souciez-vous qu'on vous ait pris une cruche d'eau[2], puisque la source vous en est demeurée? Comme vous ne diriez pas qu'un homme soit plus juste, plus tempérant, plus prudent ni plus honnête, pour avoir ses enfants encore en vie que pour les avoir perdus, aussi ne direz-vous pas qu'il soit plus homme de bien. Un homme, pour avoir des amis ou n'en avoir point, n'en est ni plus sage, ni plus fol : il n'en est donc ni plus heureux, ni plus malheureux. Tant que la vertu nous demeure entière, nous ne nous pouvons apercevoir d'avoir rien perdu. Comment donc un homme qui a des amis et des enfants n'est-il point plus heureux que celui qui n'en a point? Pourquoi le seroit-il? Le souverain bien n'est susceptible ni d'accroissement, ni de diminution; il demeure en un état. De quelque façon que la fortune vive avec lui, qu'elle lui continue ses jours ou les lui retranche, comme bon lui semblera, l'âge pourra bien être divers, mais la vertu ne sera toujours qu'une. Faites deux cercles, un grand et l'autre petit : l'un ne sera ni plus ni moins cercle que l'autre. Laissez-en l'un, effacez l'autre : ils ont eu tous deux une pareille forme. Une chose droite ne s'estime ni par la grandeur, ni par le nombre, ni par le temps. Pour être plus courte, ou plus longue, cela n'im-

---

1. Voyez plus haut, p. 436. — 2. Dans l'édition de 1645 : *cruchée*.

porte. Réduisez une vie de cent ans à l'espace d'un jour. Elle n'en est pas moins louable. La vertu quelquefois a beaucoup d'étendue. Elle a la police d'une ville, le gouvernement d'une province, le maniement d'un royaume. Elle donne des lois, entretient des amitiés, dispense les offices réciproques entre les pères et les enfants. Quelquefois la pauvreté, l'exil et la solitude la réduisent au petit pied ; mais quoique des honneurs les plus apparents elle revienne à la vie privée, quoique du sceptre elle descende à la houlette, quoique d'une domination grande et spacieuse elle rentre au ménage d'une maison, ou plutôt d'une cabane, et qu'enfin chassée et de maison et de cabane, elle n'ait autre retraite que chez soi-même, parce qu'en ces mutations elle est immuable, que sa constance est aussi droite et aussi ferme que de coutume, sa prudence aussi judicieuse et aussi exacte, sa justice aussi forte contre la corruption, elle se peut dire aussi grande, et par conséquent aussi heureuse que jamais. Cette félicité stable, grande et tranquille, qui ne se forme point que par la science des choses divines et humaines, n'est en autre lieu qu'en l'entendement. Outre ces réponses, je m'en vais vous dire celles que je voudrois faire de moi-même. Le sage ne s'afflige point de la perte, ni de ses enfants, ni de ses amis. Il supporte leur mort de la même résolution qu'il attend la sienne. L'une le fait douloir aussi peu que l'autre le fait craindre. La vertu ne dément jamais une action par l'autre. Tous ses ouvrages ont une correspondance avec elle. Ce qui ne seroit pas, si l'âme, qui doit être haute et relevée, se laissoit abaisser à la douleur. L'étonnement et l'anxiété sont toujours déshonnêtes ; une action lente et molle n'est jamais belle. La vertu ne sait que c'est de peur. Elle est toujours prête, toujours résolue, et jamais ne marchande, quand il est question de s'employer. Et quoi donc? ne lui verrez-vous jamais aucun de ces signes que les hommes ont quand ils se troublent : la couleur changée, le visage ému, les membres tremblants, ou quelque autre telle agitation inconsidérée que fait la nature outre[1] le commandement de la raison? Je vous avoue qu'oui; mais quoi qu'il en soit, toujours cette impression lui demeurera, que la perte des enfants et des amis n'est chose ni mauvaise, ni digne de troubler un esprit bien fait. Quoi qu'il faille faire, elle n'y est ni rétive, ni timide.

X. C'est à ceux qui n'ont point de jugement, de faire les choses à regret, d'avoir le corps en une part et l'esprit en l'autre, et se faire tirer entre deux contraires mouvements. De là vient que là où ils cherchent de la gloire, ils trouvent de la honte, et font même sans affection ce qu'ils pensent faire avec honneur. Que s'ils se doutent de quelque mal, la peur de l'avoir ne les tourmente pas moins que s'ils l'avoient, et déjà par appréhensions ils souffrent ce qu'ils appréhendent de souffrir. Comme les maladies du corps ont toujours quelque pesanteur de nerfs, quelque lassitude sans travail, quelque bâillement ou quelque frisson de membres qui les précède, l'esprit en est tout de même : il n'est point abattu, qu'il n'ait des secousses auparavant. Il les prévient[2] par imagination, et se laisse choir devant qu'il en soit temps. Mais comme pourroit mieux montrer un homme qu'il n'a point de sens, que de ne se réserver pas à la venue du tourment, mais aller querir des misères que pour le moins il doit différer, s'il n'a moyen de s'en garantir du tout? Voulez-vous que je vous montre qu'on ne se doit point tourmenter de l'avenir? Qu'on vous menace d'un supplice d'ici à cinquante ans; vous n'avez de quoi vous mettre en peine, sinon que vous veuillez enjamber par-

---

1. *Outre*, sans. — 2. *Prévenir* est pris ici dans le sens de *devancer*.

dessus tout cet espace d'entre deux, et vous rendre présents dès à cette heure des ennuis qui ne vous sont promis qu'en un siècle futur. Tout de même font ces esprits qui prennent plaisir d'être malades, et faute d'autre sujet[1], recourent à des misères déjà vieilles, pour y trouver de nouvelles matières de s'affliger. Le futur est absent comme le passé : nous ne sentons ni l'un ni l'autre. Or où il n'y a point de sentiment, il n'y peut avoir de douleur.

## ÉPÎTRE LXXV.

Argument. — I. Préférer le bien faire au bien dire. — II. Trois sortes de sages. — III. Quel est le contentement de celui qui a renoncé aux honneurs du monde.

Vous vous plaignez que mes lettres n'ont point beaucoup d'artifice[2]. Mais qui voyez-vous qui parle artificieusement, que quelqu'un[3] qui veut donner du sujet qu'on se moque de lui? Quant à moi, je vous écris tout de même que si je devisois avec vous. Je n'y fais ni plus de recherche, ni plus de déguisement : s'il étoit possible, j'aimerois mieux vous montrer mon opinion que la vous dire. Quand je disputerois même, je me garderois de battre du pied, ni de jeter les mains, ni de hausser ma voix. Je laisserois cela pour les orateurs, et me contenterois de vous faire voir mes conceptions ni trop bien en point ni trop déchirées. Toute la peine que je voudrois prendre, ce seroit de vous faire croire que je ne dis rien que ce que

1. Nous adoptons le texte des éditions de 1645 et 1659; celles de 1639 et 1648 portent *faute d'être sujet*, ce qui n'offre point de sens.
2. *Artifice*, art. Le latin porte *minus accuratas.... epistolas*.
3. *Que quelqu'un*, c'est-à-dire : si ce n'est quelqu'un.

je pense et de quoi je ne prenne un contentement singulier à m'entretenir. Un homme ne baise pas ses enfants comme sa maîtresse, mais encore il ne les baise pas si froidement qu'en sa modestie on ne reconnoisse qu'il y a de l'affection. Je sais bien qu'il n'est pas raisonnable que des choses de si grande importance soient traitées avec un langage qui n'ait du tout point de grâce. La philosophie et la gentillesse de l'esprit ne sont pas incompatibles, mais les paroles ne sont pas chose qui mérite d'y employer trop de temps. Toute l'observation en ce fait, c'est de dire ce que nous pensons, et de penser ce que nous disons[1]. Quand, à voir un homme et à l'ouïr, vous trouverez que c'est lui-même, il a fait ce qu'il doit faire : on ne lui peut rien imputer. Il n'est point question quel il est, ni combien il est grand personnage : l'importance est qu'il soit toujours un.

I. Cherchons du fruit aux paroles, et ne nous arrêtons pas à la beauté. Ce n'est pas que s'il s'en trouve quelqu'un qui d'acquisition ou de nature ait un flux de bouche si grand que le bien dire ne lui coûte rien, je ne trouve bon qu'en un beau sujet il emploie de belles paroles, pourvu qu'il se propose plutôt l'utilité de ceux qui l'écoutent que la vanité de sa réputation. Les autres sciences appartiennent du tout à l'esprit : cette-ci consiste purement aux affaires de l'âme. Un malade ne cherche point un médecin bien parlant, mais bien guérissant. Que s'il se rencontre que celui qui sait bien guérir sache aussi bien parler et en beaux termes discourir de l'état et des remèdes de sa maladie, il le prendra, mais sans se réjouir autrement d'avoir un médecin qui discourt bien; car c'est ni plus ni moins que si un pilote bien suffisant et bien habile de

---

1. Malherbe n'a pas traduit la phrase suivante : *Concordet sermo cum vita.*

son métier étoit loué pour être beau fils. A quelle fin me chatouillez-vous les oreilles? Que voulez-vous dire avec vos plaisanteries? Il est question d'autre chose que de chansons[1]. Parlons du cautère que vous me voulez appliquer, de la jambe qu'il faut que l'on me coupe, de la diète que vous êtes d'avis que je fasse; c'est pour cela que je vous ai envoyé querir. Mon mal est fâcheux, il est enraciné de longue main; donnez-y ordre. Vous avez de la besogne autant qu'un médecin en temps de peste, et cependant vous vous amusez à des paroles! Vous avez bien loisir de vous reposer, si vous en savez assez. Voulez-vous savoir quand vous aurez congé de parler tout à votre aise? Ce sera quand ce que vous aurez appris vous sera tellement gravé dans l'âme qu'il ne s'en pourra jamais effacer, et que vous serez capable d'en faire voir les expériences; car en la philosophie ce n'est pas comme aux autres sciences : il est question d'autre chose que de savoir par cœur, il faut que la suffisance soit témoignée par des effets. La béatitude n'est pas au savoir, elle est au faire. — Et quoi donc? faut-il être, ou tout, ou rien? N'y a-t-il point quelques degrés au-dessous où l'on se puisse arrêter? Est-ce un précipice que le chemin de la sagesse? — Non pas à mon avis; car encore que celui qui a quelque commencement soit tenu au nombre des fols, si est-ce qu'il en est déjà bien éloigné.

II. Entre ceux mêmes qui savent quelque chose, il y en a bien de plus avancés les uns que les autres. Quelques-uns en font de trois sortes. Les premiers sont ceux qui ne sont pas encore arrivés à la sagesse, mais sont logés aux faubourgs : ce qui est près, n'est point dedans. Demandez-vous qui ils sont? Ceux qui n'ont déjà plus de passions ni de vices, qui ont appris ce qu'il faut savoir,

---

1. *Aliud agitur*, dit le latin.

mais faute d'expérience ne sont pas bien assurés et ne se servent pas de ce qu'ils ont. Cependant ils sont en lieu de sauveté[1] : ils ne peuvent plus ni choir ni reculer. Mais il ne leur est pas avis qu'ils soient en si bon état, et comme je pense vous avoir écrit en quelqu'une de mes lettres, ils ne savent pas qu'ils savent. Ils possèdent déjà leur bien, mais ils ne s'en fient pas. Il y en a qui les tiennent bien guéris des maladies de l'esprit, mais non des affections, et qu'ils peuvent encore glisser, pource que nul ne se peut dire hors du vice que celui qui est du tout sage. J'ai déjà dit bien souvent la différence des maladies et des affections de l'esprit, mais je la vous veux encore ramentevoir. Les maladies sont vices invétérés et endurcis, comme sont l'avarice et l'ambition trop grande, quand avec le temps elles ont pris tant de pouvoir sur un homme qu'elles semblent inséparables d'avec lui. Pour dire en un mot, la maladie est un jugement qui s'opiniâtre aux intentions vicieuses, et leur fait desirer sans mesure des choses qu'il ne faut desirer que moyennement. Ou bien disons, si vous l'aimez mieux, que c'est une trop ardente convoitise des choses qui ne sont que moyennement desirables, ou qui ne le sont du tout point; ou bien estimer beaucoup des choses qui ne sont pas beaucoup estimables, ou qui sont du tout contemptibles. Les affections sont agitations de l'âme, vicieuses, subites et violentes, qui négligées forment par leur continuation la maladie. Comme une défluxion[2] qui n'est pas encore ordinaire, fait la toux au commencement, et à la fin, par assiduité faite incurable, ulcère le poumon ; ainsi ceux de qui nous parlons sont hors des maladies, et presque parfaits; mais il leur demeure encore quelque ressentiment des affections. Les

---

1. *En lieu de sauveté*, en lieu de sûreté, hors de péril.
2. *Défluxion*, fluxion. En latin : *distillatio*.

autres qui viennent après sont ceux qui ont dépouillé les plus grands maux de l'esprit et les affections, mais en sorte qu'ils sont encore mal assurés de ce qu'ils possèdent, parce qu'ils peuvent retomber. Les troisièmes sont bien hors de beaucoup de vices, et de bien grands, mais il leur en est encore demeuré. L'un n'est plus gêné d'avarice, mais il se met encore en colère ; l'autre ne court plus après les femmes, mais il est encore ambitieux ; l'autre ne desire plus, mais il appréhende encore, et en l'appréhension même il résiste courageusement à quelque chose, mais les autres le font reculer. Il méprise la mort, mais il craint la douleur. Arrêtons-nous un peu sur ces derniers : nous ne serons pas mal, s'ils nous reçoivent en leur compagnie. Pour être des seconds, il faut avoir une bonne inclination naturelle, et se bander l'esprit avec un effort qui ne se discontinue point. Mais quoi qu'il en soit, ce troisième rang a quelque mérite. Pensez combien tous les jours vous voyez de méchancetés ; considérez qu'il n'y a crime si détestable qui n'ait son exemple, quel avancement prend le vice d'un jour à l'autre, quelles méchancetés se commettent en public comme en privé[1] : vous trouverez que nos affaires n'iront point mal, si nous ne sommes point des plus méchants. Vous me direz que vous ne voulez pas faire si peu de chemin, et que vous voulez gagner jusqu'au premier rang. Je le voudrois bien comme vous ; mais c'est chose qu'il y a plus sujet de desirer, que d'apparence de se promettre. Nous avons été préoccupés[2] : nous voulons aller à la vertu, et sommes engagés parmi les vices : je suis honteux de l'avouer.

III. La vertu nous occupe, quand nous n'avons autre chose à faire ; mais si nous pouvons quelque jour nous

---

1. *En privé*, en particulier. — 2. *Préoccupés.* Voyez p. 445, note 1.

développer¹ de ces maux où nous sommes attachés, quelle récompense estimez-vous qui nous attende? il n'y aura plus de cupidité qui nous pousse, plus de crainte qui nous arrête, plus de frayeur qui nous agite, plus de volupté qui nous corrompe. Nous saurons que la mort n'est point mauvaise, que les Dieux ne le sont point ; et par conséquent leur crainte ne nous donnera plus d'alarmes. Celui qui fait mal est aussi foible que celui qui le reçoit. Si nous pouvons une fois nous tirer de cette ordure, nous sommes assurés de la possession des choses du monde les meilleures et les plus utiles : de la tranquillité d'esprit, et d'une liberté dégagée de toutes ces fausses opinions qui ont accoutumé de la brouiller. Me demandez-vous que c'est? Ne craindre ni les hommes ni les Dieux; n'avoir point de volontés sales ; borner ses desirs aux choses médiocres, et ne se ranger à la puissance d'autre que de soi-même. Quiconque est à soi peut dire qu'il possède le plus précieux et le plus inestimable bien qui soit au monde.

## ÉPÎTRE LXXVI.

ARGUMENT. — I. Vieillir en l'école de la sagesse. — II. Il blâme ceux qui vont à la comédie. — III. Les biens de fortune nous arrivent sans y penser, mais la sagesse ne vient point sans travail. — IV. La raison, qui n'est autre chose que la vertu ou l'honnête, est le propre bien de l'homme.

Vous me déclarez que je n'ai plus d'ami, si je ne vous rends compte de ce que je fais journellement. Voyez de quelle privauté je veux procéder avec vous : je vous veux

---

1. *Développer*, dégager.

informer de mes affaires jusques à cette particularité, qu'il y a cinq jours que je vais à l'école et que depuis huit jours j'écoute disputer un philosophe. Vous me direz que j'en suis d'âge ; mais pourquoi non? Quelle folie plus grande saurions-nous faire, que de ne vouloir point apprendre, pource que nous avons été longtemps sans avoir appris? A quoi voulez-vous donc que je m'occupe? Que je monte à cheval, et que je fasse le jeune homme? S'il n'y a rien qui fasse plus de honte à ma vieillesse que cela, je ne suis point mal. C'est une école où les hommes font bien d'aller, en quelque âge qu'ils soient.

I. Il y faut envieillir, et y courir aussi vite que si nous avions encore nos jambes de jeunesse[1]. Quelque vieil que je sois, je ne laisserai point d'aller au théâtre, je me ferai porter au cirque, il ne s'y fera combat de gladiateur que je ne voie; et je penserai me faire tort d'aller ouïr un philosophe! Tant que nous ignorons, il faut apprendre, ou pour dire encore mieux, tandis que nous vivons. Et n'y a science où cela se doive plutôt pratiquer qu'en celle-ci. Tant que vous vivez, il faut apprendre comme il faut vivre ; et toutefois en l'école même où je vais pour apprendre, il y a moyen d'apprendre quelque chose de moi. Si je n'enseigne autre chose, pour le moins j'enseigne qu'un homme pour être vieil ne doit point laisser d'étudier. Au demeurant, je ne vais jamais en cette école, que la folie des hommes ne me fasse honte.

II. Vous savez que pour aller chez Métronacte, il faut passer par-dessus le théâtre des Napolitains : il est si plein de monde, qu'il n'y a moyen de s'y tourner. Et si vous me demandez ce qu'ils y font, ils écoutent des joueurs de cornemuse, et disent leur avis de celui qui leur semble le

---

1. Malherbe a traduit la leçon des manuscrits : *In hoc senescamus, et ut juvenes sequamur.*

meilleur. Il y a là aussi un joueur de flûte grec et un trompette, qui ont une presse infinie. Et en un lieu où l'on montre à se faire homme de bien, c'est une solitude plutôt qu'autre chose. Si quelques-uns y vont, il semble que ce soit faute d'occupation ; on les appelle des niais et des gens qui ne sont bons à rien. Or je prends bien en gré d'être moqué de cette façon. Il faut laisser parler les ignorants et mépriser leur mépris, quand il est question de se faire vertueux. Continuez, Lucilius ; et vous dépêchez, afin que comme moi vous ne soyez contraint d'aller à l'école quand vous serez vieil. Toutefois vous avez encore une occasion de vous hâter, qui vous y oblige davantage : c'est que vous entreprenez une chose, qu'à grand'peine pourrez-vous savoir parfaitement, quelque longue vieillesse que vous ayez ; vous n'y pouvez profiter qu'autant que vous y travaillerez.

III. Nul ne se fait sage par accident. Les biens, les honneurs, les états, sont choses que la fortune donne quand il lui plaît, sans qu'on s'en couche plus tard ni lève plus matin ; mais pour être vertueux, il faut travailler à bon escient. Il est vrai qu'il n'y a pas occasion de plaindre sa peine en une chose où tout ce qu'il y a de bien au monde ne vaut pas la récompense ; car il n'y a point d'autre bien que ce qui est honnête. Les choses que nous aimons pour la vanité, ne sont point biens véritables : la possession n'en est jamais assurée. Mais puisque sur ce point je ne vous ai pas contenté par ma précédente, et qu'il vous semble que j'ai plutôt loué que prouvé cette proposition, je me remettrai sur le même discours, et en peu de paroles comprendrai ce que j'en ai dit.

IV. Toutes choses ont en elles quelque bien particulier, pour lequel elles sont estimées. On loue une vigne, pour être de bon rapport; un vin, pour avoir le goût bon;

un cerf, pour être vite; une bête de chemin[1], pour avoir l'échine ferme. On fait cas d'un chien, s'il a bon nez pour quêter, bonnes jambes pour suivre la bête, et bon cœur pour l'attaquer. Pour juger qui est le bien d'une chose, il faut regarder à quoi elle est née, et pourquoi on en fait cas. Qu'est-ce qui est le meilleur en l'homme? La raison; car par elle il s'éloigne des autres animaux, et s'approche des Dieux. Il s'ensuit donc que la raison est le propre bien de l'homme : ses autres qualités lui sont communes avec les bêtes. Est-il fort, aussi sont les lions; est-il beau, aussi sont les paons; est-il vite, aussi sont les chevaux. Je pourrois bien dire qu'ils le passent, mais il me suffit d'avoir dit qu'ils l'égalent. Je ne cherche point ce qu'il a de plus grand, mais ce qu'il a qui se puisse dire sien. Il a un corps, aussi ont les arbres; il a mouvement de lui-même, aussi ont les vers; il a une voix, les chiens en ont une bien plus claire, les aigles une bien plus aiguë, les taureaux une bien plus forte, et les rossignols une bien plus douce et bien plus souple à toute sorte de tons. Qu'est-ce que l'homme a qui lui soit propre? la raison, en la consommation de laquelle consiste aussi la consommation de sa félicité. Si donc comme une chose est arrivée à la perfection de ce qui est proprement son bien, elle se peut dire louable et parvenue au but que nature s'est proposé en la faisant : parce que la raison est le bien de l'homme, il est louable quand il l'a conduite à sa perfection. Cette raison parfaite est ce que j'appelle quelquefois vertu, et quelquefois ce qui est honnête. Il n'y a donc autre bien en l'homme que le bien qui est propre à l'homme seul; car à cette heure il n'est pas question de ce qui est bien, mais de ce qui est le bien de l'homme. Si l'homme n'a

---

[1]. *Une bête de chemin*, une bête de trait ou de somme; en latin *jumentum*.

point d'autre bien que la raison, et si c'est sa gloire de l'avoir et sa honte de ne l'avoir point, il s'ensuit que la raison est son seul et propre bien. Vous ne doutez pas que ce ne soit son bien, mais vous n'êtes pas bien assuré qu'il n'en ait point d'autre. Si vous voyez un homme vicieux, qui soit bien sain, bien riche, bien suivi, bien noble, quelques autres qualités qu'il ait, vous direz que c'est un homme qui ne vaut rien. Au contraire, qu'il soit le premier de sa race et n'ait pas le liard[1] en sa bourse, ni pas un valet après lui, mais que dépourvu de toutes choses il soit pourvu de prud'homie, je pense que vous ne laisserez pas de l'avoir en bonne opinion. L'homme n'a donc autre bien qu'un seul : l'ayant, quelque autre chose qu'il n'ait point, il est estimable. Ne l'ayant point, quoi qu'il ait, il ne mérite point qu'on en fasse cas. Il faut juger des hommes comme des choses. On ne dit point qu'un vaisseau soit bon, pour être peint de riches couleurs, pour avoir l'éperon d'or ou d'argent et la poupe marquetée d'ivoire, ni pour avoir une charge qui se compare du prix[2] aux richesses d'un roi; mais pour être fort, ferme, bien joint, bon à la voile et bien aisé à gouverner. Vous ne dites point qu'une épée soit bonne, qui a des gardes dorées et un fourreau couvert de pierrerie[3]; mais qui tranche et perce si bien qu'il n'y a jaque[4] de maille assez fort pour l'arrêter. On ne s'informe point comme une règle est belle, mais comme elle est droite. Toutes choses ont du mérite, selon qu'elles font bien à l'usage pour lequel nous les avons. Il n'importe donc point à un homme combien il laboure d'arpents de terre,

---

1. « Un liard. » (*Édition de 1648.*)

2. *Du prix*, c'est-à-dire : par le prix. Dans l'édition de 1645 on a substitué *du tout* à *du prix*.

3. « De pierreries. » (*Édition de 1645.*)

4. Malherbe a fait *jaque* du masculin.

combien il a de rentes constituées, comme sa basse-cour est fournie de peuple, combien le lit où il couche est magnifique et combien est fin le cristal où il boit, mais comme il est homme de bien. Or il est homme de bien, si sa raison droite et non confuse se conforme à la volonté de nature. C'est ce qui s'appelle vertu; c'est ce qui est honnête, et le bien unique de l'homme; car puisque c'est la raison seule qui rend l'homme parfait, c'est elle seule aussi qui par sa perfection le rend heureux : or cela seul est le bien de l'homme, qui seul est cause de sa félicité. Ce que nous disons de la vertu, nous le disons aussi de ses ouvrages. Mais pource qu'il n'est point de bien sans elle, c'est pourquoi nous faisons cette maxime si générale qu'il n'est point d'autre bien que la vertu. Si tout le bien de l'homme est en l'esprit, il ne faut point douter que ce qui le fortifie, qui le rehausse et qui le dilate, ne se puisse appeler bien. Or il n'y a rien qui fortifie, qui rehausse et qui dilate l'esprit, que la vertu; car toutes ces choses pour qui nous sommes si passionnés ne font que le ravaler et l'affoiblir. Et si quelquefois il semble qu'elles le relèvent, elles le bouffissent et l'amusent après des vanités. L'esprit n'a donc point d'autre bien que ce qui le fait meilleur. La considération de ce qui est honnête ou déshonnête est la règle de toutes les actions de notre vie : c'est là-dessus que nous nous résolvons à faire une chose, ou ne la faire pas. Quand un homme de bien jugera qu'une chose se doit faire, quelque travail, quelque dommage et quelque péril qu'il y voie, il ne s'en divertira point. Comme au contraire, quelque utilité, quelques délices et quelques grandeurs qu'on lui propose, il ne s'accordera jamais à rien faire qui soit mal à propos. Il n'y aura point de menaces qui lui rompent une bonne entreprise, ni point de promesses qui lui en persuadent une méchante. Si donc en toutes ses actions il a toujours les yeux sur ce qui est honnête et déshonnête, pour suivre l'un et fuir l'autre, il faut qu'il n'y ait point de bien que la vertu, ni point de mal que le vice. Si la vertu n'est point altérable par la corruption, si toujours elle demeure en un état, il n'y a point d'autre bien qu'elle, et ne se peut plus faire qu'elle soit autre chose que bien. La sagesse est exempte de tout changement. La sagesse ne se perd jamais, et jamais de la sagesse on ne revient à la folie. Je vous ai dit, s'il vous en souvient, qu'il s'est trouvé des hommes qui seulement par un transport inconsidéré ont foulé aux pieds tout ce qui se fait communément craindre et desirer. L'un a rôti sa main dans les flammes ; l'autre pour les douleurs de la torture n'a point cessé de rire. Un autre a vu mourir ses enfants et n'en a pas mouillé ses yeux ; un autre sans appréhension s'est allé précipiter à la mort. Il se voit assez d'exemples d'amour, de colère et d'avarice, où les hommes, pour se contenter, ne trouvent rien qui les puisse arrêter. Que si une opiniâtreté seulement, piquée de je ne sais quel aiguillon, a cette puissance, que sera-ce de la vertu qui, non forte par intervalles ni hardie par caprices, mais toujours égale à soi-même, n'a point d'autre gloire que de s'employer aux occasions où son assistance nous fait besoin ? Concluons donc que les choses quelquefois méprisées par les indiscrets, et toujours par les sages, sont indifférentes, et qu'il n'y a point d'autre bien que la vertu, qui brave et dédaigneuse au-dessus de la fortune, se trouble aussi peu de sa haine, comme elle se réjouit de sa faveur. Si vous vous laissez une fois persuader qu'il y ait quelque autre bien que ce qui est honnête, il ne faut plus parler de vertu. Ce sont choses incompatibles, d'être vertueux et de jeter les yeux sur quelque chose d'extérieur. Cela répugne à la raison, d'où les vertus procèdent, et à la vérité, qui s'accompagne toujours de la raison. Or toute opinion est fausse, qui répugne à la vérité. Vous ne pouvez nier qu'un homme de bien ne révère les Dieux et ne les serve. Il faut donc que, quoi qui lui arrive, il le supporte patiemment, et considérer[1] que les lois sous lesquelles tout l'univers marche l'ont ordonné de cette façon. Par ce moyen il ne peut avoir autre bien que ce qui est honnête ; car en cela consiste la résolution d'obéir aux Dieux, de ne s'émouvoir point aux choses inopinées, de se contenter en sa condition, de vouloir ce que le destin veut, et de faire ce qu'il commande, sans murmurer. S'il y a quelque autre bien que ce qui est honnête, nous ne serons jamais soûls ni de la vie, ni des provisions qu'il faut pour la vie, et par conséquent nous nous chargerons d'un faix insupportable, et de travaux qui en une besogne infinie ne pourront jamais trouver de fin. Il n'y a donc point de bien que ce qui est honnête, car il est mesuré. Je vous ai dit que si ce sont biens que l'argent, les états, et autres telles denrées, nous qui en avons sommes plus heureux que les Dieux qui n'en ont point. A cette heure je vous dis de plus que, s'il est vrai que les âmes ne meurent point quand et les corps[2], il faut penser que leur condition, en cette seconde vie, sera meilleure qu'en cette-ci. Or si c'étoient biens que ces choses qui nous servent par le ministère du corps, il faudroit croire qu'il seroit pire[3], et s'ensuivroit qu'elles seroient plus contentes d'être captivées et resserrées, que libres et élargies au delà de toutes bornes, qui seroit une manifeste absurdité. J'avois dit

---

1. Tel est le texte de 1639. On lit dans l'édition de 1645 : « et considère. »

2. *Quand et.* Voyez p. 179, note 1.

3. C'est-à-dire : « que cela, que leur condition seroit pire ; » il y a en latin : *emissis erit pejus.* Notre texte est celui des éditions de 1639, 1645 et 1648 ; peut-être faut-il lire : « qu'elle seroit pire. »

aussi que si c'étoient biens que ces choses qui nous sont communes avec les bêtes, les bêtes auroient une béatitude comme nous; ce qui ne se peut faire en façon du monde. Il n'y a rien qu'il ne faille souffrir pour ce qui est honnête : ce qu'il ne faudroit pas faire, s'il y avoit quelque autre bien que la vertu. Bien que j'eusse déjà fait ces discours plus au long en ma précédente, je n'ai pas voulu laisser de repasser par-dessus, et en dire quelque chose en cette-ci. Mais le vrai moyen de vous faire trouver cette opinion véritable, c'est de vous sonder vous-même, et vous demander si en cas que votre pays et tout ce que vous avez de parents et d'amis fussent destinés à quelque ruine et n'en pussent échapper autrement que par votre mort, vous auriez du courage assez pour leur donner votre vie, et non-seulement avec patience, mais volontairement vous perdre pour les sauver. Si vous pensez que vous le pouvez faire, vous avouez qu'il n'y a point d'autre bien que la vertu, puisque vous laissez toutes choses pour en jouir. Voyez combien elle a de pouvoir. Vous mourrez pour la République, si ce n'est présentement, ce sera quand il en sera besoin. Il ne faut guère de temps à une belle action pour donner beaucoup de joie ; et combien qu'après que la mort nous a privés du sentiment des choses mondaines, il semble que nous n'avons plus de part en la gloire que nous avons méritée en notre vie, si est-ce que nous ne pouvons sans quelque plaisir nous représenter l'état où nous avons mis les choses par notre vertu. Quand un homme d'honneur, et qui a du courage, se remet devant les yeux que s'il meurt il ressuscitera sa patrie, qu'une infinité de vies seront sauvées par la perte de la sienne et que par un coup seul il rompra les fers de tout un peuple, il ne faut point douter que de cette imagination seule il ne tire du fruit assez, pour se résoudre au péril où l'occasion le sollicite de se jeter, quand même l'entreprise seroit telle qu'il se faudroit assurer de mourir en l'exécution, et n'avoir point le plaisir d'en voir le succès. Il a de quoi se contenter, puisqu'il a fait ce que le devoir et la piété lui commandoient. Alléguez-lui tout ce que vous penserez qui l'en puisse divertir : dites-lui qu'on ne se souviendra pas de ce qu'il aura fait à deux jours de là, qu'il obligera des personnes qui ne lui en sauront point de gré : il vous fera réponse que ce sont considérations qui ne le touchent point, qu'il ne regarde qu'à son action, et que pource qu'il sait qu'elle est honnête, en quelque fâcheux lieu qu'elle l'appelle, et par quelques épines qu'elle le conduise, il est résolu de la suivre jusques à ce qu'il ait fait ce qu'il a délibéré. C'est donc à dire qu'il n'y a point d'autre bien que ce qui est honnête, puisque non-seulement un esprit déjà parfait en sagesse, mais tout autre qui aura quelque chose de généreux, est capable d'avoir ce ressentiment. Tous autres biens sont choses de peu de mérite et ne font que passer d'une main à l'autre; ce qui fait qu'en quelque quantité que la fortune les donne, ils ne sont jamais possédés qu'avec inquiétude, sont insupportables à leurs maîtres et les accablent à la fin. La félicité de ceux-ci, que vous voyez couverts de clinquant, est comme celle de ceux qui travestis en une comédie représentent le personnage de quelque roi. Tant que le jeu dure, ils ne paroissent que le sceptre à la main et en un équipage que le peuple regarde avec admiration ; et puis comme c'est fait, ils reprennent leurs chiffes, et redeviennent faquins et bélîtres comme auparavant. Les richesses et les états peuvent bien hausser un homme, mais non pas le faire grand. Pourquoi donc avons-nous cette opinion? Pource que nous mesurons la base avec la statue. Qu'un nain monte sur la plus haute montagne des Alpes, il sera toujours petit, et un colosse toujours grand, quand il seroit au fond d'un puits. Ce qui nous abuse, c'est que nous ne pesons pas l'homme seul : nous mettons son bagage en la balance avec lui. Voulez-vous bien juger le prix d'un homme? Regardez-le tout nu : faites-lui quitter son revenu, ses états et toutes ces bagatelles que la fortune lui a baillées pour le déguiser; faites-lui même dépouiller le corps, et lui regardez l'esprit; voyez comme il est fait, comme il est grand, et si cette grandeur est sienne, ou mendiée, si vous trouvez que les épées nues ne l'éblouissent point, et qu'il soit aussi près de rendre l'âme par la gorge que par la bouche : dites qu'il est heureux; si quand la rigueur de la fortune ou la tyrannie de quelque grand le menaceroit, ou de prison, ou de bannissement, ou de quelqu'une de ces autres vanités que l'esprit n'imagine qu'avec frayeur, il demeure ferme en son assiette, et dit :

« Vierge, cela n'est rien : tu ne m'as annoncé
Ni travaux ni combats, où je n'eusse pensé[1].

« Vous m'en menacez à cette heure, et moi je m'en suis toujours menacé. Je sais bien que je suis homme, et qu'en cette qualité je me dois préparer à tout ce qu'un homme peut souffrir. » Un coup prévu ne sauroit faire guère de mal. Les malavisés, et ceux qui se fient à la fortune, trouvent toutes choses inopinées. La plus grande partie de leur mal est la nouveauté : ce qui se voit en ce que, de tout ce qu'ils trouvent si difficile, il n'y a rien qui ne leur devienne aisé par la continuation de l'endurer. Le sage n'attend point la présence des maux; il s'y accoutume devant qu'ils viennent, et par méditer arrive à cette patience que les autres n'acquièrent que par souffrir. Nous oyons quelquefois dire à des ignorants : « Savois-je bien

---

1. Virgile, *Énéide*, liv. VI, v. 103-105.

que cela me dût advenir ! » Le sage estime tout possible, et quoi qui se fasse, il peut toujours dire qu'il le savoit bien.

## ÉPÎTRE LXXVII.

ARGUMENT. — I. La vie de l'homme de bien est accomplie, en quelque temps qu'il meure. — II. La nécessité de mourir doit ôter l'appréhension de la mort. — III. Il n'y a point de plaisir au monde, que l'homme doive regretter en mourant.

Aujourd'hui tout d'un coup nous avons vu paroître les barques d'Alexandrie, qu'on envoie ordinairement devant, pour avertir que la flotte vient : ils les appellent *les Messagères*. La Campagne est toujours bien aise de leur venue : il ne demeure pas un homme de Pouzzol en la maison : tout le monde se rend sur le port; et quelque troupe de vaisseaux qu'il y ait, celles[1] d'Alexandrie à la façon de leurs voiles sont toujours reconnues parmi les autres; car il n'y a qu'elles qui entrent avec le bourset[2] : les autres ne le mettent qu'en pleine mer, parce qu'il n'y a rien qui fasse aller un vaisseau si roide que le haut de la voile : il est plus pressé par là que par nulle autre part. C'est pourquoi quand il y a trop de vent, on baisse l'antenne, parce qu'il ne donne pas si fort quand il donne par bas. Aussitôt qu'elles ont investi les îles de Capri, et doublé ce cap où

Pallas du haut d'un roc voit écumer les ondes,

on ne laisse qu'une voile à toutes les autres; le bourset

---

1. *Celles*, c'est-à-dire : les barques.
2. « Bourset de hune, dit le *Dictionnaire* de Nicot, c'est la voile du masterel (petit mât) de hune. »

demeure à celles d'Alexandrie pour les faire reconnoître. En cette foule de peuple qui couroit à la rive, je fus bien aise d'avoir de mauvaises jambes, parce que sans cela j'eusse montré mon impatience comme les autres, et fusse couru, pour savoir en quel état étoient mes affaires et quelles nouvelles ces vaisseaux m'en apportoient. Il y a longtemps que je ne puis plus ni perdre ni gagner. C'est une opinion que je devrois avoir, quand bien je ne serois pas vieil; mais à cette heure avec bien plus de sujet, pource que je ne saurois avoir si peu que je n'en aye plus qu'il ne m'en faut pour gagner jusqu'au logis, et principalement étant en un chemin que je me passerois bien aisément d'achever.

I. Un voyage est imparfait, jusqu'à ce que vous soyez où vous vous êtes proposé d'aller; mais en quelque lieu que la vie s'arrête, elle est parfaite, si elle est vertueuse. Finissez-la quand vous voudrez. Si vous la finissez bien, vous pouvez dire que vous n'en avez rien perdu. Quelquefois des occasions qui ne sont pas bien grandes nous convient à partir courageusement; car aussi bien ce qui nous retient n'est pas grand'chose. Tullius Marcellinus, que vous connoissiez bien, jeune homme fort discret et qui fut vieil de bonne heure, se trouvant saisi d'une maladie non incurable, mais longue et fâcheuse pour une infinité de choses qu'elle lui commandoit ou défendoit, prit opinion de se faire mourir et appela plusieurs de ses amis pour les ouïr là-dessus. L'un, qui étoit un peu poltron, lui donnoit le conseil qu'il auroit pris pour soi; l'autre, qui le voulut flatter, lui proposoit ce qu'il pensoit lui devoir être plus agréable. Un Stoïque de nos amis, homme d'honneur, et pour le louer en termes qui soient dignes de lui, plein de valeur et de courage, lui donna, ce me semble, le meilleur avis de tous. Voici ce qu'il lui dit : « Marcellinus, mon ami, ne vous tourmentez pas, comme s'il étoit question de quelque chose de conséquence. La vie est un peu de chose[1] : vos esclaves l'ont, et les moindres animaux qui soient sur la terre. L'importance est de mourir honnêtement, judicieusement et courageusement. Représentez-vous combien il y a que vous ne faites qu'une même chose : manger, dormir et passer le temps avec des femmes ; car c'est tout ce que nous faisons en ce monde. La volonté de mourir ne vient pas toujours de prévoyance, de résolution ou de misère ; quelquefois un simple dégoût nous la donne. » Marcellinus n'avoit point besoin d'être prêché, mais il lui falloit de l'aide : ses serviteurs ne lui vouloient pas obéir. Cet honnête homme premièrement les assura qu'ils n'avoient point de sujet de craindre, et que tout le danger des domestiques étoit quand il n'étoit pas bien certain que le maître eût eu la volonté de mourir, et qu'autrement c'étoit aussi mal fait de l'empêcher que de le tuer. Cela fait, il avertit Marcellinus : « Comme, quand nous avons soupé, nous baillons nos restes à ceux qui nous ont servis à table, la raison et l'humanité veulent qu'au partir de la vie nous donnions quelque chose à ceux qui en ont été les ministres. » Aussitôt Marcellinus, qui étoit facile et ne donnoit rien de si bon cœur que le sien, distribuoit quelque peu d'argent à ses serviteurs et les consoloit de l'ennui qu'ils avoient de sa résolution. Il ne lui fallut épée, ni dague ; seulement il demeura trois jours sans manger ; et avec cette abstinence, de fois à autre s'étuvant dans une cuve qu'il avoit fait porter exprès en sa chambre, vint tout bellement à défaillir, non, à ce qu'il disoit, sans quelque sentiment de plaisir, comme il advient quand il se fait une douce dissolution, telles que peuvent avoir éprouvé ceux qui se sont quelquefois évanouis.

---

1. « La vie est peu de chose. » (*Édition de* 1645.)

Je n'ai point été marri que l'occasion se soit offerte de vous faire ce conte, pour le plaisir que je sais que vous aurez d'entendre qu'un de vos amis soit mort si doucement; car encore qu'il se soit fait mourir, ç'a été si à son aise qu'il semble qu'il se soit trompé lui-même, et qu'il se soit dérobé de la vie sans y penser. Et puis ce conte même n'est pas si hors de propos qu'il n'y ait moyen d'en faire quelque profit. Il se présente bien souvent des nécessités où nous sommes conviés de suivre cet exemple. Nous avons bien souvent sujet de vouloir mourir, que nous ne le voulons pas faire; et quand nous mourons même, ce n'est qu'à regret.

II. L'homme du monde qui sait le moins, sait bien qu'il lui faudra mourir quelque jour; mais quand il en est sur le point, il recule, il tremble, il pleure. Ne diriez-vous pas qu'un homme n'auroit ni sens, ni jugement, qui se tourmenteroit de ce qu'il n'étoit point au monde il y a mille ans? Aussi peu en a celui qui se tourmente, pource qu'à mille ans d'ici, il n'y sera point. Vous ne serez point, vous n'avez point été, c'est une même chose. Ce sont deux temps où nous n'avons point de part. Le point où vous êtes est votre siècle : faites ce que vous pourrez pour l'étendre. De combien le pensez-vous allonger? que pleurez-vous? que demandez-vous? tout ce que vous faites n'est que temps perdu :

Les Destins pour prier ne se fléchissent point[1].

Ils sont fermes et fixes. Une éternelle nécessité les conduit. Vous irez où toutes choses vont, le trouvez-vous étrange? Vous êtes né sous cette condition; vos père, mère, grands-pères, grand'mères, et généralement tous ceux qui sont venus au monde premier que vous, y sont passés : tous

---

[1]. Virgile, *Enéide*, liv. VI, v. 376.

ceux qui viendront au monde après vous, y passeront. Une entre-suite invariable attache et tire toutes choses. Combien pensez-vous qu'il mourra de peuple après vous? Combien avec vous? Si vous en voyiez mourir beaucoup d'autres quand et vous, je pense que votre appréhension en seroit moindre. Vous avez donc occasion de vous assurer ; car une infinité d'hommes et d'animaux, qui d'une façon, qui de l'autre, meurent en cette même heure que vous mourez[1]. Et au demeurant êtes-vous si malavisé de ne penser jamais arriver en un lieu pour lequel vous ne cessez de cheminer? Il n'y a si long chemin qui n'ait un bout : vous vous abusez, si vous pensez que je vous aille chercher de grands personnages, pour vous en proposer les exemples : je vous veux alléguer des enfants. On conte d'un jeune garçon de Lacédémone, âgé seulement de douze ou treize ans, qu'ayant été fait prisonnier à la guerre, il crioit en son langage dorique : « Je ne servirai point; » et par effet il montra qu'il avoit dit vrai ; car au premier commandement servile et déshonnête qu'on lui fit, qui fut d'apporter un pot de chambre, il se donna si grand coup de la tête contre un mur qu'il se tua. Nous avons la liberté si près de nous, et il est possible qu'il soit des esclaves ! N'aimeriez-vous pas mieux voir mourir votre fils jeune, avec la gloire d'un si bel acte, que vivre tout un siècle en fainéant et en poltron? De quoi donc avez-vous si grand'peur de mourir, puisqu'un enfant même a du courage assez pour s'y résoudre? Ne savez-vous pas que si vous ne marchez, on vous traînera? Faites que ce qui viendroit d'un autre vienne de vous; ayez du courage autant qu'un enfant, et dites que vous ne servirez point.

---

1. Dans l'édition de 1639, il y a *mourrez* au futur; mais il faut évidemment lire : *meurent* et *mourez*, ou bien, avec l'édition de 1645 : *mourront* et *mourrez*. Il y a le présent dans le latin.

III. Pauvre homme que vous êtes! Vous servez aux hommes, aux affaires et à la vie; car qu'est-ce que la vie autre chose qu'une servitude, quand la résolution de pouvoir mourir ne l'accompagne point? Qu'attendez-vous plus au monde? Si les voluptés vous retiennent, vous les avez toutes essayées : il n'en est point qui vous soit nouvelle. Vous êtes s soûl de la plus friande que vous en avez mal au cœur. Vous savez bien quel goût ont le vin et la malvoisie[1]. Quelle différence faites-vous, qu'il vous en passe cent ou mille brocs par la vessie? C'est un sac. Vous avez mangé des huîtres et des mulets, vous n'ignorez point ce que c'est; votre luxe ne vous a rien réservé de nouveau pour les années à venir; et cependant ce sont les choses de qui vous vous séparez avec tant de regret. Avez-vous quelque autre chose qu'il vous fâche de perdre? Sont-ce vos amis que vous avez peur de quitter? Est-ce votre patrie? Tant s'en faut que cela soit, que je ne crois pas que pour elle vous voulussiez souper un quart d'heure plus tard. Si vous pouviez éteindre le soleil, vous le feriez; car aussi qu'avez-vous jamais fait qui soit digne de lumière? Dites la vérité : ce n'est ni la cour ni le Palais, ni le monde même qui vous fait desirer de vivre. Il vous fâche de laisser la rôtisserie, où vous n'avez rien laissé[2]. Vous avez peur de la mort; et cependant au milieu de vos plaisirs vous faites merveille de la dépiter. Vous voulez vivre? vous avez raison; car vous n'y connoissez rien. Mais par votre foi, pensez-vous que la vie que vous faites soit autre chose qu'une mort? Un jour que l'Empereur passoit par la rue, comme un certain prisonnier, à qui la barbe venoit jusque sur l'estomac, le prioit de le faire

---

1. *Quis sit mulsi, quis vini sapor scis*, dit le latin.
2. Il y a dans le latin : *Invitus relinquis macellum, in quo nihil reliquisti.*

mourir, il lui répondit : « Et quoi? mon ami, pensez-vous être en vie? » Il en faut dire de même à ceux-ci qui seroient bienheureux de mourir. Vous craignez la mort? Et quoi? êtes-vous en vie? — Oui, mais je veux vivre, parce que je sers encore bien au monde. Ma vie est utile à beaucoup de choses, c'est pourquoi je la voudrois bien continuer. — Ne savez-vous pas que la mort est une des choses qu'il faut que la vie fasse? Allez-vous-en hardiment : ce que vous deviez faire est fait ; nos actions n'ont point de certain nombre que nous soyons tenus de fournir : toute vie est assez longue. Si vous voulez regarder à la durée du monde, celle même de Nestor seroit courte, et celle de Statilia, qui fit écrire sur sa tombe qu'elle avoit vécu quatre-vingts et dix-neuf ans. Voyez la vanité d'une pauvre vieille, qui cherche de la gloire au nombre de ses années. Qui pensez-vous qui l'eût pu supporter, si elle fût allée jusques à cent? Il est de la vie comme d'une farce : il n'importe point de jouer longtemps, mais de bien jouer. Il ne peut chaloir où vous finissiez ; finissez où bon vous semblera, pourvu que vous y fassiez une bonne fin.

# ÉPÎTRE LXXVIII.

ARGUMENT. — I. Les visites des amis réjouissent les malades. — II. Mépriser la mort par le mépris des incommodités de la vie. — III. Grande force de l'opinion. — IV. La résistance au mal est une victoire. Il faut préférer les voluptés de l'esprit à celles du corps. — V. La vie des méchants est toujours courte.

Je suis témoin de vos défluxions et de ces fièvres lentes que vous m'écrivez qui vous tourmentent. Ce sont choses qui ne vont jamais guère l'une sans l'autre. Je vous en plains davantage, parce que je sais que c'est. Tandis que j'étois jeune, je n'en faisois point de cas au commencement, parce que l'âge en supportoit plus aisément les incommodités et se rebelloit contre les maladies. Mais enfin il me fallut rendre et être distillé moi-même, me voyant comme en chartre[1]. J'ai eu beaucoup de fois l'épée à la main pour me tuer; mais j'avois un si bon père que la peur de lui donner de l'ennui me retenoit. Je pensois qu'il me seroit plus aisé de me passer de la vie, qu'à lui de se passer de moi. Cela me fit résoudre de vivre. Il faut quelquefois autant de courage pour se vouloir conserver la vie, comme pour se la vouloir ôter. Les consolations que j'eus me servirent de médecines. Ce qui redresse l'âme porte quelquefois du profit au corps.

1. Je vous dirai ce que ce fut. Mes études me guérirent. La philosophie me remit : je lui dois la vie, et rien moins. Mes amis y contribuèrent aussi beaucoup par leurs visites et par la peine qu'ils prenoient de me réjouir et veilloient avec moi pour me faire passer le temps. Il n'y a chose, Lucilius, qui tant restaure un malade que cette assistance, ni qui lui rompe tant les imaginations et la crainte de la mort. Il ne m'étoit pas avis que je m'en allasse du monde, les y laissant après moi. Si je ne vivois plus en leur compagnie, je pensois que je vivrois en leur mémoire : je ne pensois pas perdre l'âme, mais la leur remettre. Ces impressions me donnèrent volonté de m'aider et de me résoudre à la patience de toutes douleurs. Autrement, j'eusse été bien misérable de perdre le courage de mourir et ne l'avoir pas de vivre. Prenez donc mes remèdes pour vous. Le médecin vous limitera combien vous devez mar-

---

1. « *Venir ou être en chartre*, se allangourir, flaistrir, seicher, emmaigrir jusques aux os. » (*Dictionnaire* de Nicot.) On lit dans le latin : *Eo perductus sum ut ipse distillarem, ad summam maciem deductus*.

## ÉPÎTRE LXXVIII.

cher, quel doit être votre exercice. Il vous défendra d'être sans rien faire, parce qu'ordinairement l'indisposition nous y convie. Il vous ordonnera que vous lisiez haut, pour exercer votre respiration, de laquelle le passage est empêché; que vous vous promeniez en bateau, pour donner une molle agitation à vos parties intérieures; que vous mangiez de certaines viandes et vous absteniez des autres. Il vous dira quand vous pourrez boire du vin, pour ne vous laisser tomber trop bas, et quand il le vous faudra quitter, de peur qu'il ne vous provoque la toux.

II. Quant à moi, je vous baillerai des remèdes qui vous serviront pour cette maladie et pour toutes celles que vous aurez jamais : méprisez la mort. Quand nous nous sommes mis hors de cette appréhension, tout le reste ne sont que fleurs. Nous avons trois choses qui nous fâchent principalement en nos maladies : nous craignons de mourir, nous avons de la douleur, et sommes privés de plaisir pour quelque temps. De la mort nous en avons assez parlé; je ne vous en dirai qu'un mot : c'est que nous ayons peur de la nature, et non de la maladie. Les maladies ont allongé la vie à beaucoup qui ne sont point morts, pource qu'on pensoit qu'ils se mouroient. Vous mourez, non pource que vous êtes malade, mais pource que vous vivez. Guérissez-vous tant qu'il vous plaira; vous n'en mourrez pas moins. Vous pouvez bien échapper à l'indisposition, mais non pas à la mort. Venons à la seconde incommodité. La maladie a de grandes douleurs : cela peut être, mais les intervalles donnent moyen de les supporter. L'extrémité[1] de la douleur en est la fin; elle ne sauroit être bien grande et bien longue. Nature, pleine d'amour et d'affection en notre endroit, a fait cette règle

---

1. L'extrémité, c'est-à-dire : le point extrême; en latin : *summi doloris intentio*.

que toute douleur est courte ou supportable : les plus sensibles douleurs sont aux parties du corps les plus maigres. Quand le mal est aux nerfs, aux jointures, ou en quelque autre lieu, si pressé qu'il n'ait moyen de s'étendre, c'est là qu'il nous traite cruellement. Mais en récompense, ce sont parties qui s'étourdissent bientôt, et par la douleur même se font insensibles à la douleur, soit que les esprits par l'empêchement de leur course reçoivent de l'altération et perdent cette force qui nous donne le sentiment, soit que l'humeur corrompue ne trouvant plus où se rendre, elle-même se détruise, et ôte la faculté de sentir à ce qu'elle a rempli de sa trop grande quantité. C'est de cette façon que se passent les gouttes et les douleurs de vertèbres et de nerfs, quand elles ont hébété la partie malade, à force de la tourmenter. Ce commencement que fait le mal en se formant est ce qui donne de la peine; comme on l'a senti quelque temps, sa véhémence se diminue, et à la fin il se termine par un engourdissement. De là vient que les douleurs des dents, des yeux, et des oreilles, et même celles de la tête, sont plus aiguës que mille autres, parce qu'elles sont en des parties où elles n'ont pas beaucoup d'espace; mais tant plus elles sont violentes, elles s'amortissent aussi plus tôt. C'est donc la consolation d'une douleur extrême que, si vous la sentez trop, vous cesserez bientôt de la sentir. Ce qui chagrine le plus les ignorants en leurs indispositions, c'est qu'ils n'ont pas accoutumé de ne se servir que de l'esprit, et que si leur corps leur est inutile, ils sont privés de toute action. C'est pourquoi ceux qui ont du jugement, s'accoutument de bonne heure à converser le plus souvent avec l'esprit, comme avec la partie qu'ils ont la meilleure, et ne se mêler au commerce du corps que quand il leur est impossible de s'en passer. Oui; mais c'est un grand déplaisir de ne goûter plus les voluptés accoutumées, et faire des abstinences si austères qu'il vous faille mourir de faim ou de soif. Je vous avoue que du commencement ce changement de vie a de la difficulté, mais nous n'avons pas été longtemps malades, que nos cupidités ne s'émoussent, et que nos sens qui les irritent ne se trouvent eux-mêmes affoiblis et abattus. De là vient que nous perdons l'appétit, et que des viandes[1] que nous avons autrefois avidement recherchées nous font à cette heure mal au cœur à regarder. Davantage, il n'y a point de douleur qui n'ait ou des intervalles ou quelque relâche pour le moins, et qu'avec des remèdes nous n'ayons moyen de prévenir; car elles ont toutes, et principalement celles qui nous sont ordinaires, quelques progrès, comme coureurs qui nous avertissent que nous allons avoir le gros sur les bras. Le vrai moyen de ne vous troubler point pour les maladies, c'est de ne vous soucier point de la mort. C'est le pis qu'elles nous sauroient faire. Ne faites point votre mal plus grand qu'il n'est, à force de vous affliger ; la douleur n'en sera pas grande, pourvu que vous n'y ajoutiez rien par opinion.

III. Représentez-vous plutôt que ce n'est rien ou peu de chose, qu'il faut avoir patience, que vous en serez bientôt hors. Estimez-la petite, vous ferez qu'elle le sera. L'opinion tient toutes choses suspendues : l'ambition, la luxure et l'avarice ne sont pas seules qui la regardent. Nos douleurs mêmes se forment à l'opinion. Nous ne sommes misérables, qu'autant que nous le pensons être. La première chose qu'il faut ôter est une coutume que nous avons de nous plaindre du mal que nous avons eu. A quoi est bon tout ce langage? « Jamais homme ne fut si bas que j'ai été. Que de peine, que de martyre j'ai souffert! On ne pensoit jamais que j'en relevasse.

---

1. *Viandes*, voyez p. 330, note 1.

Combien de fois ai-je été pleuré de mes amis, combien abandonné des médecins! Les criminels qu'on met à la question n'endurent point ce que j'ai enduré. » Je veux que tout ce que vous dites soit vrai, n'en êtes-vous pas dehors? Que vous sert de remanier vos douleurs et d'être misérable, non pour autre chose que parce que vous l'avez été? Ne savez-vous pas que nous prenons plaisir de mentir à nous-mêmes, et que nous faisons toujours nos maux plus grands qu'ils ne sont? Il n'y a rien de si doux que le récit d'une misère passée. C'est chose naturelle que de nous réjouir, quand nous sommes sortis de quelque bourbier.

IV. Nous avons donc à retrancher deux choses : la crainte du mal à venir et la ressouvenance du passé. Quand nous sommes en quelque peine, disons :

> Peut-être la mémoire un jour en sera douce[1].

Faisons lutter à bon escient notre esprit contre la douleur; si nous reculons, elle vaincra; si nous demeurons fermes, nous la vaincrons. La plupart de ce que nous sommes, nous attirons notre ruine, au lieu de l'empêcher. Quand nous sommes suivis, le moyen de nous garantir c'est de faire ferme. Ceux qui prennent la chasse, ne faillent jamais d'être abattus[2]. Ne voyons-nous pas combien de coups reçoivent les athlètes par le visage et par tout le corps? Et cependant la gloire leur est si douce qu'en sa considération ils ne treuvent rien de si rude qu'ils ne soient contents de supporter. Forçons, comme ils font, toutes difficultés qui nous résistent; notre récompense ne sera ni une coronne[3], ni une palme, ni un trompette qui fasse faire silence au peuple pour ouïr la

---

1. Virgile, *Énéide*, liv. I, v. 203.
2. « D'être battus. » (*Édition de 1648.*)
3. Dans l'édition de 1645 : *couronne*.

proclamation de notre victoire, mais une sécurité d'esprit immuable et une paix éternelle avec la fortune, qui défaite une fois, jamais plus n'aura l'assurance de nous attaquer. — Je sens une grande douleur. — Comme ne la sentiriez-vous, ayant le courage efféminé comme vous l'avez? Il est de la douleur comme d'un ennemi. Quand nous avons peur, nous lui donnons du courage. — Oui, mais ce que je porte est pesant. — Et quoi? si vous n'eussiez dû porter que des choses légères, pensez-vous que la nature vous eût fait si fort comme vous êtes? Avisez lequel vous aimez le mieux, d'une longue et lente maladie ou d'une violente et courte. Une longue et lente avec des intermissions, vous donnera loisir de vous refaire, et par conséquent après avoir bien traîné, ce sera force qu'elle vous laisse guérir. Une courte et précipitée verra bientôt votre fin ou la sienne. Or soit que vous cessiez ou qu'elle cesse, que vous importe, puisque d'une façon ou de l'autre, vous serez hors de douleur? Vous avez aussi moyen de vous soulager en vous divertissant l'esprit, et l'occupant à quelque autre chose qu'à votre mal. Si vous avez fait quelque bel acte, représentez-le-vous: faites ramasser à votre mémoire tous ces exemples de patience que vous avez autrefois admirés; ressouvenez-vous de tous ceux que vous savez qui parmi les tourments les plus insupportables sont demeurés maîtres de la douleur; ou de celui qui tandis que le barbier lui coupoit des varices, ne leva jamais les yeux de dessus un livre; ou de l'autre qui en la torture ne cessa jamais de rire, et en cette contenance lassa toutes les sortes de gênes que la cruauté des bourreaux, provoquée par sa patience, inutilement essaya pour le faire soupirer. Ce qu'un autre a fait en riant, pourquoi ne le ferez-vous par le discours de la raison? Parlez tant qu'il vous plaira de défluxions, de toux qui fassent cracher les poumons, de fièvres qui mettent le feu dans le corps, d'altérations véhémentes, de gouttes et de sciatiques : je vous dis que les tourments de la question sont toute autre chose; et que cependant il s'est trouvé homme qui les a soufferts et ne s'est pas seulement plaint, n'a pas demandé miséricorde, n'a pas daigné répondre aux interrogations, mais au contraire en a ri tout à son aise et de bon cœur. Et quoi donc? après un exemple si magnanime, n'aurez-vous point l'assurance de vous moquer de la douleur? Oui, mais vous dites que la maladie ne vous laisse rien faire, et que toutes vos actions en sont incommodées. Il n'y a que le corps indisposé : la maladie ne touche point à votre esprit. Un laquais, un cordonnier, un maréchal, pourront faire la plainte que vous faites. Mais si vous avez accoutumé de vous servir de l'esprit, pourquoi ne pourrez-vous conseiller, enseigner, ouïr, apprendre, demander et vous ressouvenir comme vous faisiez auparavant? Au reste, ne pensez-vous rien faire, si vous vous savez bien commander en votre mal? Si vous ne pouvez mieux, vous montrerez qu'une maladie peut bien être inexpugnable, mais non pas insupportable. Croyez-moi, que dans un lit même on a moyen de donner témoignage de sa vertu. Les armées et bataillons sont les sujets ordinaires où les belles âmes font paroître une assurance; mais quelquefois on ne la reconnoît pas moins sur l'oreiller. Vous n'êtes point sans besogne. Luttez bien avec la maladie : si vous ne faites rien pour elle, si vous ne lui accordez rien, ni par obéissance, ni par gratification, vous aurez fait une preuve signalée de votre suffisance. Oh! que si on venoit voir combattre les malades, comme les gladiateurs, qu'il y auroit une belle et bien ample matière d'acquérir de la réputation! Soyez vous-même votre spectateur, et vous-même vous donnez de la gloire quand vous la mériterez. Il faut considérer davantage qu'il y a des voluptés de deux sortes : pour celles du corps, la maladie les défend, et néanmoins ne les ôte pas, mais au contraire, si vous voulez dire ce que vous en pensez, elle les excite. Quand on a soif, le boire semble meilleur, et la viande, quand on a faim. Quand on s'est abstenu quelque temps de l'un ou de l'autre, on y revient avec plus d'avidité. Quant aux voluptés de l'esprit, qui sont plus grandes et les plus certaines, les médecins ne les défendent jamais. Ceux qui les aiment et qui savent bien comme il les faut prendre n'estiment point les autres. Ils se moquent de toutes ces ordures qui chatouillent nos sentiments. O pauvre malade! Pourquoi? pource qu'il n'aura point de neige à mettre dans son vin, ni point de morceaux de glace à rompre dedans, pource qu'on ne servira point d'huîtres de Lucrin sur sa table, pource que, quand il voudra souper, on n'oirra point une tempête de garçons de cuisine, qui apportent sur sa table autant de réchauds que de plats; car à cette heure afin que la viande soit toute brûlante, et que le gosier pavé de ces gourmands ne trouve quelque morceau qui ne soit pas assez chaud, le luxe a trouvé cette invention, que la cuisine marche quand et le souper. O pauvre malade! on ne lui baillera de la viande qu'autant qu'il en pourra digérer; il n'aura point son assiette couverte de morceaux de gibier de toutes sortes : qu'importe? vous souperez en malade ou plutôt en homme sain une fois en votre vie; mais de la tisane[1] ou de l'eau bouillie, et de ces autres choses que ces délicats, plus malades d'esprit que de corps, ne peuvent seulement ouïr nommer, nous vous en laisserons prendre tant que vous voudrez. Pensons seulement à n'avoir plus la mort en horreur. Le moyen d'y parvenir, c'est de connoître la fin des gens de bien et des méchants. De cette façon, et non autrement, nous ne

---

1. Ptisanne. (*Édition de* 1645.)

nous lasserons point de vivre, ni n'aurons point de peine à mourir. Il est impossible de s'ennuyer d'une vie occupée en cette infinie diversité de si grandes et divines contemplations. Il n'y a que l'oisiveté qui nous dégoûte du monde. Mettons-nous à la recherche des choses naturelles; la vérité que nous y apprendrons nous tiendra toujours en appétit. Pour les choses fausses, nous n'en saurions prendre si peu que nous n'en ayons assez. Au partir de là, si la mort vient et nous appelle quand nous n'aurons pas vécu la moitié d'une vie ordinaire, nous en aurons en ce peu de temps autant de fruit, que si nous l'avions continuée jusques à l'extrême décrépitude. Nous aurons connu la plus grande partie des merveilles de la nature, et nous en irons résolus que[1] pour avoir eu plus d'âge nous n'eussions pas acquis plus de vertu.

V. Ceux qui mesurent leur vie au compas des voluptés vaines, et par conséquent infinies, ne sauroient qu'ils ne la treuvent courte[2], quand ils vivroient une douzaine de siècles. Voyez de vous réjouir en ces méditations; et cependant que vous vous entretiendrez de mes lettres, il se pourra présenter quelque occasion qui nous donnera moyen de nous voir et d'être quelques jours ensemble. Ce ne sera peut-être pas pour beaucoup de temps; mais il ne sauroit être si court, que nous ne le fassions long, à force de le bien employer; car, comme dit Posidonius, une journée est bien plus à un homme docte qu'à un ignorant la plus longue vie qu'il sauroit avoir. Cependant souvenez-vous de ne craindre jamais les menaces de la fortune, et de vous défier toujours de ses caresses.

---

1. *Résolus que*, assurés que. — Malherbe a interprété fort librement le latin, qui porte : *Cognita est illi ex magna parte natura; scit tempore honesta non crescere.*

2. *Ne sauroient qu'ils ne la treuvent courte*, c'est-à-dire : ne sauraient s'empêcher de la trouver courte.

Ayez continuellement devant les yeux l'autorité qu'elle prend sur les choses du monde : pensez que tout ce qui peut advenir adviendra ; quoi qui vous arrive, il vous troublera moins, quand vous l'aurez attendu.

## ÉPÎTRE LXXIX.

Argument. — I. Du mont Etna et de Charybde. — II. La vertu est toujours victorieuse, et haut élevée. L'homme de bien est dans le monde comme dans le ciel. — III. La gloire de la vertu ne peut être cachée.

I. A cette heure que vous avez fait le tour de la Sicile, j'attends que vous me mandiez ce que vous avez appris de toute cette île ; mais particulièrement comme va de Charybde, et ce qu'il en faut croire ; car pour Scylla, je sais fort bien que c'est un rocher, aussi craint des mariniers d'aujourd'hui qu'il fut jamais de ceux du passé. Quant à Charybde, j'aurois bien envie de savoir ce qu'il y a de véritable parmi les contes qui s'en font, et surtout, si d'aventure vous y avez pris garde, comme la chose le mérite bien, si c'est de tous vents, ou de quelqu'un seulement, que la mer fait ces tournoiements si dangereux ; et s'il est vrai que ce qui s'y perd soit porté sous les flots une infinité de chemin, et environ la rive de Tauroménie revienne au-dessus de l'eau. Si je vois que vous preniez la peine de m'en écrire bien au long, vous me donnerez la hardiesse de vous importuner que pour l'amour de moi vous montiez sur Etna, parce que quelques-uns tiennent que cette montagne décroît tout bellement. La raison qu'ils en baillent, c'est que les mariniers ne la découvrent plus de si loin comme ils avoient accoutumé. Toutefois il se peut faire que ce n'est pas tant son abaissement, comme l'anéantissement du feu, qui ne sort plus ni si véhément, ni si large; tellement que de jour la fumée n'y paroît que fort peu. Quoi qu'il en soit, l'un et l'autre est croyable, et l'abaissement d'une montagne qui brûle depuis si longtemps, et l'anéantissement d'un feu qui ne procède pas de soi-même, mais conçu dans quelque caverne profonde jette ses flammes par dedans cette montagne, qui ne le nourrit pas, mais seulement lui sert de soupirail. En Lycie il y a une contrée fort connue, que ceux du pays appellent *Éphestion*, où la terre en plusieurs endroits a des trous, par où il sort des flammes, qui ne font du tout point de mal. Elles n'ont qu'un peu de lueur, encore bien languide[1] et bien foible, tellement que les campagnes y sont fort belles, et les herbes aussi vertes comme ailleurs. Mais remettons la recherche de ces merveilles à quand vous m'aurez mandé combien ces neiges qui ne fondent point en été (tant s'en faut que le voisinage du feu leur fasse peur) sont éloignées de l'embouchure de la montagne. Mais quelque peine que vous y preniez, ne me pensez pas la mettre sur mon compte; car je sais fort bien que quand vous n'en seriez prié, ni de moi ni d'autre, vous seriez malade, si vous ne faisiez la description d'Etna comme les autres. C'est un sujet où il faut que tous les poëtes passent leur caprice. Virgile, qui sembloit avoir dit ce qui s'en pouvoit dire, n'a pas fait taire Ovide; et après l'un et l'autre, Cornélius Sévérus n'a pas laissé d'en dire son avis. Ils y ont, sans mentir, heureusement travaillé tout ce qu'ils sont[2]; et pour en dire ce qu'il m'en semble, les premiers ont bien montré la source, sans toutefois l'avoir épuisée; mais il y a

---

1. *Languide*, voyez plus haut, p. 352, note 1.
2. *Tout ce qu'ils sont*, voyez plus haut, p. 156, note 1.

bien différence d'une chose faite, ou seulement ébauchée. La matière et les inventions croissent d'un jour à l'autre ; et puis la condition des derniers est toujours la meilleure, parce qu'ils trouvent les paroles toutes prêtes, et n'ont peine que de les déguiser. On ne peut dire pourtant qu'ils les dérobent, parce qu'elles sont publiques. Les jurisconsultes tiennent qu'en une chose publique il n'y a point d'usucapion. Ou je ne connois point votre humeur, ou Etna vous fait venir l'eau à la bouche[1]. Vous avez envie d'en écrire quelque chose de grand, et qui ne vaudra pas moins que ce que les premiers y ont fait. Je dirois plus, mais j'offenserois votre modestie, qui est si grande que si vous pensiez mieux faire qu'eux, vous retrancheriez quelque chose du vôtre, pour le respect et la révérence que vous leur portez. La philosophie a beaucoup de bonnes choses, mais celle-ci entre autres, que ceux qui la vont trouver, tandis qu'ils sont en chemin peuvent avoir avantage l'un sur l'autre : comme ils sont arrivés, tout est égal ; il n'y a plus moyen de passer outre, il se faut arrêter. Le soleil n'ajoute rien à sa grandeur ; la lune demeure toujours en un état ; les mers ne croissent point ; le monde va toujours d'une sorte. Les choses qui ont la grandeur qu'elles doivent avoir ne se haussent point davantage.

II. Qu'il soit des hommes sages plus que du sable[2] s'il est possible, ils seront tous égaux. Chacun aura bien quelque grâce particulière : l'un sera plus gracieux, l'autre plus vif, l'autre parlera plus promptement, l'autre dira mieux ; mais en ce de quoi principalement il est question, qui est la félicité de l'homme, ils sont tous aussi grands l'un que l'autre. Je ne sais pas si votre montagne de Sicile

---

1. *Aut Ætna tibi salivam movet*, dit le latin.
2. C'est-à-dire : plus nombreux que les grains de sable.

peut choir, ni si le feu par sa continuation lui mangera cette pointe qui la fait voir de si loin à ceux qui sont sur la mer; mais je sais bien qu'il n'y a ni feu ni chute qui puissent abaisser la vertu. Sa majesté ne court point fortune comme les autres, rien ne l'avance ni recule : sa grandeur est fixe et ferme, comme celle des choses célestes. Faisons ce que nous pourrons pour y monter : nous en sommes déjà bien avant; toutefois point trop, si nous voulons dire la vérité; car ce n'est pas être bon, qu'être meilleur que les plus méchants hommes du monde. Un homme qui ne juge du jour que par soupçon, et à qui le soleil n'éclaire qu'entre des nuages, n'a pas grand sujet de dire bien de ses yeux. Il est échappé d'être aveugle, mais il ne voit pas encore bien. Quand notre esprit, tiré des ténèbres où il est enveloppé, verra le jour non au travers d'un châssis, ou d'une vitre, mais à la campagne et en lieu tout découvert, et que remis en cet air qui lui est naturel, il aura repris la place qu'il avoit devant que de venir au monde, il aura alors de quoi se réjouir à bon escient. Son origine l'appelle en haut : il n'a que faire d'être délié de ce corps pour y aller. Il y sera, pourvu qu'il dépouille ses vices, et que pur et léger il se dérobe aux choses de la terre et s'élève à la contemplation de celles du ciel. C'est à quoi nous devons travailler, Lucilius; c'est à quoi nous avons besoin de bander toute notre force.

III. Je veux que peu de gens le sachent et que personne n'en voie rien : il ne m'en chaut. La gloire est l'ombre de la vertu : maugré que nous en ayons, elle nous accompagnera. Mais comme l'ombre tantôt marche devant nous, et tantôt derrière, la gloire en fait de même; et plus elle demeure à nous venir trouver, il est certain qu'elle en est plus grande et plus claire, parce que l'envie ne la traverse plus. Combien de temps pensez-vous qu'on a tenu que

Démocrite fût hors du sens? Combien a fait de merveilles Socrate devant qu'on ait parlé de lui? Et quant à Caton, on l'ignora tellement dans Rome, qu'il y reçut une infinité d'affronts, et jamais il n'y fut connu pour juste, sinon qu'après qu'il fut perdu. L'injustice qu'on fit à Rutilius donna réputation à sa prud'homie : en la pressant[1] on la fit luire; mais aussi, comme en remercia-t-il son malheur, et comme fit-il cas de son bannissement (je parle de ceux que la fortune a fait venir au monde en les en chassant)! Combien ont eu les siècles passés de grands et suffisants personnages, qui n'ont été reconnus qu'après qu'ils n'ont plus été! Combien avons-nous aujourd'hui de noms illustres que la fortune n'a point mis entre les mains du peuple, mais qu'elle-même est allé[2] querir sous terre, pour les mettre au jour et les publier! Vous voyez comme on fait cas d'Épicure, et comme non-seulement les doctes, mais jusques aux plus ignorants l'ont en admiration. Il étoit d'auprès d'Athènes, et cependant on ne l'y connoissoit point; de là vient qu'ayant survécu longtemps Métrodorus, en une sienne lettre où il parle fort honorablement de l'amitié qu'ils s'étoient portée il ajoute vers la fin que parmi tant de contentements qu'ils avoient eus ensemble, un des principaux avoit été le peu de bruit[3] qu'ils avoient en la Grèce, qui non-seulement ne les avoit point connus, mais qui presque ne les avoit pas ouï nommer. Ne faut-il donc pas avouer qu'on l'a trouvé quand il n'étoit plus, et que sa doctrine, pour le montrer aux siècles suivants, l'a tiré des ténèbres où le sien l'avoit enseveli? Métrodorus même, en l'une de ses lettres, confesse qu'Épicure et lui ne furent pas bien connus; mais

---

1. C'est-à-dire : en l'opprimant. Il y a en latin : *dum violatur, effulsit*.
2. *Allé querir*, sans accord du participe, dans toutes les éditions.
3. *Bruit*, réputation.

qu'indubitablement il se promet qu'ils auront de la gloire, eux et tous ceux qui se rangeroient à leur opinion. La vertu n'est jamais cachée; et si elle l'est, c'est plutôt notre dommage que le sien. Quand la malice la met au tombeau, ce n'est que pour un temps : il vient à la fin un jour qui l'en fait sortir. Un homme qui ne pense point au delà de son siècle, n'est pas né pour beaucoup de gens : il y a encore tant d'années et tant de peuples à venir après nous. C'est là-dessus qu'il faut jeter les yeux; quand l'envie feroit taire tous ceux qui sont au monde avec nous, il en viendra d'autres qui sans faveur et sans haine rendront témoignage à la vérité. La gloire qui vient de la vertu ne périt point. Je sais bien que ce qu'on dira de nous ne nous servira de rien, mais si est-ce plaisir de penser que tous insensibles comme nous serons, la postérité fera cas de nous, et tiendra nos ouvrages entre ses mains. Au monde et hors du monde, la vertu reconnoît ceux qui la suivent, pourvu qu'ils le fassent de bonne foi; qu'ils ne se parent, ni fardent, mais que surpris à l'improviste ils soient trouvés tout de même que quand ils sont avertis qu'on les va voir. La simulation ne sert de rien : il n'y a guère de gens qui ne connoissent un visage où l'on a mis le blanc et le rouge. Prenez la vérité de quelque côté que vous voudrez : c'est toujours une même chose. Les déguisements n'ont rien de solide : la mensonge n'est jamais bien épaisse. Vous n'en sauriez approcher si peu que vous n'y voyiez le jour à travers.

## ÉPÎTRE LXXX.

Argument. — I. Que l'esprit à l'exemple du corps se peut fortifier par l'exercice des vertus. — II. Chacun est maître de sa liberté, sans être contraint de l'acheter. — III. Le pauvre est plus heureux que le riche.

Je suis à moi pour tout aujourd'hui, mais je ne m'en sais pas tant de gré, que je n'en reconnoisse avoir la principale obligation à une partie qui s'est faite à la balefine[1], où sont tous courus ceux de qui je pouvois être importuné. Personne ne me vient troubler : je médite à mon aise, et d'autant plus sûrement que je n'ai point peur d'être rompu[2]. Je n'oy point craquer la porte de ma chambre; je ne vois point lever le coin de la tapisserie[3]. Cette solitude m'est bien propre pour me donner plus de moyen de penser à moi. Comme de fait, j'en ai besoin, n'ayant point de guide, et me trouvant bien souvent en des lieux où je ne vois point de pas que ceux que je fais. Ce n'est pas que je ne suive ceux qui sont passés devant moi, mais ce n'est pas si religieusement que je ne me donne congé d'ajouter, changer et retrancher, où je pense qu'il en soit besoin. Je m'accorde à leurs opinions, mais je ne m'y attache pas. Toutefois je crois que je m'étois trop avancé[4] de me promettre que je pusse demeurer tout

---

1. Le latin porte : *sphæromachiam*. L'édition de 1659 a traduit ce mot par *jeu de paume*; dans celle de 1645, *bale (balle) fine* est écrit en deux mots.
2. Dans l'édition de 1645 : *interrompu*.
3. Il y a dans le latin : *non allevabitur velum*.
4. Dans l'édition de 1645 : « que je m'estimois trop avancé. »

aujourd'hui sans bruit, et sans personne qui me troublât ; car voici que j'oy une grande huée vers la place où ils jouent, qui ne me met pas hors de moi, mais attire ma méditation à eux, et me fait penser à l'imprudence des hommes, de prendre tant de peine pour les exercices du corps et se soucier si peu de l'instruction de l'esprit. Je me représente combien il y a d'hommes à voir un jeu qui n'est qu'une folie, et d'où même ils ne sont pas assurés de revenir sans quelque coup ; et cependant il n'y a point de déserts si solitaires que les lieux où l'on tient l'école de la vertu. Je considère davantage quelle foiblesse d'esprit il y a le plus souvent en ces grands corps, de qui nous regardons les bras et les épaules avec admiration.

I. Mais ce que je médite le plus, c'est que, si par exercice le corps se réduit à cette patience de souffrir des coups de poing et de pied, non d'un homme seul ; mais de tous ceux qui le peuvent frapper, et saignant de tous côtés, passer tout le jour à l'ardeur du soleil et sur des sablons qui brûlent quand on marche dessus, pourquoi prenant la même peine à nous fortifier l'esprit, ne le pourrions-nous rendre si vigoureux et si ferme que, sans désordre ni au visage ni en l'âme, il recevroit tous les coups de la fortune, et s'il tomboit d'aventure, en feroit si peu de compte qu'il sembleroit que ces chutes ne fussent qu'autant de leçons pour lui apprendre à se relever. Il faut beaucoup de choses au corps, pour le faire bien porter. Quant à l'esprit, il croît de soi-même : il se fournit sa nourriture, et pour s'exercer n'a besoin d'être avec autre qu'avec soi. Il faut que le corps mange, qu'il boive, qu'il se frotte d'huile ; et au partir de là qu'il travaille continuellement ; mais sans train et sans équipage extraordinaire, vous êtes incontinent rendu capable de la vertu. Vous avez avec vous tout ce qu'il vous faut, pour vous faire homme de bien. Que vous y faut-il? le vouloir être.

II. Or que sauriez-vous mieux vouloir pour vous que de vous dépêtrer de cette servitude odieuse à tout le monde et que les esclaves plus chétifs, et ceux mêmes qui sont nés parmi cette misère, tâchent par tous les moyens de secouer? Pour amasser le prix de leur affranchement[1], ils se laissent mourir de faim : vous qui pensez être nés libres, qu'est-ce que vous ne devez point faire pour la liberté? A quoi[2] regardez-vous votre buffet? Il ne vous faut point d'argent : ce n'est qu'une chimère que ce nom de liberté qu'on met dans les contrats; ceux qui l'achètent ne l'ont point, et ceux qui la vendent, encore moins. Demandez-la-vous à vous-même; il n'y a que vous qui la vous puisse donner. La première chose qu'il faut faire est de perdre la crainte de la mort : c'est elle qui nous met le premier joug. La pauvreté vient après : il faut quitter les mauvaises impressions qu'on vous en a données.

III. Après, voulez-vous connoître le peu de sujet qu'il y a de la craindre, faites comparaison du visage d'un riche et d'un pauvre, vous trouverez que le pauvre rit plus souvent et plus fidèlement[3]. Il n'a point de sollicitudes au fond de l'estomac; si quelque chose le trouble quelquefois, c'est un nuage qui n'est pas sitôt conçu que dissipé. Les joies de ceux-ci que vous estimez heureux ne sont que déguisements : ce sont tristesses de qui l'apostume[4] est crevé. Vous les voyez rire bien souvent qu'ils voudroient bien pleurer, s'ils osoient; mais, quelque ver qui les ronge par dedans, il faut qu'ils fassent bonne mine. Je ne leur trouve point de compa-

---

1. Affranchissement. (*Édition de* 1645.) — 2. *A quoi,* pourquoi.
3. C'est-à-dire : de meilleur cœur; en latin *fidelius.*
4. *Apostume,* abcès.

raison plus propre que de ceux-ci qui jouent sur les échafauds[1]. Cettui-là que vous voyez qui porte ainsi le nez au vent, et dit :

> *En impero*, etc.[2],

c'est un valet qui a un quart d'écu par mois, et sa vie[3]; celui qui fait le fendant[4], et dit :

> Demeure, Ménélas, ou tu perdras la vie,

c'est un autre bélître, qui gagne sa vie à la journée, et couche sur de la paille en quelque galetas. Dites-en de même de tous ceux-ci que vous voyez se promener en housse ou en carrosse. Leurs félicités sont masquées : ôtez-leur ce qui les couvre; vous trouverez que ce n'est pas ce que vous pensez. Si vous achetez un cheval, vous le faites desseller; si vous marchandez un esclave, vous lui faites mettre bas jusqu'à la chemise; et s'il est question de juger du mérite d'un homme, vous ne le considérez point hors du fourreau. Ceux qui vendent font ce qu'ils peuvent pour cacher le défaut de leurs marchandises; de là vient que les choses trop parées sont ordinairement suspectes. Si l'esclave que vous achetez avoit un bras en écharpe ou une jambe bandée, ne voudriez-vous pas voir ce que ce seroit? Voyez-vous ce roi de Scythie ou de Sarmatie de qui vous admirez la tête si bien parée?

---

1. *Sur les échafauds*, sur la scène.
2. Voici les vers cités par Sénèque et que Malherbe n'a pas traduits :

> En impero Argis! Regna mihi liquit Pelops,
> Qua Ponto ab Helles atque ab Ionio mari
> Urgetur Isthmos.

Ces vers, et probablement aussi la citation suivante, sont tirés de la tragédie d'*Atrée* par Attius.
3. *Sa vie*, sa nourriture. — 4. *Fendant*, matamore.

# ÉPÎTRE LXXX.

Si vous le voulez bien connoître, dites-lui qu'il ôte son diadème : c'est là-dessous qu'est le mal. Mais qu'ai-je affaire de parler des autres? Si vous voulez vous examiner, mettez votre argent à part, votre maison, vos états. Regardez-vous en l'intérieur. Mais vous ne prenez pas tant de peine, vous en croyez à ce que les autres vous en disent.

# ÉPÎTRE LXXXI.

Argument. — I. Qu'il ne faut pas cesser de bienfaire à cause des ingrats. — II. Comme il faut compenser une injure avec un plaisir. — III. Le sage est seul capable de reconnoître un bienfait.

I. Vous vous plaignez d'avoir rencontré un ingrat; si c'est le premier, vous êtes ou bien diligent, ou bien fortuné. Il est vrai qu'en cet endroit tout ce que la diligence vous peut faire, c'est de vous rendre malicieux ; car c'est un inconvénient que vous ne pouvez éviter qu'en renoncant de faire jamais plaisir à personne. Ainsi de peur que les bienfaits ne se perdent chez un autre, vous les laisserez perdre chez vous. Le danger de n'être point remercié ne vaut pas la vilenie de ne donner point. Pour une fois que vous n'avez point bien recueilli, vous ne laissez pas de semer. Il vient à la fin une bonne année qui récompense les mauvaises. Le contentement de la reconnoissance en un homme vaut bien le hasard d'y trouver de l'ingratitude. En matière de bienfaits, il n'y a si bon archer qui ne faille quelquefois le blanc. Mais il n'importe combien mettre de coups dehors, pourvu qu'on en mette un dedans. On se rembarque après un naufrage. Pour un qui fait cession¹, un usurier ne laisse pas de prêter. Il ne faudroit plus parler de rien faire, s'il falloit quitter les choses aussitôt qu'elles ne succèdent pas. Je trouve au contraire que cette mauvaise rencontre vous doit faire opiniâtrer à donner. Les choses qui ont de l'incertitude en leur événement, pour réussir à la fin doivent être tentées beaucoup de fois. Mais ce sont choses dont j'ai fait des traités particuliers, où je pense en avoir assez discouru.

II. Ce sera bien le plus expédient d'éclaircir une question que je ne trouve point avoir été jamais bien décidée, si recevant quelque offense d'un qui autrefois m'avoit fait plaisir, je suis quitte de l'obligation que je lui avois. Ajoutez-y, si vous voulez, qu'il m'ait plus fait de mal qu'il ne m'avoit fait de bien auparavant. Si vous prenez un juge rigoureux, il vous dira qu'il faut compenser, et que si l'offense est de quelque chose plus grande que le plaisir, pour l'amour de la courtoisie vous devez oublier ce qu'il y a de mal plus que de bien. L'offense est la plus grande, il est vrai, mais le plaisir a été le premier : cette considération vaut bien quelque chose. Or à cette heure, de dire qu'il faut prendre garde comme il vous a fait plaisir volontairement, ou combien il a eu de regret de vous offenser², ce sont choses trop claires pour vous en avertir, parce que chacun sait bien qu'autant aux bienfaits comme aux offenses, il faut prendre garde à l'affection ; car il en est qui voudront bien ne faire point de plaisir, mais ils ont honte, ou bien ils sont las d'être importunés, ou ils ont quelque dessein de recevoir plus qu'ils ne donnent. Les choses sont dues, comme elles sont baillées. La volonté se considère plus que le présent. Mais

1. C'est-à-dire : pour un débiteur qui, ne pouvant payer, fait cession de ses biens.
2. Dans l'édition de 1645 : « comme il vous a fait plaisir, si volontairement, ou combien il a eu de regret, etc. »

posons le cas qu'il n'y ait moyen de juger de l'intention : ce qu'il a fait pour vous est plaisir, ce qu'il a fait contre vous est injure. Un homme de bien, pour se tromper soi-même, fait un compte faux : il met au bienfait plus qu'il n'y a, et moins à l'injure. Un autre juge plus gracieux, comme je serois, dira que vous devez oublier l'injure et vous souvenir du bienfait. Certainement la justice veut qu'on rende à chacun ce qui est sien : le gré[1] au bienfait, et la revanche à l'injure, ou la mauvaise grâce pour le moins. Mais cela s'entend quand vous avez reçu le bienfait de l'un, et l'injure de l'autre ; car puisque recevant injure d'une personne qui ne vous avoit jamais fait plaisir, vous ferez bien de lui pardonner, si celui qui vous offense vous avoit autrefois fait plaisir, il est certain qu'il mérite quelque chose plus que le pardon. Je ne mets point l'obliger et l'offenser tout en un rang : j'estime un bienfait plus qu'une injure. Tout le monde ne sait pas reconnoître un bienfait. Un étourdi se pourra bien revancher, et surtout à la nouveauté qu'on lui aura fait plaisir[2]. Mais pource qu'il ne sait pas le prix des choses, il ne peut pas aussi juger la grandeur de son obligation. C'est pourquoi, quelque bonne volonté qu'il ait, ou il ne rendra pas autant qu'il doit, ou bien il ne le rendra ni au temps ni au lieu qu'il le doit, et peut-être le jettera dédaigneusement, au lieu de le rapporter.

III. Le sage qui sait taxer les choses ce qu'elles valent, y procédera d'autre façon. Il considérera combien le plaisir est grand, qui est celui qui le lui a fait, quand, où, et comment. Et pour ce nous disons qu'il n'y a personne que le sage, capable de la reconnoissance d'un plaisir, ni aussi capable de le faire que lui. Ce lui est un contente-

---

1. *Le gré*, la gratitude.
2. *A la nouveauté*, etc., c'est-à-dire : quand le bienfait sera récent.

ment de donner, comme aux autres de prendre. Je sais que quelqu'un mettra cette opinion au nombre de celles que les Grecs appellent paradoxes, et dira que puisque personne ne sait reconnoître un plaisir que le sage, par la même raison personne ne pourra ni rendre une somme prêtée ni payer une chose achetée que lui. Ne pensez pas que ceci soit une doctrine particulière aux Stoïques. Épicure en dit de même : au moins est-il bien certain que Métrodore dit qu'il n'y a que le sage qui puisse reconnoître un bienfait. Et puis il fait lui-même de l'étonné, quand il nous oit dire qu'il n'y a que le sage capable d'amour et d'amitié. Or, comme si la reconnoissance d'un bienfait n'étoit pas un acte d'amour et d'amitié et commun encore à plus de gens que n'est la vraie amitié, il s'émerveille tout de même quand nous disons que la foi ne se trouve qu'en l'homme sage; comme si lui-même ne le disoit pas aussi bien que nous. Trouvez-vous que la foi puisse loger chez un ingrat? Ils feront donc bien de ne publier point, comme ils font, que nous nous vantons de choses qui sont au delà de toute créance, et d'apprendre que le vulgaire peut bien avoir les ombres et les simulacres de la vertu, mais que la vertu même ne se trouve en autre part que chez le sage. Autre que le sage ne sait se revancher d'un bienfait. Les autres le savent aucunement : mais ils font assez, quand ils se revanchent comme ils peuvent, et qu'ils montrent qu'ils ont plutôt faute de science que de volonté. C'est chose de quoi on ne sauroit faire leçon, que de vouloir : cela ne s'apprend point. Le sage en soi-même fera comparaison de toutes choses ; car le lieu, le temps et les occasions font bien souvent différer ce qui semble être semblable. Vous pourrez prêter cinquante écus à un homme si à propos, que vous l'obligerez plus que si une autre fois vous lui donniez tout votre bien. Secourir, c'est autre chose que donner. Une libéra-

## ÉPÎTRE LXXXI.

lité qui accommode un homme ne l'oblige pas comme une qui lui sauve la vie. Un présent sera quelquefois petit, que la conséquence en sera grande. Or quelle différence pensez-vous qu'il y a si un homme a pris ce qu'il vous a prêté dans son buffet, ou s'il l'est allé querir dans la bourse d'un ami? Mais sans retourner à des choses que nous avons assez épluchées, concluons qu'un homme de bien, quand il sera question de faire comparaison d'un bienfait et d'une injure, jugera ce qu'il estimera plus équitable; mais s'il y a de la doute, il penchera du côté du bienfait. Or en telles choses la considération de la personne est quelquefois de grande importance. Vous m'avez fait plaisir en la personne de mon valet, et m'avez fait injure en celle de mon père. Vous avez sauvé la vie à mon fils, mais vous m'avez fait perdre mon père. Il balance de cette façon toutes les autres choses; et où l'intérêt sera petit, il le dissimulera; où il sera grand, il le quittera[1], s'il le peut faire en bonne conscience, c'est-à-dire si l'injure ne touche à autre qu'à lui. Somme toute, il ne sera point difficile au change : s'il y a perte, il la prendra sur lui. Il s'efforcera de rendre le bien pour le mal; et quoi que la passion lui persuade, il prendra ce parti plutôt que nul autre. C'est un abus d'être plus joyeux en recevant un bienfait, qu'en le rendant. Comme le payer est plus agréable que l'emprunter, par la même raison nous devons être plus aises de rendre une courtoisie que de la recevoir. Les ingrats, entre beaucoup de fausses opinions, ont encore cette-ci, que quand ils payent un créancier, ils lui baillent toujours quelque chose outre la somme principale. Et cependant ils seroient marris qu'un plaisir qu'ils ont reçu portât profit à celui qui le leur a fait. Il y échet aussi bien de l'intérêt

---

1. Voyez p. 297, note 1.

comme en une somme d'argent prêté. Plus on est longtemps devant que s'en revancher, et plus il faut que la revanche soit grande. C'est ingratitude que rendre un bienfait sans usure; tellement que quand nous faisons nos comptes de recette et de mise[1], nous y devons avoir égard. On ne sauroit trop montrer de ressentiment[2], quand on a reçu quelque plaisir. Il n'est pas de ceci comme de la justice, que communément on estime appartenir plus aux autres qu'à celui qui la fait. C'est un bien tout nôtre. La meilleure part du bienfait retourne vers lui-même : nous ne profitons[3] jamais à personne, que nous ne nous profitions. Je ne veux pas dire que celui que nous aurons assisté nous assistera, que celui que nous aurons défendu nous défendra, parce qu'un bon exemple retourne à celui qui le donne, comme les mauvais sont ordinairement à la confusion de leurs auteurs, et peu souvent on a compassion de la misère de ceux qui en faisant injure ont montré le chemin d'en faire; mais pource que toutes les vertus ont leurs récompenses en elles-mêmes (car on ne les exerce pas pour y gagner), le salaire d'une bonne action, c'est l'avoir faite. Je reconnois un bienfait, non afin qu'un autre voyant que je rends bien, soit plus libéral à me prêter, mais pource que je suis bien aise de faire une chose très-belle et très-agréable. Je reconnois un bienfait, non pource qu'il m'importe de le reconnoître, mais pource qu'il me plaît, et qu'ainsi ne soit, s'il faut que pour m'acquitter je fasse croire que je suis un ingrat, et que je couvre ma revanche de l'apparence d'une injure, je ne ferai point difficulté de passer au travers de ma honte, pour aller où je suis ap-

---

1. *Mise*, voyez p. 124, note 1.
2. *Ressentiment*. Ce mot est pris en bonne part, comme nous l'avons vu souvent dans le *Traité des Bienfaits*.
3. *Profiter*, être utile.

pelé par mon honneur. Nous ne saurions, à mon avis, mieux faire paroître le zèle que nous avons à la vertu, que d'être contents de perdre la réputation de gens de bien, pour en conserver la conscience. C'est pourquoi, comme je vous ai dit, la reconnoissance que nous faisons d'un plaisir est plus à notre avantage que de celui qui le reçoit; car il ne lui arrive qu'une chose ordinaire, de retirer ce qu'il a baillé; et nous acquérons la gloire d'avoir fait un acte qui ne peut venir que d'un esprit qui est en la perfection de sa félicité; car si le vice nous rend misérables et la vertu bienheureux, et que ce soit vertu de reconnoître un bienfait, il est certain que pour une chose vulgaire que nous lui rendons, nous en remportons une inestimable, qui est la conscience d'un homme d'honneur, qui ne se trouve qu'en un esprit bienheureux, et vraiment divin, comme l'affection contraire ne loge jamais que là où il y a une extrême infortune. Tout homme qui est ingrat sera malheureux; toutefois j'aime mieux ne le faire point languir, il l'est déjà. Faisons donc ce que nous pourrons pour ne l'être point, non tant pour le bien d'autrui que pour le nôtre. Ce qu'il y a de plus léger en la malice et de plus délié, rejallit[1] contre les autres. Le plus dangereux, et par manière de dire le plus épais, nous demeure, en danger de nous suffoquer, comme Attalus le Stoïque disoit ordinairement. La malice boit la plus grande partie de son venin. Les serpents sont venimeux, mais c'est pour ceux qu'ils touchent, et non pas pour eux : le venin de la malice est au contraire; il ne déploie point bien sa force que contre ceux qui le portent. L'ingrat se gêne et se consume de soi-même : s'il a reçu du bien, pource qu'il faut qu'il le rende, il le hait et le désestime; et tout au

---

1. *Rejallit*, rejaillit.

rebours fait les injures beaucoup plus grandes qu'elles ne sont. Or quelle condition sauroit être plus misérable que de ceux qui perdent les bienfaits, et ne peuvent garder que les injures? La sagesse fait au contraire : elle se plaît d'embellir les plaisirs qu'elle a reçus, se les recommande et prend plaisir à les avoir continuellement devant les yeux. Les vicieux n'ont contentement qu'en ce seul instant qu'ils reçoivent le plaisir. Celui du sage est si long qu'il l'accompagne toute sa vie ; car son contentement n'est pas de recevoir, mais d'avoir reçu, qui est une chose dont la continuation est sans intervalle et sans fin. S'il a reçu quelque offense, il ne s'en émeut point et l'oublie ; non par négligence, mais parce qu'il a volonté de l'oublier. Il ne prend point les choses au pis. Si quelque inconvénient lui arrive, il ne cherche point à qui s'en prendre. Quand les hommes font mal, il en accuse la fortune ; il ne calomnie ni les paroles, ni les mines. Si quelque chose semble avoir de l'aigreur, il l'adoucit par une bonne interprétation. Il pardonne l'offense reçue, en faveur du bienfait qui l'avoit précédée. De deux objets il donne le premier et le meilleur à sa mémoire. Il ne hait point après avoir aimé ; mais quand les injures sont si grandes au-dessus des plaisirs, que sans se perdre il ne peut plus dissimuler, son affection retourne au même état qu'elle étoit quand il n'avoit reçu ni bien ni mal ; car si les injures et les plaisirs ne sont point plus grands l'un que l'autre, il lui demeure toujours de l'amitié. Comme au jugement d'un criminel, quand les opinions se trouvent parties[1], celles qui sont les plus miséricordieuses ont l'avantage, ainsi quand il trouve qu'on lui a fait autant de bien que de mal, il sait bien que son obligation est quitte[2], mais il ne cesse pas de l'avoir au cœur,

---

1. *Parties*, partagées. — 2. C'est-à-dire : payée.

et ressemble à ceux qui ont fait banqueroute, et cependant ne laissent point de payer. Or il est impossible que nous ne soyons ingrats, tant que nous ferons cas de ces vanités qui font perdre le jugement à la plupart des hommes; car quelquefois les choses sont tellement disposées, que nous ne pouvons reconnoître un plaisir, si nous ne quittons notre pays, si nous n'exposons notre vie, si nous ne perdons nos biens, voire même si nous ne recevons quelque tache à notre honneur et ne faisons courre fortune à notre réputation. La revanche d'un plaisir n'est pas toujours si aisée comme il semble. Le mal est qu'il n'y a rien au monde que nous estimions plus qu'un plaisir, quand nous le demandons; ni moins, quand nous l'avons reçu. Voulez-vous que je vous die ce qui nous fait oublier un plaisir? l'envie d'en recevoir un autre. Nous ne pensons point à ce qu'on nous a baillé, mais à ce que nous desirons qu'on nous baille. Les richesses, les états, les grandeurs, et toutes telles choses qui ne sont précieuses que par le cas que nous en faisons, nous font égarer du chemin de la vertu. Nous ne savons pas ce que les choses valent, parce qu'au lieu d'en prendre avis de la nature, nous nous en rapportons au bruit commun. Il n'y a rien que la coutume qui nous les fasse trouver belles; car nous ne les estimons pas pource qu'elles sont desirables; mais parce qu'on les estime, nous les desirons; et après que l'erreur des particuliers a été cause de l'aveuglement général, à cette heure l'aveuglement général est cause de l'erreur des particuliers. Mais comme en cela nous suivons l'opinion commune, nous devrions aussi nous y ranger en ce qui est de n'être point ingrats. C'est une maxime tenue pour indubitable par tous les peuples de la terre, et confessée par ceux mêmes qui sont les plus barbares, que c'est chose honnête de rendre un plaisir quand nous l'avons reçu. Il n'y a ni bon ni mauvais qui la contredise. Il s'en trouve qui louent les voluptés, et d'autres qui les blâment; qui estiment la douleur le plus grand mal qu'un homme sauroit souffrir, d'autres qui ne tiennent pas seulement que ce soit mal; qui ne reconnoissent point de plus grand bien que les richesses, et d'autres qui disent que d'elles procède la ruine du genre humain et qu'il n'est point d'homme plus riche que celui à qui la fortune ne trouve rien qui mérite de lui être donné. Les jugements des hommes, qui en tant d'autres choses sont contraires l'un à l'autre, se conforment en cette-ci, qu'il faut reconnoître ceux de qui nous avons reçu du plaisir. Toute notre discordance est d'accord en cette opinion, et au partir de là, si quelqu'un nous a bien obligés, c'est celui que nous faisons moins de cas d'offenser; et ne sommes jamais plus ingrats que quand le plaisir qu'on nous a fait passe les moyens que nous avons de nous en revancher; car parce que nous avons honte de ne rendre point, ne pouvant être quittes d'autre façon, nous le voudrions bien être par la mort de ceux à qui nous sommes obligés. Mon ami, si je vous ai donné quelque chose, gardez-le : je ne vous le demande pas; je ne vous presse pas de me le rendre[1]. Si je vous ai fait du bien, ne me procurez point de mal. Il n'y a point d'inimitié plus dangereuse que d'un qui est honteux de n'avoir pas fait ce qu'il devoit, à l'endroit de celui qui l'avoit obligé.

1. Tel est le texte de l'édition de 1639; dans celle de 1645, on lit : « Gardez-la : je ne vous la demande pas; je ne vous presse pas de me la rendre. »

## ÉPÎTRE LXXXII.

Argument. — I. Il blâme l'oisiveté. — II. L'appréhension des injures de la fortune et de la mort nous suit partout, et ne peut être guérie que par l'étude de la philosophie. — III. Les choses de soi indifférentes sont rendues bonnes ou mauvaises par l'application de la vertu ou du vice. — IV. Pourquoi nous craignons la mort, et le moyen de ne la point craindre.

I. Je commence à n'être plus en peine de vous. Voulez-vous savoir qui m'en a répondu? un pleige[1] qui ne trompe jamais personne : votre esprit que je reconnois amateur de la vertu. La meilleure partie qui soit en vous est hors de danger. La fortune vous peut faire quelque injure, mais le principal est que vous ne vous en pouvez plus faire. Continuez seulement, et vous réglez tellement en la vie que vous avez entrepris de suivre, qu'il y ait du repos, mais non de la mollesse. Pour moi, j'aimerois mieux être mal que mollement : quand je dis mal, je l'entends comme le peuple parle, c'est-à-dire, avoir de la peine et sentir des incommodités. Nous oyons ordinairement dire de quelqu'un à qui on porte envie : il vit mollement. J'aimerois autant qu'on me dît : il ne vaut rien. L'esprit ne peut croupir en l'oisiveté, qu'il n'en tire quelque fainéantise et ne perde peu à peu de sa vigueur. Il vaudroit mieux qu'il devînt du tout insensible. Et puis ces délicats appréhendent de mourir, comme si la vie qu'ils font étoit quelque autre chose qu'une mort. Il y a bien différence de se reposer, ou d'être au cercueil. Vous direz peut-être que, de quelque façon qu'on se re-

---

1. *Pleige*, caution.

pose, il en est toujours mieux que d'être impliqué dans le tumulte des affaires, et bricolé de leur flux et reflux perpétuel[1]. Ni l'un ni l'autre ne valent rien. Un corps est aussi mort dans un lit parmi des roses, qu'à la voirie entre des carcasses. C'est proprement s'enterrer tout vif, que se retirer du monde et n'étudier point.

II. Quand nous traverserions tout ce qu'il y a de mer à l'entour de la terre, où penserions-nous aller, que nous ne fussions accompagnés des mêmes sollicitudes qui nous travaillent en notre maison? En quelle caverne si profonde nous saurions-nous mettre où nous n'eussions les mêmes appréhensions de la mort que nous avons? Quelle retraite si forte et si remparée[2] saurions-nous choisir, où nous ne fussions aux mêmes alarmes de la douleur? Mettons-nous où nous voudrons; nous serons toujours hommes, et par conséquent la foiblesse humaine sera toujours avec nous. Nous avons une infinité de choses à l'entour de nous qui nous regardent, et ne font qu'attendre l'occasion d'entreprendre sur nous. Si les unes faillent, les autres exécutent. Nous en avons d'autres au dedans, qui en la solitude même nous font bouillir le sang et nous empêchent le repos. Nous ne saurions nous mettre mieux à couvert qu'entre les bras de la philosophie. C'est un rempart inexpugnable, d'où toute la batterie que sauroit faire la fortune ne feroit pas tomber une pierre[3]. Une âme qui se résout à quitter la campagne, et ne se soucie que de se garder en ce château, peut défier l'escale[4], la sape, la mine, la surprise et les assauts. La hauteur en est si grande, et les approches si difficiles,

---

1. En latin : *istis officiorum vorticibus volutari.*

2. *Remparée,* fortifiée.

3. *Inexpugnabilis murus, quem fortuna multis machinis lacessitum non transit,* dit Sénèque.

4. L'escalade. (*Éditions de* 1645 *et de* 1648.)

que tout ce qu'on y tire n'arrive pas au pied du mur¹. On s'abuse de penser que la fortune ait les mains longues : elle les a courtes, et si courtes qu'elles ne frappent que ceux qui se treuvent auprès d'elle. Pour nous en garantir, il suffit de nous en reculer. Pour nous en reculer, il ne faut autre chose que connoître nous et notre nature, savoir d'où l'esprit est venu, où il doit aller, qui est son bien ou son mal, ce qu'il doit chercher et fuir, quelle est cette raison qui lui enseignera la distinction des choses évitables ou desirables, qui domestiquera² la rage de ses convoitises, et domptera la tyrannie de ses appréhensions. Il y en a qui se sont vantés de pouvoir faire tout cela sans l'aide de la philosophie ; mais enfin quand il leur est venu quelque effort sur les bras, il a fallu qu'ils aient avoué leur présomption. Quand le bourreau leur est venu demander les mains pour les lier, quand la mort s'est approchée d'eux, toutes leurs rodomontades se sont évanouies. On leur pouvoit dire : « Eh bien, il vous étoit bien aisé de faire les braves, tant que l'ennemi ne paroissoit point. Voici cette douleur que vous disiez être si peu de chose, voici cette mort contre qui vous parliez si haut : les cordes sont prêtes, l'épée est hors du fourreau.

C'est à ce coup, Troyen, qu'il faut avoir bon cœur³. »

Le moyen de l'avoir bon, c'est de le fortifier par une méditation assidue, sans s'amuser après des paroles : l'assurance ne s'acquiert point par subtiliser. C'est pourquoi, Lucilius, je m'étonne, et me ris tout ensemble des niaiseries des Grecs, quoique je ne m'en sois pas encore du

---

1. Le latin dit simplement : *Insuperabili loco stat animus qui externa deseruit et arce se sua vindicat : infra illum omne telum cadit.*
2. *Domestiquer*, apprivoiser.
3. Virgile, *Énéide*, liv. VI, v. 261.

tout dépêtré. Voici l'argument de Zénon le Stoïque : Nulle chose mauvaise n'est glorieuse; la mort est glorieuse; la mort n'est donc point mauvaise. Vous avez triomphé! je n'ai plus de peur. Après vos belles raisons, je suis prêt de bailler ma tête à couper. Mais ne voulez-vous pas dire quelque chose de plus grave, sans vous rire avec un qui s'en va mourir? Je meure si[1] je saurois vous dire qui a le moins de jugement, ou lui, qui par ce plaisant argument pense faire qu'il n'aura plus de peur de la mort, ou celui qui s'est mis en peine de le rechercher, comme si ç'avoit été quelque chose de bien important.

III. En voici la réponse, qu'il tire de ce que nous mettons la mort au rang des choses indifférentes : Nulle chose indifférente n'est glorieuse : la mort est glorieuse; la mort n'est donc point indifférente. Voulez-vous voir la surprise[2]? La mort n'est point glorieuse; mais c'est chose glorieuse que mourir valeureusement. Et quand il dit que nulle chose indifférente n'est glorieuse, je l'accorde; mais c'est en y ajoutant qu'il n'y a point moyen d'avoir de la gloire que par les choses indifférentes. Or les choses indifférentes sont les choses qui ne sont ni bonnes ni mauvaises, comme la maladie, la douleur, la pauvreté, le bannissement et la mort. Il n'y a rien en tout cela qui de soi-même ait de la gloire, et néanmoins nous n'avons point d'autre sujet d'en acquérir que ceux-là; car on ne loue point la pauvreté, mais celui qui, pour être pauvre[3], ne se ravale et ne se fléchit point. On ne loue point le bannissement, mais celui qui ne s'afflige point pour être banni. On ne loue point la

---

1. *Je meure si,* c'est-à-dire : que je meure si.
2. *Hæc interrogatio vides ubi obrepat,* dit le latin.
3. *Pour être pauvre,* parce qu'il est pauvre, quoiqu'il soit pauvre.

douleur, mais celui que la douleur n'a su faire ni crier ni parler. On ne loue point la mort, mais celui de qui l'esprit est plus tôt sorti que troublé[1]. Toutes ces choses-là, qui de soi ne sont ni honnêtes ni glorieuses, sont honnêtes et glorieuses aussitôt qu'il plaît à la vertu d'y mettre la main; elles sont neutres, et n'ont point de qualité que celle que le vice ou la vertu leur donne. La mort, qui fut glorieuse et belle en Caton, fut honteuse et laide en Brutus. Je parle de ce Brutus qui, sur le point qu'on lui alloit couper la gorge, s'étant tiré à l'écart, comme pour aller à ses affaires[2], combien qu'il n'eût autre envie que de différer sa mort de quelque moment, comme on l'eut fait venir et qu'on lui eut dit qu'il tendît le col : « Aussi bien, dit-il, me fût-il permis de vivre, comme je le tendrai[3] ! » Peu s'en fallut qu'il n'y ajoutât : « Quand bien ce seroit sous Antoine. » Oh ! que cet homme-là méritoit bien qu'on lui donnât la vie ! Or comme j'avois commencé de vous dire, pour montrer que la mort n'est de soi chose ni bonne ni mauvaise, voyez combien il y a d'honneur en celle de Caton, et d'infamie en celle de Brutus. Tout ce qui n'est point beau s'embellit par le moyen de la vertu. Nous disons qu'une chambre est claire, et cependant on n'y voit goutte quand il est nuit : cette diversité vient de la vicissitude du jour et de la nuit. Ainsi toutes ces choses indifférentes, comme les richesses, l'embonpoint, la beauté, les honneurs et les sceptres mêmes, et de l'autre côté, la mort, l'exil, l'indisposition, les douleurs, et toutes ces autres choses que nous craignons ou plus ou moins, ne se peuvent dire ni bonnes ni mauvaises que par l'application du vice ou

---

1. C'est-à-dire : celui de qui l'esprit est sorti avant d'être troublé.
2. *Ad exonerandum ventrem secessit*, dit le latin.
3. Il y a dans le latin : *Præbebo, ita vivam!*

de la vertu. Une barre de fer, qui n'est de soi ni froide ni chaude, dans un fourneau s'échauffe, et replongée dans l'eau se refroidit. La mort est honnête, par l'entremise de ce qui est honnête, c'est-à-dire de la vertu et d'une âme qui dédaigne tout ce que la fortune lui peut donner. Mais encore ces choses que vous appelez indifférentes ne sont pas du tout semblables; car il n'est pas indifférent de mourir ou bien ou mal, comme il est indifférent que vos cheveux soient ou bien ou mal coupés. Quoique la mort ne soit pas mauvaise, si est-ce qu'elle en a l'apparence.

IV. Nous avons tous un amour de nous-mêmes, et une volonté de nous conserver gravée en l'âme, qui nous fait frémir aussitôt : l'amour et la conservation de la vie est une affection que la nature nous a si profondément gravée en l'âme qu'il est impossible d'en imaginer la dissolution et ne trembler point. Nous ne pouvons, sans nous fâcher, être privés de tant de commodités que nous avons. Nous connoissons les lieux où nous sommes, et ne savons comme sont faits ceux où nous devons aller. Cette ignorance nous y figure des choses épouvantables; et puis les ténèbres où nous croyons que la mort nous doit mener, nous sont effroyables naturellement : tellement qu'encore que la mort soit indifférente, elle n'est pas pourtant au nombre des choses qu'il est si facile de mépriser. Il faut une longue accoutumance, pour assurer l'esprit et faire qu'il ne bondisse point quand il en approchera. Il n'est rien plus aisé que de dire qu'il faut mépriser la mort, ni rien plus malaisé que de le faire. C'est une hardiesse qui n'est pas bien commune à toutes gens : les impressions que nous en avons de longue main ont trop pris de pied. Tous les beaux esprits ont presque fait à l'envi l'un de l'autre, à qui nous la dépeindra plus hideuse, et qui en fera le plus de peur. Ils nous ont dit que l'enfer est une prison, où la nuit est perpétuelle et de qui le portier,

> Sur des os mi-mangés, etc.[1].

Mais quand on nous auroit fait toucher au doigt que tout cela ne sont que contes faits à plaisir, et que les morts n'ont rien à craindre qui leur fasse mal, nous n'en sommes pas pour cela plus en repos. Nous avons autant de peur de n'être point, que d'être en enfer : tellement qu'ayant tant de choses à combattre, ne faut-il pas avouer que c'est l'acte le plus généreux et le plus brave que l'esprit de l'homme puisse faire, que de se résoudre à partir du monde sans y avoir regret? Or il n'y a point de moyen de lui mettre cette persuasion en la tête, qu'en lui faisant voir que la mort est indifférente, et susceptible d'une qualité bonne ou mauvaise selon qu'il sera capable d'en user ou bien ou mal. Il est impossible de croire qu'une chose soit mauvaise, et de s'en approcher de bon cœur. On n'y va jamais qu'un pas après l'autre. Or quelque belle que soit une action, il faut pour être glorieuse qu'elle soit volontaire. La vertu ne fait jamais une chose, parce qu'elle est tenue de la faire, et si ce n'est pas tout, il faut que l'esprit tout entier y soit présent, et qu'il s'y bande, sans y contredire en quelque façon que ce soit. Mais quand nous nous résolvons à souffrir un mal, ou pour en craindre un pire ou pour jouir de quelque bien qui nous semble digne que pour y parvenir on passe par cette incommodité, cela ne se fait point que notre jugement ne se divise. Nous sommes poussés d'une part, et

---

1. Sénèque a réuni ici ces deux vers de Virgile, qu'il a tirés de deux livres de l'*Énéide* (VIII, v. 297, et VI, v. 401) :

> Ossa super recubans antro semesa cruento,
> Æternum latrans exsangues territat umbras.

retirés de l'autre : le desir nous propose le contentement et l'honneur, la peur nous montre les soupçons et la difficulté; de manière que nous ne savons à quel parti nous ranger. Où cette confusion est, il ne faut plus parler de gloire. La vertu va tout d'un branle et tout d'un accord à l'effet de ses résolutions, et ce qu'elle fait ne lui donne jamais d'alarme.

Ne cède point aux maux, mais te bande à l'encontre[1].

Nous ne nous y banderons jamais, tant que nous penserons qu'il y ait du mal. Il faut que cette persuasion nous sorte de l'esprit : autrement nous n'y irons point comme il y faut aller. Nous ne ferons que toucher du bout du doigt ce qu'il faut empoigner à pleine main. Les Stoïques trouvent l'argument de Zénon véritable et n'approuvent pas la réponse qu'on y fait; c'est aux dialecticiens d'en juger. Pour moi, je n'aime point toutes ces demandes artificieuses qui font confesser une chose qu'on ne croit pas, et serois d'avis que ces subtilités demeurassent en la poussière de l'école. La vérité veut des paroles plus simples, et pour la mort il en faut de plus fortes. Si je voulois m'amuser à l'éclaircissement de toutes leurs ambiguïtés, ce seroit plutôt pour persuader que pour tromper. S'il est question de parler à une armée en bataille, qui s'en va par le péril de sa vie racheter le repos de sa patrie et le salut de ses enfants, quel langage lui tiendrez-vous? Je veux que ce soient les Fabiens, qui sur leur famille seule attirent tout le péril d'une guerre générale, ou les trois cents Lacédémoniens, qui furent mis à garder le pas des Thermopyles, sans espérance ni de vaincre ni de fuir. Il faut que le lieu où ils sont soit leur sépulcre. Que leur alléguerez-vous, pour les résoudre d'empêcher de leurs

1. Virgile, *Énéide*, liv. VI, v. 95 et 96.

## ÉPÎTRE LXXXII.

corps la chute de leurs républiques, et perdre plutôt leurs vies que leurs places? Vous leur direz : qu'une chose mauvaise n'est point glorieuse, que la mort est glorieuse et que par conséquent la mort n'est point mauvaise. O la belle harangue et bien persuasive! Qui est le poltron que de si belles raisons ne fissent jeter la tête baissée dans les ennemis et mourir l'épée à la main? Mais que je trouve bien le langage de Léonidas d'une autre grâce! « Dînons, compagnons, comme gens qui souperont en l'autre monde. » Ils ne mâchèrent point moins ce qu'ils avoient en la bouche ; les morceaux ne leur demeurèrent point au gosier ni ne leur tombèrent point des mains. Ils dînèrent courageusement et soupèrent de même. Et ce capitaine romain qui envoyoit ses soldats saisir un passage au travers de l'armée des ennemis, que leur dit-il? « Il est nécessaire d'aller là, compagnons ; mais il n'est pas nécessaire d'en revenir. » Vous voyez comme les commandements de la vertu sont simples et impérieux. Mais montrez-moi un homme à qui toutes ces subtilités aient jamais fait faire un pas vers le péril. Elles rompent le cœur tout au contraire et le resserrent aux occasions importantes, où, plus qu'en autre part, il auroit besoin de s'élargir. Il n'est pas question d'ôter la peur à trois cents soldats ; il faut assurer tout ce qu'il y a d'hommes au monde. Comme leur ferez-vous croire qu'il n'y a point de mal en la mort? Comme leur ôterez-vous des opinions qui depuis tant de siècles leur sont venues de père en fils et qu'avec le lait ils ont sucées aux tetins de leurs nourrices[1]? Quel remède leur baillerez-vous? de quelles raisons fortifierez-vous la foiblesse humaine? Comme leur inspirerez-vous une ardeur qui les emporte si furieusement

---

1. Il y a en latin : *Quomodo opiniones totius ævi, quibus protinus infantia imbuitur, evinces ?*

aux périls, qu'il ne se trouve rien d'assez fort pour les arrêter? De quelles inventions et de quelle bien-disance[1] combattrez-vous tous les peuples de la terre qui d'un consentement universel croient le contraire de ce que vous leur voulez persuader? Vous m'allez chercher des surprises, et d'une interrogation à l'autre, me pensez tout doucement faire entrer dans le filet. Les monstres ne se tuent point avec des chènevottes[2]. Ce grand serpent que les Romains trouvèrent en Afrique, et qui leur fit plus peur que l'armée des ennemis, ne put jamais être blessé ni de flèches ni de frondes; et pource que cette grande masse, de qui la peau n'étoit pas moins solide que le corps en étoit vaste, renvoyoit tout ce qu'on lui jetoit, il fallut avoir des meules de moulin pour l'assommer. Et vous pensez avec une parole faire peur à la mort! Vous attaquez un lion avec une alêne. Ce que vous dites a pointe[3]; les épis de blé en ont aussi; mais toutes pointes ne percent pas: il en est de si déliées qu'il est impossible de s'en servir.

## ÉPÎTRE LXXXIII.

ARGUMENT. — I. Il ne faut rien faire en secret qu'on ne voulût faire à la vue de tout le monde. — II. Penser aux actions passées. — III. Qu'on peut fier un secret aux ivrognes. — IV. Contre l'ivresse.

I. Vous voulez savoir ce que je fais tous les jours, et desirez que je vous rende compte comme je les passe depuis le matin jusques au soir. Vous avez bonne opinion

---

1. *Bien-disance*, faconde.
2. *Magnis telis magna portenta feriuntur*, dit Sénèque.
3. Le texte porte: *Acuta sunt quæ dicis.*

de moi, qui pensez que je ne sais rien que je ne veuille bien que vous sachiez. Et certainement il seroit bon de vivre, comme si nous avions toujours un témoin auprès de nous; et pour nous obliger même à ne rien penser qui ne fût bien honnête, nous imaginer que nous avons un verre devant l'estomac, et que les yeux peuvent pénétrer jusques à ce que nous pensons de plus secret. Et de fait, n'en est-il pas qui y pénètrent? Que nous sert de nous cacher des hommes, puisqu'il n'est rien qui ne soit découvert à Dieu? Il se voit au fond de nos âmes, et quelquefois se trouve présent à nos cogitations : je dis quelquefois, parce qu'il n'y est pas toujours. Je ferai donc ce que vous me commandez : je vous écrirai fort volontiers toutes mes actions et l'ordre dont j'y procède. Je veux pour cet effet y prendre garde à l'avenir, et, ce qui est le principal, je ferai tous les soirs revue comme j'aurai passé le jour.

II. Ce qui nous gâte, c'est que nous ne regardons jamais derrière nous : il ne nous chaut du passé. Nous pensons à ce que nous devons faire, et bien souvent encore le faisons-nous sans y penser; mais quand nous avons fait quelque chose, elle est aussitôt hors de notre mémoire que de nos mains. Et toutefois les délibérations de l'avenir ne se peuvent résoudre, sans la considération du passé. Je n'ai point été rompu[1] de tout aujourd'hui. J'ai toujours été ou sur le lit ou sur le livre. Je me suis exercé le corps, mais fort peu; car j'ai cette obligation à ma vieillesse que j'en suis quitte à bon marché. Les robustes même finissent quand ils sont las, et je le suis aussitôt que je me suis remué. Demandez-vous qui sont les compagnons de mes exercices? Il ne m'en faut point d'autre qu'Éarinus. Vous savez que son humeur est fort douce et fort amiable; mais il se va changer. Je suis après d'en

---

1. *Rompu*, interrompu.

trouver quelqu'un qui ne soit pas si fort. Il dit que nous avons lui et moi une même crise, parce que les dents lui tombent, et à moi aussi. Il va déjà bien vite pour moi, et devant qu'il soit bien peu de jours, je me doute que je ne le pourrai plus atteindre. Vous voyez ce que sert une chose continuée. Quand de deux hommes l'un vient et l'autre va, ils se trouvent en peu de temps bien éloignés. Il monte, et je descends. Vous savez que l'un est bien plus tôt fait que l'autre. Toutefois je me suis mécompté; car en l'âge où je suis, on tombe plutôt qu'on ne descend. Si vous voulez savoir comme nous sommes demeurés aujourd'hui de notre combat, il nous est arrivé une chose qui n'est pas bien ordinaire entre des coureurs : nous avons été justement au but l'un quand et l'autre. Après m'être ainsi lassé, car je puis mieux dire lassé qu'exercé, je me suis mis dans de l'eau froide; j'appelle ainsi de l'eau qui n'est qu'un peu chaude. Il a été un temps que je faisois profession d'être grand baigneur, et que tous les ans le premier jour de janvier, comme pour la cérémonie du jour je lisois, écrivois et disois quelque chose de particulier, je ne faillois point aussi de me jeter dans le canal de l'eau pucelle[1]. Depuis, je la trouvai trop froide, et me contentai de l'eau du Tibre, et enfin je suis réduit à celle de la cuve; encore pour gaillard que je sois, je la fais tiédir au soleil, si bien que pour peu que j'y ajoutasse, je penserois être dans des étuves. Au partir de là, je mange du pain sec; et de cette façon il ne me faut ni table pour dîner, ni eau pour laver les mains. Quand j'ai dîné, je dors

---

1. Malherbe traduit ainsi le latin *Virgo*, nom d'un aqueduc de Rome, qu'on appelait aussi *Aqua virgo*. Voici, pour tout ce morceau, le texte de Sénèque : *Ille tantus psychrolutes, qui kalendariis januariis Euripum salutabam, qui, anno novo, quemadmodum legere, scribere, dicere aliquid, sic auspicabar in Virginem desilire; primum ad Tiberim transtuli castra, deinde ad hoc solium quod.... sol temperat.*

fort peu. Vous savez comme j'en use : mon dormir n'est ni long ni bien ferme. Il me suffit que je fais trêve de veiller. Je sais bien quelquefois que j'ai dormi, et quelquefois je m'en doute. Là-dessus le bruit du Cirque me vient aux oreilles, et lors il n'y a plus d'ordre de dormir : il faut que je me réveille ; mais tant s'en faut que cela me divertisse[1], qu'il ne me trouble pas seulement. Je suis fort patient à telles tempêtes. Ces confusions de voix ne me sont non plus que le murmure des vagues, ou que le sifflement d'une forêt quand le vent donne au haut des arbres, ou que quelque autre bruit semblable de choses qui n'ont point d'entendement. Je vous veux à cette heure dire à quoi je me suis appliqué : j'ai continué de rêver sur un ébahissement où je me mis hier. Qu'ont voulu dire tant de grands esprits qui en des choses d'importance ont employé des raisons si légères et si perplexes, qu'encore qu'elles soient véritables, elles ont apparence de mensonge ?

III. Zénon, ce grand personnage, qui le premier a fondé cette secte, brave et religieuse plus que nulle autre, pour nous dégoûter de l'ivrognerie allègue qu'un homme de bien ne s'enivre point et le prouve de cette façon. Personne ne commet son secret à un homme ivre : or on commet son secret à un homme de bien : un homme de bien ne sera donc jamais ivre. Voyez comme avec une réponse toute telle que son argument il y a moyen de se moquer de lui ; car d'une infinité qu'on lui pourroit faire, une suffira. Personne ne dit son secret à un qui dort : on dit son secret à un homme de bien : un homme de bien ne doit donc point dormir. Posidonius fait bien ce qu'il peut pour le défendre, mais il n'en trouve qu'un moyen, qui me semble bien foible. Il dit que ce mot d'*ivre* a deux significations. L'une, quand un homme a tant pris

---

1. Voyez plus haut, p. 296, note 1.

de vin qu'il en a perdu le jugement; l'autre, quand il est coutumier de s'enivrer et qu'il a cette imperfection; que Zénon ne l'entend pas de celui qui est ivre, mais de celui qui l'est ordinairement, et que c'est à cet ivre qu'on se gardera bien de dire des choses secrètes, que le vin lui peut faire publier : ce qui est faux; car il est assez clair qu'il parle de celui qui est ivre, et non de celui qui le sera. Vous m'avouerez que d'un ivre à un ivrogne il y a bien de la différence. Tel est ivre à cette heure, qui peut-être ne l'aura jamais été et qui peut-être ne le sera jamais. D'ailleurs, un ivrogne n'est pas en une ivresse perpétuelle. Et pour ce, quand il dit ivre, je le prends comme il se prend ordinairement, et surtout venant de la bouche d'un homme qui fait profession d'une diligence exacte et de ne rien dire qu'il n'ait rigoureusement examiné; joint que si Zénon l'a pris d'autre façon, il demeure toujours coupable de s'être voulu servir d'une parole équivoque, pour piper le monde : ce qui ne se doit pas faire, quand il est question de rechercher la vérité. Mais je veux que telle ait été son intention, la conséquence qu'il en tire est fausse, qu'il ne faille rien dire de secret à un homme qui est coutumier de s'enivrer. Représentez-vous à combien de soldats, qui sont gens qui ne se tiennent pas toujours dans les bornes de la sobriété, et le général de l'armée et le maître de camp et le capitaine ont commis des choses qui n'avoient pas besoin d'être publiées. Quand il fut question d'entreprendre sur la vie de C. César, je parle de celui qui s'empara de l'État quand il eut défait Pompée, Tillius Cimber en ouït parler aussi bien que C. Cassius. Cassius ne but jamais que de l'eau. Cimber, au contraire, avec ce[1] qu'il prenoit du vin démesurément, son babil étoit insupportable quand il avoit bu. Sur quoi lui-même il fit cette

---

1. *Avec ce*, voyez p. 461, note 2.

rencontre[1] : « Comme supporterois-je d'un homme[2], qui ne puis pas supporter le vin? » Que chacun à cette heure se ressouvienne de ceux à qui il ne fieroit pas sitôt la clef de sa cave, comme celle de son secret. Si est-ce que j'en dirai un que je me viens de ramentevoir, afin que la mémoire s'en conserve ; car il est bon d'être fourni d'exemples illustres pour toutes les actions de notre vie, afin de ne les aller pas toujours mendier aux siècles passés. L. Piso, depuis qu'une fois, pour bien boire, il fut fait gouverneur de la ville, il s'y affrianda tellement qu'il y passoit ordinairement la plus grande partie de la nuit, et presque toujours dormoit jusques à midi : c'étoit son point du jour. Cependant il se comporta fort bien en son gouvernement. Auguste même l'envoyant pour commander en la Thrace rebellée, lui donna des commissions secrètes, desquelles il s'acquitta si dignement qu'il la reconquit. Tibère s'en allant en la Campanie[3], et laissant les affaires de Rome pleines de soupçon et en un état qui ne lui plaisoit point[4], pource, à mon avis, que l'ivrognerie de Piso lui avoit bien réussi, laissa le gouvernement de la ville à Cossus, homme grave et modéré, mais qui se laissoit tellement emporter au vin, qu'une fois qu'au partir d'un festin il étoit allé au sénat, il le fallut remporter tout endormi, parce qu'il n'y eut jamais ordre[5] de l'éveiller. Cependant Tibère lui écrivoit souvent de sa main des choses qu'il ne vouloit pas même commettre à ses secrétaires. Comme de fait il ne se trouve point qu'aucun secret d'affaire, ni publique ni privée, lui soit jamais

---

1. *Rencontre*, plaisanterie.
2. « Comme supporterois-je un homme? » (*Édition de 1645.*)
3. Il y a ici *Campanie* dans toutes les éditions, au lieu de *Campagne*, que Malherbe emploie ordinairement : voyez p. 220 et 438.
4. *Multa in urbe et suspecta et invisa*, dit Sénèque.
5. *Ordre*, moyen.

échappé. Laissons-les donc crier tant qu'ils voudront, qu'un esprit à qui le vin commande n'est pas maître de soi ; que le vin fait les mêmes tumultes au cerveau qu'il fait en sa nouveauté dans les tonneaux ; que son abondance fait sortir les secrets du cœur, comme les viandes de l'estomac. Je veux que tout cela soit véritable : mais il est véritable aussi qu'ayant à délibérer des choses de conséquence, si nous avons des amis qui aiment à boire, nous ne laissons pas de leur en demander leur avis. Ainsi donc la raison alléguée pour la défense de Zénon, qu'on ne commet jamais un secret à gens qui sont coutumiers de s'enivrer, est aussi peu vraie que son argument. Ce seroit bien plus tôt fait de blâmer ouvertement l'ivrognerie et représenter les inconvénients qui l'accompagnent. Les appâts n'en sont point si grands, qu'il faille être parfaitement sage pour s'en garantir. Un qui n'aura qu'une passable discrétion se gardera bien d'y tomber, et si quelquefois, pour un sujet qui se présente, il se laisse emporter à la bonne chère, ce sera sans passer jusqu'à l'ivresse.

IV. Or si la quantité du vin peut troubler le sage et lui faire faire des traits d'un homme ivre, c'est une question qu'il nous faudra vider. Cependant si vous voulez prouver que l'ivresse est indigne d'un homme d'honneur, pourquoi vous amusez-vous à faire le dialecticien ? Que ne dites-vous plutôt que c'est une vilenie d'en prendre tant qu'il en faille rendre, et ne savoir pas la mesure de son estomac ; que ceux qui sont ivres font une infinité de choses dont la mémoire les fait rougir, après qu'ils ont vidé leur vin ; que l'ivresse n'est autre chose qu'une fureur volontaire ? Et de fait qu'un homme ivre soit quelques jours sans désenivrer, quelle opinion en aurez-vous sinon qu'il a perdu l'entendement ? Vous direz que c'est une fureur. Mettez en avant l'exemple d'Alexandre de Macédoine, qui entre les verres tua Clitus, le plus fidèle et le plus affectionné serviteur qu'il eût; et puis se voulut tuer lui-même, quand le désenivrement lui eut fait connoître le vilain acte qu'il avoit commis. Si nous avons quelque imperfection, l'ivresse la met en sa montre, et nous fait perdre la honte, qui est le principal obstacle de nos mauvaises intentions; car il est certain que ce n'est point tant la volonté du bien que la honte du mal, qui nous divertit de ce qui nous est défendu. Il n'y a rien de sale au dedans, que le vin ne fasse venir dehors; il ne fait pas les vices, mais les produit. Quand un homme est ivre, s'il aime les femmes, il n'a pas la patience d'attendre qu'il soit au lit pour se contenter; mais à quelque heure et en quelque part que la concupiscence le sollicite, il lui donne congé de faire ce qu'il lui plaît. S'il a même quelque impudicité plus orde et plus brutale, il ne craint point de la publier. S'il est querelleux, sa langue et ses mains perdent la discrétion. L'insolence devient plus superbe, la cruauté plus violente, et l'envie plus malicieuse. Enfin il n'y a point de vice qui veuille garder la chambre; tout sort à la campagne[1]. Ajoutez à cela, que nous ne savons où nous sommes : la langue nous bégaye, la vue nous trompe, les pieds nous chancellent, et nous semble que quelque tourbillon nous fasse tourner la maison sur la tête; puis comme le vin se prend à bouillir, nous avons des coliques qui nous déchirent les entrailles. Et toutes ces incommodités encore ne sont que passables; mais que pensez-vous que ce soit quand après que le vin est corrompu par le dormir, en la place de l'ivresse il nous demeure une crudité? Représentez-vous les inconvénients qu'a produits l'ivrognerie publique, combien de braves et belliqueuses nations elle a livrées en la main de leurs ennemis; en combien de murailles, obstinément dé-

---

1. Le latin dit simplement : *Omne vitium laxatur et prodit.*

fendues par plusieurs armées, elle a fait ouverture; combien d'âmes impatientes d'obéissance elle a réduites à la servitude; et combien elle a dompté d'hommes que les armes bien à peine avoient osé menacer. Tant de chemins, tant de batailles, tant d'hivers, tant de difficultés de lieux et de saisons, tant de fleuves descendant de régions inconnues, et tant de mers, laissèrent revenir ce même Alexandre de qui je viens de parler, sain et sauf en sa maison; et le seul excès de boire fut assez fort pour l'envoyer au tombeau. Quelle gloire est-ce à un homme de tenir beaucoup? Quand la palme de bien boire vous sera demeurée, quand tous vos compagnons réduits à dormir sous la table, ou à rendre leurs gorges en quelque coin, refuseront[1] de vous y faire raison, quand de toute la compagnie d'un festin il ne demeurera que vous qui seul ne soit par terre, quand vous aurez emporté cette magnifique louange, que vous tiendrez plus de vin que pas un des autres : ne faut-il pas que vous confessiez que vous ne tenez pas encore tant qu'un tonneau? D'où pensez-vous que soit venue la ruine de M. Antoine, grand personnage au reste et un bel esprit, que de l'ivrognerie et de l'amour de Cléopatre, qui n'avoit pas moins de force que le vin? car fut-ce autre chose que l'ivrognerie qui changea ses mœurs aux dissolutions étrangères, qui lui fit prendre les armes contre sa patrie, qui fortifia ses ennemis à son préjudice et rendit sa cruauté si démesurée qu'au milieu de son repas, où il étoit servi d'une magnificence royale, il se faisoit apporter les têtes et les mains des principaux de Rome, pour les reconnoître, comme s'il eût voulu boire du sang, après être enivré de vin? Son ivrognerie seule étoit insupportable. Vous pouvez juger comme le devoit être ce qu'il faisoit, quand le vin

---

1. Toutes les éditions donnent *refuseroient*, au lieu de *refuseront*.

l'avoit surmonté. Vous ne voyez guère de gens aimer à boire, qui ne soient aussi cruels. Les esprits les plus nets se brouillent de boire trop, et gâtent leur bonne disposition. Il leur en prend comme aux yeux, que les longues maladies, pour les avoir tenus longtemps à l'ombre, ont tellement débilités, qu'ils ne peuvent supporter de voir luire le soleil; car étant ordinairement hors de soi par le moyen de l'ivresse, ils s'accoutument à des vices qu'ils ne peuvent quitter quand ils sont désenivrés. Dites-nous donc les bonnes raisons pourquoi le sage ne se doit point enivrer; mais baillez-nous d'autres choses que des paroles. Faites-nous voir les inconvénients qui en arrivent; prouvez que ces choses que nous appelons voluptés ne sont que supplices, quand on ne leur donne point le règlement et la mesure qui leur appartient; car si vous me voulez persuader que le sage se pourra gorger de vin tout à son aise, sans se troubler, ni rien faire des désordres que font ordinairement ceux qui sont ivres, j'aimerois autant vous ouïr dire, qu'il pourroit prendre de la poison sans mourir, du jus de pavot sans dormir, et de l'ellébore sans rejeter tout ce qu'il auroit dans le corps. Si les pieds lui chancellent, si la langue lui bégaye, quel besoin est-il de soutenir qu'il soit ivre en partie, et en partie ne le soit point?

## ÉPÎTRE LXXXIV.

ARGUMENT. — I. Comme il faut profiter de la lecture. — II. Fuir la cour et les biens de fortune.

Je me fais ordinairement promener en une chaire[1], et par cette agitation prends plaisir d'exciter aucunement

1. Voyez ci-dessus, p. 375, note 2

ma paresse. Je trouve que ma santé en est meilleure et que mes études n'en empirent point. Pour ce qui est du profit de ma santé, vous le voyez : l'affection des lettres m'a réduit à me négliger et me laisser appesantir, tellement que pour m'exercer j'ai besoin du ministère d'autrui. Quant à mes études, je vous dirai comme elles n'en sont point incommodées. Je ne laisse point de lire; or j'estime que je n'ai rien de plus nécessaire que la lecture : premièrement, pour ne me confier trop de ma suffisance; secondement, pour après avoir vu les inventions des autres, en faire mon jugement, et inventer aussi quelque chose de mon côté : cela donne de la nourriture à l'esprit, et, non sans étude, le rafraîchit de cette lassitude que l'étude lui peut apporter. Nous nous gâterions, si nous voulions ou toujours écrire, ou toujours lire. L'un nous importuneroit et nous épuiseroit de matière, l'autre nous affoibliroit l'esprit et le dissoudroit. La meilleure est de les échanger par vicissitudes, et tempérer l'un par l'autre, en sorte que l'écriture fasse un corps de cette diversité que la lecture aura recueillie. Ils disent que nous devons faire comme les mouches à miel, qui volent de côté et d'autre, pour choisir les fleurs qui leur sont propres, et à leur retour disposent par rayons tout ce qu'elles ont apporté,

*Liquentia mella*[1], etc.

Toutefois on ne demeure pas bien d'accord, si elles tirent des fleurs un certain suc, qui est miel aussitôt qu'il en est séparé, ou si par leur composition et par la propriété de leur haleine, elles convertissent ce qu'elles ont recueilli

---

[1]. Sénèque cite ici les deux vers suivants de Virgile (*Énéide*, liv. I, v. 432 et 433) :

Liquentia mella
Stipant, et dulci distendunt nectare cellas.

en cette saveur; car il y en a quelques-uns qui tiennent qu'elles n'ont pas la dextérité de faire le miel, mais seulement de le cueillir; et qu'ainsi ne soit[1], ils disent qu'en Inde il se trouve du miel aux feuilles des cannes, soit qu'il vienne de la rosée, soit qu'il se concrée d'une humeur douce et onctueuse que les cannes mêmes produisent; et que nous avons des herbes qui ont la même vertu, mais non si apparente, et seulement connue[2] de ces petites bêtes que la nature a députées à faire ce métier. Les autres ont opinion qu'elles ont une adresse de confire les tendrons des fleurs et des feuilles, et par leur disposition lui faire prendre cette qualité, non sans quelque espèce de levain, qui leur aide à confondre et incorporer toutes ces diversités.

I. Mais pour ne me laisser emporter hors de mon propos, il nous faut faire comme les mouches à miel, et quand nous aurons lu beaucoup de choses, donner à chacune sa place à part, afin de les mieux conserver par cette distinction; et cela fait, avec le soin que nous y apporterons, confondre tellement toutes ces saveurs en une seule, qu'encore qu'on s'aperçoive que la matière soit d'un autre, on ne puisse nier que la façon ne soit à nous. C'est un artifice que la nature fait en nos corps, sans que nous y contribuions rien du nôtre. Tandis que nous avons la viande entière dans l'estomac, et que la chaleur ne l'a point encore altérée, ce n'est autre chose qu'un fardeau que nous portons; mais c'est notre sang et notre force, aussitôt qu'elle a cessé d'être ce qu'elle étoit. Il en faut faire de même en ce qui nourrit les esprits. Tant que nous le laisserons en sa première forme, il sera toujours à ceux

---

1. C'est-à-dire : et pour preuve, et pour qu'on n'en doute pas, qu'on ne dise pas qu'il n'en est point ainsi.
2. C'est évidemment là le texte de Malherbe. Nous le rétablissons par conjecture. Toutes les éditions portent : « comme (*au lieu de :* connues) de ces petites bêtes. »

chez qui nous l'aurons puisé; mais digérons-le et le baillons à notre entendement plutôt qu'à notre mémoire, pour nous le représenter quand nous en aurons besoin; approuvons-le à bon escient; rendons-le nôtre, et faisons que plusieurs choses n'en soient qu'une, comme beaucoup de petites sommes assemblées n'en font qu'une grande. Cachons l'aide que nous avons eue, tellement qu'on ne l'aperçoive point, et ne faisons paroître que ce qui sera du nôtre. Que si par la continuation d'imiter quelqu'un que nous admirons[1] particulièrement, nous en avons tiré quelque conformité qui se manifeste en nos ouvrages, faisons que ce soit une ressemblance de fils, et non de pourtrait. Un pourtrait est une chose morte. Et quoi donc? on ne saura pas de qui j'imiterai le langage, ni de qui je prendrai les sentences et la façon d'argumenter? Je tiens même qu'il y a si bien moyen de déguiser les choses, qu'on ne saura pas si c'est d'un grand homme que je les prends, ou de quelque autre de moindre mérite; car comme il prend quelque chose des uns ou des autres, il ne leur imprime pas sa marque, afin de les faire rapporter à cette unité[2]. Ne voyez-vous pas de combien de voix on compose une musique? Et toutefois elles n'ont toutes ensemble qu'un son. L'une est haute, l'autre basse, l'autre moyenne; les femmes y entrent comme les hommes, on y mêle même des flûtes; et cependant de toutes ces voix qui paroissent ensemble, il n'y en a pas une qui se puisse remarquer à part. Quand je parle de la musique, j'entends de celle qui fut connue des anciens philosophes. Il ne se

---

1. Nous avons adopté la leçon de 1659 et 1667. Les éditions antérieures donnent, par erreur : *avouons (aduouons)*, pour *admirons*. Il y a en latin : *quem admiratio tibi altius fixerit*.

2. Cette fin de phrase est peu intelligible dans la traduction de Malherbe; mais elle ne l'est guère plus dans le texte latin, tel qu'on le lit dans les éditions antérieures à celle de Gronov, publiée en 1649.

fait aujourd'hui combat de gladiateurs où il n'y ait plus de chantres à sonner la charge qu'il n'y avoit anciennement de spectateurs en tout le théâtre. Quand ceux qui chantent ont bordé les chemins, que les trompettes ont environné le bas du théâtre, et qu'en haut la galerie est pleine de joueurs de flûte et de toutes sortes d'instruments, de toutes ces discordances il se fait un seul accord. Je veux qu'il en soit de même de notre esprit : qu'il amasse beaucoup de science, beaucoup de préceptes et beaucoup d'exemples de tous les siècles passés ; mais que tout cela se rapporte à une seule fin.

II. Demandez-vous comme il se pourra faire? Si nous demeurons continuellement bandés et résolus à ne rien faire que par le conseil de la raison. Elle vous dira, si vous la voulez croire : « Laissez ces vanités qui font courre le monde après elles; laissez ces richesses qui tiennent leurs possesseurs en appréhension perpétuelle, ou pour le moins qui ne leur donnent que de la charge et de l'importunité ; laissez ces voluptés du corps et de l'esprit qui ne font qu'énerver et l'un et l'autre ; laissez l'ambition, comme une chose bouffie, vaine, venteuse, sans bornes et aussi perplexe d'être suivie que précédée, et par ce moyen gênée de deux envies qui la pressent, l'une derrière et l'autre devant : vous pouvez juger comme un homme est misérable, qui est envieux et envié. Vous voyez ces maisons des grands, où la presse de ceux qui vont à leur lever est si grande qu'il se faut quereller à la porte ; vous n'y entrez point qu'avec beaucoup d'affronts ; mais ce n'est rien au prix de ceux que vous recevez, quand vous êtes dedans. Laissez-moi tous ces escaliers, et ces perrons[1] si magnifiquement suspendus. Vous courez for-

---

1. Bien que les éditions de 1639, 1645 et 1648 portent *penons*, il faut lire *perrons*. En effet, le mot *penons* (*pennons*), qu'on lui donne

tune de vous y rompre le col; prenez plutôt votre chemin vers la sagesse. C'est là que vous aurez des biens qui véritablement seront grands, et dont la possession ne vous donnera point d'alarme. Toutes ces choses mondaines qu'on estime si relevées, n'ont du tout point de hauteur qu'en les regardant[1] auprès de celles qui sont les plus viles et les plus abjectes; et toutefois on n'y monte que par des avenues bien roides et bien difficiles. Le chemin des honneurs est plein d'épines; mais si vous voulez monter à ce sommet d'où vous verrez toutes les grandeurs de la terre et de la fortune même au-dessous de vous, vous n'avez à passer qu'une campagne rase et le chemin le plus aisé que vous sauriez desirer. »

## ÉPÎTRE LXXXV.

ARGUMENT. — I. Le sage est exempt de passion. — II. Les vices et les passions n'ont point de tempérament. — III. Il n'y a point de félicité imparfaite. — IV. La qualité, et non la grandeur, rend la vie heureuse. — V. Le sage ne craint point les dangers, mais les évite. — VI. Qu'est-ce que mal? — VII. Les adversités ne troublent point le sage.

Au discours que je vous faisois dernièrement, qu'il suffisoit de la vertu pour rendre une félicité parfaite, j'avois eu peur de vous donner trop de besogne, et m'estimois content de vous faire voir quelque échantillon de

---

le sens d'étendard ou d'écusson, ne traduit pas le latin et s'accorderait difficilement avec ce qui suit : « Vous courez fortune de vous y rompre le col. » La phrase latine est : *Præteri istos gradus divitum et magno aggestu suspensa vestibula.*

1. C'est-à-dire : N'ont de hauteur que si on les regarde....

ce que les Stoïques en disent. Mais j'avois passé par-dessus ce qu'il y a de plus difficile. A cette heure-ci, comme vous desirez, je voudrois ramasser toutes leurs raisons, et tout ce qu'on a depuis inventé sur leur tradition. Il faut[1] que je vous fasse un livre plutôt qu'une lettre. Je vous proteste, comme j'ai déjà fait plusieurs fois, que je ne me plais point en cette façon d'argumenter. Je rougis de disputer la cause des Dieux et des hommes, avec une alêne à la main[2]. Qui est prudent est tempérant : qui est tempérant est constant : qui est constant est imperturbable : qui est imperturbable est sans tristesse : qui est sans tristesse est heureux. Il s'ensuit donc que qui est prudent est heureux, et que la prudence est suffisante à l'acquisition de la béatitude de la vie.

I. La réponse que font à cela quelques Péripatétiques, c'est que quand on dit qu'un homme est imperturbable, qu'il est constant, qu'il est sans tristesse, il ne s'entend pas que celui qu'on appelle imperturbable n'ait jamais de perturbations, mais qu'il en a peu, et que celles qu'il a sont modérées. Tout de même, quand on dit qu'un homme est sans tristesse, ce n'est pas qu'il ne se puisse quelquefois attrister; mais il n'y est ni fréquent ni excessif. Ils tiennent que de dire qu'un homme puisse être exempt de tristesse, c'est nier qu'il ait la nature d'un homme; et que certainement le sage ne souffre pas que les ennuis le surmontent, mais qu'il ne sauroit empêcher qu'ils ne le touchent. Ils amènent tout plein d'autres telles raisons, qui répondent à la doctrine de leur secte, et n'ôtent pas du tout les passions, mais les retranchent. Là-dessus, je leur voudrois bien demander quelle gloire ils

---

1. Ne faut-il pas lire : « A cette heure, si, comme vous desirez, je voulois.... il faut?... »
2. Voyez la fin de l'*Épître* LXXXII.

donnent à l'homme sage, de l'estimer plus courageux que ceux qui sont les plus lâches, plus content que les plus tristes, plus tempérant que les plus dissolus, et plus haut que ceux qui sont les plus ravalés. Quelle occasion auroit Ladas de magnifier ses bonnes jambes, si seulement il étoit plus vite que les boiteux et les estropiés ?

> Elle pourroit courir, quand la moisson est prête,
> Sur le haut des épics[1], sans leur rompre la crête.
> Et ses pieds sur les flots ne se mouilleront pas,
> Si léger et si vite elle coule ses pas[2].

Une telle vitesse est recommandable d'elle-même, et pour paroître n'a que faire d'être comparée avec ceux qui ne peuvent marcher. Pour peu qu'un homme soit en fièvre, comme le pouvez-vous appeler sain ? Ce n'est pas se bien porter que d'être médiocrement malade. Ils disent que le sage est appelé imperturbable, comme on appelle des fruits sans noyau, non ceux qui n'en ont point, mais ceux qui l'ont fort petit : cela est faux ; car je n'attribue point à l'homme de bien une légère diminution de vices, mais une entière exemption. Il ne faut point qu'il n'en ait guère, il faut qu'il n'en ait point. S'il en avoit, ils croîtroient, et en croissant lui donneroient de la peine. Une taie devant les yeux n'ôte point la vue qu'elle ne soit endurcie : mais en se formant, elle commence déjà de la troubler. Si vous laissez les passions au sage, la raison se trouvera la plus foible et leur cédera comme à la violence d'un torrent, attendu même que vous ne lui en baillez pas une seule en tête, mais généralement voulez qu'elle ait à combattre tout ce qu'il y en a. Le plus fort homme qui soit au monde ne l'est pas tant, qu'un nombre d'autres, qui ne seront que médiocres, ne le mette bas. Il est

---

1. *Épics*, épis. — 2. Virgile, *Énéide*, liv. VII, v. 808 et suivants.

avare, mais sans excès; il a de l'ambition, mais il n'en brûle pas; il se met en colère, mais il en sort tout aussitôt; il a quelque légèreté, mais il n'est pas des plus variables; il aime les femmes, mais il ne les prend pas à force. Ce seroit bien le meilleur pour lui d'avoir un vice tout entier, et n'en avoir qu'un, que de n'en avoir qu'un peu de chacun et les avoir tous. Et puis l'importance n'est pas en la grandeur de la passion; car elle ne sauroit être si petite qu'elle ne soit incapable de recevoir ni commandement ni conseil. Comme toutes bêtes généralement sont insusceptibles de raison, autant celles qui vivent domestiques avec nous comme celles qui demeurent sauvages dans les bois, parce que ni les unes ni les autres ne sont point capables d'ouïr des remontrances: ainsi vous ne sauriez avoir si foible et si légère passion, qui veuille ni se ranger aux choses raisonnables, ni seulement avoir la patience de les écouter. Les tigres et les lions ne dépouillent jamais la cruauté qui leur est naturelle: il est bien[1] quelquefois qu'ils la resserrent; mais comme vous n'y pensez plus, c'est alors qu'ils sortent de cette humeur qui sembloit adoucie, et deviennent plus enragés qu'ils n'étoient auparavant. Jamais les vices ne s'apprivoisent de bonne foi; quelque mine qu'ils fassent, ils se tournent toujours vers leur inclination. Et puis, si la raison a quelque force, elle les fera cesser devant qu'ils commencent. Que s'ils commencent en dépit d'elle, en dépit d'elle tout de même ils persévéreront; car il est bien plus aisé de les empêcher de naître, que de leur résister quand ils sont nés. Toute cette médiocrité prétendue n'est qu'une chimère et qu'une piperie. Je trouverois aussi bon qu'on me dît qu'il faut être médiocrement furieux, et médiocrement malade.

1. *Il est bien*, il arrive bien.

II. C'est à la vertu seule que le tempérament appartient : les vices ne savent que c'est. Il ne faut point penser de leur donner de règle; on aura bien plus tôt fait de les arracher entièrement. Pensez-vous qu'en ces ordures invétérées que nous appelons maladies de l'âme, comme sont l'avarice, l'impiété, la cruauté, le transport de colère, il y ait quelque modération? Il y en a donc moins aux passions; car de celles-ci on passe aux autres. Et puis, si nous donnons quelque pouvoir à la tristesse, à la crainte, aux desirs et autres semblables désordres, il ne faut plus parler de les retenir. L'occasion[1] est que ce qui les irrite est hors de nous, et que selon la grandeur des objets qui les provoquent, ils deviennent ou plus grands, ou plus petits. La crainte sera plus lâche, quand l'occasion de craindre sera plus apparente ou plus prochaine; la cupidité plus violente, quand l'espérance qui l'appellera, sera plus importante. Si nous ne pouvons empêcher la naissance des passions, nous ne pouvons non plus empêcher leur accroissement. Il se faut résoudre de ne leur permettre point de commencer, ou faire état qu'elles se conformeront à leurs causes, et croîtront selon l'impression qu'on leur en donnera. D'ailleurs, quand il n'y auroit autre chose, elles ne sauroient être si petites, qu'avec le temps elles ne fassent bien du chemin. Ce n'est pas l'ordinaire des choses qui sont pernicieuses de se prescrire une mesure. Les moindres maladies se font quelquefois incurables, et ne faut moins que rien[2] à ceux qui sont mal disposés, pour les accabler. Mais je vous prie, quelle apparence y auroit-il, que quand il me plairoit, je pusse finir une chose de qui le commencement ne seroit pas en mon pouvoir? Comme aurois-je la force de faire cesser ce que

---

1. *L'occasion*, la cause, la raison.
2. Dans l'édition de 1645 : « et il faut moins que rien. »

je n'aurois su faire qui ne fût, vu qu'il est plus aisé de ne recevoir point ce qui peut nuire, que de le faire sortir après qu'on l'a reçu? Quelques-uns y font cette distinction, que celui qui est prudent et tempérant est en repos au regard de l'habitude de son âme, mais non touchant l'événement; car quant à l'habitude de l'âme, il ne se trouble point, il ne s'attriste point, et n'a point d'appréhension ; mais il est sujet à souffrir beaucoup de choses extérieures par lesquelles il peut être troublé. Cela s'appelle qu'il n'est pas colère, mais qu'il se courrouce quelquefois ; qu'il n'est pas timide, mais que quelquefois il a peur ; c'est-à-dire qu'il n'a pas le vice de la peur, et que seulement il en a la passion. Mais il n'y a point de doute que si la peur ou la colère entrent une fois chez vous, au lieu de passions fortuites au commencement, elles ne deviennent à la fin imperfections ordinaires. Et puis, si nous nous arrêtons aux causes extérieures et que nous ayons peur de quelque chose, quand pour le salut de notre pays, l'honneur des lois, ou la conservation de la liberté, nous serons conviés de nous exposer à ce péril, notre corps y viendra, parce que nous l'y porterons ; mais l'esprit fera ce qu'il pourra pour ne s'y trouver point, qui est une contrariété de volonté où le sage ne tombe jamais. Davantage, il faut prendre garde de ne confondre pas deux preuves qui se doivent faire séparément : l'une, qu'il n'est point d'autre bien que ce qui est honnête ; l'autre, qu'en la vertu seule consiste la félicité. Si nous demeurons d'accord qu'il n'est point d'autre bien que ce qui est honnête, la conséquence est nécessaire, que pour vivre heureusement il suffit de la vertu. Mais encore que pour vivre heureusement la vertu suffise, il ne s'ensuit pas que ce qui est honnête soit le seul bien. Xénocrate et Speusippus tiennent que par la vertu seule un homme se peut rendre heureux ; mais ils n'accordent pas pourtant qu'il n'y ait point d'autre bien que ce qui est honnête. Épicure même dit qu'il est heureux quand il a la vertu, mais il ne tient pas que pour être heureux il ne faille autre chose que la vertu ; pource que nous ne sommes heureux que par la volupté, qui procède bien de la vertu, mais n'est pas la vertu même. Je ne trouve pas cette distinction bien judicieuse, vu qu'il avoue lui-même que jamais la vertu n'est sans volupté. Si donc elles sont si conjointes qu'on ne les peut imaginer l'une sans l'autre, il suffit d'avoir la vertu, parce que toujours la volupté l'accompagne, et toujours est avec elle, même quand elle est seule.

III. Or c'est une absurdité de dire que par la vertu seule un homme se puisse béatifier, mais non parfaitement ; car je ne puis comprendre comme cela se peut faire, parce qu'il est impossible qu'une vie soit heureuse, que son bien ne soit parfait et en tel état que rien ne s'y puisse ajouter : ce qui ne peut être, qu'elle ne soit heureuse parfaitement. S'il est vrai qu'il ne soit rien ni plus grand ni meilleur que la vie des Dieux, et que la vie heureuse soit divine, il s'ensuit que la vie heureuse est un point au delà duquel elle n'a plus moyen de s'avancer. Davantage, si la vie heureuse n'a faute de chose quelconque, toute vie heureuse est parfaite : tellement que l'heureuse et la très-heureuse ne sont qu'un. Doutez-vous qu'en la vie heureuse ne soit le souverain bien ? Si elle est le souverain bien, sa béatitude ne peut être que souveraine ; car comme ce qui est souverain ne reçoit plus d'accroissement, la vie heureuse, qui toujours a le souverain bien avec elle, n'en peut aussi recevoir. Que si vous faites un homme plus heureux que l'autre, il faut nécessairement que vous fassiez un nombre infini de souverains biens différents l'un de l'autre ; et cependant je ne trouve point qu'il soit de souverain bien que celui qui n'a rien au-dessus de lui. S'il est quelqu'un moins heureux que l'autre, il s'ensuit que ce moins heureux desire la condition de celui qui l'est plus. Or il n'est point de condition que celui qui est heureux préfère à la sienne. Prenez de ces deux lequel vous voudrez, l'un est aussi peu croyable que l'autre : ou qu'il reste quelque chose que le sage aime mieux être que ce qu'il est, ou qu'il ne desire pas ce qui est meilleur que ce qu'il a ; car tant plus un homme a de jugement, tant plus il desire de s'approcher de la perfection du bien, et se bande pour y parvenir. Or comme est-il possible que celui soit heureux, qui non-seulement peut encore desirer quelque chose, et qui faut quand il ne desire point[1] ?

IV. Je vous dirai d'où vient cette erreur. Ils ne savent pas qu'il n'y a qu'une vie heureuse, et que c'est sa qualité, non sa grandeur, qui la met en ce bon et parfait état. De là vient qu'elle est aussi bonne longue comme courte, diffuse que resserrée, distribuée en plusieurs lieux et en plusieurs parties comme ramassée en un. Si vous l'estimez par le nombre, par la mesure et par les parties, vous la privez de ce qu'elle a d'excellent. Or qu'est-ce qu'elle a d'excellent que sa plénitude? La fin de manger et de boire est la satiété. Si l'un a mangé plus que l'autre, qu'importe, puisqu'ils sont tous deux rassasiés? Cettui-ci a plus bu, cettui-là moins : qu'importe, puisque tous deux n'ont plus de soif? La vie de l'un n'a pas été si longue que celle de l'autre : qu'importe, puisqu'en peu d'années celui qui a vécu le moins s'est fait aussi heureux que celui qui a vécu beaucoup? Celui que vous appelez le moins heureux ne l'est du tout point. On ne retranche point la béatitude[2]. Qui est résolu ne craint point : qui ne craint point, n'a point de tristesse : qui n'a point de tristesse est heureux. C'est l'argument que font nos Stoïques : la réponse

1. En latin : *qui cupere etiamnunc potest, imo qui debet.*
2. *Non potest nomen imminui,* dit le latin.

qu'ils s'efforcent d'y faire, c'est que cette proposition, que qui est résolu ne craint point, est fausse et pour le moins disputable (et cependant nous la mettons pour confessée); qu'il n'est point d'homme si résolu qui n'ait peur d'un mal, quand il le voit prêt à lui tomber sur la tête, ou bien il seroit plutôt insensé que résolu; que la crainte se peut bien modérer, mais qu'il est impossible de n'en avoir du tout point. Ceux qui tiennent ce langage reviennent toujours à leur première chanson, d'appeler vertus les vices qui ne sont pas en leur extrémité. Pourvu qu'un homme ne craigne ni trop, ni trop souvent, ils lui permettent de craindre; et pourvu que sa méchanceté ne soit enragée, ils le tiennent homme de bien. Je suis d'accord avec eux, qu'un homme est insensé qui ne craint point les maux où il se voit prêt de tomber; mais la question est de savoir si ce sont maux; car s'il est assuré que ce n'en soit point, et qu'il n'est rien mauvais que ce qui est déshonnête, il doit regarder les dangers sans baisser les yeux, et trouver contemptible ce qui semble aux autres épouvantable; ou si c'est le trait d'un homme qui n'a point de sens, de craindre pour[1] le danger, il est certain qu'un homme aura d'autant plus de peur qu'il aura plus de jugement.

V. Notre doctrine n'oblige pas un homme de courage à se précipiter aux dangers : tout ce que nous voulons de lui, c'est qu'il les évite et ne les craigne point. Nous lui permettons la prévoyance, et lui défendons la peur. Mais quoi? la mort, les fers, les feux, et telles autres adversités ne lui donneront point d'appréhension? Non; car il sait fort bien que toutes ces choses ne sont point maux, bien qu'elles le semblent être, mais seulement épouvantaux de la vie humaine. Parlez-lui de captivité, de coups,

---

1. Il y a ici une faute évidente. Lisez : « de craindre peu, » ou « de ne craindre point. »

de chaînes, de pauvreté, de douleurs de membres rompus, ou par maladie ou par oppression, et de toute autre chose que vous lui saurez mettre en avant, ce ne sont que frayeurs lymphatiques[1]. C'est à faire à ceux qui n'ont point de courage d'en avoir peur.

VI. Estimez-vous que ce soit mal qu'une chose où quelque jour il faut que nous allions de nous-mêmes, quand personne ne nous y pousseroit? Voulez-vous que je die ce qui est mal? Céder à ces choses qu'on appelle mal, et asservir aux choses fortuites notre liberté, qui mériteroit bien que nous perdissions tout pour la conserver. Or indubitablement elle est perdue, si nous ne méprisons ce qui nous peut assujettir. Ils ne douteroient point de ce qu'un homme magnanime est obligé de faire, s'ils savoient que c'est que magnanimité; car ce n'est point une témérité sans prudence, ni un amour des dangers, ni un desir des choses formidables. Il y a de la science à connoître ce qui est mal et ce qui ne l'est pas. La magnanimité n'oublie rien de ce qui sert à sa conservation, mais elle est très-patiente aux choses qui, bien qu'on leur donne le nom de mal, n'en ont toutefois que l'apparence. Et quoi donc? si on met l'épée à la gorge d'un homme de bien, ou lui donne des coups, tantôt en un endroit et tantôt en l'autre; s'il a ses boyaux hors du ventre et qu'il les lui faille ramasser en un coin de son manteau; si pour le rendre plus sensible, on le tourmente par intervalles; si d'une heure à l'autre on lui fait ressaigner ses plaies : direz-vous qu'il ne craint point et qu'il ne sent point de douleur? Je vous avoue qu'il a de la douleur, parce qu'il n'est point de vertu qui prive l'homme de sentiment;

---

1. *Inter lymphaticos metus numerat*, dit Sénèque. On voit que Malherbe a employé ici le mot *lymphatique* dans le sens latin de « fou, produit par le délire. »

mais il n'a point de peur, et son courage invincible se moque de toute la violence qu'on lui fait. Voulez-vous savoir comme alors son âme est disposée ? Comme d'un qui console son ami malade. Ce qui est mal nuit : ce qui nous nuit nous empire : la douleur ni la pauvreté ne nous empirent point : la douleur et la pauvreté ne sont donc point maux. On oppose à cela, que cette proposition est fausse, que ce qui nous nuit nous empire ; car les vents et les vagues nuisent au pilote, et toutefois ne l'empirent point. Les Stoïques répondent que le pilote est empiré par les vents et par les vagues, en ce qu'il ne peut faire ce qu'il desire, ni continuer sa route ; et que bien qu'il ne soit pas empiré quant à son art, il est toutefois empiré quant à son ouvrage. Les Péripatétiques répliquent qu'à ce compte la pauvreté, la douleur et tout tel autre accident empireront le sage, et que bien qu'ils ne lui ôtent pas sa vertu, si est-ce qu'ils l'empêcheront de la mettre en œuvre.

VII. Si la condition d'un pilote et d'un sage n'étoient dissemblables, ils auroient raison ; mais le but du sage aux comportements de sa vie est bien de faire les choses comme il les faut faire, mais non de faire entièrement réussir tout ce qu'il entreprendra. Le pilote au contraire se charge absolument de vous rendre où vous devez aller. Les arts sont officiers[1], c'est à eux de faire ce qui dépend de leur charge ; la sagesse est maîtresse et gouvernante. Les arts servent à la vie ; la sagesse la commande. Pour moi, je voudrois faire une autre réponse : que le pilote n'est empiré, ni en son art ni en son ouvrage ; car il ne nous promet pas ni bon vent, ni bon succès de notre voyage, mais seulement il nous assure qu'il nous servira fidèlement, et qu'il sait fort bien son métier. Or la science de son métier ne se montre jamais bien qu'en la résistance

---

1. Il y a dans le latin : *Artes ministræ sunt*.

## ÉPÎTRE LXXXV.

et lorsqu'il survient des choses qui la traversent. Quand un pilote peut dire : « Neptune, tu mettras ma barque à fond quand il te plaira, mais tu ne l'y mettras jamais que droite, » on ne peut nier qu'il ne soit habile homme. La tempête n'incommode point son industrie, mais elle en rompt le succès. Et quoi donc? Ce qui l'empêche de gagner le port, qui rend tous ses efforts inutiles, qui le remène d'où il est parti, qui le retarde et lui met tout son équipage en pièces, ne lui est-il pas dommageable? Si est en tant qu'il fait voyage, mais non en tant qu'il est pilote, parce que tant s'en faut qu'il empêche sa science, qu'au contraire il lui donne occasion de la montrer; car en beau temps (comme on dit communément) tout le monde est pilote. Ce sont incommodités de la navigation, et non de celui qui la conduit, en tant qu'il est conducteur. Un pilote a deux qualités : l'une de passager, qui lui est commune avec tous les autres de son vaisseau; et l'autre de pilote, qui lui est particulière. Et puis l'art du pilote est le bien de ceux qu'il porte, comme l'art du médecin est le bien de ceux qu'il guérit. La sagesse est le bien et du sage et de ceux qui vivent avec lui : de façon qu'il se peut faire qu'un pilote soit incommodé de la tempête, parce qu'elle l'empêche de pouvoir rendre à ses passagers le service qu'il leur a promis; mais ni la douleur, ni la pauvreté, ni toutes ces autres choses qui sont les tempêtes de la vie n'incommodent le sage, pource que toutes ses actions ne sont pas empêchées, mais seulement celles de qui les autres pourroient recevoir quelque fruit; car pour son regard, encore que toujours il soit en besogne, toutefois il n'y est jamais tant que quand il a la fortune en tête, parce que c'est proprement alors qu'il travaille en choses de son métier. Davantage, il n'est jamais si nécessiteux qu'il n'ait toujours quelque moyen de profiter. Pour être pauvre, il n'est pas moins capable de montrer comme les affaires d'un État se doivent manier ; et s'il ne nous donne autre instruction, pour le moins il enseigne comme il faut supporter la pauvreté. La besogne lui dure autant que la vie. Il n'y a ni fortune ni matière quelconque qui ne lui puisse passer par les mains. Quand il n'a point d'autre sujet, ce qui les lui ôte, lui en sert. Il s'accommode à tous ses succès : il conduit les bons et surmonte les mauvais. Ses prospérités donnent de l'exercice à sa vertu, comme ses adversités. Il ne tourne les yeux que sur elle. Pour sa matière elle lui est indifférente. De là vient qu'il n'est empêché ni de pauvreté, ni de douleur, ni de pas une de toutes ces choses qui mènent ordinairement les ignorants en des précipices, et les font égarer du droit chemin. Pensez-vous que les maux l'incommodent? Il les met en besogne[1]. Phidias ne savoit pas moins faire des images de bronze que d'ivoire ; et si vous lui eussiez baillé du marbre, ou quelque autre chose de moindre prix, il vous en eût fait une telle que pour la matière il n'eût pas été possible de faire mieux. Le sage tout de même, soit riche ou pauvre, dans son pays ou banni, capitaine ou soldat, sain ou malade, fera toujours paroître sa vertu ; en quelque fortune qu'il s'occupe[2], il en fera quelque chose de signalé. Il est de certains hommes si adroits à dompter les bêtes que vous ne leur en sauriez donner de si farouches, ni de si effroyables, qu'ils ne s'en rendent maîtres, et que non-seulement ils ne les tirent de leur fierté naturelle, mais qu'ils ne les amènent jusqu'à la familiarité. Vous voyez des lions recevoir la main de leurs gouverneurs jusqu'au fond de la gorge, et des tigres se laisser baiser à ceux qui les gardent. Il n'y a bateleur more pour qui un éléphant ne se

---

1. *Mettre en besogne*, mettre en œuvre.
2. Sénèque dit : *Quamcumque fortunam acceperit.*

mette à genoux et ne marche sur la corde, quand il lui commandera. Le sage a cette même industrie d'apprivoiser les incommodités. La douleur, la pauvreté, l'ignominie, la prison, l'exil, et toutes ces autres choses de qui la seule imagination nous fait horreur, se domestiquent aussitôt qu'elles sont arrivées entre ses mains.

## ÉPÎTRE LXXXVI.

ARGUMENT. — I. Qu'il faut plus chérir notre honneur propre que l'obéissance que nous devons aux lois. — II. Contre les somptuosités des étuves et les dissolutions. — III. De la vie rustique et de la façon de planter les oliviers.

I. Je vous écris cette lettre de la maison qui fut à Scipion l'Africain. Ce n'est pas sans avoir adoré son ombre, et un autel sous lequel je me doute que ce grand personnage soit enterré. Pour son âme, je crois certainement que comme céleste elle s'en soit retournée au ciel; non pour avoir mené de grandes armées, car Cambyse qui fut un furieux et de qui la fureur ne manqua point de succès, avoit fait le même[1]; mais pour sa modération et piété mémorable que plus glorieusement il témoigna quand il quitta sa patrie que quand il la défendit. Comme il vit le peuple en cette opinion, qu'il falloit que Scipion ou la liberté sortissent de Rome, et qu'il étoit impossible de retenir l'un sans perdre l'autre : « Je ne veux point, dit-il, qu'en ma considération l'autorité des lois soit violée. Il est raisonnable que ce qui est ordonné pour tous soit observé de tous. Usez sans moi, ma patrie, du bien que vous

---

1. *Le même,* la même chose.

avez par moi. J'ai été la cause de votre liberté : je suis content d'en être le témoignage. Je m'en vais, puisque ma fortune est suspecte à la vôtre, et que mon accroissement vous fait craindre votre diminution. » Comme seroit-il possible que j'entrasse en la considération d'un courage si généreux, et n'en fusse point étonné? Il n'attendit point qu'on l'envoyât en exil : il y alla volontairement pour décharger sa ville d'un faix qu'elle pensoit avoir sur les bras. Les choses en étoient venues en ces termes, qu'il falloit que la liberté fût offensée de Scipion, ou Scipion offensé de la liberté. Ni l'un ni l'autre n'étoit raisonnable. De façon que voulant laisser régner les lois, il se vint retirer à Literne, afin d'employer au compte de ses services son bannissement aussi bien que celui d'Annibal. Cette maison est un bâtiment de pierre carrée, avec deux tours aux deux bouts qui en défendent l'entrée, assis au milieu d'un bois. Il y a une citerne, où se rendent les égouts de la maison et des jardins, si grande, qu'elle fourniroit toute une armée. Il y a des étuves, mais fort petites et fort peu percées, comme on les faisoit au temps passé. Nos pères ne pensoient pas qu'elles pussent être chaudes, si elles n'étoient obscures.

II. C'est pourquoi je prends un plaisir extrême à faire comparaison des mœurs de Scipion à celles d'aujourd'hui. Ce grand homme, qui fut l'effroi de Carthage et à qui Rome est obligée de n'avoir été prise qu'une fois, après qu'il étoit bien las des occupations de son ménage, et d'avoir, comme c'étoit la mode en son temps, tenu le manche de la charrue, se venoit laver en ce petit coin. Il a été sous ce pauvre toit ; ce pavé de si peu de prix l'a soutenu. Et cependant qui est à cette heure le misérable qui voulût avoir des étuves de cette façon, et qui ne se pensât mal accommodé si les parois des siennes n'étoient diversifiées de croûtes de marbre d'Égypte et d'Afrique coupées en rond, et en leur séparation artificieusement enduites en façon de peintures? si la voûte n'en étoit lambrissée de verre, si les piscines où l'on se jette après avoir sué n'avoient tout à l'entour une bordure de pierre thasienne, qui ne se voyoit anciennement que dans quelque temple ; et si l'eau n'y tomboit par des gargouilles[1] d'argent? Encore je ne parle que de celles du menu peuple; mais que sera-ce si je me mets à dépeindre celles des affranchis? Combien y verrons-nous de statues! combien de colonnes, qui ne portent rien, mais seulement sont pour la parade et pour l'ostentation de la dépense! Combien d'eaux que par-dessous on fait tomber d'un bassin à l'autre, afin que le bruit en soit plus grand! Nous en sommes venus à cette délicatesse, que nous voudrions bien ne marcher que sur des pierreries. En ces étuves de Scipion les fenêtres sont de petits trous, qui montrent que pour n'affoiblir la muraille on n'en a voulu percer que ce qu'il en falloit pour avoir du jour. Mais à cette heure si de toutes parts il n'y a de grandes ouvertures par où le soleil entre, depuis le matin jusques au soir; si on ne se hâle en se lavant[2]; si de la cuve on ne voit bien avant en la mer et en la campagne, on dit : « Ce sont des cachots, et non pas des étuves. » Ainsi les choses que du temps qu'elles furent faites tout le monde venoit voir par merveille, se trouvent à la fin mises au nombre des vieilles pièces, et rejetées par le luxe, qui d'un siècle à l'autre cherche quelque nouvelle invention de se surmonter. Les étuves en ce temps-là n'avoient garde d'être fréquentes comme elles sont, et ne les faisoit-on pas si magnifiques; car aussi quelle apparence y avoit-il de parer une chose d'un liard, inventée pour le service et

---

1. *Epistomia,* dit Sénèque.
2. En latin : *nisi et lavantur simul et colorantur.*

non pour la volupté? L'eau n'y étoit pas versée comme elle est, et n'y sourdoit pas chaude, comme elle fait. Il leur sembloit que puisque c'étoit pour recevoir les ordures, c'étoit tout un qu'elle fût claire ou épaisse. Mais à votre avis, combien avoit-on de plaisir d'entrer en ces étuves, toutes obscures et plâtrées comme elles étoient, quand on pensoit que Caton, Fabius Maximus, ou quelqu'un des Cornéliens avoit pris la peine de les faire accommoder, et quelquefois même d'y mettre la main ! car alors les édiles, de quelque bonne maison qu'ils fussent, ne dédaignoient point d'entrer en ces lieux, destinés à la commodité du peuple, pour faire qu'on y fût nettement servi, et qu'il n'y eût de la chaleur que bien à propos ; non comme aujourd'hui, qu'on les chauffe d'une façon qu'un esclave qui auroit fait quelque insigne méchanceté sembleroit assez puni d'y être jeté tout vif. Pour moi, je dirois qu'on les veut plutôt brûler que chauffer. Je m'assure que la plupart de ceux d'aujourd'hui tiennent que Scipion n'étoit qu'un lourdaud, de n'avoir pas fait de belles grandes vitres à ses étuves, afin de voir clair à se rôtir, et n'en partir point jusqu'à la fin de sa digestion. Oh le pauvre homme ! il ne savoit pas que c'est de vivre. Il ne prenoit pas seulement garde que l'eau où il se lavoit fût reposée ; il s'y mettoit bien souvent qu'elle étoit toute trouble, de manière que s'il pleuvoit un peu fort, il y avoit plus de bourbe que d'eau. Mais aussi n'avoit-il que faire d'être si curieux, puisqu'il ne se lavoit que pour se décrasser, et non comme on fait à cette heure pour se déparfumer. Combien pensez-vous qu'il y a aujourd'hui de mignons, qui vous diront qu'ils ne portent point d'envie à Scipion, et que vraiment il se pouvoit dire banni, puisqu'il étoit réduit à se laver si chétivement? Encore, afin que vous le sachiez, il ne se lavoit pas tous les jours; car, comme disent ceux qui en ont écrit, la coutume du vieil temps étoit de se laver tous les jours les bras et les jambes, pour la poudre que d'une heure à l'autre on pouvoit amasser en travaillant ; mais pour le reste, ils se contentoient de le laver une fois la semaine. Quelqu'un dira qu'ils étoient donc bien sales. Que pensez-vous qu'ils sentoient? Les armes, la sueur, l'homme. Les hommes ne furent jamais si ords que depuis que les étuves ont été si nettes. Quand Horace veut décrire un homme infâme, et signalé par la superfluité de ses délices, que dit-il?

        Rufille sent le musc[1].

Si le Rufillus de son temps vivoit du nôtre et qu'il ne fût point mieux parfumé qu'il étoit, on lui diroit ce que dit le même Horace de ce Gorgonius qu'il lui oppose, qu'il sentiroit le bouc. Ce n'est rien aujourd'hui de prendre du parfum, qui ne le renouvelle deux ou trois fois le jour, de peur que l'air ne le fasse évanouir. Mais que direz-vous qu'ils s'en glorifient, comme s'ils sentoient ainsi naturellement? Si vous trouvez que ces discours soient trop mélancoliques, pensez que c'est la maison où je suis qui les produit. Ægialus à qui elle est aujourd'hui, et qui est un grand homme en matière de ménage, m'a appris qu'il n'y a si vieil arbre qui ne se puisse transplanter. C'est une chose nécessaire à savoir pour nous autres vieillards, qui plantons ordinairement des oliviers à qui nous ne verrons jamais porter de fruits. Pour moi, je vous puis dire, sans mentir, que j'ai vu transplanter tout un jardin de trois ou quatre ans, parce que les fruits ne se trouvoient pas d'un goût bien agréable. Vous trouverez encore à vous couvrir sous un arbre

        Qui réserve tardif son ombrage aux neveux[2],

comme dit Virgile, qui ne prend quelquefois pas tant

---

1. *Satires*, liv. I, sat. II, v. 27. — 2. *Géorgiques*, liv. II, v. 58.

garde à la vérité qu'à la bienséance, et semble qu'il veuille qu'on le lise plutôt pour plaisir que pour apprendre à labourer. J'en laisserai assez d'autres exemples, pour vous en dire un qu'aujourd'hui j'ai été forcé de condamner :

> Quand la tiède saison met les plantes en séve,
> On sème le sainfoin, et le mil, et la fève[1].

Voulez-vous voir si ce qu'il dit est véritable, et si tout cela se doit semer en même saison ? Nous sommes à la fin du mois de juin ; et cependant aujourd'hui j'ai vu cueillir des fèves et semer du mil.

III. Je reviens aux oliviers, de quoi j'ai vu faire en deux façons. Quand ils veulent transplanter ces arbres déjà grands, après qu'ils les ont ébranchés à un pied près du tronc, ils les déplacent et leur ébarbent les racines, en sorte qu'il n'y demeure guère que la principale souche, laquelle ils enduisent de fumier, et la mettent dans sa fosse. Cela fait, ils jettent de la terre dessus, et marchent partout à l'entour, pour garder, à ce qu'ils disent, que le vent ni le froid ne leur fasse mal. Et de fait il y a bien de l'apparence que l'arbre ne s'en ébranle pas sitôt, et que par ce moyen les racines, qui sont encore tendres et qui ne tiennent que par emprunt, ont loisir de reprendre et de se loger à leur gré. Mais avant que de couvrir la souche, ils en raclent quelque peu, parce qu'ils tiennent que les racines nouvelles sortent mieux de ces endroits qui ont été découverts. Au reste il ne faut pas que le tronc sorte plus de trois ou quatre pieds de terre ; car de cette façon ils jetteront incontinent dès le pied, et ne seront ni flétris, ni hâlés, comme ils sont ordinairement devant que d'être renouvelés. Ils en plantent aussi d'une autre sorte. Ils prennent des scions d'olivier, des plus forts et des plus

---

1. *Géorgiques*, liv. I, v. 215, 216.

longs, mais qui ont l'écorce encore tendre, comme est celle des jeunes arbres, et en font comme nous avons dit des autres. Ceux-ci ne viennent pas sitôt; mais quand ils sont repris une fois, ils jettent du plus beau bout qu'il est possible. Je leur ai vu aussi transplanter une vigne vieille. Quand on la déplante, il faut, s'il est possible, cueillir aussi tout ce qu'elle a de cheveux en sa racine; puis la coucher tout bellement, et bien de son long, afin que le corps même jette des racines. J'en ai vu de plantées de cette façon, non-seulement en février, mais devant la fin de mars, qui commencent déjà de se lier. Or Ægialus me dit que tous ces arbres de qui la racine est grande se veulent arroser d'eau de citerne. Si cela est, nous sommes bien; car nous avons les pluies à commandement. Je ne vous en veux pas apprendre davantage, de peur que je ne fusse aussi empêché de répondre à vos demandes, comme est Ægialus aux miennes.

## ÉPÎTRE LXXXVII.

ARGUMENT. — I. Nous nous passons sans incommodité des choses superflues. — II. Les biens de la fortune ne nous enrichissent point. — III. Contre les excessives dépenses. — IV. La vertu seule nous rend heureux. — V. Une mauvaise chose n'en produit jamais une bonne. — VI. Si les richesses se peuvent appeler biens.

J'ai fait naufrage devant que d'être embarqué. Je vous dirai comment, afin que vous ne mettiez pas cela au nombre des paradoxes des Stoïques : encore que, veuillez-vous ou non, j'espère quelque jour vous faire voir qu'en ce qu'ils disent il n'y a rien de faux, ni même de si étrange comme il semble à ceux qui ne les considèrent que par-dessus.

I. Cependant je vous dirai que ce voyage m'a fait connoître combien nous avons de choses qui ne nous servent de rien, et de combien de superfluités nous pouvons nous passer par jugement, puisque nous ne nous en trouvons point incommodés quand il nous en faut passer par nécessité. Il y a deux jours que Maximus et moi sommes ici, sans autres serviteurs que ce que nous en avons pour faire monter avec nous dans le coche, et sans autre équipage que les habits que nous avons sur le dos. Nous ne laissons pas pour cela de recevoir tout le contentement que nous saurions desirer. Le matelas est contre terre, et moi sur le matelas. De deux mantes j'en fais servir une dessous, et l'autre dessus. Quant à notre repas, il n'est pas possible d'y rien retrancher : il ne faut point beaucoup de temps pour l'apprêter. Mais quoi qu'il y ait, je ne mange jamais que je n'aie des figues sèches, et des tablettes. Si j'ai du pain, les figues me servent de viande; si je n'en ai point, j'en fais comme de pain. Elles me font tous les jours recommencer l'année, laquelle je tâche de me rendre heureuse par méditations vertueuses et par une âme qui dédaigne tout ce qui n'est point sien. Je me procure la paix par ne rien craindre, et les richesses par ne rien desirer. Le coche où je suis venu est assez grossier, et sent plutôt le village qu'autrement. Les mules qui le traînent font assez juger qu'elles mangent en marchant. Le muletier est nu-pieds, et si[1] ce n'est point qu'il ait trop de chaud. A grand'peine me puis-je résoudre d'avouer que ce coche soit à moi. La vertu me fait encore honte. Autant de fois que j'en rencontre quelques-uns bien équipés, il n'est pas possible que je me garde de rougir : c'est un

---

1. *Et si*, et pourtant.

témoignage que je branle encore au manche[1]. Je ne suis pas si ferme en effet comme en discours. Quiconque est honteux de se voir en un mauvais coche, il seroit glorieux s'il se voyoit en un bon. Je ne suis encore guère bien, puisque je n'ose ouvertement renoncer aux vanités, et que je suis en peine de ce que diront de moi ceux que je trouverai sur le chemin. Si j'étois ce que je dois être, je parlerois de cette façon à tout le genre humain : « Pauvres gens, vous êtes fols ! Vous vous abusez ; vous admirez des choses qui ne servent de rien ; vous estimez un homme pour des choses qui ne sont point à lui. Quand il est question du revenu, vous faites merveille de compter exactement ; si quelqu'un vous prie de lui prêter de l'argent, ou de lui faire un plaisir (car nous en sommes venus là, que la courtoisie se couche en dépense aussi bien que le reste), voici comme vous supputez. Il a beaucoup, mais il doit beaucoup. Aussi il a une belle maison, mais il fait l'intérêt de l'argent qu'il en a baillé ; il a son train et son équipage aussi leste qu'il est possible, mais il ne paye pas : s'il avoit payé ses dettes, il ne lui demeureroit rien.

II. « Vous dussiez apporter cette même diligence aussi bien à d'autres choses qu'à prêter, et regarder ce que chacun a qui proprement se peut dire sien. Vous pensez qu'il soit riche, pource qu'il est servi en vaisselle d'or, et qu'il la fait porter partout où il va, pource qu'il a du bien en fonds et en rente de tous côtés, pource que tout auprès de la ville il a plus de terres qu'il n'en faut avoir aux plus éloignés déserts de la Pouille pour être envié. Quand vous aurez tout dit, il est pauvre. Pourquoi ? pource qu'il doit. Combien ? tout, si peut-être vous ne pensez qu'il y ait différence de devoir à un homme, ou à la for-

---

1. En latin : *Quod argumentum est, ista quæ probo et laudo, nondum habere certam fidem et immobilem.*

tune. Que lui servent ces mules si grasses, et toutes d'un poil? que servent ces coches si magnifiques?

*Instrati ostro*, etc.[1].

Pour tout cela, ni le maître ni les mules n'en valent pas un liard davantage. »

III. M. Caton le censeur, de qui la naissance ne fut pas moins utile au peuple romain que celle de Scipion, parce que comme l'un fit la guerre aux ennemis, l'autre la fit aux vices, ne montoit jamais qu'un méchant quiledin[2], avec un bissac à l'arçon de la selle, où étoient ses chemises et ses besognes de nuit[3]. Oh que je voudrois bien lui avoir vu rencontrer quelqu'un de nos piaffeurs d'aujourd'hui, qui ne savent marcher s'ils n'ont une compagnie de chevau-légers[4] devant eux, pour leur émouvoir de la poussière! Il n'y a point de doute qu'il ne semblât plus brave et mieux accompagné que Caton. Mais vous ne dites pas qu'avec tout son pompeux appareil, il est si ruiné qu'il ne sait ce qu'il doit devenir, et à quel métier il se doit réduire. Quel ornement et quelle gloire du siècle estimez-vous que c'étoit, qu'un général d'armée, un qui avoit eu l'honneur du triomphe et de la censure, et, qui est plus que tout le reste, Caton, se passer avec un cheval[5],

---

1. Sénèque a cité ici les trois vers suivants de Virgile (*Énéide*, liv. VII, v. 277 et suivants), que Malherbe n'a pas traduits :

Instrati ostro alipedes pictisque tapetis;
Aurea pectoribus demissa monilia pendent :
Tecti auro, fulvum mandunt sub dentibus aurum.

2. Toutes les éditions portent *quiledin* pour *guilhedin*, comme l'écrit Nicot, qui l'explique par *hacquenée* et le traduit par *asturco*.

3. Le latin porte : *Canterio vehebatur, et hippoperis quidem impositis, ut secum utilia portaret.*

4. *Cursores et Numidas*, dit Sénèque.

5. Qui se contentoit d'un cheval. (*Éditions de 1659 et 1667.*) On lit dans le latin : *uno caballo esse contentum*.

et encore le partager entre son bagage et lui! Vous sauroit-on bailler courtaud, traquenard[1] ni haquenée à qui vous ne préférassiez ce cheval, bouchonné de la main propre de Caton? Je vois bien que je suis en une matière qui n'auroit jamais de fin, si je ne la lui mettois moi-même.

IV. Je la vais donc laisser, pour vous dire encore quelques-uns des arguments que nous mettons en avant, à prouver que pour être parfaitement heureux, il ne faut autre chose que la vertu. Ce qui est bon fait les hommes bons, comme ce qui est bon en la musique fait le musicien : les choses casuelles ne font personne bon : elles ne peuvent donc être bonnes. La réponse des Péripatétiques est premièrement, que notre proposition est fausse, pource qu'il ne s'ensuit pas que ce qui est bon fasse les hommes bons. En la musique, il y a quelque chose qui est bonne, comme une flûte, une corde, un archet ou quelqu'autre instrument, et toutefois de tout cela rien ne fait le musicien. A cela nous répliquons, qu'ils n'entendent pas comme nous prenons ce que nous disons être bon au musicien; car nous parlons de l'art, et eux des outils. S'il y a quelque chose qui soit bonne en l'art de la musique, il n'y a point de doute qu'elle ne fasse le musicien. Je m'en vais le vous éclaircir encore mieux. Ce qui est bon en l'art de la musique a deux significations : en l'une s'entend ce qui aide l'art de musicien, et en l'autre ce qui sert à l'action. Les flûtes, les orgues, les cordes et autres instruments appartiennent à l'action et non à l'art; car pour ne les avoir point, un musicien ne laisse pas d'avoir la science; mais peut-être il ne la peut montrer s'il ne les a. Cette duplicité n'est pas en l'homme;

---

1. *Traquenard.* Nicot traduit ce mot par *asturco,* qui est le mot même employé ici par Sénèque : *Ita non omnibus obesis mannis et asturconibus et tollutariis præferres....*

car ce qui est le bien de sa vie est aussi le sien. Ce que le plus vilain et le plus abject homme du monde peut avoir, ne se peut estimer bien : or un maquereau, un bourreau et tout autre homme de même étoffe peut avoir des richesses : les richesses ne sont donc point biens. Ils répondent derechef que notre proposition est fausse, parce qu'en l'art de grammaire, de médecine et de pilotage, nous voyons arriver du bien à ceux qui sont les plus contemptibles : il est vrai, mais ce ne sont pas sciences qui fassent profession d'avoir le courage grand, de se rehausser et de dédaigner ce qui est fortuit. C'est la vertu qui relève les hommes : c'est elle qui les porte au-dessus de tout ce que le vulgaire estime, et qui leur ôte le desir et la peur de ce que communément on appelle bien et mal. Chélidon, qui fut un des mignons de Cléopatre, fut extrêmement riche; et de notre temps, Natalis, de qui l'impureté fut si détestable qu'il faisoit purger les femmes en sa bouche, fut héritier de beaucoup de personnes, et beaucoup aussi furent les siens quand il mourut. Que dirons-nous donc? ou que son argent le fit infâme, ou qu'il fit infâme son argent? Il est des hommes à qui les biens tombent entre les mains comme un denier au fond d'un retrait[1]. La vertu tient un autre rang : elle vole de ses ailes; et pour se faire estimer, ne produit que ce qui est proprement sien. De quelque façon que les richesses se rencontrent en sa possession, elle ne leur fait pas cet honneur, de croire que ce soient biens. Mais pour être ou médecin, ou pilote, on n'est point obligé de les mépriser. Ce ne sont point professions qui défendent d'en faire cas. Un homme, pour ne rien valoir, ne laissera pas d'être médecin, d'être grammairien, d'être pilote, non plus que d'être cuisinier. Il n'est pas raisonnable de mettre au

---

1. En latin : *quomodo denarius in cloacam cadit.*

nombre des autres, celui qui a une qualité que les autres n'ont point. Nous sommes tels que ce que nous avons nous fait être. Quand on fait le prix d'un panier de quelque chose, on ne compte point le panier : il ne se parle que de la marchandise; au contraire on le baille ordinairement par-dessus. Quand on étiquette un sac d'argent, on n'y met point le prix du sac : il ne se parle que de l'argent qui est dedans. Il en est de même de ceux-ci qui sont si riches : ils ne sont que les accessoires et les dépendances de leurs revenus. Ce qui fait que le sage est grand, c'est la grandeur de son âme, et par conséquent il demeure vrai que ce qui se peut trouver en la possession d'un homme contemptible ne se doit point appeler bien; aussi je ne saurois avouer que ce soit bien que l'indolence[1] : une cigale et une puce l'ont. Je ne dirai pas non plus que ce soit bien qu'être en repos et n'avoir rien qui nous fâche; car qu'y a-t-il au monde de si en repos qu'un ver? Voulez-vous savoir ce qui fait un homme sage? Cela même qui le fait Dieu. Vous pouvez juger par là s'il faut que ce soit une cause divine, céleste et magnifique. Ce qui véritablement est bien n'est pas chose qui se communique indifféremment à toutes personnes; tout le monde n'est pas capable de le posséder. Voyez

*Quid quæque ferat*, etc.[2].

Cette distribution de toutes choses par contrées s'est faite

---

1. Voyez plus haut, p. 522, note 1.
2. Sénèque cite ici les six vers suivants des *Géorgiques* (liv. I, v. 53-58), que Malherbe n'a pas traduits :

    Et quid quæque ferat regio, et quid quæque recuset.
    Hic segetes, illic veniunt felicius uvæ;
    Arborei fœtus alibi atque injussa virescunt
    Gramina. Nonne vides croceos ut Tmolus odores,
    India mittit ebur, molles sua tura Sabæi?
    At Chalybes nudi ferrum....

afin que, par le besoin que réciproquement nous aurions les uns des autres, le commerce nous fût nécessaire. Le souverain bien, comme les autres choses, a sa place, qui lui est particulièrement destinée : ce n'est ni parmi l'ivoire, ni parmi le fer. Voulez-vous savoir où c'est ? En l'esprit, qui s'il n'est pur et saint, n'est point capable de loger un Dieu.

V. Une chose mauvaise n'en produit point une bonne : l'avarice produit les richesses : les richesses ne sont donc point biens. Ils nient cette proposition, qu'un bien ne peut venir d'un mal; car du larcin et du sacrilége il vient de l'argent; et cependant le larcin et le sacrilége sont maux, en tant qu'il en vient plus de mal que de bien; car si on y gagne quelque chose, c'est avec tant de frayeurs, d'anxiétés et de travaux de corps et d'esprit, que la peine en est plus grande que le plaisir. Ceux qui tiennent ce langage ne s'aperçoivent pas qu'en disant que le sacrilége, le larcin et l'adultère sont mauvais, pource qu'ils sont cause de beaucoup de mal, ils disent aussi qu'ils sont aucunement bons, pource qu'ils sont cause de quelque bien, qui est sans mentir une opinion plus monstrueuse que les monstres mêmes, et que toutefois nous nous laissons assez volontiers persuader. Combien en voyez-vous qui ne cèlent point leurs voleries ! Combien qui publient leurs adultères! car pour les petits sacriléges, il s'en fait bien quelque recherche, mais les grands acquièrent des triomphes à ceux qui les font. Davantage, s'il demeure vrai que le sacrilége soit aucunement bon, il s'ensuit qu'en le faisant nous faisons une action louable et vertueuse, qui est une absurdité si éloignée de toute apparence, qu'il n'est point d'homme assez perdu pour la vouloir seulement imaginer. Il est donc impossible que de ce qui est mauvais il puisse rien sortir qui soit bon; car si, comme ils disent, le sacrilége n'est mauvais qu'en tant

# ÉPÎTRE LXXXVII.

qu'il apporte beaucoup de mal, en promettant à celui qui le fait qu'il n'en sera point en peine et l'assurant de toutes risques, il ne lui manquera rien qui ne soit entièrement bon[1]. Et néanmoins les méchants n'ont point de supplice plus rigoureux que la méchanceté même. Vous vous abusez, si vous pensez qu'ils ne soient punis que quand vous les voyez en prison ou sur l'échafaud. Ils le sont aussitôt qu'ils ont fait la faute, et le plus souvent même en la faisant. Disons donc que le bien ne vient non plus du mal qu'une figue d'un olivier : l'herbe répond à la graine. Ce qui est bon ne peut dégénérer. Comme ce qui est honnête ne vient point de ce qui est vilain, aussi ne fait ce qui est bon de ce qui est mauvais; car le bon et l'honnête sont une même chose. Il y a quelques Stoïques qui y font cette réponse. Prenons le cas que l'argent soit bon, de quelque part qu'il vienne : il ne s'ensuit pas que l'argent soit du sacrilége, encore qu'il soit pris du sacrilége. Vous le comprendrez mieux par ce que je vous vais dire. Il y a un trésor et une vipère en un même pot. Si vous en ôtez le trésor, encore qu'il y ait une vipère avec le trésor, ce n'est pas à dire que le pot me donne le trésor, à cause qu'il a une vipère; mais ayant un trésor et une vipère, il me donne le trésor. Ainsi le gain du sacrilége ne vient pas du crime qui s'y commet, mais du profit qui y est. Comme en ce pot la vipère est le mal, et non pas le trésor qui est avec la vipère, ainsi ce qui est de mauvais au sacrilége, c'est le crime, et non pas le profit. On réplique à cela, que ce ne sont pas choses semblables; car quand je fouille dans le pot, je puis bien prendre le trésor et laisser la vipère; mais je ne puis sé-

---

1. Il faut sans doute lire : « Il ne lui manquera rien qu'il ne soit entièrement bon; » c'est-à-dire il ne lui manquera rien pour être entièrement bon. En latin : *ex toto bonum erit*.

parer le profit du sacrilége, et si je veux avoir l'un, il faut que je fasse l'autre, parce que le profit est dans le sacrilége, et non pas auprès. Une chose bonne qu'on ne peut avoir qu'avec beaucoup de mal, n'est point bonne : or on ne peut avoir les richesses sans beaucoup de mal : les richesses ne sont donc point bonnes. Ils disent pour répondre à cet argument, que la proposition que nous faisons a deux significations : l'une, que pour avoir des richesses, il faut avoir beaucoup de mal : ce qui se peut aussi bien dire de la vertu ; car il arrivera quelquefois qu'un qui se sera mis sur la mer, pour aller étudier en quelque part, ou fera naufrage, ou sera pris par les corsaires.

VI. L'autre signification est, qu'une chose de qui l'acquisition nous coûte beaucoup de mal, ne se peut appeler bonne, d'où il ne s'ensuit pas que les voluptés ni les richesses soient causes de mal, ou si par les richesses il nous arrive du mal, il ne suffit pas de dire qu'elles ne soient point bonnes : il faut dire ouvertement qu'elles sont mauvaises. Or ceux qui les désestiment le plus se contentent de dire qu'elles ne sont point bonnes; mais au reste ils confessent qu'elles ne sont pas du tout inutiles, et les mettent même au nombre des choses qui accommodent notre vie : ce qui ne seroit pas, s'il étoit vrai que pour les avoir il fallût souffrir tant d'incommodités. Quelques-uns font encore cette réplique, que nous nous abusons d'accuser les richesses de nos incommodités. Elles ne font dommage à personne. Si nous avons du mal, il vient, ou de notre imprudence, ou de la malice d'autrui. Un couteau ne tue personne : il n'est que l'instrument du tueur. Il se peut bien faire qu'on vous fera du mal pour vos richesses, mais ce n'est pas à dire que vos richesses vous fassent mal. Pour moi, je trouve que Posidonius approche plus du but que nul autre, quand il dit que les richesses sont causes du mal, non pas qu'elles nous en fassent, mais pource qu'elles donnent occasion de nous en faire ; car il y a une cause efficiente qui tout aussitôt nous fait dommage, et une autre précédente. Les richesses ont cette cause précédente : elles nous bouffissent le cœur, engendrent l'arrogance, attirent l'envie et nous aveuglent de telle façon, qu'encore que le bruit d'avoir de l'argent nous porte quelquefois du préjudice, néanmoins nous sommes bien aises de l'avoir. Or en ce que véritablement nous appelons bien, il n'y a que redire : il est pur ; il ne corrompt ni ne trouble point l'esprit ; et s'il l'élargit et le relève, c'est sans le remplir de vent. Les biens nous donnent de l'assurance, les richesses de l'audace. Les biens nous donnent de la générosité, les richesses de l'insolence, qui n'est qu'une générosité contrefaite. Vous direz qu'à ce compte non-seulement les richesses ne sont point bonnes, mais elles sont mauvaises. Elles le seroient sans mentir, si de soi-même elles nous faisoient mal et qu'elles eussent la cause efficiente que j'ai dit ; mais elles ont la précédente, qui ne provoque pas seulement les esprits, mais les appelle par une apparence de bien, si coloré qu'il s'en trouve peu qui ne s'y laissent emporter. La vertu par même raison se pourra dire avoir la cause précédente de l'envie ; car il en est beaucoup qui sont enviés pour leur sagesse, ou pour leur justice ; mais la vertu n'a pas cette cause de soi-même ; et à bien considérer cette splendeur qu'on y voit reluire, au lieu de lui porter envie, il y auroit du sujet de se ravir de son mérite et de se passionner de son amour. Posidonius dit qu'il seroit d'avis d'argumenter de cette façon. Les choses qui ne donnent à l'âme grandeur, confidence ni sécurité, ne sont point biens : or la santé, les richesses et autres telles choses ne font rien de tout cela : ce ne peuvent donc être biens. Il fait ce même argument encore plus tendu. Les choses qui ne donnent à l'âme grandeur, confidence ni sécurité, mais au contraire y font naître l'insolence, l'orgueil et la présomption, sont mauvaises : les choses fortuites le font : elles sont donc mauvaises. Je sais bien que quelqu'un dira que de cette même raison il s'ensuivroit que les richesses ne se pourroient pas seulement appeler commodités ; mais la condition des commodités et des biens est différente. Il suffit qu'une chose, pour être commode, fasse plus de profit que de dommage. Pour être bonne, elle doit être toute pure, et n'avoir rien en soi qui puisse faire mal. Ce qui profite plus qu'il ne nuit n'est pas bien, mais ce qui profite et ne nuit point ; et pour ce les commodités peuvent indifféremment conserver toutes sortes de gens, quelque peu de jugement qu'ils aient, et les bêtes mêmes : tellement que, combien que nommant le tout selon la partie qu'il a la plus grande, nous appelons une chose commode, il ne laisse pas pourtant d'y avoir de l'incommodité mêlée parmi. Ce qui est bien ne peut être possédé que du sage. Et pour ce il ne faut point qu'il y ait rien qui lui puisse démentir ce nom. Ayons bon courage : nous n'avons plus à détacher qu'un nœud ; il est vrai qu'il est un peu malaisé. Des choses mauvaises il ne s'en fait pas de bonnes : de plusieurs pauvretés il s'en fait des richesses : les richesses ne sont donc point bonnes. Cet argument n'est pas avoué des Stoïques : il est de la forge des Péripatétiques, qui le proposent et y font eux-mêmes la réponse. Posidonius dit qu'il n'y a école de dialectique où ce sophisme n'ait été bricolé[1]. Voici comme Antipater le réfute. La pauvreté ne se dit point par position[2], mais par privation, que les Grecs appellent στέρησιν, c'est-

---

1. Le latin porte : *per omnes dialecticorum scholas jactatum*.
2. Les anciens éditeurs avaient adopté la conjecture d'Érasme : *per positionem*. On a depuis rétabli dans le texte la leçon des manuscrits : *per possessionem*.

à-dire, non pour avoir, mais pour n'avoir pas ; de façon
que de toutes les bouteilles vides[1] qui sont au monde il n'y
a pas moyen d'en remplir une. Pour faire des richesses,
il faut beaucoup de choses, et non pas beaucoup de pauvretés. Vous prenez la pauvreté d'un autre biais qu'il ne
faut. La pauvreté ne consiste pas au peu de chose que
nous avons, mais au grand nombre de celles que nous
n'avons point. Un homme n'est point pauvre au regard de
ce qu'il a, mais au regard de ce qui lui défaut. Je m'ex-
primerois mieux, si j'avois un mot qui signifiât ἀπορίαν[2] :
c'est le nom qu'Antipater donne à la pauvreté. De moi,
je ne pense point qu'on la puisse définir plus proprement
que possession de peu de chose. Cette dispute de la substance des richesses et de la pauvreté sera pour quelque
jour que nous aurons plus de loisir ; et par même moyen
nous considérerons si ce seroit point mieux fait d'adoucir
ce que la pauvreté semble avoir d'amertume, et couper
les ailes à l'outrecuidance des richesses, que de disputer
des paroles comme si l'arrêt des choses étoit déjà donné.
Prenons le cas que nous soyons appelés à quelque assemblée et qu'il soit question de faire passer une loi touchant
l'abolition des richesses : mettrons-nous en avant tous
ces beaux arguments, pour en dire notre avis ? sera-ce
avec ces plaisantes subtilités seulement que nous per-
suaderons au peuple romain qu'il approuve la pauvreté,
qu'il la recherche comme le premier fondement et la
cause principale de son empire, qu'il se défie de ses richesses et se ressouvienne qu'il les a trouvées chez les

---

1. « De toutes les bouteilles vides, » c'est-à-dire au moyen de
toutes les bouteilles vides. En latin : *Itaque ex multis inanibus nihil
impleri potest*.

2. Ἀπορίαν est encore une conjecture d'Érasme, adoptée par la
plupart des éditeurs. Gronov y a substitué ἀνυπαρξίαν, qui est la leçon
de plusieurs bons manuscrits.

peuples qu'il a vaincus; que c'est par cette sorte que les brigues, les concussions et les tumultes sont entrés en la ville du monde la plus religieuse et la plus continente; que si un peuple ne les a pu ôter à tous les peuples de la terre, il sera bien plus aisé à tous les peuples de la terre de les ôter à un peuple seul? C'est avec ces raisons qu'il faut combattre les passions, et sans leur prescrire des bornes, tâcher de les exterminer entièrement. Ayons des paroles plus fortes, si nous n'en pouvons avoir de plus courageuses.

## ÉPÎTRE LXXXVIII.

ARGUMENT. — I. La philosophie mérite le titre de science libérale, parce qu'elle fait l'homme libre. — II. La philosophie nous fortifie contre le vice et contre les traits de la fortune. — III. Quatre sortes de sciences libérales. — IV. La philosophie nous guide au chemin de la vertu. — V. Toutes choses sont disputables.

Vous voulez que je vous die ce qui me semble des sciences libérales. Il n'y en a pas une seule de qui je fasse cas. Je ne saurois appeler bien une chose de qui le but est de gagner. Ce sont métiers mercenaires, qui préparent l'esprit s'il passe par-dessus, et le gâtent s'il y croupit. Aussi ne l'y faut-il employer que tant qu'il est incapable de quelque chose de meilleur. Vous savez bien qu'on les a nommées libérales, comme dignes d'un homme libre.

I. Mais je trouve que celle qui le fait libre, est seule à qui ce titre doit appartenir. C'est l'étude de la sagesse, qui mérite l'honneur, comme seule relevée, généreuse et magnanime. Tout le reste ne sont que jouets à petits enfants. Pouvez-vous bien vous persuader qu'une chose fût bonne, qui est enseignée par les hommes du monde les plus infâmes et les plus méchants? Ce ne sont point sciences que nous devions apprendre; mais si nous les avions apprises, il n'y auroit point de mal. Quelques-uns ont fait cette question : si les arts libéraux pouvoient faire un homme de bien. Et tant s'en faut que cela soit, ils ne le permettent pas seulement. Ce n'est pas ce qu'ils font profession de montrer. Tout le soin du grammairien est en l'agencement des paroles. Il s'élargit bien quelquefois jusqu'à l'histoire; mais quand il va jusques aux vers, c'est le bout de sa carrière : il ne passe jamais plus avant. Je vous laisse à penser en quoi l'assemblement des syllabes, le choix des paroles, la mémoire des fables et la mesure des vers peuvent aider un homme qui se veut acheminer à la vertu; ni quelle assurance contre la mort, quelle modération aux convoitises, et quelle tempérance aux voluptés il en peut tirer. Venons aux professeurs de géométrie et de musique : vous trouverez aussi peu ces leçons chez eux que chez les grammairiens. Et cependant, ce sont choses que qui ignore, ne gagne rien de savoir tout le demeurant. Il faut voir s'ils enseignent la vertu ou non : s'ils ne l'enseignent, il est impossible de l'apprendre d'eux; s'ils l'enseignent, ils sont philosophes. Voulez-vous savoir que ce n'est pas pour la vertu qu'ils montent en chaire? Regardez comme leurs professions sont différentes. Or il est certain qu'elles seroient semblables, s'ils enseignoient une même leçon. Je sais bien qu'ils veulent faire accroire qu'Homère étoit philosophe; mais c'est si lourdement qu'ils se réfutent eux-mêmes par les raisons qu'ils amènent pour le vérifier; car ils le font tantôt Stoïque, n'approuvant rien que ce qui est honnête, dédaignant les voluptés et ne pouvant par les promesses de l'immortalité même être distrait de l'amour de la vertu. Tantôt ils le font Épicurien, louant l'état d'une ville paisible, où les habitants n'ont rien qui les occupe que les danses, les chansons, et les festins.

Tantôt ils le font Péripatétique, induisant trois sortes de biens; et tantôt Académique, tenant ses opinions suspendues et se gardant de rien affirmer. Par cette incompatibilité d'être de tant de sectes ensemble, ils montrent bien qu'il n'étoit d'aucune. Accordons-leur qu'Homère ait été philosophe; et puisque cela se remarque en ses vers, il faut bien dire qu'il s'étoit fait sage devant qu'il en fît. Apprenons donc cette science qui l'a fait sage. Il nous chaut aussi peu de savoir qui étoit le premier d'Homère ou d'Hésiode, comme si Hécube étoit plus jeune qu'Hélène, et ce qui fut cause que sa beauté lui dura si peu. Quand je saurois exactement l'âge de Patrocle et d'Achille, de combien pensez-vous qu'il m'en fût mieux? Ne serions-nous pas plus sages de voir mettre quelque fin à nos erreurs, que de nous informer de celles d'Ulysse? Je n'ai pas de loisir assez pour ouïr disputer s'il courut tant de risques entre l'Italie et la Sicile, ou en quelques mers qui nous sont inconnues, parce qu'en si peu d'espace il étoit malaisé qu'il fût si longtemps sans trouver quelque port.

II. Les tempêtes de l'esprit nous donnent tous les jours de la besogne : notre méchanceté nous fait courre toutes fortunes. Nous n'avons point faute de beaux yeux qui sollicitent les nôtres, et en cela seulement nous avons des ennemis assez. C'est de là que se présentent ces monstres effroyables qui ne demandent que l'effusion du sang humain; c'est de là que viennent ces insidieux appâts qui nous attirent par l'oreille; c'est de là que viennent tant de naufrages et tant de maux de toutes façons. Enseignez-moi d'aimer ma patrie, ma femme, mon père, et faites qu'il n'y ait point de péril assez grand pour m'empêcher de leur en rendre témoignage, et qu'en des actions si louables, je sois si résolu qu'après ma barque rompue, je m'affourche encore sur les éclats. Que vous sert de vous enquérir si Pénélope a passé son temps avec ceux qui la recherchoient; si par discrétion elle s'est parée de scandale[1], et si devant que reconnoître Ulysse elle se doutoit bien que c'étoit lui? Faites que je sache que veut dire pudicité, quelle vertu c'est, et si c'est un bien du corps ou de l'esprit. Je viens à cette heure aux musiciens. Vous m'apprenez à concerter des voix grêles avec des grosses, et à faire un accord de tons discordants : faites plutôt que je sache accorder mon âme, et donner à mes volontés une perpétuelle conformité. Vous me montrez qui sont les tons lamentables : montrez-moi plutôt comme aux adversités je ne lamenterai point. Le géomètre m'enseigne à mesurer des campagnes : j'aimerois bien mieux qu'il m'enseignât à quelles bornes le contentement de l'homme se doit arrêter. L'arithméticien m'apprend à compter et faire servir mes doigts à l'avarice : je serois bien plus aise qu'il me fît voir que tous ces comptes-là ne servent de rien; qu'un homme n'est point plus heureux pource que son revenu lasse ceux qui en font la recette; qu'au contraire presque tout ce qu'il possède sont choses superflues, et que s'il lui falloit avoir la peine de compter son bien lui-même, il n'y a point de pauvre homme qui ne fût plus heureux et plus content que lui. Que me sert que je fasse exactement partir[2] un champ, et que mon frère et moi, s'il faut que nous séparions un arpent de terre, soyons sur le point de nous couper la gorge? Que me sert d'être un suffisant homme à prendre les pieds d'un arpent, et savoir que c'est que quart, que doigt et que pouce, si le voisinage d'un grand, qui empiète quelque chose sur moi, me rend mélancolique? Vous m'enseignez comme je ne perdrai pas un pied de terre, et je veux apprendre comme je pourrai tout

---

1. En latin : *Quid inquiris an Penelope impudica fuerit, an verba sæculo suo dederit?*
2. *Partir*, partager; *in partes dividere*, dit le latin.

perdre sans me fâcher. Vous dites que l'héritage qu'on vous veut ôter est en votre maison dès le temps de votre grand-père. Et quoi? Devant qu'il fût à votre grand-père, à qui étoit-il? Montreriez-vous bien, je ne veux pas dire à quel homme, mais à quel peuple il appartenoit? Vous y êtes venu comme fermier, et non comme seigneur. Demandez-vous de qui vous êtes fermier? De vos héritiers, si votre fortune est si bonne que vous le leur puissiez conserver. Les jurisconsultes tiennent que les choses publiques ne sont point sujettes à usucapion[1]. Ce que vous tenez est public : il est à tout le genre humain en général. O la belle science! Vous savez mesurer un cercle, et réduire en carré quelque forme qu'on vous baille; vous savez combien il y a d'une étoile à l'autre; il n'y a rien qui échappe à votre compas. Puisque vous êtes si bon maître, mesurez-moi l'esprit de l'homme, dites-moi comme il est grand ou petit. Vous connoissez bien une ligne droite : mais à quoi est bon cela, si vous ne savez comme en vos actions il se faut conduire droitement? Je viens à cette heure à ceux qui se vantent qu'il ne se passe rien dans le ciel qu'ils n'en soient avertis :

*Frigida Saturni*, etc.[2]

De quoi me servira cette science, que de me faire chagriner, quand Saturne et Mars seront opposés, et quand Mercure fera son couchant à la vue de Saturne? J'aime bien mieux apprendre qu'en quelque part qu'ils soient, ils

---

1. On lit *usurpations* pour *usucapion* dans les éditions de 1645 et 1648; mais c'est évidemment une faute. Le latin dit : *Negant jurisconsulti quidquam publicum usucapi.*

2. Ici encore Malherbe n'a pas traduit deux vers des *Géorgiques* liv. I, v. 336, 337) cités par Sénèque :

Frigida Saturni sese quo stella receptet,
Quos ignis cœli Cyllenius erret in orbes.

sont propices, et ne peuvent changer de naturel; que la course inévitable des destins les mène d'un ordre qui n'est jamais interrompu; que leurs révolutions sont réglées, et produisent ou marquent les événements de tout ce qui se fait ici-bas. Mais soit qu'elles soient les causes de cette diversité d'effets que nous voyons au monde, soit que seulement elles en soient les messagères, que nous servira d'avoir prévu des choses que nous ne pourrons éviter? Sachons-les, ou ne les sachons pas : il faut qu'elles adviennent.

*Si vero solem*, etc.[1].

Pensez que me voilà bien assuré de toutes surprises. Et si je vis jusqu'à demain au matin, ne serai-je pas trompé? Il est certain qu'oui; car nous sommes trompés, quand il nous arrive quelque chose que nous ne savions pas qui nous dût arriver. Pour moi je ne sais pas ce qui sera, mais je sais bien tout ce qui peut être. La fortune ne peut rien produire contre mon espérance. J'attends tout : si elle m'en quitte quelque chose, à la bonne heure. Quand il se passe une heure sans que j'aie quelque assaut, je suis trompé; toutefois encore ne le suis-je pas; car comme je sais que tout me peut arriver, je sais bien aussi que ce ne doit pas être tout aussitôt. Quoi qu'il en soit, j'espère toujours du bien; mais s'il arrive du mal, je suis prêt à le recevoir. Il faut que vous me supportiez si j'ai des opinions particulières; car il n'est pas possible que je mette ni les peintres, ni les sculpteurs, ni les tailleurs de marbre, ni tous ces autres ministres de nos

---

1. Il y a ici dans Sénèque trois autres vers de Virgile (*Géorgiques*, liv. I, v. 424-426) que Malherbe n'a pas traduits :

Si vero solem ad rapidum lunasque sequentes
Ordine respicies, numquam te crastina fallet
Hora, nec insidiis noctis capiere serenæ.

dissolutions au rang des sciences libérales. Je n'y reçois non plus les lutteurs, ni toute science qui veut de l'huile ou de la poudre; ou bien j'y voudrois aussi recevoir les parfumeurs, les cuisiniers, et toute cette race de gens de qui les esprits ne travaillent que pour le service de nos voluptés; car je vous prie, que trouvez-vous de libéral en ces vomisseurs de matin, qui ont le corps aussi gras et potelé, comme l'esprit tabide[1] et léthargique? Pensez comme nos beaux exercices d'aujourd'hui se rapportent à ceux que nos ancêtres faisoient faire à leurs enfants : de lancer le javelot, jeter la barre, monter à cheval, tirer des armes, et quoi qu'ils fissent, de tenir toujours le corps droit; car ils ne vouloient point qu'ils apprissent rien qu'il fallût faire de couché[2]. Mais ni les uns ni les autres ne sont point choses qui nous rendent capables de la vertu; car que me sert que je me sache bien aider d'un cheval, et qu'à point nommé je le pare[3], si je me laisse emporter à mes passions? Que me sert qu'à la lutte et à coups de main je demeure maître de tous mes antagonistes, si je me laisse vaincre à la colère? Et quoi donc? les sciences libérales ne nous sont bonnes à rien? Si sont bien à quelque chose, mais non pas à l'acquisition de la vertu; car les arts mécaniques mêmes, avec qui la vertu n'a point de commerce, ne laissent pas d'avoir beaucoup de commodités pour l'usage de la vie Pourquoi donc faisons-nous apprendre les sciences libérales à nos enfants? Ce n'est pas qu'elles les puissent faire vertueux, mais afin qu'elles leur préparent les âmes et les rendent susceptibles de la vertu. Comme ces pre-

---

1. *Tabide*, affecté de langueur.
2. C'est le texte des éditions de 1639, 1645 et 1648; celle de 1667 donne : « qu'il fallût faire couché. »
3. « *Parer*, en terme de manége, signifie *arrêter*. » (*Dictionnaire de l'Académie* de 1694.)

mières leçons qu'on leur fait de connoître leurs lettres, et de les assembler, ne leur enseignent pas les sciences libérales, mais les disposent à les apprendre quelque jour, ainsi les sciences libérales ne nous enseignent pas la vertu, mais nous rendent capables d'en recevoir l'instruction[1].

III. Posidonius fait de quatre sortes de sciences : les vulgaires et sordides, les plaisantes, les puériles et les libérales. Les vulgaires sont celles que les artisans font avec la main, et de qui l'occupation est de pourvoir aux nécessités de notre vie. Celles-ci n'ont apparence quelconque d'honneur ni de vertu. Les plaisantes sont celles de qui le but est de nous réjouir ou les yeux ou les oreilles. Nous pouvons bien mettre en ce rang les ingénieurs, qui par des ressorts font mouvoir des choses si artificiellement qu'il semble qu'elles marchent d'elles-mêmes, comme lever tout bellement un échafaud, reculer des choses qui sont proches, ou approcher d'autres qui sont reculées, descendre petit à petit celles qui sont hautes; et tout plein de telles nouveautés, qui étonnent les ignorants, parce qu'ils ne comprennent pas comme elles se font. Les puériles sont appelées des Grecs ἐγκυκλίους[2], et de nous libérales, à cause qu'elles en ont quelque ressemblance; mais quant à celles qui vraiment sont libérales, ou pour mieux dire libres, il n'y en a point d'autres que celles qui ne s'emploient qu'à l'instruction de l'esprit à la vertu. Je sais bien que quelqu'un pourra dire que comme il y a une partie de la philosophie naturelle, l'autre morale et l'autre rationnelle, tout de même toutes ces sciences libérales peuvent trouver place en la

---

1. Dans les premières éditions : « mais nous en rendent capables d'en recevoir l'instruction. »

2. Tel est le texte de toutes les éditions. Avec la tournure adoptée par Malherbe, il faudrait, au lieu de l'accusatif ἐγκυκλίους qui est dans Sénèque, le nominatif ἐγκύκλιοι.

philosophie; que s'il se présente quelque question naturelle, on la décide par la géométrie; et que par conséquent ce n'est point chose hors d'apparence de dire, puisqu'elle lui aide, qu'elle est un de ses membres. Beaucoup de choses ne sont pas parties de nous, qui ne laissent pas de nous aider, et qui, si cela étoit, ne nous aideroient pas. La viande aide bien au corps, et toutefois n'est pas une de ses parties. Le ministère de la géométrie nous fait bien quelque service, et se peut dire que la philosophie a besoin de la géométrie, comme la géométrie a besoin d'un charpentier. Mais comme le charpentier n'est pas portion de la géométrie, aussi n'est la géométrie portion de la philosophie. Et puis chacune a ses limites à part; car le philosophe recherche les secrets des choses naturelles, et les connoît, et le géomètre en examine et suppute les nombres et les mesures. La philosophie sait comme les corps célestes sont composés, ce qu'ils peuvent, et quelle est leur nature; le mathématicien observe comme ils s'éloignent de nous et se rapprochent, comme ils se lèvent et se couchent, et d'où vient que quelquefois ils semblent s'arrêter, combien qu'en vérité les choses célestes ne s'arrêtent jamais. Le philosophe sait la cause de la représentation des images qui se fait en un miroir; le géomètre vous dira quel espace il faut qu'il y ait entre le corps et l'image, et quelle image chaque forme de miroir est capable de représenter. Le philosophe vous prouvera que le soleil est grand; le mathématicien, qui procède par une certaine pratique, vous limitera sa grandeur exactement, mais il vous demandera que vous lui accordiez quelques principes. Or une science ne se peut dire à soi, qui n'a son fondement que sur la permission d'autrui. La philosophie ne demande rien à personne. Il n'y a rien que du sien en son ouvrage. La mathématique est superficielle;

le fonds où elle bâtit n'est pas à elle ; sans les principes qu'elle emprunte elle ne sauroit avoir fait un pas. Si d'elle-même elle pouvoit comprendre la nature de l'univers et parvenir à la vérité, je dirois que nous ferions bien de nous en approcher, pour avec le commerce des choses célestes donner moyen à notre esprit de s'étendre, et passer d'une recherche à l'autre.

IV. Mais il n'y a que la science du bien et du mal qui nous puisse mener à la perfection ; et cette science ne se trouve ailleurs qu'en la philosophie. Il n'y a qu'elle qui s'informe de ce qui est bon ou mauvais. Prenez-moi toutes les vertus l'une après l'autre. La magnanimité, qui méprise ce qui est formidable, dédaigne ces épouvantements qui rendent notre liberté captive, les appelle en duel et les abat par terre, prend-elle quelque chose des sciences libérales pour se fortifier ? La foi est le bien le plus religieux qui puisse loger en l'âme de l'homme. Il n'y a promesse ni menace qui la puisse induire à tromper. Elle dit quand on la presse : « Brûle, coupe, tue, tu ne me saurois faire parler. La douleur a beau fouiller, elle ne trouvera jamais mes secrets. » Et cependant est-ce des sciences libérales qu'elle emprunte cette généreuse obstination ? La tempérance règne sur les voluptés ; elle en hait les unes, qu'elle chasse du tout ; elle dispense les autres, et les règle sous une médiocrité convenable, et jamais ne s'en approche que pour quelque autre considération. Elle sait que la plus juste mesure des choses desirées, c'est d'en prendre jusqu'à la raison, et non jusqu'à la satiété. L'humanité défend la présomption et l'avarice : ses paroles sont douces, ses actions courtoises, et ses volontés obséquieuses : elle ne voit sentir mal à personne qu'elle ne le sente elle-même ; et ne pense rien mieux posséder que ce qu'elle contribue aux nécessités d'autrui. Sont-ce les sciences libérales qui leur impriment toutes ces belles qualités ? Est-ce d'elles que viennent la simplicité, la discrétion, la frugalité, l'épargne, et la clémence, qui est avare du sang d'autrui comme du sien propre, et sait que l'homme ne doit point user de l'homme prodiguement? Mais comme est-il possible qu'un homme ne puisse être vertueux sans les sciences libérales, comme nous-mêmes le confessons, et que néanmoins les sciences libérales ne servent de rien à la vertu? Il en est comme de la viande : sans la viande il est impossible d'être vertueux ; et cependant, qui ne sait point que la viande et la vertu n'ont rien de commun? Le bois ne fait point de service au navire, et toutefois il n'est point de navire qui ne soit fait de bois. Encore que sans une chose je n'en puisse faire une autre, il ne s'ensuit pas qu'elle m'aide à la faire ; et au partir de là, ce n'est pas une proposition indubitable, que sans les sciences libérales on ne puisse parvenir à la vertu ; car encore qu'elle s'apprenne, ce n'est pas par elles qu'on l'apprend ; et vu que la sagesse ne consiste point aux lettres, qui me gardera de croire qu'un homme peut être sage sans être savant? La sagesse baille des choses, et non des paroles ; et peut-être que notre mémoire est plus certaine, quand elle ne s'assure que de soi. La sagesse est ample et spacieuse, il ne lui faut point bailler une place occupée : sa leçon est des choses divines et des humaines, des passées et des futures, des éternelles et des périssables, et du temps, duquel, quand il n'y auroit autre chose, vous savez combien de questions il fait[1] ordinairement : premièrement, si de soi le temps est quelque chose, si quelque chose a précédé le temps, si le temps a commencé quand et le monde, et si parce que devant le monde il y avoit quelque chose, le temps aussi l'a précédée[2]. Outre ces

1. *Il fait*, c'est-à-dire : il se fait, on fait.
2. Le participe est au féminin dans les diverses éditions, mais,

questions, celles qu'on fait de l'âme sont innombrables : d'où elle est, quelle elle est, quand elle commence d'être, de combien est sa durée ; si elle passe d'un lieu à l'autre, et change de logis ; si elle revient plusieurs fois au monde sous diverses formes, ou si elle n'entre jamais qu'en un corps, pour, après qu'elle en est sortie, se promener en liberté ; si c'est un corps ou non ; ce qu'elle fera, quand par notre ministère elle ne fera plus rien ; comme elle usera de sa liberté, quand elle sera hors de cet âge ; s'il ne lui souviendra plus de la vie du monde ; si seulement elle commencera de se connoître, quand échappée du corps elle aura fait sa retraite dans le ciel. Prenez telle partie qu'il vous plaira des choses humaines et divines, vous ne serez jamais las d'apprendre et jamais ne cesserez de demander, tellement qu'afin que tant de belles et grandes méditations aient chez nous leurs coudées franches, il faut nécessairement en faire sortir celles qui ne servent de rien. La vertu ne se contente pas de si peu de place : son train est plus grand, il lui faut beaucoup de logis ; il faut que tout vide[1], et qu'elle demeure seule. Il est vrai que pour ce qu'il y a des sciences qui lui donnent du plaisir, nous en retiendrons quelques-unes, mais non plus que ce qu'il lui en fera besoin pour la servir ; car si nous nous moquons de ceux qui remplissent leur maison d'une infinité de meubles précieux, plutôt pour la montre que pour l'usage, que dirons-nous de ceux qui font en leur esprit un ramas inutile de sciences qui ne leur servent de rien ? C'est une espèce de l'intempérance[2], de vouloir savoir

---

pour rendre le latin, il faudrait : « l'a précédé, » c'est-à-dire a précédé le monde.

1. *Que tout vide*, que tout se vide. Voyez plus haut, p. 513, note 1.
2. « C'est une espèce d'intempérance. » (*Éditions de* 1645 *et* 1648.)

plus qu'il ne faut. Et puis, qu'est-ce que sont ordinairement tous ces possesseurs de sciences libérales, que des fâcheux, des causeurs, des importuns et des glorieux, qui n'apprennent point ce qu'il seroit bon qu'il sussent, pource qu'ils ont appris ce qu'il leur seroit bon de ne savoir point? Didymus le grammairien a fait quatre mille traités : c'étoit assez pour lasser un homme de lire. Je vous laisse juger que devoit être celui qui les avoit écrits. En l'un, il dispute de quel pays étoit Homère; en l'autre, qui étoit véritablement la mère d'Énée; en l'autre, si Anacréon étoit plus paillard qu'ivrogne, ou plus ivrogne que paillard; si Saphon étoit une coureuse, et tout plein de telles autres choses si frivoles, que si je les avois apprises, je ferois ce qui me seroit possible pour les oublier. Et puis, dites que notre vie est courte. Nos Stoïques mêmes sont quelquefois plus longs qu'il ne seroit besoin. Je vous y montrerois beaucoup de choses où le coup de la serpe seroit nécessaire. Il faut bien avoir perdu des heures et bien importuné des oreilles, devant que d'ouïr cette louange : « Oh le savant homme! » Contentons-nous de ce titre, qui n'a pas tant d'éclat : « Oh l'homme de bien! » Me conseilleriez-vous de feuilleter autant d'annales qu'il y a de peuples sur la terre, de rechercher qui est le premier qui a fait des vers, de compter par mes doigts, à faute de fastes, combien Orphée a été d'années devant Homère, repasser mon jugement sur les censures d'Aristarque, et user toute ma vie après des syllabes? M'embarrasserai-je tellement en la poudre de géométrie que je ne m'en tire jamais? Pratiquerai-je si mal ce prétexte salutaire, qui commande d'épargner le temps? J'approuve[1] toute autre chose, et ne me soucie point de

---

1. *J'approuve* est bien vraisemblablement une faute, pour *j'apprends*. Hæc sciam? et quid ignorem? dit Sénèque. Malherbe a traduit *et quid sim ignorem*.

savoir ce que je suis. Le grammairien Appius[1], qui du temps de C. César fit le charlatan par toute la Grèce et se faisoit appeler Homère, disoit qu'après qu'Homère avoit achevé l'Iliade, et l'Odyssée, il avoit compris toute la guerre de Troie à l'entrée de son ouvrage; et pour le prouver il alléguoit que tout exprès il commençoit son premier vers par deux lettres où le nombre de ses livres étoit contenu. Il est malaisé qu'un homme sache beaucoup de choses, sans en savoir de telles. Pensez à cette heure combien il s'en va de temps en maladies, combien aux affaires publiques, combien aux privées, combien à se lever, coucher, boire, manger et dormir. Mesurez votre âge : vous n'en avez pas pour donner rang à tant d'occupations, je ne parle que des sciences libérales. Et combien pensez-vous que les philosophes mêmes ont de choses superflues, et qui ne se pratiquent point? Ils s'impliquent aussi bien que les autres aux distinctions des syllabes, et aux propriétés des conjonctions et des prépositions[2]. Ils ont eu envie sur les grammairiens et sur les géomètres[3], et ont pris toutes les superfluités de leurs sciences, pour les apporter en la leur. De là vient qu'ils parlent exactement, et ne vivent pas de même. Reconnoissez en ce que je vous vais dire, combien fait de mal une subtilité trop aigre, et combien elle est contraire à la recherche de la vérité.

V. Protagoras disoit qu'il n'y a rien qui ne se puisse disputer affirmativement et négativement, avec autant de probabilité d'une part que d'autre ; et que cette proposition même, que tout est disputable, se peut contredire. Nausiphane dit que de ce qui semble être, il n'y a rien

1. Lisez *Appion*, comme dans le texte latin.
2. C'est certainement ainsi qu'il faut lire, au lieu de *propositions*. Il y a *præpositiones* en latin.
3. *Invidere grammaticis, invidere geometris*, dit Sénèque.

qui soit plus que le non être; Parménide, que généralement tout ce qui se voit n'est point. Zénon Éléate nie tout sans exception. Ce sont presque mêmes opinions que celles des Pyrrhoniens, Mégariques, Érétriques et Académiques, qui ont introduit une nouvelle science de ne rien savoir. Si vous me croyez, vous mettrez ces curieux et les professeurs des sciences libérales tout en un rang. Ceux-là nous baillent une science qui ne nous servira de rien; ceux-ci nous désespèrent de pouvoir jamais rien savoir. Pour moi, j'aimerois mieux savoir des choses qui me fussent inutiles, que de ne savoir rien du tout. Les uns ne nous éclairent point, les autres nous crèvent les yeux. Si je crois Pythagoras, il n'y a rien qui ne soit douteux; si Nausiphane, toute la certitude que j'en remporte, c'est que tout est incertain; si Parménide, il n'y a rien au monde qu'une chose; si Zénon, il n'est du tout rien. Que sera-ce de nous donc? Que deviendra tout ce qui est à l'entour de nous qui nous nourrit et qui nous soutient? Tout ce qui est au monde ne sera qu'une ombre et une piperie. Je ne trouve pas grand goût ni à ceux qui disent que nous ne savons rien, ni aux autres qui même ne nous veulent pas accorder notre ignorance. Et s'il me falloit dire auxquels je veux le plus de mal, je confesse que je serois bien empêché.

# ÉPÎTRE LXXXIX.

Argument. — I. En quoi diffèrent la sagesse et la philosophie. Définition de la philosophie. Sa division. — II. De la morale. — III. De la naturelle. — IV. Il blâme les avares, les paillards et les gourmands.

Vous me priez de vous diviser la philosophie, et que je fasse des quartiers de ce grand corps : c'est à la vérité le moyen de la comprendre bientôt, et presqu'il ne s'y peut rien faire qu'en la démembrant de cette façon. Une chose qui nous est obscure en la prenant toute ensemble, se trouve claire quand on l'examine par les parties. Plût à Dieu que la philosophie se pût représenter à nous, comme la face de ce grand univers! Il n'y a rien de si semblable comme ce spectacle seroit à l'autre; et ne faut point douter que pour l'admirer à notre aise, elle ne nous fît laisser toutes ces choses qui nous semblent grandes, par faute que nous ne savons pas ce qui est grand. Mais puisque cela ne peut être, il nous la faut considérer de la même façon que nous considérons les secrets du monde. Les yeux ne pénètrent pas plus vite au ciel que l'esprit du sage par toute la masse de l'univers. Mais pour nous, qui avons des nuages et des brouillards à traverser, et de qui la vue s'arrête au premier logis[1], nous avons besoin qu'on nous montre les choses une à une, parce que nous ne sommes pas encore capables de les regarder en gros. Je ferai donc ce que vous me demandez, et mettrai la philosophie en parties, et non en morceaux; car il y a du profit à la diviser; mais qui la hacheroit, il la ren-

---

1. En latin : *quorum visus in proximo deficit.*

droit inutile. Ce qui est trop grand est aussi difficile à comprendre comme ce qui est trop petit. On distingue un peuple en lignées, et une armée en compagnies. Depuis qu'une chose a quelque grandeur notable, on la connoît mieux, quand on la considère par ses parties, pourvu, comme j'ai dit, qu'on ne les fasse point si petites, que le nombre en soit infini. Autant vaudroit les laisser en leur entier, que d'en faire tant de parts, que ce ne fût jamais fait de les éplucher. Ce n'est que confusion que de les couper si menu.

I. Premièrement donc, si vous le trouvez bon, je vous dirai la différence d'entre la sagesse et la philosophie. La sagesse est la félicité parfaite de l'esprit de l'homme, la philosophie est l'amour et l'affection de l'acquérir : c'est elle qui montre le chemin d'aller à l'autre, et ne lui faut point d'autre témoignage. Le nom qu'elle porte est une marque qui la fait assez connoître. Il y en a qui l'ont définie une science des choses humaines et divines. Quelques-uns y ajoutent *et de leurs causes;* mais je ne trouve pas que cette addition y serve beaucoup, parce que les causes sont parties des choses. Il y en a d'autres qui l'ont appelée une étude de vertu, d'autres une étude de la correction de l'âme, et d'autres encore une affection de trouver ce qui justement est raisonnable. Pour la différence d'entre la philosophie et la sagesse, elle n'a presque jamais été contredite de personne. Aussi ne se peut-il faire que le desir et ce qui est desiré soient une même chose : la même différence qui est entre l'avarice et l'argent, est entre la philosophie et la sagesse. La sagesse est l'effet et la récompense de la philosophie : la philosophie marche vers la sagesse; la sagesse attend de pied ferme qu'on vienne à elle. La sagesse est ce que les Grecs appellent *sophie*. Nous nous sommes autrefois servis de ce mot, comme nous faisons de celui de philosophie. Encore à cette heure, nos vieilles comédies le vous témoigneront, et l'inscription du monument de Dossennius : *Passant, demeure et lis la sophie de Dossennius*[1]. Il s'est pourtant trouvé quelques Stoïques qui, bien que la philosophie soit une étude de vertu, et que l'une recherche et l'autre soit recherchée, ont tenu cependant qu'il est impossible de les séparer et qu'il ne peut jamais être de vertu sans philosophie, ni de philosophie sans vertu. Si la philosophie est une étude de vertu, c'est par le moyen de la vertu même : qui est vertueux ne peut n'étudier point à la vertu, et qui étudie à la vertu ne peut n'être point vertueux ; car il n'en est pas comme de ceux qui de loin visent à frapper quelque chose, où le tireur est en un endroit et le blanc en l'autre ; ni comme des chemins qui nous mènent aux villes et en sont dehors. On arrive à la vertu par la vertu même ; et par ainsi, la philosophie et la vertu sont attachées l'une à l'autre. Il y a eu plusieurs grands personnages qui ont divisé la philosophie en trois parties : morale, naturelle et rationnelle. La première a pour sujet le règlement de l'âme ; la seconde recherche la nature des choses ; la troisième examine la propriété des paroles, leur agencement et les arguments, afin qu'on ne nous surprenne par la supposition du mensonge en la place de la vérité. Il s'en est trouvé qui ne l'ont pas divisée en tant de parties, et d'autres qui l'ont divisée en davantage. Quelques-uns des Péripatétiques y ont mis la civile[2] pour une quatrième, pource qu'il semble qu'elle ait son exercice et son occupation à part. Quelques autres y ont encore ajouté l'économique, qui est la science de

---

1. Il y a *Possennius* dans toutes nos éditions ; mais c'est évidemment une faute des imprimeurs ; dans l'épître suivante (chap. IV), ils ont de même changé en P le D initial de *Dédalus*. La vraie forme du nom est *Dossennus*.

2. *Civilem*, dit Sénèque, c'est-à-dire la (partie) politique.

bien gouverner une maison. Toutefois il n'y a rien en ces deux dernières qui ne se puisse comprendre sous la morale. Les Épicuriens n'ont fait que deux parties de la philosophie : la naturelle et la morale; ils n'ont point voulu recevoir la rationnelle. Mais enfin comme ils ont vu qu'il leur failloit quelque pièce pour distinguer les ambiguïtés et convaincre les faussetés masquées d'apparences véritables, ils ont été contraints d'introduire un lieu qu'ils appellent de jugement, et la règle, qui est la même chose que la rationnelle, sous un autre nom. Mais ils ne l'estiment qu'un accessoire de la partie naturelle. Les Cyrénaïques se sont contentés de la morale et n'ont point voulu des deux autres; mais ils font comme les Épicuriens, et ce qu'ils chassent d'une façon, ils le rappellent de l'autre; car ils font cinq parties de la morale : l'une des choses desirables et rejetables; l'autre des passions; la troisième des actions; la quatrième des causes, et la cinquième des arguments. Les causes des choses appartiennent à la naturelle, les arguments à la rationnelle, et les actions à la morale. Ariston, de l'île de Cio[1], ne s'est pas contenté d'exclure la naturelle et la rationnelle, mais il a soutenu que tant s'en faut qu'elles fussent membres de la philosophie, qu'elles lui étoient contraires; et n'a laissé que la morale seule, qu'encore il a retranchée de cette partie[2] qui contient les remontrances, parce qu'il dit que c'est un exercice de régent plutôt que de philosophe, comme si le philosophe étoit autre qu'un régent universel du genre humain[3].

II. Demeurons donc d'accord que la philosophie a trois parties, et mettons la morale la première sur le bureau. Je la subdivise en trois autres parties, dont l'une

---

1. Chio. — 2. C'est-à-dire, diminuée de cette partie.
3. Il y a dans le latin : *humani generis pædagogus*.

est la considération qui baille à chacun ce qu'il doit avoir et taxe le mérite de toutes choses. L'utilité de cette partie est grande; car de quoi avons-nous plus de besoin que de savoir justement ce que chaque chose se doit apprécier? La seconde est de l'affection, et la troisième des actions; car il faut premièrement savoir ce que la chose vaut; secondement tempérer l'affection et la régler; et tiercement faire qu'entre l'affection et l'action il y ait telle correspondance qu'en tout et partout vous soyez conforme à vous-même. Duquel que vous manquiez de ces trois, il est impossible que vous ne tombiez en confusion; car que vous sert qu'en vous-même vous ayez examiné la valeur des choses, si votre affection vous fait aller plus avant que vous ne devez? Et que vous sert de vous en rendre maître, si quand il faut mettre la main à l'œuvre, vous laissez perdre les occasions, et ne savez quand, en quel endroit et de quelle façon il y faut procéder? car l'estimation du mérite des choses, l'observation des opportunités et la discrétion de se commander sont trois considérations différentes. Quand l'action accompagne l'affection, tout va comme il doit aller. L'affection se conçoit ardente ou froide, selon le cas que nous faisons de la chose qui nous est proposée.

III. La philosophie naturelle se divise en choses corporelles et incorporelles, qui puis après ont d'autres degrés. La première division des corporelles, c'est que les unes engendrent, et les autres sont engendrées. Or les éléments sont engendrés. Les uns tiennent que le principe est simple; les autres le divisent en la matière, en la cause mouvante, et aux éléments. Il ne nous reste plus à diviser que la philosophie rationnelle. Toute oraison est continue, ou coupée par interrogations et réponses : l'une s'appelle dialectique, et l'autre rhétorique. L'occupation de cette-ci sont les paroles, leur sens et leur disposition. La dialectique derechef est divisée en conceptions, et en paroles qui les expriment. Les subdivisions qui se peuvent faire de l'un et de l'autre sont infinies : c'est pourquoi je ne passerai point plus outre,

*Et summa sequar fastigia rerum*[1].

Aussi bien si je voulois rediviser les parties en autres parties, il s'en feroit un livre entier. Ce n'est pas, Lucilius, que je vous veuille dégoûter de cette lecture; mais quoi que vous lisiez, faites que l'amendement de votre vie soit toujours le but où tout soit rapporté. Voyez de régler vos mœurs : excitez ce que vous avez de languide, restreignez ce que vous sentez qui se lâche, domptez ce qui se rebelle ; faites une guerre irréconciliable aux cupidités, et non aux vôtres seulement, mais à celles des hommes en général. Et quand quelques-uns vous demanderont si vous n'aurez jamais qu'une chanson, répondez-leur : « Tant que vous faillirez, je suis obligé de vous avertir. Vous voulez que les remèdes cessent devant la maladie; mais vous avez beau faire, tant plus vous bouchez les oreilles, tant plus vous me faites envie de parler. C'est bon signe quand un malade qui est stupide commence de sentir son mal : en dépit que vous en ayez je vous conseillerai votre profit. Vous orrez à la fin quelque autre chose que des flatteries; et puisque vous ne voulez pas recevoir votre correction en particulier, je la vous ferai publiquement.

IV. « Ne cesserez-vous jamais d'acquérir? Les champs de tout un peuple sont à vous seul, et vous n'en avez pas encore assez? Jusques où vous pensez-vous étendre? Vous labourez des provinces entières. Les rivières les plus célèbres, et qui suffisent pour être les bornes de deux

---

[1] Virgile, *Énéide*, liv. I, v. 346.

nations, depuis leur source jusqu'à leur fin, ne passent que dans vos terres ; et cependant si les mers ne sont bridées de vos possessions, si votre fermier ne règne au delà de l'Adriatique, de l'Ionique et de l'Égée, si les îles[1] qui furent les maisons de tant de grands capitaines, ne vous sont de chétives cabanes, vous ne pensez pas être bien accommodés. Rendez votre domaine si grand qu'il vous plaira ; faites que ce qu'on appeloit un empire soit une de vos pièces de terre ; ne laissez rien de ce que vous aurez moyen d'amasser : quand vous aurez tout fait, vous en laisserez toujours plus que vous n'en prendrez. Je viens à cette heure à vous autres, qui ne donnez pas moins d'étendue à votre luxe, que ceux-là font à leur avarice. Dites-moi, je vous prie : avez-vous résolu qu'il ne se trouve lac en toute la terre où vous n'ayez une maison dessus? Qu'il n'y ait rivière grande ni petite que vous ne bordiez de quelque palais? Partout où il se trouvera quelque sorte d'eau chaude, votre luxe s'y voudra tout aussitôt imaginer une retraite. En quelque lieu que la mer aura quelque petite sinuosité, comme si la terre étoit trop petite, ou que des fondements n'eussent point de grâce, s'ils n'étoient faits avec la main, vous la ferez reculer pour faire place à votre bâtiment? Je veux que vous ne puissiez aller en part où vous ne voyiez toujours luire l'ardoise de quelque pavillon qui soit à vous[2] : les uns aux coupeaux des montagnes, qui découvrent à perte de vue sur la mer et sur la terre ; les autres en campagne rase aussi relevés que les montagnes mêmes. Quand le nombre de vos bâtiments donnera de la peine à les compter, quand la hauteur en ira jusques au ciel, si n'avez-vous au partir de là qu'un corps, et encore bien petit. Que

1. Dans le sens du latin *insulæ*, qui désigne des maisons en location, ou du moins de simples et modestes habitations.
2. Sénèque dit : *omnibus licet locis tecta vestra resplendeant.*

voulez-vous faire de tant de chambres, puisque vous ne pouvez coucher qu'en une? Celles où vous n'êtes point ne sont pas vôtres. Je viens finalement à vous, de qui la gourmandise insatiable ne laisse creux en la mer, ni coin en la terre qui ne soit fouillé; qui remplissez les eaux de lignes et de filets; qui bordez les bois de piéges et de toiles; et ne laissez en paix animaux du monde, que ceux de qui la satiété vous a dégoûtés. Que vous servent tant de viandes apprêtées par tant de mains, tant de sortes de venaisons prises avec tant de péril, tant de poissons recherchés de l'autre bout du monde, si votre bouche lasse de friandises et votre estomac affoibli de crudités vous en laissent bien à peine goûter quelque morceau? Pauvres gens que vous êtes! Vous ne connoissez pas que vous avez plus de faim que de ventre. » Dites cela aux autres, Lucilius, afin de l'ouïr vous-même en le disant. Écrivez-le, afin de le lire après l'avoir écrit. Ne faites rien que vous ne rapportiez à votre instruction et au règlement du désordre de vos passions. Étudiez, non pour savoir plus de choses que les autres, mais pour en savoir de meilleures.

## ÉPÎTRE XC.

Argument. — I. La philosophie nous enseigne toutes les vertus. — II. Du siècle d'or. — III. Le vice et le mauvais gouvernement des rois ont rendu les lois nécessaires. — IV. Les hommes n'ont point appris de la philosophie les voluptés, ni les délices des villes. — V. De la frugalité du premier siècle. — VI. La philosophie enseigne à connoître Dieu, et que les choses fortuites arrivent par son commandement. — VII. Que l'innocence honoroit le siècle d'or, mais que la sagesse y défailloit.

I. Qui peut nier, Lucilius, que le vivre ne soit un présent des Dieux, et le bien vivre un présent de la philosophie ? S'ensuivroit-il donc qu'autant que le bien vivre est chose plus précieuse que vivre, nous soyons plus obligés à la philosophie que nous ne sommes aux Dieux ? Il ne faut point douter que cela ne fût, si la philosophie même n'étoit une gratification qui vient de leur main. Nous ne naissons pas philosophes, mais nous naissons capables de philosopher. Et certainement si c'eût été chose si commune, la sagesse eût perdu le plus grand avantage qu'elle ait, qui est de n'être point au nombre des choses fortuites. Tout ce qui la met en réputation, c'est que ceux qui l'ont la tiennent d'eux-mêmes, et ne la mendient point de leurs voisins. Autrement, si c'étoit chose qui passât d'une main à l'autre, que trouveriez-vous en elle qui fût digne d'admiration ? Tout ce qui l'occupe, c'est le soin de trouver la vérité des choses divines et humaines. La justice, la piété, la religion, et généralement toutes les vertus accrochées l'une à l'autre ne l'abandonnent jamais. C'est d'elle que nous tenons la révérence envers les Dieux, et la dilection envers les hommes ; d'elle que nous savons que les Dieux sont maîtres, et que les hommes étoient nés en égalité de condition, si l'avarice croissant d'un siècle à l'autre ne les en eût peu à peu distraits, et rendu pauvres ceux qu'elle avoit le plus enrichis. Nous cessâmes de rien avoir quand nous voulûmes tout avoir en propriété.

II. Les premiers hommes, et ceux de quelques races après eux, non encore souillés des corruptions qui se sont introduites depuis, se conformoient entièrement à nature, la prenoient pour guide, se rangeoient à ses lois ; et s'ils connoissoient quelqu'un qui fût plus homme de bien que les autres, ils se laissoient conduire à lui ; car cette soumission du pire au meilleur est chose naturelle. Les bêtes mêmes, s'il y en a quelqu'une qui de grandeur de corps ou de force ait de l'avantage sur les autres, se laissent commander par elle. Vous ne verrez jamais un taureau lâche et failli de cœur marcher à la tête du troupeau. S'il y en a quelqu'un qui soit plus grand et de plus grosses pièces que les autres, ce sera lui qui aura cette prérogative. Entre les éléphants, le plus haut est le capitaine. Entre les hommes, c'est être le plus haut qu'être le meilleur. C'est pourquoi s'ils voyoient quelqu'un qui eût l'esprit bien fait, ils le faisoient présider sur eux, et de cette façon rendoient leur condition très-heureuse, ne souffrant d'être surpassés en puissance, que de ceux qui les surpassoient en probité. Le moyen de pouvoir tout ce qu'on veut, c'est de ne penser pouvoir autre chose que ce qu'on doit. Posidonius donc estime qu'en ce siècle qu'ils appeloient d'or, ils n'avoient point d'autres rois que les sages, sous l'autorité desquels les violences étoient retenues en bride, et les foibles garantis de l'oppression des plus forts. Ils leur conseilloient le bien et déconseilloient le mal. Par leur prudence, ils pourvoyoient aux nécessités de ceux qui étoient sous leur charge ; par leur valeur, ils les préservoient, si quelque inconvénient les menaçoit ; et par leur bénéficence[1], les accroissoient de commodités et de richesses. C'étoit un office que commander, et non pas une qualité : leur force ne s'éprouvoit jamais contre ceux qui la leur avoient donnée. Comme d'eux-mêmes ils n'avoient point la volonté disposée à mal faire, on ne leur en donnoit point aussi d'occasion. Ils commandoient bien, et on leur obéissoit de même. La plus grande menace qu'un roi fît à ses sujets, quand ils ne se comportoient pas comme ils devoient, c'étoit qu'il se démettroit de sa charge.

III. Mais enfin l'introduction des vices et le changement des royautés en tyrannies rendirent les lois nécessaires ; et les sages mêmes en furent les premiers auteurs.

---

1. *Libéralité;* en latin *beneficentia.*

Solon fut celui[1] des Athéniens, qui le mirent au nombre de ces sept de qui la prudence fut de son temps en si grande réputation. Si Lycurgus eût été du même siècle, il auroit été le huitième. Zaleucus et Charondas, qui n'avoient jamais vu ni barreaux, ni écoles, et ne savoient que ce que le saint et silencieux réduit de Pythagore leur avoit appris, policèrent de leurs belles ordonnances non-seulement la Sicile, alors fleurissante, mais toutes les villes que la Grèce avoit conquises en la côte d'Italie. Avec tout cela je m'accorde bien avec Posidonius; mais je ne veux pas comme lui faire cet honneur aux arts mécaniques, que d'en attribuer l'invention à la philosophie.

IV. Il dit que du commencement, comme les hommes étoient épars, qui d'un côté, qui de l'autre, sans autre couvert que du creux d'un rocher ou d'un arbre, ou pour le mieux, de quelque chétive cabane, ce fut elle qui leur apprit à se loger dans des palais. Pour moi je ne crois non plus que tous ces bâtiments à tant d'étages, les uns sur les autres, et si spacieux que les villes leur sont trop étroites, soient de son invention, comme[2] ces réservoirs où les poissons sont enclos par troupes, et chacun selon leurs espèces ont leur quartier à part, afin que la friandise, quelque mauvais temps qu'il fasse sur la mer, ne soit jamais dépourvue, et sans danger puisse pêcher quand il lui plaira. Penseriez-vous bien que la philosophie eût inventé les clefs et les serrures? Ne seroit-ce pas comme qui l'accuseroit d'avoir mis l'avarice au monde? Penseriez-vous que pour demeurer en une appréhension perpétuelle sous des bâtiments suspendus, elle eût dédaigné tant d'agréables retraites, que sans art et sans difficulté la nature lui présentoit? Croyez-moi : ces premiers siècles où la vie

---

1. C'est-à-dire : le premier auteur des lois d'Athènes. En latin : *Solon, qui Athenas æquo jure fundavit....*

2. *Non plus.... comme,* pas plus que.

étoit si heureuse n'avoient point d'architectes; et tous les artifices d'escarrer [1] les poutres, et de conduire la scie dans une ligne, sans varier ni d'un côté ni d'autre, sont venus au monde quand et le luxe :

    Car le bois au vieux temps de coins étoit fendu [2].

Ces salles à festin, qu'on fait aujourd'hui si grandes que toute une ville y mangeroit, étoient alors inconnues. On ne voyoit point un nombre infini de charrettes, chargées de pins et de sapins, pour faire des lambrissures dorées, se suivre queue à queue dans les rues et les faire trembler sous leur pesanteur. Deux pieux fourchus soutenoient les deux côtés de leurs loges. Les couvertures en étoient de ramée, qu'ils entrelaçoient l'une l'autre [3], et faisoient descendre en talus si proprement qu'il ne pouvoit faire de pluie si longue ni si violente qui n'eût moyen de s'égoutter.

V. Là dedans ils se tenoient assez forts pour ne rien craindre. La liberté les accompagnoit sous le chaume. C'est dans les murailles de marbre et sous les planchers dorés qu'habite la servitude. Je ne suis pas aussi de son avis, en ce qu'il croit que les sages soient inventeurs de tous ces outils dont se servent les artisans; car, à son compte, il faudroit dire que les mêmes sages eussent les premiers trouvé la manière de chasser :

    *Tunc laqueis*, etc. [4],

qui sont toutes inventions de l'industrie et sagacité des

---

  1. *Escarrer* (dans l'édition de 1645 : *équarrer*), équarrir.
  2. Virgile, *Géorgiques*, liv. I, v. 144.
  3. Qu'ils entrelaçoient l'une dans l'autre. (*Édition de* 1645.)
  4.    Tunc laqueis captare feras et fallere visco
       Inventum, et magnos canibus circumdare saltus.

Ces vers des *Géorgiques* (liv. I, v. 139, 140) n'ont pas été traduits par Malherbe.

hommes, et non pas de leur sagesse. Je lui nie aussi ce qu'il dit, que les sages ayant vu couler quelques veines de métaux fondus, en la superficie de la terre, par l'embrasement de quelque forêt, ont jugé que fouillant plus avant il s'en trouveroit davantage, et ont découvert les mines de cette façon. Il s'abuse : ce sont choses qui n'ont point eu d'autres inventeurs que ceux mêmes qui les mettent en besogne. Je ne trouve pas non plus cette question si subtile comme il la fait : qui a été le premier en l'usage des tenailles, ou du marteau. L'un et l'autre, comme généralement toutes choses qu'il faut chercher avec les reins courbés, et les yeux tournés vers la terre, sont de l'invention de quelque homme qui avoit l'esprit vif et remuant, mais non pas qu'il fût ni grand ni relevé. Le sage s'est toujours contenté de peu de chose, et encore au siècle où nous sommes, il n'est jamais plus à son aise que quand il ne se trouve pas beaucoup chargé. Dites-moi, je vous prie, qui trouvez-vous avoir été plus le sage, ou de Dédalus[1], qui fut inventeur de la scie, ou de ce Diogène qui se mettoit en double pour coucher en un tonneau, et qui pour avoir vu boire un jeune garçon au creux de sa main, rompit aussitôt un gobelet qu'il avoit en sa besace, comme courroucé contre soi-même d'avoir porté jusques alors une chose dont il avoit eu le moyen de se passer? Et aujourd'hui même, qui pensez-vous être le plus sage, de celui qui a trouvé cette façon de conduire, par des tuyaux qu'on ne voit point, des senteurs en une hauteur immense, faire sourdre et tarir des fontaines en un instant, et lambrisser les salles d'une contexture si artificielle qu'autant de fois qu'on change de services, autant de fois elles changent de planchers; ou celui qui fait cette leçon aux autres et la prend pour soi-même :

1. Voyez plus haut, p. 703, note 1.

que nous ne sommes obligés en cette vie à chose qui soit ni dure ni difficile; que nous ne demeurons pas sans maison pour n'avoir point de tailleurs de marbre, ni sans habits, pour être privés du commerce des régions d'où viennent les soies; que sur la terre nous avons tout ce qui nous est nécessaire, et que si nous nous contentons de ce qui est raisonnable, nous avons aussi peu affaire d'un cuisinier que d'un soldat? Ceux-là certainement étoient ou sages, ou pour le moins semblables aux sages, qui avec si peu de frais et de sollicitude savoient se fournir de ce qu'il leur falloit pour leur entretien. Nos nécessités ne nous coûtent que peu de chose; c'est aux délices que nous sommes empêchés[1]. Suivons nature, il ne nous faut point d'artisans; elle ne nous a point voulu tenir occupés. Si elle nous a contraints à quelque chose, elle nous a pourvus de ce qui nous y fait besoin. Nous ne pouvons sans être vêtus supporter le froid. Mais quoi? n'avons-nous pas des peaux de bêtes sauvages et domestiques, assez chaudes pour nous en garantir? Ne voyons-nous pas des peuples qui se couvrent d'écorces d'arbres, et d'autres qui se font des robes de plumes d'oiseaux? Et encore aujourd'hui la plupart des Tartares n'est-elle pas vêtue de fourrures de renards et de martes, aussi délicates à l'attouchement comme impénétrables à la froideur? Oui; mais ce n'est pas tout que de se parer de l'hiver. Les chaleurs de l'été ne nous sont pas moins incommodes, si nous n'avions des ombrages bien épais pour les repousser. Il est vrai; mais n'avons-nous pas une infinité de lieux secrets que l'injure du temps, ou quelque autre accident semble avoir expressément cavés, pour être le remède de cette incommodité? Ne pouvons-nous pas, comme nos pères, faire des claies d'osier, en-

---

1. En latin : *Simplici cura constant necessaria; in delicias laboratur.*

duites de terre, et nous mettre un peu de chaume et de feuillages sur la tête, en sorte qu'il n'y aura rigueur quelconque de temps qui nous puisse faire mal? N'y a-t-il pas des peuples en la côte d'Afrique, qui se retirent dans des fosses et ne trouvent autre couverture assez épaisse pour se garantir de l'excessive ardeur du soleil que la terre même toute rôtie et desséchée? La nature ne nous a pas voulu tant de mal, qu'ayant rendu la vie si aisée à tous les autres animaux, elle ait voulu que pour avoir la nôtre, il nous faille être savants en une infinité de métiers : elle ne nous a pas obligés d'en apprendre un seul. Nous avons sans exercice tout ce qu'il nous faut pour vivre. Nous trouvons tout prêt, quand nous venons au monde; et rien ne nous est difficile que pour le dégoût que nous avons de la facilité. Les maisons, les habits, les remèdes, les viandes, et toutes ces choses où nous apportons aujourd'hui tant de façon, se rencontroient au temps de nos pères sans qu'ils les cherchassent. Il ne leur falloit point mettre la main à la bourse; et sans beaucoup d'industrie ce qu'ils desiroient étoit incontinent accommodé. Aussi n'estimoient-ils les choses qu'autant qu'ils en avoient affaire. Nous y mettons le prix et l'admiration par les difficultés que nous y faisons naître. La nature nous fournit elle-même tout ce qu'elle nous demande. Nous ne sommes travaillés que par notre luxe, qui se révolte contre le devoir, s'irrite soi-même, et d'un siècle à l'autre trouve toujours quelque folie nouvelle, pour faire emporter aux débordements de son siècle le prix sur les vices des siècles passés. Nous avons commencé notre débauche par le desir des choses superflues; des superflues nous sommes venus aux pernicieuses; et finalement nous avons rendu le corps maître de l'âme, et au lieu qu'on avoit accoutumé de le traiter comme esclave, nous le faisons aujourd'hui servir comme seigneur. C'est pour lui que nous oyons par les rues et dans les boutiques tout ce bruit qui nous éveille devant qu'il soit jour. C'est pour lui que travaillent les passementiers, les orfèvres et les parfumeurs. C'est pour lui que se tiennent les écoles de bal[1] et des musiques efféminées. La nécessité n'est plus notre mesure : nous sommes mesquins et misérables, si nous ne voulons plus rien, quand nous avons ce qui nous suffit. Vous ne sauriez croire, Lucilius, combien les belles paroles ont de puissance, et comme les plus judicieux se laissent persuader à leur douceur. Posidonius, qui à mon avis est un de ceux à qui la philosophie a le plus d'obligation, quand premièrement il veut décrire comme le fil se retord, comme il se tire de la canette, et comme la toile par le moyen des contre-poids suspendus tient l'estame[2] droit, il dit que les sages ont inventé le métier de tisserand, et ne se souvient pas que l'invention moderne que nous en avons est bien plus subtile[3]. Je vous prie, s'il eût vu les gazes et les crêpes d'aujourd'hui, qui ne défendent le corps ni du froid ni de la honte, qu'auroit-il dit? Des tisserands il passe aux laboureurs, et avec la même éloquence décrit les trois façons qu'on donne à la terre, afin que le grain la trouvant plus émiée[4] s'enracine plus facilement. Puis il dit comme on fait les semences, et comme on sarcle les mauvaises herbes, de peur qu'elles ne suffoquent les blés, et attribue aux sages cette invention aussi bien que la pré-

---

1. Le latin porte : *Hinc molles corporis motus docentium (officinæ).*
2. L'*estame* (en latin *stamen*), la chaîne.
3. Il y a ici dans le latin trois vers, un peu altérés, d'Ovide (*Métamorphoses*, liv. VI, v. 55, 56, 58) que Malherbe n'a point traduits :

>   Tela jugo juncta est, stamen secernit arundo ;
>   Inseritur medium radiis subtemen acutis,
>   Quod lato feriunt insecti pectine dentes.

4. En latin *solutior*.

## ÉPÎTRE XC.

cédente. Et non content de les avoir faits de tous ces métiers, il les fait descendre au moulin; car il raconte que par l'imitation de la nature, ils ont trouvé le moyen de faire du pain, et qu'ayant pris garde comme les dents par leur rencontre brisent ce qu'on met en la bouche, et que ce qui s'en écarte y est ramené par la langue, puis détrempé de salive, pour descendre plus aisément en l'estomac, où il se digère et s'incorpore avec nous, cette considération leur fit à la semblance des dents mettre deux pierres ensemble, une dessous, qui est immobile, et l'autre dessus, qui tourne et retourne continuellement, jusques à ce que le grain devienne farine, laquelle ils mêlent avec de l'eau; puis à force de la manier, en font de la pâte et lui donnent force de pain, qu'ils cuisirent au commencement dans les cendres chaudes, puis sur des tuiles ardentes, et petit à petit dans des fours et autres engins, qu'ils trouvèrent moyen de chauffer à leur plaisir. Il ne s'en est guère fallu qu'il n'ait fait les sages savetiers. Et certainement je ne lui nie pas que ce ne soit à la raison que nous devons tous ces artifices, mais non pas à cette raison vertueuse qui doit servir de règle à notre vie. Un homme, et non point un sage, a fait toutes ces inventions : un homme a fait ces barques qui nous portent sur les mers et sur les rivières; un homme leur a donné des voiles pour y recevoir le vent, et pour leur conduite les a garnies d'un gouvernail au derrière, dont il prit le patron sur les poissons, qui de leur queue tournent leur course du côté que bon leur semble. Je sais bien que Posidonius en fait le sage aussi bien auteur comme du reste, et qu'il dit qu'après avoir fait ces inventions, ne les jugeant pas dignes de son occupation, il les remit à des personnes mécaniques pour les exercer; mais pour moi, je ne saurois penser qu'autres les aient inventées que ceux mêmes qui en font encore aujourd'hui profession.

Et qu'il ne soit vrai[1], n'avons-nous pas vu sortir beaucoup de choses nouvelles en l'âge où nous sommes, comme les vitres aux fenêtres, les cuves branlantes, et les tuyaux enchâssés dans les parois pour échauffer les salles autant par haut comme par bas? Je ne parle ni des marbres qui luisent et dans les temples et chez des particuliers, ni de ces arcades sous qui nous faisons des porches assez spacieuses pour mettre le peuple de toute une ville à couvert, ni de ces notes par lesquelles on a trouvé moyen de recueillir une harangue au même temps qu'on l'a prononcée, et d'atteindre la vitesse de la langue par la diligence de la main. Tout cela sont inventions des plus contemptibles esclaves que nous ayons. La sagesse vole bien d'une autre aile. Les mains ne sont point ses écolières, c'est aux esprits qu'elle communique ce qu'elle sait.

VI. Voulez-vous savoir quelles sont ses occupations et quelles choses elle produit au jour? Elle ne s'amuse point à nous faire beaux danseurs, ni bons joueurs ou de flûtes ou de trompettes. Ses leçons ne sont point de tirer bien des armes, de flanquer bien une muraille, ni de diviser promptement une armée en bataillons. Tout ce qu'elle entreprend est profitable. Elle dispose les âmes à la paix, et généralement convie tout le monde à s'entretenir en amitié. Ce n'est point elle qui forge les outils de nos artisans. On lui fait tort de croire qu'elle s'emploie à des choses de si peu de prix. La vie est son sujet et son exercice, et par ce moyen tous les métiers qui servent à la vie lui sont assujettis. Au demeurant, son but est de nous mettre en une condition bienheureuse. Elle nous y mène, et nous en montre le chemin. Elle nous éclaircit de ce qui est mal en

---

1. Dans le même sens que la locution : *et qu'ainsi ne soit.* Voyez plus haut, p. 651, note 1.

effet, et qui ne l'est que par opinion. Elle ôte la vanité des âmes et les remplit d'une grandeur solide; aplatit leurs bouffissures qui n'ont que du vent et de la mine; leur fait juger quelle différence il y a d'être véritablement de belle taille, ou d'avoir du liége sous les pieds[1]; leur donne la connoissance de la nature de toutes choses et de la sienne; leur apprend qui sont les Dieux, quels ils sont, que sont les enfers, les Lares et les Génies, quel est l'état des âmes immortelles, qui tiennent le second rang en la déité, où elles séjournent, à quoi elles s'occupent, ce qu'elles peuvent, quelles sont leurs affections. Avec ces entrées, elle nous fait l'ouverture, non de quelque mystère commun, mais du monde, temple général de tous les Dieux; découvre ses vrais simulacres et ses visages au naturel aux yeux de l'âme, parce que ceux du corps sont trop foibles pour les regarder. Cela fait, elle s'en revient aux principes, considère cette raison éternelle qui, infuse[2] à l'univers, donne vie et figure à toutes choses, et recherche la nature de l'âme, d'où elle est venue, où est son siége; pour combien de temps et en combien de membres elle est éparse. Puis de choses qui ont substance, passant à celles qui n'en ont point, elle vient par arguments à la recherche de la vérité et aux résolutions des doutes de vivre ou de mourir[3]; pource qu'en l'un et en l'autre, y ayant du faux mêlé parmi le vrai, on est bien souvent en peine comme on s'y doit comporter. Je conclus donc que les métiers ne sont point inventions de la philosophie et qu'elle ne s'en est point retirée, comme dit Posidonius,

1. Il y a simplement dans le latin : *nec ignorari sinit inter magna quid intersit et tumida.*

2. « Qui est infuse. » (*Édition de 1659.*) — *Rationem toti inditam,* dit Sénèque.

3. Malherbe a traduit la leçon d'Érasme et des éditeurs qui l'ont suivi : *vitæ ac necis.*

mais que jamais elle n'eut le courage si bas que de s'y appliquer. Il n'y a pas d'apparence qu'elle eût estimé digne de son invention ce qu'elle estimoit indigne de son usage. Elle n'eût pas pris une chose pour la quitter. Il dit qu'Anacharsis inventa la roue de potier, où se fait la vaisselle de terre; et parce que dans Homère, qui étoit longtemps devant Anacharsis, il est parlé d'une roue de potier, il aime mieux démentir le vers que son conte. Quant à moi, je ne tiens point que cela soit, et s'il est, j'avoue bien qu'un sage en a fait l'invention, mais je dis qu'il ne l'a pas inventée comme sage, parce que les sages peuvent faire beaucoup de choses en qualité d'hommes, et non en qualité de sages. Prenez le cas qu'un sage soit grand coureur; il passera les autres en tant qu'il a bonnes jambes, mais non en tant qu'il est sage. Je voudrois bien faire voir à Posidonius un verrier, qui de son haleine seule donne à un verre des formes qu'il seroit malaisé de lui donner avec la main; et cependant cette invention s'est trouvée depuis qu'il ne se trouve plus de sages. Il dit aussi que Démocritus inventa la manière de bâtir en arche, et de lier deux pierres un peu courbées par une qui porte sur l'une et sur l'autre. Pour moi je ne crois point que cela soit, parce que devant que Démocritus fût, il étoit des puits et des portes, de qui le haut est ordinairement ainsi courbé. Mais il oublie à dire que Démocritus inventa la polissure de l'ivoire, et de convertir des cailloux de rivière en émeraudes, qui est une certaine façon de les cuire, par laquelle encore aujourd'hui nous donnons à nos briques telle couleur que nous voulons. Je ne dis pas qu'un sage ne puisse avoir fait toutes ces inventions, mais il ne les a pas faites en tant qu'il étoit sage; car il fait beaucoup de choses qu'un malhabile homme feroit aussi bien, et possible mieux que lui, parce qu'il y seroit plus expérimenté. Voulez-vous savoir de quoi les sages sont auteurs et ce qu'ils ont mis en lumière? Premièrement, ne s'étant pas contentés de regarder, comme les autres animaux, avec les yeux, qui ne voient goutte aux choses divines, ils nous en ont fait avoir la connoissance. Secondement, ils ont donné des lois à la vie, qu'ils ont étendues à toutes choses, et enseigné non-seulement qu'il est des Dieux, mais qu'il leur faut obéir, et recevoir tout ce qui arrive, comme autant de choses qui se font par leur commandement. Ils nous ont défendu de nous ranger aux fausses opinions, nous ont taxé toutes choses selon leur vraie valeur, condamné les voluptés que le repentir accompagne, donné réputation à celles de qui l'usage ne déplaît jamais, et vérifié par raisons inexpugnables qu'il n'est point de félicité plus grande que de n'en desirer point, ni de puissance plus glorieuse que celle que nous avons sur nous-mêmes. Je ne parle pas de cette philosophie qui s'imagine les Dieux hors du monde, comme des bourgeois hors de leur ville, et qui fait la vertu servante de la volupté, mais de celle qui ne confesse point d'autre bien que ce qui est honnête, qui se moque des présents des hommes et de la fortune même, et qui précieuse en toutes choses, l'est principalement en ce qu'il n'est rien qui soit assez précieux pour la gagner. Je ne saurois penser, ni que cette philosophie fût en cet âge grossier que les métiers étoient encore inconnus et qu'on n'approuvoit l'utilité des choses que par leur usage, ni qu'en ce siècle bienheureux où l'avarice et le luxe n'avoient point encore introduit les brigandages, ni donné à chaque chose un maître particulier, les hommes fussent sages, bien qu'ils vécussent comme doivent vivre ceux qui le sont. Il n'est pas possible de souhaiter au genre humain une condition meilleure que celle qu'il avoit alors ; et quand Dieu nous permettroit de former le monde à notre fantaisie, et donner à ceux qui l'habiteroient des mœurs les plus saintes et les plus religieuses que nous saurions imaginer, il faudroit nécessairement amener celles de cet âge où

> Le joug au jeune bœuf n'avoit pressé les cornes,
> Il n'étoit point de coutre, il n'étoit point de bornes,
> Et la terre pucelle en commun épandoit
> Au peuple nonchalant plus qu'il ne demandoit[1].

VII. Comme seroit-il possible de vivre plus heureusement? Toutes choses leur étoient communes. La nature, comme mère, tenoit tout en sa protection; et le moyen de ne rien garder en crainte étoit de ne rien posséder en propriété. Pourquoi n'avouerons-nous que c'étoit un siècle très-riche et vraiment un siècle d'or, puisqu'il ne s'y pouvoit trouver un qui fût pauvre? L'avarice n'a pu souffrir ce bel établissement et, se pensant approprier de quelque chose, a donné sujet aux autres de prendre leur part et lui faire la sienne; de manière que de tout réduite à peu de chose, et se trouvant les mains vides pour les avoir voulu remplir, elle a donné commencement à la pauvreté, qui n'étoit point commune auparavant. Nous faisons à cette heure tout ce que nous pouvons pour réparer notre perte : nous ajoutons un champ à l'autre, chassons nos voisins, les uns par argent, les autres par fraude et par oppression, en sorte que d'un bout à l'autre de nos possessions il y a du chemin pour beaucoup de journées, et que c'est plutôt une province qu'un héritage. Mais quoi que nous fassions, il nous est impossible de reprendre ce qui nous est échappé : nous aurons beaucoup au lieu que nous avions tout. La terre même étoit plus fertile sans être labourée, comme si elle eût voulu gratifier les hommes de ce qu'ils ne la tourmentoient point. Si la nature avoit produit quelque commodité, celui qui la

---

1. Virgile, *Géorgiques*, liv. I, v. 125-128.

trouvoit n'étoit point content qu'il n'en eût communiqué aux autres. On n'en voyoit jamais un qui eût trop, et l'autre peu : tout se partageoit amiablement. Le plus fort n'avoit point encore pris au collet le plus foible, ni l'avaricieux mis en trésor ce qui ne lui servoit qu'à laisser le nécessiteux incommodé. Du bien du prochain on en faisoit ses intérêts propres; les armes n'avoient où s'employer, le sang humain ne se répandoit point : ils ne savoient haïr que les bêtes sauvages. Quand ils avoient pu rencontrer quelque lieu bien couvert du soleil, ou quelque feuillage bien épais, où le mauvais temps ne leur pût faire mal, c'étoit là qu'ils passoient la nuit à leur aise sans soupirer : leur matelas étoit la terre même, et cependant ils y dormoient si mollement qu'ils avoient de la peine à se réveiller, au lieu que dans nos lits de soie, nous sommes comme dans des épines. Ils n'avoient point de lambris ciselés sur les faîtes de leur lit; ils voyoient marcher les astres, monter et descendre le ciel; et cette diversité de remuements se faisoit sans point de bruit. La vue d'une si belle maison leur étoit libre la nuit comme le jour. Tantôt ils regardoient une étoile qui s'en alloit sortir de l'horizon, et tantôt une autre qui ne faisoit qu'y arriver. Combien pensez-vous qu'ils fussent plus aises en la contemplation de cette infinité de merveilles, que nous ne sommes aujourd'hui dans nos palais, où nous mourons de peur pour le moindre bruit que nous oyons, ou d'un ais de qui la structure se lâche, ou de quelque tableau qu'on n'aura pas bien attaché! Leurs maisons n'étoient pas spacieuses comme des villes, mais en récompense ils y avoient de l'air tant qu'ils en vouloient. Les rochers et les arbres leur faisoient ombre. Les belles sources et les beaux ruisseaux qui nous emprisonnent dans des courses artificielles, s'égayoient librement dans le canal que l'assiette du lieu leur avoit fait. Leur verdure étoit belle par la seule bonté du terroir ; et au milieu de toutes ces commodités étoit plantée leur petite cabane, que sans outil quelconque ils avoient rustiquement construite de leur propre main. Ils se pouvoient dire être logés comme la nature veut qu'on le soit. Ils ne craignoient ni leur maison, ni pour leur maison, comme nous qui n'avons point de sujet qui nous donne plus d'alarme que la magnificence de nos bâtiments. Toutefois, quelque excellence qu'il y eût en leur vie, et quelque probité qui parût en leurs actions, ils n'étoient pas sages pourtant. Ce n'est pas un nom qu'il y ait si peu de peine à mériter. Je ne veux pas dire qu'ils n'eussent les âmes relevées, comme étant alors un ouvrage qui ne faisoit que partir de la main des Dieux ; et crois bien aussi que le monde, devant qu'il fût lassé de tant d'accouchements, pouvoit produire les choses en meilleur état qu'il n'a fait depuis. Mais comme ils avoient la disposition plus forte et plus gaillarde, ils ne pouvoient pas avoir les esprits consommés comme ils sont aujourd'hui. La vertu n'est point un présent de nature ; il y a de la science à devenir homme de bien. Il est vrai qu'ils n'avoient ni or ni argent, qu'ils ne fouilloient point la terre jusqu'à ses abîmes, pour y trouver des pierreries, et que tant s'en faut que sans peur et sans colère, mais pour le seul plaisir, ils fissent mourir un homme, que même ils pardonnoient aux animaux. Ils ne portoient point d'habits en broderie ; ils ne filoient point l'or, et ne le tiroient pas seulement de la minière. Mais de tout cela que peut-on conclure à leur louange, sinon qu'ils étoient innocents, pour ne savoir pas faire mal? Or il y a bien différence de ne vouloir pas pécher, ou de ne savoir comme le péché se fait. Ils ne se pouvoient dire ni justes ni prudents, ni tempérants ni magnanimes, encore que leur vie grossière eût bien quelque chose qui ressembloit à ces qualités. La vertu ne se loge que dans un esprit bien appris et façonné par un exercice continuel. Nous naissons pour elle, mais sans elle; et la meilleure nature du monde est bien susceptible de vertu, mais non pas vertueuse que premièrement elle n'en ait reçu l'instruction.

## ÉPÎTRE XCI.

Argument. — I. Il parle de la tristesse de son ami Libéralis, causée par le brûlement de la ville de Lyon. — II. Les ouvrages des hommes ont leur destin et sont sujets à mourir.

I. Libéralis, votre bon ami et le mien, est fort affligé des nouvelles qu'il a eues du brûlement de la ville de Lyon. C'est un accident assez étrange pour émouvoir toute personne. Je vous laisse à penser ce que peut être d'un homme affectionné comme il est à sa patrie. Il s'étoit de tout temps par une méditation continuelle préparé à souffrir tout ce qu'il pensoit avoir occasion de craindre, mais il ne s'étoit point mortifié contre cet inconvénient, comme, de fait, il n'y avoit point d'apparence qu'une chose qui n'avoit point d'exemple nous fît avoir de l'appréhension; car assez souvent on a vu des villes gâtées par le feu, mais jamais sans qu'il en soit demeuré quelques marques; et quand un ennemi victorieux propose d'en brûler quelqu'une, à grand'peine le peut-il faire si exactement, qu'il ne demeure de la besogne pour le fer. Les tremblements même de la terre, quelques violentes secousses qu'ils donnent, ne font guère de ruines où ils ne laissent quelque muraille de bâtiment en son entier; et bref, un premier embrasement laisse toujours quelque chose pour le second. Mais c'est grand cas que tant de palais capables d'embellir autant de villes se sont évanouis en une nuit, et que cette pauvre ville ne pouvoit craindre entre les fureurs de la guerre ce qui lui est arrivé parmi les délices de la paix. Qui croira que les armes étant mises bas par toute la terre et ne se parlant de trouble ni remuement en lieu du monde, Lyon, qu'on souloit montrer en la France, y soit aujourd'hui cherché? On n'a point vu de fortunes publiques où le craindre n'ait précédé le souffrir. Il ne tombe point de choses grandes que ce ne soit avec quelque loisir ; mais en celle-ci le changement de tout en rien n'a point eu plus d'espace que du soir jusqu'au matin. Que voulez-vous que je vous die davantage? Elle a moins été[1] à se perdre, que je ne suis à vous conter qu'elle est perdue. Toutes ces considérations jettent Libéralis hors de la selle[2], bien que d'ailleurs il ait la tenue assez bonne. Mais certainement je ne m'en ébahis point : il est malaisé qu'on ne s'émeuve de ce qu'on n'a point attendu. La nouveauté donne de la pesanteur aux infortunes ; et des inconvénients, ceux qui nous apportent de l'admiration nous donnent aussi plus de sentiment. C'est pourquoi nous devons tout prévoir et faire imaginer à notre esprit, non ce qui arrive d'ordinaire, mais généralement tout ce qui sauroit jamais arriver ; car à quelles prospérités est-ce que la fortune ne s'attaque? N'est-ce pas contre les choses de plus de lustre qu'elle se bande avec plus de résolution de les effacer? Quelles hauteurs lui sont inaccessibles? Quelles sûretés, inexpugnables? Nous l'attendons par une avenue, elle vient par l'autre. Nous lui fermons la porte, elle entre par la fenêtre[3]. Tantôt à notre ruine, elle se sert de nos propres mains, et tantôt assez forte d'elle-même, elle

---

1. C'est-à-dire : Elle a été moins de temps à....
2. *Hæc omnia Liberalis nostri affectum inclinant*, dit Sénèque.
3 Sénèque dit simplement : *Quid illi arduum, quidve difficile est? Non una via semper, ne tota quidem incurrit.*

nous précipite en des périls qui n'ont point d'auteur. Toutes saisons lui sont bonnes, et de notre volupté même elle fait bien souvent naître notre douleur. Pensons-nous être en paix? voici la guerre qui nous vient sur les bras; et bien souvent ce que nous avons recherché pour notre défense, est la principale cause de notre frayeur. L'ami se fait ennemi; le compagnon, adversaire. Aux plus beaux jours de juin et de juillet, il s'élève des tempêtes à qui décembre et janvier n'en ont point de pareilles. Nous recevons des coups sans que personne nous frappe et, à faute de toute autre chose qui nous ruine, sommes toujours en peur par l'excès de notre félicité. Il n'est point de si sobres qui ne deviennent malades, point de gras qui ne tombent en chartre[1], point d'innocents qu'on ne fasse criminels, et point de si solitaires qui, s'il se fait une sédition, ne s'y puissent trouver embarrassés. Quand le malheur veut venir à nous, il trouve toujours quelque nouvelle procédure. Qu'on ait fait quelque ouvrage d'une infinité d'années, accompagné même de la faveur du ciel, il ne faut qu'une journée seule pour le perdre et le dissiper. C'est faire marcher les inconvénients trop lentement de dire qu'il ne faut qu'un jour pour la destruction du plus fleurissant empire qui soit au monde : il suffit une heure et un moment. Ce seroit quelque consolation à notre imbécillité, si les réparations se faisoient aussitôt que les démolissements. Mais celles-là vont le pas, et ceux-ci la poste. Il n'est rien public ni particulier qui soit durable. Les villes ont une fin limitée, aussi bien que les hommes. Au milieu de la sécurité naissent les occasions d'avoir peur; et sans menace nous nous trouvons pris par où nous pensions être les plus assurés. Les royaumes à qui ni les guerres étrangères ni les séditions domestiques n'au-

---

1. Voyez plus haut, p. 602, note 1.

roient rien su faire, se renverseront d'eux-mêmes, quand personne ne les touchera. Combien de grandes villes me nommerez-vous, à qui leur prospérité n'ait fait courre fortune! Quand nous penserons donc à nous fortifier contre les choses casuelles, il n'en est point de si nouvelle ni de si extraordinaire qu'il ne nous faille représenter : exil, supplice, guerre, maladie, naufrage, il se faut tout ramentevoir. Le malheur nous peut priver de notre patrie, ou notre patrie de nous. Il nous peut reléguer en quelque désert, et aux lieux mêmes où la foule est plus épaisse, nous faire trouver la solitude. Mettons-nous devant les yeux la condition des hommes, et nous figurons, non des misères communes, mais des plus inusitées qui puissent naître, afin que, quoi qui arrive, nous ne soyons jamais pris au dépourvu. Considérons toute la fortune en gros. Combien de villes en Asie et en Achaïe, combien en Syrie et en Macédoine, ont été, les unes abattues, et les autres dévorées par les tremblements de terre! Combien de fois ont été affligées les îles de Paphos et de Chypre par cet inconvénient! Ce sont nouvelles qui nous sont bien souvent contées; et nous qui les oyons, quelle partie pensons-nous être de l'univers? Roidissons-nous donc contre les choses fortuites, et quoi qu'il arrive, estimons-en toujours le bruit plus grand que la vérité. Une ville riche, et qui étoit l'ornement de toute la province, a été brûlée; encore n'étoit-elle pas si grande, qu'elle ne fût assise sur une seule montagne, et qui n'étoit pas des plus hautes.

II. Toutes les plus grandes et les plus fameuses qui soient aujourd'hui seront quelque jour si rasées, qu'on aura de la peine d'en reconnoître les traces. Ne voyons-nous pas que des plus célèbres qui fussent en la Grèce les fondements sont tellement consumés, et les marques si nettement effacées, qu'elles nous seroient inconnues si les histoires ne nous en avoient fait savoir le nom? Ce n'est pas seulement aux choses faites de la main des hommes que le temps montre sa force : les montagnes fondent et des régions entières ne se trouvent plus. Il y a des terres couvertes sous les flots, qui autrefois en ont été bien éloignées. Le feu a dévoré des cousteaux[1] de qui le bois l'avoit fait luire. Nos pères ont vu des coupeaux de rocher de qui la hauteur étoit la radresse[2] des mariniers, et la vedette de toute une contrée, qui sont aujourd'hui parmi le sable le plus bas qui soit en la côte de la mer. Ne sommes-nous donc pas injustes, si nous voulons que nos villes soient exemptes de ce que les ouvrages mêmes de la nature n'évitent point? Elles ne sont debout que pour tomber et, soit que la terre venant à s'éclater par la sortie de quelques vents enclos en ses cavités les engloutisse, soit que le débordement d'une rivière les emporte, soit que la violence des flammes rompe la liaison du solage[3], soit que le temps, à qui rien n'est invincible, les mine par le menu, soit que le mauvais air les fasse quitter aux peuples par faute d'être habitées, et que le relent et la chancissure s'y mette, il n'y en a pas une qui n'ait commencé pour finir. Je n'aurois jamais fait, si je voulois compter par combien de voies les choses arrivent à leur destinée. Une chose sais-je bien, que les mortels ne sauroient rien faire d'immortel, et que nous ne touchons ni voyons rien qui ne périsse quelque jour. Ce sont les raisons que j'allègue à Libéralis pour le consoler de la perte de sa patrie, de laquelle, sans mentir, je le trouve étrangement passionné. Mais qui sait si peut-être elle n'a point été consommée, pour renaître plus belle et plus

---

1. *Cousteau*, coteau.
2. *Étoit la radresse*, le redressement, servait à les remettre dans le bon chemin.
3. *Solage*, sol, terrain.

florissante¹ que jamais ? La fortune a des procédures bizarres. Elle commence quelquefois notre agrandissement par une injure. Nous avons vu tomber assez de choses, qui se sont relevées plus hautes et plus grandes qu'auparavant. Timagène, ennemi de la prospérité de Rome, disoit qu'il se fâchoit de la voir brûler, parce qu'il savoit bien qu'elle se renouvelleroit plus belle qu'elle ne se brûloit. On en peut espérer autant de Lyon. Ceux de qui les maisons ont été perdues en pourront faire d'autres, plus spacieuses et plus assurées contre les inconvénients. Dieu veuille que ce soit sous meilleurs auspices, et pour durer plus longtemps ! car il n'y a que cent ans que cette colonie avoit été menée, qui n'est que l'âge d'un homme, et non encore trop décrépit. Mais la commodité du lieu lui avoit donné cette réputation en si peu de temps. Apprenons donc à connoître notre condition, et formons notre âme à la supporter. Résolvons-nous² qu'il n'est point de hardiesse dont la fortune ne soit capable. Elle a même autorité sur les empires que sur les empereurs, et peut sur les villes ce qu'elle peut sur les habitants. Il ne s'en faut point mettre en colère : ce sont les lois du monde où nous sommes. Vous y trouvez-vous bien ? suivez-les. Vous y fâchez-vous ? vous avez une infinité de portes ouvertes : sortons par celles qu'il nous plaira. Si c'étoit quelque mauvaise volonté qu'on vous portât particulièrement et qu'il n'y eût que vous traité de cette façon, vous auriez de quoi vous plaindre ; mais puisque c'est une nécessité qui sans élection oblige tout ce qu'il y a d'hommes sur la terre, et que les grands n'y sont pas moins sujets que les petits, réconciliez-vous avec le des-

---

1. Il y a ici *florissante*, dans toutes nos éditions. Nous venons de voir deux fois la forme *fleurissant* dans les pages qui précèdent.
2. Voyez la note de la p. 551.

tin, et ne vous offensez point qu'il vous fasse comme aux autres, puisqu'il fait aux autres comme à vous. Ce n'est point à la richesse ou pauvreté des monuments[1] qu'il nous faut mesurer : la cendre des uns est comme celle des autres. Nous sommes inégaux quand nous venons au monde, mais nous sommes égaux quand nous en partons. Ce que je dis des hommes, je le dis des villes. Rome a été aussi bien prise comme Ardée. Le législateur universel n'a fait la distinction de la grandeur des races et de la célébrité des noms que pour cette vie. Quand nous sommes arrivés où vont les choses mortelles, adieu la vaine gloire. Il n'y a qu'une loi pour tout ce qui est sous la terre. A souffrir, toutes qualités sont pareilles : le fort et le foible sont aussi mal assurés du lendemain l'un comme l'autre. Il prit un jour fantaisie au pauvre Alexandre de Macédoine d'étudier en géométrie, comme s'il eût voulu savoir combien c'étoit peu de chose que toute la terre, de laquelle il n'avoit occupé que la moindre portion. Je l'appelle pauvre, parce qu'il affectoit une science qui lui eût fait connoître le peu d'apparence qu'il y avoit au surnom qu'il s'étoit laissé donner ; car quelle grandeur y peut-il avoir en si peu d'espace ? Ce qu'on lui vouloit montrer étoit assez subtil, et digne d'une attention plus diligente que celle de cet étourdi, qui durant ses leçons envoyoit son esprit à la picorée au delà de l'Océan[2]. Il dit à son maître qu'il lui enseignât des choses qui fussent aisées ; à quoi sa réponse fut, qu'il ne les pouvoit pas rendre moins difficiles pour lui que pour un autre. Pensez que la nature vous paye de la même raison. Ce de quoi vous murmurez, en toutes personnes est une même chose. Il n'y a point de moyen qu'il vous soit plus

---

1 C'est-à-dire des sépulcres.
2. Le latin dit : *trans Oceanum cogitationes suas mittens.*

facile qu'aux autres. S'il y a quelque remède, c'est par la patience, qui ne peut venir d'ailleurs que de vous. Il faut que vous sentiez de la douleur, que vous ayez faim et soif, et que vous vieillissiez. Que si vous êtes longtemps au monde, ce ne peut être que vous ne[1] soyez malade, que vous ne voyiez périr beaucoup de choses qui vous seront chères, et que vous-même ne périssiez à la fin. Ne croyez pas néanmoins ceux qui vous viennent souffler aux oreilles. Il n'y a rien mauvais[2] en tout cela, ni rien d'étrange : tant s'en faut qu'il y ait quelque chose d'insupportable. Toute votre appréhension ne vient que d'un consentement que vous donnez à l'opinion commune. Vous craignez de mourir comme vous craignez qu'on ne parle de vous mal à propos. Mais en quoi pourroit mieux montrer un homme qu'il n'a point de jugement, qu'en se travaillant pour des paroles? Je trouve que Démétrius le Stoïque avoit bonne grâce quand il disoit qu'il s'offensoit aussi peu des propos qui sortoient de la bouche des ignorants, que des vents qui leur échappoient du derrière. « Que m'importe, disoit-il, qu'ils éclatent par haut ou par bas ? Quelle raison ai-je de me tourmenter, si je suis diffamé par des infâmes? » Comme l'opinion du commun n'est point chose qu'on doive craindre, aussi n'est[3] ce que vous ne craignez que pour vous ranger à l'opinion du commun. Pourquoi, si les bruits ne nous préjudicient en la conscience, en serons-nous incommodés en la mort? La mort a des envieux, comme beaucoup d'autres choses; pas un de tous ceux qui l'accusent n'a passé par ses

---

1. *Ce ne peut être que.... ne...*, c'est-à-dire ce ne peut être sans que.

2. « Il n'y a rien de mauvais. » (*Éditions de* 1645 *et* 1648.)

3. *Aussi n'est* à craindre, n'est chose qu'on doive craindre. En latin : *Quemadmodum famam extimuistis sine causa, sic et illa, quæ nunquam timeretis, nisi fama jussisset.*

mains. Il y a de la témérité, de condamner une chose, et ne savoir que c'est. Mais au moins ne pouvons-nous ignorer qu'une infinité d'hommes travaillés de tourments, de nécessités, de plaintes, de supplices et de langueurs, n'en soient échappés par son moyen. Tant qu'elle est en notre puissance, nous pouvons dire que nous ne sommes en la puissance de personne[1].

1. Pour compléter la traduction de Malherbe, P. du Ryer a mis en français les trente-trois dernières épîtres (xcii-cxxiv), et les a publiées en 1654, sous le titre de *Suite des épîtres de Sénèque*. Dans l'avertissement qu'il a placé en tête de sa version, il commence par convenir qu'il eût été plus avantageux pour lui-même et pour le lecteur « que feu M. de Malherbe eût fait une traduction entière de ces merveilleuses lettres; » puis il ajoute humblement : « Si M. de Malherbe paroît plus illustre et plus accompli par l'opposition de mes défauts, au moins je m'en consolerai en ce qu'ils serviront toujours à donner un nouveau lustre à la réputation d'un homme que j'aime et que je révère. »

ICI FINISSENT LES ÉPÎTRES DE SÉNÈQUE,
DE LA TRADUCTION DE MESSIRE FRANÇOIS DE MALHERBE.

FIN DU DEUXIÈME VOLUME.

# TABLE DES MATIÈRES

## CONTENUES DANS LE DEUXIÈME VOLUME.

### TRADUCTION DU TRAITÉ DES BIENFAITS DE SÉNÈQUE.

| | |
|---|---:|
| Livre I. | 1 |
| Livre II. | 25 |
| Livre III. | 51 |
| Livre IV. | 90 |
| Livre V. | 134 |
| Livre VI. | 169 |
| Livre VII. | 214 |
| Appendice. — Traduction des onze premiers chapitres du livre II du Traité des Bienfaits | 251 |

### TRADUCTION DES ÉPÎTRES DE SÉNÈQUE.

| | |
|---|---:|
| A Monseigneur l'Éminentissime Cardinal duc de Richelieu. | 261 |
| Au lecteur. | 263 |
| Épîtres I à XCI. | 265 à 725 |

FIN DE LA TABLE DU DEUXIÈME VOLUME.

PARIS. — IMPRIMERIE DE CH. LAHURE ET Cⁱᵉ
Rue de Fleurus, 9

www.ingramcontent.com/pod-product-compliance
Lightning Source LLC
Chambersburg PA
CBHW070748020526
44115CB00032B/1276